U0330181

轻与重
FESTINA LENTE

姜丹丹 主编

反启蒙

从 18 世纪到冷战

[以] 泽夫·斯汤奈尔 著　张引弘 甘露 译

Zeev Sternhell

Les anti-Lumières:

Du XVIIIe siècle à la guerre froide

华东师范大学出版社 | 上海

华东师范大学出版社六点分社　策划

主编的话

1

时下距京师同文馆设立推动西学东渐之兴起已有一百五十载。百余年来，尤其是近三十年，西学移译林林总总，汗牛充栋，累积了一代又一代中国学人从西方寻找出路的理想，以至当下中国人提出问题、关注问题、思考问题的进路和理路深受各种各样的西学所规定，而由此引发的新问题也往往被归咎于西方的影响。处在21世纪中西文化交流的新情境里，如何在译介西学时作出新的选择，又如何以新的思想姿态回应，成为我们必须重新思考的一个严峻问题。

2

自晚清以来，中国一代又一代知识分子一直面临着现代性的冲击所带来的种种尖锐的提问：传统是否构成现代化进程的障碍？在中西古今的碰撞与磨合中，重构中华文化的身份与主体性如何得以实现？“五四”新文化运动带来的“中西、古今”的对立倾向能否彻底扭转？在历经沧桑之后，当下的中国经济崛起，如何重新激发中华文化生生不息的活力？在对现代性的批判与反思中，当代西方文明形态的理想模式一再经历祛魅，西方对中国的意义已然发生结构性的改变。但问题是：以何种态度应答这一改变？

中华文化的复兴，召唤对新时代所提出的精神挑战的深刻自觉，与此同时，也需要在更广阔、更细致的层面上展开文化的互动，在更深入、更充盈的跨文化思考中重建经典，既包括对古典的历史文化资源的梳理与考察，也包含对已成为古典的“现代经典”的体认与奠定。

面对种种历史危机与社会转型，欧洲学人选择一次又一次地重新解读欧洲的经典，既谦卑地尊重历史文化的真理内涵，又有抱负地重新连结文明的精神巨链，从当代问题出发，进行批判性重建。这种重新出发和叩问的勇气，值得借鉴。

3

一只螃蟹，一只蝴蝶，铸型了古罗马皇帝奥古斯都的一枚金币图案，象征一个明君应具备的双重品质，演绎了奥古斯都的座右铭："FESTINA LENTE"（慢慢地，快进）。我们化用为"轻与重"文丛的图标，旨在传递这种悠远的隐喻：轻与重，或曰：快与慢。

轻，则快，隐喻思想灵动自由；重，则慢，象征诗意栖息大地。蝴蝶之轻灵，宛如对思想芬芳的追逐，朝圣"空气的神灵"；螃蟹之沉稳，恰似对文化土壤的立足，依托"土地的重量"。

在文艺复兴时期的人文主义那里，这种悖论演绎出一种智慧：审慎的精神与平衡的探求。思想的表达和传播，快者，易乱；慢者，易坠。故既要审慎，又求平衡。在此，可这样领会：该快时当快，坚守一种持续不断的开拓与创造；该慢时宜慢，保有一份不可或缺的耐心沉潜与深耕。用不逃避重负的态度面向传统耕耘与劳作，期待思想的轻盈转化与超越。

4

“轻与重”文丛，特别注重选择在欧洲（德法尤甚）与主流思想形态相平行的一种称作 essai（随笔）的文本。Essai 的词源有“平衡”（exagium）的涵义，也与考量、检验（examen）的精细联结在一起，且隐含“尝试”的意味。

这种文本孕育出的思想表达形态，承袭了从蒙田、帕斯卡尔到卢梭、尼采的传统，在 20 世纪，经过从本雅明到阿多诺，从柏格森到萨特、罗兰·巴特、福柯等诸位思想大师的传承，发展为一种富有活力的知性实践，形成一种求索和传达真理的风格。Essai，远不只是一种书写的风格，也成为一种思考与存在的方式。既体现思索个体的主体性与节奏，又承载历史文化的积淀与转化，融思辨与感触、考证与诠释为一炉。

选择这样的文本，意在不渲染一种思潮、不言说一套学说或理论，而是传达西方学人如何在错综复杂的问题场域提问和解析，进而透彻理解西方学人对自身历史文化的自觉，对自身文明既自信又质疑、既肯定又批判的根本所在，而这恰恰是汉语学界还需要深思的。

提供这样的思想文化资源，旨在分享西方学者深入认知与解读欧洲经典的各种方式与问题意识，引领中国读者进一步思索传统与现代、古典文化与当代处境的复杂关系，进而为汉语学界重返中国经典研究、回应西方的经典重建做好更坚实的准备，为文化之间的平等对话创造可能性的条件。

是为序。

姜丹丹（Dandan Jiang）

何乏笔（Fabian Heubel）

2012 年 7 月

目　　录

前　　言 VII

在研究本书致力于研究的这类话题时，我们需要关注同一思想框架下方方面面的问题，而这些问题往往非常复杂。这样的工作绝非轻而易举，就我们这里研究的情况而言尤其困难，因为，对启蒙运动的争议是一个复杂的现象，涉及不同层面和角度，并且从诞生之初直至今天，它有着众多分支，而这些分支时常出人意料。此类持续且不断演变的争议最终形成了真正意义上的反启蒙文化，而我认为如果没有这一文化，就很难产生 20 世纪的灾难。

尽管本书从整体上遵从了历史发展的时间脉络，但其结构并非根据所研究的作家进行划分，而是采用了分析式的结构：我在分析反启蒙思想家的时候，重点从他们的主要著作着手，这些著作始终影响着反启蒙观念，并逐渐构成了整个反启蒙政治文化。显然，一切对历史的解读都是一种选择和诠释：这一点没有人能够改变，我的选择之外的其他选择或诠释同样具有存在的合理性。因此，我努力遵从伊波利特·泰纳在谈论托马斯·卡莱尔时给出的建议：历史学家应该清除其研究中累积的所有“寄生植物”，以获得“有用且坚实的树木”。

至于二手资料，我选择的都是在我看来最有影响力并且能够启发我思考的资料，而不是使用所有有存在价值的重要著作，我的研究也只是围绕着我研究对象中的一两个人进行的。

VIII 本书的工作在四个国家持续了几年时间方才完成。我时常会去阅读同一著作的不同版本，有时甚至需要阅读不同语言的版本。我尽可能在引用时使用同一个版本的内容，但是常常无法做到。不过，每当第一次引用一部著作时，我都会详细地给出参考信息，并且如果某次引用离第一次引用这部著作间隔较远，我会再一次给出详细信息。这就是为什么这部书没有参考文献部分：所有引文来源都在注释中明确给出，我认为没有必要再在书末按照字母顺序重复一遍。

我会尽可能使用法语版的引文。如果不能使用法语，我会优先选择英语版。有时，我也会给出两个参考版本，以便对比原文和译文。如果译文是我自己翻译的，我更倾向于在表达出原文意思的同时还原原文的风格。赫尔德和斯宾格勒的德文著作的法译本以及梅尼克著作的英译本都经过验证、非常可靠，这让我可以对照英文和法文的译本理解原文，为我的写作带来了便利。虽然我会德语，但这并不足以解决我在阅读原文时遇到的一些问题，更不能加快我的阅读速度。为了方便阅读引文，我改动了某些引文的字词，并对某些字词进行了斜体①或大写的处理。

在完成这项研究工作的几年中，我欠下了不少人情债。首先是对我的妻子姬娃（Ziva）。在我之前，她就已经开始研究这里涉及的部分问题了，也是她提议要写这部书的。没有她，这本书大概也不会问世。她为我贡献的时间和精力影响了她自己的工作。她对现代建筑及其文化背景的研究和对精神活动不同核心之间紧密联系的研究都启发了我的思考。

在重读原稿和修改语言错误的过程中，弗朗索瓦丝·洛朗（Françoise Laurent）贡献了她的智慧、她的批评建议和她抓住不同观念之间发展脉络的能力。我和她已有四十多年的友谊，在巴黎政治学院（Sciences-Po）的时候，她就阅读了我的博士论文，这篇论文后来成了我的第一本书。我希望她能感受到我深深的谢意。

我同样想要感谢那些向我敞开大门并帮助我工作的机构。 IX
耶路撒冷的希伯来大学（Université hébraïque）是我主要的工作地点，它为我提供了良好的学术环境。除去中间一次戏剧化的资金断裂，以色列科学基金会（Israel Science Foundation）、希伯来大学及其图书馆都以它们各自的方式为我提供了支持，我们的政治学系为我提供了物质支持，让我得以完成我的研究并将

---

① 中文为楷体。凡脚注中提到原文斜体的地方，中文皆为楷体。——译注

其做好。

这一工作开始于瓦瑟纳尔(Wassenaar)的荷兰人文和社会科学高等研究院(Netherlands Institute for Advanced Study);主要部分是在耶路撒冷完成的;随后我又去了巴黎政治学院历史中心和纽约大学雷马克研究所(Remarque Institute),并在雷马克研究所完成了这部书。我还要感谢我的同事、莱顿大学教授、我在瓦瑟纳尔期间任荷兰人文和社会科学高等研究院主席的亨克·卫斯林(Henk Wesseling),感谢巴黎政治学院历史中心主任让·弗朗索瓦·西里内利(Jean-François Sirinelli)和他的秘书帕斯卡·柯西(Pascal Cauchy),感谢雷马克研究所所长托尼·朱特(Tony Judt)和研究所行政主任贾尔·凯斯勒(Jair Kessler)。

本书不仅属于作者,也属于编辑。二十年来,我始终有幸保持与克罗德·杜兰(Claude Durand)和德尼斯·马拉瓦尔(Denis Maraval)之间的友谊,并且他们总是能够深刻理解学术工作的本质和意义。德尼斯·马拉瓦尔以其专业性和敬业精神润色了我的初稿。在另一位编辑娜塔莉·雷尼耶-德库克(Nathalie Reignier-Decruck)真心诚意的帮助下,德尼斯最终将我的原稿出版成书。克里斯泰勒·克雷默(Christelle Kremer)不辞辛苦地编写了索引,我由衷地感谢她。这本书在书店问世之前,就已经得到了新闻专员马利翁·科尔桑(Marion Corcin)的支持。我还要再次感谢法亚尔图书出版公司的朋友们。

引　言 7

反法国启蒙运动——或者更确切地说，反法国-康德启蒙运动——标志着一种政治文化的诞生，它全面反对 18 世纪形成的对世界、人和社会的看法。理性主义的现代性可追溯到 17 世纪科学革命和霍布斯(Thomas Hobbes)直接的科学化政治阐述，它也发端于 1688—1689 年英国资产阶级革命及之后的法国大革命和 17、18 世纪之交的古今之争。光荣革命时期理论家洛克(John Locke)主要致力于政治学和人的科学，其成就可与前一世纪牛顿在数学、物理和自然科学上的成就相媲美。丰特内勒(Bernard le Bovier de Fontenelle)逝世于 1757 年，享年 100 岁。他是当时最优秀的作家之一，也凭借其理性的批评成为最伟大的“现代人”之一。他与培尔(Pierre Bayle)一起，为下一世纪的哲学飞跃奠定了基础。

然而，我们注意到文学理性主义和政治理性主义的胜利很快就激起猛烈反击，另一种政治文化酝酿而生。1725 年，反启蒙文化先驱詹巴蒂斯塔·维柯(Giambattista Vico)的《关于各民族的共同性的新科学的一些原则(新科学)》(*Principes d'une science nouvelle relative à la nature commune des nations* [*Scienza Nuova*])第一版出版。我们认为,维柯迈出了反理性主义和反理智主义的第一步,也是崇拜个性和拒绝普遍概念的第一步。他是第一个呼吁拒绝自然权利原则的人。然而,直到 19 世纪初,他在那不勒斯以外的地方仍鲜有人知,其名声最远也未能走出意大利的土地。可以说,一直到 19 世纪末 20 世纪初反启蒙文化得到强化的时候,他的历史作用才真正得以体现,而非在其思想诞生之时。因此,就直接的、现时的影响而言,反启蒙文化的创始人是约翰·哥特弗雷德·赫尔德(Johann Gottfried Herder)和埃德蒙·柏克(Edmund Burke)。

8 继公元前 5 世纪雅典时代之后,18 世纪成为第二个政治思想大时代。正是在这一时期,出现了历史、政治和文化的现代性观念。启蒙运动首先是一场政治运动。卢梭这样说道:"我发现,一切都从根本上与政治相联系;不管你怎样做,任何一国人民都只能是他们政府的性质将他们造成的那样;因此,'什么是可能的最好的政府'这个大问题,在我看来,只是这样一个问题:什么样的政府性质能造就出最有道德、最开明、最聪慧,总之是最好的政府?"[1]在 18 世纪,政治权力构成一切权力的基础,《不

---

① 卢梭,《忏悔录》(*Les Confessions*),巴黎,加尔尼埃出版社("加尔尼埃经典"文丛),1964,第 480 页。当时,卢梭正在构思他的《政治制度论》(*Institutions politiques*),他说(第 479 页),这本书"将使我获得盛名"。众所周知,这本书没有出版。

(转下页注)

平等论》(*Discours sur l'inégalité*)的作者准确地理解了他所处的时代,认为政治自由是其他一切自由的基础。这正是卢梭的影响力所在。至于英国启蒙运动时期的政治哲学家休谟(David Hume),他更关注观念的力量:"在我们生活的时代建立起的政治体系需要哲学和理论的支撑。我们也发现分化这个国家的不同党派都各自构建了自己的理论体系,以佐证它们的行动计划。"①

除了卢梭,法国启蒙运动时期几乎就没有别的伟大哲学家了。洛克、休谟、康德分别来自英格兰、苏格兰和德国。但在法国,却有非常多的大思想家如同传播自己观念般不懈地与丑恶

(接上页注)译文参考:卢梭,《忏悔录》,黎星译,北京,商务印书馆,1986,第500页。本书引文部分如已有中文译本,均以中文译本为参考进行翻译,可能因行文需要会有个别字词的调整。如已有中文译本与原文出入较大或出现原则性错误,译者会加注说明;如引文无中文译本,均为译者自行翻译。特此说明,下文不再赘述。——译注

① 休谟,《政治论文集》(*Essais politiques*),巴黎,弗林出版社,1972,第316页。该版本收录了部分文章,是1788年的影印版,采用古法语书写。我所引用的这段出自《论原始契约》(Le contrat primitif)一文,该法文译文古老,且翻译很不完整,但这是大革命时期的法国人所熟知的版本。原文如下:"As no party, in the present age, can well support itself, without a philosophical or speculative system of principles, annexed to its political or practical one; we accordingly find, that each of the factions, into which this nation is divided, has reared up a fabric of the former kind, in order to protect and cover that scheme of actions, which it pursues":《政治论文集》(*Political Essays*),努德·哈孔森编,剑桥,剑桥大学出版社,1994,第186页(文23)。

中文译文根据作者所引用的不完整法语译本翻译而来,完整中文译文可参考张若衡的翻译:休谟著,《休谟政治论文选》,张若衡译,北京,商务印书馆,2010,第119页。——译注

斗争。这是以伏尔泰为代表的全体知识分子的时代，尼采认为
伏尔泰是“最伟大的精神解放者之一”①。从 18 世纪给“哲学
9 家”一词所下的定义来看，所有哲学家都将政治视为唯一能够改
变生活的手段。在此之前，人们从未如此热烈地探讨过未来世
界：政治成了所有人的事。

这是《百科全书》的时代：如同大部分的汇编作品，尤其是旨在为知识分类的汇编作品，《分类词典》存在诸多缺陷，屡遭诟病，但首次出版的二十八卷仍然建立了知识史上前所未有的功绩。狄德罗(Denis Diderot)和达朗贝尔(Jean le Rond d'Alembert)将人置于宇宙的中心，个人通过物质进步表明自己拥有获得幸福的权利。而与此同时，18 世纪的人又重新确定了情感的地位。卢梭肯定道：“无论伦理学家们怎样主张人的悟性在很大程度上依赖于情感；但大家公认，情感也在很大程度上依赖于悟性。由于情感的活动，我们的理性才能够趋于完善。我们所以求知，无非是因为希望享受；既没有欲望也没有恐惧的人肯费力去推理，那是不可思议的。”②启

---

① 尼采，《哲学作品全集 III，人性的，太人性的：一本献给自由精神的书 1，遗作残卷(1876—1878)》(*Oeuvre philosophiques complètes III*, *Humain*, *trop humain—Un livre pour esprits libres* 1, *Fragments posthumes* [1876—1878])，巴黎，伽利玛出版社，1988。作者在出版作品的开头题词道：“纪念伏尔泰逝世一百周年，1778 年 5 月 30 日”。尼采向伏尔泰表达了“及时的敬意”。

② 让-雅克·卢梭，《论人类不平等的起源》(Discours sur l'origine de l'inégalité parmi les hommes)，收录于《社会契约论和政治权力的原则》(*Du Contrat social et principes du droit polithique*)，巴黎，加尔尼埃出版社(“加尔尼埃经典”)，[1954]，第 48 页。

译文参考：卢梭著，《论人类不平等的起源和基础》，李常山译，北京，商务印书馆，1977，第 85 页。——译注

蒙运动的世纪绝不是贬低情感的冷漠的知识时代，时至今日，情感仍然令启蒙运动的敌人们生厌。

“反启蒙”一词很可能由尼采首创，并在19、20世纪之交的德国被频繁使用。[①] 尼采为定义叔本华和瓦格纳的观点而创造了它，这并非偶然，因为这一词汇的出现不能仅仅归功于写作《教育家叔本华》(*Schopenhauer éducateur*)的哲学天才，而实际上应该归功于反启蒙正是在“尼采时代”成为真正思想潮流的事实。18世纪末，社会在数十年间发生了前所未有的巨变，反理性主义和反普遍主义革命符合当时社会的需求，因而深入大街小巷。英国著名观念史学家以赛亚·伯林(Isaiah Berlin)自认为是英文Counter-Enlightement(反启蒙)一词的创造者，但该词在1973年以赛亚·伯林使用前就已存在了至少14年时间。罗伯特·沃克勒(Robert Wokler)提到，当时声名远播的美国哲学家、著名左派杂 10
志《党派评论》(*Partisan Review*)的主任威廉·巴雷特(William Barrett)使用过这一词汇。巴雷特是首批将存在主义介绍给同仁的美国学者之一，尼采的这个概念恰好出现在一部存在主义著作

---

① 参考：罗伯特·沃克勒，《以赛亚·伯林的启蒙与反启蒙》(Isaiah Berlin's Enlightement and Counter-Enlightement)，收录于约瑟夫·马里(Joseph Mali)和罗伯特·沃克勒(编)，《以赛亚·伯林的反启蒙》(*Isaiah Berlin's Counter-Enlightement*)，费城，美国哲学学会出版社，2003，第VII页和第26页。沃克勒参考了1877年春夏尼采的《遗作》(*Nachgelassene Fragmente*)，该文收录于《校勘版尼采全集》(*Nietzsche Werke: Kritische Gesamtausgabe*)，柏林，沃尔特·德·格鲁伊特出版社，1967，卷4/2，第478页，22[17]。确实，尼采这样写道：“Es giebt kürzere und langäre Bogen in der Culturentwicklung. Der Höhe des Aufklärung entspricht die Höhe der Gegen-Aufklärung in Schopenhauer und Wagner.”

中也就不足为奇了。[①] 然而，Counter-Enlightement 一词之所以能够获得英语世界的认可，确实要归功于以赛亚·伯林在用词和普及词汇方面天生的敏感度。

如果说法语中本不存在这一术语，那是因为 Gegen-Aufklärung（反启蒙）被平庸地译成“对启蒙哲学的反应”（réaction à la philosophie des Lumières）[②]。人们没能意识到不久前尼采为

---

① 参考：《非理性的人：存在主义哲学研究》（*Irrational Man*：*A study in Existential Philosophy*），纽约，双日出版社，1962，第 274 页：“存在主义就是反启蒙（Counter-Enlightement）最终成为哲学表达”……以赛亚·伯林认为自己是这个词的创造者，1793 年：沃克勒（参照上一注解）参考拉曼·亚罕伯格鲁（Ramin Jahanbegloo），《伯林谈话录》（*Conversation with Isaiah Berlin*），伦敦，皮特·哈尔班出版社，1992，第 67—70 页，其法语译本为吉拉尔·洛里米（Gérard Lorimy）翻译，收录于《为所有自由：对话拉曼·亚罕伯格鲁》（*En toutes Libertés*：*entretiens avec Ramin Jahanbegloo*），巴黎，灵猫出版社，1990。伯林这样说道：“I don't know who invente the concept of ‘Counter-Enlightement’. Someone must have said it. Could it be myself? I should be somewhat surprised. Perhaps I did. I really have no idea.”法文翻译并不完整，它没有翻出“Perhaps I did”。法语译文是这样的：“Je ne sais pas qui a inventé le concept de Contre-Lumières. Quelqu'un a dû prononcer le mot. Est-ce que cela pourrait être moi? J'en serais surpris. Réellement, je n'en ai pas la moindre idée.”（第 93 页）

伯林这段话的中文译文为：“我不知道是谁创造了 Counter-Enlightement（反启蒙）的概念。可能有人说过这个词。会是我自己吗？我自己都有些惊讶。可能是我。我不清楚。”——译注

② 这就是 Gengen-Aufklärung 一词的法文翻译。上文注释中引用的段 22［17］文字翻译如下：“文化发展中或多或少会有些或长或短的曲折。启蒙哲学的巅峰恰与叔本华和瓦格纳对启蒙哲学的反应的巅峰相称。每个小曲折的最高点都最接近浪漫主义的大曲折。”参见《哲学作品全集 III，人性的，太人性的：一本献给自由精神的书 1，遗作残卷（1876—1878）》，巴黎，伽利玛出版社，1988，第 437—438 页。《朝霞》（*Aurore*）中，当谈到“德国人对启蒙时期的敌意”时，尼采以“大反应”（grande réaction）对应“大革命”（grande révolution）：“反应” （转下页注）

了定义一种文化现象创造了这一意义重大的分析性概念。相
反，反哲学家(anti-philosophe)一词的出现与百科全书派学者使
用**哲学家**(philosophes)①一词几乎同时发生。因此，虽然法语中
不存在“反”(anti)或“反对”(contre)启蒙的说法，这一思想本身
却从18世纪开始就已经出现，并一直发展到19和20世纪：随 11
着时间临近20世纪，专注于法国-康德启蒙运动斗争的思想体
系逐渐成为当时世界占主导地位的思想意识。

和启蒙运动完全一样，反启蒙也是一场政治活动，对启蒙运动的抨击在法国大革命前就已展开，且与大革命无关。在这伟大世纪最后二三十年中，发生了颠覆那影响深远的价值观的事件，而其全部意义确实直到下一个世纪才得到认可。早在攻占巴士底狱前，柏克和赫尔德——上文提到过，还有之前的维柯——就发起了战役，对抗法国启蒙运动、对抗理性主义、对抗笛卡尔和卢梭。从1744年维柯出版的最新一版《新科学》到旧制度(Ancien Régime)败落，之间隔了近

(**接上页注**)(réaction)一词在这里就是其字面的、狭义的意思。参见《哲学作品全集IV，朝霞：关于道德偏见的思考》(*Oeuvre philosophiques complètes IV*, *Aurore*, *Pensées sur les préjugés moraux*)，巴黎，伽利玛出版社，1980，197段，第151页。

① “反哲学”一词后来也出现在1751年阿勒芒神甫(l'abbé Allemand)的《反哲学思想录》(*Pensées antiphilosophiques*)或1767年路易·马约尔·肖东(Louis Mayeul Chaudon)的《反哲学辞典》(*Dictionnaire anti-philosophique*)中。该词也曾出现在狄德罗1747年的著作《哲学思想录》(*Pensées philosophiques*)和1767年伏尔泰的《哲学辞典》(*Dictionnaire philosophique*)中。参见达林·麦马翁(*Darrin M. McMahon*)，《真正的反启蒙：法国的情况》(The Real Counter-Enlightenment: the Case of France)，收录于《以赛亚·伯林的启蒙与反启蒙》，前揭。

半个世纪;《人权宣言》起草三十年前,柏克就提出了首次批评,而赫尔德对1769年来*哲学家*所捍卫的原则表示了敌意,他虽然反对法国启蒙运动,却也怀着极大热忱欢呼法国君主专制制度垮台。

当然,启蒙运动分成各种不同的甚至彼此矛盾的流派,就如同质疑它的运动一样:不可能不一样。如果说知识的丰富性、多元化、多样性及其内部的矛盾构成了启蒙思想的基本特征,那么对反启蒙来说,也是如此。不承认多样性是巨大的错误。启蒙运动并不旨在构建结构始终严密的思想体系,更准确地说,它是有着直接实践目的的思想传统;然而,尽管本身存在异质性,启蒙和反启蒙各自内部的所有形式和分支之间还是具有共性的。这就是为什么,伏尔泰与卢梭、卢梭与孔多塞(Condorcet)、孟德斯鸠与狄德罗及其他百科全书派成员,无论他们之间存在怎样的分歧,法国启蒙运动的思想家和他们的主要盟友康德都因某些原则团结在一起,这些原则构成了18世纪这场伟大思想革命的核心。这两个思想传统存在各自的一致性和逻辑,但这不会破坏从18世纪初直到今天的这一阶段所呈现出来的复杂性。

确实,正是出于反对这一看待历史、人和社会的新观点,反对这一新的认知理论,反对康德著名的"Sapere aude"("要有勇气运用你自己的理智")[①],反对那些促进了英国自由精神的建

① 出自康德的《什么是启蒙?》,这句话成为启蒙运动的口号。——译注

立、促成了之后 18 世纪末期的两份权利法案的签订和两次革 12
命的爆发的启蒙运动原则，才形成了反启蒙的所有分支。两个世纪以来，反启蒙思想家们向这些基础原则发起反抗。这就是为什么必须从 17 世纪末英国发生的事件出发进行解读：要想让批评政治理性主义基础的观点站得住脚，从而使对自由主义的批评具有说服力，那么无论如何，1689 年都不能成为新纪元的开始，而只应是古老英国自由精神的复兴。在休谟看来，柏克及其学派所赞同的这一理由纯粹是幻想：英国式自由是革命带来的新精神，而不在于复兴建立在《大宪章》一类文件基础上的所谓旧政体。休谟的全部历史著作都以一个共同的观念作为基础：那些深受崇拜的旧宪章实际上不过是特权名录，手握权力的贪婪贵族们成功地将其强加给了这个天性专制的王国。英国体制的建立基础既非所谓的旧政体，也不是原始政府契约，而是王权与议会之间的政治妥协和相互依赖，因此它也是建立在一种微妙的平衡之上的。①

然而，法国《人权和公民权宣言》正是柏克及其学派控诉的对象。1789 年，洛克和休谟的光芒或许已被掩盖，尤其在欧洲大陆，人们用不同方式来诠释光荣革命，而美国仍然远离权力和文化的中心，无法在文明演变的舞台上扮演先锋角色。而且，反启蒙批评家们竭尽所能想要证明美国英属殖民地起义绝不是在

① 大卫·休谟，《政治论文集》，克努德·哈孔森（Knud Haakonseen）编，剑桥，剑桥大学出版社，1994，引言，第 XX—XXI 页。

与旧制度进行抗争，也不是至高无上的理性向历史发起的反抗。他们中最具智慧的人，比如作家、柏克在德国的译者和阐释者——后来成为梅特涅(Klemens Wenzel von Metternich)的秘书——弗里德里希·冯·根茨(Friedh von Gentz)就认为，《独立宣言》就像是一层思想的外衣，殖民地需要用它来赋予这场独立以史诗般的意义；事实上，他们从未企图用人权来反对历史共同
13 体成员的特殊权利。1800 年初，根茨发表了一篇长文，文中，他致力于区分十三州起义与法国大革命，认为前者单纯是脱离殖民控制的运动，有着节制的、非常明确的、有限的目标，而后者其实是暴力、残忍的重大事件[①]；在他看来，对"自然而不可剥夺的权利"这类有害原则的呼吁应当被视作错误的判断。该文章很快就被时任驻柏林全权公使、后来的美国总统约翰·昆西·亚当斯(John Quincy Adams)翻译成英文。1955 年，这篇已被世人遗忘的文章重新出版，成为冷战时期反对启蒙运动思想之战的一个依据。

从亚当斯到 20 世纪 30 年代的卡尔·贝克尔(Carl Becker)，再到 50 年代罗素·柯克(Russell Kirk)和今天的格特鲁

---

① 根茨在柏林创办了一份思想观念杂志《历史杂志》(*Historische Journal*)，他于 1800 年 4 月和 5 月在其中发表了论文《论美洲革命起源和原则与法国大革命起源和原则的对比》(les Origines et les principes de la Révolution américaine comparés avec l'origine et les principes de la Révolution française)：弗里德里希·根茨，《法国和美洲革命之对比》(*The French and American Revolution*)，约翰·昆西·亚当斯译，罗素·柯克(Russell Kirk)撰写引言，芝加哥，通途出版社(Gateway)，1955。同样可参见第 53 页以及之后的内容。

德·希梅尔法布(Gertrude Himmelfarb),[①]我们注意到,美国
批评家对启蒙运动的批评都沿用了同样的方法,也就是过分
贬低甚至完全忽视自然权利哲学在建立美国社会、国家和民
族中起到的决定性作用。[②] 还能有什么别的方法吗?如果法
国大革命是对上帝、事物自然秩序的反抗并预示着苏维埃革
命的爆发,相反地,如果美国是自由的最后堡垒,那么就迫切
需要忽视美国建国的思想意义,而仅仅将其看作一个比乔治
三世政府更灵活的政府本可避免的事件。无论18世纪末还是
冷战的关键时期,在全世界保守派的眼中,美国独立的意义都
无法与法国大革命的意义相提并论。苏东剧变后,好的“革 14
命”与“乌托邦”的,也就是坏的革命之间的区分又一次被提上

---

① 罗素·柯克,《保守主义的心灵:从柏克到桑塔亚那》(*The Conservative Mind, from Burke to Santyana*),芝加哥,亨利·莱格纳里出版公司,1953(1963年第六版)和他为《反思法国大革命》写的引言,洛杉矶,通途出版社,1955(柯克是当代柏克崇拜的开启者,被视作是20世纪后半叶最有发言权的保守主义者之一);格特鲁德·希梅尔法布,《现代性之路:英法美启蒙运动之比较》(*The Road of Modernity, The British, French, and American Enlightenments*),纽约,克诺夫出版集团,2004;卡尔·贝克尔,《18世纪哲学家的天城》(*The Heavenly City of Eighteenth Century Philosophers*),纽黑文,耶鲁大学出版社,1965(1932年第一版)。这些作家都认为柏克是“主流的”保守主义创始人,是毋庸置疑的真正且唯一的启蒙运动者。参见另一个近期的实例,杰瑞·穆勒(Jerry Z. Muller),和其他作家一样,在他的文集中勉强地把休谟加到了保守主义阵营:《保守主义:社会和政治思想文集》,普林斯顿,普林斯顿大学出版社,1997。

② 参见罗素·柯克为《反思法国大革命》写的引言,第III—XI页。同样参见约书亚·阿里利(Yehoshua Arieli)对卡尔·贝克尔另一部著作《论独立宣言》(*The Declaration of Independence*)的指责:《美国思想中的个人主义和民族主义》(*Individualism and Nationalism in American Ideology*),剑桥,马萨诸塞州,哈佛大学出版社,1964,第369页。

台面，它成为今天无论是美国的还是法国的新保守主义的思想基础。

但显然，假如美国独立战争之后没有发生法国大革命，美国英属殖民地获得独立的影响也就微乎其微了。法国大革命结束了欧洲人口最多、最强大的国家的旧制度，从而让政治在启蒙运动的思想体系中占有一席之位。正是 1789 年 5 月至 10 月期间巴黎发生的事件——紧随其后的是王朝衰落和欧洲战争——决定了 18 世纪末期这场革命在迈向现代性的进程中具有的意义。①

启蒙运动旨在将个人从历史的约束中、从传统而未经证实的信仰的桎梏中解放出来：正是由此诞生了自由主义，洛克的《政府论第二篇》（*Deuxième Traité du Gouvernement*）、康德的《答复这个问题：什么是启蒙》（*Réponse à la question. Qu'est-ce que les Lumières?*）和卢梭的《不平等论》，这三篇精彩的抨击性文章敲

---

① 法国大革命不是法国的而是西方的，这一观点由雅克·戈德肖（Jacques Godechot，《伟大的民族》[*La Grande Nation*]，巴黎，奥比耶出版社，1956，卷 2）和罗伯特·帕尔默（Robert Palmer，《民主革命时代》[*The Age of the Democratic Revolution*]，普林斯顿，普林斯顿大学出版社，1959）在 20 世纪 50 年代发展起来。戈德肖还有另一部著作：《反革命》（*La Contre-Révolution*），巴黎，法国大学出版社，第二版，1984。在这部著作中，戈德肖认为，从 1768 年日内瓦革命起，到 1783—1787 年荷兰发生的起义，再到 1790 年列日（Liège）乡村遭到镇压的起义，18 世纪末的骚动、起义和革命，是反革命者们靠刽子手的双手动摇了《社会契约论》的社会地位。而在上面提到的最后两个事件中，制度最终的重新建立得益于其他国家的介入。在此期间，英国于 1782—1784 年发生暴乱，1782 年日内瓦又一次陷入骚乱之中，独裁者向伯尔尼（Berne）、苏黎世（Zurich）、撒丁岛（Sardaigne）国王和法国国王请求派兵增援。

响了人类自由之钟。虽然法国启蒙运动,或更准确地说法国-康德启蒙运动以及英国和苏格兰启蒙运动酝酿出理性主义现代性伟大的个人革命,与反启蒙相关的个人运动、文化运动和政治运动却不是反革命,而是另一种革命:因而,由此诞生的不是反现代性,而是另一种现代性,它建立在对区分和分离人的一切事物——历史、文化、语言——的崇拜之上,是否认理性有能力、有权利改造人类生活的政治文化。据其理论家的观点,中世纪世界的毁灭造成了人类统一的分裂、破碎和分化,这是
现代衰落的根源。他们哀悼精神和谐的消失,精神和谐是中世 15
纪人生存的基础,一部分被文艺复兴破坏,剩下的失落在宗教改革中。他们悼念那个人终其一生都受宗教引导的时代,在那里,农夫和手工艺者只为自己的工作而活,他们时时刻刻被框在社会中,仅仅做着这一愈发复杂的机器上的一个部件,对天命一无所知。于是,他们没有丝毫质疑就向土地折腰,完成自己在人类文明进程中的使命。人从精巧机器上的零件变成拥有自然权利的个人的那一天,就是现代罪恶诞生的时刻。从柏克到 20 世纪 30 年代的梅尼克(Friedrich Meinecke),他们的目的都在于复兴这一遗失的统一。

个人的视野受到其所属的文化共同体的束缚。维柯认为传统、习俗至上,并提出人首先属于文化的、历史的和语言的共同体。他在批评自然权利理论家——霍布斯、洛克、格劳秀斯(Hugo Grotius)和普芬道夫(Samuel Pufendorf)——的同时,指出并不是人无中生有地创造了社会,而是社会创造了人,其价值

是社会的,因而也是相对的。价值的相对主义构成了批评启蒙运动的重要方面,这一概念造成了巨大破坏。正是这另一种现代性酝酿出 20 世纪的欧洲灾难。

两种现代性矛盾的共存构成两个世纪历史的重大轴心之一,这两个世纪将我们的世界与 18 世纪末的世界分隔开来。这正是历史学家们时常忽视的现象:如果说那个主流的现代性是带来民主的自由主义现代性,那么另一种现代性则走下了 19、20 世纪之交以勒南(Ernest Renan)和泰纳(Hippolyte Adolphe Taine)为代表的高耸的文化之巅,在大街小巷中初步形成了革命的、民族主义的和共同体主义(communitarianisme)的右派——在德国,人们也将其称为"保守派革命"——它是普遍价值的死敌。诞生自 18 世纪下半叶的反理性主义现代性通过抨击个人自主的观点,在百年之后成为了一个极大分裂势力的政治力量,危及民主的根基。20 世纪初,反启蒙现代性有了新的概念,但其内容和功能却没有改变。仍有人视其为眼中钉,就如同在赫尔德和柏克时代的康德、卢梭、伏尔泰以及所有"哲学家"。

16 这里必须要解释一下,这一点非常重要:第二次世界大战结束之后仍在继续的这场战役的主要动力之一,来自以某种自由主义名义发起的攻击。这一与启蒙运动对立的自由主义直到 19 世纪下半叶仍然具有意义并履行着重要职责,而在欧洲大陆工业化飞速发展及大量城市民族化的影响下,新的社会孕育而生,当此之时,反启蒙的自由主义——常常很吸引人,因为它的危害并不总是显而易见——通过质疑个人主宰世界的能力，甚至削弱了民主继续存在的可能。

相比起18世纪与传统敌人，也就是与专制制度的对抗，战后反启蒙的战役要复杂、微妙得多，而这场战役以破坏社会原子化观点为目标，宣布了共同体主义的诞生。不同于今天美国某些共同体中人们认为的那样，整个20世纪，共同体主义对自由主义的修正都被看成是自由主义的衰落，至少是贡斯当(Benjamin Constant)、托克维尔(Alexis-Charles-Henri Clérel de Tocqueville)、穆勒(John Stuart Mill)所理解的自由主义。确实，作为自由主义旗帜的价值多元化必然会走向相对主义。冷战让人们回想起柏克和泰纳建立的对启蒙运动和对法国大革命的批评，并促使这一在整个19世纪得到滋养、发展的反启蒙旧主题重获繁荣。反理性主义的必然结果是相对主义：于是就有了民族相对主义、法西斯相对主义和自由相对主义。后者也是以赛亚·伯林的相对主义，20世纪后半叶，以赛亚·伯林追随着赫尔德开启的思想脉络进行思考，而在这一脉络中梅尼克的著作在两次世界大战期间成为了一根特色鲜明的标杆。

确实，对历史的认知告诉我们：不存在绝对的开端，对历史的信仰也会削弱创始者形象。[①] 但如果一定要给反启蒙的战役

① 汉斯·布鲁门伯格(Hans Blumenberg)，《现代的合法性》(*La Légitimité des temps modernes*)，萨尼奥尔(M. Sagnol)、施莱格尔(J.-L. Schlegel)和特里埃维勒(D. Trierweiler)译，巴黎，伽利玛出版社，1999，第534页。

确定一个准确的时间——这场战役的意义在19、20世纪得到
17 认可——毫无疑问应该是1774年夏天。当时,年轻的赫尔德为了消除法国启蒙运动对德国的影响,在三周内创作出《另一种历史哲学》(*Auch eine Philosophie der Geschichte*),勾勒出第二种现代性的伟大脉络。这正是这位任职于威斯特伐利亚(Westphalie)贝克堡(Bückeburg)的年轻路德教牧师的目的,当时,他发起了对启蒙思想的首次全面进攻:首先是反对笛卡尔,笛卡尔通过理性主义解放了数学和理论物理;反对孟德斯鸠,孟德斯鸠是所有研究人的科学的人都不能绕过的作家,他们以其为基准进行自我定位;反对卢梭和伏尔泰;也以同样的力度反对休谟、罗伯逊(William Robertson)、弗格森(Adam Ferguson)、艾斯林(Iselin)、布朗热(Boulanger)和达朗贝尔,而这里提到的还仅仅是这本并不出名的小书中直接或是间接通过暗讽控诉的作家。

伏尔泰创造了"历史哲学"的概念,或者也可以说是思考历史的哲学方法,这是赫尔德主要、直接的批评对象。考虑到赫尔德确定的几个目标,孟德斯鸠也受到了与伏尔泰一样严厉的控诉,这乍一看或许令人吃惊。其实,通过反对这些法国作家,反对与他们一起的所有伟大的英国启蒙历史学家、思想家,赫尔德将目标对准了整个理性主义现代性。贝克堡小册子出版十年后,与康德的论战也就此展开,现代性两个分支之间的巨大差异进一步加深:一个是承载着普遍价值的现代性,它同时也传达着能够主宰自己命运的个人的伟大和自主,它将社会与国家视作

个人为自由和幸福而战的手段；另一个是共同体主义、历史决定论、民族主义的现代性，在它看来，个人受种族根性、历史、语言和文化的决定与限制。在赫尔德眼中，人从他的祖先、从他降生与长眠的“土地”（Erdscholle）演化而来；人不是好的制度和好的法律塑造出来的，也不由政治打造：政治外在于人，文化构成其精髓。

赫尔德的整个知识生涯，有十年时间都在与康德，也是与他的师长对抗，他也因此而备受瞩目。在这十年的最后，法国旧制度垮台，现代性两个分支的割裂成为历史现实。就在法国-康德启蒙思想通过《人权宣言》以具体的文字传达出来之时——此 18
前，在美洲英属殖民地，启蒙思想在并不那么戏剧化的情况下以同样清楚、坚定的语句得以明确表达——埃德蒙·柏克发表了《反思法国大革命》（*Réflexions sur la Révolution de France*）。在这本伟大的小册子成书之前，他就已于 1756 年发表了《为自然社会辩护》（*A Vindication of Natural Society*），并于 1759 年发表了《关于我们崇高与美观念之根源的哲学探讨》（*Recherche philosophique sur l'origine de nos idées du sublime et du beau*）。

《反思法国大革命》的作者从开始他的政治和思想活动起，就指明启蒙运动滋生出了某种思想阴谋行动，该行动旨在毁灭基督教文明以及其创造的政治、社会秩序。的确，在他看来，启蒙运动的本质在于承认理性判断是唯一合理的判断，是一切人类群体唯一的合法性标准，无论历史、传统、习俗或经验都不能妄想取代理性的角色。柏克清楚仅有这一指责还不能改变人们的决定，于是他又补充道，即使启蒙运动者眼中的社会拥有确保其成员体面生活的能力，这也无法证明或构建该社会的合法性。体面的生活对社会成员来说是不够的：他们要求幸福，换言之，他们要求理想国。柏克与同时期的赫尔德一样，但又独立于赫尔德，他否认理性有权利控诉现有秩序。正如同认为社会是个人意志产物且仅为确保个人富裕生活而存在的观点，人权也是危险的幻想，是对基督教文明的真正背叛。现有事物得到经验和集体智慧的认可，有理由存在，这些理由并非时时刻刻都清晰地呈现在每个个人面前，但凡是出现在历史中的就是神意志的产物。因此，无神论是另一种毁灭文明的方式。正是因为崇拜历史、尊重所建教会及其杰出分子，社会才能够存在：用新人替代权威的教会人士，破坏经验所认可的政治体系和数百年以来的传统，打击教会势力，这就相当于野蛮人进攻文明国度。所以需要借助力量来保证既有事物的持久性；捍卫特权就是捍卫文明。换言之：一切都是合法的，一切都被允许，所有能用来挫伤法国革命的方法都是好的。应该动用英国的全部力量来阻止对一切既有的且应保持神圣性的事物的反抗。

19 事实上，柏克是这场思想之战原则的真正的发起者。他创造了“遏制”(endiguement)的概念，这一概念在冷战时期盛行。柏克在美国尝试了这一同样适用于之后苏维埃政治集团的containment(遏制)过程：将移民者与其本国隔离开，以遏制他们通过具体语言表达对自然权利的诉求，阻止他们追随 1689 年英国革命，以便将罪恶限制在那片远离欧洲的土地上并防止其波及到欧洲。但当法国爆发启蒙运动的革命，遏制无法继续回应时代的需求：只有彻底的战争才能满足英国自身门户的要求，才能保住西方文明的内核。

因此，这位伟大的英国议员并非自由保守党——传统称为托利党（tory），这也是欧洲大陆通行的说法——的创始人，而是如今被称作新保守主义的政治势力的先驱。真正的自由保守党人，比如托克维尔和英国的阿克顿（John Emerich Edward Dalberg-Acton），或离我们更近的列奥·施特劳斯（Leo Strauss）和雷蒙·阿隆（Raymond Aron），他们担心权力的腐蚀力量。他们继承自孟德斯鸠和洛克，如果说他们从《论法的精神》中汲取了养分，他们也极大程度地将自己的信仰归于《政府论第二篇》：通过分权和激发个人反抗权威的能力来确保自由是他们的重要目标。与之相反，新保守主义的支持者们为国家力量着迷：他们不像传统自由派那样希望限制国家对经济和社会的干预；相反，他们力求按照自己的设想打造社会和权力。

柏克和赫尔德尽可能地根据不同社会背景发展自己的思想，其间，赫尔德大量写作，尤其在 1789 年前完成了又一大作《人类历史哲学观念》（*Ideen zur Philosophie der Geschichte der Menschheit*）。无论是他们的知识储备还是直接目标都不尽相同，但是从原则上说，他们都表现出并代表着 18 世纪价值观的逐步颠覆。死于 1744 年的维柯在柏克和赫尔德发起战役之时，几乎还是默默无闻。在对个人自主的首次重大抨击中，他们各执一面。他们对大革命的看法也完全不同——如何不同我们之后再做展开——但他们反对建立在普遍价值基础上的理性主义文明和个
20 人主义文明的理由都十分接近，尽管并非完全一致。他们各自有各自的方法，一位是哲学家、文学批评家、从不涉足政治领域的理论家，另一位是政治思想家，同时又是游刃有余的政治家。他们创造的不是反对现代性的重要脉络，而是勾勒出另一种现代性的轮廓。

柏克和赫尔德的历史影响无论从当时还是长远来说都并不夸大。确实，这是英法两国 18 世纪思想体系——康德的哲学正是建立在此基础上——受到的首次抨击，二人的反对确立了之后两个世纪的反启蒙理论框架。19 世纪的最后几年，承袭自赫尔德和柏克的理论得到发展，其中加入了不少特有的元素，尤其是对思想生活、对历史和文学论述有着深刻影响的文化决定论概念，这一概念早在达尔文主义和戈宾主义(gobinisme)出现之前就已存在。它之所以进展得如此顺利，主要是因为 18 世纪末的文化决定论——的确，很难将其与种族决定论以及之后的人种决定论分离开来——就已经是反对启蒙运动不可分割的一部分。

第一代反启蒙思想家目睹了 1789 年世界的颠覆。卡莱尔(Thomas Carlyle)、泰纳、勒南代表了瓦解启蒙思想的第二次浪潮，面对 19 世纪 30 年代初英国的以及 1848 年后和 1870 年后法国的政治生活民主化，这一浪潮持续高涨。1867 年英国第

二《权利法案》、巴黎公社、第三共和国建立,这些预示着卡利
班(Caliban)的诞生。在这样的背景下,人们开始反思西方文
明及其中世纪遗产的破灭。中世纪文明是一种沉浸在对上帝
的恐惧之中的有组织的集体文明,本质堕落的民主令它饱受
摧残,同时它还受到“物质主义”的影响。之后一个半世纪内
的反理性主义现代性的批评路线就此确定。卡莱尔和泰纳书
写了这一漫长的衰落史,他们又与勒南一起分析病症、开出药
方:根除个人无所不能的观念,重建有组织的共同体,终结普
选和平等的闹剧。他们的著作从方方面面呈现了对法国衰落
的思考,其思想与赫尔德从法国带回的《我在 1769 年的游记》
(*Journal de mon voyage en l'an* 1769)一脉相承。法国一直是启蒙
运动带来的理性主义文化的化身,它被民主的空头支票和卢 21
梭留下的遗产消磨殆尽。这些思考提出之时,欧洲的实力恰
好达到巅峰,法国很快就要自居第二大殖民帝国,它所建立的
平等是过去任何时候、任何其他地方都无法比拟的。赫尔德
和柏克不也是在法国正准备向世界展现其不同寻常的生命力
时,对它的衰落产生了兴趣吗?因为,在启蒙运动的敌人看
来,一个将理性主义、普遍主义和个人至上观念作为行为准则
的世界,将不可避免地走向衰落。

然而,如果说处在 19 世纪中期的欧洲仍然保有着某种二元性,那么其最后二十年则不复如是。当时,工业化令欧洲大陆的面貌飞速转变,在这一新的社会和政治背景下,反启蒙凭借一种当时尚不为人所知的力量脱颖而出。与人们所认为的

不同，20 世纪的开端并非第一次世界大战。20 世纪的诞生还要再早 20 多年，当时的世界正在以令人难以置信的节奏发生改变，新的生活方式、创新技术和科技同时出现，经济增长、政治生活民主化、义务教育真正成为现实，而这些对上一代人来说还仅是幻想。当反启蒙成为大众现象，当新近实现的民主、政治自由和普选被众多城市民众视为民族和文明的威胁，20 世纪终于到来了。

在这新的背景下，在 19、20 世纪之交，反启蒙的第三次浪潮升起，朝着两次世界大战间隙的欧洲汹涌而来。反理性主义、相对主义和民族共同体主义始终是反对启蒙运动、反对 89 原则之战的三大支柱，它们一直履行着同样的职责：与人道主义、与备受嘲讽的普遍价值、与民主斗争。19 世纪末 20 世纪初，在这个巨大的思想试验场上，欧洲的灾难正在酝酿之中。对衰落、对可怕的大众文化以及对崇拜大众精神的思考时常是在原原本本地照搬赫尔德和柏克、卡莱尔和泰纳，还有勒南的思想主题。莫拉斯(Charles Maurras)重述的不仅仅是迈斯特
22 (Joseph de Maistre)的思想，也是贯穿柏克思想的主要原则。读斯宾格勒(Spengler)，我们会听到赫尔德思想的巨大回音(这并不表示斯宾格勒的全部思想都可以在赫尔德那里找到)。但时常有人认为《西方的没落》(*Déclin de l'Occident*)的作者的思想与赫尔德无关，甚至反对赫尔德，这根本没有说服力。克罗齐(Croce)的批判比法西斯政权上台早了 20 年，他支持梅尼克的历史主义，步步紧逼启蒙哲学、自然权利理论、人道主义和

民主（“虚无”）。①

梅尼克选择在1936年猛烈攻击法国启蒙运动、为德国的特殊性辩护、颂扬生活中自发且非理性的方面并抱怨西方理性主义不能理解它们，这似乎是一个有些糟糕的选择。然而，正是在此期间，梅尼克诠释了历史主义的本质，并将其与赫尔德联系在一起："历史主义的核心是用个体化的观察来替代对历史进程中人类力量的普遍化观察。"②正如所有宏大概念一样，历史主

---

① 弗里德里希·梅尼克，《历史主义的兴起》（*Die Enstehung des Historismus*），慕尼黑，奥尔登堡出版社，1959。"historismus"（历史主义）一词最早出现在1797年弗里德里希·施莱格尔（Friedrich Schlegel）的著作中，该词起初的含义与后来的含义接近，但不完全相同。1857年，一部关于维柯的著作从上述这一概念中得出了史观的核心，认为人除了历史的现实外，不能了解任何现实。整个19世纪和20世纪初，对历史主义的思考都在继续，并在梅尼克那里达到高潮。想要理解这一概念的各种含义及其发展历史，可参阅另一部著作，其中也有大量的传记：乔治·伊格斯（George G. Iggers），《历史主义：该词的历史和意义》（Historism：The History and meaning of the term），《观念史杂志》（*Journal of the History of Ideas*），卷56(1)，1995，第129—152页。同样可参考：伊格斯，《德国历史概念：从赫尔德至今历史思考的民族传统》（*The German Conception of History*：*the national tradition of historical thought from Herder to the Present*），米德尔敦，卫斯理大学出版社，1983（1968年第一版）。

② 梅尼克，《历史主义的兴起》，第2页："Der Kern des Historismus besteht in der Ersetzung einer generalisierenden Betrachtung geschichtlich—menschlicher Kräfte durch eine individualisierende Betrachtung."同样参见英文版：《历史主义——一种新历史观的兴起》（*Historism. The Rise of a New Historical Outlook*），安德森（J.-E. Anderson）译，以赛亚·伯林作序，伦敦，劳特利奇 & 开根·宝罗出版社，1972，第LV页："The essence of historism is the substitution of the process of individualising observation for a generalising view of human forces in history."同样参见第2—4页（英文版第LVI—LVII页）。

译文参考：弗里德里希·梅尼克，《历史主义的兴起》，陆月宏译，南京，译林出版社，2010，第2页。——译注

义——德语原文为 Historismus——的观念根据所研究的不同社会和不同等级会有不同的分支。[①] 但这些分支拥有一个共同基础：历史被理解为人类进程，就其内在现实而言，除了我们赋
23 予它的肯定意义，还有着对自然权利、理智主义、普遍主义和理性主义的否定。由此可见，历史主义打破了人类共有本质的观念，打破了孕育出普遍自然法的普遍理性观念：它们不过是空洞甚至虚构的抽象观点。根据梅尼克自己的解释，从赫尔德到梅尼克，历史主义是一种反抗现象，反对人"基本上都是一样的……"观点。因此，历史主义否定"从古代流传下来的占据支配地位的自然权利观念，[自然权利观念]肯定了这个对人性的并首先是人类理性的稳定性的信念"。它反对"自然权利理论，[自然权利理论]指出理性[……]以同样的声音讲话，发表同样的永恒的绝对有效的真理，这些真理总体上来说与那些在宇宙中支配性的东西融洽一致"[②]。

梅尼克是特勒尔奇(Ernst Troeltsch)的追随者，1925 年，特勒尔奇在《德国精神与西欧》(*Deutscher Geist und Westeuropa*)中将西方精神的特征描述为对自然权利、人类的统一性及某些普遍

---

① 本书中全部采用"Historisme"(历史主义)一词，而不是"Historicisme"(历史决定论)，后者是一个中性词汇，与前者所包含的意义明显不同，前者是梅尼克使用的，承载了很高的思想使命，并且符合本书探讨的问题。

② 梅尼克，《历史主义的兴起》，前揭，第 2—4 页(英文版参见第 LVI—LVII 页)。

译文参考：弗里德里希·梅尼克，《历史主义的兴起》，陆月宏译，前揭，第 2—4 页。——译注

价值的信仰。相反地，德国精神被定义为历史的多元化概念和富有生命力的民族特性，并且这些特性没有一致的衡量标准。[1]两位历史学家论述的是德国区别于西欧的地方，但事实上这也是割裂启蒙现代性与反理性主义现代性的深堑，而德国不能独霸反启蒙理性主义和反普遍主义的战场。从理性主义、自然权利和这个不服从天意的世界的第一要敌维柯到他的两位仰慕者克罗齐和索雷尔(Georges Eugène Sorel)，从赫尔德到梅尼克、到巴雷斯(Maurice Barrès)、到斯宾格勒，所有这些反启蒙思想家，无论其所处领域和时代，都推崇个别，拒绝普遍。

是赫尔德将文化造就历史的观点搬上欧洲舞台，虽然各文
化之间并非无法沟通，但它们还是视外来事物为自身本真性的
威胁。而且，正如赫尔德对法国的观察，那些文化很快成为法国
文化的对手，这恰好与伏尔泰、孟德斯鸠和卢梭的观点相左。每
个文明都有其本身独有的价值；每个文明都会登上顶点，也会遭 24
受不可逆转的衰落。通过推崇历史、文化特性，赫尔德建立了历
史主义，并构建起价值和真理的相对主义，这一相对主义确实导
致人类分裂，打破了认为人类以同样步伐迈向时代终点的观点。
然而，与维柯一样，赫尔德也是个基督教徒，相信掌控历史的上
帝引导人实践善行。上帝以此实现教化众生的计划，然而，既然
每个民族都直接由上帝创造而来，主张持续进步的理性主义观

① 马克斯·鲁谢(Max Rouché)，《赫尔德的历史哲学》(*La Philosophie de l'histoire de Herder*)，巴黎，语言文学出版集团，1940，第583页。

点就必然会消失。从赫尔德到梅尼克,历史主义的脉络形成,但赫尔德的二元论却逐渐变得模糊,他的二元论与他的基督教信仰密切相关,梅尼克也曾提到过这一点,并且保留了二元性的个别踪迹。可到了斯宾格勒,这一 19 世纪尚存的二元性已消失得无影无踪。因为,历史主义,或者说文化和人的不可磨灭的特性,正是被用于指明理性主义现代性与其反命题之间的鸿沟。当斯宾格勒指明在世界上存在多种多样、数不胜数的文化、习俗、法则或行为时,他所做的不仅仅脱离了价值判断的中性的客观描述,其直接影响是催生了广义的相对主义。斯宾格勒的这种相对主义要比赫尔德的更加有力,但二者的原则一致。斯宾格勒的相对主义是完整的相对主义,从某种意义上说,莫拉斯就是从中悟出了他自己的民族主义的本质。赫尔德的步伐不够坚定,却已颇具章法,他的相对主义是导致欧洲世界分裂的连锁反应的第一环。赫尔德抨击法国思想,尼采抨击英国思想,到 19 世纪末 20 世纪初,这条路线仍未改变:如同百年之前那样,针对的仍然是并且始终是理性主义、进步观念、功利主义,以及人权与平等权。

20 世纪 50 年代,反法国启蒙运动的历史主义抨击对冷战
一代的影响突显出来。极权主义(totalitarianisme)正是在那时
创立起来,以赛亚·伯林是中流砥柱之一,他醉心于维柯和赫尔
德,还有马基雅维利(Machiavel),他仰慕梅尼克,猛烈抨击卢
25 梭,相比起托克维尔和约翰·穆勒,他的思想更贴近柏克。伯林
登上学术舞台之后,反启蒙的辩论发生了新的飞跃,范围也得以

扩大。确实,在 20 世纪中期,对启蒙运动和现代性的思考一直在两场革命的阴影下发展,就 20 世纪 50 年代的观点来看,这两场革命几乎是连续发生的。1972 年,伯林为梅尼克成书于 1936 年的《历史主义的兴起》的英文版作序,该篇序言广受好评,他还写了其他一些有关赫尔德和维柯的文章,同样获得赞誉。这些书籍被广泛阅读,主要是因为,伯林与阿伦特(Hannah Arendt)、塔尔蒙(Jacob P. Talmon)一样,他在呈现柏克和泰纳的伟大思想脉络的同时,正好触及当时自由主义知识界的敏感之处。对于冷战的灾难,极权主义学派给出了简单而夺人眼球的解释:世界笼罩在布尔什维克威胁下,布尔什维克就是现代的雅各宾主义。面对这样的形势,《维柯与赫尔德》的作者指出了反对理性主义现代性和反对主张人类进步的积极观点的三代人所共有的标准和原则。

伯林是 20 世纪 50 年代末以后极具威望的人物,他在英语文化世界享有无可比拟的地位。他逝世于 1997 年,时至今日,美国一些思想领域仍认为他是真正值得崇拜的对象,甚至达到不可及的高度。所有知道他的人都认为他不是一个普通人。童年时期,他就离开家乡逃往英国。他忠实于他的犹太出身,终其一生都初心不改地致力于犹太民族主义事业。伯林学问广博,很早就登上了自己教育生涯的巅峰。20 世纪 60 年代初起,他就成为受教育大众最耳熟能详的英国思想界人物,他通过讲座和文字与大众对话。1957 年,女王授予他爵士称号,1966 年他成为牛津大学沃尔夫森学院(Wolfson College)院长兼创始人,

1970 年任不列颠学院(British Academy)主席。纵观其学术生涯,无论是在这个收养他的国度,还是在整个英语世界,他都扮演着第一位的角色:当牛津大学所有思想家的学问都陷入分析哲学的套路中时,伯林拯救了观念史,并确保了其作为独立学科的地位。

伯林是自由的捍卫者,他从这一角度出发,反对启蒙运动,他的反对极具代表性,哪怕仅仅因为他继承了梅尼克早在 40 年前所提论点的核心,他的思想也值得人们思考。伯林是"温和
26 的"反启蒙的绝佳代表,在他和梅尼克看来,反对理性主义、普遍主义和自然权利之战与助长法西斯主义和纳粹主义之间似乎并不存在因果关系。的确,在伯林生命的最后几年,他接受了众多采访。在其中的一场采访里,他说了几句赞扬启蒙运动的话语,但总的来说,他的著作都还是属于那个全面否定启蒙根基和原则的派系。[①] 伯林有时似乎并没有真正意识到其思想的意义,或者说意识到开始于赫尔德的这一思想脉络所具有的意义。他极力关注冷战,发起对卢梭的抨击,随后又反对"积极"自由(liberté positive),并以多元化的名义书写"消极"自由(liberté négative)的颂歌。他的系列文章,尤其是《反潮流》(*À contre-courant*)和《扭曲的人性之材》(*Le bois tordu de l'humanité*),为今天理性主义和普遍主义的敌人提供了大量佐证:在后现代主义诞生之前,在如此

① 以赛亚·伯林,《为所有自由:对话拉曼·亚罕伯格鲁》,吉拉尔·洛里米译,巴黎,灵猫出版社,1990。参见本书第三章。

政治化的背景下,尽管他的思想零碎且其中有很多歧义的地方,他还是证明了人们可以从自由主义的立场出发撼动启蒙运动的根本。罗杰·奥舍尔(Roger Hausheer)应伯林要求为《反潮流》撰写引言,其中他非常明确地指出:伯林认为法国启蒙运动的原则有悖于好的社会的原则。不仅如此,伯林对启蒙运动的阐释也承继了赫尔德和柏克被一代又一代人不断重复的观点。如今,这些久远的思想又一次有力地重现在新保守主义中。

于是,所有扎根于启蒙原则的观点与力求取代这些原则的思想体系之间的永恒对抗成为这个世界的常态。这一冲突的表现形式和范围可能会有所变化,可能某一方面会优先于另一方面,但是,18 世纪中期开始,反启蒙就已经进入了思想界和政治界的视野。

这里,必须强调,这一流派思想家的影响大多是在其主要著作发表后多年才被人们意识到。但是他们中的每一位都是立刻取得了巨大的成功。从柏克到泰纳、勒南、卡莱尔、莫拉斯、巴雷斯、克罗齐和斯宾格勒,再到梅尼克,这里探讨的每一位都是成功的作家,哪怕不是学界认可的大师。同时,他们都被视作与不 27
同文明对抗的斗士。从赫尔德和柏克对法国-康德启蒙运动的理性主义文明和反基督教文明发起猛烈抨击,到伯林动员反共产主义思想之战——他从共产主义中看到了根植于卢梭和 18 世纪的思想、道德根源。用伯林的话说,他们都是“反潮流”而上。

确实,主流是法国-康德启蒙运动的潮流,是民主和人民主权——卢梭、边沁(Jeremy Bentham)、穆勒和托克维尔定义的人民主权——是一种自由与平等并存、平等与人民自主和人民主权并存的体制,在这一体制中,自由不仅意味着每个个体圈子之间互不干涉,而且个人始终拥有主宰自己命运的权利。这些人都提倡不墨守成规,拥有为捍卫文明而战的意识。赫尔德和柏克,一位是哲学家,一位是政治家,他们共同对抗启蒙哲学的泛滥,前者反对理性主义和自然神论,后者反对可追溯到洛克的自由主义传统。卡莱尔向将英国引上民主之路的两次《权利法案》提出抗议;勒南和泰纳力求将他们的国家以及整个西方文明从法国第三共和国的胜利民主中拯救出来。20 世纪初,克罗齐继续前人的努力,欢呼法西斯主义兴起,庆祝它颠覆了遭人唾弃的 18 世纪,同样,斯宾格勒为魏玛政府垮台做出了强有力的贡献。莫拉斯从 1940 年法国的挫败中看到了埋葬法国启蒙运动、89 原则、大革命和共和国的机会。面对被左派知识分子群体——大多带有共产主义色彩——精神统治下的欧洲,伯林沿着梅尼克的轨迹,又一次发起对理性主义启蒙运动的控诉。在所有这些思想家看来,理性主义是罪恶的根源:它导致物质主义,导致乌托邦,导致认为人能够改变世界的格外有害的观点;它扼杀本能和生命力;它几乎打破了团结民族共同体成员的血肉联系;它让我们生活在一个空想的世界里。如果说
28 所有这些不守成规的人出于维护少数派的意愿,最终都会打造出另一种新形式的保守主义,并将很多观点推为被接受的观点,这不是偶然的。

国家角色的概念直到20世纪都是反启蒙思想的重要元素。在国家力量限制民主推行、服务于精英阶层、推进不平等之时，这里分析的思想家，除20世纪后期作家伯林外，都未对此感到畏惧。卡莱尔第一个为此作证，他们不是**自由放任政策**(lasser-faire)的狂热信徒，也不是反对国家的个人自由捍卫者：在墨索里尼获取权力的最重要阶段，克罗齐毫无保留地予以支持。他们与“守夜人”(veilleur de nuit)国家的观念相左；相反地，像这样强大的政府几乎不会令他们感到恐惧，尚武国家亦是如此。他们认为战争合理且必要，是一个共同体生命力的表现。他们都醉心于大革命军队赢得的胜利，醉心于拿破仑专政，醉心于1870年普鲁士在法国的胜利，醉心于公社溃败和一战期间民主进程的放慢。他们都践行着一种或者说另一种民族主义形式。

在他们看来，遏制并缓和潜在革命势力、保护不平等并不意味着要抛弃经济力量自由博弈——自由博弈不可避免地带来贫困，并因而产生暴动和革命——的工业化孕育出的新兴社会阶层。赫尔德出身东欧国家，他所生活的社会直到其死后半个世纪才真正受到工业化波及，因而只有他未曾注意到那些新社会阶层的兴起。相反，柏克的恼怒主要针对新兴城市中心的崛起，并且他是出于担心这些新兴城市中心影响政治生活，而强烈反对一切选举制度改革，因为任何改变都有可能撼动与商业大资本家联合的贵族的权力。他也将自己在布里斯托(Bristol)的选举归功于他赞成与美洲殖民地移民者妥协的主张(这座港口城市的繁荣主要依赖大西洋贸易)。其思想的所有继承者都为之

后两个世纪严酷的现实所困扰，准确地认识到国家为了引导和管理民主而介入经济生活时所扮演的角色。平均主义的空头支
29 票被定义为破坏事物自然秩序、纯粹蛊惑人心的幻想，随着 19
世纪社会的发展，遏制空想平均主义使国家的角色出现偏离。不可避免的民主化、逐渐扩大的普选人群（男性）没能调和反对启蒙的自由党人与民主原则之间的关系，而是让他们接受了令人不悦的——对他们来说也是危险的——政治民主现实。包括克罗齐在内的一些人至死都在与民主抗争：此后，斗争转向维护新土地上的社会精英和文化精英，必须保护受义务教育威胁的高尚文化。限制民主的效果、将民主限定在普选范围内以防止其泛滥始终是这一新形式自由主义的基本目标，我将其称为“有限的自由主义”（libéralisme bloqué）。首先涉及的是投票权：在1830—1870 年这关键的几十年中，卡莱尔、勒南和泰纳竭尽所能阻止在法国和英国推行普选（男性）。由于害怕形成“积极自由”——伯林于 20 世纪 50 年代末给这一说法下了定义，也就是个人拥有自由决定谁有权利以其名义管理政府、施加权威、有效利用多数法则影响经济和社会——而产生了对文化水平持续下降的忧虑：面对高尚文化遭到系统性破坏，面对其在社会生活中丧失所属地位的忧虑，类似卡莱尔、勒南、泰纳、克罗齐或梅尼克所提观念的观点不断涌现。

这就是为什么对没落的思考在他们的思想中占据了核心位置。这也是为什么直到至少 20 世纪中期的欧洲和今天的美国，确保社会健康发展的宗教——通常但不总是没有信仰且非形而

上学的宗教——始终扮演着关键角色。所有这些思想家均不认为资产阶级社会在道德方面值得任何尊重，但他们将私有财产视为既定秩序神圣而不可侵犯的支柱。他们是观念史学家和文化批评家，也自称哲学家。他们都认为国家是杰出的社会组织框架。在他们眼中，国家带来的团结比任何其他社会纽带都更加牢固。柏克也被视作民族主义建立者之一，这不是偶然：他的资格不如赫尔德那么明显，却也名副其实。

还应强调，虽然启蒙运动的蔑视者们并不都是旧制度全部 30
遗产的狂热信徒，但大概除了赫尔德以外，他们中的大部分都认为这种社会组织形式具备足够的优点以说明法国大革命的爆发并非真正有理有据。柏克在他的《反思法国大革命》中提到了一个繁荣的、总之是幸福的国家，它由一位仁厚的、心系臣民福祉的国王统治。柏克确立了之后两个世纪的论证脉络：即使既定秩序未臻完善，它也能够为人们带来体面的生活，或者说文明的生活。西方文明、伟大的基督教文明要想确保自身的持久性，就不能触及其本质的现实。但启蒙的敌人——这个词重复多少遍都不为过——并不在于回到过去。他们怀念的不是最近的过去，而是精心挑选的一段历史，可以说，至少直到 20 世纪初，他们追忆的都是那个崇尚骑士精神、信仰基督教的中世纪以及其有机的文化。

本书从作家对当时精神生活直接且即刻的影响以及其著作的典型性和象征性出发，有选择地进行分析。这项工作的重点正是那些难以准确定性的人物，他们的思想并非始终一致，因而容易被简单的分类遗漏。他们是“参与演出的观众”，他们从未明确地表达过自己的立场，却因此最值得关注、最说明问题。①他们的一些著作中存在着某种二元性，产生了坚持人在进化且事件对人有影响的矛盾观点。他们也可能会在几年或是几十年后改变自己的立场。更有甚者，这些作家编织出一张张多变而复杂的网络。他们都赞同行动是思想的目的。他们关心他们的世界，不仅是为了理解并学会在这个世界中生活，更是为了像马
31 克思说的那样改变世界。在他们看来，思想与行为紧密相关；他们都是有政治倾向的知识分子，都毫不犹豫地赞同勒南写于色当战役之后的自白：“我极力避免被指责不关注我的时代和我的国家，这是每个国民都必须关注的。[……]在宣称哲人只能研究纯粹思想以前，必须非常确定他已经用尽所有机会发出理智的声音。”②在赫尔德生活的社会，公共事务是少数围绕在君主

---

① 这就是为什么本书研究的主要对象不是法国大革命和民主的传统敌人，不是那些思想始终一致的人，尽管从整体上来说，我们的研究无法绕过他们。在其他相关作品中，还有三部可以作为参考：阿尔伯特·赫希曼(Albert Otto Hirschman)，《反动的修辞》(*Deux siècles de rhétorique réactionnaire*)，皮埃尔·安德勒(Pierre Andler)从英文本译，巴黎，法亚尔出版社，1991；史蒂芬·霍姆斯(Stephen Holmes)，《反自由主义剖析》(*Anatomy of Antiliberalism*)，剑桥(马萨诸塞州)，哈佛大学出版社，1993；理查德·沃林(Richard Wolin)，《非理性的魅惑，向法西斯靠拢：从尼采到后现代主义》(*The Seduction of Unreason, The Intellectual Romance with Fascism: from Nietzche to Post-Modernism*)，普林斯顿，普林斯顿大学出版社，2004。

② 恩斯特·勒南，《法兰西的精神改革与道德改革》(*La Réforme intellectuelle et morale de la France*)，收录于《精神改革与道德改革》，巴黎，卡尔芒-莱维出版社，第12版，《全集》(*Oeuvres Complètes*)，[1929]，序言，第II—III页。

身边的达官显贵的特权;除赫尔德之外,所有这些思想家都醉心政治,他们将现实引入历史思考,他们都通过历史参与到政治之中。本书探讨的作家既是观察者也是参与者。他们中没人进行过系统的政治尝试,但都为了对当时产生影响而出版政治思想著作,用笔杆发起思想斗争。而赫尔德、柏克、卡莱尔、勒南等人忙于抨击启蒙思想的同时,也创作出不少经典的政治思想著作。

然而,因为所有这些作家关心的具体问题所涉及的范围几乎涵盖了方方面面,其答案也自然应该拥有某种普遍价值。他们都不仅是史学家、文化批评家,或是他们自己定义的“历史哲学家”,也不仅是观念史学家、艺术史学家、宗教史学家、文学史学家,他们还是有名望、有才华的政论家,参与到各自国家的公共生活之中。即使他们并非终其一生都活跃在政治领域,他们也不时地参与其中。比如柏克,他就是那样作为最伟大的知识分子之一而成为政治家的。比如巴雷斯是巴黎国民议会议员,比如克罗齐在20世纪20年代任众议员、参议员、部长,再如勒南于1863和1871年先后两次议会选举落败。他们书写过去的时候都在思考现在,他们关注过去只是为了在那里找寻他们所处时代的热点问题的答案。如果这是一种指责,吉本(Edward Gibbon)已经用它指责过伏尔泰了。

但是,反启蒙思想家对启蒙运动者不断提出的最常见的指
责就是他们从未离开过他们的书桌、从未脱离过空想的范畴,因 32
此他们曲解了世界的现实。这一无稽之谈最先出自当时最杰出的国会辩论家之一柏克之口。这当然是妄论,因为启蒙运动的

伟大思想家们绝非沉浸在纯理论化的问题中，他们首先思考的是当时的政治和社会问题。而且，他们大多担任重要政治职务，比如杜尔哥(Anne Robert Jacques Turgot)、孟德斯鸠或包税人爱尔维修(Claude Adrien Helvétius)，比如伏尔泰和马布利(Gabriel Bonnot de Mably)为阁员及其内阁工作，再如休谟，他先是英国驻巴黎大使秘书，之后做了6年代办。不仅如此，正如丹尼尔·罗什(Daniel Roche)指出的那样，各省地方学府作为反抗旧制度之战的前沿阵地和主要组织，服务于他们所在的城市、省份和国家。① 有趣的是，两个世纪以来，启蒙运动的敌人们不断控诉法国启蒙运动者不现实、想法子虚乌有，却往往不会以此控诉18世纪的德国人；而如果存在一类与政治生活分离的知识分子，那正是曾经的德国人。但从小费希特(le second Fichte)和黑格尔起，他们也和法国大部分哲学家和作家一样在为现有秩序服务，他们被看作实践者，他们意识到管理人民的艰辛。

---

① 凯斯·迈克尔·贝克(Keith Michael Baker)，《论法国大革命的思想起源问题》(On the Problem of the Ideological Origins of the French Revolution)，收录于多米尼克·拉卡普拉(Dominick LaCapra)和斯蒂文·卡普兰(Steven L. Kaplan)，《现代欧洲思想史——新评价和新视角》(*Modern European Intellectual History. Reappraisals and New Prespectives*)，伊萨卡，康奈尔大学出版社，1982，第207页，文章引用丹尼尔·罗什，《外省的启蒙时期——法兰西学术院和外省的法兰西学术院院士，1680—1789》(*Le Siècle des Lumières en province. Académies et académiciens pronvinciaux, 1680 - 1789*)，巴黎，绵羊出版社，1978，卷1，第206页。同样参见：丹尼尔·罗什，《启蒙运动中的法国》(*La France des Lumières*)，巴黎，法亚尔出版社，1993；《启蒙运动中的世界》(*Le Monde des Lumières*)，文森佐·费罗内(Vincenzo Ferrone)和丹尼尔·罗什主编(译自 *L'Illuminismo: dizionario storico*)，巴黎，法亚尔出版社，1999。

由于柏克和赫尔德之后的所有作家都极其关注并大量阅读
彼此的著作,反启蒙思想之间也存在着内在联系。在今天研究
他们著作的观念史学家看来,这些文本是第一手资料,而同时他
们每个人都解读过之前的观念史学家、文化批评家、政治哲学家
以及有威望的政论家的思想。所有这些作家,从柏克和赫尔德
到伯林,攻击的常常是经过歪曲的启蒙运动,而不是其现实,这
构成了一个有趣的现象,并且这一现象并非没有意义——我们
将在下文进行讨论。我们知道,研究事件的影响是最复杂的研 33
究,但就本书的情况来说又相对容易:泰纳大篇幅地讨论过柏克
和卡莱尔,梅尼克也进一步延伸了柏克的思想,写了一百多页有
关赫尔德的文字,更不用说他还回应了卡西尔(Ernst Cassirer),
勒南认为赫尔德是柏拉图之后最伟大的哲学家,卡莱尔醉心于
德国,将青年赫尔德所处的狂飙突进运动(Sturm und Drang)时
代的思想引入英国。梅尼克带着狂热崇拜的心情研究赫尔德,
克罗齐也同样满怀激情地阅读维柯,他用以赞颂《新科学》作者
的一些词句在20年后又出现在梅尼克和伯林的文章中。1895
年,乔治·索雷尔完成了对维柯的长篇研究,比克罗齐早了15
年。意大利社会科学的创建者们受到克罗齐的启发,加入18世
纪思想最严厉的敌人之列,他们引用的泰纳的文字同样不胜枚
举。伯林几乎是心醉神迷地书写着维柯、赫尔德和梅尼克。他
陶醉在对法国启蒙运动的抨击中,并以自己的方式解读前人的
著作,为反启蒙政治文化之链加入新的一环。

因此，本书致力于阐述并再现反启蒙思想家们所有矛盾之外的共同思想基础。首先，我认为观念、政治和文化之间的关系是直接关系。其次，我不想在这本书中事无巨细地还原某一文化、思想和政治的现实，也不打算准确地展现出每一个作家全部的复杂性，而是指出这一现实的本质与典型。

确实，如果观念史学家不想只呈现简单的叙述——无论是按年代还是按主题分类——如果他想要囊括各种文化现象，就不得不学习托克维尔，他总是探究“主要思想”（idée mère）。①
34 该原则真正的创始人是孟德斯鸠，泰纳引用托克维尔创造的术语再现了这一原则②，随后马克斯·韦伯（Max Weber）将其更加清楚地表述为“理想类型”（idéal type）。在韦伯看来——这一点我们都知道，但是重复一下总是有用的——理想类型是一种“思想描述”③，是历史学家“无法凭借经验在其概念的象牙塔中找到的”。《新教伦理与资本主义精神》（*L'Étique protestante et l'esprit du capitalisme*）的作者就像他之前的托克维尔和之后《社会

---

① 阿历克西·德·托克维尔，《全集》（*Oeuvres Complètes*）（最终由梅耶[J.-P. Mayer]主编出版），卷 II/1：《旧制度与大革命》（*L'Ancien Régime et la Révolution*），巴黎，伽利玛出版社，1959，第 199 页。同样参见《旧制度与大革命》第 2 卷，第 173 页：“我的思想沉溺在细节中，无法从中抽出主要思想”，之后，在同一页的最后：“起初，我得不到什么成果，但也许主要思想能够通过观察细节产生。”

② 伊波利特·泰纳，《现代法国的起源》（*Les Origines de la France contemporaine*），巴黎，拉丰出版社，“旧作”文丛，1986，卷 1，第 155 页。

③ 马克斯·韦伯，《学术理论论文集》（*Essais sur la théorie de la science*），巴黎，普隆出版社，1965，再版：口袋书出版社，1992，第 173 页。该文集收录了马克斯·韦伯四篇认识论论文。

学主要思潮》(*Étapes de la pensée sociologique*)的作者雷蒙·阿隆(Raymond Aron)那样,常常被纳入社会学家之列,但他同样是观念史学家。哲学家恩斯特·卡西尔也是如此。之所以说他出版于1932年10月的《启蒙哲学》(*Philosophie des Lumières*)至今仍是有关此主题最重要的著作,正是因为这位康德的学生追随了韦伯的脚步。从托克维尔到阿隆,伟大的观念史学家们意识到他们没必要抓住某一历史情况的全部特性或所有元素,他们能够走进现象的本质,并从中抽离出重要的脉络。[①] 必须强调,要想贯穿本书的论证不引起误解,研究历史概念——在这里就是反启蒙——就不该考虑其外延内每一个个体所展现的特性,也不该考虑所研究个体的普通特点,而是专注于典型和本质。

必须花点笔墨解释另一个重要概念。在突出反启蒙各分支存在的共同点、强调其组成元素的内在联系的同时,我必须确立自己

---

① 雷蒙·阿隆,《社会学主要思潮》,巴黎,伽利玛出版社,1967,第519—520页。有关马克斯·韦伯的著作还有很多,可参考:华特·朗西曼(Walter Runciman),《马克斯·韦伯社会科学哲学批判》(*A Critique of Max Weber's philosophy of social science*),剑桥,剑桥大学出版社,1972;纳瑟·贝纳加(Nasser Behnegar),《施特劳斯、韦伯与科学的政治研究》(*Leo Strauss, Max Weber, and the scientific study of politics*),芝加哥(Ill.),芝加哥大学出版社,2003;卡尔·洛维特(Karl Löwith),《马克斯·韦伯与卡尔·马克思》(*Max Weber and Karl Max*),汤姆·巴特摩尔(Tom Bottomore)和威廉姆·奥斯维特(William Outhwaite)翻译、编辑、作序,伦敦,劳特利奇出版社,1993;《马克斯·韦伯:重要回应》(*Max Weber: Critical Responses*),布莱恩·特纳(Bryan S. Turner)编,伦敦,劳特利奇出版社,1999,卷3;同样参见卷2,《马克斯·韦伯:重要评价》(*Max Weber: Critical assessment*),皮特·汉密尔顿(Peter Hamilton)编,伦敦,劳特利奇出版社,1991(卷8)。性急的读者可在"我知道什么?"(Que sais-je)丛书中读到精准的概括:洛朗·弗勒里(Laurent Fleury),《马克斯·韦伯》,巴黎,法兰西大学出版社,2001。

在当代有关观念史的争论中所持的立场。四十年以来,我都认为观念史是考察最根本的公设基础的独一无二的手段。[①] 以赛亚·
35 伯林文集《反潮流》的引言由罗杰·奥舍尔自己署名替他执笔撰写,其中,他明确提到众多观念史学家的感受:他们的学科时常处在尴尬的境地,甚至失宠,而原因并不总是显而易见。这些原因不就是认为观念史企图提出容易令人困扰和痛苦的问题并从而撼动既有信仰吗?的确,观念史揭示了我们用以整理、解释大量经验的概要、类别和指导概念,尤其是在道德、政治和美学领域。[②]

观念演变的道路往往曲折而特殊,却总是吸引人的关注,除此之外,还有什么学科能够揭示传统延续和观念演变的方式?还有什么学科能够更好地把握一种文明中价值观的动摇,并用政治的语言说明这其中的变故?显然,这又回到了对哲学思考、历史研究、文学作品与政治之间关系的反思上。当法国把思想史当成穷亲戚时,从 30 年代开始直到整个战后时期,意大利、德国、英国和美国却在德国移民——大部分是躲避纳粹的犹太人——的影响下,经历了真正的精神复兴,这同时也是意识的反省。对欧洲灾难的思考往往以深入探究历史主义为中心,或者换句话说,围绕反普遍价值对整个文明的影响意义进行。因此,

---

① 这里,我引用了我为最新版《不左不右,法国法西斯思想》(*Ni droite, ni gauche: L'Ideologie fasciste en France*)所写引言中的句子,巴黎,法拉亚出版社,2000。

② 罗杰·奥舍尔,收录于以赛亚·伯林,《反潮流:观念史论文集》(*À contre-courant. Essais sur l'histoire des idées*),英文版安德烈·贝雷洛菲奇(André Berelovitch)译,巴黎,阿尔班·米歇尔出版社,1988,第 20—21 页。

除法国外，观念史在几乎所有地方都充满了活力。

还需要说明，低估观念的力量不仅是极随意的错误，也是非常常见的。观念鼓励人行动，哪怕只是在缓解心理压力和社会压力或者改善经济过程的方面，思想建设也很快获得其特有的权威，并成为自主的政治力量。单是迫于事件压力怎么可能产生像法国大革命及其之后20世纪的革命那样前所未有的现象？

不同于在英语世界或是在受德国文化影响的国家，在法国， 36
观念史从未真正得到认可，这种兼具概念性和历时性的讨论往往上不得台面。我在其他地方也曾提到：阿隆写了一部有关思想史的佳作，为了获得尊重，这位韦伯的继承人认为应该为书取名《社会学主要思潮》。卡西尔的巨作《启蒙哲学》直到1966年才被法亚尔出版社（Fayard）翻译出版，而其原作出版于1932年。此外，阿瑟·奥肯·洛夫乔伊（Arthur Oncken Lovejoy）在英语国家被誉为是观念史作为大学独立学科的开创者，他的著作《存在巨链》（*The Great Chain of Being*）从未被翻译成法语。①

1933年春哈佛的系列讲座中，洛夫乔伊提出观念是独立单元

① 阿瑟·奥肯·洛夫乔伊，《存在巨链：对一个观念的历史的研究》（*The Great Chain of Being: A Study of the History of an Idea*）（纽约，哈珀知识之光出版社，1965）：参见引言部分和第14—23页。该书第一版发行于1936年。1940年1月，洛夫乔伊创办了非常著名的《观念史杂志》（*Journal of the History of Ideas*）。有关洛夫乔伊的为人，参见格拉迪斯·戈登－布尔尼克（Gladys Gordon-Bournique），《阿瑟·奥肯·洛夫乔伊和"观念史"》（A. O. Lovejoy and the "History of Ideas"），《观念史杂志》，卷48，第2期，1987年4月—6月，第209—210页。戈登－布尔尼克是索邦大学一篇论文的作者。

的概念,即单元观念(unitidea)。在他看来,这一概念可能会受到历史学家的孤立,但它会在所有思想区域得到发展:历史、哲学、文学、政治、艺术或宗教,这意味着“同一观念常常出现(有时相当隐蔽)在思想世界各种各样的领域之中”。① 观念演变的不同方面、形式和意义不仅体现在各个学科上,也从其源头古希腊思想起经历了相当漫长的时间。就是这样,洛夫乔伊勾勒出其构想的轮廓:观念史学家不止可以在一种学科或精神生活的一个方面获取知识,更重要的是,他应该从多个时期汲取养分。洛夫乔伊相信各种“思想区域”之间的共同点要比我们通常认为的多得多。这种多维观念史观是洛夫乔伊及其学生为历史思考带来的最重要、最持久的贡献。《存在巨链》的作者还有一项伟大功绩,就是严肃地提出了贯穿历史长河的延续性和影响力问题。毫无疑问,这些问题可以算是最棘手、最微妙的问题了。另外,延续性当然不是决定论。

相反,总的来说,他认为概念独立于文化、语言和政治语境
37 的构想,自诞生后便大受关注,很快引起批评家的批评。洛夫乔伊自己也在其新创杂志中开设了一个专栏进行讨论,这一讨论一直持续了半个多世纪。② 这些批评中最主要的显然是针对主

---

① 洛夫乔伊,《存在巨链》,第 15 页:“The same idea often appears, sometimes considerably disguised, in most diverse regions of the intellectual world.”

② 参见《观念史杂志》1987 年 4 月—6 月刊(卷 48,第 2 期),特别是丹尼尔·威尔逊(Daniel J. Wilson)的文章《洛夫乔伊的〈存在巨链〉五十年后》(Lovejoy's The Great Chain of Being after Fifty Years),第 187—206 页。同样参见托马斯·布雷斯多尔夫(Thomas Bresdorff),《洛夫乔伊的“观念”观》(Lovejoy's idea of “Idea”),《新文学史》(*New Literary History*),卷 8,第 2 期,1977,第 195—212 页。

张观念可被理解为独立元素的公设。正是由于考虑到语境、时代精神和观念史——类似 Geistesgeschichte(思想史)——第一批批评者站了出来。这里,Geist(精神)没有任何神秘或神话的意味,而仅仅代表了被历史学家看成统一整体且影响超越了每个组成部分的阶段或运动的全部特性及组成部分。[①] 面对那些反对意见,洛夫乔伊为自己的方法辩护:他的方法就是仔细梳理文献,看看一个同样的组成部分是否重复出现在两个或是更多不同的语境中。[②] 因此,当观念史成为大学独立学科时,语境论的问题就产生了。

今天看来,同时期法国观念史学家马克斯·鲁谢的书或许有些过时,但仍然是研究赫尔德最详尽的作品。鲁谢认为每部杰作都有两方面意义:作者赋予的和后人赋予的。显然,这里存在着是否所有解读都同样有效的问题。世世代代的人在一部作品中找寻回应各自疑问的答案,有些是合理的解读,有些则是刻意或无意的曲解,这是否正常?谁又有资格来判断解读合理与否?赫尔德能不能同时是伟大的人道主义者与生物学意义上的民族主义先驱?同样,尼采可不可能既是狂热的个人主义者、反

---

① 列奥·施皮策(Leo Spitzer),《思想史与希特勒主义使用的观念史的对比》(*Geistgeschichte* vs. History of Ideas as applied to Hitlerism),《观念史杂志》,卷5,第2期,1944年4月,第194—203页。施皮策同样指责洛夫乔伊将理性与情感分割开来。

② 阿瑟·奥肯·洛夫乔伊,《回答施皮策教授》(Reply to Professor Spitzer),《观念史杂志》,卷5,第3期,1944年6月,第204—205页。有趣的是,洛夫乔伊在他文章的开头几页就预先回应了后来后现代主义者的批评。

民族主义者、亲犹主义者(philosémite),又是纳粹主义的创始者
38 之一？是否与雅克·德里达(Jacques Derrida)认为的不同,在所有重要作品的众多不可避免的矛盾之外,仍然存在让我们能够理解作者意图的标准？显然,除了根据作者的意图解读文章,难道还会有别的方法吗？然而作品一旦面向大众,它就获得了自身独立的存在与意义,并产生影响,这可能不总是甚至往往不是源于作者的意图,这不也是显而易见的吗？一部作品被人恬不知耻地窃取或独占——比如尼采的著作被纳粹玷污——难道不应该反思这是不是作品本身引起的？《善恶的彼岸》(*Par-delà le bien et le mal*)的作者对启蒙运动、人道主义、平等、民主的不断抨击一面教育着整整一代德国人,成为其重要的教科书,一面不也为自身遭到不可容忍的僭用创造了条件吗？同样的厄运为什么没有降临在托克维尔或邦雅曼·贡斯当(Benjamin Constant)的著作上呢？

这些问题将不止一次地重复出现。此刻,我只想简单地说明,如果所研究的时期无疑具有某种统一性,那么洛夫乔伊的方法遭遇的第一个困难就被弱化了。显然,观察某一概念或是某一观念的演变,无论对象是进步观念还是自由观念,或是从古代到今天的史观,都会给历史学家造成极其复杂的难题,这要比哲学家面临的问题复杂得多。更何况,虽然说这样的方法时而能得出强有力的综述,但它也可能成为概念倒错和巨大谬误的根源。在我们思考思想的社会影响以及其对事件进展的现实作用时,也是同样的道理。数世纪以来,对直接或潜在影响的研究可

以是有成效的，比如思考卢梭思想中柏拉图的印记；但它也可能成为无果的尝试。然而，就像马基雅维利那样，他经常耍手段，被奉为政治学的创始人，他当然不会如我们这般思考政治，很明显他自认为能够像亚里士多德那样对人的本质、权力、国家、艺术提出有意思的见解，并引导人和宗教。因此，即使将他的一些见解放在今天，仍然不是陈词滥调。何况，直到 18 和 19 世纪仍然有人阅读并反复重读马基雅维利的著作，这正是因为历史学家、作家、政治家——或者更简单地说，那些有学问的读者—— 39
都认为《君主论》(*Prince*)和《罗马史论》(*Discours*)的作者提出过一些在他们时代仍有用的观念。恰好是在旧制度统治的旧世界彻底消失的时候，夏多布里昂(Chateaubriand)重申所有人都是其所处时代的产物。和他一样，伏尔泰也认为，“人都是由他的时代培育出来的，”他接着说，“很少有人能超然于当时的风俗之外。”[①]正是这些杰出人物能够看到他们视线之外的东西，并超越他们的历史时期。但丁或圣托马斯·阿奎那(saint Thomas d'Aquin)抨击的问题已不是我们的问题。这并不意味着中世纪有关教权与俗权两种权力之间潜在冲突的讨论缺乏现实意义。教会与国家对立所造成的原则问题仍然保有它的价值，哪怕仅因为这些原则可以用今天的话语进行理解。多元化只是这些话语的第一步。

---

① 伏尔泰，《风俗论》(*Essai sur les moeurs*)，卷一，第 82 章，第 774 页。

译文参考：伏尔泰，《风俗论(中册)》，梁守锵、吴模信、谢戊申、邱公南译，北京，商务印书馆，2000，第 255 页。——译注然而，还要强调，如果研究范围局限在某一阶段，而这一阶段构成了一个真正统一的历史时期，这些问题就不复存在了。从 17 世纪末直到今天的这一阶段正是如此。我们有理由这么说，哪怕仅仅因为抨击启蒙运动的主线之一是从认为法国大革命是一场宗教暴动——由空想家酝酿而成，并由那些没有中世纪人虔诚的狂徒和信徒领导——的观点出发，找寻永恒真理与人间天堂。认为大革命本质上具有宗教性质的观念早不是什么新鲜事了。它正是在当时由迈斯特提出，经过托克维尔修改加工，在伊波利特·泰纳那里借由实证主义历史研究的名义得到发展；到了 20 世纪 30 年代，历史学家卡尔·贝克尔又将其引入美国并在美国得到认可，它必然会在 20 年后带来极权主义的春天。就在冷战进行到如火如荼之时，认为启蒙的空想催生出苏维埃革命、随后的斯大林主义和古拉格的观念也取得进展。阿多诺和霍克海默(M. Max Horkheimer)更关心启蒙运动与纳粹主义之间的亲缘关系。我们知道，直到今天，这一攻击仍在以各
40 种不同的形式继续。比如说，德里达以此论点反对胡塞尔。在德里达看来，无论是在种族主义、殖民主义还是欧洲中心主义中，都只存在一种人道主义步伐。事实上，整个人道主义都伴随着排斥的态度。[①] 可否说这种对人道主义的全面谴责彻底歪曲

① 阿兰·雷诺(Alain Renaut)，《现代人道主义》(Les Humanismes modernes)，收录于阿兰·雷诺(主编)，《政治哲学史》(*Histoire de la philosophie politique*)，卷三，《启蒙运动和浪漫主义》(*Lumières et Romantisme*)，巴黎，卡尔芒-莱维出版社，1999，第 45 页。

了法国-康德启蒙运动和英格兰、苏格兰启蒙运动?

还必须简要地看一看这场激烈论战的另一方面,也就是那个 25 年来一直致力于对比不同学派、宗派和思想流派的观念史的本质、意义和方法。在我看来,这是最没有创造力的研究方法,它结合了“强硬”的语言学语境论方法,除使用言语和词汇概念外,它拒绝一切使用其他概念的分析方法。对这一传统而言,只有文本具有意义,也就是说只有各种篇章值得分析。如果真如有些人所想,我们的历史性意味着我们不可能超越自己的历史视域,因而我们注定无法抓住作者的意图;如果历史学家赋予文本的意义并非作者所愿,而是受限于历史学家自身承载并守护的出身、观念和价值;又如果像德里达认为的那样,我们基本无法触及作者的意图,因为我们永远不可能清楚他人的精神状态和心理意向,①那么观念史就遭遇了几乎无法克服的障碍。②

---

① 参考马克·贝维尔(Mark Bevir)对语言学语境论提出过的出色批评:《语言学语境论的错误》(The Errors of Linguistic Contextualism),《历史与理论》(*History and Theory*),31(8),1992,第 276—298 页。同样可参考该作者的《观念史的逻辑》(*The Logic of the History of Ideas*),剑桥,剑桥大学出版社,1999。还可参考约翰·特夫斯(John E. Toews),《语言学转向之后的思想史》(Intellectual History after the Linguistic Turn),《美国历史评论》(*American Historical Review*),卷 92,卷 4,1987,第 879—907 页;安东尼·派格登(Anthony Pagden),《语言学转向再思考:目前思想史的担忧》(Rethinking the Linguistic Turn:Current Anxieties in Intellectual History),《观念史杂志》,卷 49,第 3 期,1988,第 519—530 页。

② 关于此处未涉及的观念史与文化史的问题,参考南希·克里斯蒂(Nancy J. Christie),《从观念史到文化史:因素比较》(From Intellectual to Cultural History:the Comparative Catalyst),《历史和政治杂志》(*Journal of History and Politics*),卷 6,1988—1989,第 79—100 页。想要了解这位历史学家所说(转下页注)

事实上,这也就是说我们没有可能不增不减地理解所研究的文本的意义。

幸运的是,这些文本绝不是理解不了的。昆廷·斯金纳
41 (Quentin Skinner)准确地意识到,如果我们只专注于作者的言语,就很有可能会将其同化为完全不同的政治传统,并因此完全误解该政治著作的意思。① 因此,"温和"的语境论传统赞同关注作者的意图,也就是关注除语言学语境意义外的文本意义。但是,斯金纳,这位堪称最重要的"温和"语境论者,在提出这一智慧的建议后,自己也陷入了观念史传统的解构事业之中。他于 1969 年发表了一篇出色的文章,该文章立刻产生极大反响。文中,他致力于打破一个长期被用来解释政治思想史研究的观念:过去的伟大思想家们提出的问题也是如今我们的问题,他们寻找的解决方法也是今天问题的解决方法。在一篇堪称后现代主义金科玉律的文章中,斯金纳坚持认为每一个作家时时处处都在谋求解决某一既有问题,他处在独有的形势中,他写作是为了某些特定的读者而不是其他什么人,他找寻自己问题的解决

(接上页注)的"知识结构"的关键要素,还可参考拉里·席纳尔(Larry Shiner),《阅读福柯:反方法与权力-知识的谱系》(Reading Foucault: Anti-Method and the Genealogy of Power-Knowledge),《历史与理论》,卷 21,第 3 期,1982,第 382—397 页;杰弗里·韦克斯,《福柯之于历史学家》(Foucault for Historians),《历史作品杂志》(*History Workshop Journal*),卷 14,1982,第 106—119 页。

① 昆廷·斯金纳,《政治思想与政治行为分析中的一些问题》(Some Problems in the Analysis of Political Thought and Action),收录于塔利(J. Tully),《意义与文本:昆廷·斯金纳及其批评者》(*Meaning and Context: Quentin Skinner and His Critics*),剑桥,政治出版社,1988,第 106 页。

方法,也只针对自己的问题。因此,每一个文本、每一个事件陈述、每一个原则、每一个观念都只探讨某一形势的特性和某一时刻的唯一性。讨论“普遍真理”或“永恒问题”是无益的,也是幼稚的:不可能超越所处的时代或境地,不存在永恒的问题,就像没有永恒的概念一样,只有特定的、明确的概念,它们属于特定的因而也是不同的社会。这是唯一可以存在的普遍真理,不仅是对过去而言,今天亦是如此。[①]

如果后现代主义者只是想说明每代人都应该考虑他们自身
并自己找寻自己问题的答案,而不是妄图从亚里士多德、圣奥古 42
斯丁(saint Augustin)或马基雅维利那里找到可以指导当下政治
活动的具体答案,他们表明的不过是一个显而易见的真理。如
果他们只是想指出柏拉图力求解决的是雅典民主问题,不是今
天法国的民主问题,那么他们只是说出了一个尽人皆知的道理。

---

① 昆廷·斯金纳,《观念史中的意义与理解》(Meaning and Understanding in the History of Ideas),《历史与理论》,8,1969,第 49—53 页。同样参见:多米尼克·拉卡普拉、约翰·狄金斯(John P. Diggins),《牡蛎与珍珠:思想史中的语境论问题》(The Oyster and the Pearl:The Problem of Contextualism in Intellectual History),《历史与理论》,卷 23,第 2 期,1984,第 151—169 页;《反思思想史与阅读文本》(Rethinking Intellectual History and Reading Texts),《历史与理论》,卷 19,第 3 期,1980,第 245—276 页;埃里克·米勒(Eric Miller),《大动荡之后的思想语篇:语篇研究》(Intellectual Discourse after the Earthquakes:a Study in Discourse),《历史教师》(*History Teacher*)卷 30,第 3 期,1997,第 357—371 页;以及唐纳德·凯利(Donald R. Kelley)的两篇文章,《观念史视域:历史、现在、未来》(Horizons of Intellectual History:Retrospect, Circumspect, Prospect),《观念史杂志》,卷 48,第 1 期,1987,第 143—170 页,以及《观念史在经历什么》(What is Happenning to the History of Ideas),《观念史杂志》,卷 51,第 1 期,1990,第 3—25 页。

但这并非他们的打算,他们的思想活动要更复杂,因为其实他们的目的是否定普遍真理和普遍价值的存在。的确,通过语境论、个体化和语言学相对主义,通过专注于独有的、特定的事物并否定普遍,人们将不可避免地走向反人道主义和历史相对主义。

只要细想一下 18 世纪的情形,就能清楚隔在大西洋两岸、隔在理性主义现代性与其敌人之间的鸿沟有多深。美国建国者与法国启蒙人士,洛克、1689 年光荣革命的遗产与卢梭、伏尔泰,麦迪逊(James Madison)、汉密尔顿(Alexander Hamilton)与孔狄亚克(Etienne Bonnot de Condillac)、孔多塞、圣茹斯特(Louis Antoine Léon Florellede Saint-Just),他们彼此之间除了区别也有一些共同的概念和信仰:我们相信,他们所有人一面在特定的背景下致力于改变或塑造某一特定区域的形势,一面发表具有普遍意义的原则。他们致力于当下,他们想要改变的世界是他们自己的,也只是他们自己的世界;但同时,他们又都有敏锐的意识,他们发起行动,促使后代无法倒退回过去。

没有哪一个时代可以自诩树立了像启蒙时期——这个无与伦比的现代开端——那样明确的、与过去分离的意识。中世纪从古代知识体系的延续上寻求自身合法性,而新生的现代性则渴望与历史决裂,这是前所未有的。它坚定并特意地自称"现代",同时将隔在自己与古代之间的那段时期称作"中世纪",以便与其保持距离。启蒙一词本身就意味着对新时代理性意图的觉悟:认识自我是构成一个历史阶段开始的现象之一。在自称"现代"之前,现代并不存在;当然,就像汉斯·布鲁门伯格认为

的那样，命名并不是它的动力，但是现代总是需要以此来自我建 43
构。[①] 启蒙人士比之前任何时代的人都更有彻底决裂并建立某种不可逆转的东西的意识。

他们的著作具有某种双重维度，对此，最具说服力的例子大概就是著名的《联邦党人文集》(*Fédéraliste*)了，它是美国政治哲学前所未有的最重要的著作。我们知道，这部书只是一部选举宣言集，写于 1787 年 10 月 27 日至 1788 年 8 月 16 日之间，当时纽约州正在为批准 1787 年宪法进行论战。这部由 85 篇文章组成的文集在纽约市的一家出版社出版，它的首要目标清楚且明确：首先，让这个占主导地位的州府的居民相信自由和财产受强大中央权力下的联邦州府的保护和捍卫。其次，必须表明自由并不依附于国家规模，而是依靠好的制度：为此，作者们借助“著名的孟德斯鸠”的权威。第三个目标是证明可以存在一种民主，它不是直接的，而是间接的。最后，他们竭力说明，自由的前提是明确多数人权利的界限。当时，这三位作家正引导着那场至关重要的选举论战，他们化名普布利乌斯(Publius)书写此书，并清楚地意识到他们的写作与行动具有普遍的价值。亚历山大·汉密尔顿、詹姆斯·麦迪逊和约翰·杰伊(John Jay)明白，他们鼓励同胞尝试的事情并无先例，而且构成了一场具有普遍性的革命。1787 年宪法涉及了 18 世纪末美国人必须面对的问题，它因为满足了他们的

---

① 关于时代的概念，可参考布鲁门伯格，《现代的合法性》，第 525—526 页。

需求和期望而获得选票，它明确表达的那些原则基本都是创建者们认为公正的、好的，并因此对所有人有约束力的原则。[1]过去的两个世纪中，这一判断都未出现过偏差。如今，《联邦党人文集》仍是美国历史上的神圣著作之一：它在权威性上只比 1787 年宪法略逊一筹。

44 1788 年 3 月，论战达到高潮，开头的 36 篇文章成卷出版。两个月后的 5 月 28 日，第二卷发表，内容从第 37 到第 85 篇。一年后，1789 年 5 月初，三级议会在巴黎召开。当时，如今被誉为“宪法之父”的麦迪逊成为国会精神领袖——在成为美国第三任[2]总统前，他担任了 8 年国会议员——汉密尔顿被 1789 年 4 月 6 日当选的乔治·华盛顿任命，成为伟大的财政部长，约翰·杰伊出任最高法院首席大法官。而当时，在法国，一场革命正在进行。1789 年 1 月，联邦选举首次在十三个旧殖民地举行；在法国，国王向议会颁布有关选举规则的诏书，埃贝·西哀士(l'abbé Sieyès)发表了《第三等级是什么？》(*Qu'est-ce que le tiers état?*)。六个月后，6 月 17 日，第三等级被命名为国民议会；6 月 27 日，国王本人下令合并三个阶级，旧制度不复存在。数周之后，《人权与公民权宣言》颁布。这真是一部应时的作品，它诞生于危机、骚乱之时，确定了新时代的开端。同样，《人权宣言》中的文字用凝练的语言浓缩了法国启蒙运动的主要观念，89 原则

① 直到 20 世纪 60 年代仍然存在的南方奴隶问题和合法化的歧视问题令人痛心、耻辱，这是另一个问题，这里不做讨论。

② 麦迪逊实为美国第四任总统。——译注

在世界传开。

《联邦党人文集》就足以反驳被应用于观念史的某种后现代主义的基础。确实,这几乎是理想的例子:人们在共同体处于历史危急关头的时刻被召集起来,以解决一个文化边缘国家的具体政治问题。他们给出具有普遍价值的答案,并酝酿出政治思想的经典之作。埃德蒙·柏克也是如此:如果大革命只是对制度危机的简单反应,只是解决粮食骚乱、财政崩溃的权宜之计,甚至只是一场出乎意料的事件或阴谋的产物,那么柏克就无法站在与《人权宣言》同等的高度,他的《反思法国大革命》这本旨在填补那个他眼见着洪水奔涌而出的缺口的小书就不会连续两个世纪来都被斗争的保守主义奉为精神纲领。这一纲领很快成为诞生于 20 世纪的革新保守主义的圣经,如今它又滋养了新保守主义。所以,柏克一面与同胞探讨英国宪法和 1689 年革命, 45
一面关注祖国的风俗与习惯,捍卫英国传统,同时他又提出了一些原则,这些原则与屡屡遭到他唾弃的法国革命者们建立的原则一样抽象、一样普遍。

柏克反对理性,为历史、偏见和宗教辩护;反对个人,为共同体辩护;拒绝契约论原则以及得益于自然权利学派的欧洲经验,他也为自己招来反击。托马斯·潘恩(Thomas Paine)的小书《人的权利》(*Les Droits de l'homme*)也是一部佳作,同样大受欢迎。在英国,人们时常称托马斯·潘恩是“伟大的美国人”,他与另一位激进分子杰里米·边沁还有席勒(Johann Christoph Friedrich von Schiller)一样通过国民会议法令成为法国荣誉公民，他还获选加莱海峡省国民议会议员，当时他已经发表了《常识》（*Le Sens commun*）一书，这部著作出版后两年，《联邦党人文集》方才成书。借此，他也得以进入著名作家之列。因此，《联邦党人文集》的作者、柏克和潘恩都是各自领域的知名人士，他们在 1788 至 1791 年间分别创作出三部小书，他们都很快完成了各自的著作，且探讨的都是热点问题，但也都提出了政治生活和社会生活的基本原则。

大约一个世纪以前，洛克也是通过书写《政府论第二篇》来回应当时的需要，这一需要无论在同时代人，还是在我们看来都很容易理解：他想要为不久前在英国发生的制度变化提供思想保障。逃亡荷兰 5 年后，他与奥兰治亲王威廉（Guillaume d'Orange）一同返回英格兰，并见证了 1689 年革命的胜利。《政府论第二篇》也是一部应时的著作，无论在 18 世纪末两场革命之前还是之后，它都很快对政治辩论产生了影响。卢梭认为，《政府论第二篇》的作者是"圣贤洛克"（le sage Locke）；相反，迈斯特则认为厌恶洛克才是贤明的表现，美国法律的颁布正是将洛克思想付诸实践；至于柏克，他不会直接抨击这位光荣革命理论家，而是依靠这场革命，他用自己的方法来解释这场革命，这不止一次出现在他的《反思》中。在柏克看来，洛克根本不算什么，就像美国的创建者对他来说算不得什么一样。最简单甚至也是最严肃的方式就是不与保守主义创立者们深恶痛绝的人权理论相较量。因此，柏克不属于英国自由主义的伟大传统，与人
46 们通常认为的不同，他并非其中一环；相反，柏克建立了一个新

的政治传统——“有限”自由主义的传统,这一自由主义从诞生之初就是“不完整的”或“残缺”的自由主义。如今,自由主义的这一变形具有了新保守主义的特征。

1806 至 1807 年期间,费希特在拿破仑占领下的德国写成了《对德意志民族的演讲》(*Discours à la nation alemande*),他唯一的目的在于号召军队,但为此他用赫尔德的思想来解释法国军队征服德国所造成的局面,这让他成为民族主义的伟大先驱之一。后来双方实力发生反转,色当战役之后,勒南于 1871 年发表《法兰西的精神改革与道德改革》。正如泰纳的《现代法国的起源》(*Les Origines de la France contemporaine*)一样,这部论著尖锐地抨击法国 18 世纪,他认为启蒙运动和大革命、卢梭和民主应为法国的衰落负责。此类观点在 1940 年法国溃败之后又一次出现,民族革命发起的最初几个月,《改革》一书如同其第一次出版时那样得到广泛阅读。

所有这些作家都既意识到自己的观念具有历史性,又同时提出有关人的本质和人在社会中的存在的根本问题,并竭力勾勒出好的社会的轮廓。他们都渴望超越自己所处的现时语境,都有意识地提出一些首要真相和“永恒原则”。他们不认为自己是在盲目重述前人的词汇:某些当代作家会用讽刺的话语来掩盖这些词汇,这对现实毫无改变。他们都力求思考文明的诞生与衰落,大胆地从 25 个世纪之后的视角出发与柏拉图对话。

20 世纪初期,正是这种对文明命运的思考,才催生出了启蒙运动并非专属于 18 世纪的观点。这一观点认为启蒙运动是一种文明形式，从伯里克利时代的雅典到孔夫子时代的中国，这种文明属于神话消失、理性制度建立的衰落时期。因此，启蒙思想可能在任何时刻、在世界任何地方卷土重来，它是既有文化的永恒威胁。

第一章　传统的冲击 47

对于我们当今生活的世界，想要全面、充分地理解反对法国启蒙运动的意义所在，需要从 17、18 世纪之交开始说起。在 1687 年那场著名的古今之争中，现代派大获全胜，彼时英格兰的光荣革命正在酝酿之中，这是启蒙运动的第一次胜利。这是新兴价值观取得首次胜利的两个方面。

光荣革命是一次了不起的标志性事件，既是知识层面的，又是政治层面的，而洛克所著的《政府论》在这场运动中起到了意识形态的先导作用。英格兰迅速的政体变更，没有遭遇抵抗和流血，法国的知识界在路易十四的统治结束之后，开始了漫长而艰苦的论争。两国情况的巨大差异对法国的启蒙运动产生了不可磨灭的影响，此后从 18 世纪末期一直到整个 19 世纪，文明间的碰撞都在不断展开。18 世纪的法国在政治氛围和社会背景上占据优势，他们意识到社会严重不公是那个时代的现实，因而反对专制的战争、对自由和人权的追求以及对过去枷锁的挣脱，在意识形态和文化领域掀起了猛烈的运动。

抗争引发了空前的反思历史的潮流。人们从来没有以这种
方式对明天的世界进行激辩:他们追思过去,但并不屈从于历史
48 的权威,也不偏袒当下。不偏袒当下,是因为人们坚信自己有权
利也有能力决定未来是什么样的。“说到从那时到现在世界的
统治方式,除了该适当利用历史所展示的错误与进步,与我们实
在没有多大关系。”托马斯·潘恩在他著名的对柏克《反思法国
大革命》的驳文中写道,“千年前生活的那些人,在那时候他们和
我们一样,是当代人。他们有他们的古人,而那些古人也有他们
的古人,而我们也有一天会成为古人……但事实是,古代所遗留
的证实了一切,却并未确立任何东西。从来就是权威反对权威,
直至我们回到创始时人权的神圣本源”①。

不同于启蒙主义者的第一批敌人想要传播却在19世纪受到接纳的观念,伏尔泰、吉本和休谟的时代实际上是现代历史编纂学的真正起点。如果没有批评,就不可能形成历史编纂学;如果人没有树立个体的权威,批评也就无从展开。直到人类不再从历史中寻找神的旨意,而置身于知识理性中去理解过去、展望未来,历史编纂才真正成为一门有智慧的活动。

以理性之名对现存政治秩序以及对道德、宗教、法律和历史进行批评,是启蒙主义者最有特色的行为,康德了解这一点,而

① 托马斯·潘恩,《人的权利》,法文版来自克洛德·穆沙,巴黎,贝兰出版社,1987,第96页。

中文版参考中国法制出版社2011年译本。——译注

卡西尔和胡塞尔则在他们那个世纪的关键时刻对理性提出了赞扬。全球性的批评标志着现代性的开始，正是在17世纪末期，人与过去（古代），特别是与其范式彻底决裂。随着现代派和古代派那场著名的论争，更出现了一种特殊的，实际上从无先例的决裂，导致了反抗、革新和批评。人们试图用现代性的思想进行批评。在18世纪的转折时期，辩论激起了古今之争的最后一次
反思。古今之辩始于西罗马帝国倾覆前夕的卡西奥多尔（Cas- 49
siodore）、狄奥多里克大帝（Théodore Le Grand）时代的历史学家。[1] 从12到18世纪，关于现代性的争论从未停止。也正是因为现代性这一概念，就像尤尔根·哈贝马斯（Jürgen Habermas）所指出的，每一次理性占据上风的时候，欧洲便进入一个崭新的时代。[2] 沙特尔的贝尔纳（Bernard de Chartres）和索尔兹伯里的约翰（Jean de Salisbury）创立了所谓的沙特尔学派，发展了一种思想，认为古人是"巨人"，而后人是站在他们肩膀上的"矮子"，然而正是因为所站的位置，矮子们能够比他们的先辈看

---

① 参见提洛·夏伯特（Tilo Schabert），《现代性和历史Ⅰ：什么是现代性?》（Modernity and History I: What is Modernity?），载《历史的承诺：政治哲学随笔集》（*The Promise of History: Essays in Political and Philosophy*），柏林&纽约，沃尔特·德·格鲁伊特出版社，1986，第9—21页。

② 尤尔根·哈贝马斯，《现代性：一个未完成的方案》（La Modernité: un projet inachevé），载《批评》（*Critique*），第413期，1981年10月号。参见泽夫·斯汤奈尔，《现代性及其敌人：关于反启蒙反民主运动》（La Modernité et ses ennemis: de la révolte contre les Lumières au rejet de la démocratie），载《永恒回归，反民主以及衰落期的意识形态》（*L'Éternel Retour, Contre la démocratie, l'idéologie de la décadence*），巴黎，法国政治科学出版社，1994。

得更远。到了 16 世纪,论辩形成了两个截然对立的阵营:一个阵营以拉伯雷(Rabelais)、乔尔丹诺·布鲁诺(Giordano Bruno)和让·布丹(Jean Bodin),以及 17 世纪初的弗朗西斯·培根为代表,这些现代派人士不再害怕确认他们的优越性。[①]

与之相对的是古代派的阵营:在蒙田《随笔集》一个写得不错的叫作"关于风俗以及不要随意改变既定法律"(De la coutume et de ne changer aisément une loi reçue)的章节中,他引用了过去的一些大家,从苏格拉底、柏拉图到奥克塔夫(Octave)和加图(Caton)。他提出:"我不喜欢新事物,不管它们以什么样的面孔出现,因为我能预见到它们将会带来的损害……新事物最好的借口也很危险:adeo nihil motum ex antique probabile est."[②]

到了 17 世纪中期,帕斯卡尔采取了妥协的态度,试图挽救古人的权威。[③] 然而,随着欧洲人开始认为高乃依、拉辛、莫里哀、普桑(Poussin)、夏尔·勒布伦(Charles Le Brun)以及克洛德·佩罗(Claude Perrault)的创作绝不是对古人作品的简单效仿,这个复杂的平衡变得越来越难以维持。对于许多人来说,路易十四的世纪并不比奥古斯都的时代逊色。在 1687 年 1 月 27

---

① 提洛·夏伯特,《现代性和历史Ⅰ:什么是现代性?》,前揭,第 13 页。

② 《蒙田随笔集》第一卷,前言,安德烈·图尔农(André Tournon)的注释,巴黎,法国国家印刷局,1998,第 215—216 页。同时参见第 214 页关于"善良而伟大的苏格拉底拒绝拯救自己的生命,尽管他当时是为了反抗暴政,并且遭受了极其不公正的审判"。文中拉丁语可以译为:"对旧时惯例的任何改变都不值得赞颂。"

③ 夏伯特,《现代性和历史Ⅰ:什么是现代性?》,前揭,第 13—15 页。

日的法兰西学术院，夏尔·佩罗(Charles Perrault)发表了一篇著名的诗作赞颂路易大帝，认为他已经超越了古人。① 四分之 50
一个世纪之后，随着费奈隆(Félenon)《给学术院的一封信》(*Lettre à l'Académie*)的发表，那场著名的论争才画上句号，论争从始至终都引发了许多人的愤怒。去世前夕，《忒勒马科斯历险记》(*Aventures de Télémaque*)的作者在1715年的时候终止了他所谓的“辩论”，或者说“法兰西学术院的内战”：我并不是吹嘘古人的一切都是无需改善的模范，我也不认为有任何人能够有希望战胜他们。相反，我只希望现代人能够在古代人研究的基础上看得更远。② 事实上，《给学术院的一封信》有着更深刻的含义，它比世纪末那些反革命小册子所表达的思想更加现代：费奈隆并没有盲目地臣服于古代的先贤，而是给予他同时代的人以十足的尊敬。“需要承认，在古代人中间，很少出现杰出的作家，而现

① 参见夏尔·佩罗，《并行的古人和现代人：关于欣赏艺术和科学的眼光》(*Parallèle des Anciens et des Modernes en ce qui regarde les Arts et les Sciences*)，慕尼黑，理念出版社，1964，第165—171页(类似于1688年版本)。

② 费奈隆，《语法的反思、修辞、诗学和历史或者说达西耶关于法兰西学术院的记忆》(Réflexion sur la Grammaire, la Rhétorique, la Poétique et l'histoire ou Mémoire sur les Travaux de l'Académie française à M. Dacier)，《作品集》第二卷，雅克·勒布伦(Jacques Le Brun)注释，巴黎，伽利玛出版社，1997，第1197页。惯用的标题为《给学术院的一封信》。文章经过了无数次编辑，在本卷的附录部分可以找到本文最初的两个版本(第1199—1237页)。在第一版中，费奈隆指出，法兰西学术院的这场“内战”对于品位的完善产生了有益的影响。如果对于有才华又细腻的作家来说，他们敢于抛弃或者蔑视古人，这并不是因为他们想要超越前人，相反地：“我倒希望他们能够青出于蓝，但首先要做的是向古人学习”(第1225页)。同时参见第1220页：“对于我而言，我希望现代派能够完全超越古人。”

代人中出现的作家里，有许多人写出了珍贵的杰作。”[1]这位康布雷的大主教不仅指出了古人的，特别是在哲学上的弱点和缺陷，在解读古人作品的时候，他还十分留心那些会给现代读者造成障碍的文化、历史因素。因而他不仅断定人有革新的权利，而且能够因为人类精神的进步和每一代的独立而不断向前进。从另一个方面来讲，《忒勒马科斯历险记》的作者肯定当下世纪的优越性，认为是“走出朦昧的时代”[2]，表现出一种十分现代性的精神。在前面几页，他提到了克洛维的法兰克人，认为他们只是“一群流浪者和野蛮人，如果查理曼的帝国尚能让人看到一丝文明的曙光，它的迅速衰落却又让整个欧洲陷入了可怕的野蛮状态。在那个钢铁般的时代里，圣路易更像是理性和美德的奇迹，我们历经艰难才从那漫长黑夜中走出来。”[3]

51 因此，意识形态的现代性以及人类的线性进步才获得了认可：当下被认为无限地优于过去，面对古代的辉煌也毫不胆怯。事实上，它的优越性首先开始于明确的自我承认。对中世纪的崇拜从 18 世纪初的维柯开始，到赫尔德结束，在古典时代的第一阶段发展强劲，之后并没有回归信仰或是失落的辉煌文明，而是构建了反启蒙的革命力量。对失落世界的崇拜始于《新科学》

---

① 费奈隆，《语法的反思、修辞、诗学和历史或者说达西耶关于法兰西学术院的记忆》，第 1191 页，同时参见第 1224 页：“希腊语和拉丁语世界出现了数量极少的作家，而在我们的世纪和国家中，却涌现了不少体裁各异的作者。”

② 同上，第 1191 页。

③ 同上，第 1179—1181 页。

和《另一种历史哲学》的作者，这一事实并非偶然。在某些方面来讲，奥古斯都学派的费奈隆——著名的《关于神存在的证明》(*Démonstration de l'existence de Dieu*)的作者——在17和18世纪的交接点进行写作，比起反启蒙的斗士们，倒更像是法国启蒙运动中的"异端"。维柯、哈曼(Hamann)、赫尔德、柏克或是迈斯特，他们都是已有教会或信仰的坚定拥护者。

《给学术院的一封信》提供了另一种有趣的思路。作者希望法兰西学术院"使我们和历史达成契约"：费奈隆认为这一点十分关键，是"整理起源，告诉我们人类曾经走过的道路和统治的方法"的无可比拟的手段。然而，为了研究历史，需要好的历史学家：历史学家首先致力于"刻画主要人物，找出事件的起因"。他们代表了客观性，有批评意识、好奇心，不会被爱国主义蒙蔽双眼，不偏不倚地陈述事实，也不会被已有的观念所限制(他们有自己的口味，不会盲从大众的标准)。①

好的历史学家不会犯年代错误，也不会被无数已有的发现牵着鼻子走；他应该"对众人迷信的准确事实进行再思考"。历史学家并不是"生硬又蹩脚的年鉴编纂者"，并不是只懂得"片段组成的、断断续续的历史，却不知道鲜活的叙述轨迹"。正相反，好的历史学家担得起他的名号，能"准确地重新构建出过去的统治形式，以及国家在每个时段地域风俗的各个细节"。他的准确

① 费奈隆，《语法的反思、修辞、诗学和历史或者说达西耶关于法兰西学术院的记忆》，第1178页。

性就表现在这里:对时代进行梳理,了解权力的建构以及我们所
52 说的社会结构,这也是费奈隆想要表达的。伏尔泰也曾说:“每个国家都有着跟邻国的人全然不同的风俗习惯,每个民族的风俗也并非一成不变。”在这里,我们找到了赫尔德那些著名发现的真正起源。在费奈隆的思想中,好的历史学家就像一个好的画家:“一段历史最主要的优点就在于它的秩序和安排。为了使之井然有序,历史学家应该熟悉全部的史实,用同一种眼光整体把握。他还应该从不同的角度对历史进行考察,直到找到最恰当的视角。他应该用整体的形式将这段历史展示出来,从中找出最核心的问题。”①

应读者的要求,费奈隆以对古代大历史学家们简明而精练的批评作为结束:希罗多德(Hérodote)、色诺芬(Xénophon)、波利比乌斯、修昔底德、萨卢斯特(Salluste)还有塔西佗(Tacite),他们都有自身的缺点,有的时候甚至缺点还很大。② 费奈隆仅仅向读者道出了自己的总结:世界来自过去,而未来属于现代派。

事实上,科学革命在17世纪引发了社会革命,社会革命的最后一步是欧洲的“意识危机”,它认可了现代派的胜利。按照保罗·阿扎尔(Paul Hazard)乐观的表述,这场革命促使产生了我们文明史上并不常见的思想:人有权利建立一个跟现存世界不一样的世界。如此,历史不再拥有守常的权威:费奈隆认为,如果世界

---

① 费奈隆,《语法的反思、修辞、诗学和历史或者说达西耶关于法兰西学术院的记忆》,第1178—1181页。

② 同上,第1183—1184页。

仅仅为了脱离野蛮状态，人类就没必要在漫漫长夜中探寻行为的守则。正因为如此，才会出现知识界以及政治界思想火花的迸溅。每一代人不仅在科学发现中，也在历史学、人类学、政治建构、社会革新中获得自由的感受，个体成为自身存在的主人，和最强大的人一样平等，有能力建造一个他的祖辈们从未想过的世界。人通过责问开始寻找自身不幸的原因：这也是《社会契约论》第一章所探讨的问题，在《论人类不平等的起源》的一百多页里， 53
卢梭探讨了文明社会的起源，给我们提供了一份杰出的、没有上帝的哲学人类学论著。卢梭是启蒙主义者，他从人性的起源探索历史，摧毁了宗教生命观。正因为如此，他成为被启蒙运动的敌人们所仇恨的思想家。他清除了人类心里关于神启的思想，初步探索了资本主义，举起了反抗社会不公的旗帜。罪恶的根源是社会结构而非人性，土地私有是资本主义的产物，罪恶在 18 世纪大行其道，自由不复存在，不平等统治社会。和根深蒂固的观念不同，卢梭并不是一个悲观主义者：即使说《论科学与艺术》（*Discours sur les Sciences et les Arts*）的作者不算是进步思想的理论家，他也是自己命运的主人。对启蒙主义者们而言，恶并不在于人，而在于社会，在于愚昧，在于迷信和贫困。

阿兰·雷诺曾指出，卢梭第一次提出了这样的观念：人类的自由通过其征服自然的能力，因此也就是通过定义和内涵而展现。我们知道沙特尔学派的裁纸刀的隐喻，这一隐喻出现在 20 世纪最著名的思想著作《存在主义是一种人道主义》（*L'existentialisme est un humanisme*）中。在 1945 年那场著名的会议上,《存在与虚无》的作者坚持认为,人性和物性的准则并不相同:他谴责传统理论和哲学将人视为物之模型的观念,相对应地,上帝也不是人类的模范。在这种世界观下,人的自由消失了,因为人被禁锢在自然之中,屈服于一定的结局或是模版,他无法逃离,只能像一把裁纸刀一样生活。相反地,真正的人道主义形成于"至少在一个所在中,存在先于本质,这个所在存在于权力得到确立之先,而这一所在就是人"①的思想中。雷诺注意到一个基本而又不为人熟知的方面,他指出,萨特所不知道的是,这一关于人道主义的现象学或者说存在主义的概念并没有跟启蒙主义哲学彻底决裂;
54 相反地,它与康德或费希特文章中的观点相契合,人道主义被认为是一种历史真实性:他们的文章在很大程度上被卢梭所继承。②

确实,在《论人类不平等的起源》中,卢梭第一次提出了一个观念,这一观念随后被康德再次提起,也在雷诺的《世界通史的概念》(*L'Idée d'une histoire universelle*)中有所表现。"所有的动物都有想法,因为他们有感觉。"卢梭说。他甚至将这一观念推而广之:"从这个角度来看,人类和野兽的区别其实并不大……因此,将人类区分于动物的标志并非智力,而是其灵魂中的自由意识。"③

---

① 阿兰·雷诺引(见下一条注释)。

② 阿兰·雷诺,《现代人道主义》,收录于阿兰·雷诺(主编),《政治哲学史》,卷三,《启蒙运动和浪漫主义》,巴黎,卡尔芒-莱维出版社,1999,第 38 页。

③ 让·雅克·卢梭,《论人类不平等的起源》,载《社会契约论或称政治权利原理》,巴黎,卡尼尔兄弟出版社,1954,第 47 页。

卢梭指出，正是由于人拥有不被自然规定性禁锢的能力，才会经由教育和政治而遇到个人历史和集体历史的诸种问题。这种对人类反自然的重新定义、这种全新的概念，并不能被视为对政治秩序没有产生深刻的反响。卢梭以及之后的康德都认为，人类是可以改进的，而这种进步是对自然的持续虚无化，因此人通过推论或历史性对自身进行建构。这一历史性是不断脱离自然规定性的历史性。阿兰·雷诺指出，卢梭这一概述的重要意义并没有被高估。《论人类不平等的起源》的作者第一次找到了反对种族主义的方法："原始人"绝对不是动物，即使他的演化始自"纯粹动物性的功能"，且因为缺少历史性而让人想到动物性。"原始人"是由所有时代所有地方的所有人的共同官能所指引的。这些官能尽管尚未充分发展，但已经有了无限自由的萌芽。他认为，人的进步就是不断从自然中脱离出来的过程。在卢梭那里，人始终是一种独一的存在，且始终是人自身。①

这种人道主义是仇恨产生的理由，在这一层面上，康德是卢梭的弟子，而卢梭自己在随后的两个世纪里更是被人追随。另
外值得一提的是，卢梭提前驳斥了人性的概念，这一概念如今已 55
经深入人心，有可能为专制主义大开方便之门。对现代普遍哲学没能废除奴隶制的指责出现了这样的倾向，它不仅忽略了卢梭，还忘记了孟德斯鸠和伏尔泰，忘记了百科全书派的学者以及英国的启蒙主义者们，甚至还忘记了大革命。事实上，奴隶制的

① 雷诺，《现代人道主义》，前揭，第 38—41 页。

废除正是始于法国大革命。奴隶们就像犹太人，在历史上第一次被解放，成为法国的公民，享有相同的法律，从此自由而平等。对于康德来说，就像是在他之前的卢梭一样，所有的人，不管来自怎样的世界，在历史的眼光下，都是不断完善、不断进步的。

丰特内勒是启蒙运动的敌人们最讨厌的人物之一，反启蒙主义者们如同20世纪初的乔治·索雷尔一样，在他身上看到了恶的象征。丰特内勒在康德和卢梭之前表现出了现代人对自我的无比信心。人在任何时间任何地点都是相同的："有什么依据，能够认为人在某一时刻更加优越呢？"难道不是很明显，"自然赋予人的东西永恒不变，上千次地使人在它的推动下生活？""在不同的世纪里，自然的人类并没什么不同……因此我们都是平等的，现代人和古人，希腊人、罗马人和法兰西人。"[①]古代人只是在时间上先于现代人，这却造成了是他们发明一切的错觉，如果把现代人放到他们的位置，现代人也会取得和他们一样多的成就。然而实际上，现代人已经取得了古代人所达不到的成就。古代人也有许多缺陷和弱点，他们"好不容易从错误的观念中挣脱出来，也曾为错误和无知付出过代价"。就像丰特内勒所说，古代人最迫切缺少的，是科学的方法，或者说是被称为精确度和严密性的东西："常常缺少准则和相似性，契约精神不牢固，思维

① 丰特内勒，《古代人和现代人的题外话》(Digression sur les Anciens et les Modernes)，《全集》，巴黎，法亚尔出版社(法语哲学作品集)，1991，第二卷，第413—414和416页。

混乱不清晰。”[①]过去的那些世纪里没有笛卡尔：多亏了这个历史性的进步，在知识领域里“精确和正义”[②]前所未有地占据了上风。也正因为如此，“在古人智慧的照耀下，同样在他们前车之 56
鉴的警醒下，我们最终超越他们也就不是那么令人惊讶的事了”。[③] 一代又一代相继而来，后辈总会超越他们的前人：“一切都没有尽头，最新的物理学家或是数学家总是懂得最多的。”[④]知识的进步无穷无尽，我们总是相对于其他人的现代人：“在某个时代，罗马人也曾是现代人，希腊人对于他们来说也是前人。”[⑤]“他们也不会想到，后人会将德摩斯梯尼（Démosthène）和西塞罗、和某个法兰西人的名字联系在一起。”[⑥]《关于多重世界的对话》（*Entretiens sur la pluralité des mondes habités*）的作者也曾呼吁与他同时代的人不要“抛弃理性进行判断”。他倾向于认为，“古代作品的读者们应该祛除前辈们的无知和野蛮”，重新复兴希腊罗马思想，应该走出“奥古斯都以来几个世纪的野蛮状态”[⑦]，然而，这也并不意味着就应该无条件地臣服于古代人的智慧。

在这里，就像在一个微观世界中，我们可以看到启蒙主义者及其敌人们思想的分歧所在。事实上，不仅赫尔德笔下理想化

---

① 丰特内勒，《古代人和现代人的题外话》，前揭，第 420 页。

② 同上。

③ 同上，第 418—419 页。

④ 同上，第 419 页。

⑤ 同上，第 428、422 页。

⑥ 同上，第 423 页。

⑦ 同上，第 425 页。

的、浪漫的中世纪在这里成了野蛮时代，就连丰特内勒对比人类发展与个人发展时使用的方法也与维柯、赫尔德、斯宾格勒有着唯一却至关重要的差别：进步没有尽头。人类经历过童年，现在进入到成熟的阶段，“然而我不得不承认，人类从来不会老去……也就是说，人类绝不会堕落，每个时代都不乏伟大的灵魂，而一代的精神比之上一代只会是进步的”。[①]

18 世纪启蒙主义的胜利毫无疑问。这场胜利一方面是因为洛克确立了其思想的权威和克里斯蒂安·沃尔夫（Christian Wolfe）普遍理性的胜利，另一方面也是由于维柯《新科学》的
57 失败。“你们这些活在现在的，尤其是出生在 18 世纪之后的，祝贺了。”[②]所有对现代派所做辩护的争论，就像沙特吕（Chastellux）那样，都是将其看成了对古代风俗中无数暴行和野蛮的控诉，并认为“那些悲惨可怕的残暴证明了我们现代哲学的优越”。[③] 沃尔尼（Volney）嘲笑那些对希腊和罗马的盲目崇拜，田园牧歌的想象代替了他们本该拥有的自由和平等，斯巴达和罗马的寡头政治压迫奴隶，平民的生活也一样悲惨。夏多布里昂自己也意识到，古代的共和国并不能证明“自由，启蒙

---

① 丰特内勒，《古代人和现代人的题外话》，前揭，第 426 页。

② 沙特吕，《论公众幸福》（*De la Félicité publique*），引自保罗·阿扎尔，《18 世纪欧洲思想：从孟德斯鸠到莱辛》（*La pensée européenne au XVIIIe siècle de Montesquieu à Lessing*），巴黎，法亚尔出版社，1995，多元文化丛书，第 217 页。

③ 沙特吕，《论公众幸福》，引自让-法比安·施皮茨（Jean-Fabian Spitz），《政治自由：概念谱系学论文》（*La Liberté politique : Essai de généalogie conceptuelle*），巴黎，法国大学出版社，1995，第 498 页。

的女儿"[①]的存在。

然而,尽管对那个时代的特殊性有着模模糊糊的概念,也强调了现代性中个体意识的重要意义,就像他们 19 世纪和 20 世纪的继任者们一样,启蒙运动的思想家们并没有意识到,他们所在的时代是"至高的、独一无二的"。可以肯定的是,他们的时代是一个宏大的时代,但前进的步伐并未停歇。欧洲的历史常常以为了现代而酝酿的一场社会变革的面目出现:我们可以在前苏格拉底学派的身上看到民主的启蒙,但历史没有尽头。任何时代、任何人都不能自以为达到历史的最佳状态,因为这条路线没有终点。相反地,柏克却将自己的时代视作尽善尽美:在 18 世纪的英格兰,人们已经到达了能够达到的最好的时候。在两个世纪之后,他的继承人新保守主义者弗朗西斯·福山(Francis Fukuyama)[②]也有和他一样的思考。正是在这个学派产生了历史终结的观点,并且在 20 世纪的最后十年间导致了美国新保守主义阶层的出现。

和已有的观念不同,普遍的批评并不试图改变人,而是改 58

---

① 弗朗索瓦-勒内·夏多布里昂,《墓畔回忆录》,让-克劳德·贝尔谢(Jean-Claude Berchet)整理版,巴黎,加尔尼出版社,1989,第一部分,第六卷,第七章,第 347 页。夏多布里昂讲述了他于 1791 年到达费城,本来该在那里见到华盛顿:"我知道古代人所理解的自由,作为新兴社会风俗的女儿的自由,但我不知道作为启蒙和旧文明的女儿的自由,被共和国证明了的自由:上帝会希望它永存。"

② 弗朗西斯·福山,《历史的终结与最后的人》(*The End of History and the Last Man*),纽约,自由出版社,1992(参见本书结语)。

变社会状态，保罗·阿扎尔在其中看到了启蒙主义的真正灵魂。这一批评被看作改善人类境遇的工具，是进步和通向幸福的方法，幸福成为人的权利而非责任。这是所有理智生命的目标，是所有行动朝向的终点。于是，绝对的贪欲就此终结。[①] 哲学应当由实践指导，除了找寻幸福，它将什么也不是。个人财产成为政治和社会运动的最终诉求：这就是自然权利学派最重要的贡献。洛克的思想、他最重要的理论统治了 18 世纪，甚至在卢梭出现之后仍占据重要地位。自从霍布斯之后，到 17 世纪中叶，洛克追随着他的思想，理性的权威逐渐得到证明，并在一百年之后取得了决定性的进步。尽管人们不得不承认它也有局限之处，知道它无法认识事物与本质，但也不会怀疑它的角色：发现事实，观察事实，发掘真实因素进行比较，发现其中的联系，找出通用的法则。这些方法最终将成为经验的一部分。理性肩负着揭示真理、揭露谬误的责任，它普遍存在于每一个个体之中，不仅依靠科学和艺术，也依赖着人类的未来。

然而，"启蒙意味着什么？"18 世纪的人借摩西·门德尔松(Moses Mendelssohn)之口提出了这个问题。[②] 而正是康德在他一篇著名的文章中——这篇文章发表于 1784 年 12 月，

---

① 保罗·阿扎尔，《18 世纪欧洲思想》，前揭，第 18—33 页。

② 门德尔松，《关于问题：启蒙意味着什么？》(Sur la question: que signifie éclairer?)，载康德，《什么是启蒙？》，让·蒙多(Jean Mondot)翻译、作序、注释，圣艾蒂安，圣艾蒂安大学出版社，1991，第 67 页及之后。

它是那个时代思想家最伟大的杰作之一——给出了*哲学家精*神下，启蒙最精确、最忠实的定义："*启蒙运动就是人类脱离自己加之于自己的不成熟状态*。不成熟状态指的就是人在缺乏他人帮助的情况下无法运用理智…… Sapere aude！要有勇气运用你自己的理智：这就是启蒙运动的口号。"①康德呼唤解 59
放人类主体，使人从历史和宗教的束缚中挣脱开来，这表现了他对启蒙运动的看法：他认为启蒙运动是一个动态的过程，是通向自我解放的持续努力。这一乐观主义的看法建立在人权至上的观念之上。受到卢梭的影响，康德开始将自由看成道德的首要原则。于他而言，社会契约理论成了唯一可与这样一种道德概念相提并论的政治哲学。② 康德在许多方面受卢梭影响："卢梭使我醒悟过来……我开始认识到人的价值，发现自己远不如那些劳动者。如果我相信这一研究主题能够给

---

① 康德，《什么是启蒙？》，载《什么是启蒙？》，第 73 页（斜体部分原文即斜体）。我们还可参考另一个更易接受的版本，该版本译文略有不同，参见康德，《永久和平论及其他文章》（*Vers la paix perpétuelle et autres textes*），弗朗索瓦·普鲁斯特（François Proust）撰写引言、做注、整理书目和编年，让-弗朗索瓦·普瓦里埃（Jean-François Poirier）和弗朗索瓦丝·普鲁斯特（Françaoise Proust）翻译，巴黎，弗拉马里翁出版社，1991，第 43 页。关于米歇尔·福柯对这段话的批评，参见他的《什么是启蒙？》，载《文学杂志》（*Magazine littéraire*），1993 年 4 月，第 62—64 页。同样可参考莫里兹奥（Maurizio）：《批评与启蒙：米歇尔·福柯关于〈什么是启蒙〉》（*Critique and Enlightenment*: *Michel Foucault on* "*Was ist Aufklärung*"），巴塞罗那，社会与政治出版社，1996。

原文斜体部分，在本译本中均以楷体字表示，下同。——译注

② 贝瑟尔（F. C. Beiser），《启蒙、革命和浪漫主义》（*Enlightenment*, *Revolution and Romanticism*: *The Genesis of Modern German Political Thought*, *1790 -1800*），剑桥（马塞诸塞州），哈佛大学出版社，1992，第 30—33、37 页。

其他人带来价值，那就是让人的权利得到彰显。”[1]康德在《社会契约论》的作者身上看到了一位道德界的牛顿：“卢梭第一个在人性多样化的外衣下发现了人类的自然本性，以及深藏在人性深处的秘密。”[2]

对于康德而言，他那个时代的人远非自身命运的主人，没有从偏见和迷信中被解放出来。然而，尽管那个时代仍未被点亮，理性和批判已经初露曙光。自然法则对真理和传统价值进行了理性批判，个人的价值超越了社会存在，个体的幸福成为政治活动的焦点。正是对现存秩序的理性批判，才使得社会的存在被看成个人意志的集合，国家因此也成为个体力量能够参与其中的机器。因此，这种批判性思考还促使国家和社会享乐主义，以及实用主义思想诞生：在整个 19 和 20 世纪，反启蒙思想定义了个体之于“物质主义”概念下的集体的这种绝对优先性。很快，物质主义——自由主义（英格兰和美国所认为的物质主义更多
60 的其实是自由主义的意味）、民主、社会主义——成为全社会的法则。

根据康德的观点，个体的自由是在法国大革命的进程中得以落实的。康德笃信革命，尽管经历了 1793 年禁令仍不改初衷，仍旧认为理性不仅能够允许，而且能够强迫社会根据正义的

---

① 康德的评注，参见《论优美感和崇高感》(*Observations sur le sentiment du beau et du sublime*)，罗杰·肯普夫(Roger Kempf)翻译、撰写引言和做注，巴黎，费林出版社，1980，第 66 页。

② 同上。

法则不断改善。到了1797年，他依旧表达了人类有能力自我改善的观点。[①] 大革命还实现了启蒙主义的政治诉求：以一种线性的观点，将未来视作当下理想主义追求的实现。[②] 奥克塔维奥·帕斯(Octavio Paz)写道，“乌托邦就是理性的梦想。这梦想是动态的，在革命和改革中不断进化”。[③] 事实上，正如尤尔根·哈贝马斯对启蒙主义的定性，对乌托邦固有价值的反对不过是破坏现代性根基的另一种方式。[④]

我们知道，康德并不认为个体有权利对抗政治权力，从这个观点来看，他和洛克甚至霍布斯同属一个阵营。即使霍布斯不认为个体有反抗的权利，他也极有可能隐约看到权力在将个人生活置于危险之中的同时，可能也使自身失去了存在的理由，也就是失去了合法性，并最终被解构。这其实是给反抗打开了另一扇门。在这一观点上，康德反对自然权利的学院派的悲观看法，对于他来说，反抗的权利是另一种意义上的斗争。除此之外，公民不能质疑法律和政治系统。尼采大约会对他的因循守旧大加挞伐，因为这种观点囿于学术界，而没有提到一个事实，那就是德国学术界所说的：“就像我们的许多知识分子一样，康德曾经极受敬重，受到国家的爱戴，但他

---

① 贝瑟尔，《启蒙、革命和浪漫主义》，第38页。

② 拉特拉弗尔斯(F. Lattraverse)，莫泽尔(W. Moser)编，《前言》。

③ 奥克塔维奥·帕斯，《诗歌与现代性》(Poésie et modernité)，《辩论篇》(*Le Débat*)，1989年9月，第4页。

④ 尤尔根·哈贝马斯，《现代性：一个未完成的方案》，《批评》，413，1981年10月。

缺乏伟人的特质。”①而这正是我们无法对法国哲学家们提出的指责。

对康德而言，有思想的公民还剩下什么？唯一的武器，也是决定性的武器：批判。这是唯一的方式，但也是最可靠、最
61 有效率的方式：传播启蒙思想，建构启蒙运动。同时，它能够使那个时代启蒙运动中的温和派公民反思自由的意义。这一天已经到来，人类能够从“自己造成的不成熟状态”中挣脱出来，没有任何暴力革命能够催生思想的真正变革，而只会导致专制和压迫：只有启蒙运动能够证明，用另一种偏见取代曾经的偏见并不是什么好的解决方案。为了跟上变革的脚步，对于道德和人性的政治来说，最重要的是“对**自由**的要求，而在我们所谓的对自由的定义里，最能让人接受的，便是在任何关系下都能**公开行使**理性的自由”②。“在所有领域”以及“公开行使”中，埃里克·威尔（Éric Weil）如此写道，“关键在于：任何事物都不能离开批判，也不能离开宗教，不能离开立法的原则，不能离开教会，也不能离开国家：批判要在公开的情况下进行”。③

启蒙哲学家们经历了从国家监管到自由状态的缓慢转变，从

---

① 弗里德里希·尼采，《教育家叔本华》（*Schopenhauer éducateur*），《尼采全集》，让·拉考斯特（Jean Lacoste）、雅克·勒里德尔（Jacques Le Rider）编著，巴黎，拉丰出版社，1993，第 345 页。

② 康德，《什么是启蒙?》，《永久和平论及其他文章》，前揭，第 45 页。

③ 埃里克·威尔等，《康德的政治哲学》（*La philosophie politique de Kant*），巴黎，法兰西大学出版社，1962，第 16—17 页，这一版本的翻译略有不同。

这一角度来看，就像哈贝马斯所说的，启蒙运动是一项“未完成的方案”[①]。这是我们现代人的观点，18世纪的人并不这样想：这位伏尔泰主义者坚信胜利就在不远处，它是知识界革命的自然产物。无论是时间、观点或是风俗都各不相同，“几乎整个欧洲都在五十年间变换了面貌”。[②] 他在1763年写道：“没有任何理由认为前进的脚步会停滞。”康德——大革命的见证者，巴黎各种活动的热心参与者——的《系科之争》(*Le Conflit des facultés*)是他在1798年发行的最后一本小册子，表达了他对见证了美国独立、旧秩序被打倒、法国人权宣言、德国自由主义浪潮的这一代人的信心。“在我们这个时代，革命成功或失败并不重要，革命是否积聚了苦难或暴行也不重要……要我来说，这场革命在所有见证者中
找到了支持，激发了民众的热情，引发了他们对人类道德的思 62
考。”[③]康德还说：人民正走向建立在“开明君主专制”之上的“政治形态”，和法律相类比，也有一个被所有人遵守的法律准则。[④]这也是为什么“我认为人类的未来是可以预测的——尽管我不是个预言家——通过种种表象和先驱者的所作所为，我们等待着一个结果；与此同时，进步多多少少会出现。”法国大革命也正是对

---

① 参见尤尔根·哈贝马斯，《现代性：一个未完成的方案》，前揭。

② 伏尔泰，《论宽容》(*Traité sur la Tolérence*)，前言、注释、索引、编年由勒内·波莫(René Pomeaut)编纂，巴黎，弗拉马利翁出版社，1989，第48—49页。

③ 康德，《系科之争》，《历史作品集》，史蒂芬·皮欧贝塔翻译，前言与注释由菲利普·雷诺编纂，巴黎，弗拉马利翁出版社，1990，第211页。康德所有关于哲学和历史的理论著作都收录在“GF”这个全集中。

④ 康德，《系科之争》，《历史作品集》，第214页。

通往未来道路的反抗，“它揭示了一种态度、一种不断进步的学说”，这植根于人类的本性之中，“只有自然和自由会根据法律的内在法则聚集在人类身上，并成为其标志”。不管怎么说，就连暴行，“都不会被遗忘”。[①] 胡西恩强调说，进步不是自动发生的，动物只能被动地适应自然法则；而在人类身上，自然法则和主体自由同时存在。根据自然规则，人类身上有动物的习性，就好像“被主人牵引着的驯服的羔羊，被严厉地看管起来，不断长大”。然而，“自由的天性使人不满足于生理上的享乐”：他“一旦接受了某种合法的政府组织形式，就很难接受另一个政府的存在”[②]。从此之后，人类会处在一个不断警戒的状态，他们认识到了自己的力量。因此，历史的哲学不断号召人类产生即刻的响应，希望理性的人承担个人命运的责任。[③]

《系科之争》将重点放在了 1784 年出版的《答复这个问题：什么是启蒙?》这本书想要表达的观点上。到了 1790 年，康德写道：“第一要义（据我所想）是理性的主动性。理性的被动倾向最终导致他律，这是一种**偏见**；最大的偏见在于将自然看成是对规
63 则的屈服，人与自然的相处被认为是要无条件服从自然法则，甚至是**迷信**。而将迷信自由化就叫作启蒙运动。”[④]自由的思想、

① 康德，《系科之争》，《历史作品集》，第 214—215 页。

② 同上，第 213 页。

③ 胡西恩，《康德的历史哲学》(La philosophie de l'histoire selon Kant)，《康德的政治哲学》，第 51 页。

④ 弗朗索瓦·普鲁斯特，《康德全集》前言，《永久和平论及其他文章》，第 6 页。

被解放的思想，其实是自主的思考，像弗朗索瓦·普鲁斯特所说的，通过审判确立自身存在的合理性，有着自身的原则，只遵从理性检验过的道德和自然法则。这也是18世纪“法律”一词所代表的含义：法律是武断的反义词，因为它是普遍适用的，能够解决卢梭所提出的那个问题：找到自由和约束之间联系的纽带。这个联系就是人类能够自由遵守的法律，因为它是经过理性检验的。[①] 这一对启蒙运动原则的辩护是对赫尔德和柏克的绝妙回应，甚至是康德想要对维柯讲的话。

一次复辟和之后的两场革命是另一种形式的对自由的追求。托克维尔总结了启蒙思想家们对自由的观点，和柏克的理论完全相反：“根据现代性和民主的原则，我认为自由对于每个人来说，都是要将启蒙思想作为指导，知道人的权利是平等的，人应该独立于其同辈人而生活，是独立的个体，理解自身的命运。”[②]因此，托克维尔发展了康德之后邦雅曼·贡斯当提出的关于自由的两个观点，柏克想要忽视这两个观点，而百年后以赛亚·伯林对其进行了区分。在这个意义上，托克维尔表现得像个真正的自由主义者，启蒙运动的自由主义者：他相信，启蒙原则之外，自由无从谈起。除此之外，托克维尔还描绘了自由的民族主义：“有观点认为，每个个体，或者说每个人，都有权利做出

---

① 弗朗索瓦·普鲁斯特，《康德全集》前言，《永久和平论及其他文章》，第7页。

② 阿历克西·德·托克维尔，《全集》（梅耶编纂），第二卷第一章：《旧制度与大革命》（巴黎，伽利玛出版社，1952），第62页。

自己的决定。这个观点可能还不够明晰,定义不够完整,也没有
很好地形成理论,但一步步地构成了独特的精神。”[①]启蒙运动
64 的时代将民族的观念从柏克和托克维尔那里分离出来。对于
《旧制度》一书的作者来说,正是 18 世纪的社会转变促使了现代
自由主义的兴起,同时出现的还有个体与集体的自由。

柏克认为法国大革命的源头在于反抗基督教文明;跟柏克的观点恰好相反,托克维尔更多地考虑到 18 世纪的社会现实。他在检视了六十多年国家和城镇的档案——包括贵族、教士和第三等级的人民——后“惊恐地”发现,人们想要的是废除国家所通行的全部法律。[②] 因此,巴黎“文学上的诡计”并不是 1789 年事件爆发的原因。对于托克维尔而言,这次革命并不是柏克所认为的反对封建制度和教会的产物,而是旧制度的必然结果。在《旧制度与大革命》的两个章节里,他对此进行了集中的回复,第十二章的题目叫作《尽管文明取得各方面进步,何以 18 世纪法国农民的处境有时竟比 13 世纪还糟》(Comment, malgré les progrès de la civilisation, la condition du paysan français était quelquefois pire au dix-huitième sciècle qu'elle ne l'avait été au trezième)。这也是托克维尔和卢梭更接近而与柏克不同的地方,特别是关于旧制度下的农民问题,而不是 1848 年 7 月的工人造反者。他完全理解了卢梭的观点,并讲述了同一位农民的

---

① 托克维尔,《旧制度与大革命》,第 63 页。

② 同上,第 197 页。

会面及与其共进晚餐的情景:这次经历“让我看到了受苦受难的人民以及他们所受到的压迫,心底产生了难以觉察的气恼之情”。[1] 这也是柏克,以及后来的泰纳因为对法国浪漫主义和大革命的偏见而没有注意到的地方,他们甚至未曾试图去理解它。

在随后的一个章节——第三部分的第一章——托克维尔关
注到另一个问题:在 18 世纪中期的时候,知识分子是如何成为
国家主要的政治人物,这一现象又产生了怎样的影响。一方面
来说,他们的境况让他们“准备好去实践自己概括性的、抽象的
理论,并在政府的治理中得到验证”。与此同时,托克维尔还指
出,如果说 18 世纪的法国知识分子并没有像英格兰人那样参与
到公共事务中来,他们对政治生活却并不漠然:“他们不断投身 65
到政府的管理中去,甚至把这当成了自己的事业。”实际上,他们
所感兴趣的基本问题在于:“人们常听见他们高谈阔论社会的本
源及其基本形态,谈论最重要的公民权、权威以及它们之间自然
或人为的关系,谈论风俗的合理性及其错误之处,甚至谈论法律
的原则,他们能够深入那个时代宪法最基本的层面,好奇地审视
它们的结构,并从总体的层面对其进行批判。”基本问题是,“18
世纪的哲学家在谈论那个时代社会基本结构的时候,会采用许
多看起来完全相反的词汇,这一点并非偶然。这些迥异的观点
给他们提供了未曾有过的、看待社会的视角。泛滥而可笑的特

[1] 让-雅克·卢梭,《忏悔录》,艾德·范·贝沃撰写前言及做注,第一卷,第四章,巴黎,卡尼尔出版社,第 221 页。

权同时也促使他们思考平等，在经历了许许多多荒谬的事件后，他们开始质疑传统、反抗旧时代”。在这个社会，一个封闭的社会，一个没有未来的社会，法国知识分子“自然地想要重塑他们的时代，在全新的背景下，每个人都追寻着理性之光”。①

“当我们不考虑细节，追溯到最原初的观点，”托克维尔说，“18 世纪的政治哲学的构成在于：那个时代的作家，不管他们之间有多少差异，都认为应该从理性和自然法则中汲取简单而基础的社会规则，以此取代那个时代复杂而传统的社会风俗。”②在许多情况下，如果我们把他和实验理性主义放在一起看的话，托克维尔自己都表现得像个 18 世纪的人。在《旧制度与大革命》一书中，他用了数页的篇幅赞颂 1789 年事件中的人物：“这就是 89 年，或许是缺乏经验的年代，但却是慷慨激昂、热情洋溢、雄浑壮阔的年代。那个不朽的时代，我们景仰它、尊敬它；即
66 使我们都已经消失，那个时代却会长久留存。”为了向我们揭示那个时代的意义不仅仅在于它的宣告作用，托克维尔继续写道：“彼时，法国人为他们的事业，也为他们自己感到无比骄傲，他们坚信能够得到平等和自由。他们没有设立民主的机构，相反，他们在各个地方赋予人们自由。”③伯林没有提到托克维尔的这一点，后者提前回应了《自由的两种概念》的作者：消极的自由是个体对外部冷漠的防御，而积极的自由则是尽力让世界变得平等。

---

① 托克维尔，《旧制度与大革命》，第 193—195 页。

② 同上，第 194。

③ 同上，第 247 页。

托克维尔特别强调了后者,他说:“他们不仅摧毁了陈旧的法律,因为这法律将人区分为不同的等级,将他们分离开来,产生了阶级的鸿沟,使权利变得不平等,导致境况的差异;而且,他们还一次性地废除了另外一些年代较近的法律和关于王权的理论。”[①]

这个在托克维尔眼里不值得继续存在下去的社会准确地代表了柏克的理想类型,后者认为,只是因为现存的社会是这样的就把它维持下去没有什么意义,除非说这个社会是最好的社会:这也是自由保守派和新保守派之间的区别。托克维尔对1789年革命的赞颂出现在他对柏克的批评之后并非偶然,对于托克维尔来说,柏克仅仅写了几本“雄辩的小册子”,他写的东西体现了“对君主专制的怀念”。[②] 另外,托克维尔指责柏克没有很好地理解法国大革命的真正遗产,它扫清了整个欧洲通行的机制,或者说扫清了柏克所说的“陈旧的欧洲大陆法”。[③] 在这里,托克维尔似乎犯了一个错误:柏克其实十分理解这场革命的本质,但这也是他反应强烈的原因。不过十分耐人寻味的是,托克维尔在《旧制度与大革命》中很少提到柏克,在他为了书写《旧制度与大革命》而引用和概括的段落中,我们可以看出他其实是熟读了柏克的各类著述,并在这位《反思》的作者身上感受到了强大的“精神力量”;但他同时认为,柏克被“对[……]改革者的仇恨”

---

① 托克维尔,《旧制度与大革命》,第247页。在“保守派”的阵营,只有年轻的勒南在他职业生涯的一开始就同意了他的观点。

② 同上,第245—246页。

③ 同上,第96页。

67 蒙蔽了双眼。在谈论一些具体细节的时候，他还算值得赞扬，但他的视野十分局限：“完全没有注意到总体的特性、普遍性以及大革命最终的范围。他就像是生活在古代，在世界上一个叫英格兰的角落，不能理解正在发生的新事物。”①

与勒南正相反，托克维尔在去世前夕，在他更为成熟的著作中指出了大革命的伟大之处。更为重要的意义在于，这个称赞是在 18 世纪之后：“在这个世纪，我们第一次听到有人谈论人的基本权利。每个人都拥有平等的幸福，这是自然权利最合法、最不可更改的遗产，每个公民都应该享有它。”②

比起冷战时期有限的自由主义思想，或是我们今天新保守主义式的自由，托克维尔的思想跟 18 世纪的人更为接近，不仅仅在于他清醒地意识到“确定的法则可以被发现”③，而且他认为法国大革命的发生是必要的。他认为，大革命是“唯一出路”④，并且它“突然间到达了[……]它本来会慢慢到达的终点”：不管怎么说，即使革命没能以同样的方式发生，又或者说甚至没能产生任何效果，“陈旧的社会结构并不会一下子倾塌，有的早一些，有的则晚一些”。⑤ 阿历克西·德·托克维尔是卢梭之后法国最重要的思想家，也是最后一位自由主义者。在 19 世

① 托克维尔，《旧制度与大革命》，第 340—341 页。同时参见第 338—339 以及 342 页。

② 同上，第 63 页。

③ 同上，第 45 页。

④ 同上，第 244 页。

⑤ 同上，第 96 页。

纪的法国，只有邦雅曼·贡斯当能与之相提并论；而放眼欧洲，只有穆勒能够和他达到同样的高度。实际上，贡斯当和托克维尔拥有同样的政治传统，而这个传统在《论美国的民主》(*La démocratie en Amérique*)作者去世之后也走到了尽头。19 世纪的两个主要人物——泰纳和勒南——则属于另一个学派。托克维尔以及贡斯当尽管更为学理化，还是加入到了启蒙主义的人文和理性的浪潮中来；而泰纳发展并追随着柏克思想的传统，并使之适用于 19 世纪下半叶的社会现实。

和柏克一样，泰纳重新追溯了历史，描绘了一幅“可怕的冲击”的图景，也就是在法国大革命之后的两个世纪里启蒙主义和 68
反启蒙思想两种政治传统行驶的目的地。被泰勒称之为“文明冲击的激烈碰撞”的事件就这样发生了。《英国文学史》(*Histoire de la littérature anglaise*)的作者认为这场碰撞动摇了 18 世纪末期的世界，他在向前辈柏克致敬的一章中谈到了这一点。事实上，在《反思法国大革命》一书所有的读者中，伊波利特·泰纳或许是作品最符合柏克精神的人。德国人根茨和雷贝格(August Wilhelm Rehberg)是第一批毫不犹豫地支持并领会到反启蒙、反理性、反民主的意义的人，但泰纳和柏克的贡献更为突出：法国大革命发生一个世纪之后，随着《论美国的民主》以及穆勒的《论自由》(*On Liberty*)发表，古典的自由主义思想开始涌现出它最好的一批著作，泰纳的著述因此也和爱尔兰学者们的作品重新联系起来。

泰纳充满激情地阅读了柏克的著作，但缺乏批评的精神。

对于他来说,“这是一部政治学上充满洞见的天才之作”。[1] 他所有关于英格兰历史和法国历史的诠释都受到了柏克对法国大革命激烈批判的影响,有着模仿的痕迹。因此,《起源》的作者表现了英国人是如何站在“法国大革命的门口,保守主义者和基督徒们则站在了法国自由主义的思想家和革命者的对立面”。[2] 在英格兰现存制度和法国革命的碰撞中,泰纳继承了他这位伟大导师的思想,认为“两种精神、两个文明之间的冲突不可能比这更加清晰可见,而柏克站在一个思想家、一个英国人的对立视角,更加强调了这一点”。[3] 在之后的几页里,泰纳又回到了这个观点:法国大革命不仅表现了“两个政府的碰撞,而且是两种文化、两类规则的碰撞。这两台巨大的机器,带着它们所有的重量和全部的速度,命中注定地相遇了,在文学和哲学的带领下向前进”。“反对运动的运动”,以及英国“被充满激情的法国所震惊,同时又受到后者的鼓舞”的情形由此产生。泰纳指出,皮特
69 (William Pitt)拒绝了巴黎公社对“无神论国家”的要求,并举了关于“憎恨、抨击、毁灭的可怕”的例子,而柏克两篇十分重要的文章《给一个贵族的信》(*Lettre à un noble lord*)和《论弑君的和平》(*Lettre sur la paix régicide*)的主要论点便是如此。[4]

---

① 泰纳,《英国文学史》,17 世纪版,第三卷,第 324 页。

② 同上,第 316 页。

③ 同上,第 317 页。

④ 同上,第 325 页。参见此处的法语翻译,翻译参照《反思法国大革命》,皮埃尔・安德勒(Pierre Andler)译,菲利普・雷诺(Philippe aynaud)介绍,阿尔弗雷德・费埃罗(Alfred Fierro)和乔治・李尔伯特(George Liébert)注释,巴黎,阿歇特出版社,多元文化丛书,1989,第 467—603 页。

这种文明的冲突是怎么产生的呢？泰纳的阐释同样引用了柏克的观点。他的阐述不仅沿着这位布里斯托议员的脉络，而且恰如其分地自然。只是，如果说柏克的阐发是有理由的，是出于宣传需要，那么对于19世纪中叶的泰纳，我们理应有更好的期许。从英国宪章开始，他注意到与最初认为的不同，英国宪章不是种种特权的集合，也没有导致社会的不公，而是一种契约，也就是被所有人认同的法律。每个人都有权利保卫自己，并且不会再让步，无论这种权利是大是小。泰纳说，正是出于这种观念，人们获得并保卫着政治上的自由："在推翻了查理一世和詹姆士二世之后，这种观念在1688年的宣言中以原则的形式被确定下来，并在洛克和他的著作中得到了发展。"[①]因此，泰纳这么描述洛克：两部《政府论》解码了英国式的自由，而不是自然权利；按照他的观点，自由的人"在他们内部订立契约，他们仍是自由的，社会并没有赋予他们自由，而只是为他们的自由提供保障"。[②] 不过，受到保障的权利是历史的权利，而非自然权利；创立社会的人不是自由人意义上的存在，而是历史意义上的人，其历史至少可以追溯到18世纪。英国公民的权利，从最大的到最小的，都不是"一种哲学，而是一种行动和一个事实。我听说过《大宪章》《权利请愿书》《人身保护法》(*Habeas corpus*)，还有许多经由议会通过的法律"。对于泰纳来说，还有一个更基本的要

① 泰纳，《英国文学史》，17世纪版，第三卷，第288—289页。

② 同上，第290页。

素，或许会让一个信奉贡斯当或托克维尔甚至卡莱尔的人微笑，后者不会轻易相信柏克式的对法国专制制度的理想化：所有的权利“绝不会出现不平等，它们是相互赞成的结果”[①]。

70 因此，宪法也是一种契约，它所保障的权利同样也是如此，摆脱压迫的英国人已经准备好随时保卫它，直至生命的最后一刻。这些人为公共事务而激情洋溢，因为这也是关系到他们自己的事情；而在法国，这只是国王和蓬巴杜夫人的家务事。公共生活洋溢着活力，就像是宗教事务一样，充满了各种宣传的报纸和小册子，政治活动变得前所未有的激烈。[②] “在这场悲剧性的盛况中，在这一片充满激情的肃穆里，我们看到了弥尔顿和莎士比亚的影子。”我们也可以从皮特（Pitt）、查塔姆（Chatham）、福克斯（Charles James Fox）、谢里丹（Sheridan）或是柏克的支持者身上发现这一点。[③] 最后形成了一个封闭的圆圈：“一百五十年的道德反思和政治斗争，让英国人采取一种积极的态度对待宗教和已经建立的宪法。”同样地，“一百五十年的政治斗争和普遍观念，让法国人拥有了对人性和纯粹理性的信念”。[④]

在之后的八页里，有一段对《反思法国大革命》简短的陈述，包括长段的、经过仔细挑选的引用。其中批评精神的缺乏并不那么令人吃惊：作为历史学家的泰纳不仅没有对《英国文学史》

---

① 泰纳，《英国文学史》，17 世纪版，第三卷，第 291 页。

② 同上，第 288—300 页。

③ 同上，第 300 页。

④ 同上，第 316 页。

里关于柏克支持政治斗争的叙述(经常是错误的)提出任何疑问,而且他还毫不犹豫地将其收入了自己的小册子里,这与托克维尔在《旧制度》一书中对柏克的严厉批评形成了鲜明的对比。在《起源》一书中,他在这个观点上走得更远,甚至接受了柏克那些并不值得信任的论点。他还模仿了柏克激进的风格。也正是因为这样,柏克对革命者的这种仇视,无论从形式还是内容上,看起来都生机勃勃,显示了一个法国历史学家想要直接传输给世纪之交的这一代人的东西。我们可以看到,莫拉斯的驳论并没什么不同,而法兰西行动的创立者并没有想从国外找寻自己的财富。因此,他借鉴了迈斯特,这使得在接近 1900 年的时候,人们很难发现柏克和迈斯特作品中呈现出什么原则上的差异:他们都论述了完整的民族主义的理论。在这里就产生了一个问题,泰纳为何自己也没有提到《论法国》(*Considération sur la France*)作者的权威性?答案或许是因为迈斯特称赞那些不经常
往来的"反动分子",并没能十分跟得上时代潮流。与之相反,柏 71
克则受到时人的景仰,被看作 1789 年之后英国政治思想界的代表人物。直到莫拉斯之后,人们才重新把目光放到迈斯特的身上。

柏克所描绘的理想的英国,对于泰纳来说是一个完美的政体。泰纳引用了大段语气强烈的文字,这构成了《反思》一书作者的思想核心。在谈论柏克之前,泰纳谈到勒南和赫尔德的对话:这两个 19 世纪末期法兰西历史上的重要人物,在反对大革命的政治文化中觅到他们思想的源泉。"我们像是博物馆里被

制成标本的鸟儿一样，没有任何准备，匆忙地被填充进破旧的报纸、杂草还有可悲的旧布片里，那就是人权。”[①]根据泰纳的说法，这一对柏克的引用也解释了为什么启蒙运动对英、法两国产生了截然不同的影响，为什么这两个国家在 18 世纪末期的精神状态完全不同，在政治和社会健康的观点上截然对立。因此，泰纳如饥似渴地阅读柏克的著作：“我们带着尊敬的态度看待国王，带着欣赏的态度看待国会，带着顺从的态度看待专制，带着敬仰的态度看待牧师，带着敬重的态度看待贵族。”[②]

同样地，当泰纳在以柏克的名义继续列举的时候，他就被他所谈论的主角同化了，并开始采用“我们”作为主语——柏克就是这样来代表所有的英国人说话的——告诉我们集体主义的政治文化和法国个人英雄主义的区别：“我们放弃了简单而概括的理性，因为它把人与人分离开来，只看得到当下，让人与社会分离，以为自己才是最重要的那一个。”“我们看不起其他，”——这里是对柏克的直接引用——“这些初学者的哲学和海关的算术，它们清晰地划分出国家和权利。”[③]正是因为如此，宪法不是卢梭笔下一纸假想的契约，而是真实的、被各方所接受的、一代又一代人遵
72 守的约定。没有一个社会可以没有信仰，正义也来源于此。无神论不仅仅反对理性，还违背了人的天性，他们才是最狂热的新教

① 泰纳，《英国文学史》，17 世纪版，第三卷，第 318 页。柏克这篇文章的另一个翻译版本，参见《反思法国大革命》，第 109 页。

② 同上，第 319 页。

③ 同上，第 322—323 页。

派。对大多数人的权利和人民主权的否定都是绝对的。在这里，泰纳引用了另一份十分重要的文献："在一个国家里，真正的贵族阶级并不是分离的或者可分离的。当大多数人根据自然法则规范自己行为的时候，我在他们身上看到了'人民'二字，而当你们把普通人和上层人士区分开来，甚至把他们放在冲突对立面的时候，'人民'就失去了它值得尊敬的地位，成为叛逃者和流浪汉。"[①]最后，对平等或者"系统化的均等"的恐惧使社会变得无序，似乎"爱找茬的律师、咄咄逼人的高利贷者、不知羞耻的女人、旅馆老板、教士、杂货店的学徒、理发匠甚至剧院的舞者"[②]都有了某种权力。根据柏克的说法——对此泰纳毫不犹豫地接受了——这一毁灭性的产物是不可逆转的，因此，"即使独裁主义在法国从来都没有上升的空间"，随着这一产物而产生的平均化最后也会"让这个国家陷入前所未有的独断"。[③]

除了赫尔德，在柏克之前没有任何一个启蒙时代的批评家用这么恶毒的语言攻击启蒙思想。因为，和我们知道的、如今被法国和英语世界广泛接受的观点不同，埃德蒙·柏克的重要意义不仅仅在于他构建了英国自由主义的基础，还在于他——跟

---

① 泰纳，《英国文学史》，17世纪版，第三卷，第321—322页。

② 同上，第323页：在这里，泰纳做了一些引用，其想法是好的，认为或许这些爱尔兰的小册子能够产生作用，使柏克的思想更能被人接受。《起源》的作者使用了"旅馆老板"这个词，委婉地在原文本中对"旅馆、酒馆、窑子的拥有者"(Keepers of hotels, taverns and brothels)进行了表述。

③ 同上，第324页：泰纳对柏克的直接引用，尽管只引用了片段，但忠实再现了柏克的原意。

赫尔德一起——建立了一个新的政治传统，另一种现代性，这一现代性建立在集体主义优先和个人服从于集体的基础之上。总
73 的来说，这些爱尔兰的宣传册事实上的确结束了自然权利学派和以洛克《政府论第二篇》为代表的社会契约思想的统治地位，后者也是启蒙运动的基石之一。确实，柏克所发展的有关好的政治的概念反对康德关于人类自主的思想，自由被限制在世袭的特权之内，并受到效用的牵制。洛克所认为的人类权利对他来说并不存在[①]。然而，柏克跟赫尔德最重要的贡献，是强调了对不同源流学派的兼收并蓄，考察不同的文化、社会和政治现象，这让他们产生了反理性主义的思想。

埃德蒙·柏克被认为是法国大革命以来最重要的政治思想家之一。他并没有写过一篇理论性的文章，不过，他所有的文字活动和政治活动都在一个非常清晰和确定的范围内进行，从来没有脱离过这个范围。他唯一的理论著作是写于 1757 年职业生涯初始的《关于我们崇高与美观念之根源的哲学探讨》，这本

---

① 尽管如此，柏克仍然被认为是洛克的继承人、保守的自由主义者：奥布莱恩（Conor Cruise O'Brien）和以赛亚·伯林的观点也是如此，参见他们的通信，奥布莱恩所著的《伟大的旋律》（*The Great Melody: a thematic biography and commented of Edmund Burke*）的附录第 609 页和第 612 页，这里呈现了两种对立的观点：伯林承认只认识柏克为世人所知的那一面，却没有意识到世人知道的那一面可能并非是真相；而在奥布莱恩那里，在他六百多页的书中，洛克的名字仅仅出现过一次（第 451 页）。奥布莱恩很清楚，柏克对洛克思想的基础十分惧怕。在《纽约书评》（*New York Review of Books*）的一篇文章中，他才进一步阐述了这个观点，而在他自己关于柏克的书中一点儿也没提及，只有在附录里和伯林的通信中才出现了一下。

书猛烈攻击了理性主义和自然权利的学说,为三十年后《反思法
国大革命》做了铺垫。之后,柏克就一直没有停止斗争的脚
步。[①] 在他的那本小册子里,出现了他在 1770 年到 1780 年间
所有重要的观点,有的地方经过了重新阐述,以便适应更大规模
的政治斗争。其特点就在于它浓缩了大量有关当时政治活动的
文字,表现了有限的自由主义的主题,表现了对整个启蒙运动的 74
反抗,因为这一运动在《反思》中确保了他们的后代能够快速并
且持久地取得成功。书写当前形势的著作主要是为了我们的后
代,而不在于改变当前的世界:潘恩的《人的权利》也充满了活
力,并且质量颇高;奥古斯特·威廉·雷贝格[②]的《关于法国大
革命的研究》(*Recherches sur la révolution française*)没有取得和《反

① 柏克最初的几篇文章被收录在 1997 年出版的《埃德蒙·柏克作品和演讲集》(*The Writings and Speeches of Edmund Burke*)的第一卷,牛津,克拉伦登出版社,1989—2000。这本书由保罗·朗格福特组织编纂,之后的版本由牛津出版社出版。

② 在这里我们提到《关于法国大革命的研究》一书的最新译本,由卢卡斯·梭索(Lukas K. Sosoe)翻译、注释并作序,阿兰·雷诺为之写了前言,巴黎,费林出版社,1998。这个政论家和国家高级官员的文章出版于 1793 年,相当于是柏克《反思》一书的德语版。尽管他仿照柏克出版了这本书,但并没有像后者一样取得成功。对于法国人来说,他依旧是个寂寂无名的小人物。或许雷贝格的书比柏克的见解更深,包含了一种英语文学中很难拥有的深刻性,但是相对于《反思》一书来说,缺乏真正的原创性。比如说,这里引用的法语版本第 99—104 页和第 114—117 页关于普遍权利、理性主义、人的平等、契约观念、人的自主的观点,就像是一代又一代的人希望超越前辈,探寻改变宪法的可能性。可以说,"法国的人权宣言是不确定的哲学准则的集合",它"仅仅限于公民权利,而没有探讨公民义务",确信"形而上学的精神成为国民议会的主要思想"(135—136)。直到 1793 年,才出现了对大革命批评的声音。雷贝格的默默无闻相对于柏克取得的成就十分不公平。不过,正是柏克直至今日的持续成功,才使得其他此类著作变得不为人知。

思》一样大的名气，但事实上也是该领域很重要的著作；在美国，《联邦党人文集》这本书直到今天还有着无可匹敌的影响力。

“《反思》一书的作者，”他说，“听到了很多关于现代启蒙思想的讨论；他无缘领会这些思想。”[1]相反地，他很清楚地看到，“一场安静的革命是如何在道德界出现，最后演变为一场政治革命”[2]，“文学的诡计在数年之后是如何变成了一场旨在摧毁基督教根基的运动”[3]。这也是对大革命的彻底反叛，没有一丝犹豫，超越了当代人甚至之后一代的想象，直到今天还
75 令人惊奇。在这位爱尔兰宣传册作者去世的那一年，第一个接过火把的人是迈斯特。在柏克之后阅读迈斯特，我们不禁要想，要依据怎样的方式才能将一个人看作可敬的自由主义者，而将另一个人当作某些人眼中的极端反动者，当作伯林眼中的第一位法西斯主义者。可以确信的是，我们在柏克那里找不到迈斯特的那些著名论断——“战争是神圣的。”——或者《圣彼得堡之夜》（*Les Soirées de Saint-Pétersbourg, ou entretiens sur le gouvernement temporel de la Providence*）的作者所渲染的屠杀场景，但他对将法国新政体淹没在鲜血中的热切呼吁、他的反革命救世说、他对这种在他看来影响了包括最高阶层的整个社

① 埃德蒙·柏克，《新辉格党人向老辉格党人的呼吁》（Appel des whigs modernes aux whigs anciens），载《反思法国大革命》，第 427 页。

② 柏克，《第二封信，关于法国大革命的特征和成就，以及法国与其他国家的关系》（Deuxième lettre, sur le génie et le caractère de la révolution française, dans ses rapports avec les autres nations），载《反思法国大革命》，第 600 页。

③ 柏克，《反思法国大革命》，第 141 页。

会并构成了法国革命的首要原因的“假哲学”的厌恶，一点也不弱于这位萨瓦外交官。[①] 然而，对于柏克来说，大革命并不是神意的产物，只是一些“造反的人”，这些摧毁宗教、解构社会秩序合法性、指出其不平等根基的知识分子做的事；大革命是统治阶级被其自身财富和错误哲学拖垮、新兴阶级崛起的产物。一方面，柏克赞扬了旧的制度，这一点就连卡莱尔、勒南或者泰纳这样的批评启蒙运动和大革命的人都没有提及，莫拉斯曾经部分地提到过：法国大革命之前的这些年，欧洲经历了人文主义历史上最美妙的一段时光。[②] 和托克维尔一样，他不认为 18 世纪法国农民的生存境况比中世纪的时候糟糕。[③] 另外一方面，他理解法国社会冲突的特性，就像卡莱尔一样，他能意识到特权阶层的衰落。

反对理智主义的第一个大批评家柏克也是全面战争中的 76
先锋人物，他第一个理解到启蒙哲学只有在被相同力量的批

---

① 迈克尔·弗里曼(Michael Freeman)认为在 1795 年的文本《给威廉·艾略特的信》(*Letter to William Elliot*)中，柏克把他对法国大革命的理性看法进行了精准的概括，参见他的《柏克和革命的社会学》(E. Burke and the Sociology of revolution)，载《政治研究》，25(4)，1977，第 466 页。确实，这个概括十分笼统，但它围绕着争论的重点，在《反思》一书之前进行了大致的思考。

② 柏克，《给威廉·艾略特的信》，1795 年 5 月 26 日，《埃德蒙·柏克作品和演讲集》(牛津出版社)，第四卷，第 39 页。这封信是对 1795 年 5 月 8 日诺福克公爵的尖锐批评的回复。诺福克认为柏克的观点不仅“削弱了英国宪法的权利，而且是跟辉格党的宗旨相违背的……(辉格党的)这些宗旨指的是 1688 年英国革命订立的准则”。参见第 29—44 页信件的完整版。

③ 阿列克西·德·托克维尔，《旧制度与大革命》，第 178 页；参见上面的第 64 页。

评声音、像雅各宾派一样强硬的力量反对的时候，才能够被遏制。柏克第一个进行了意识形态的革命，并希望通过对法国的入侵和遭人痛恨的制度的完全毁灭而得以实施。这种自由主义的假说没有在任何势力下却步。他还是第一个理论家，提出了许多流行甚广的观点。直到生命的最后一天，他还在夸张地鼓吹那些在面临可能影响到整个欧洲的威胁时所采取的手段：对革命中的法国开战，摧毁政体，攻占领土，重建旧秩序。对于他来说，法国人，除了精英、王族、贵族和教士，都在一瞬间停止建设自己的国家，他们自己变成了一个政体、一个组织，甚至是一个国家。这个法国式的国家在科布朗斯(Coblence)也出现过，在巴黎出现的时候，完全是一个流氓统治的腐败政权。

柏克同时也发明了一种方式，用来使对手变得不合法，他的对手们包括启蒙运动的重要人物、国民议会的代表、大革命的领导者，甚至还有反对自然秩序——也就是皇权、贵族、教会的特权阶级——的革命者。在17世纪90年代，柏克很看不起平民，认为他们不懂得感激为他们提供庇护的制度。《反思》一书的作者无情地中伤革命者，就像泰纳和莫拉斯主义者所认为的：那些革命者并没有改变19世纪的任何东西。一直到20世纪，发生于两百多年前的法国大革命都饱受批评，巴雷斯的《离开本根的人》(*Dérasinés*)以及布尔热(Bourget)的《阶层》(*Étape*)都属于柏克主义对人的批评。与其说柏克厌恶以卢梭为首的启蒙哲学家，不如说他讨厌那些攻击凡尔赛宫的巴黎市民，或是颁布人权宣言的国民议会。

总的来说，柏克开创了一个传统，这项传统之后还被与他同
时代的迈斯特所跟随。他们的继任者，19 世纪末 20 世纪初法 77
国和德国的革命保守主义者，莫拉斯和他在英吉利海峡另一边的弟子——托马斯·恩斯特·休姆(Thomas Ernst Hulme)，他是漩涡主义(vorticisme)理论家、索雷尔的英语译者，一个拉加尔德人(Lagarde)、朗贝主义者(Langbehn)、斯宾格勒学说的信奉者——也参与到了这次思潮中来。柏克和今天美国的新保守主义者更加接近，而不同于 19 世纪和 20 世纪英国的保守派，例如阿克顿爵士和迈克尔·欧克肖特(Michael Oakeshott)，因为柏克的出名既由于他呼吁挖掘真实的深度和财富、对历史保持严肃的态度、反对空想，也由于他首先提出了在思想和文化领域开战，就像 21 世纪初莫拉斯和美国新保守主义者说的那样。在他看来，改变社会秩序的乌托邦幻想最终只会让社会陷入无序，对这个世界的疑问实际上是在文化领域向西方的基督教传统宣战。

柏克总是要求人们正视现实：在文明的进程中，历史总会因为现存秩序的原因而有许多不足之处。柏克还提出了驯化群众的思想，这一想法被一个世纪之后的马克斯·韦伯发展为英国民主——直到卡莱尔——最大的敌人。驯化群众，使之成为对抗民主的机器，其原则让 19 世纪末和 20 世纪初的革命右派受挫。目标是一致的，只是达到目标的手段有所变化。

柏克反对启蒙运动的斗争共分为三个阶段。与我们通常会有的观念不同,他从巴黎开始的反抗仅仅吸引到了那些并没有真正理解其主张的人。他们不仅没有领会柏克哲学著作的含义,也不理解他政治行动的目标,例如他在美洲问题上的介入,因为柏克从1775年卢梭的第二本著作问世的时候就开始反对启蒙运动。不过,柏克的思想在1791年达到高峰,卢梭在他眼里成了罪恶的化身,变得卑微、可鄙,对于基督教的道德和政治来说十分危险。这个日内瓦人是道德界的贪污犯、好品位的破
78 坏者,带着贵族式的偏见。他体现了世上最大的罪恶,即傲慢:难道不正是他认为权威和主权之基础存在于人类约定之中吗?对于柏克来说,卢梭,甚至伏尔泰,他们都是思考法兰西命运的思想者,“在他所有的辉煌中,都能找到一些瑕疵和缺陷”。[①] 柏克抨击了《论人类不平等的起源》一书的作者,因为后者忽视了社会平等的理论应该建立在自由的概念之上,并且他其实倒退到了抽象的自然权利上,和基督教的思想全然割裂。[②] 正是在他的影响之下,一场规模庞大的革命得以酝酿,既改变了风俗,又改变了政治和社会。在卢梭思想的影响下,骑士精神和“贵族偏见”逐渐消失。[③] 最终,出现了一个典型的图像:国民议会的

---

① 柏克,《给一位国会议员的信》,载《法国大革命的反思》,第352页。

② 同上,第351—357页。同时参见米歇尔·冈赞(Michel Ganzin),《埃德蒙·柏克的政治思想》(*La Pensée politique d'Edmund Burke*),巴黎,法律与法学图书总公司,1972,第112—114页。

③ 同上,第352和355页。

代表们“满怀热情地和跟卢梭观点相似的人辩论。事实上，他们继承了卢梭的血肉、他的精神、他的习惯。他们学习卢梭，思考他，每时每刻都在阅读他的著作，以此逃脱白日勤勉的假象，避开夜晚的腐化堕落”。[①]

这一思想脉络属于柏克和法国启蒙思想家们斗争的第三阶段。第一阶段是 1789 年之前的三十年，第二阶段他写出了《反思》这部著作，第三阶段则是他之后的论战小册子时期，呼吁和法国在人权领域开战，直到将罪恶都消灭。大革命的第一批协议验证了他从一开始抨击卢梭时就深藏的那些信念。实际上，他第一次阅读洛克的时候就已经确信：《政府论第二篇》里解放的思想和第二本《随笔集》里的革命思想都威胁到了文明——基督教文明。对于他来说，法国大革命并不是什么坏事，而是一场对 18 世纪思想的实验：这是历史上第一次完全的革命。如果不是因为在知识上和在道德上酝酿了足够长的时间，如果不是他对法国启蒙思想的厌恶已经到达了一定程度，他的《反思》一书也不会出版得那么快，
而且风格如此强烈。托马斯·潘恩在柏克身上看到了一个 79
完完全全的形而上学家[②]：他不惧怕观点本身，而是对新的观点抱以怀疑的态度，也就是他口中的“绝妙”的观点，并对之

① 柏克，《给一位国会议员的信》，载《法国大革命的反思》，第 351—352 页。

② 托马斯·潘恩，《人的权利》，由克罗德·穆沙(Claude Mouchard)推荐，巴黎，贝林出版社，1987，第 193 页。

进行贬损；换句话说，这些观点展现了一个和现存秩序不一样的未来，描绘了另一番图景和标准。为了攻击自然学派的理论基础，柏克提出了历史主义的一些原则。旧制度在6月份已经衰落；在8月4日那天晚上，《人权宣言》得到发表；10月5日和10月6日证明了思想的巨大力量，从此整个欧洲被笼罩在剧变的阴影下。假设柏克1789年才参与到斗争之中是很荒谬的，因为他早就预见了恐怖时期的到来，以及其后欧洲漫长的争战。他早就用笔战的方式攻击了法兰西，因为从三级会议到国民议会的转型、旧特权阶级的消亡以及王权的衰退无不代表了骑士制度已经走到尽头，并且单一的社会和政治秩序即将不复存在。

这是文明的冲击，“人类历史上从未产生的最宏大的改变”，迈斯特将之定义为“针对基督教和哲学领域的巨大战争”。[①] 然而，如果我们把目光放得长远些，对于迈斯特来说，真正的基督教原则其实是在宗教改革之前的那些教义。开创了个人主义的新教形成于雅各宾派执政之前，并且是历史上“人的理性”的衰落的源头。[②] 16世纪是第一次起义的开始，这是场个人主义与集体主义的对抗。从18世纪开始，“不信宗教的人真正成为一股重要力量……从皇宫到市井，不信教的思想在各处传播，并在

---

① 迈斯特，《论法国》(Considération sur la France)，载《论法国大革命》(*Écrits sur la Révolution française*)，巴黎，法兰西大学出版社，1989，第137页。

② 迈斯特，《论新教》(Réflexion sur le protestanisme)，收录于《论法国大革命》，前揭，第227页。

各处产生影响。"①然而对于知识分子——那些"所谓的哲学家"——来说,他们展开了一场针对基督教的"死亡之战"。② 迈斯特认为,所有法国的学者、文学家和艺术家"从世纪初以来,都达成了一种密谋,反对公共的风俗":在和领主们的斗争取得胜利之后,这些一起谋反的人"在法兰西的土地上展开了一系列难 80
以想象的破坏行为"。③ 他们反对腐败,抵制革命前夕法国的衰落。④ 伊波利特·泰纳并没有说别的什么,而莫拉斯在信中则重新提到了这些话题。

这些有罪者的身份并不令人惊讶:思想源自吕库古(Lycurgue)的孟德斯鸠,受到荷马和拉辛影响的巴托(Batteux),为美利坚立法时遭受巨大挫折的洛克,那个世纪最危险的思想家之一、可能也是这个世界上犯错最多的人卢梭,最后还有卢梭的首要敌人伏尔泰。⑤ 在《圣彼得堡之夜》的五六页文字中,迈斯特表达了他对伏尔泰"腐败思想"的痛恨:"看看这张下流的面孔,仿佛从来都不会害臊,这两座熄灭的火山里,甚至还能迸溅出卑鄙与仇恨……谁会像这样咧嘴苦笑……傲慢的嘴唇透露出不怀

---

① 迈斯特,《论宪政及其他人类制度的生成原则》(Essai sur le principe générateur des constitutions politiques et des autres institutions humaines),收录于《论法国》,皮埃尔·马奈(Pierre Manet)引介,布鲁塞尔,综合出版社,1988,第273页。

② 迈斯特,《论宪政及其他人类制度的生成原则》,载《论法国》,第274页。

③ 迈斯特,《论法国大革命》。

④ 同上,第79页。

⑤ 迈斯特,《圣彼得堡之夜——论神在人间的统治对话》,巴黎,迈斯尼出版社,1980,第一卷,第64和129页,《论法国大革命》,第133—134和144页。

好意的尖刻，好像随时要说出渎神的话，随时要嘲笑别人一样。”[①]最可怕的是，“他的作品还在被人阅读，它们还活着，它们最终将杀死我们”。[②]

“革命的激流”来源于“人类历史上最严重的几次灾祸之一”[③]，也就是宗教改革，它具有两个方面的特性：尽管它们相继选择了不同的方向，但其总体特征是一致的[④]，带有一种“邪恶”的特质，“这种特质将我们所看到的一切，甚至是我们将要看到的东西进行区分”。[⑤] 就像在他之前的柏克一样，迈斯特在大革命中看到了“历史上独一无二的**事件**”，并把它进行归类，“它从根本上来说是**恶的**……是我们所经历的最大程度的腐败，是最纯粹的不纯粹”。[⑥] 对于迈斯特来说，大规模的革命是由某种逻辑进行驱动的，它是某种必要性的产物，而不是随机的事件：“其实是法国大革命领导了人民，而非人民领导了革命。”这个结论
81 多多少少适用于所有大型的革命；不过，这个评价“在那个时代可谓振聋发聩”。[⑦] “这个引领性的力量指引人跨过了困难”，“那些以为自己主导了革命的无赖，其实只是大革命中一个小小

---

① 迈斯特，《圣彼得堡之夜》，第一卷，前揭，第 211 页。同时参见第 207—213 页。

② 同上，第一卷，第 208 页。

③ 迈斯特，《论法国》，前揭，第 20 和第 47—48 页。

④ 同上，第 65—66 页。

⑤ 同上，第 69 页。

⑥ 同上，第 64 页(斜体部分原文即为斜体)。

⑦ 同上，第 18 页。同时参见第 21 页。

的组成部分”。对于迈斯特来说，那些被推到台前的人从来没有想过要建立一个革命的政府，或是一个恐怖政权。共和国在他们还不知道如何做的时候就被建立起来了：他们被环境的力量所推动[①]，因此产生了“历史上前所未有的、最可怕的专制时期”[②]，因为人们从来没有“见过像这样庸俗的、如此完全的专制”。[③] 勒南曾这样说过，泰纳也会表达同样的观点，这种观点为二战之后的极权主义服务。

确实，正是在这个突破口出现了《现代法国的起源》一书的作者，他们的精神是一致的，风格也十分相似。《起源》第一部分的第三节写到了革命思想是在“阴谋诡计”的基础上形成的，拥有“科学的基础”“古典的精神”，第四节则更具有鼓动性。[④] 对现存制度的攻击涉及各个方面，最终甚至演变成针对整个文明的战争，包括整个骑士制度和基督教文明。法国大革命是这场知识界革命的产物：理性向传统宣战。这场“宏大的远征”可以分为“两个阶段”。第一步是伏尔泰主导的针对“世袭偏见”的“哲学的战争”：在这场战争中，孟德斯鸠和伏尔泰两个人描绘了人类风俗、宗教、社会组织及政体在欧洲和全世界的多样性，断绝了法国当时既定制度合法性的基础。而对于泰纳来说，我们

---

① 迈斯特，《论法国》，第 18—19 页。

② 同上，第 19 页。

③ 迈斯特，《论法国》，载《大革命文集》，前揭，第 182 页。

④ 泰纳，《现代法国的起源》，第一卷，第 129—154 和 189—243 页。莫拉斯在这种对古典主义的批评中，看到了泰纳著作的巨大缺陷。

可以看到，他并不是一个多元文化的爱好者，在他的心里有一个比较清晰的对社会未来的构建。“自从社会秩序倾塌，旧的社会秩序失去了它们的神圣地位，而这仅仅是人类设计的结果，是当下的产物，并且处在不断的演变过程中，对它的怀疑会在不同的
82 转折处出现。”[1]对于一个伏尔泰主义者来说，人类风俗习惯的一半都被“滥用”了[2]，比如在基督教里面，怀疑主义变成了“纯粹的敌意，不管是在持久的还是在集中的论战中”。最终，站到最后的只有自然神论。[3]

“第二次哲学的远征”由两支军队组成。第一个是所谓的百科全书派，从狄德罗和达朗贝尔到爱尔维修、孔多塞、拉朗德(Lalande)和沃尔尼(Volney)，他们彼此之间十分不同，但在反传统方面意见一致，并且都支持发动战争、回归自然、废除社会制度。[4] 第二支军队则是“卢梭和一些社会学家”：对此泰纳也贡献了几篇论战的文章，他的视角十分敏锐，很有卡莱尔的风格，能够直击敌人。在一个世纪里，他的批评都对准卢梭，比如说他“古怪，自视甚高，从小就有疯狂的基因[……]是个真正病态的诗人，生活在虚幻的梦境里，生活在小说中”，还认为他“用夸张的语言召集了一代又一代人”。[5] 对于泰纳来说，《社会契

---

① 泰纳，《现代法国的起源》，第一卷，第 160—161 页。

② 同上，第 162 页。

③ 同上，第 161 页。

④ 同上，第 162—166 页。

⑤ 同上，第 166 页。

约论》作者所持有的对人和外部世界的总体看法是他对自身看法的产物：就像他把粗鄙的行为和罪恶归因于环境，并且认为他和所有人都是一样的。人的本质都是好的，本身并没有什么错误，是社会需要对世界上的丑恶负责。泰纳对这些承载了所有罪恶的著名引用和借鉴——“人的本质决定了他应该是善良的、快乐的，而社会使人堕落，让人陷入悲惨之中”——加以论述，以说明如何围绕这个中心观点最终形成了那样的思想的教条。个人的享乐对人类来说是不够的，人类还需要和平、良心以及内心感情的抒发。任何自然本性的倾向和驱动，无论是对他来说特别的，还是他与所有动物共有的，都不是本身就是恶的。罪恶存在于对人的管理中：拆掉这些堤坝，拆掉专制和惯例的杰作，天性重新焕发健康的光彩，人类就会变得不仅快乐，而且拥有美德。[①]

对于这一原则，泰纳展开了他的论战。作为受到柏克和卡 83
莱尔思想影响的历史学家，他分析了卢梭发起的论争。他的阐释可能并没有很大的原创性，维度也很单一，但这不是重点。经常出现的情况是，那些最平庸的阐释反而会激发人的想象力，最后被人所接受。

对于泰纳来说，卢梭发起的论战是最激烈的，因为他的攻击常常比孟德斯鸠和伏尔泰，甚至比狄德罗和霍尔巴赫（Holbach）走得更远：是对及时行乐的权利的确认——作为主体的人无法

① 泰纳，《现代法国的起源》，第一卷，第166—168页。

将其跟重新获得的贵族精神区分开来——也是对现存秩序的完全拒绝。在某几页文章中，泰纳引用了卢梭《不平等论》和《社会契约论》的经典段落，这两本书是他最有名的著作，同时也是旧秩序的拥护者们攻击的主要目标：政治社会源自“独一无二的契约[……]既被精明的富人所接纳，也能为受愚弄的穷苦人民所接受，在法律授权的范围内认可了人对土地的所有权”。今天，这个契约变得更加独特，“多亏了它……少数一部分人取得了剩余的财富，而挨饿的大部分人甚至都缺少生活必需品”。在这里，泰纳分析了卢梭的观点。卢梭认为，正是在这一根本的不平等上，随着时间的增加，差距越变越大，最终导致独裁，出现了“世袭的专制，甚至演变成天赋王权”。[①] 既定秩序的不合法性就是这么建立起来的，之后要做的就是要么通过认可从权利上确认它的合理性，要么最终人们反抗他们曾经认为是合法的权威。就这样，所有的制度都会被从根本上废除，主导的哲学思想就会开始批判习俗、宗教，甚至国家。[②]

因此，借助人民主权的名义，卢梭——卡莱尔在《法国大革命史》(*Histoire de la Révolution française*)一书中谈到了“让-雅克福音”——收回政府的一切权威和权力，让民选代表成为普通的委员，让官员们成为“国家的公仆，不比手工业者或仆人们高尚许多”。[③] 一个尝试完成其任务的政府应该反对起义和暴动，这

① 泰纳，《现代法国的起源》，第一卷，第 170—172 页。

② 同上，第 172 页。

③ 同上，第 182 页。

不仅是它的神圣权利,也是它应该履行的义务:“人民至上的原 84
则经过疯子的演绎会产生最完美的无政府状态,一直到它经过那些领袖演绎产生出最完善的专制制度。”[①]这就是泰纳式分析的一个基本层面的核心,它在19世纪末反对个人自主和民主的运动中扮演了重要的角色。对于伊波利特·泰纳来说,法国大革命是文化上最严重的灾难。尼采认为他是那个时代最伟大的历史学家,他将会激励人们反思历史,一直到20世纪都对启蒙运动持批判的态度。

确实,泰纳用一种现代的语言,结合1848年革命、第二共和国、色当政府以及巴黎公社的经验许诺了一个伟大的未来,提出人民主权的理论也有其两面性。一方面,它会导致对行政机关的极端削弱——“对政府的永久损坏”——另一方面,它会导致“国家毫无限制的独裁”[②]。这一思想是认为法国大革命是20世纪专制制度源头的观念的直接思想基础。对于历史学家雅各布·塔尔蒙以及哲学家以赛亚·伯林来说,同时也是对那个时代其他的研究者来讲,“极权的民主”主要还是归咎于卢梭。

事实上,在谈到人民主权的思想是如何产生的时候,泰纳忘记了托克维尔。集权的旧制度破坏了议会式的自由,最终导致了新型的专制主义。[③] 有一点要注意,与柏克和泰纳的观点完全相反,托克维尔认为在呼唤真理和民主的同时,我们还要防范

① 泰纳,《现代法国的起源》,第一卷,第182页。

② 同上。

③ 同上,第183页。

它们带来的危险。

在柏克之后,泰纳又将民主的专制主义归结为作为权利首要且唯一来源的社会契约观念。当“在所有完全平等和自由的生命之间、在所有抽象的存在之间、在所有类似数学单位般具有同等价值的生命之间”达成的契约实现时,“所有的其他条款”,也就是说自从柏克以“历史”的名义对启蒙运动展开批评以来的古怪之
85 事,都变得“不值一提”。就这样,我们看到了“新型国家”的出现,没有任何旧的体制——教会、家庭、私产——有权利反对它。这个国家不是美国式的共同体。泰纳丝毫不同情那些被认为是“功用主义”的国家,比如勒南所说的“美国式的放肆”,但没有什么比“卢梭在斯巴达和罗马的基础上构建的民主”更加糟糕的了,因为在那里,“个人什么都不是”,而“国家构成了一切”。这个“初生儿”,“理性的独子和唯一代表”来到了这样一个“被国王所统治,而‘社会契约’则取代了人民主权”的世界。①

泰纳认为,个体的异化及其被自称为民众主权的魔鬼所奴役就是卢梭探讨的主题。他引用了其文章的著名段落,展现了个体全方位的屈服和妥协:在社会契约之前,人是财产的所有者,而根据社会契约论的思想,人被异化了,成了国家的所有物。他说,在“这座世俗的修道院”,“每个僧侣所拥有的,修道院都有权收归己有”。② 然而,这座修道院也是一个“研究班”;在这里,

---

① 泰纳,《现代法国的起源》,第一卷,第182—183页。

② 同上,第184页。

市民中的领导人物会变成国家首要担心的对象。泰纳指出，卢梭所认为的最理想的市民是这样的：他们像柏拉图在《理想国》中宣扬的那样，是吕库古式和斯巴达式的人物。他的目标在于使每个个体都从属于集体，只通过集体的方式存在。通过他们的教育和生活方式，从他们最柔软的幼年时期开始，未来的公民习惯于议会为他们做出的决定，并将其看作是唯一合法的。为了对这蓄谋已久的恐惧形成总体的观念，泰纳援引了摩莱里(Morelly)的《自然法典》(*Code de la nature*)，认为它是卢梭观点的补充：摩莱里——泰纳有理由认为他是一个脱离社会的人，但他仍提供了有用的文本——将会成为塔尔蒙在《极权主义民主的起源》(*Les Origines de la démocratie totalitaire*)中所谈到的中流砥柱。极权国家的轮廓就这样被勾画出来，而这个词直到半个多世纪后才出现，但它的原则其实已经构成了新制度的根基，很早便为人所知。泰纳认为，新型国家最关心的，就是“形成一种能够延续长久的主观意愿……能够消灭与之对立的情绪，助长支持它的激情……在一座修道院中，初学者会成为合格的僧侣，否 86
则，当他们长大以后，修道院就将不复存在”。①

最后，也是最重要的一点，这个世俗的修道院其实也有它的宗教，“一种世俗的宗教”；换句话说，就是一种在法律独尊的背景下，占主流地位的意识形态。这也是 20 世纪 50 年代极权主义学派在《起源》一书中提出的另外一个主要观点。新型国家的

---

① 泰纳，《现代法国的起源》，第一卷，第 185 页。

最大特征在于它反对“除它以外的任何一种联结，它们都是反动力量，会让它感到不舒服，要曲解它们群体中成员的意愿”。[①]所有的观点，所有的意识形态，所有不直接服务于国家的政治和社会组织，都会导致集体的分裂，这对于泰纳来说就是一种总体意愿的观点。他在文章中认为，《社会契约论》的著名段落为之后三代人对启蒙运动的批评提供了素材：“重要的是在国家之内没有部分的社会，每个公民只是根据自身情况发表意见。”[②]

从 19 世纪 50 年代初开始，对于卢梭的批评就着重于这句话的第一部分。随后，他们看到，在面对国家机器时，市民毫无还手之力，被压缩成个体的尘埃。总体来看，这一文字对他们来说是极权制度的基础，相反地，康德从另一个角度领会了卢梭的原则：对于他来说，卢梭的目的在于保证每个个体都能够接受集体主义的教育，只遵从法律，并且自身也能参与到其中。换句话说，如果我们采取康德的角度，卢梭其实很好地提出了民主的原则。

在这里，泰纳做了他的示范，但他并没有从卢梭转向路易-塞巴斯蒂安·墨西尔（Louis-Sébastien Mercier），《2440 年》（*L'An deux mille quatre cent quarante*）和其他一些著作的作者，在

---

① 泰纳，《现代法国的起源》，第一卷，第 185 页。

② 同上：泰纳在这里引用了《社会契约论》第三卷，第 253 页。引用的是其中部分内容。尴尬的是，泰纳忘记了下面还有这样一段话：“如果世界上有部分存在的社会，我们需要增加它的数量，并且防止不平等的产生，就像梭伦、纽玛和塞尔维曾经做的那样。”第四章的第八部分讲到了“市民的宗教”：这是《社会契约论》的最后一个章节，第 327—336 页。

一部分人看来，他们永远都是“条理不清的”，是“卢梭的信徒”或是“狄德罗的拙劣模仿者”。① 《起源》的作者不仅认为约定俗成 87
的未来补足了卢梭的思想，并且其到来也是合乎逻辑并且不可避免的。他总结了墨西尔的思想：“有一种市民的宗教……它看上去是对特定的法律条款而非某些宗教的教条的遵守，但社会性的情感是一致的；缺了它，就不是一个好的市民或是一个虔诚的追随者。”“新立法者”最大的敌人是基督教教义，因为“基督教国家并不是世俗国家”。② 用现代的术语来解释，这些观点意味着新型国家不支持任何独立的、不为其服务的政治党派、教会、社会及文化组织的存在。作家卡尔·波普尔(Karl Popper)在第二次世界大战之后写了《开放社会及其敌人》(*The Open Society and its Enemies*)，在他之后出现了一种政府系统，也就是通常被认为的极权主义系统。这就是从 19 世纪 70 年代开始伊波利特·泰纳所持有的观点。尽管他对卢梭的阐释是局部的、片面

---

① 路易-塞巴斯蒂安·墨西尔，《2440 年：永远在梦中》(*L'An deux mille quatre cent quarante, Rêve s'il en fut jamais*)，由雷蒙·特鲁松(Raymond Trousson)编辑、撰写引言和注释，巴黎，迪克罗出版社，1971。墨西尔出生于 1740 年，死于 1814 年，有人诋毁他，也有人热爱他，他的著作被翻译为多种语言。《2440 年》写于 1770 或 1771 年，直到 1799 年，这部作品还不断再版，在整个欧洲流行(引言，第 66 页)。墨西尔是卢梭的拥护者，在 1791 年出版了轰动一时的《大革命的作者卢梭》，后来加入吉伦特派，在罗伯斯庇尔倒台后被免于断头(引言，第 22—25 页)。

② 泰纳，《现代法国的起源》，第一卷，第 186 页：泰纳引用了《2440 年》第一卷的第 17、18 章。然而被引用的这两章针对的是僧侣的不婚主义以及对上帝的崇拜。泰纳引述的文本是他想要表达的，而非墨西尔的原意。后者常常因为《2440 年》中对十九年后大革命的预测而受到过分的赞誉(第 73 页)，但其实泰纳对他的引述完全曲解了他本来的意思。

的、有选择的,但这并没有改变任何事情:《社会契约论》的作者属于**哲学家**一类,他将旧制度的法兰西带入到革命精神中,整个法国大革命都是**哲学家们**思想的产物。对于泰纳来说,正如对冷战时期他的继承者而言,卢梭首先,摩莱里和墨西尔紧随其后,提出了极权主义的知识系统。

泰纳对启蒙思想的指责主要援引了柏克和赫尔德的思想,滋养了 1945 年之后的一整代人。很奇怪为什么泰纳会深受那位德国作家的影响,对发展于 17 世纪而非源自古典精神的法语进行批评。泰纳捍卫了法国文明,却并没有给产生这种文明的国家多少优待。他对法国“伟大世纪”的控诉是不可改变的,强烈到可以和赫尔德在《我在 1769 年的游记》和《另一种历史哲学》中的态度相提并论。实际上,按照他的说法,法兰西学术院
88 的语言和那些沙龙都是一种工具,用来解释、表现、使人信服,这个工具在一个多世纪后继续发展,成了一种“和算术类似的、科学的方法”。这也是为什么“出于其纯粹主义和对专有名词以及词组的蔑视,[……]古典主义的风格难以完全描绘和记录未尽的细节和突如其来的体验”。[1] 我们很难表述这种激情、鲜活的个体以及其特点。这种语言只能表达一部分的事实真相,而且是微小的那一部分。通过这种风格,我们既不能翻译圣经,也无法翻译但丁或是莎士比亚:“读一读伏尔泰翻译的哈姆雷特的独白吧,看看还剩下些什么。”对于荷马以及费奈隆(François

---

[1] 泰纳,《现代法国的起源》,第一卷,第 144—145 页。

Fénelon),甚至对于同是 18 世纪的作家来说,亦是如此:菲尔丁(Fielding)、笛福(Defoe)和理查森(Richardson)的语言十分直白,画面感很强,他们能营造出亲切的氛围,但文中那些粗俗的话常常惹得法国人不快。根本上,古典主义的风格可能会"被认为是**共性的**体现",最终的结果将会"使得其功用发挥的余地很小、不值一提甚至十分危险"。这也是为什么泰纳像赫尔德一样,为法语成为欧洲占主导地位的语言感到惋惜。因为法语——这一数学似的语言——的优势标志着"被选择的理性"的胜利,或者说是"某种理性,偏执的理性,这种理性会让人毫无准备地陷入思考,为人的思考提供最大的便利,……它不知道或者不能够处理真实事情的全部,或是所有的复杂性"。[①] 通过阅读泰纳,我们可以说服自己:17 世纪的法语和 18 世纪的法语是一种僵死的语言,启蒙思想家们则是一群唯命是从的书呆子,无论是在精神上还是在行为上。

对法语的批评、对古典主义的批评以及对理性的批评构成了泰纳反对启蒙运动的三个方面。另外,同样地,泰纳肯定了人们对启蒙思想家们缺乏历史感的传言。只有德国,这个赫尔德式的反启蒙的国家,才拥有历史感。这个传言使得启蒙思想家们流于庸俗,陷入平凡的境地,变得乏味。"只有在缺乏深度的时候,外表才会显得无比美丽",在他们身上没有诗意,诗歌的韵律必然会遭受失败,史诗的命运同样也是如此。泰纳呼吁人们

① 泰纳,《现代法国的起源》,第一卷,第 144—145 页。

重读伏尔泰，后者承认“所有文明的国家里，我们的语言是最没
89 有诗意的”。[1] 在剧院里，从高乃依和拉辛开始，直到马里沃(Mariaux)和博马舍，从来“我们都不会听到鲜活情感的自发的尖叫”，我们只能看到这世上形形色色的人。在一个栩栩如生的面貌下，古典主义艺术无法抓住其特性，表现出来的并不是真正的个体，而是那些共性的特征，勉勉强强才能表达出特定的场景、时间、地点。于是，一个“抽象的世界”被创造出来，在那里，通过高乃依和拉辛，“透过他们华丽而典雅的句子”，我们看到了“人本身”。[2] 甚至在莫里哀的笔下，“个体的特性也被隐藏起来，人的面孔瞬间成为戏剧的面具”。总的来说：“古典精神有着它原初的缺陷。”通过它本身的方式，能够产生一些杰作，但随着时间的推移，到了18世纪，它便不能再表现出“鲜活的事物、真实的个体，就像它们存在于自然和历史中的那样”。[3]

除此之外，古典主义时期“没有历史的观点”，他们认为“人在哪儿都是一样的”。这导致了当大革命到来的时候，人们丝毫意识不到“这是一场人类造就的变革，就发生在我们眼皮子底下……人们却常常以为这是一场简单的、自动发生的事情”。最终，“从来都不是事实，只是一些抽象的概念”存在。[4] 在这个抽

---

① 泰纳，《现代法国的起源》，第一卷，第147页。泰纳在这里引用了《论史诗》(*Essai sur le poème épique*)。

② 同上，第147—148页。

③ 同上，第148—149页。

④ 同上，第149—151页。

象的、人为的世界，既不存在我们复杂的世界上那些复杂的、有着不同特征、不同语境的真实个体，也不存在时间和空间、自然和历史。

就这样，流传着一个传言，认为启蒙思想误读了历史，理性的传统及其继承者无法触及真正的个体，而个体的重要性却越来越为人所知。18 世纪否定世袭的偏见，消除过去，为了捍卫理性而摧毁宗教，不重视经验，反复锤炼那些抽象而共同的原则。[①] 然而，“人类只有通过以往的经验才能想象”，“极致的理性”无法预知到真理只有通过“传奇”的方式才能表达出自身。因此，“人们没能看得到灵魂，从而误解了制度”，“没有看得到过去，因而不理解当下”。于是，旧的制度走向消亡：两千万人，他们的心智可能并没有超越中世纪，只能接受中世纪的社会架构； 90
但在一个改变了的中世纪，一个已经打扫干净、布置好窗户和围墙的房间，我们将会拥有“基石、浩大工程和具体分配”。18 世纪是做不到这一点的，只有孟德斯鸠，“拥有那个世纪最中肯思想的人”，才理解这一点，但他处于孤立无援的状态，也没有很大的影响力，像是走在“灼烧的黑炭”上。[②] 古典主义的理性不再探求“古代制度”的根源，对于它来说，“世袭的偏见变成了一种纯粹的先入为主，传统也不再有道理”：如此武装自己，理性去除了传统中“对灵魂的管制”，保障了“真理的统治”。[③] 所有的障

① 泰纳，《现代法国的起源》，第一卷，第 155 和 159 页。

② 同上，第 160 页。

③ 同上，第 159—160 页。

碍都被推倒，现代人来到这个世界，成熟地拥有两种情感，一种是民主的，另一种是哲思的，后者从“贫困和漠视中走出来……减轻了社会和教条的重负”。[①]

泰纳说，新的怀疑主义哲学取代了自然神论，最先取得了贵族阶级的支持：“在《社会契约论》之后，在百科全书派之后，在关于卢梭、马布里、霍尔巴赫、雷纳尔(Raynal)、狄德罗的种种宣传之后，沙龙对政治哲学敞开大门。1759 年，活跃起来的达尔让松(d’Argenson)自以为已经接近事件的尾声。”泰纳引用道：“好像吹来了一阵关于自由政府和反对专制制度的哲学的清风，[……]或许**法国大革命**并没有遇到我们想象的那么多反对，反而受到了**一致的欢呼**。”在这一页底端的注释中，作者写道：“1789 年 8 月 4 日那天的深夜仿佛已经在这里被预见。”[②]随后，三分之一的国家被攻占，“自由和平等的原则深入社会各个识字的阶层……这是卢梭的思想，是共和国的思想，取得了所有中产阶级、艺术家、工薪阶层、神职人员、检察官、律师、文学家、记者的支持。”[③]最终，雅各宾派就是通过这样的方式才有可能取得了胜利：多亏了数不清的、深入到人民中间的革命文学，才“产生了 18 世纪的哲学”：如果说，在第一阶段，在那些富
91 丽堂皇的公寓里，所谓的“思想”仅仅是“沙龙里喧闹的声音”，它却点亮了成堆的火把，点燃了酝酿已久的“火药库”。[④]

---

① 泰纳，《现代法国的起源》，第五卷，第 242 和 320 页。

② 同上，第一卷，第 220 页(斜体部分原文即为斜体)。

③ 同上，第 236 页。

④ 同上，第 242—243 页。

对泰纳的指责在勒南身上也出现过，和对卡莱尔的责难相同；一个世纪之前的赫尔德和柏克、一个世纪以后的新保守主义者，他们都曾遭受过同样的指责。人们怀着同样的虔诚重复着同样的批评，因为基本的思路并没有改变过。《科学的未来》（*L'Avenir de la science*）一书的作者认为，18 世纪被"古怪之火"[①]几乎烧尽，罪恶、堕落与腐朽畅行无阻，出现了"精神的牢笼"，陷入"狭隘的思想圈"[②]中。正是如此，启蒙思想成了一个世纪以来法国在各个领域出现的"道德上的巨大缺失"的根源。卡莱尔经常使用的"毒药"这个词语也出现在勒南笔下，后者用它来描述启蒙运动："剧毒，哪怕只摄入极少的剂量，都会产生糟糕的结果。"[③]革命性的、人为的、非历史性的、平均主义者的、摧毁信念的立法，就是这个过程具象化的结果，然而物质主义的摧毁已经体现在知识界和政治界生活的各个方面。法国被平庸和平等的空想所腐蚀，另外，赫尔德曾这样说道：一方面来说，"这个世纪并没有什么自发的活动"；从另一方面而言，这个时期"只关注自己，认为其他所有的东西都随

---

① 勒南，《法国君主立宪制》（*La Monarchie constitutionnelle en France*），收录于《精神改革与道德改革》（*La Réforme intellectuelle et morale*），巴黎，卡尔芒-莱维出版社，第 12 版，《全集》，1929，第 238 页。

② 引自埃德沃德·理查德（Édouard Richard），《恩斯特·勒南，传统主义思想家?》（*Ernest Renan, penseur traditionaliste?*），普罗旺斯地区艾克斯，艾克斯马赛大学出版社，1996，第 57 页。第 162 页，注释 335。

③ 勒南，《对言论的回应》（Réponse au discours [...] Claretie），载《小品集》，第 1078 页，被理查德《恩斯特·勒南，传统主义思想家?》所引用，前揭，第 162 页，注释 335。

自己的心意”。[①]

火药在法国大革命的时候轰然爆炸并变得如此激烈。在勒南的笔下,“恐怖主义的民主基础演变成了军事专制主义以及奴役人民的工具”。[②] 就像是泰纳所说的,我们最终会走向革命,从此进入美好的历史反思时期,反思冷战时期的罪恶。勒南指
92 出“大革命时期的经验缺乏”是怎样“将我们从对理性的崇拜中治愈”。[③] 这一倾向在 1890 年版本的《科学的未来》中得到了延续,突显了原作初版的主要精神。[④]

这也是为什么他要在这里做一段简短的引用。一方面,年轻的勒南跟 1890 年的勒南看待法国大革命的态度十分不一样;另一方面,他接触到了那个时代对上一个世纪的批评。和卡莱尔一样,他也深受“18 世纪大事件”的激励[⑤],这是一个“改变了

---

① 勒南,《科学的未来》,载《恩斯特·勒南全集》(*Oeuvres complètes de Ernest Renan*),定版,由亨利埃特·济卡里(Henriette Psichari)编纂,巴黎,卡尔芒-莱维出版社,1965,第三卷,第 749 页。

② 勒南,《法国和德国的战争》(*La Guerre entre la France et l'Allemagne*),载《精神改革与道德改革》,前揭,第 133 页。

③ 勒南,《法兰西精神改革与道德改革》,在《精神改革与道德改革》,第 40 页,同时参见“前言”,载《当代问题》(*Questions contemporaines*),巴黎,卡尔芒-莱维出版社,第七版,1929,第 3 页。

④ 勒南的新文章解释了他的著作再版的原因。“情况发生了变化,”他说,“要重新出版我年轻时候的著作,而那个时候我很幼稚,文笔杂乱,行文常常十分艰涩……然而,我旧时书作的关注对象绝对不是我今天会选择的。”为了纠正和修复以前的内容——那些“疯狂的念头”已经不是他现在所想的了——他需要“重新写一部书”(《科学的未来》,第 721 页),新出版的书用来替代他在 1848 年的思考,将其换成 1890 年的内容。

⑤ 勒南,《科学的未来》,第 747 页。

全世界的世纪”,是“我们永恒的模范”,指引我们拥有“生机勃勃的信念,而不需要任何的学派和宗教,只留下纯粹的科学和哲学。”[①]在他看来,18 世纪“既没有拉辛也没有博须埃,但它远远超过 17 世纪,它的文学、它的科学、它的批评、它的百科全书的前言,它的伏尔泰最闪耀的著作。”[②]因为,在 18 世纪,人性“在经历了漫漫长夜、愚昧的世纪之后”开始觉醒。因此,“法国大革命是人的自我意识觉醒、自己引导自己的第一次尝试”:这也是为什么“真正的法兰西的历史是从 1789 年开始的,所有之前的历史都为 1789 年的到来做着缓慢的准备,只有在那一刻才最有价值”。[③] 在 1849 年,勒南事业开始的时候,政治还没有占据像二十年之后一样的地位,他着实受到了康德主义的深刻影响:“法国大革命……和一个人的一生对应的话,就是孩童被自身的狡黠天性所指引,受到他人意愿的影响,变成了一个自由的、道德的、对自己行为负责的人。”[④]大革命就像是一个人达到了成熟状态:勒南用一个年轻的科学家的目光审视 18 世纪,被“理性 93
统治世界”的原则所鼓舞,着迷于“无可比拟的大胆、卓越而充满勇气的、让世界按照理性规则运转的尝试”。[⑤] 文章的最后一部分的注释 7 中,勒南写道:“看看《人权宣言》在 1791 年的宪法中

---

① 勒南,《科学的未来》,第 812 页。

② 同上,第 1039 页。

③ 同上,第 747 页。

④ 同上。

⑤ 同上,第 748 页。

是多么鲜明地被体现出来，那是整个18世纪，是对自然和制度的控制、分析，以及对理性的渴求。”[①]在同一页的另一个注释中，他表达了一个在《精神改革与道德改革》一书的作者看来可能很难想象的观点：“1789年将会是历史上关于人性的一个神圣的年份。”[②]1849年的勒南或许毫不犹豫地说：“对于我而言，我猜想在五百年后，法国的历史将会开始于网球场(Jeu de Paume)。”[③]在后面的几页里，他用具有特征性的文本写到了法国大革命本身对拿破仑之后那代人的影响：“我们并没看到什么大事发生，我们能够回忆起的所有都是那场大革命：这是我们的视野，我们童年的山丘，我们世界的尽头。”[④]法国大革命是一个无与伦比的现象，传播甚广，在几个世纪前它或许并不会发生，它是“时代的巅峰”[⑤]，它将我们的视野放在“大山之上”，成为我们看向未来的标准。[⑥]

勒南还对此进行了拓展：他认为18世纪的知识让革命变得十分必要，如果没有知识，革命也不会顺利地展开。认为人们本可以避免既定秩序的突然倒塌，这种想法仅仅是一种空谈——我们本来永远都不敢摧毁特权、宗教秩序以及其他的恶习：“没有什么是可以平静地完成的，人们只敢通过革命去改变它。”[⑦]

---

① 勒南，《科学的未来》，第1124页。

② 同上。

③ 同上，第1039页。同时参见第1124页：网球场“将会成为一座寺庙”。

④ 同上，第1028—1029页。

⑤ 同上，第884页。

⑥ 同上，第1029页。

⑦ 同上，第990页。

在向未来前进的过程中，暴力是不可避免的："有一些人必然会被那个世纪讨厌或诅咒，但未来会为他们辩解，时代需要这样的
人。"[1]最后："事实即为法的标准。法国大革命并不是合法的， 94
因为它尚在完成：但当它变得合法时，就是它成功的时候。"[2]

或许是 1848 年 6 月的事件和 1851 年的政变导致他的观点发生翻天覆地的变化：在色当战役前夕，他终于认为启蒙运动是恶的根源，不断侵蚀法兰西。然而，即使在 1849 年的文章中，歌颂 18 世纪和法国大革命也已不再流于表面，他所有的保留意见和批评在那个时候就已经形成了。就是在这样一篇充满赞扬的文章中，勒南委婉地提出了他的控诉。勒南认为，这些革命中最重要的，其实是第一场"哲学革命"。孔多塞、米拉波(Mirabeau)爵爷和罗伯斯庇尔成为首批理论家，他们探寻"用理性和科学来统治人"的方法。议会中所有被选举的议员都"毫无例外地是伏尔泰和卢梭的弟子"。结果必然是："被这样的双手操纵的列车"不可避免地"在深渊中走向毁灭"。[3] 实际上，社会的运行是无限复杂的，社会制度第一眼看上去十分荒谬，"偏见有它们存在的理由，即使我们没有发觉"[4]。对偏见的完全否认有着 18 世纪所喜爱的清晰的条理，但这些恶习也是"人类古老建筑中"不

① 勒南，《科学的未来》，第 990—991 页。

② 同上，第 1032 页。

③ 同上，第 748 页。《改革》的语气更加严厉："被限制的人只能祈祷法兰西的命运。"(第 11 页)"他们空洞无物的宣言，他们合乎道德的轻浮……"(第 8 页)。

④ 同上，第 748 页。

可分割的一部分:第一批改革者的批评"十分刺耳,是自发的、不理智的,理性很容易觉察到其傲慢之处"。[1]

在《改革》的最后一章,法国大革命被描写成一个反自然、反历史的现象,只会引起衰退和平庸;就法兰西而言,它会造成国家的衰败,使它丧失在世界上的地位。它两次被"普鲁士的贵族"所征服:第一阶段是1792年到1815年,第二次是1848年到1870年。[2] 这一阐释带有19世纪视角的特征,那个时期,人们对法国的启蒙思想多有批判之声。瓦尔密战役(Valmy)、热马普战役(Jemappes)与滑铁卢战役之间那场长达四分之一世纪的
95 战争对于勒南来说,就像对于泰纳一样,是两种文化、两种关于人与社会的观念、两种关于历史的哲学之间的战争。复辟时期以及之后的七月王朝都是插曲,在这个时期,法国重新有了皇室,看起来像是恢复平静了。二月革命和七月革命、第二共和国和之后的帝国证明了,罪恶已经触及到整个体制,伴随而来的是1789年解体的开始。

卡莱尔参与了对西方文明、基督教文明、骑士文明衰退的反思,这种文明是有组织的、共同体的,在整整一个半世纪里影响了对思想现代性的批评。对于他来说,旧社会从基督教的生命力中吸取元气,这是一个英雄主义的社会,但这个集体相对于现代社会拥有某些我们经常意识不到的优越性:

① 勒南,《科学的未来》,第748—749页。

② 勒南,《知识和道德改革》,第54页。

教会和它的修道院为高尚而虔诚的灵魂提供了阶级上升的宽阔道路。① 在法国大革命占据了主导地位之前，中世纪的世界就已经分裂了三四个世纪。社会的解体标志着 18 世纪的开始，而法国大革命正是社会分解的标志，不仅是一种文化意义上的解体，还是对其反对声音的反思。法国大革命并非一场突如其来的灾难，就像是泰纳所认为的那样，这是在个人主义兴起之下，有组织的文明逐渐分崩离析的最终结果。迈斯特对此也持同样的观点。在 16 世纪和 17 世纪，宗教改革产生了巨大作用：事实上，要想知道教会因堕落而走向倾塌的源头，我们可以追溯到路德时期。那个仍旧“自负地自称是基督教的教会”的衰落导致了人的生活受到“某种程度的腐蚀”：正因为如此，“信仰变得脆弱，怀疑和不信神战胜了一切”。② 最后，当“泥瓦匠想要抛弃
垂直的角度”，当他嘲笑重力的法则、坍塌的墙壁，留下的就只有 96
嘈杂的喧闹，历史进入了法国启蒙运动和大革命的阶段。③ “18

① 托马斯·卡莱尔，《新唐宁街》(The New Dowing Street)，1850 年 4 月 15 日，载《现代短论，托马斯·卡莱尔作品选》(*Latter-Day Pamphlets*, *The Works of Thomas Carlyle*)，由亨利·达夫·特尔(Henry Duff Traill)编纂并撰写引言，伦敦，查普曼和霍尔出版社，1896—1907，30 卷。这里引用了该版本卡莱尔的著作第 20 卷，第 131—132 页。关于卡莱尔的生平，参见《托马斯·卡莱尔传》(*Thomas Carlyle*, *A biography*)，伯克利，加利福尼亚大学出版社，1993。

② 托马斯·卡莱尔，《论英雄、英雄崇拜和历史上的英雄业绩》(*On Heroes and Hero-Worship*, *and the Heroic in History*)，布鲁诺·德·西索尔(Bruno de Cessole)作前言，弗朗索瓦·罗梭(François Rosso)翻译并作注释，巴黎，梅宗讷夫和拉罗斯两世界出版社，1998，第 263—264 页。

③ 同上，泥瓦匠的形象直接来自迈斯特，后者也曾谈到建筑师使用的瓦刀。

世纪这个怀疑的、失去活力的"世界，已经变成了一个"糨糊纸盒的装饰"。[①]

"这是一个荒诞的年代，是路易十五统治的时期，在很多文章中，这个时代在人类历史上前所未有。通过它的放纵和败坏，通过它充满智慧的文化，所有的学院都关心实用性和物质方面的内容，而对精神生活十分麻木，很像是罗马帝国的时代。"[②]另外，"这是一个没有贵族、没有真理、缺乏天才的时代，一个在各个方面都肤浅、怀疑、讽刺的时代"。但最严重的是，"这个被称为哲学世纪的时代，其实本身只是个贫乏的年代"，是"历史上最枯燥的年代之一，事实上，**哲学家**的工作完全与发明什么东西相反：他们的存在并不是为了生产出什么东西，而是为了去批判、去质疑、去摧毁已经建立起来的一切"。总的来说，他们从事的是一种"低等的工作"。[③]：在卡莱尔的精神中，卑鄙(meanness)或许是描绘他对路易十五轻蔑之情的最准确的词，是对这个既有旧制度又有启蒙

---

① 托马斯·卡莱尔，《论英雄、英雄崇拜和历史上的英雄业绩》，第 246 页。

② 卡莱尔，《评论文集》(*Critical Essays*)，第一卷，第 460—461 页。法语版译为《批评文选新编》(*Nouveaux Essais choisis*)，第 93 页。我会在各处引用这个法语的翻译版本，然而，这个翻译常常会使得译本十分抽象，导致原本意思的缺失。比如说：在《批评文选新编》中名为《力量与法律的身份》(Identité de la force et du droit)(第 317—328 页)一文，是《宪章运动》(*Chartism*)第五章的不完全的翻译，它略去了原文本中第 148—150 页关于卡莱尔解释大革命是一场阶级镇压运动的内容。除此之外，在第六章里，卡莱尔在第 158 页将民主定义为"自我压抑的交易"，尽管这部分内容很重要，但在译文中都被忽略了。

③ 同上，第 464—465 页。法语翻译的版本是：《批评文选新编》，第 97—98 页(文中的法语是嘲讽的话)。同时参见《论英雄、英雄崇拜和历史上的英雄业绩》的同一主题，第 38 页。

思想的世界的定义。在这方面，尽管他也谈论“所谓的‘受到启示’”[①]，但他和柏克的观点并不相同，而和 19、20 世纪之交的人的思想更为接近。事实上我们可以说，卡莱尔在对启蒙思想的贵族式拒绝和平民式反抗之间搭建了一座桥梁。

由于堕落或败坏、自私或物质主义、实用主义或取代英雄的 97
江湖骗子，或是“不仅代表了知识上的怀疑还有道德质疑”的怀疑主义，18 世纪对于卡莱尔来说，和罗马帝国的末期十分相像。[②] 正如伊斯兰教中神灵尚未出现的时代一样，穆斯林很可能将这个世纪叫作“无知时期”。[③] 怀疑主义是一种“精神的疾病，一种灵魂慢性的萎缩”，是一种“致命的毒药，所有知识分子都应该永远抵制的敌人”。[④] 在那个时代，长期的衰退最终会导致“土崩瓦解[……]直到从很长时间以来就失去了流动性与活力的政治体制最终变成腐烂的骨架，之后全部瓦解，变成虎视眈眈的狩猎者的下一个目标”。[⑤] 在这个没有信仰、没有上帝的时代，“伟大、卓越、崇高、神性都没有了它们的容身之地”[⑥]，“我们已经看到了法国大革命即将到来的一切元素”。[⑦]

---

① 卡莱尔，《论英雄、英雄崇拜和历史上的英雄业绩》，第 274—275 页。

② 同上，第 226、231 和 274—275 页，同时参见《批评文选新编》，第 94 页。

③ 卡莱尔，《过去与现在》（*Past and Present*，*Works*），第四卷，第一章，载《作品选》第十卷，第 241 页。

④ 卡莱尔，《论英雄、英雄崇拜和历史上的英雄业绩》，第 228 和 231 页，同时参见第 284 页。

⑤ 卡莱尔，《批评文选新编》，第 94 页。

⑥ 卡莱尔，《论英雄、英雄崇拜和历史上的英雄业绩》，第 226 页。

⑦ 卡莱尔，《评论文集》，第一卷，第 415 页。

这个“无序与分裂、预示着人类历史上最大危机即将到来”的时代，这个“人类历史上最枯燥的季节”的“主要人物”，[①]是伏尔泰，这个“反基督教主义的”[②]人。对于卡莱尔来说，伏尔泰“尽管在圣德尼(Saint-Denis)的门口受到整个法兰西和玛丽-安托瓦奈特王后的簇拥”[③]，以此获得了无限尊敬，但他并不能自以为拥有哲学家或英雄的品质：他是那个时代平庸的代表。确实，我们在他的身上看不到一点他“作品中体现的伟大思想”[④]：他肤浅、轻薄、自私自利、野心勃勃、对权力极度渴望，他是一个追求卓越的人，彻头彻尾的巴黎人，礼貌、迷人、有教养、冰冷、嘲弄，对这个世界的平凡多有看法。[⑤] 不过，他并不缺乏品质：有时候他能够感觉到善良、美丽和真诚，他捍卫卡拉斯(Calas)的思想，“他对人类的痛苦有着兄弟手足般的情感”，但要说一
98 个人是伟大的，这些还远远不够。[⑥] 因为伏尔泰最终还是缺乏一种特质。这也是狄德罗的主要缺点：他不是个英勇的人，并且“由于有着极高的天赋，他更常体现出来一种女性的特质[……]少有男子气概的坚毅、思虑、不可战胜”：他身上巴黎人的部分让他的生活变得更简单，使他飘飘然，让他“带着恐惧的

---

① 卡莱尔，《衣裳哲学》(*Sartor Resartus*)，第 273 页。

② 卡莱尔，《批评文选新编》，第 93 页，《评论文集》，第 415 页，《衣裳哲学》，第 272—273 页。

③ 卡莱尔，《论英雄、英雄崇拜和历史上的英雄业绩》，第 38 页。

④ 卡莱尔，《评论文集》，第 414 页。

⑤ 同上，第 416、419、424—427 页，《批评文选新编》，第 38 页。

⑥ 同上，第 436 页，《批评文选新编》，第 18 和 37 页。

心理”远离“让-雅克[……]这个认为真理需要被说出来、被付诸实践的人”。[①] 甚至泰纳也认为对伏尔泰的这一评判有失公允、孩子气，而且有些粗糙，他认为这完全是诽谤。作为历史学家的卡莱尔犯了一个不折不扣的罪：他从外表判断对方。泰纳对此没有特别强调，但这显然是他进行批评的意义。

如果说卡莱尔在针对伏尔泰的时候表现出了一面，那他在评论卢梭的时候，则采取了另一种态度。就像是尼采对卢梭的评价，卡莱尔所持的观点有着很大的模糊性，充满了矛盾。一方面，《社会契约论》的作者是“真正的火神之光”的精神传承者，属于那个时代的英雄之列，而伏尔泰和狄德罗则不在此列：卢梭是“世界现实的预见者，并为这尚未到来的现实而斗争，在那个时代扮演着一个预言家的角色”。[②] 然而，与此同时，卢梭还是一个跟文学打交道的人，他或许不能算一个完完全全的文学家，因为他“缺乏足够的深度和广度”，他自私，“十分虚荣和渴求赞美”，他的个性“病态、容易激动、反复无常”，不是一个“坚强的人”。[③] 然而，“没有什么能够阻止他在这个世界燃起一把大火：因为，在卢梭身上，法国大革命找到了它的福音书著者”，他将“法国旧的统治秩序”送上了“断头台”。[④]

伏尔泰和卢梭都是赫尔德主要的敌人。在《另一种历史哲

① 卡莱尔，《批评文选新编》，第 181 页。

② 卡莱尔，《论英雄、英雄崇拜和历史上的英雄业绩》，第 212 和 244 页。

③ 同上，第 242—243 页。

④ 同上，第 246 页。

学》(1774)这本书中,出现了维柯之后第二次的基督教复兴、反理性主义、反启蒙运动。《人类历史哲学观念》中的语气略有不同,它刊行于十年之后,但其中的论点并没有什么不同。人不仅
99 仅受到它自身的驱使,还受到天命的指引,而神应该化身为此,从而在隐匿其中的同时治理人并显示自身,这构成了路德教的遗产:在赫尔德和路德的身上,历史总是排在首位。[①] 在 1774 年的小册子中,有大量关于《圣经》的模糊回忆、清晰印象和引用,人们普遍认为它是一种布道,有一种启示录般的风格,"我的兄弟"这种称呼在文本中多次出现。[②] 在谈论罗马帝国衰落的同时,赫尔德在 1774 年小册子第二部分的一开始就这样抒发道:"人民和大陆生活在树荫下,神圣的园丁大声地喊:砍了它!多么伟大的空虚!"[③]在另外一处:"可是,我的兄弟"赫尔德在一

---

① 鲁谢,赫尔德《另一种历史哲学》引言,由马克斯·鲁谢译自德语,巴黎,奥比尔出版社,1964,第 78—80 页。这个双语版本是示范性工作的一个工具。

② 参见赫尔德,《另一种历史哲学》,第 355 页:"工作吧,兄弟们,哪怕乌云密布,也怀着勇气和愉快的心灵……"赫尔德著作最经典的版本是 *Herders Sämtliche Werke* ,伯恩哈德·苏邦发行,柏林,韦德曼舍·布赫汉德伦出版社,1877—1913 年:1774 年《另一种历史哲学》(*Auch eine Philosophie der Geschichte zur Bildung der Menschheit*)收录于第 5 卷(1891),第 475—586 页;《我在 1769 年的游记》收录于第 4 卷(1878),第 343—461 页;《人类历史哲学观念》在第 13、14 卷。我认为这一版本很有用,我又在鲁谢的版本基础上,参考了苏邦的这一版。最容易找到且最方便引用的是赫尔德,《作品集》(*Werke*),沃尔夫冈编,慕尼黑,卡尔·汉森出版社,1984 年,这部著作采用拉丁语系的语言而不是日耳曼语。第 1 卷是关于赫尔德和狂飙突进运动的,包括《另一种历史哲学》(第 591—689 页)和《我在 1769 年的游记》(第 357—473 页);第 2 卷是关于赫尔德和启蒙运动人类学;第 3 卷收录了《人类历史哲学观念》。

③ 赫尔德,《另一种历史哲学》,第 195 页。

页中这样赞美造物主，“第一个和唯一一个行动起来的”，“道德和不道德行为结果的唯一源泉[……]不要离开所有事物围绕的焦 100
点，真理、追求美好的良心，对人性的赞美！”因为，“在我们畅游的海洋里”，沉浸在“比黑夜更糟糕的迷雾中”，“启蒙”的幻想比对伏尔泰和那个时代的猛烈攻击更加清晰可见——“让我们的目光看向天上的星辰、向着所有的方向，无忧无虑，寂静无声”。[①] 马克斯·鲁谢(Max Rouché)及时地指出，《另一种历史哲学》可以被当作赫尔德口中的《启示录》，作者在这里承担起天使的角色，通过一种神圣的、可能被愤怒所替代的热情，揭示了人类身上历史的隐秘。在赫尔德看来，就如同在哈曼看来一样，历史学家受到神的启迪，是先知，有着路德教的、合乎福音[②]的思想。

历史的视角就像是将人性看作目标和无意识工具的神性计划的产物。《另一种历史哲学》中路德教的特点在于，它创造了一种新的关于价值的标准。最初，赫尔德反对所谓的欧洲中心主义思想以及 18 世纪高人一等的骄傲，他谴责那个时代的历史编纂学，并代之道歉，认为它们“破坏了所有时代、所有人的风俗”。这也构成了那个“世纪的哲学”[③]，这种“虚弱的、缺乏远见的、鄙夷一切的”哲学“只热衷于自身，毫无益处”[④]。18 世纪的欧洲没有意识到它对他者、东方、希腊以及罗马的轻视，相

---

① 赫尔德，《另一种历史哲学》，第 363—365 页(段 556)。

② 马克斯·鲁谢，赫尔德《另一种历史哲学》的引言，第 77—78 页。

③ 赫尔德，《另一种历史哲学》，第 293—295 页(段 555)。

④ 同上，第 297 页(段 556)。

反地，它在各个领域夸耀自己的美德和优越性："我们是医者、救世主、光明的使者、新世界的创造者，生病和谵妄的世界已经过去！"[①]在欧洲，真的存在真正的"世界上前所未有的新的美德"吗？"为什么呢？因为存在更多的光明——我认为，正是出于这个原因，我们才需要更少的光明。"[②]所有的这一切都是为
101 了得出一个结论：不能假装存在某种优越性，相反，18 世纪是一个"衰退的世纪"。[③] 于是，赫尔德希望重新回到中世纪，18 世纪这个历史时期和反基督教的启蒙文化其实是对价值观的一次考验。

在他和自然权利学派的论战中，相对于自由主义的第一批倡导者，比如洛克、边沁和托克维尔，赫尔德追求个人的理性和自主，他扮演了和柏克一样重要，甚至更重要的角色。两位作者在这一点上的意见交汇体现在他们对理性局限的逻辑推理中，但这可能并不为人所熟知。柏克对启蒙思想的批判建立在跟赫尔德一样的公设下：人类理性无法抓住历史的意义，不能在政治生活、社会生活以及国家为个人提供的服务中，左右历史发展的进程。与赫尔德一样，柏克捍卫偏见；与赫尔德一样，他认为历史是由上帝造就的，而上帝是唯一的合法性源泉；与赫尔德一样，他将偏见视作一切堪称人类秩序的东西的支柱。就像赫尔德一样，他捍卫宗教和现行的社会秩序；但跟赫尔德不同的是，

---

① 赫尔德，《另一种历史哲学》，第 297 页（段 556）。

② 同上，第 293 页。

③ 同上，第 117 页（段 478）。

他还支持已建成的政治秩序。赫尔德的社会保守主义体现在他所谓的既定秩序还是中世纪时期欧洲的秩序。对于柏克来说，英国的政体、英国式的自由、历史性的自由才代表了理想。相反地，在赫尔德的观念中，普鲁士式的独裁及其自然神论的和世界主义的薄弱意志，加上他从伏尔泰那里接受的哲学思想，无法组成一个真正完美的典型。

他们两个人代表了第二种现代性的两个不同方面：柏克站在既得的特权、政治体制的基础上展开他的论证，而赫尔德处在一种非惯例性的复杂状态中，但他们两个都认同正在消失的共同体和基督教文化。最终目标是一致的：柏克认为，在保持现行社会和政治制度的持久性的同时，他也拯救了文明；赫尔德认为，在反对个人主义、用共同体秩序替换掉受过启蒙的资产阶级社会，直到无神论思想不再大行其道之后，文明也就被拯救了。他对启蒙思想的批评是对摧毁性力量的阻碍，因为宗教被自然神论所代替，而自然神论对于他来说是机械哲学的副产品，是专制主义的同谋。在这个沉沦的世界，天命论的力量被理性主义 102
思想瓦解，对幸福的追求取代了奉献的思想，对进步的渴望放逐了信仰，同样失去价值的还有美德、服从、牺牲以及对权威和家庭的尊重。

赫尔德和柏克知道，现代性的思想产生于人类取代上帝的那一刻。赫尔德不喜欢笛卡尔、霍布斯或是洛克，他也反对卢梭和康德。在阻止康德在德国的影响方面，没有人比他付出更多的努力。他力图打开普遍价值的缺口。赫尔德是历史哲学家，而柏克则是一个政治思想家、一个政治人物，他们代表了两种用“生命”反对理性的运动以及同时在个体性和特殊性的名义下反对普遍的共性。这两个人都呼吁反对启蒙运动的两大支柱，他们都参与到了反对启蒙运动统一化思想的斗争中，也就是说，反对均等化。赫尔德控诉了启蒙思想的专制化趋势：在他看来，欧洲的法国，世界的欧洲，都在输出自己的文化，试图征服他者及他者的文化。赫尔德和柏克都谴责他们时代的物质化和机械化，也就是所谓的理性主义个体化。在19和20世纪，物质主义和机械主义是两个关键词，涵盖了这一时间范围内的各种罪恶。

然而，赫尔德和柏克的思想观念存在着一处分歧：他们看待法国大革命的眼光颇有不同。柏克赞同偏见，认为它是历史的产物：偏见由历史产生，能够在现阶段指引我们，并且塑造未来。祖先们越伟大，根基越深，偏见就越值得信赖。因此偏见也是延续性的象征，保证传统发挥它的作用，同时也是未来的保障。对于赫尔德来说，制度的延续并没有外在的价值，而文化、语言、风俗的延续以及社会秩序的保存才是绝对价值。柏克拥有一些在赫尔德那里绝不会出现的经验：自由主义的欧洲想要的制度。可以肯定的是，赫尔德思想中的偏见表现的是民族传统的多样性和个人性，而不是为了保卫现存的政治秩序。然而，从根本上来讲，偏见也扮演了同样的角色：确认历史之于理性的优先性、国家集体之于个人的优先性、本国文化之于外国文化的优先性、
103 既得特权之于人权的优先性，以及特殊价值之于普遍价值的优先性。

赫尔德相信伏尔泰是他最主要的敌人，伏尔泰是批评精神、理性主义和无神论活着的化身，是一个“著作比马基雅维利式政治家还要有伤道德”的人：在 18 世纪，不论是哪个像马基雅维利一样写作的人都会受到攻讦，但伏尔泰却没有受到抨击。[①] 伏尔泰是哲学精神、现代性意识形态的典型代表和必然结果，代表了法兰西的衰落。18 世纪哲学的衰退表现在那时候的法国文化上，象征了全世界的衰颓：这是个“理性思考”的时代，这个时代的人出版百科辞典，这个世纪有一种“抽象的精神！哲学借助这两种思想，成为世界上最机械化的事物”。[②] 这些话语曾经多次出现，尤其他认为“所谓的新文明实际上其本身就是一种机械化的存在”[③]，一种理性主义的“现代精神”；理性主义和法国文化是同质的，表现出的“现代精神是一种多么高尚的机械的东西”[④]。或者说“是否存在一个更加紧凑的思想、生活方式、天赋和品位的模型，并且人也遵从着不同的形式生活？……哪种生活方式比谦恭、愉快和机械化的优雅更加虚伪？”[⑤]在他的《我在 1796 年的游记》中，赫尔德谈到了法兰西的气质，“只有荒谬和软弱”[⑥]。因为法兰西尚未进化完全，法国人也是未进化完全的人，他们的哲学只是为了拙劣地表达人类情感、天才、真理，他们

---

① 赫尔德，《另一种历史哲学》，第 349—351(段 578)。

② 同上，第 247(段 537)。

③ 同上，第 241(段 534)。

④ 同上，第 247(段 537)。

⑤ 同上。

⑥ 引自鲁谢的《日记》，载《另一种历史哲学》，第 249 页，第一个注释。

塑造的文明只是一种“简单的机械化”，是一架机器，只为生产出“没有生机的、惹人生气的、无用的”自由思想：这种思想表现在法国人身上，“是他们所需要的——心灵！温情！热血！人性！”[1]这就是赫尔德笔下激励了他的诸多追随者的思想，跟随
104 着他的脚步，出现了20世纪的梅尼克、伽达默尔和伯林对启蒙主义的批评。

赫尔德对法兰西的看法带着这么多的戾气，这显然不是偶然的结果。法兰西是理性主义文明、都市文明、反民族主义文明的代表，而这些都是赫尔德想要打倒的。伽达默尔看到，赫尔德决心通过他的讲座猛烈批评法兰西。这一批评者的形象在他抵达南特的时候就已经形成，并伴随着他著作的始终。[2] 实际上，他对法国的批评不仅体现在文学或哲学层面，而是针对整个文化，一种因为建立在理性主义基础上而整个崩坏了的文化。我们可以从《我在1796年的游记》里赫尔德游历法兰西中，看到托克维尔漫游美洲的影子。

在《另一种历史哲学》中，赫尔德满足于总结法国经历的生机勃勃的进步。实际上，就在这篇写在法国的文章中，这位年轻的作家确信了法兰西不可扭转的衰颓之势，就像意大利、希腊、埃及和亚洲曾经经历的那样。可以这么说：从一个像赫尔德这样极负

---

① 赫尔德，《另一种历史哲学》，第251页(段538)。

② 汉斯·格奥尔格·伽达默尔(Hans Georg Gadamer)，《赫尔德和他的历史理论》(Herder et ses théories sur l'histoire)，收录于德国研究所手册《历史看法》(*Regards sur I'Histoire*)，卡尔·艾普坦编辑出版，第二卷，1941，第9—10页。

盛名的思想家嘴里听到这些蠢话是十分罕见的。这个来自海的另一边的年轻预言家不仅不了解法国,还轻率地给它下了一个荒谬的论断,但在他比较了解的文学和哲学层面,他的见解却是深刻的。赫尔德的思想全部写在了《游记》这部书里,之后也没有再改变,这也是理解其观点的关键之处。“黎巴嫩的僧侣、拉梅克(La Mecque)的朝圣者、希腊的神父,他们都是真正的寄生虫,是制度解体的预告者。意大利的学院派堆起他们祖辈的遗骨,书写他们的记忆。在法国,人们更是这样:当伏尔泰们和孟德斯鸠们死去时,人们延伸了伏尔泰、博须埃、孟德斯鸠和拉辛的精神,直到再也不能从他们身上取出什么来。”[①]法国人“一无所有”的这一时刻比人们想象的还要更快到来,而《详解辞典》(*Dictionnaire raisonné*)就是佐证,而当“原创作品衰落”,百科全书就出现了:“对我来说,这是他们衰落的第一个标志。”[②]确实,对于法国的知识 105
界来说,这一裁决是无可辩驳的:“法国文学的时代已经结束,路易十四的世纪逝去了……我们在废墟之上。”[③]

这还不是全部。因为,即使是那光荣的过去,又有过怎样的现实?“路易的世纪究竟有什么原创之处?答案是复杂的。”或许有个不那么复杂的回答。大约用了三十多页纸,赫尔德表达了他对这种文明的憎恨,认为存在着无数的谬误,谬误的根源便是理性。最后要说的,是法兰西文化缺少原创性。法国伟大的思想许

① 赫尔德,《我在 1769 年的游记》,第 133 页。

② 同上,第 134 页。

③ 同上。

多源自西班牙和意大利,“高乃依的《熙德》(*Cid*)是西班牙的故事,故事的主人公更是地道的西班牙人”——并且,“高乃依的语言在作品的第一幕里,更加地西班牙化”。马萨林(Mazarin),艺术收藏家,意大利人,他对艺术的品位是意大利式的,而正是那些意大利人发明了最为辉煌的艺术。意大利的影响同样对莫里哀产生了决定性的意义,《忒勒玛科斯》(*Télémaque*)是一首“半意大利”的诗。抹去意大利和西班牙的影响,就只剩下“千篇一律的画廊”,那些消失的情感、“冰冷的理性”将“激情的热度”[①]冷却。除此之外,“法国人不知道形而上学中任何现实的东西”。卢梭曾经考虑过这个悖论,丰特内勒认为是对话阻碍了进一步的思考,而在伏尔泰看来,就其思想和他所做的种种嘲弄而言,历史只是一个借口,已经被曲解了。看看伏尔泰是怎么评价高乃依的吧:“我们读的是一位仪式的大师,而非一个剧院的国王。”[②]甚至孟德斯鸠也不例外,“我们看到他为了让自己显得抽象和深邃而经历的痛苦”。为了营造一种“深入思考而且想得更多”的印象,“在大的视角之下列举了许多小的事实,持续探讨、评论、准备同一个主题,诸如此类”。[③] 这也是他将政体进行分类的原因。

赫尔德同样抨击17和18世纪法国的文学理论,他认为它几乎忽略了莎士比亚戏剧的创新。他将莎士比亚戏剧与德国的精神联系在一起,相比法国古典时期的戏剧,他认为莎士比亚才

---

① 赫尔德,《我在1769年的游记》,第135—137页。

② 同上,第138和156页。

③ 同上,第138—140页。

是现代戏剧的代表。[①] 为了批评路易十四的世纪，赫尔德忘记 106
了他著名的多元论和各时代同等价值的思想；当谈到法国的时候，他的宗旨是，每个个体都会很快被遗忘，而批评则进入了它的全盛时代。

法国人在精神上、在语言中，都存在着不足，他们极尽表述的最细微之处：赫尔德将"克雷比永(Crébillon)式的人[……]、丰特内勒式的人[……]、博须埃式的人和弗莱希耶(Fléchier)式的人"归为一类。如果说丰特内勒将他用在遣词造句上的天赋用在内容上，"他将会成为多么伟大的人物"[②]。这也正是最大的问题所在，其性质是双重的：一方面，法国人并没有哲学精神，他们的哲学精神是后天习得的，"因此并没有那么精确，时常用错，因而更需要哲学！"另一方面，法兰西的语言并不允许精确表达："法兰西语言的哲学阻止了思想的哲学。"孟德斯鸠因为语言的原因而不甚准确，爱尔维修和卢梭"比我说的更严重，每个人都以其自己的方式"，赫尔德写道。[③]

不仅仅法国的模式是坏的，所有的模仿也是对其民族天赋的破坏。文学模仿的问题变成了爱国精神的问题。在德国，人们并不攻击古代人，他们反对的是法国人。路德派的预言家们

---

① 恩斯特·贝勒(Ernst Behler)，《赫尔德的历史哲学，对古今之争的贡献》(La Philosophie de l'histoire de Herder. Contribution à la querelle des anciens et des modernes)，载皮埃尔·佩尼松(Pierre Pénisson)，《赫尔德和历史哲学》(*Herder et la philosophie de l'histoire*)，亚历山大大学出版社，1997，第 18—19 页。

② 《我在 1769 年的游记》，第 148 页。

③ 同上，第 150 页。

提出了原初性的思想，不是个体的原初，而是集体的、民族的原初性。“原初”这一术语出现在《游记》的第 454 页：理论观念不同的大诗人们、有着不同哲学思想的伟人们，他们是全体人类的传话人。在他游历法国期间，他把自己的反思写在笔记里：“没有任何人、任何地区、任何民族、任何历史、任何国家和其他的相同，因此真、善、美也不是同一的。如果我们不去寻找它，如果我们盲目地将另一个国家作为典范，一切的可能性就会在窒息中
107 熄灭。”①马克斯·鲁谢认为，赫尔德的精神自给自足和普遍相对性的理想让他成为斯宾格勒及其作品《西方的没落》在 18 世纪的先驱者。在同样的观点下，赫尔德否认了法兰西精神、语言、文学和艺术革新的可能性。② 可以肯定的是，赫尔德的价值相对性中带有对每个人独有精神的同理心，但他相信宗教的永恒价值，否认其他领域的这些价值。而在宗教的层面，基督教信仰意味着上帝对人的教化；但在知识和文化领域的其他层面，首先是文学领域，占上风的是德意志民族主义、自给自足论以及多元化思想，也就是说，反普遍主义，而反普遍主义的必然结果是相对主义。这也是伯林这位 20 世纪的赫尔德主义者所不能理解的地方，因为他拒绝承认赫尔德身上二元性的存在。当赫尔德的继承者身上信仰消失不见、宗教只是一种社会力量的时候，价值的相对主义将持续存在下去。

---

① 引自苏邦编纂的版本，第四卷，第 472—473 页，载鲁谢对赫尔德的介绍，《我在 1769 年的游记》，第 47 页。

② 鲁谢，赫尔德《我在 1769 年的游记》引言，第 47 和 60—61 页。

这就是赫尔德对衰败所做的漫长反思，他思考了文明的死亡及其相对性，后者在 20 世纪由斯宾格勒发展到顶点。事实上，对于赫尔德来说，所有的顶点都预示着一种衰败，这种衰败是无法治愈的。《游记》不可避免地宣告了西方的黄昏："欧洲精致的政治思想总逃不过衰落的命运。"这个命运会到来，即使过程会很漫长，就像是罗马帝国所经历的整个衰退期一样：大火酝酿了很长时间。"在我们的时代，大火酝酿的时间或许会更长，但起火仿佛就在一瞬间[……]所有的这一切都是无可避免的。让我们的骨头变成软骨的东西同样会让我们本该是软骨的地方变成骨头：我们的人民最终变得文明，变得衰老、虚弱、一无是处。谁又能反抗自然的法则呢？"[1]赫尔德在《另一种历史哲学》中重拾了这个观点，在这本书中，他完善了另一种系统性的反思方法，思考欧洲文明的衰竭，后者代表了古典主义和法兰西文明的衰颓。丹尼列夫斯基（Danilevsky）强硬的泛斯拉夫主义的出现常常被认为是赫尔德主义旧主题的重复，老一辈人的衰落是新一代人崛起的代价："乌克兰变成了一个新型的希腊：[……]
那么多未开化的人，就像是以前的希腊人，他们从文明国家中走 108
出，它的疆界直到黑海，穿过世界。匈牙利和波兰的一部分，以及俄国，都加入到这种新型文明中去，从西北开始，这种精神扩展到沉睡的欧洲，再次将知识唤醒。"[2]

---

① 《我在 1769 年的游记》，第 132—133 页（段 4，411）。

② 同上，第 121 页（段 4，411—412）。

然而，在阅读赫尔德的时候，我们很快会意识到，认为各个时代的人都是平等的想法本身就是天真而大错特错的，乌克兰和匈牙利的未来也不能简单地这样推测。不仅仅法国和18世纪代表着文明和衰落的时代，不仅仅是中世纪代表着新文明的青年时期，相较于德国，斯拉夫人代表了劣等人种："尽管他们四处远征，他们从来不像德国人那样崇尚战争。"[①]相反地：他们跟随德国人的脚步，到了那些被废弃的地方；他们是勤奋的劳动者、种植者与养殖者，他们"缺乏独立精神、有着顺从的天性"，比起战争更喜欢和平，这也决定了他们最终会被驱逐。在几个世纪的奴役之后，斯拉夫人民"性格上的温顺"变成了惰性，似乎也并不那么令人惊讶。然而，"时间的巨轮在每一个拐角都会发生改变"，"您也一样，曾经处于弱势的民族[……]摆脱了被奴役的状态[……]有了自己的一块地方[……]似乎允诺了您庆祝自己古老的节日，开始和平的生活"。[②]

很难在文中看到各民族平等的思想，斯拉夫人民的弱势是显而易见的；但最吸引我们注意的，是他们那痛苦的历史所塑造的民族"天性"。赫尔德没有谈到人种的问题。民族是历史现象，是活着的人，是机体，它有着自身独特的气质，因此也让赫尔德怀疑现代文化分层的消失。这种气质不是生物学的产物，而是一种独特的历史构成。历史产生一种特性，一种"组成"。这

① 赫尔德，《人类历史哲学观念》，选编，马克斯·鲁谢作前言与注释，双语文选，巴黎，奥比埃出版社，1962，第六部，第四章，第299页(段4,278)。

② 同上，第六部，第四章，第301—303(段4)、280—282页。

种不可改变的气质，这种原初的、独特的精神就构成了决定论的 109
具体形式，这就是赫尔德写作的预期目的。另外，在 1774 年的小册子中，我们已经看到一种价值的阶级划分，除少部分人外，不允许任何人被选举，甚至连选举的观念都是被严格限制的。于是，在我们思考那些大原则时，在我们思考赫尔德具体的历史分析时，我们就会发现：《另一种历史哲学》中认为在人类的某一时期每个人都能轮流成为被选者的观念，没有再出现在《观念》里。和我们平时想的正相反，魏玛时期并不仅仅是从“狂飙突进运动”向“启蒙运动”[①]过渡的阶段。

如果说赫尔德既对斯拉夫人怀有怜悯，又怀有蔑视，那么对于某个时期在欧洲定居下来的非欧洲人而言，价值的等级已经很好地建立起来。土耳其人给欧洲最美的国家造成了巨大的灾难，将其变成了废墟，“这些希腊人，原来的本地居民，不忠的奴隶，放荡的野蛮人。多少艺术珍品被这些无知的人摧毁！他们让多少美好消失不见，再也找不回来！他们的帝国是一座巨大的监狱，囚禁着欧洲的灵魂……这些外族人，他们想要在欧洲做什么？”[②]

同样的问题也曾出现在写犹太人的部分。在献给希伯来人的一章里（《观念》的第三部分），我们知道了在过去，他们是明理的民族，充满了智慧，勤奋却又不乏战士的勇气。或许他们并没

① 原文为德语。

② 同上，第六部，第五章，第 305 页。

有艺术的天赋，也不是真正的科学家，尽管他们因为地理状况而缺乏海边人的冒险精神。但真正的缺陷，是“他们国民的性格”：缺乏哲学意识。“简而言之，这个民族在教育中找寻它缺失的东西，因为他们永远都不能在自己的土地上实现政治的自由，永远体会不到自由和荣誉的情感。”这个结论在一个半世纪里构成了人们对犹太人的印象，因为看起来似乎他们的缺陷并不是后天
110 的，也不是历史造成的，而是其民族性和其存在初始就已经包含了的：“上帝的选民，对他们来说，天空曾经是祖国，几千年以来，自从他们出现，就一直寄生在其他国家中。狡猾的中产阶级家庭几乎哪里都有，不管存在着何种压迫，都产生不出任何关于荣誉的情绪，也激发不出任何爱国之情。”①

这种没有经过太多美化的形象伴随着全世界对犹太人影响的反思。犹太教的普遍主义是软弱的重要根源：“完全应该让摩西的法律在所有的土地上通行，甚至是那些政治制度完全迥异的地方，这也是为什么没有一个基督教国家完全是在其基础上建立起相应的法律体系和国家体制的。”②赫尔德也随后提出了“犹太教对基督教极度不宽容”的不幸影响，犹太教中，“人们相信他们拥有一个[……]模型，基督教也能够根据这一模型产生。”旧约引发的罪恶之一在于“反对的计划需要从基督教出发，这是一种自发的、纯道德性的宗教，一种国家的、以犹太形式进

① 赫尔德，《人类历史哲学观念》，第七部，第三章，第 203—205 页。

② 同上，第 201—203 页。

行传播的宗教”。最终，犹太人散落在世界的各个角落，“他们在各种气候下都显示出无与伦比的坚强”，“从事金钱的工作”，因此“欧洲那些没有文化的国家自愿地变成了他们重利盘剥的奴隶”。[①]

在《观念》的最后一个部分，赫尔德继续提出他的观点：“我们不认为他们是欧洲国家的寄生虫，或是觉得他们吸食了后者的元气。”并非如此，赫尔德觉得“他们把传染病带到了我们的世界”，“和传染病很相似，但却是一种更严重的传染病。在所有野蛮的世纪中，在改革者以及帝国中间阶层的名义下，他们变成了重利盘剥的卑鄙工具”。我们常常用严酷的视角看待他们，将他们的艰苦工作、智慧和秩序看成是贪得无厌；然而，他们习惯着 111
这样的对待，甚至将其认为是理所应当，只是默默承受。但他们最终会认识到，犹太人是欧洲必不可少的存在，他们到了今天还是如此，“这是我们不能否认的”；也就是说，“在黑暗的时代”，他们在对科学、医学、阿拉伯哲学的宣传中扮演着十分重要的角色。同样也多亏了他们，“希伯来文学”得到了保存。欧洲不再需要犹太教或基督教的一天将会到来，“因为犹太人也是跟随着欧洲的法则生活，并为国家的财政出了自己的那一份。只有野蛮的组织能够阻止他们，或者诋毁他们的才能”。[②] 然而，与此同时，一股基督教的反犹化趋势正在兴起。

---

① 赫尔德，《人类历史哲学观念》，第七部，第三章，第 201—203 页。

② 同上，第六部，第五章，第 305 页。

因此,在这种情况下,很难谈论各民族人民之间和各时代之间所谓的平等,更别说赫尔德自己也曾提到“黑暗的世纪”。但在他的语境下,他的论点随着辩论的主题也在不断演变。与之相反,他在谈论法兰西的衰落、法国知识阶层生产力的低下、路易十四时代的毫无价值以及德意志的优越性时,并没有修正自己的观点。与此同时,他指出让法国占统治地位的主要危险,说这主要是因为它质疑德国的特殊性。

在这里显然又会出现一个问题:犹太人提出的欧洲一体化——或者,用另外的表述,身份的变化——是如何与兼容并存的?为了回答这个问题,不应该为表象所欺骗,因为赫尔德的著作不仅仅是个单纯的知识性的实践。可以确信的是,为了理解外国作品,他做出了真诚的努力。作为东普鲁士的德国人,他与他的同胞截然相反:他喜爱俄罗斯和乌克兰,在他的《游记》中他梦想乌克兰成为新的希腊。与此同时,他在精神上进入了希伯来的诗意中,就像他的先辈一般,醉心于战争史诗及斯堪的纳维亚和诺曼底的海盗故事,或是芬兰人、拉普人(Lapons)的爱情歌曲,其中有着南部海边人民的传奇。然而他不带立场、不带意图
112 看待其他文化的才能止于法国,尤其是17、18世纪的法国。他从未像沉浸在莎士比亚中那样阅读高乃依或拉辛。他从未用欣赏遥远的以色列部落及其诗人的眼光看待犹太人。多元化只适用于遥远的民族或是久远的时代。

1887年,列维-布留尔(Lucien Lévy-Bruhl)对赫尔德的解读很有意思,他当时手上有两部经典著作,苏邦版的《作品》

(*Werke*)和鲁道夫·海姆(Rudolf Haym)的参考文本。[①] 这位法国哲学家写作的时候,正值法国式的赫尔德民族主义——"死者的土地"开始形成政治势力。在他看来,赫尔德正是以德国作家的名义发起对法国启蒙运动的攻击(这一观点在半个世纪后被鲁谢继承),目的是极力斥责文学的模仿:"什么时候德国大众才能够停止扮演那个长了希腊、法国和英国三头颅的怪兽?什么时候我们能够重新找到属于我们人民自己的位置?只需要轻轻地挖一挖德国的土地,民族的诗歌就会喷涌而出。"[②]英国历史学家亚历山大·吉利斯(Alexander Gillies)是最先将赫尔德介绍到盎格鲁-萨克逊地区的传记作家之一,他认为贯穿赫尔德职业生涯始终的目标是教会德国人意识到他们自己和他们的力量:"德意志为自己背负的债,要比从路德到希特勒的任何人背负的债都多。"他在 1945 年这样写道。[③] 他无法回避赫尔德那些细心的读者,比如格莱姆(Gleim)的《一名普鲁士士兵的

---

① 鲁道夫·海姆,《赫尔德的生平与著作》(*Herder nach seinem Leben und seinem Werken*),第二卷,柏林,韦德曼出版社,1880—1885。分别再版于 1958 年(柏林,奥夫波出版社)和 1978 年(奥斯纳布鲁克出版社)。

② 参见列维-布留尔,《赫尔德的政治观念》(Les Idées politiques de Herder),载《两个世界杂志》(*Revue des deux mondes*),第 80 卷,1887 年 4 月 15 日,第 931 页。海姆的传记很快成为经典,展现了一个批评启蒙运动的赫尔德。这本书一直是参考文本。有趣的是,第一部有关赫尔德和他的时代的主要作品出版于 1875 年的法国:乔莱(C. Joret),《赫尔德和 18 世纪德国的文学文艺复兴》(*Herder et la Renaissance littéraire en Allemagne au XVIII sciècle*),巴黎,阿歇特出版社,1875。

③ 吉利斯,《赫尔德》,牛津,布莱克维尔出版社,1945,第 133 页。吉利斯强调了赫尔德在狂飙突进运动中的作用。

战争之歌》(*Chants de guerre d'un grenadier prussien*),他们为这个
113 不欣赏高乃依的新教牧师着迷。格莱姆像是德国的戴鲁莱德(Déroulède),歌颂弗雷德里希二世的胜利,赫尔德不会弄错:这是一首非常平庸的诗,但是是民族的诗。他的宽容中带着热情,他毫无掩饰地承认他对不模仿的德国作家的偏袒。就这样,爱国主义者战胜了批评家,没有什么比一个无处不充斥着对外来影响的强烈反抗的时代更具有原初性。

但是,赫尔德从卢梭的回归本质的观念中得出了意想不到的结论,并且他走得更远:如果本质是一切仁慈和真实的源头,如果每个民族都像个人一样拥有自己的性格,那么所有从其天性中不自觉地表现出来的东西都不会是不好的,所有来自模仿而非民族内核的东西就都不可避免地是平庸的,或者说都不值一提。一切即将死去的东西都会以其诞生的方式死去。赫尔德会乐意这样总结他的思想,列维-布留尔这样说道:“德国文学必将是民族的,否则它将不存在。”①可以肯定,赫尔德当时是为了德国人和德国文化才推行他的历史多元化原则的。显然,这一依赖于整个赫尔德历史哲学的文化自给自足的理想不可能不被直接卷入政治之中。认为赫尔德具有不涉政治的特征,认为文化民族主义可以不直接转化为政治民族主义的观念,是我们时代的某些批评家的发明,这样的观念站不住脚。它不是拿破仑战争那一代人的思想,也不是 19 世纪末 20 世纪初眼看着激进

① 列维-布留尔,《赫尔德的政治观念》,前揭,第 931—932 页。

的民族主义在欧洲各地发展起来的那一代人的思想。

这里有一个转折：当赫尔德自问在过去是什么原因阻碍了日耳曼禀赋的自由迸发时，他开始为文艺复兴的不良影响而叹息。“从那时起，我们都伸手欢迎拉丁人，但也是他们拿走了我们拥有的一切。”[①]德意志在这场交易中受了损失。它本该沿着自己的禀赋勾勒的道路前行，它本该避开外来影响，尤其是法国近一个世纪的影响。换言之，令赫尔德惋惜的是西方影响的结 114
果：意大利的文艺复兴，法国和英国的启蒙运动。在更远的过去，罗马让他感到厌烦，特别是罗马的权利、公民的概念：政治的、法律的而非文化的概念。赫尔德更倾向于希腊的政治，小国寡民，有着地方的神祇以及独特的风俗。他厌恶多民族的帝国，因为在这种体制下他看到了平均主义的力量。人一旦被认为是公民，就失去了他的特殊性。出于同样的原因，他对法国-康德学派和英国学者的启蒙思想心怀恐惧，因为他们的基本概念是政治的和法律的，他希望能够将其换成种族的和文化的概念：在具体的公民概念下，他反对国家的精神和气质。然而，和我们今天所想的不同，正是启蒙运动的那批人使用了具象的概念，争论具体的问题，而他们的敌人常常将问题带入抽象的境地。像赫尔德在《另一种历史哲学》里边那样，通过“气质”或者“精神”来定义一个国家，这是鼓吹较之百科全书派倡导的国家的政治和法律定义不那么具体的概念。不过，更精确地说，在赫尔德身上

① 列维-布留尔，《赫尔德的政治观念》，第932页。

存在着一种真正的对价值的颠覆：是文化构成了现实，而政治只是一种技巧。公民的归属是技巧性的，公民的身份是技巧性的，国家的存在可以比作星球：国家从此拥有了生物学意义上的存在理由。

这两种看待世界的观念几乎不能共存。启蒙哲学家，无论是那些想要忠实于持续进步观念的人，还是那些像伏尔泰一样不能接受这一点的人，都颂扬现代社会，因为他们在自身的文明中看到了摆脱基督教、日耳曼、封建等气质的持续努力。进步"从查理大帝开始一直到我们今天，可以通过欧洲所做的一切来进行判断。"伏尔泰在《风俗论》倒数几页中这样写道，"世界这部分地方人口已比过去大为增加，国家比过去文明富庶得多，知识也比过去大大提高，甚至超过了除意大利以外的当年的罗马帝国了。"①在中世纪时代，大多数的启蒙思想家反对过去，希望它
115 们永远消失：这也是为什么他们在文艺复兴运动中产生了宏伟的对异教的古典时期的回忆，这是现代性的起点。赫尔德与此正相反，希望复活日耳曼和基督教文明，有时甚至希望日耳曼化多过基督教化，希望组织化和民族主义的影响。

这里需要加上一个更重要的观点：文化被不可跨越的藩篱所保护的理想最初发展于1770年，其理想在于结束对法兰西和其他国家特别是英国的着迷。赫尔德想要捍卫德国的语言，与

① 伏尔泰，《风俗论》，第二卷，第810—811页。

译文参考：伏尔泰，《风俗论（下册）》，梁守锵等译，北京，商务印书馆，2000，第532页。——译注

法语对抗，抵抗法国人的世界主义。可以肯定的是，“哲学家们”的爱国精神比起赫尔德来并不逊色，他们对国家的宏大有着更加清晰的认识。事实上，看起来他们并没有接受过什么爱国主义教育。然而，孟德斯鸠和伏尔泰在英国待了很长时间，他们很欣赏这个自由的国家。伏尔泰学习了英语，如果说他的发音还有待提高的话，他在写作方面已经达到了不错的水准。孟德斯鸠在走遍了从匈牙利到荷兰的整个欧洲之后，到英吉利海峡另一侧待了两年。卢梭去过休谟那里，而赫尔德不喜欢英国式的自由，无论是后者的议会制度还是传媒的自由。他不像法国人那样具有容忍度，他没有像伏尔泰一样发起英雄主义的运动来争取正义和权利。至于反对奴隶制的斗争，著名的《论法的精神》的第十五卷第五章就是18世纪反奴隶制的真正宣言。[1] 对于伏尔泰来说，罪恶地对待黑色人种的真正凶手是欧洲人。[2] 我们在卢梭的著作中看到了对奴隶制的毫不含糊的谴责：“如此这般，从某些意义上来说，不仅仅是因为它们是非法的，而且因为这是荒谬的、毫无意义的。这些有关奴隶和权利的字眼相互矛盾，彼此之间不能共存。”[3]

赫尔德认为大自然把“黑人”放在了“近乎猴子”[4]的位置。 116

---

① 孟德斯鸠，《论法的精神》，第一卷，第十五篇，第五章，第258—359页：“关于黑人的奴役。”

② 伏尔泰，《风俗论》，第二卷，第805页。

③ 卢梭，《社会契约论》，第242页。

④ 赫尔德，《人类历史哲学观念》，第十五部，第一章，第271页。

“我们要同情黑人”，他在《概念》的第六篇中这样写道，并对所有的黑种人和黄种人抱有轻蔑的态度，对前者尤甚。“自然本质”，他在谈到非洲人的时候说，“依照造物者的简单原则，剥夺了他们高贵的天赋，只留给他们生命力的蓬勃……说到黑人，由于他们所处的气候，他们不会产生任何高尚情操，但不要因此而鄙视他们。赞美自然母亲吧，因为若她夺走了什么，她也会给予报偿。[……]有些东西他们不具备，对他们又有什么用呢?”自然“本不必创造非洲，又或者说，为了在那片土地上生活，这些人就得是黑人”。① 中国人和日本人也不会让他喜欢：他倾向于认为身体构造的迥异代表了蒙古人的低人一等。至于印度人，他们不过是“走运的羔羊”，有着人尽皆知的好脾气。从这个好战日耳曼部落的倾慕者口中说出这样的话绝不是赞美：这些文字中没有任何肯定印度文明的有利判断。② 可以确定的事，赫尔德式的基督教主义伴随着对“有色”种族的蔑视。

我们找不到《论法的精神》第二十五卷第八章相对应的东西，“对西班牙和葡萄牙审判者十分谦逊的警告”，这是赫尔德笔下关于宽容的最有力的体现。这个章节的结尾是这样一段话：“我们应该提前做好准备：也就是说，如果一个人在后世能够说，在我们生活的时代，欧洲人是文明的，我们要向他们揭示真实的野蛮情况，尽管会招致对这个时代的仇恨。”③

---

① 赫尔德，《人类历史哲学观念》，第六部，第四章，第 123—125 页。

② 同上，第 115—119 页。

③ 孟德斯鸠，《论法的精神》，第二卷，第二十五篇，第八章，第 166 页。

赫尔德反对“哲学家们”的斗争是一场针对理性主义、针对非基督教的历史哲学以及针对个人自主和人权宣传的斗争。对天意的信仰甚至依赖于莱布尼茨的关于延续和终结的原则，它 117
只能遭遇由法国人和英国人发起的与基督教的论战。这场斗争是全球性的，无法分离。反对基督教的论战同时也是以个人权利之名反对偏见，17 世纪的霍布斯首先提出了这一点，之后的洛克和光荣革命时期一些不知名的小册子也支持了这一点。人的自由不可能是完全的、整体的自由：正是为了反对这一点，赫尔德才提倡文化和民族共同体的权利。也是如此，民族的概念被提了出来，成为一个有生命力的组织，个人成为其中不可分割的一部分。

118 # 第二章　另一种现代性的基础

一直以来,对启蒙运动的思考也是对当代世界的深思。当然,维柯、赫尔德和柏克自己就生活在启蒙运动的 18 世纪,但对他们思想的继承者来说,启蒙时代和法国大革命时代确定了之后两个世纪政治文化生活的框架。这个在米什莱(Jules Michelet)看来“独一无二的世纪”,在反启蒙继承者眼中同样是独一无二的,但原因截然相反。确实,20 世纪对首批反启蒙伟大作家的解读极具针对性,无论是对这些作家所批评的问题还是 20 世纪的问题都是如此。较之 19 世纪的相关解读,其针对性有过之而无不及。

维柯的思想在时间上先于赫尔德,但他的影响直到 19 世纪方才真正得以体现,而且实在无法与赫尔德这位德国牧师的影响相提并论。赫尔德可谓一举成名,他和伏尔泰一样有抨击意识,深刻影响了欧洲思想,他对现代世界的重要性怎么说都不为过。相反,维柯在《维柯自传》(*Vie de Giambattista Vico écrite par*

lui-même)中——大概是为了有别于笛卡尔的“我”，他在书中以第三人称诉说自己——告诉我们他“生活在他的‘父母之邦’，不仅是一个外来人，而且默默无闻”。[1] 直到临近 19 世纪，《新科学》的作者才荣登意大利最伟大的哲学家之位。而在意大利半岛之外的地方，则要等到米什莱出现，人们方才知道维柯的存 119
在。随着“米什莱时代”落幕，维柯的思想重新被提起，尤其因为它在 19 世纪滋养了那些颇具影响力的作家的作品：克罗齐和乔治·索雷尔，以及之后 20 世纪下半叶的以赛亚·伯林。

今天，在所有思想流派和大学学科的文化批评家与后现代主义者圈子中，对维柯的盲目崇拜取代了他的长期失宠。阿兰·彭斯(Alain Pons)敏锐地指出，这个曾经什么都不是的人成为了一切；他被赋予知识渊博的先驱角色，在其他人开口之前就把一切都说尽了。于是，我们看到了一个未定型的前浪漫主义的维柯，一个未定型的黑格尔主义、马克思主义、存在主义和结构主义的维柯。[2] 如今，我们又看到了后现代主义的维柯。无

---

① 詹巴蒂斯塔·维柯，《维柯自传，书信集，论我们时代的研究方法》(*Vie de Giambattista Vico écrite par lui-même*, *Lettres*, *La méthode des études de notre temps*)，阿兰·彭斯推荐、翻译，巴黎，克拉赛出版社，1981，第 70 页。

译文参考：维柯，《新科学》，朱光潜译，北京，商务印书馆，1989，第 665 页。——译注

② 彭斯，《维柯自传》引言，第 8 页。关于此问题，也可参考约瑟夫·马里(Joseph Mali)的佳作，《回顾性先知：维柯、本雅明以及德国其他神话学家》(Retrospective prophets: Vico, Benjamin, and other German mythologists)，《克莱奥》(*Clio*)，卷 26，1997，第 427—448 页。该书 1994 年分册卷 23 中还可看到罗伯特·戈奇(Robert Goetsch)的《期待维柯的意外》(Expecting the Unex-(转下页注)

论他是怎样的身份，他都创造了维柯神话；他是孤独的巨人、天才的边缘人；他独自开启了人的科学和那些社会科学，特别是历史和历史哲学、人类学和语言学。的确，维柯足以令他的读者，或许还有后人信服。在他从事的研究中，他说他必须“假定世界上根本就没有过书籍”。①

（接上页注）pected in Vico)（第409—422页）。同样可参照《历史思考》(*Historical Reflections — Réflexions historiques*)卷22(3)，1996；帕特里克·赫顿(Patrick H. Hutton)，《维柯与历史的终结》(Vico and the end of History)（第537—558页），桑德拉·鲁德尼克·勒夫特(Sandra Rudnick Luft)，《介于现代性与后现代性之间的维柯》(Situating Vico between modern and postmodern)（第587—617页），以及塞西莉亚·米勒(Cecilia Miller)，《维柯的解读与误读》(Interpretations and Misinterpretations of Vico)（第619—639页）。1993年，米勒写了一篇有关维柯自传的研究佳作：《詹巴蒂斯塔·维柯：想象与历史认识》(*Giambattista Vico. Imagination and Historical Knowledge*)，纽约，圣马丁出版社，1993。最近，勒夫特发表了《维柯不寻常的人道主义：阅读介于现代性与后现代性之间的〈新科学〉》(*Vico's Uncanny Humanism: reading the New Science between modern and postmodern*)，伊萨卡，康奈尔大学出版社，2003。

① 詹巴蒂斯塔·维柯，《关于各民族共同性质的新科学原则》(*Principes d'une nouvelle relative à la nature commune des nations*)，1774，阿兰·彭斯推荐、翻译（原文为意大利语），巴黎，法亚尔出版社，2001，第130页，#330。此前，在1953年，出版过一版法文译本：詹巴蒂斯塔·维柯，《关于各民族共同性质的新科学原则》，阿里厄尔·杜班经贝奈戴托·克罗齐推荐，根据1774年版完整翻译，福斯托·尼科利尼(Fausto Niccolini)撰写引言、注解、索引，巴黎，内格尔出版社，1953。

对于想要参考意大利语原文的读者，我同样给出所引文字对应的段落数。把维柯说成是神话很是夸张。彼得·柏克(Peter Burke)写过一部观点犀利的小书，尽管这本书主要是面向广大的受教育大众而不是学者，他还是在书中指出，对于维柯所属的思想界来说，维柯就相当于当时的《国家篇》：这位那不勒斯思想家远远超前于同时代人，但他并不是无中生有地创造出这些思想的。参见彼得·柏克，《维柯》(*Vico*)，牛津，牛津大学出版社，1985。还可参考另一部优秀的学术研究著作：马克·里拉(Mark Lilla)，《反现代的创生》(*The Making* （转下页注）

确实,每个人都可以在维柯那里找到想要的东西,因为 120
维柯的方法得当,但并非仅有他是这样。赫尔德、黑格尔、马克思、尼采也都是如此。与赫尔德一样,维柯力求在著作中囊括一切。他追求渊博的知识,这在诞生了现代世界的 18 世纪初并不罕见,并且正如他著作中的一切都还在萌芽阶段那样,当时任何观念都尚未成熟,也未经验证,因而都可以归功于他,对此做出的不同解读也都容易被接受。一方面,这些解读因时代、风尚及读者自身标准不同而有所区别;另一方面,如同赫尔德,维柯也是极其全面的作家。而且,就在启蒙运动大步向前迈进之时,《新科学》的作者看似意图借助培根的名声参与其中,却事实上反对当时的思想革命。由于后文还将不断参考维柯的文字,因而有必要说明这场对启蒙运动的首次抨击的基本要素。显然,这里研究的问题绝不在于全面分析《论意大利最古老的智慧》(*De la très antique sagesse des peuples italiques*)作者的思想——维柯通过此书开始了对笛卡

(接上页注)*of an Anti-Modern*),剑桥,哈佛大学出版社,1993。该著作中同样列出了许多出色的评论性参考著作。同样可参考哈罗·德塞缪尔·斯通(Harold Samuel Stone),《维柯的文化史:那不勒斯时期维柯观念的形成与转变,1685—1750》(*Vico's cultural History: the production and transmission of ideas in Naples, 1685 - 1750*),纽约,布雷尔出版社,1997;卡尔梅洛·达马托(Carmelo D'Amato),《法国 19 世纪初历史中的维柯和哲学神话》(*Il mito di Vico e la filosofia della storia in Francia nella prima metà dell'Ottocento*),那不勒斯,马罗诺出版社,1977。法文可参考,布鲁诺·潘沙尔(Bruno Pinchard),《詹巴蒂斯塔·维柯新解读》,收录于《综合杂志》(*Revue de Synthèse*),1989,第 483—498 页。

译文参考:维柯,《新科学》,朱光潜译,前揭,第 153 页。——译注

尔的批评——而是关注那些启发了19和20世纪反启蒙战役的原则。①

这里必须提一提保罗·阿扎尔论述维柯的文字,他的研究角度非常之广。如果欧洲聆听了维柯"这位思想巨人、这位天才"的话语,它就会发现理性并非我们的基本能力,想象才是;它就能意识到理性只会令我们的灵魂枯竭。那么,欧洲人会不会遗憾逝去的乐土?不仅如此,通过维柯的著作,他们还会学到对事物的解释来自时间的深度。于是,"他们所有的观念、全部的
121 世界观都被颠覆"。这位18世纪伟大的专家问道,那么,我们的思想命运"是否会不同?"②当然会有很大的不同:唯一的问题在于是变好还是变坏。如果18世纪人顺从历史的判断,如果他们像维柯那样没有被洛克这位"来自伦敦的[……]时代先锋"③的观念感染——保罗·阿扎尔认为这会带来不幸——在美国《独立宣言》和法国《人权宣言》颁布之前,还会经历多少年的时间?

---

① 参见该书的两个法译版本:詹巴蒂斯塔·维柯,《论意大利最古老的智慧:从拉丁语源发掘而来》(*De la très antique sagesse des peuples italiques qu'on doit tirer des origines de la langue latine*)共三册,乔治·迈劳斯(George Mailhos)和吉拉尔·格拉内尔(Gérard Granel)译(原文为拉丁语),莫沃赞(Mauvezin),遍译欧洲出版社,1987;詹巴蒂斯塔·维柯,《论意大利古老智慧》(*L'Antique Sagsse de l'Italie*),儒勒·米什莱译(1835),布鲁诺·潘沙尔推荐、加注,巴黎,弗拉马里翁出版社,1993。

近几年出版了许多有关维柯的论著,其中有几部非常出色,但可惜主要使用英文或意大利文写成。

② 保罗·阿扎尔,《18世纪的欧洲思想:从孟德斯鸠到莱辛》,巴黎,法亚尔出版社,之后也在阿歇特出版公司出版("多元"文丛),第43页。

③ 同上,第44页:此处应为讽刺。

过去究竟哪里理想？对所有既非贵族、官员、主教，又非有名望的知识分子的欧洲人来说，逝去的乐土究竟什么样？如果每一天的现实未遭受批评、未被看作耻辱，他们的生活会不会变好？如果从18世纪起就将理性置于次位而不是等到20世纪，如果写《政府论第二篇》的“时代先锋”没有渡过英吉利海峡，自由、公正、宽容的观念还能否成形？没有洛克，我们的世界是否就不那么粗暴、暴力、排异？

《论意大利最古老的智慧》一书的核心认识论观点是真理与创造的同一；而所谓创造，就是将自己的存在归功于已成事实的事物，这即是我们所熟知的“真理即创造”(verum-factum)理论。人们不知道，他们创造的公民世界、这一人的杰作需要科学，并可以成为某一科学研究的对象。换言之，既然创造是一项活动，它就需要创造者。正是在这部著作中，维柯开始质疑笛卡尔：如果说我们不能求证或知道我们自己的创造，我们也就无法求证上帝的存在或者是否是我们自己创造了上帝。这就是为什么“谁如果要先验地求证上帝，那么他就犯了猎奇亵渎之罪”。[①]同样，玄学也不能被先验地求证：维柯批评笛卡尔主义漠视人的科学，批评它不看重人的科学的价值，也不能为其做出贡献，这是他抨击笛卡尔的主要出发点。维柯在自传中对《谈谈方法》(*Discours de la méthode*)的作者进行了严厉批评，那时，《谈谈方

---

① 维柯，《论意大利古老智慧》，第3章《论原因》(Sur les causes)，前揭。

译文参考：维柯，《论意大利最古老的智慧：从拉丁语源发掘而来》，张小勇译，上海，三联书店，2006，第33页。——译注

122 法》中的物理“正在风行”:“笛卡尔的哲学[……]简直不是一个始终一致的体系”,他的玄学“产生不出任何符合基督教的伦理哲学”,而且“也产生不出一种笛卡尔特色的逻辑学”。①

确实,在笛卡尔看来,历史不是真理,教导不了我们什么,哲学家和学者们也无需为此耗费时间,历史甚至只是源自他们自己的意愿。这正是维柯反对笛卡尔主义方法的原因:他在一篇极具特色的文章中表明,他会以“历史学家”的口吻书写自己的传记。“在这里我们不想学笛卡尔那样狡猾地吹嘘他的学习方法论,那只是为着抬高他自己的哲学和数学,来降低神和人的学问中的一切其他科目。我们宁愿本着一位史学家所应有的坦白态度,一步一步地叙述维柯的那一整套学习科目,以便使人们认识到维柯作为一个有学问的人所特有的发展过程自有他所特有的一些自然的原因。”②与他眼中笛卡尔所选择的道路不同,维柯想要揭示自己学问之旅的真正历史:他沿着的是“迂回曲折的人生道路”,由于行为具有“不确定性”,所走的不可能是“平坦之

---

① 詹巴蒂斯塔·维柯,《维柯自传》,前揭,第 66—68 页。针对该问题,可参见米纳(R. Miner),《詹巴蒂斯塔·维柯早期作品中的真理即创造和实用智慧》(Verum-factum and practical wisdom in the early writings of Giambattista Vico),收录于《观念史杂志》,卷 59,1998 年 1 月,第 53—73 页。同样可参考该杂志 20 年前 1978 年卷 39,第 4 期,杰姆斯·墨里森(James C. Morrison),《维柯的真理即创造原则与历史决定论问题》(Vico's principle of Verum is Factum and the problem of Historicism)(第 579—595 页)。

译文参考:维柯,《新科学》,朱光潜译,前揭,第 660—662 页。——译注

② 同上,第 51 页。同样可参考阿兰·彭斯出色的引言,第 26—38 页,关于该作品的产生与意义。

译文参考:维柯,《新科学》,朱光潜译,前揭,第 645 页。——译注

路”。在“自传”中,或者更确切地说,他自我美化的传记中,他谈到他的精神导师——柏拉图、塔西佗、弗朗西斯·培根、格劳秀斯,都是“他所特别敬仰的作家,维柯想(用他对他们的研究所得的知识)为天主服务”:两位古代巨人以自己的方法服务天主,塔西佗“按人的实在的样子去看人,柏拉图则按人应该有的样子去看人”。①

当然,维柯始终忠实于一个观念,认为数学——这里,他指的是几何学——一直是人的认知中最可靠的部分。但同时,他的思想又发生了转变,他在他的自传巨作中提到过:我们对人事的认知与对社会的认知之间的区别成为一种原则性的、没有等级的问题,而人的历史和人生活的社会的历史成为人能理解的最可靠的 123
认知。② 正因为如此,维柯在《新科学》的最后再一次提到之前就已经表达过的基本观念:“这个包括各民族的人类世界确实是由人类自己创造出来的(我们已把这一点定为本科学的第一条无可争辩的大原则,因为我们从哲学家们和语言学家们那里已费尽心思想找出这样的大原则,而他们终于使我们失望了)。”③

---

① 詹巴蒂斯塔·维柯,《维柯自传》,第 74 页和第 83—89 页。

译文参考:维柯,《新科学》,朱光潜译,前揭,第 668 页和第 683 页。——译注

② 维柯,《新科学原则》,巴黎,法亚尔出版社,2001,第一册,第 140 页,#349。同样可参考利昂·庞帕(Leon Pompa)给《维柯著作选》(*Vico: Selected writings*)写的引言,剑桥,剑桥大学出版社,1982,第 9 页。

③ 同上,第 538 页,#1108。也可参见第 130 页,#332。那些语文学家实际上是历史学家。

译文参考:维柯,《新科学》,朱光潜译,前揭,第 609 页。——译注

于是，人们从维柯那里得到了一个重大发现：人事的发展不由机缘或任意的选择左右，而是受历史和社会背景的影响。因而产生了关于这些事务的科学，这些事务是我们的事务，也就是说社会科学成为可能。总之，掌控人的生活的是天意，无论家庭生活还是社会生活都是如此，而且是天意让人们得以走出霍布斯所说的“自然状态”（état de nature），得以超越他们的本能，超越仅仅沉湎于追求个人利益的兽行，并凭智慧做出选择，使自己可以“在人类社会中”①生活。维柯大概是在阅读了格劳秀斯的著作后意识到哲学和语文学（事实上，“语文学”[philologie]一词在他看来也代指历史）——前者关乎普遍和永恒，后者则与特殊和偶然相关——或许可以结合起来创建人的科学。而阅读了格劳秀斯的反对者的著作之后，尤其是阅读了普芬道夫关于自然状态和自然权利概念的著作后，维柯开始否定普遍法的传统教义，因为普遍法承认人的理性。通过学习自然权利理论，维柯又开始反对有关建立在自然权利观念上的社会起源与社会性质的理论。② 对霍布斯也是如此：维柯接受了《利维坦》作者所有涉及自然状态和人之本性的理论，但却不认为社会诞生于此：如果社会是契约的产物，那么其源头就只可能是理性主义的、个人主义的、唯意志的了。

---

① 维柯，《新科学原则》，前揭，第 87 页，#133；第 136—137 页，#341；第 539 页，#1108。

② 庞帕，《维柯著作选》引言，前揭，第 10 页。

维柯从前人，尤其是语文学家让·勒·克莱尔(Jean Le Clerc，维柯拼作 Leclerc)的作品中得到的另一个主要观念，[①]就是神话理论的重要性。维柯给予让·勒·克莱尔很高评价，可 124
以说他是当时为数不多的出现在维柯自传中的学者之一。维柯得出这样的结论，认为那些自然权利理论家无法解释人类思想最初的神话性。[②] 正是这一观念在索雷尔的反理性主义中起到了决定性作用，索雷尔于 19 世纪最末几年完成了对这位那不勒斯哲学家的长篇研究。[③]

因此，维柯的"新科学"也就是有关人创造的事物的科学。[④]他有雄心呈现一个"所有时代的世界史"。[⑤] 需要强调，这里还不涉及人的双重性的问题——一方面是从基督教教义来看堕落的、有罪的人，另一方面又是构建了自身现实的人。但正是在这里产生了一个基本概念，可以帮助我们理解维柯向启蒙运动发起的抨击，那就是人类活动并非个人活动，而是社会活动。它不是自主发生的，而是被天意以一种并不总是明了的方式引导着进行的。个人追求的目标与其扮演的社会角色之间有着必然联

---

① 维柯，《维柯自传》，前揭，第 97—100 页。

② 庞帕，《维柯著作选》引言，前揭，第 10 页。也可参见利昂·庞帕，《维柯："新科学"研究》(*Vico：A study of the "New Science"*)，剑桥，剑桥大学出版社，1975(1990 年第二版)。在利昂·庞帕的要求下，新一版《新科学》(*Scienza Nuova*)与 2002 年在剑桥大学出版社出版。

③ 参见第七章。

④ 维柯，《新科学原则》，前揭，第 130 页，#331；第 140 页，#349。

⑤ 维柯，《维柯自传》，前揭，第 74 页。

系。哪怕他追逐着他个人的目的，他也无法逃脱作为社会人所处的关系网。因此，个人从出生的那一刻便受到其所属社会、文化背景的束缚。于是，个人行为会产生他并不期待也无从预料的后果，而这些后果又反过来成为社会另一种演变的起源。[①]显然，这与黑格尔不谋而合，但二者的契合又止步于此：维柯的观念中没有辩证的过程，因为衰落紧随进步之后。衰落的问题就此提出，而这一问题在之后的整个 19 世纪都被用来猛烈抨击各种关于进步的理论。这同样也是对赫尔德的伟大主题的承认：反对启蒙的战役有它自己的逻辑，赫尔德可以在不知道维柯的情况下建立自己的思想，只要有孟德斯鸠和伏尔泰就够了。

125 历史理论是维柯著作中最有意思的部分之一。因此，必须再一次对此进行简要的说明。维柯想要“把一切关于人和神的知识都结合在一条唯一的大原则之下”[②]并建立“理想的永恒的历史，按照民政方面某些特性，一切民族从兴起、发展、鼎盛一直到衰亡，都必然经历过这种理想的人类永恒历史”。[③] 为此，这位那不勒斯哲学家与所有同时代作家及所有前辈一样，开始关注人类和人类最初社会制度的起源。霍布斯和洛克——维柯也了解他们，且在自传中提到过他们——将社会的涌现看作是在

---

① 维柯，《新科学原则》，前揭，第 38 页，#41；第 136 页，#341。

② 维柯，《维柯自传》，前揭，第 81 页。

译文参考：维柯，《新科学》，朱光潜译，前揭，第 675 页。——译注

③ 同上，第 74 页。也可参见詹巴蒂斯塔·维柯，《新科学原则》，前揭，第 110 页，#245；人类历史发展阶段为：诞生、发展、成熟、衰退和终结。

译文参考：维柯，《新科学》，朱光潜译，前揭，第 668 页。——译注

自然状态条件的迫使下，生来理性的人为了得到社会和国家的庇护而做出的决定，但是维柯从一开始就与这些自由主义创始人对立。他否定他们的人的理性观，那是霍布斯创造出来的两只脚的机器；他反对他们的个人主义社会观，或者说原子论的、唯意志主义的、功利主义的社会观。如果一定要说维柯从霍布斯那里接受了些什么，那就只有自然状态的概念了：霍布斯的社会起源观念以人无所不能且拥有自主性为前提，认为人无需天意介入就能创造世界，这令维柯深恶痛绝。和对待霍布斯的观念一样，维柯对洛克和他的没有上帝的世界也是如此。

这就是为什么维柯要回溯到柏拉图思想。为了找到他所探寻的原则，他从“诗人们的神话故事”入手，随后又和这位雅典哲学家一样很快投入到语言学中。[①] 但正如他在自传中提到的那样，他是通过深入解读培根和格劳秀斯的著作，才找到自己的探索之路。培根没有成功地“使他的那些准则适用于一切时代和一切民族”。维柯承担了完成这一目标的责任，为此，他借助格劳秀斯的思想：格劳秀斯成功地“用一种普遍法律的体系来包罗全部哲学和语言学”。[②] 在此基础上，维柯开始寻找“直到现在

① 维柯，《维柯自传》，前揭，第 83 页。

译文参考：维柯，《新科学》，朱光潜译，前揭，第 677 页。——译注

② 同上，第 89 页。

译文参考：维柯，《新科学》，朱光潜译，前揭，第 682—683 页。这里所说的“语言学”，原文所引法译本为 philologie，意为语文学，二者存在区别，但现在时常混用。这里译者参考朱光潜先生的翻译，译为“语言学”，但在文中其他非引语部分出现时，译者仍将其译为“语文学”。——译注

一直缺乏的世界史的一些原则”:他“发现了哲学方面的一些新
126 的原则,首先是一种人类的形而上学,这就是一切民族的自然神学;根据这些自然神学,各民族人民凭借人对神的一种自然本能,自然而然地由自己创造出一些自己的神”。[①] 这一观念是反启蒙的基础之一:特殊胜过了普遍。当然,无论是维柯强烈的天主教信仰还是他对意大利的热爱,[②]也无论是赫尔德的路德教信仰还是他对德国的热爱,都尚不足以形成对基督教普遍主义的全面否定。但是原则已经提出,它会在之后18、19世纪之交被加以利用。

维柯认为他的研究有两个核心:“思想和语言”,它们构成了一种“哲学”和一种“全人类的语言学”。[③] 他指出,诗、诗句、诗谣“在一切原始民族中都起于同样的自然必要”。[④]《新科学》中,维柯在一篇提到霍布斯、格劳秀斯和普芬道夫的文章里论述了他的这项发现,这是他20多年研究的成果。[⑤] 此外,他更是直言已经解决了格劳秀斯遗留的问题:人生来就是社会的,而不

---

① 维柯,《维柯自传》,前揭,第89页。

译文参考:维柯,《新科学》,朱光潜译,前揭,第690—691页。部分文字有改动。

② 同上,第105页。维柯将自己的著作视作是“天主教最大的荣光”,也是意大利祖国的荣光。他的发现让“我们的意大利祖国赢得了一种优势,即不用羡慕新教国家荷兰、英伦和日耳曼这三大自然法学权威”。

译文参考:维柯,《新科学》,朱光潜译,前揭,第696页。

③ 同上,第101页。

译文参考:维柯,《新科学》,朱光潜译,前揭,第692页。——译注

④ 同上。

译文参考:维柯,《新科学》,朱光潜译,前揭,第691页。——译注

⑤ 维柯,《新科学原则》,前揭,第135页,#338。

是通过契约人为地组成了社会。[①]

就这样，维柯在发起对启蒙运动的抨击的同时，又更深一步：用想象反对理性，并强调习俗的重要性。理性使用的是抽象概念，而想象则用具体的图像。维柯认为，无论是就历史还是对本体论而言，想象都先于理性。[②] 维柯作为法学家，最大的野心就是站上那不勒斯大学法学的讲台。他通过抨击自然权利理论家的理性主义来表达自己的反理性主义，而那些自然权利理论家都承袭自格劳秀斯。启蒙运动的作家们视雨果·格劳秀斯为现代道德学创始人：他指出了普遍道德准则存在的可能。更确切地说，因为维柯将自己的学问归功于四位伟人，而格劳秀斯又是其中一位，所以维柯正是通过反对《战争与和平法》(*De iure belli ac pacis*)的作者来自立门户。格劳秀斯和所有他这一学派的理论家——包括自由 127
主义的创立者霍布斯和洛克——都认为法律建立在所有理性的人都能接受的永恒正义的概念之上。在维柯看来，认为在任何时代通行的准则都可以适用于人类初期的人，是一个巨大的错误。掌控一切的不是理性，而是习俗——“部落(gentes)自然法都是由习俗造成的”——习俗是模仿的产物，而模仿是原始人的基本能力之一。这也为我们引出一条结论，“世界在它的幼年时代是由一些诗性的或能诗的民族所

① 维柯，《新科学原则》，前揭，第 87 页，#135；第 124 页，#309。

② 庞帕，《维柯著作选》引言，前揭，第 24 页。

组成的，因为诗不过就是模仿”。[①] 所以，《新科学》的作者强调了文明的非理性起源，并解释了公民社会的建立以及对自然状态的摒弃。

在自传的一段中，维柯将历史分成三个分明的阶段：神的时代、英雄时代和人的时代，它们各自又对应三种语言。神的语言是无声的语言，表现为象形文字；英雄的语言是象征的语言，由比喻构成；第三种是民众语言，使用约定俗成的文字。[②] 在这两个三分法下，维柯又加入了三种自然本性、三种习俗，依据三种习俗又有三种“部落自然法”，因此也就有了三种不同的国家。[③] 所有存在表现出的形式、一切法的准则，都取决于时间和条件。显然，这些准则在随着时间演变的同时，自身也会发生变化：这就是历史主义的首要基础。这里，就产生了在历史中天意的决定性作用问题。的确，维柯补充道，“理想的永恒的历史”建立在天意的观念之上，正如他在作品里自始至终强调的那样，“各民族的自然法都是由天意安排的。这种历史是由各民族的国别史在时间上经历过的，都经历了兴起、

---

① 维柯，《新科学原则》，前揭，第 104 页，#215—217；第 124—126 页，#308—313；第 441 页，#919—921。几行之后，维柯又写道，自然法“由神的意志制定”（第 125 页）。

译文参考：维柯，《新科学》，朱光潜译，前揭，第 122 页和第 146—147 页。——译注

② 维柯，《维柯自传》，前揭，第 102 页。

③ 维柯，《新科学原则》，前揭，第 439—440 页，#915。

译文参考：维柯，《新科学》，朱光潜译，前揭，第 489 页。——译注

发展、鼎盛以至衰亡”的阶段。[1] 如果说维柯构想的这种历史进程是一连串的因果过程，那么这是否构成了一种决定论？确实，作者提出了历史发展存在规则的理论；[2]同时，他自己又认为人 128
可以自由选择：维柯的体系中是否容得下自由意志？维柯这样说道：“人类的选择在本性上是最不确凿可凭的，要靠人们在人类的需要和效益这两方面的共同意识（常识）才变成确凿可凭的。人类的需要和效益就是部落（gentes）自然法的两个根源。”[3]这是否就是可与历史特殊主义共存的普遍准则？

在部分读者看来，维柯坚定地践行着某种决定论，另外有些读者则认为刚好相反，还有一些人认为决定论和自由意志并不是水火不容。总的来说，历史，或者说制度体系发展的过程，都可以被决定，但体系内部的人是自由的。社会制度总体的强制性影响是确凿的事实，这些制度的发展是某种因果关系的产物；但同样，在此发展过程中，一切都不是决定好的。[4]

在维柯的体系中，宗教的核心地位毋庸置疑，且正是宗教将其体系同他逝世三四十年后赫尔德和默泽尔（Justus Möser）发

---

① 维柯，《维柯自传》，前揭，第 101—102 页，以及《新科学原则》，前揭，第 110 页，#245 和第 149 页，#349。

译文参考：维柯，《新科学》，朱光潜译，前揭，第 692 页。——译注

② 维柯，《新科学原则》，前揭，第 89 页，#145；第 110 页，#245；第 140 页，#349和第 167 页，#393。

③ 同上，第 88 页，#1411；第 135—136 页，#340—341；第 539 页，#1108—1109。

译文参考：维柯，《新科学》，朱光潜译，前揭，第 103 页。——译注

④ 庞帕，《维柯著作选》引言，前揭，第 23 页。

展起的那种相对主义区分开来。宗教在反启蒙中的重要性只是维柯和赫尔德之间的一个共同点。难以想象一个没有上帝的世界会是怎样的世界:社会随着宗教信仰的淡化而衰落、崩塌。所有部落,无论野蛮还是文明,无论什么时候,都有三个共同的习俗:宗教、婚姻和丧葬。维柯质疑从巴西、南非、安的列斯岛或新世界的其他国家回来的探险家的所见所闻,他们声称有些民族在社会中生活却对神毫无所知。没有什么是比这更大的谬误了,培尔大概就是受到这类谎言的影响,才会说:“各族人民没有神的光辉也可以过公道的生活。”[①]波利比阿曾经说明过“‘如果世界上早就有哲学家们,宗教就没有必要’那个谬论[……]”,和霍布斯一样,培尔要比波利比阿走得更远。这就是为什么维柯赋予自己这样的使命:开创一种科学,这一科学“在它的一个主
129 要方面必然是关于天神意旨的一种理性的民政神学,而这种神学此前就好像一直不存在。”[②]

反对自然权利,反对个人仅凭自身理性的力量就能脱离自然状态的概念,反对公民社会是自由、平等的个人所做决定的产物——个人仅为改善自己在家庭或国家中的命运就能决定给予自己一个社会结构和政治构架——遵从个人从出生就处在一个

---

① 维柯,《新科学原则》,前揭,第 1310 页,#334。

译文参考:维柯,《新科学》,朱光潜译,前揭,第 155 页。——译注

② 同上,第 97—98 页,#179 和第 137 页,#342。也可参见第 131—132 页,#334 和第 151 页,#366。

译文参考:维柯,《新科学》,朱光潜译,前揭,第 114 页和第 161 页。——译注

社会关系网中的观点，而这个关系网不是个人自己创造的且随着时间和地点的转变而变化，这就产生了另一种现代性，它并非建立在将人们统一起来的事物之上，而是建立在分离人的事物上。维柯所说的个人不同于笛卡尔的自我（ego），而是由历史和社会背景造就而成的。维柯做了大量对照，暗示人从孩提到暮年的一生与民族共同体从起源到最终衰亡的过程存在相似之处。社会的组织概念在《新科学》的作者那里就已经表现得相当清楚了。第二种现代性由此展开，但直到 18 世纪末和整个 19 世纪，人们才真正意识到它的重要性。

维柯在他的时代默默无闻，他之后的赫尔德则一登场就扮演了主角，对启蒙运动的批评以他为中心展开，对当代世界的反思也是如此。直到今天，他都被看作 18 世纪后半叶出现的新历史观最负盛名的代表。很多人都认为，从某种意义上而言，他是这种新史观的创始人。将他与伏尔泰、孟德斯鸠相比，或许有些言过其实，但视其为 19 世纪强调历史、文化、种族、观念、本能和想象——也就是强调那些区分人的事物，而不是统一人的事物：人的共同的理性、普遍价值和物质利益——的思想脉络的第一环，则绝不为过。在赫尔德及其支持者看来，不仅在德国，在法国和意大利也都出现了文化民族主义和它的必然结果——政治民族主义。随着 19 世纪的发展，政治民族主义走上了一条愈发激进、愈发暴力的道路。文化民族主义很快又发展出民族国家（État-nation）的观念和民主观念，前者的必然结果是国家至上，后者是民族的敌人。

130 甚至卡西尔的一部著作也成了德国赫尔德崇拜的献礼，它表现出一种独特的倾向，将赫尔德视作前所未有的从天而降的杰作：他的历史观纯粹而完美，人所难及，它孕育出新的世界史观，不再满足于简单地勾勒历史的轮廓，而是想要从每个方面分别进行考察。根据赫尔德的观点，同样的历史不可能重复出现，这使得一切抽象的概括都不具备说服力，任何特有的单一的概念、任何普遍准则都无法囊括其全部意义。人的每个处境都有它的特殊价值，每个历史阶段都有其特定法则和内在必要性。历史学家的首要任务应该是让他的方法适应研究目标的特性，而不是让目标服从于一成不变的方法。①

赫尔德自己也意识到他的论证有着重大缺陷，并预料到他"会被误解"。② 换句话说，他知道他的论点会因为缺乏逻辑性而广受批评。一方面，他清楚他建立的大量"总特征存在缺陷"；另一方面，他渴望描绘每个特定情况、每个特定民族、每个特定时代的特殊画卷。③ 他知道他所说的"哥特精神、广义上的北欧骑士风范"不足以概括"中世纪不同阶段的精神"。④ 此外，他提

① 卡西尔，《启蒙哲学》，第 235 页。在他看来，认为历史界诞生于《另一种历史哲学》中完全是荒谬的想法，因为《另一种历史哲学》的作者在孟德斯鸠构思《论法的精神》时尚未出生，并且直到《风俗论》的作者逝世方才开始自己的职业生涯，而发行于 1756 年的《风俗论》要比《另一种历史哲学》早了 18 年。迪博(Dubos)、弗格森、休谟和罗伯逊都为历史界的诞生做出了贡献。

② 赫尔德，《另一种历史哲学》，第 167 页(段 502)。

③ 同上，第 167—169 页(段 501—502)。

④ 同上，第 213 页(段 522—523)。

出了一个问题，又立即给出答案："埃及人、希腊人、罗马人是否就像家鼠和老鼠那样极其相似——不！但他们仍是老鼠和家鼠。"而假如我们沉迷在无穷无尽的特殊性中，又会发生什么呢？"假如你将脸紧贴画布，截下画上那小小的一块，铲去上面突起的颜料结块，那么你永远也别想看到画的全貌——你看到的绝 131
不是一幅画！"他继续着他的论述，尽管这很快就会令他的方法遭到质疑："如果你满脑都是你醉心的那一部分，你还能否看到如此变化多端的时代的全貌？能否将其理清？能否一步步地沿着时代发展的脉络找到每一个事件的要点？"结论不言而喻：没有人能做到，"历史在你的眼中忽隐忽现！"[①]因此，赫尔德想要调解历史性与规范性之间的关系，前者也就是历史相对主义，而后者是历史学家为了追寻真相而采用的说明角度。[②]

事实上，赫尔德的独创性并不在于他发现了所谓的特殊和个人，而在于他让历史发现具有意义，这也令他成为民族主义的精神之父。这才是他的主要贡献之所在。

赫尔德用他从前辈那里得来的历史体系来反对他们，他取而代之地创造出一种反理性的历史观，这一历史观同时也是基督教的历史观，但同时又是反普遍主义和反世界主义的、特殊主

---

① 赫尔德，《另一种历史哲学》，第 173 页（段 504—505）。

② 博拉歇尔（Matin Bollacher），《"博学时代的井底之蛙"：赫尔德在〈另一种历史哲学〉中对现实的诊断》（"L'oeil de taupe de ce siècle très lumineux". Diagnostic du présent par Herder dans *Une autre philosophie de l'histoire*），收录于皮埃尔·佩尼松（Pierre Pénisson），《赫尔德和历史哲学》，第 63 页。

义的历史观，因而也是民族主义的。他整合了他以前独立提出的众多观念，这种研究方法相当普通，并不足以证明他的天才。博须埃的天意教导人的理论；孟德斯鸠的气候学说和民族天赋理论——孟德斯鸠受他的门生、《丹麦史导论》(*Histoire du Dannemarc*)作者马莱(Paul Henri Mallet)的影响，提出北欧人优越论——伏尔泰认为历史不再是生动故事而是文化史的观念；以及圣-埃佛蒙(Saint-Évremond)和迪博(Jean-Baptiste Dubos)的相对主义批评。还应该加上狄德罗通俗诗歌至上的观念和风靡欧洲的卢梭的批评观念。①

但是，就在这些法国作家支持理性主义之时，赫尔德站在了他们的对立面上。他综合了非理性主义与圣经故事、基督教与反普遍主义，而这正是他的独创性和力量所在。他从他们的作品中看出他们未曾考虑到的后果，而正是因为他们是理性主义者，他们才没能考虑到这些后果。对赫尔德来说，构成历史进程同一性的不是所有历史时期或所有文化的同等必要性，而是天意的安排。赫尔德将历史视作上帝编排的戏剧，他就是借助这一史观来表明个人具有完全的从属性：从属于超验认识，也从属
132 于历史、民族和文化共同体。“我在历史中找寻的上帝应该和自然中的上帝一样，因为人不过是整体的一小部分，而人的历史和虫子的历史没什么差别，与他生活的系统紧密相连。[……]这

① 鲁谢，《赫尔德的历史哲学》(*La Philosophie de l'histoire de Herder*)，巴黎，美文出版社，1940，第583—584页。

片土地上的所有事物只要按照那些本身完善的规则出现，就有其出现在那里的必然。"[①]这种个人与集体的关系论非常具有现代性，它预示了赫尔德的思想会在19和20世纪得到发展。个人的无意义——"人！永远都只是工具而已！"[②]——是赫尔德竖起的反启蒙大旗：迈斯特毫不迟疑地紧随其后，卡莱尔在19世纪上半叶确保了这一旗帜的稳固地位。19世纪下半叶，勒南和泰纳继承了此学说，而到了19和20世纪的节点上，个人无意义的观念重新得到解释，去除了其中基督教的内涵，成为了反对自由主义和反对民主的理论根基。在克罗齐、莫拉斯、斯宾格勒和梅尼克的作品中，也同样能够找到这一对人事的总看法。

因此，这里需要对《历史主义的兴起》的作者进行论述。这部书的主题与梅尼克其他著作的主题一样，被卡尔·欣里希(Carl Hinrichs)在他的引言中定义为新的、具体的、个人的思考方式与旧的、抽象的、绝对的方法之间的矛盾。在梅尼克看来，历史主义的革命性正是体现于它与启蒙运动的对比之上。根据他的观点，启蒙运动用一种古老的标准来衡量历史界，该标准建立在永远有效、永远不受任何宗教或任何玄学控制的理性之上。这位德国历史学家认为，启蒙运动是17世纪精神运动的产物，这些精神运动受笛卡尔主义和与之相关的极其重要的自然权利影响，也受到宗教宿命论被推翻以及自然科学兴起的影响。但

---

① 赫尔德，《人类历史哲学观念》，第十五部，第五章，第281页。

② 赫尔德，《另一种历史哲学》，第301页(段558)。

与此同时,17 世纪又产生了对现实强烈而适度的情感:于是,关心国家事务的文学与自然权利产生冲突,自然权利与新的现实意义之间没有融合的可能。启蒙运动在很大程度上反对的是以国家利益为托辞的政治,反对赤裸裸的强权政治。政治在这个时代几乎完全失去威信,孟德斯鸠自己也将政治看成诚实、公正和道德的反义词。①

133 因此,历史主义也是在为政治平反。但恢复对政治的热衷,相应地也会带来强权的恢复。国家崇拜诞生的必然结果,是以政治现实主义为名义向理性发起攻击。梅尼克谈论"理性主义的自然权利"与新的"经验现实主义之间的差异",进而发起对法国启蒙运动的理性主义和普遍主义的全面抨击。② 梅尼克跟随特勒尔奇的脚步,力求指出自然权利法则内部就已存在斯多葛学派所说的绝对自然权利与相对自然权利的冲突,前者来自理性,理性的起源又与神的学问相关,而后者并不否认原则上存在绝对的准则,它尤其关注社会生活的特殊性和人本性中存在的缺陷。在法国启蒙思想家,尤其是在启蒙运动最具威望的代表伏尔泰看来,绝对的自然权利占了上风。换言之:胜利的是理性

---

① 梅尼克,《历史主义——一种新历史观的兴起》(英文版),前揭,第 92—95 页。

下文凡写作"《历史主义——一种新历史观的兴起》"均指英文版,不再赘述。——译注

② 同上,第 101—102 页。

译文参考:弗里德里希·梅尼克,《历史主义的兴起》,陆月宏译,前揭,第 115 页。——译注

和法国启蒙思想。然而梅尼克认为，肇端于马基雅维利的经验现实主义思想方式与相对主义理论同样取得了成功。[①]

由于德国文化的特殊性，由于其对西方文化的主要贡献表现在否定法国启蒙运动之上，由于梅尼克是从这一否定中看到了大革命后法德两国精神和政治发展的巨大差异，他的著作描绘出了从西欧历史主义的初步探索直到其在德国达到鼎盛的全过程。歌德是一位英雄，但走到舞台台前的终究是梅尼克和赫尔德，尤其是赫尔德。赫尔德的确是这场戏的主角，扮演着守护神的角色。梅尼克读过卡西尔发表于 1932 年的《启蒙哲学》，40 年后发表了自己的著作。不难想象，他作为俾斯麦政治的崇拜者，没有被这位当时最负盛名的康德主义著作说服。一方面，他表现得好像《启蒙哲学》不值得人们耗费时间阅读；但另一方面，实际上他自己的书就是对卡西尔的回应，这一回应也是德意志民族的回应。不久后，犹太理性主义者卡西尔遭到驱逐。"温和"而坚定的反理性主义者伯林没能从卡西尔的著作中获益也就合情合理了。

历史主义并不否定多变性和多样性存在的合理性与价值； 134
它捍卫的不仅仅是认为人类除了历史没有经历过其他现实的观念——历史主义确实是这样主张的，这是维柯的著名观念——它同样促进了一些原则的诞生，这些原则对当今世界有着决定性的甚至常常是致命的影响。这是因为启蒙运动的事业有多崇

① 梅尼克，《历史主义——一种新历史观的兴起》，前揭，第 102 页。

高,它引起的反对就有多大的强度、广度和深度:启蒙思想家渴望再创普罗米修斯的神话。启蒙的敌人们立刻借助天意、借助命运、借助集体意识的无穷无尽源泉加以回击。

确实,历史主义是在德国确定了无可比拟的统治地位,并且也是在德国得到了全面发展,从而影响了整个 19 世纪。虽然说从赫尔德和尤斯图斯・默泽尔到兰克(Leopold von Ranke)再到梅尼克,历史主义代表了德国思想界最主要的流派,是杰出的德国思想,但历史主义不仅仅局限在德国:它出现在整个欧洲,对从法国大革命起直至今天的两个世纪起到了决定性的影响。在法国,历史主义传统首次脱颖而出、为大众所知,是在 19 世纪末:当时,巴雷斯完成了他的主要著作,并描述了历史主义的地位。《民族精力的小说》(*Roman de l'énergie nationale*)的作者比任何同时代人都更清晰、更准确地界定了从布朗热事件到德雷福斯事件结束期间导致国家分裂并最终走向维希政府民族革命的冲突的概念范围。

梅尼克控诉的核心对象是自然权利。根据他的观点,正是自然权利的理智主义和理性主义限制了探索人类精神的深度。① 只有脱离了自然权利,才有可能认识到个性原则。沙夫茨伯里(Shaftesbury)首先承认了这一原则。② 在梅尼克看来,这位英国作家扮演了先锋角色。按时间先后顺序来看,紧随其

① 梅尼克,《历史主义——一种新历史观的兴起》,前揭,第 6 页。
② 同上,第 9 页。

后的应该是伏尔泰:他是启蒙时期最伟大的历史学家,因为他最具革新意识。他代表了一个时代,在这个时代中,人们带着前所未有的自信看待过去。罗伯逊、休谟、吉本(Edward Gibon)的历史学成就或许高于伏尔泰,但伏尔泰是最伟大的,因为是他首先
提出了普遍历史的观念,创造了“历史哲学”。他表现出无与伦 135
比的征服者和布道者精神,摆脱了当时的定论和成见,他能够——这里,梅尼克借用了歌德的说法——鸟瞰世界。① 梅尼克向伏尔泰的天才致敬,致敬他对不同习俗、不同信仰的尊重,致敬他对人的精神和时代精神的理解:伏尔泰与孔多塞、杜尔哥不同,他不赞同无限进步的思想。但同时,梅尼克也尖刻地批评了伏尔泰的缺点:他忽略了人精神的非理性层面,他认为的完美形象其实是机械的——也就是说理性的——而且,对伏尔泰来说,启蒙运动的价值无法超越。② 梅尼克认为,伏尔泰是复杂的,在解释历史现象的时候,他总是在机械论观点和道德观点之间摇摆不定——这种对立在梅尼克看来是很能说明问题的——但除去这些缺点,伏尔泰在相对主义形成之前就已经意识到这一重大进步。

通过相对主义,梅尼克注意到历史现象的“个性”,并指出应尊重历史的特殊性。当然,包罗万象的相对主义也有它的局限,它只能机械地、由因到果地从外部而不是从内部表现出

① 梅尼克,《历史主义——一种新历史观的兴起》,前揭,第 54—63 页。

② 同上,第 55、68—77 页。

来。真正的相对主义应当反对自然权利学派那些令人反感的原则,应当反对认为存在永恒不变的生活准则的主张。但由于启蒙运动已经发起了对全世界的探索,渴望从人的各个方面、各项活动去理解人类,这一愿望最终推动了相对主义世界观的发展。因此,启蒙运动对历史的好奇为更深刻的历史相对主义奠定了基础。

尽管那些至今仍将赫尔德视作历史界创始者的人不愿意,他们也不得不关注对作为历史学家的伏尔泰的考察。伏尔泰在《风俗论》中写道:“我的目的始终是为了考察时代的精神,因为世上的重大事件都是时代精神的产物。”[①]在《路易十四时代》(*Le Siècle de Louis XIV*)这部名气不太响的书中,他进一步表明了这一主张,开篇这样写道:“本书拟叙述的,不仅是路易十四的一生,作者提出的是一个更加宏伟的目标。作者
136 企图进行尝试,不为后代叙述某个个人的行为功业,而是向他们描绘有史以来最开明的时代的人们的精神面貌。”[②]伏尔泰是历史界的真正先驱,他还指出了现代性的开端:在路易十四时代,“新”事物确实占了上风,发生了不可逆转的飞跃。这并不是说历史呈现出一条连续上升的曲线:“与一位像《箴言录》

① 伏尔泰,《风俗论》,卷一,第 80 章,第 751 页。

译文参考:伏尔泰,《风俗论(中册)》,梁守锵等译,前揭,第 230 页。——译注

② 伏尔泰,《路易十四时代》,收录于《历史作品集》(*Oeuvres historiques*),勒内・波莫整理、加注、介绍,巴黎,伽利玛出版社(“七星丛书”),1957,第 616 页。

译文参考:伏尔泰,《路易十四时代》,吴模信、沈怀洁、梁守锵译,北京,商务印书馆,1996,第 5 页。——译注

作者拉罗什富科公爵(La Rochefoucauld)、帕斯卡或阿尔诺(Arnauld)那样的人物交谈后出来,又去观看高乃依的悲剧,这样的时代是一去不复返了。"[①]因为,只有列奥十世(Leo X)、奥古斯都、亚历山大时代的命运堪比这一世纪的命运,它将无可救药地走向衰落:"天才只能在一个世纪茁壮成长,以后就必然退化。"[②]伏尔泰并不主张进步是持续不断的,这样的观点过于简单,他也不是法国至尊权威的狂热信徒,这些是赫尔德之后的人们想要在伏尔泰身上看到的。从这些段落中我们不难得出这样的结论,莫里哀和拉辛也不能永远保持他们的语言优势:法语成为欧洲的语言是因为所有为它做出过贡献的人,从路易十四时代伟大的文人到逃亡国外的加尔文教牧师和像培尔、圣-埃佛蒙那样读者遍布欧洲的历史学家。[③] 伏尔泰认为语言本身就有特殊的能力,后来,赫尔德和费希特等德国人也这么说过:是一种特殊的文化机遇让法语成为欧洲的文明语言。无论伏尔泰认为的重要原因是什么,这都让17世纪向前迈出了无与伦比的一大步。

伏尔泰不仅创造了历史哲学观念,不仅仅在文明史范畴中创建了文化史领域,在历史研究中,他还一直坚持破除神秘

① 伏尔泰,《路易十四时代》,前揭,第1012页。
译文参考:伏尔泰,《路易十四时代》,吴模信等译,前揭,第479页。——译注
② 同上,第1017页。
译文参考:伏尔泰,《路易十四时代》,吴模信等译,前揭,第485页。——译注
③ 同上。

化。他认为每一个传统都会有损于它所传达的东西。在研究历史真实性时,他采用了笛卡尔的方法。[①] 当然,他的文献综述并不是毫无缺陷,但《路易十四时代》的作者所要完成的是一项巨大的研究工作:他考察已有文献,无论总督回忆录还是
137 当时人的手稿都是他的研究对象,他也关注口述历史,询问那些见证者。通过梳理书面资料和口述证言,通过实地查证当时的情况,他毫不留情地粉碎那些不切实际的传说,比如布瓦洛(Boileau)诗中赞颂的路易十四军队过莱茵河的神话。与巴黎民众一样,布瓦洛相信军队不顾从一座难以攻克的要塞发出的炮火游过了莱茵河,这一功绩被博须埃称为"世纪的奇迹"。伏尔泰摧毁了这个奇迹:所谓的要塞不过是海关的棚屋,敌人也就是两支弱小的步兵团和几个骑兵而已。[②] 这样的研究方法当然会引起赫尔德和柏克的厌恶。他对基督教的猛烈抨击、对传统的批评以及他的理性主义也毫无疑问会遭到泰纳、勒南、巴雷斯和莫拉斯、克罗齐、斯宾格勒以及伯林的反对,而他们又各有各的理由。

梅尼克也同样对法国这一伟大时代的优秀作品表达了敬意。但在他看来,伏尔泰自身的地位有多高,他犯下的错误就有多重:他身上有着启蒙运动的所有缺陷。确实,伏尔泰据以评判过去的标准、他为了猛烈抨击基督教而关注亚洲文化的方

---

① 勒内·波莫,《历史作品集》序言,巴黎,伽利玛出版社("七星丛书"),1957,第12—13页。

② 同上,第12页。

式、他赋予中世纪的灰暗形象、赋予文艺复兴和之后宗教战争的光辉形象遵从的都是理性的标准。这正是错误的根源，因为启蒙运动的机械心理学方法在非理性大王国与理性小王国之间挖开了一道深堑。正是由于这种机械的、自私的论证，启蒙思想家无法理解“人类精神的客观创造物的特殊存在”[1]：其首个创造就是国家。梅尼克发现，伏尔泰渴望一个强大而独立的国家，这个国家尤其应该摆脱一切宗教影响，仅仅做着文明的工具，或者像梅尼克引用启蒙运动语言所说的，做为了人“幸福”的工具。伏尔泰提出了国家为个人福祉而存在的原则：他表达的是利己的、自由的资产阶级的渴望，他用功利主义的语言进行论述。梅尼克认为这一原则是个人的或某一阶级的利己主义。[2]

梅尼克说道，这就是为什么尽管伏尔泰知道“在这个世界
上，实力决定一切”[3]，他说教的方式，也是启蒙思想家共有的方 138
式，还是让他无法从深层上理解国家观念和政治权利的本质。伏尔泰知道什么是国家理性，但他不理解国家一切文化生活的独立性及其绝对的个性。对他来说，君主是可以互相替换的，只

① 梅尼克，《历史主义——一种新历史观的兴起》，前揭，第 85 页。

译文参考：弗里德里希 · 梅尼克，《历史主义的兴起》，陆月宏译，前揭，第 96 页。——译注

② 同上。

③ 伏尔泰，《风俗论》，卷一，第 33 章，第 425 页。

译文参考：伏尔泰，《风俗论（中册）》，梁守锵等译，前揭，第 490 页。——译注

要他们所属时期的理性发展程度差不多就行。梅尼克又一次强调:伏尔泰无法理解广义的个性。而且,人的一致性恰恰体现了启蒙运动的骄傲自满;更严重的是,这种一致性超出了所有民族和宗教的界限。[①] 在历史主义学派看来,这是重罪。此外,伏尔泰的研究并不能消除自然权利造成的障碍。启蒙哲学家们过分重视幸福的观念,他们过度地从道德角度理解权利的真正本质。[②]

因此,我们可以得出这样的结论:尽管伏尔泰对赫尔德产生过影响,但历史主义的真正开端是《我在1769年的游记》——这位年轻的新教徒在法国游历期间所记的日记——这部书的诞生也让启蒙思想退居次位。[③]

在梅尼克眼中,伏尔泰之后的孟德斯鸠的形象要更难定位:孟德斯鸠能够脱离自然权利的视角——梅尼克,这位俾斯麦崇拜者尤其不赞同自然权利观念:根据这一观念,国家的起源及其合法性均来自于一种社会契约[④]——但从《论法的精神》第一句起就不难发现,孟德斯鸠的思想中始终存在一对基本的矛盾:一方面,他告诉我们法"是由事物的性质产生出来的必然关系";而另一方面,他又立刻表明"有人说,**我们所看见的世界上的一切东西都是一种盲目的命运所产生出来的,**

① 梅尼克,《历史主义——一种新历史观的兴起》,前揭,第80—81页。

② 同上,第87—88页。

③ 同上,第55页。

④ 同上,第102页。

这是极端荒谬的说法”。[①] 梅尼克从中得出这样的结论，孟德斯
鸠相信永恒理性的存在，而正是理性主义者的身份让他的最终 139
结论从前提开始就无法站得住脚。这使得他将理性法则——我们说理性准则——与数学法则或因果关系混为一谈。正如梅尼克指出的，我们认为的正确的和错误的概念、好的和坏的概念——他想说的是道德准则——都是人类生活从低级向高级演变的产物，因此这些概念未来还会发生变化。可孟德斯鸠却认为，这些准则就像数学法则一样，永远有效。同时，孟德斯鸠也意识到面对历史中的非理性力量，理性有时显得有些无力。[②] 梅尼克还是肯定了孟德斯鸠的著作做出的伟大贡献，他也没有忽略圣-埃佛蒙——孟德斯鸠深受圣-埃佛蒙影响——和博须埃；不过，梅尼克也指出了《论法的精神》伟大作者的不足：他的实用主义为机械主义和功利主义概念的诞生奠定了基础。[③]

这里，梅尼克又回到相对主义的问题上，它是历史主义的主

---

① 孟德斯鸠，《论法的精神》，贡扎格·特鲁克(Gonzague Truc)撰写引言、注释，巴黎，加尔尼埃出版社，卷 1，第 5 页。1784 年出版时，该书书名为：《论法的精神：或论法律与各类政体、风俗、气候、宗教、商业等等之间应有的关系》(*De l'Esprit des lois ou du rapport que les lois doivent avoir avec la Constitution de chaque gouvernement, les Moeurs, le Climat, la Religion, le Commerce, etc.*)。这部著作非常宏大，并且立刻就取得了胜利(两年之内日内瓦就出现了 22 种版本)。大约 25 年前，《波斯人信札》就已经取得了巨大成功。

译文参考：孟德斯鸠，《论法的精神(上册)》，张雁深译，北京，商务印书馆，1995，第 1 页。——译注

② 梅尼克，《历史主义——一种新历史观的兴起》，前揭，作第 103—106 页。

③ 同上，第 108—114 页。

要组成部分。[①] 但必须强调,在《论法的精神》的作者看来,相对主义是无法逾越的障碍:这位法学家、政治思想家能够关注到不同时代、不同民族的特殊方面;但作为理性主义者,他又不得不进行极大的简化,笛卡尔主义机械式的因果关系使他无法理解历史的个体形式和结构。但尽管孟德斯鸠也如伏尔泰那样将因果关系看成是进步,他却没有陷入启蒙运动晚期进步观念的错误之中。[②] 当伏尔泰主张理性与非理性的抗争是历史不变的主题之时,孟德斯鸠却开始关注理性应对非理性的方法。[③] 孟德斯鸠指出,"取消一切特殊的习惯,而制定一种一般通行的习惯,[……]是轻率无谋的",[④]而伏尔泰则认为每个地方均有各自的法律是荒谬的。确实,在《风俗论》第 82 章关于 13、14 世纪科
140 学、艺术的论述中,伏尔泰将法国的不幸归咎于国家的分散:"一个没有固定的法律、[……]受各种各样的风俗支配的国家,一个其一半地方成为朗格多依(Oui 或 Oil),另一半地方成为朗格多克(Oc)的国家,岂能不是野蛮落后的?"[⑤]从赫尔德到梅尼克再到伯林,对启蒙运动的主要批评确实推动了对特殊的崇拜和对

---

① 梅尼克,《历史主义——一种新历史观的兴起》,前揭,第 116 页。

② 同上,第 123—128 页。

③ 同上,第 141 页。

④ 孟德斯鸠,《论法的精神》,卷 2,前揭,第 265 页。

译文参考:孟德斯鸠,《论法的精神(下册)》,张雁深译,前揭,第 272 页。——译注

⑤ 伏尔泰,《风俗论》,卷一,第 82 章,第 775 页。

译文参考:伏尔泰,《风俗论(中册)》,梁守锵等译,前揭,第 256 页。——译注

多元化的尊重。另一方面,如果没有内战,美国会是怎样?如果20世纪60年代联邦政府没有强制那些拥护奴隶制的传统州府推行公民权和种族平等,美国又会如何?

讨论完孟德斯鸠后,梅尼克又关注到18世纪下半叶杜尔哥和孔多塞的历史哲学:那一代人感兴趣的从来不是个人,而是类型和普遍有效性。孔多塞想要说明人的理性是不会错的,如同万有引力法则之类的自然法则一般。同时,这也产生了一定的正面推动作用:布封(Buffon)启发了歌德和赫尔德的进化论,狄德罗意识到激情的作用,卢梭为个人权利做出巨大贡献,他通过两篇论文[①]中激烈的文化批判动摇了启蒙运动的自我满足感,引起了更深层的思考。他是思想的先驱,但同所有这些思想家一样都犯下了这个错误:信仰理性。他们都认为理性可以带领人们通向普遍有效的真理。[②] 当然,还有其他一些正面的发展:青年安托瓦·伊夫·戈盖(Antoine Yves Goguet)尝试编写一部文化史,从人类初期直到古希腊;布朗热启发了赫尔德的思想。甚至在路易十四严格的古典主义中期,骑士精神和中世纪重新成为人们关注的对象。梅尼克提到收集行吟诗歌的圣帕莱(Jean-Baptiste de La Curne de Sainte-Palaye),并对1755年发表的《丹麦史导论》的作者马莱给予了极大关注。日内瓦人保罗·亨利·马莱对北欧人的历史、文化感兴趣,关心奥丁国王的出身,

---

① 这里指卢梭在1750年的两篇论著。

② 梅尼克,《历史主义——一种新历史观的兴起》,前揭,第144—147页。

后来赫尔德也谈过这个问题。马莱具有历史学家应具备的真正品质，但从本质上说，他仍是个启蒙运动者，他忠实于自然权利概念和人类的普遍平等观念。梅尼克说，马莱是一位艺术方面
141 的先锋，这种艺术在伟大的瑞士历史学家布克哈特(Jacob Burckhardt)那里臻于完善。只有把政治和军事史与风俗和意见史结合起来，才有可能实现"**确实有用和完整的历史织体**(corps d'histoire véritablement utile et complet)"。[①] 这部著作没有在当时的法国产生什么影响，但它却为英国和德国带去了影响，唤起了对北欧民族的狂热。

英国也取得了重要的发展。继沙夫茨伯里之后，又出现了休谟和吉本。如果休谟的"理性"没有为自然权利的原则所束缚，那么他就有可能承认精神的力量也是个人的力量。他无法突破整合了所有精神现象的经验。他的理智主义让他只能承认灵魂中非理性的力量。休谟借助孟德斯鸠和伏尔泰的思想，他的《大不列颠史》(*Histoire de l'Angleterre*)可以看作是对《路易十四时代》的模仿，但这位思想家比伏尔泰更严肃、更深刻；他的实证主义向前迈出了一大步，可他却受到自然权利的限制。他知道存在神秘世界，也知道"偶然"意味着尚未测定原因的现象，却不能探入心理世界的深处。休谟仍然顽固地继续并始终保有着

---

① 梅尼克，《历史主义——一种新历史观的兴起》，前揭，第147—153页(马莱的话在梅尼克原书中为斜体)。

译文参考：弗里德里希·梅尼克，《历史主义的兴起》，陆月宏译，前揭。——译注

理性主义的特征，他犯下了启蒙运动特有的错误：轻率的概念化与到处建立因果关系的倾向。人们从历史中所能学到的不是个人性的而仅仅是类型的和普遍的东西。[1]

吉本也是缺乏条理的启蒙思想的受害者。绝对标准总是存在的：只有随着历史主义的兴起，只有有了历史主义的特殊性——梅尼克所说的“个人性”——才能理解古代世界的整个悲剧。第三位伟大的历史学家是罗伯逊：他也受到自己人性观的限制，他认为人性无处不在的相似性在相似的文化发展阶段中表现出来。[2]

弗格森走得更远，他指出本能在社会生活中的力量。社会
制度的起源极其遥远，它源于自然冲动，而非人类的思辨活动。 142
弗格森回忆克伦威尔的话，认为人绝不可能爬得像他不知道自己要前往何方时爬得那么高。这是一句伟大的箴言，梅尼克这样评价道：于是，弗格森反对契约形成国家的学说。制度是每一个民族的天才制定的：维柯也曾这么说过，但无人响应他的看法。弗格森引入了一个观念，认为人天生就是诗人，并指出原始民族诗歌的自然美已经达到了无以复加的地步。然而，弗格森最重要的贡献在于，他深信人的精神是民族和国家兴衰的决定性因素：马基雅维利一度将这种力量理解为 virtù(美德)，后来兰克又称之为民族的道德力量。只有当成员们具有强烈的政治

---

① 梅尼克，《历史主义——一种新历史观的兴起》，前揭，第 156—161 页，第 186 页。

② 同上，第 186—198 页。

共识时，民族和国家才会繁荣昌盛。梅尼克称赞弗格森能够认识到，如果政治哲学的目标只是建立有利于个人和个人财产的良好公共秩序和安全，而不考虑公民的政治品质，那么个人将无法在共同体中生活。人们忙于确保自己的利益，却丢失了维护社会强大的必要精神。在他看来，启蒙思想家厌恶的战争有着其肯定的和创造性的一面。这是新的历史思想时代的标志，这种思想对国家和维护它的力量有着一定的重要性。梅尼克认为弗格森为理解个人在历史中所扮演的角色开辟了一条道路。①

但是——在梅尼克眼中，阅读弗格森的著作并不能感到什么惊喜——只有柏克在对国家生活领域的研究中向前迈出了一大步。他年轻时关于美和崇高观念起源的研究吸引了莱辛(Gotthold Ephraim Lessing)和赫尔德的注意，并在美学观念史上取得了重要地位。也是柏克首先将特殊性原则——研究每部作品和每个阶段特殊的东西——应用于国家，这是包括赫德(Hurd)和弗格森在内的英国前浪漫主义学派的人时常忽视的问题。他青年时期的另一部著作《论英国史删节本》(*An Essay Towards an Abridgement of the English History*)也成书于18世纪50年代，却直到1812年才得出版，但这部著作只写到1216年就再
143 没写下去了。书中，柏克展现出自己内心的倾向：他的著作中没有出现过任何启蒙运动式的对中世纪的谴责。而且，在研究民族命运中的天意时，他还展现了自己的宗教态度。但最为重要

① 梅尼克，《历史主义——一种新历史观的兴起》，前揭，第215—219页。

的还是他对过去的深刻情感：他从中看到了现代制度的根源。于是，他纠正了当时常见的两大谬误：在他以前没有人注意到，就本质而言，英国法律从不知道什么时候开始就再没有变过，也没有人发现它基本上不曾受到外来影响。①

梅尼克说道，在与这些错误进行搏斗时，柏克让休谟站到了他这一边，但休谟始终还是依附于自然法则的，而这实际上就是理性法则。作为理性主义者，休谟无法否认平等原则。的确，休谟屡屡让我们预先品尝到柏克的某些思想风格，但仅此而已。他的许多话柏克自己后来也可能说过，比如《道德原则研究》(*Enquiry concerning the Principles of Morals*)中的这句"如果存在对国家有害的真理，那么最好用无伤大雅的错误取代它们，并把它们流放到永恒的沉默中去"；又或者《关于一个完美共和国的观念》(*Idea of a Perfect Commonwealth*)中有关尊重传统的观念，柏克对此只有敬意。然而，尽管从某种意义上来说休谟的著作为柏克铺设了道路，且理论上说他的经验主义可能极为激进，但它仍然属于古老的功利主义范畴：这种功利主义看人的方式极其肤浅，它机械地看待人的冲动和激情。"因此，他的机械论形式就是权威和自由之间的平衡。"②因此，梅尼克将这种努力在权威

---

① 梅尼克，《历史主义——一种新历史观的兴起》，前揭，第 220—221 页。柏克年轻时的这部著作一直到他死后才被发现，现在已经很难看到了。大英图书馆中收藏有一份。

② 同上，第 224 页。

译文参考：弗里德里希·梅尼克，《历史主义的兴起》，陆月宏译，前揭，第 253 页。——译注

需求与自由意志之间达成妥协的自由主义经典问题视为“机械论形式”，这也是柏克想要清除的过去的痕迹。

后来，到了1791年，柏克在《反思法国大革命》中为了反对人权，责备了休谟的普遍法立场。但其实他在1756年的讽刺博林布鲁克(Bolingbroke)哲学的著作《为自然社会辩护》(*A Vindication of Natural Society*)中，就已经表现出了对这一普遍法则的反对。博林布鲁克想要以纯粹理性的武器将宗教连根拔起。梅尼克又回到一个之前提到过的观点上：卢梭运用文明批评也可
144 以对启蒙运动进行沉重一击，只是《论科学与艺术》的作者自己也还是理性主义者，他用的是理性主义的武器。梅尼克这样说道，事实上，卢梭仅仅从外部抨击了敌人的立场，而柏克却打入启蒙运动堡垒的内核，解除了敌人的武装。想要深入理解人的生命和历史，就必须摧毁这个敌人，而这个敌人就是自然权利精神。①

确实，在梅尼克眼中，从休谟到柏克，就仿佛看着一处风景：起初是透过拂晓通透、清冽的光线，随后被早晨第一缕温暖的阳光照亮。根据他的观点，柏克思想的决定性进展，在于这位作家没有像自然权利学派思想家那样以一种一般性的和抽象的方法看待国家，也没有像休谟那样持有经验主义、机械主义和功利主义的观点。因而，可以说柏克向前迈出了巨大的一步，因为他认为国家不仅是一种有用的机构，也是大自然一件绝妙的作品，就

---

① 梅尼克，《历史主义——一种新历史观的兴起》，前揭，第222—223页。

像是一棵大树。它是天意的造物,而非人的理性的产物或人的产物。国家具有美和仁慈的一面,其道德和美学价值是内在的:人的内在生活将从中大量获益。柏克反对那些法国观念,反对那些业已向英国渗透的观念所带来的危险,他反对自然权利精神在1789年人权和公民权宣言中极为傲慢的表述。梅尼克指出,柏克已荣登英国最权威的代表人物之列。他清楚,柏克捍卫的也是特定社会阶层的利益,而这些利益代表了君主制领导下的英国贵族和教会在历史中所拥有的权利。他捍卫这个贵族的国家,这个“圣人和骑士”的国家;他将其理想化,对它的缺陷视而不见。这一国家代表的是一种宗教观和骑士观。[①]

梅尼克这样写道,如果一定要从一个唯一的概念来演绎柏克有关人的生活、有关政治和历史价值的所有观念,并为这一唯一概念下个定义,那么或许可以称之为世界性虔诚(piété du monde)。柏克虔诚地尊重这个世界原本的样貌,包括它的不 145
幸。他在世界中看到了一种广泛的和谐,并深信这种和谐的意义。人生于人世中,对他的同类负有责任:柏克谈到“所有人都应该彼此归属的相互依赖”(《反思法国大革命》),他无时无刻不在表明历史应当居于理性之上。梅尼克解释道,需要注意的是,柏克的概念兼具内在与超验的情感,这是对作用于世界的天意力量的认识,这是关于此世和彼岸之间不可割裂的联系的认识。从柏克在《反思》中提到契约学说的文字中即可清晰地看出这一

---

① 梅尼克,《历史主义——一种新历史观的兴起》,前揭,第225页。

点:这项契约稳固地连接着可见和不可见的世界,连接着崇高和低劣的本性。它不像洛克的契约那样总是可以进行修改。这种永恒契约的概念对柏克来说是决定性的,并且由此产生了“命令”(prescription)的观念。①

在梅尼克看来,柏克的理论是复兴的传统主义,还不是历史主义。梅尼克将历史主义这个词——在他看来,这是人的最高见识——留给了那些德国的天才:首先是赫尔德,其次是默泽尔和歌德。虽然柏克的思想没能达到历史主义的高度,但它代表了传统主义的最高阶段。他注意到固执的理性会有危险,它将无法认识到隐藏于情感深处的智慧。他还发现,一个活跃的共同体不仅仅是政治的共同体,也是文化的共同体,他对过去与现在的交融有着强烈的情感。于是就有了柏克在《反思》中关于“社会”的著名定义,他将社会定义为牢固的联系,无论哪一代人、无论什么人都不能将其打破。但是,梅尼克注意到柏克的思想存在一个悖论:他建议法国效仿英国宪法,然而每个国家的宪法不应该是其特有文化、特殊环境的产物吗?

其实,和梅尼克所想的正好相反,柏克的思想并不矛盾,这有两个原因。其一在于柏克不是要法国实行英国的宪法,而是要他们回到 17 世纪初的法国、回到 1614 年、回到最后一次召开的三级议会,并承认当时的规则在 1789 年也同样适用。他相
146 信,法国以前就有它自己的宪法,只需重新找回即可。第二个原

① 梅尼克,《历史主义——一种新历史观的兴起》,前揭,第 226—227 页。

因是,不同于一贯的看法,他不否认存在普遍原则:尊重传统、历史至上也是普遍原则。其实,柏克否定的是一些原则的有效性,并提出了另一些同样抽象、同样普遍的原则。“命令”的观念正是一个这样的原则,“偏见”也是。

就在反启蒙政治文化产生的时候,法国的启蒙运动仍然坚定地向前,必然地迈向其最大也是命中注定的胜利。梅尼克指出,柏克是一种天真的历史主义思想的牺牲品,他未能理解法国的戏剧化事件背后突出的力量。在那里,有备受争抢的土地,社会被政治力量割裂,各种思想风起云涌,历史的悲剧必然会表现出最强大的生命力。但那些一成不变的自然权利原则成了普遍的斗争工具,将历史和历史思想冻结起来,使其受到削弱,停留在某种固定的静止状态。当然,法国在历史主义道路上取得的进步是事实,但根据梅尼克的观点,法国思想无法达到它应有的高度:是德国思想推动了这一摆脱普遍准则、摆脱理性至上的进程,并为其指明了最终的方向。①

于是,经过长久的酝酿和尝试,历史主义终于走到了它的巅峰时期,迎来了德国天才赫尔德。在伏尔泰的《风俗论》最终版出版的那一年,《我在1769年的游记》发表,梅尼克认为这本书标志着新时代的开始。确实,梅尼克从这部报道法国的作品表现出的赫尔德思想中看到了完整的革命性观念,这些观念最终将在狂飙突进运动中爆发出来。它注定会像酵母一样在整个思

① 梅尼克,《历史主义——一种新历史观的兴起》,前揭,第155页。

想生活和精神生活中发挥作用，深刻地影响诗歌、艺术和哲学，它也确实让整个历史思想发生了转变。虽然赫尔德的思想中仍有伏尔泰思想的印记，但这位德国历史学家呼喊道："启蒙运动的时代正在落幕，历史主义的黎明即将来临。"①

梅尼克认为，赫尔德的特殊贡献在于他建立了一系列密切
147 相联的观念：所有历史创造都具有无法效仿的个人性的观念；这些创造会一次又一次出现在人类发展进程中的观念；各文化、各民族有机发展的观念；与卢梭发起——后来被哈曼继承——的批评密切相关的衰落的观念；以及有血有肉的非理性力量与"启蒙运动冷冰冰的理性和机械化的文明倾向"的对抗。赫尔德还有另一条主线：这不是没有上帝的时代。他就是因此反对近来以伏尔泰为首的启蒙运动学说。此类学说将历史描绘成理性与其所有对立势力之间持久的冲突，并根据 18 世纪所达到的"完美"来评价历史。同样，赫尔德毫不留情地反对主张人类持续进步的乐观态度。所有这些学说都根植于认为所有时代的人都存在一致性这样一个古老的自然权利概念之中。②

由此产生了这样的结论，善似乎成了恶的必需条件，反之恶也是善的必需条件。目光如炬的马基雅维利早已发现，任何机

---

① 梅尼克，《历史主义——一种新历史观的兴起》，前揭，第 55 页。

译文参考：弗里德里希·梅尼克，《历史主义的兴起》，陆月宏译，前揭，第 62 页。——译注

② 同上，第 322—323 页。

译文参考：弗里德里希·梅尼克，《历史主义的兴起》，陆月宏译，前揭，第 364 页。——译注

制无论在过去看来是多么必要和有用,都会显露出潜藏的恶。维柯指出,上帝用人有限的激情和情感创造出一种更高的文化。其后,又出现了黑格尔的“理性的狡计”观念。在赫尔德看来,上帝作为人的导师,时常引导人们通过迂回曲折的道路走向最终的目的。[①]

赫尔德未曾停止过与18世纪理性主义的抗争,或者用梅尼克的话说“与理性自以为是的骄傲的抗争”,这也是在反对理性主义者对文艺复兴的崇拜,反对他们称赞文艺复兴为人类文化的顶峰。为此,赫尔德创造了“命运”的概念。他的描述越是接近自己所处的时代,他就愈加谦卑:“在我们所处的时代,我们既是命运的目的又是命运的工具。”对赫尔德来说,理性会将人引向怀疑主义;仔细观察人的心灵,就会发现不存在什么进步,世界也没有改善。[②] 从他的思想中,我们看到了有关衰落的观点, 148
另一方面看到了基督教向世界发起的呼吁。

但是,梅尼克认为,“我是微不足道的,而整体才是一切”这句话,或者说这种人与人群的对比;并不表示个人对集体的依赖有别于人对上帝的依赖。恰恰相反,在他看来,赫尔德完全有理由指责启蒙运动将个人仅仅视作孤立的机器,并呼喊:“心灵!

---

① 梅尼克,《历史主义——一种新历史观的兴起》,前揭,第323—325页。

译文参考:弗里德里希·梅尼克,《历史主义的兴起》,陆月宏译,前揭,第367页。——译注

② 同上,第330—331页。

译文参考:弗里德里希·梅尼克,《历史主义的兴起》,陆月宏译,前揭,第373页。——译注

温情！热血！人性！”[1]这句引文同样出现在伽达默尔和伯林的文字中，它成为了这场持续了两个世纪未曾中断的反启蒙战役的集合号，是其傲然飘展的旗帜。这两位哲学家——一位是德国人，一位是英国人——都循着赫尔德和梅尼克的脚步向前，将呼吁生命力量、呼吁情感力量、呼吁种族团结的力量、呼吁热血的力量视作一句伟大的宣言，以此来反对弥漫着冷漠与死亡气息的 18 世纪的法国。无论是梅尼克，还是伽达默尔和伯林，他们都拒绝直面该宣言也是反对理性主义的宣言这一事实，而反理性主义到了 20 世纪就成了法西斯主义或者说纳粹主义。

这就是为什么 20 世纪下半叶，尽管最具威信的赫尔德学派学者做出过巨大的努力，赫尔德的名字还是与民族主义的兴起联系在了一起。以赛亚·伯林用尽一切办法想要最小化赫尔德在推动政治民族主义和民族国家发展中做出的巨大贡献，使其仅仅成为一个文化现象；但除去那些本就信服的人，这没能说服任何人。至于梅尼克，他所面临的问题就没那么复杂了：他指出文化民族主义只是通往民族国家的思想脉络的第一阶段。因此，梅尼克关注的是赫尔德为理解民族精神而做出的贡献。最明显的例子莫过于他在探究中世纪这一特殊时期时，对其怀有同理心。起初，赫尔德并不喜爱哥特风格，但他和英国的赫德一样从中发现了人的精神奇迹，而此前伏尔泰和休谟看到的就只

---

① 梅尼克，《历史主义——一种新历史观的兴起》，前揭，第 332—334 页：参见赫尔德，《另一种历史哲学》，第 251 页，以及本书第一章第 103 页。

有黑暗。但正如梅尼克和伯林所说的，赫尔德并不执着于将过去理想化：他注意到的是过去每个时代的相对价值。这里，赫尔德引入了“幸福”的概念：这一有关实现人的意愿与理想的观念， 149
无法用普遍的概念表述出来。[①]

于是，就有了历史相对主义和道德相对主义的问题。梅尼克努力让读者们相信赫尔德不是相对主义者，伯林也是如此，他们为着同样的目的展现赫尔德思想的财富。他们两人都认为，赫尔德的基督教历史哲学中有着救世的良方。[②] 梅尼克又提出另一个论点：他试着说明赫尔德承认各种族和各民族之间价值平等，这是一种“激进相对主义”的观点，类似于法国大革命的平等观念。[③] 只是这位德国历史学家忽略了法国大革命的平等是自由个人的平等，这些个人拥有理性的生命，具有自然的也就是普遍的权利，他们被不同的政治共同体组织起来，而不是不同民族。这里，梅尼克强调赫尔德用的词是民族(nations)，而不是人种(races)。[④] 只是，文化决定论与人种决定论之间的界限究竟在哪儿？20 世纪难道不正是证明了种族决定论只能在文化决定论的基础上发展吗？

况且，赫尔德作为民族主义的创建者，不可能对国家的本质

---

① 梅尼克，《历史主义——一种新历史观的兴起》，前揭，第 337—339 页。

② 同上，第 340 页。关于伯林，参见本书第八章。

③ 同上，第 369 页。

译文参考：弗里德里希·梅尼克，《历史主义的兴起》，陆月宏译，前揭，第 417—418 页。——译注

④ 同上，第 358 页。

不感兴趣，这使得认为他无需对民族观念转化为民族国家观念的这一过程负任何责任的观点遭到质疑。在赫尔德看来，唯一完全纯粹的自然产物是家庭，而国家应该建立在家庭之上："自然产生了家庭，因此最自然的国家就是由拥有单一民族性格的单一族群组成的国家。"①他又说："一个民族政府是一个家庭，一个秩序井然的家庭：它自足独立，因为它是自然形成的[或者说是自然的产物]，它随着时间自然地产生和衰落。"②他把这称为自然政府的最初阶段，但随即又声称它是最高贵的也将是最持久的阶段。③ 也就是说，赫尔德眼中，最原始的政治组织形式
150 就是最理想的形式。不要忘记，赫尔德就是在这样的语境下，在1774 年著作中表达了对东方专制主义的喜爱，这不是自由的社会观和国家观。梅尼克承认此点，但他坚持认为，虽然说赫尔德是民族国家观念的先锋之一，但在他眼中国家的特点却是绝对的和平。他憎恶那些靠征服它国而形成的国家，因为征服摧毁了被征服者的文化。他对战争的看法也不够明确：那是"压力"和"匮乏"的产物。梅尼克这样写道，我们可以试想一下，人类可

① 梅尼克，《历史主义——一种新历史观的兴起》，前揭，第 352 页。这一句话出自苏邦(Bernhard Suphan)版，卷 13，第 384 页："Die Natur erzieht familien; der naturlichste Staat ist also auch Ein Volk, mit Einem Nationalacharakter"(鲁谢版的《观念》中没有出现过这段文字)。

译文参考：弗里德里希·梅尼克，《历史主义的兴起》，陆月宏译，前揭，第 398 页。——译注

② 同上；参见苏邦版，卷 14，第 52 页："Das Reich Eines Volks ist eine Familie"等。

③ 同上；参见苏邦版，卷 13，第 375 页(鲁谢版中没有出现过这段文字)。

曾在哪个时代没有处于任何自然的压力之下？也就是说，战争是自然的。而且，一个年轻民族在为自由奋斗时，有权向权力政治求助。[①] 在梅尼克的这部著作出版三年之后，德国军队发动了征服欧洲的战争；伴随着其最初的胜利步伐，伽达默尔在纳粹占领下的法国对赫尔德思想中有关武力政治的观念进行了长期的探讨。

最后，梅尼克指出，相比起比克堡时期（Bückburg），赫尔德在魏玛时期[②]（Weimar）的宗教激情开始冷却。他提到赫尔德思想的世俗化。[③] 确实，基督教教义在《人类历史哲学观念》作者的心目中失去了原有的地位，宗教热情无论如何都不是普遍主义的保障。他的宗教热情冷却了，但民族主义没有变，其地位有增无减。的确，无论赞同他还是不赞同他的人都阅读过《观念》，赫尔德的思想中也确实有着一种二重性，但我们同样可以确定的是，虽然说人们注意到在他的著作中基督教价值正在逐步瓦解，但民族主义却始终如一。在此基础上，梅尼克说明了狂飙突进运动如何释放出巨大的精神力量和强大的思想生命力。后来伯林论述过同样的问题，他赞同梅尼克的观点；面对启蒙运动的冷漠，他为这些创造力的源泉喝彩。伯林竭尽所能，只为了将这

---

① 梅尼克，《历史主义——一种新历史观的兴起》，前揭，第 352—354 页。译文参考：弗里德里希·梅尼克，《历史主义的兴起》，陆月宏译，前揭，第 398—400 页。——译注

② 1776 年后，赫尔德到了魏玛，在那里定居直至逝世。作者以这两个地名指代赫尔德思想的两个不同时期。——译注

③ 同上，第 347—348 页。

一繁盛的文化现象从民族主义和相对主义中分离开来。

确实，40 年后，伯林阅读了梅尼克的这部著作，并在 1972 年将其翻译为英文。这位英国观念史学家继承了梅尼克的论证，并对他进行了论述。毋庸置疑，他的著作《维柯与赫尔德》(*Vico and Herder*)得以成书主要归功于梅尼克。和梅尼克一样，
151 他也为那些反对自然权利、反对普遍准则、反对个人主义——从洛克到卢梭的自然权利学派思想家所理解的个人主义——的伟大思想家着迷。和梅尼克一样，他被马基雅维利吸引，因为《君主论》的作者将共同体权利与个人对立；他醉心于赫尔德，因为赫尔德认为基督教的普遍主义在种族和文化特殊性面前显得微不足道；他还热衷于维柯和哈曼的思想，他们都以自己的方法抨击理性主义。

伯林认为梅尼克是最后一位深入自己国家政治生活的伟大历史学家，他意识到了他们所处的世界与法国文明下的普遍主义世界和科学理性主义世界之间存在的区别。尽管无论如何都不能将麦考莱(Thomas Babington Macaulay)、米什莱或基佐(François Pierre Guillaume Guizot)描述成政治中立的作家，但仍可以说从蒙森(Theodor Mommsen)和德罗伊森(Johann Gustav Droysen)延续至特赖奇克(Heinrich von Treitschke)、桑巴特(Werner Sombart)和马克斯・韦伯的历史学派，几乎代表了一种国家性的、官方的历史哲学。梅尼克是这一传统中最后一位伟大的代表人物。他们都将社会看成是一个接近完整的生物体，与机械主义的观点不同，我们不能将它的组成部分分割开

来。社会被理解为这些复杂的社会整体所特有的机制。[1]

确实，直到伯林出现，梅尼克都一直处在这条起始于赫尔德的思想脉络的末端。面对这位历史学家，伯林只有赞美之词，在他看来，梅尼克的研究方法和前辈们的一样，相比起与它对立的实证主义学说，它更好地打开了历史学家们的视域，并拓宽了他们看问题的角度。梅尼克对这场开始于赫尔德和狂飙突进并一直延续到斯宾格勒和荣格尔(Ernst Jünger)的运动进行了深入概述。他也属于这一学派，也同样对挥舞着自然权利、普遍价值和人权大旗的18世纪深恶痛绝。梅尼克没有理解这一延续的意义或许并不令人惊讶，但伯林也从未思考过这种憎恶所造成的后果，这一点就颇为奇怪了。

就这样，这位牛津大学的哲学家盛赞梅尼克为强调普遍价值、个人权利或某一群人的权利与国家诉求之间的矛盾做出了
“经典”的贡献。但梅尼克和他的前辈一样，执着于人的联盟的 152
本质问题，这些联盟各自有着自己信仰的、完全是个人性的法则，它们每一个都构成了一个独一无二的、完整的社会有机体，就像植物一样，每一个都遵从自己的特性生长。因此——此处，伯林不只是在概括梅尼克的思想，他将其变成了自己的思想——不可能通过一般性的法则或准则来理解或解释这些人的联盟。伯林赞同梅尼克，认为一般性的标准只会让人忽视特殊

---

① 以赛亚·伯林，《先锋》，收录于弗雷德里希·梅尼克，《历史主义——一种新历史观的兴起》，前揭，第IX—X页。

性，某一社会的价值不可能等同于其他社会或是在其他时代的价值，对社会属性和价值的判断只能从这些社会本身出发。伯林注意到，这类有关人的现实的看法最终会走向道德相对主义，而令梅尼克备受困扰的正在于此，以及从这种道德相对主义中产生的观念：认为只有成功，有时只有强权才是我们判断什么是有价值的，或者说什么能够让生命具有意义的标准。伯林意识到，这样的相对主义无法与人对这种主观性之外的东西的渴望和解，无法与对共同目标的需求和解。①

伯林同样清楚地认识到，反对受自然法则支配的理性主义观念，也就是反对梅尼克所谓的"普及的观点"，反对各种形式的实证主义、功利主义，尤其还有反对认为宇宙是人通过自己一直具备的理性就可以理解的宏大系统的观念，这些反对就是 19、20 世纪众多重要的思想流派的源头。伯林列举了这些流派：一方面有传统主义、多元论、浪漫主义和人的反抗精神观念、无政府主义、民族主义、个人自我实现观念，另一方面是帝国主义、种族主义以及非理性流派的所有形式。② 我们注意到，自由主义、民主和社会主义均未被纳入其列。这位英国国家学术院(the British Academy)院长还指出了梅尼克在批评令人憎恶的自然权利传统，即 18 世纪的机械主义、平均主义和百科全书派传统时所犯下的错误，并力求自己不要犯同样的

---

① 以赛亚·伯林，《先锋》，收录于弗雷德里希·梅尼克，前揭，《历史主义——一种新历史观的兴起》，第 XI 页。

② 同上，第 XII 页。

错误。梅尼克有三位偶像，分别是赫尔德、歌德和默泽尔。梅
尼克试图理解默泽尔所说的“总体印象”(impression totale)，仅
仅分析一个整体的组成部分是不可能获得“总体印象”的，只 153
有整体才有意义。[①]

伯林继续说，梅尼克和历史主义流派的先驱们一样，他所谈及的问题也是困扰他的问题；而正是因此，梅尼克的论证有了生命力。他意识到困难所在：他书写的历史既是他观察的也是他参与的历史。伯林对他充满了同情，他将其描述成一位没有拜伏在希特勒和希特勒主义面前的老人；但是伯林忘了提醒我们，这位伟大的学者不仅没有进一步反抗这个他眼见着建立起来并立刻投入实施的制度，反而对希特勒军队的胜利表现出热忱。伯林认为梅尼克是陷入困境中的诚实的人。他为那部出版于1936年又于1972年被译成英文的著作写了序言，这里有必要完整地引用其中的一段话：“这部书成于危急时刻，这一时期有意无意地表现出与德国历史上另一个关键性转折时期的某种相似性：当时，德意志Geist(精神)一方面被革命时期和拿破仑时期法国中央集权制度与理性组织制度并存的精神感染，这种法国精神是对传统和不同社会个性的蔑视——英国工业化及由此

① 以赛亚·伯林，《先锋》，收录于弗雷德里希·梅尼克，前揭，《历史主义——一种新历史观的兴起》，第XII—XIII页。事实上，这在很大程度上类似于索雷尔所说的神话与乌托邦的区别：乌托邦是一种理性主义构想，是可能被推翻的理性模式；神话则不然，我们不能把神话解构成一个个组成部分，因而也不能推翻它，因为神话中没有理性。

产生的旧关系破裂助长了它的气焰——另一方面，它又面临东方野蛮人危险力量的威胁。德意志‘精神’要想在这两条战线上都取得胜利并建立统一的伟大的德意志国家，那么就必须付出代价，而这些代价在有些人看来，就道德价值而言可能有些过分。1918 年后，东方建立起了布尔什维主义，而西方也出现了在梅尼克看来平庸的自由普遍主义。梅尼克竭尽所能将个人价值和个人精神与公共需求和精神结合在一起，而这种高深莫测的结合将在一个大的有机整体——民族国家——的崇高历史进程中完成。”[1]根据伯林的观点，梅尼克认为自己展现的民族国
154 家是绝佳的教育和培养工具，它让人为之而活的一切拥有了存在的可能：道德价值，艺术，人际关系，兽性的征服。[2]

这段文字相当重要，它不仅展现了梅尼克的观点，也让我们了解到伯林的想法，以及既是在纳粹主义阴影下又是在斯大林主义阴影下的反法国启蒙运动的战役。“有些人”(some)这个词难道不是用得很有意思吗？德国在 1937 年或在 1972 年为与法国的革命价值对抗付出了代价，为捍卫自身不受来自东方的野蛮人威胁付出了代价。或者换言之，为德意志“精神”和德意志国家的“崇高进程”付出了代价。觉得这些代价过分的“有些人”指的是哪些人？反之，又是什么人认为这些代价——也就是魏

---

① 以赛亚·伯林，《先锋》，收录于弗雷德里希·梅尼克，《历史主义——一种新历史观的兴起》，前揭，第 XIV 页。我在翻译的时候，为了在准确传达意思的同时展现这段话的节奏，尽可能保留了原句繁复的句式结构。

② 同上。

玛共和国时代的衰落和纳粹的兴起——是值得的？梅尼克难道不属于这些人吗？他在 1936 年的这部著作中的描述，就好像 1933 年事件[①]未曾发生过一样。而 1972 年的伯林呢？当时，他似乎没怎么犹疑就与梅尼克站在了同样的战线上：一方面是伏尔泰和卢梭，另一面是赫尔德和梅尼克，在这两方之间，伯林选择了两位德国人：一位是德国文化民族主义的先驱，另一位在其中加入了对德国民族国家的颂扬。的确，伯林的前言散发着一种气息，让人想到 20 世纪 80 年代德国历史学家之间的辩论：当时，十分贴近梅尼克思想的恩斯特·诺尔特(Ernst Nolte)将纳粹主义看成是布尔什维克威胁下合理的产物，并将纳粹主义和共产主义放在了同一水平上。之后我们还会提到这个问题。

从赫尔德和兰克一直延续到梅尼克的正是这种德国民族国家观念，几乎可以说，这让他的整个历史观都充斥着一种宗教热忱。梅尼克确实崇拜俾斯麦，并且和其他众多德国学者一样，认为俾斯麦为充分展现德国个性、实现德国命运创造了独有的条件。确实，俾斯麦不像腓特烈大帝那样接待伏尔泰、用法语书写政治哲学著作；他不是博采天下的学者，他是杰出的德国人。首相俾斯麦能够完成赫尔德时代普鲁士国王完不成的事。赫尔德厌恶普鲁士独裁统治，不是因为它专制，而是因为它不够德国。 155

在前言的末尾，伯林最终还是提到了这位令他无限崇拜的作者不那么耀眼的一面。他知道，这部他为之作序的书风行于

---

① 1933 年，希特勒上台。——译注

"那个刚刚开始的大发展时代",当时"德国浪漫主义的梦想尚未变成梦魇",也未被那"无法想象的灾难"①的"黑暗"笼罩。然而,18 世纪末价值观的颠倒与这一颠倒在 20 世纪的最终产物之间有着怎样的因果关系?同样,对民族特性的推崇、赫尔德之后在德国占上风的历史观与 20 世纪 30 和 40 年代的事件之间难道就没有任何关联吗?

1941 年 5 月,又一位伟大的德国思想家汉斯·格奥尔格·伽达默尔在巴黎的德国研究所做了有关梅尼克的讲座,讲座内容的基础正好暗合了上段末尾提到的那个问题。巴黎德国研究所的所长卡尔·艾普坦(Karl Epting)是向法国宣传纳粹文化的专家,该研究所旨在让准备与纳粹合作的法国人了解德国。但其野心远不止于此,它不仅要标榜德国文化的伟大,还要证明其在本质上优于法国文化。面对那些时常光顾宣传纳粹场所的听众,时任莱比锡大学(Université de Leipzig)教授的伽达默尔选择赞美赫尔德这位"创造了历史世界"的思想家,赞美他在其杰作《我在 1769 年的游记》中提出了世界文明史的观念。② 伽达

① 以赛亚·伯林,《先锋》,收录于弗雷德里希·梅尼克,《历史主义——一种新历史观的兴起》,前揭,第 XVI 页。

② 汉斯·格奥尔格·伽达默尔,《赫尔德和他的历史理论》,收录于德国研究所手册《历史看法》,卡尔·艾普坦编辑出版,第 2 期,1941,第 9—11 页和第 13—15 页。理查德·沃林(Richard Wolin)很好地处理了伽达默尔的问题,《非理性的诱惑:从尼采到后现代知识分子》(*The Seduction of Unreason: the intellectual romance with fascism from Nietzche to postmodernism*),普林斯顿,普林斯顿大学出版社,2004,第 90—128 页。

默尔指出，德国的胜利就是德意志价值的胜利。赫尔德在一个政治衰弱的时代为此做出了贡献，可以说伽达默尔继承了这一事业。相比起赫尔德，他有更好的条件。他以同样的热情推进赫尔德的工作，在他看来，赫尔德是一位标志性的人物、一位真正的先锋，是首先认识到 17 与 18 世纪法国文化之间分歧的人，是“德意志天才”。

1967 年，在作者的精心考虑下，这篇文章又重新印刷发表，
以强调此分析未丧失任何价值。伽达默尔跟随梅尼克的脚步， 156
并且他们都追随海德格尔、反对康德思想的继承者卡西尔——自 1933 年起卡西尔流亡外国——这不仅仅是出于当时特殊的形势；当时，他们都以这样或那样的方式为新制度服务。

在拿破仑时期被占领的柏林，青年施蒂默尔（Stürmer）的著作备受关注；同样道理，当后来德军占领巴黎的时候，伽达默尔推崇《我在 1769 年的游记》和《另一种历史哲学》也合乎情理。可以说，赫尔德是从他自己的历史观念出发将德国文化和法国文化置于对立面，并指出二者之间必然会发生冲突。我们也有理由认为赫尔德赞同“历史的有效性是力量的效力”、指责启蒙运动的傲慢并将启蒙运动视作“偏见”的敌人，这并不违背他的思想。换言之，伽达默尔与同时期的梅尼克一样，不是纳粹支持者，但他不可避免地向聚集在“卐”字旗下的法国公众提出了那个在当时唯一重要的问题：德国胜利有着怎样深刻的历史意义？

尽管这篇文章是在特殊的形势之下发表，它对于理解伽达默尔及其同时代德国思想家、理解赫尔德的光芒仍然有着重要

作用。因为，伽达默尔完全吸收了赫尔德对法国启蒙运动、对理性主义和对人权的批评，并提出了他自己的批评。伽达默尔就像几年前的梅尼克那样，追随赫尔德的脚步，关注法国文化和德国文化之间的区别，关注让德国文化具有特殊性并因而优于法国文化的部分。当时，不只伽达默尔在强调这些已经获得历史认可的人。《战败后》(*Après la défaite*)的作者贝特朗·德·儒弗内尔(Bertrand De Jouvenel)、《德国思想与法国思想》(*Pensée allemande et pensée française*)的作者马尔塞·德阿(Marcel Déat)也做了同样的工作。大量有关战败的论著就此问世。[1] 恩斯特·荣格尔因在法国战役中的表现获得了首枚一级铁十字勋章。他在巴黎的沙龙上炫耀自己的功绩，他得到艺术家和文学家的接待，甚至可以说，他就是一种价值战胜了另一种价值的象征。勒南在 1870 年就曾这么说过；而 1940 年，伴随着维希民族革命期间对启蒙运动进行的所有恶毒的批评，人们又将回到色当战役
157 前夕的状态：对所有人来说，力量是判断道德和思想是否占优势的标准。

在伽达默尔看来，赫尔德是批评启蒙运动的始作俑者。这也是伽达默尔演讲中最“热衷的公设”。赫尔德超越了卢梭，“解放了百科全书派哲学家眼中的文化偏见”，他让“启蒙时期对其文明的天真的自负”最终变得“一文不值”：根据伽达默尔的观

① 参见吉拉尔·卢瓦索(Gérard Loiseaux)的佳作，《战败文学与通敌文学》(*La Littérature de la défaite et de la collaboration*)，巴黎，法亚尔出版社，1995。

点，赫尔德不仅超越了启蒙哲学，也超越了与之相矛盾的卢梭主义；他不仅超越了理智主义和"进步的幻想，也超越了情感的反抗"。[①] 因此，与启蒙运动的抗争让人们发现了一种历史主张。这就是最核心的内容："谈论历史的意义就是谈论力量的意义。"[②]

皮埃尔·佩尼松写过一部有关赫尔德的重要著作，他指责伽达默尔的分析：他笔下的赫尔德没有丝毫 Aufklärung（启蒙运动）的踪迹，拒绝理性、拒绝启蒙运动、拒绝有关进步的思想。[③] 掩盖赫尔德的传统时期、掩盖他在魏玛时所写的著作——赫尔德的魏玛时期开始于 1776 年，这一期间，其著作中透露出某种教条的人道主义——就和忽略他青年时代的杰出著作一样是不公正的，这一点毋庸置疑。但赫尔德的历史观正是在 18 世纪 80 年代后期的《人类历史哲学观念》中发展成熟，这一历史观确实符合伽达默尔表达的观念。伽达默尔没有曲解赫尔德的思想，恰恰相反，赫尔德这样写道："整个人类历史都是随着地点、时间而变化的人的力量、行为和本能的纯粹的自然史[……]。命运通过产生的事物和这些事物产生的方法来表达自己的意愿，因此，观察历史的人只是根据存在的事物和它们表现出的各个方面来得出命运的意

① 伽达默尔，《赫尔德和他的历史理论》，前揭，第 13—16 页。

② 同上，第 16 页。

③ 皮埃尔·佩尼松，《赫尔德：各民族的理性》（*J. G. Herder: la raison dans les peuples*），巴黎，瑟夫出版社，1992，第 91—95 页。

愿。为什么存在知识渊博的希腊人？因为他们存在，并且依照当时的情形，他们只可能是知识渊博的希腊人，不可能是别的人。"[1]

显然，这一历史概念构成了赫尔德反对法国-康德启蒙运动的关键。对《另一种历史哲学》的作者来说，天意的安排引导历史，上演"一出不会终结的戏剧！历经数千年、发生在一个个大陆上、经历过一代又一代人的上帝的史诗，有着上千种形式的充
158 满了伟大意义的寓言"。[2] 因为"如果深入到最细小的事物就能够揭示'上帝的画卷'，那么上帝子民的历史又何尝不是如此？"[3]几页过后，赫尔德通过引用《圣经》中的几节经文继续他的论述："将印有七印的书交给羔羊(Agneau)，让他揭开"(启示录，第5章)和"他施行审判的时间到了"(启示录，第14章，第7节)。在这段文字中，赫尔德告诉我们，历史学家的工作不是别的，而在于努力理解、传达并让人们知道天意的意愿。他呼喊道："古老的书就在你的面前！被七印封严，载满预言的巨作：时日的终结会来到你的面前！读！"这仿佛是牧师的训诫。[4] 赫尔

---

① 赫尔德，《人类历史哲学观念》，第十三部，第七章，第235页。

② 赫尔德，《另一种历史哲学》，第303页(段576，原文中也有引号)。原文中同样中出现了感叹号和引号：参见1984年普罗斯(Pross)版，《作品集》(*Werke*)，卷1，第660页："Unendliches Drama von Scenen! Epopee Gottes Durch alle Jahrtausende Weltteile und Menschengeschlechte, tausendgestaltige Fabel voll eines grossen Sinns!"

③ 同上。

④ 同上，第309页(段562)。是马克斯·鲁谢在原文该页下方注释中提醒读者关注《圣经》文字。

德的历史观与那些“知识渊博”的哲学家的历史观之间的区别正在于此。康德大概是最贴近虔信派的人了，就连他也没有引用新约经文的习惯。

因为，《另一种历史哲学》正是为赫尔德致力于达到的目标服务。尽管这位新教的理论家没有创造历史，他还是建立了一种新的历史观：它不再是博须埃的史观，更加脱离了罗伯逊、弗格森等法国、英国理性主义者创建的历史观。赫尔德提出了一种看待历史的方法，将历史视作神的安排的产物。他抨击前人著作中对天意的否定，并将人的意志的作用减小到最低。赫尔德在《另一种历史哲学》中这样说道：“即便踏过上千万具尸体，天意的步伐也仍旧朝着它的目标前进！”[①]赫尔德是否是在为历史中的恶辩护？很难对此有所怀疑。我们在《人类历史哲学观念》中读到抨击康德的文字，尽管不像他批评伏尔泰那么猛烈，但他对康德的批评依然坚定地延续了十年前形成的思想脉络，这段话如下：“上帝所有的作品都有其之所以为此的理由，并且它们自身之间有着完美的协调。[……]我抓住这条引导之线穿梭在历史的迷宫之中，到处都 159
能听见神悦耳的指令，因为该出现的出现，该发生的发生。”[②]从《另一种历史哲学》到《人类历史哲学观念》当然会有不同，但中间的延续性同样显而易见。

① 赫尔德，《另一种历史哲学》，第 345 页(段 576)。

② 赫尔德，《人类历史哲学观念》，第十五部，第五章，第 283 页。

这就是为什么伽达默尔不仅有理由强调赫尔德思想的特殊性，也完全有理由强调其中的统一性。他借用赫尔德自己的话指出，《人类历史哲学观念》是对《另一种历史哲学》的修正，以及对其原则和观念的延续。确实，我们可以从《观念》中读到某些类似启蒙运动的部分，但这只可能出现在它的形式和语调里，而不是它的基础和内容：赫尔德的反理性主义、他对信仰的借助、他与雅可比(Friedrich Heinrich Jacobi)在思想上的和解，都展现出了他的心路历程。更何况，经历了一个半世纪之后，这两部书之间差异的影响也早已变得微乎其微。① 的确，赫尔德魏玛时期的著作没有表现出与比克堡时期著作同样的热情，但也很难从中找到启蒙原则的影子。换言之，正是赫尔德看出了理性主义与 19 世纪 völkisch(民意)观念的区别；虽然他不能预见到这中间的所有枝节，但他是首先意识到民意观念的人之一，甚至可以说是唯一一位。1941 年，伽达默尔向 18 世纪最后 25 年间首次提出的这些原则看齐。

赫尔德批评对进步的信仰，他抨击“18 世纪被削弱的、微小的感知能力”，他抨击“他所处时代的疯狂”，抨击那个企图对比不同民族、不同文明和不同时代并以当时的标准来进行判断的“世界”。伽达默尔吸收了这些批评，并建立了自己的批评。他展现了一个强烈反对理性主义的赫尔德，并以《另一种历史哲学》中经典的一句话作为结束：“那个世纪的理性空想中没有赫

① 伽达默尔，《赫尔德和他的历史理论》，前揭，第 17 页。

尔德寻找的'整个历史的精髓和内核'"。[1] 启蒙时代缺少的正是伽达默尔-赫尔德眼中构成历史内核的东西:"心灵,温情,热血,人性,生命。"[2]赫尔德的战争宣言又一次被喊响,从 18 世纪到 20 世纪 30 年代的德国和纳粹占领的法国,再到伯林的牛津、 160
那个全世界最安宁最平静的地方,这句宣言始终响彻天空。历史问题之所以具有哲学意义,不在于它有利于人类进步:一切进步都同时也是损失。而且,赫尔德反对 18 世纪,反对它为抨击偏见、战胜偏见而骄傲。赫尔德从偏见中看到了各民族人民幸福的源泉。[3]

伽达默尔力赞赫尔德节制的历史视域。不应该在历史中找寻个人的目标和福祉。探索神的安排要比探寻人的力量重要得多。唯一能够确信的是,神的安排带领人们朝着伟大的事物前进。因而历史保有着一种协调性。[4] 这里,莱比锡大学教授又一次准确地解读了赫尔德:1774 年论著中阐述的这一历史哲学又出现在《人类历史哲学观念》中,其核心没有变:"普遍历史不是'童话'。"[5]于是下面这个大问题就有了回答:如果历史的进程是迈向伟大而去,那么我们要如何理解历史

---

① 伽达默尔,《赫尔德和他的历史理论》,前揭,第 19 页。伽达默尔没有注明这段引文的出处,但是它前面的那句话——"那些观念实际上只能产生观念"——很容易辨认:参见《另一种历史哲学》,第 255 页,以及本书第三章。

② 同上,第 19 页。参见本书第 103 和 148 页。

③ 同上,第 18—21 页。

④ 同上,第 22—23 页。

⑤ 同上,第 23 页。

现实?“显然,这就是力量以及各力量之间错综复杂的情况。”[1]伽达默尔始终坚信:“可以说,赫尔德的人性概念不是理想概念,而是一种力量的概念。赫尔德在哲学史中的地位得以确定,正是由于他将力量的观念,或者更准确地说有组织的力量的观念应用于历史世界。”而历史的现实只是“某些力量博弈的表现”。[2]

因此,在伽达默尔看来,这就是赫尔德提出的可以用来取代那些思考美德进步和幸福进步的启蒙哲学家的方法。同样有趣的是,我们发现伽达默尔口中的赫尔德是一个抛弃了基督教信仰的赫尔德:这位新教牧师对历史的信赖并不在于对完成神的安排的信仰,而是相信上帝出现在历史中,因为可以在自然中发现上帝的智慧。这正是历史哲学的任务:通过深入观察人的历史和自然之间的相似性来反对怀疑论。
161 从历史中发现的理性不足以让赫尔德信赖历史,他的历史哲学更倾向于将人类历史并入到更广泛且通过更有说服力的方式进行安排的世界历史的整体之中,以消除对历史的怀疑。[3]

无可争议,力量(Kraft)观念是赫尔德整个历史哲学的基础。米里亚姆·比那斯托克(Myriam Bienenstock)的著作中就

---

① 伽达默尔,《赫尔德和他的历史理论》,前揭,第 24 页(斜体部分在原文中亦为斜体)。

② 同上。

③ 同上,第 25—30 页。

曾写道，黑格尔也已经承认了这一观念在赫尔德著作中的核心性，但是黑格尔并不像伽达默尔那样将其说成是赫尔德的荣耀，而是以此批评赫尔德：黑格尔在 1830 年《哲学科学全书纲要》中揭示了赫尔德思想中的混淆，他"将上帝理解成力量"。[①] 黑格尔的这一批评对于理解赫尔德思想至关重要，因为黑格尔的时代离 20 世纪的忧虑还有一个世纪之遥。

事实上，黑格尔重述了他在曾经发表的一篇论文《信仰和知识》(Foi et savoir)中做出的批评。《论斯宾诺莎学说》(*Lettres sur la doctrine de Spinoza*)发表后德国掀起了著名的"泛神论之争"(querelle du panthéisme)，而《信仰和知识》这篇论文正是在这一背景下完成的。文中，黑格尔将赫尔德和雅可比放在一起进行论述。黑格尔认为，赫尔德不至于像雅可比那样断然地用本能的情感和主观性来取代理性思想的地位，而想要取而代之以"力量"或者说 Urkraft(原始自然力)的概念，从这种意义上来说，赫尔德的研究方法比雅可比的要稍客观一些。但是，赫尔德在初版于 1787 年——与斯宾诺莎交谈后，又进行修改，并于 1800 年再版——的《上帝》(*Gott*)中使用了"有组织的力量"一词，他拒

---

① 米里亚姆·比那斯托克，《历史意义：就是力量的意义？赫尔德、黑格尔与他们的诠释者》(Le sens historique：un sens de la force? Herder, Hégel, et leurs interprètes)，参见佩尼松(主编)，《赫尔德和历史哲学》，前揭，第 165 页：参见黑格尔，《哲学科学全书纲要》(*Encyclopédie des sciences philosophiques en abrégé*)，莫里斯·德·冈迪亚克(Maurice de Gandillac)译，弗里德赫尔穆·尼科兰(Friedelm Nicolin)定稿，巴黎，伽利玛出版社，1970，第 174 页。注释第 95 条参考了 1787 年的《上帝——几篇对话》(*Gott*, *Einige Gespräche*)。

绝用理性的语言来定义它:“不过,这只是一种表达,因为我们不理解力量是什么。”[①]这就是黑格尔猛烈抨击赫尔德的原因:赫尔德没有用明确、清晰的哲学观念,而是用了甚至没必要试图去理解或解释的“表达”“词语”。

在继续我们的论述前,必须强调一下,正如米里亚姆·比那斯托克指出的那样,《上帝》的第一版与第二版之间并没有本质
162 的区别,赫尔德只是在第二版中留心去掉一切可能有损于雅可比的东西:在第一版中,虽然赫尔德不至于像雅可比那样将信仰与知识对立,但在如何理解二者关系的问题上,他和雅可比之间也没有多大差别。[②] 这就让人想到魏玛时期的启蒙运动者赫尔德的传奇,那时他在写《人类历史哲学观念》。相比起 1774 年的那部书,这本就像是一个生气的年轻人在宣泄自己的坏情绪,而赫尔德在他的这部重要著作中成为了启蒙运动者。第一版《上帝》出版时,赫尔德刚好完成了《观念》的写作。

比那斯托克继续道,黑格尔无法宽恕赫尔德在《上帝》第二版中与雅可比看齐。《上帝》的作者表明他提出 Kraft(力量)的概念绝不是要“解释”什么:但在黑格尔看来,解释以及对通过解释获得知识的迫切需要才是关键所在,绝不能因为信仰就放弃这些。

---

① 米里亚姆·比那斯托克,《历史意义:就是力量的意义? 赫尔德、黑格尔与他们的诠释者》,前揭,第 168—169 页。现在,已经有了《上帝》的法译本:赫尔德,《上帝——几篇对话》(*Dieu, Quelques entretiens*),比那斯托克翻译、引介,巴黎,法国大学出版社,1996。

② 同上,第 172 页。

黑格尔认为，放弃知识、放弃获得知识就是放弃自由，而放弃自由就放弃了一切道德。根据黑格尔的观点，赫尔德抛弃了斯宾诺莎的目标——通过知识、通过必要的认知获得自由——他对斯宾诺莎体系的核心视而不见，他可悲地抛弃了核心、抛弃了基本目标。而这一基本目标——通过必要的认知获得自由——正好解释了黑格尔历史哲学有别于赫尔德历史哲学的地方。①

黑格尔的确从赫尔德那里借来了“精神”(esprit)、“一个民族的精神”的概念范畴，但他赋予了它们完全不同的意义。黑格尔的理性主义当然不会迁就用信仰取代理性的思想。这就是为什么尽管他对“完成了有关个性和民族性格不朽著作”的人表达了敬意，他还是转而去研究孟德斯鸠，而不再研究赫尔德。② 同样，也是因为这个原因，到了 19 和 20 世纪，泰纳、《改革》(*Réforme*)和其他政治论著的作者勒南、巴雷斯(通过米什莱)以及德国保守派改革者、遍布欧洲的民族主义者和所有批评启蒙运动的有学问的人，他们研究的都不是孟德斯鸠，也不是黑格尔，而是赫尔德。赫尔德自己也从一开始就意识到他与孟德斯鸠之间的差异有多大：他的反理性主义是无法逾越的天堑。在 163
20 世纪的最后几年，以赛亚 · 伯林也对孟德斯鸠这位波尔多法学家提出了批评。

需要特别关注对孟德斯鸠的抨击，因为在所有启蒙思想家

---

① 米里亚姆 · 比那斯托克，《历史意义：就是力量的意义？赫尔德、黑格尔与他们的诠释者》，前揭，第 174 页。

② 同上，第 176 页。

中，孟德斯鸠是最贴近赫尔德思想的；但同时，对于赫尔德瓦解法国启蒙运动的事业来说，他也是最大的威胁。确实，孟德斯鸠建立的历史哲学可以回应赫尔德的担忧，但他仍然扎根于启蒙运动者之列。在他看来，法就必然意味着一种关系，而这种关系是理性的、逻辑的，受一种“根本理性”支配。孟德斯鸠认为人代表他们自己的命运，人是理性的存在，他们按照自己的思想和意志行动。在他看来，历史界是具有理性的，它承载了这些“个别智能的存在物”的一切伟大和渺小，“[个别智能的存在物]受到了本性的限制，因此就会犯错误；而且，从另一方面来说，独立行动就是他的本性”。[①] 历史是一切可以归于“理性”的现象的集合，这一理性是一种“根本理性，法就是这个根本理性和各种存在物之间的关系，同时也是存在物彼此之间的关系”。[②] 孟德斯鸠还是启蒙思想家，他在人根据自己意志行动的事实中看到了一种理性，预料到政治史和社会史的新方向。人知道历史的总原则和历史的动力：由此产生了相信人能够创造另一个未来的信念。[③] 自然权利与神的法律终于分离开来。[④]

---

① 孟德斯鸠，《论法的精神》，卷1，前揭，第6页。

译文参考：孟德斯鸠，《论法的精神（上册）》，张雁深译，前揭，第2—3页。——译注

② 同上，卷1，第5页。

译文参考：孟德斯鸠，《论法的精神（上册）》，张雁深译，前揭，第1页。——译注

③ 卡西尔，《启蒙哲学》，第221—222页。

④ 保罗·阿扎尔，《18世纪的欧洲思想》，前揭，第158页。

当赫尔德指责孟德斯鸠忽略了根据民族和时代天性调整政治措施的必要性时，他有意地曲解了《论法的精神》的意义，同样也曲解了《波斯人信札》(*Lettres persanes*)的意义：这部1720年的书就已经有力地表达了我们文化的相对主义的观念。1767年，亚当·弗格森的《文明社会史论》(*Essai sur l'histoire de la société civile*)论述了众多观念，这些观念被以赛亚·伯林以及他之前的很多人视为赫尔德独有的贡献：他提出了每个民族都有其特有的幸福的概念，他把每一个民族都看成是一个独特的个体，视它们的文学为各自自发的产物，无需从外国找寻根源。“一个民族很少向另一个民族借鉴东西，这只可能在道路被清除干净的情况下，并且只可能按照自己的需求进行：他们只是借鉴了一些他们也会自己发明的东西。”①和赫尔德一样，他惋惜道，我们“总是无法想象出人类是怎样在极为不同于我们今天的生活习惯和传统中存活下来的”；他又补充说，“我们更愿意夸大野蛮时代的不幸”。② 164

孟德斯鸠正是在提出社会、政治框架的基础原则的同时，将它们限定在特殊的时代、地域、文化以及物质和精神条件下；因

---

① 亚当·弗格森，《文明社会史论》(*An Essay on the History of Civil Society*)，剑桥，剑桥大学出版社，1995，第三部分，第七章(第161—163页，《艺术史》)和第八章(第164—171页，《文学史》)：主要参见法语版第162页：亚当·弗格森，《文明社会史论》，巴黎，法国大学出版社，1992。

译文参考：弗格森，《文明社会史论》，林本椿、王绍祥译，杭州，浙江大学出版社，2010。

② 亚当·弗格森，《文明社会史论》，前揭，第103页。这段文字同样出现在鲁谢为《另一种历史哲学》所写的引言中，第100页。

译文参考：弗格森，《文明社会史论》，林本椿、王绍祥译，前揭。

此，孟德斯鸠是政治社会学和政治科学真正的创始人，同时也是自由主义的伟大思想家之一。赫尔德为了更有力地抨击孟德斯鸠而歪曲了他的思想，这正是症结所在：孟德斯鸠拒绝凌驾于理性之上，拒绝在历史中看到“一般法”和人的意志之外的东西；在他看来，历史中没有上帝之手。

确实，赫尔德从孟德斯鸠那里借鉴了真正的历史哲学的概念框架，另一个至今仍与赫尔德的名字联系在一起的观念也有其主要敌人——伏尔泰、休谟、罗伯逊——的功劳：历史是一整个民族的历史，是它的文化、生活方式、文学、歌谣和传说的历史。而确切地说，那些他猛烈抨击的作家是用文化史、群众文化史取代纯粹的政治史、外交史和军事史。用民族史取代朝代史的观念完全是赫尔德从《风俗论》中吸取来的。在《我在 1769 年的游记》中，他对这一借鉴进行了总结：历史从来不是“统治者、朝代、战争的历史，而是一个王国、一个国家的历史，以及所有构成了这个王国或国家兴旺与衰落的东西的历史”①。

165 在 18 世纪首先出现在伏尔泰著作中，后来又出现在孟德斯鸠那里的“精神”(esprit)观念是什么？卡西尔和孟德斯鸠都看到了这一观念在分析历史中的推动作用，他们很好地强调了对团体、民族和时代精神的思考在开辟新历史思想道路中所扮演的角色。然而，对于思考“精神”的地位，既有孟德斯鸠和伏尔泰的“高深”的方法，也有赫尔德的方法。在孟德斯鸠看来，有关法的精神

① 鲁谢，赫尔德的《我在 1769 年的游记》引言，第 34—35 页。

的分析构成了对各民族特殊性和对各民族风俗、生活方式及行为——各民族的行为从不同原则出发，这些原则决定了其法律-政治体系——的特殊性的思考。伏尔泰认为，“各民族和各时代的精神”不仅是分析历史的工具，更是历史哲学观念必不可少的基本要素。[①] 因此，理性主义者们得益于他们的历史构想和群众历史的构想，超越了博须埃和维柯。为历史正名是启蒙哲学的任务：没有必要为此打破理性，或为此否定个人的自主地位。

另一个与赫尔德密切相关的观念就是个性的意义，与此观念一样，赫尔德对法国古典主义的批评也是抹去法国影响的绝妙办法。就这一目标而言，理性主义并非障碍。我们能从孟德斯鸠的著作中读到这样的话：“把一切当代观念用到辽远的古代去，这是产生无穷错误的根源。”[②]卢梭也明确提出：“难道你不知道[……]每一个世纪的意识、每一个民族的意识和每一个人的意识，都将随着偏见的变化不定而不知不觉地改变吗？”[③]

---

① 杰弗里·安德烈·巴拉什(Jeffrey Andrew Barash)，《赫尔德和历史决定论政治》(Herder et la politique de l'historicisme)，收录于皮埃尔·佩尼松(主编)，《赫尔德和历史哲学》，第 203 页。

② 孟德斯鸠，《论法的精神》，卷 2，第 314 页。前揭。

译文参考：孟德斯鸠，《论法的精神(下册)》，张雁深译，前揭，第 322 页。——译注

③ 参见，《朱莉或新爱洛伊斯——阿尔卑斯山麓下一个小城市中两个居民所写的情书》(*Julie, ou La Nouvelle Héloïse: lettres de deux amants habitants d'une petite ville au pied des Alpes*)。勒内·波莫撰写引言、注释，巴黎，加尔尼埃出版社，1960，第 337 页。

译文参考：卢梭，《新爱洛伊斯》，陈筱卿译，上海，上海译文出版社，2013，第三卷，书信十八。——译注

伏尔泰是赫尔德的眼中钉,赫尔德严厉地抨击他,但同时也认为他和孟德斯鸠一样都是自己最初的灵感来源。伏尔泰在《风俗论》中同样清晰地表明:“我们西方人随便指摘跟我们想法不同的人是不信神者,对中国人也这样横加责难。[……]我们
166 污蔑中国人,仅仅因为他们的玄学不是我们的玄学。[……]对中国的礼仪的极大误会,产生于我们以我们的习俗为标准来评判他们的习俗的事实,我们要把我们偏执的门户之见带到世界各地。跪拜在他们国家只不过是个普通的敬礼,而在我们看来,就是一种顶礼膜拜的行为。我们误把桌子当祭台,我们就是这样地评骘一切的。”[①]我们知道,伏尔泰反对西方的无知。谈到波斯时,他指责“我们无知又鲁莽”,[②]或者说我们“无知又轻信”,“总以为是我们发明了一切,以为一切来自犹太人,来自我们这些继承犹太人的人。其实我们只要对古代历史稍加探索,便知大谬不然”。[③] 在写印度人的两个章节中的一章中,伏尔泰呼吁:“现在是我们放弃诽谤各种教派、污蔑其他民族这种陋习

---

① 伏尔泰,《论各民族的精神与风俗以及自查理大帝至路易十三的历史》(*Essai sur les mœurs et l'esprit des nations et sur les principes faits de l'histoire depuis Charlemagne jusqu'à Louis XIII*),勒内·波莫撰写引言、参考书目、注释、索引,巴黎,加尔尼埃出版社,1963,第220—222页。

译文参考:伏尔泰,《风俗论(上册)》,梁守锵等译,前揭,第253—255页。——译注

② 同上,第253页。

译文参考:伏尔泰,《风俗论(上册)》,梁守锵等译,前揭,第287页。——译注

③ 同上,第248页。

译文参考:伏尔泰,《风俗论(上册)》,梁守锵等译,前揭,第283页。——译注

的时候了。”[①]伏尔泰先于赫尔德成为多元化的支持者，而且他的多元化一经提出就具备了赫尔德的多元化不可能具有的自由的意味：“要是在英格兰只有一种宗教，怕的是可能要闹专制；要是在那里有两种宗教，它们自己相互之间可能要相互扼杀；但是那里有三十多种宗教，而它们却能和平地、幸福地生活着。”[②]

因此，孟德斯鸠、伏尔泰与赫尔德的主要区别不在于德国掌握了法国没有的历史主张，而在于他们的目标完全不同：当伏尔泰和包括爱尔维修(Claude Adrien Helvétius)在内的其他启蒙思想家用他们的历史主张——或者如果我们愿意的话，也可以说是历史相对主义主张——来打击宗教时，赫尔德则用历史主张来为基督教服务。伏尔泰反对基督教徒的“犹太中间主义”(judéocentrisme)，为阿拉伯人和中国人正名，赫尔德则借助基督教为族长制正名，借助德国的基督教精神为中世纪正名。伏尔泰抨击基督教造成的西方的傲慢，而赫尔德则将这种傲慢看成启蒙运动的产物。

赫尔德认为所谓完善实质上就是一个国家和一个世纪的完 167

---

① 伏尔泰，《论各民族的精神与风俗以及自查理大帝至路易十三的历史》，第239页。鲁谢在赫尔德《另一种历史哲学》的引言中也引用过这段文字，第99页。

译文参考：伏尔泰，《风俗论(上册)》，梁守锵等译，前揭，第273页。——译注

② 伏尔泰，《哲学通信》(*Lettres philosophiques*)，弗雷德里克·德雷弗尔(Frédéric Deloffre)，巴黎，伽利玛出版社，1986，第61页(第六封信)

译文参考：伏尔泰，《哲学通信》，高达观等译，上海，上海人民出版社，2005，第27—28页。——译注

善的观念，在让-巴蒂斯特·迪博的作品中也有体现，这位作家在20世纪被誉为现代思想的奠基人之一。孟德斯鸠屡屡批评迪博的历史著作《法国君主制度在高卢的建立》(*L'Établissement de la monarchie française dans les Gaules*)，但仍然评价他为"有名著者"[①]。迪博将民族性原则引入文学，并早在孟德斯鸠以前就开始关注不同气候的影响。伏尔泰也非常敬佩迪博的工作。[②] 赫尔德对迪博的了解很深。迪博教给人们一种现代性的、相对主义的文学批评，并因而有力地动摇了传统主义，与此同时也撼动了宗教的根基。迪博神父也是伊波利特·泰纳"环境，种族，时代"这句名言的原作者。[③] 这就是赫尔德反对那些主流思想家的根本原因：他们在抨击教条的文学理论、正统观念和因循守旧的现象的同时，也让有关信仰的原则遭到质疑。

---

① 孟德斯鸠，《论法的精神》，卷2，第三十章，第二节，前揭，第317页。译文参考：孟德斯鸠，《论法的精神(下册)》，张雁深译，前揭，第325页。——译注

② 伏尔泰，《写给迪博教士的信》(Lettre à M. l'abbé Dubos)，收录于《路易十四时代》，《历史作品集》，勒内·波莫编纂、加注、引介，巴黎，伽利玛出版社("七星丛书")，1957，第605—607页。在赫尔德之前，艾斯林就建立了"特有幸福"的概念，赫尔德从他那里借鉴思想，也从弗格森和爱尔维修那里有所借鉴，他们都推崇蛮族的生机和力量，这些借鉴都已不再作数。赫尔德或许不知道杜尔哥，但必须申明，这位启蒙思想家与赫尔德一样称赞中世纪世界因其分裂而拥有的自由。不同的是，杜尔哥十分赞赏哥特式风格，但赫尔德对此不置一词。

③ 鲁谢，赫尔德《另一种历史哲学》引言，第97—98页，和《赫尔德的历史哲学》，前揭，第24、144—145页：参见让-巴蒂斯特·迪博，《关于诗歌与绘画的批评思考》(*Réflexions critiques sur la poésie et sur la peinture*)，多米尼克·德希拉(Dominique Désirat)作序，巴黎，国立高等美术学院，1993。

为了反对他批评的那些哲学家所犯下的世纪病，为了反对怀疑和怀疑论，赫尔德和柏克一样都不得已而选择了偏见，并认为无论有根据与否，一切偏见都优于自由、怀疑、理性和个人的自主：传统是避免船偏航的锚。这就是赫尔德在1774年论著的前两页中想要说明的问题，文中他抨击“哲学家的有色眼镜”，并将其与《圣经》中对人类起源的描述做对比。[①] 赫尔德在他通过《另一种历史哲学》和之后《人类历史哲学观念》第八、第十章为捍卫传统而发起的抨击中，在他自1774年起就被判有理性法倾向的状况下，开启了一条思想脉络，后来柏克继承了这一脉络，雷贝格和根茨也是沿着这条路批评法国新宪法。赫尔德反对霍
布斯、洛克、孟德斯鸠、卢梭，反对自然权利学派所有分支下的思 168
想家，他们的共同点在于他们对社会起源都持有一种唯意志观点。赫尔德赞同《圣经》的说法，换言之，他赞同社会的自然起源，而非理性起源。

之所以说赫尔德的著作可被视为反启蒙的第一次全面战役，且比柏克的著作更有力量更完善，原因之一在于他的著作没有沾上憎恨法国大革命的污点。而且，如果说启蒙思想家们没有多少比赫尔德更加尖刻的批评，他们的门徒也不比这位比克堡牧师的门徒更有天赋，因为赫尔德在贬低他们的著作表现出理性主义和反基督教精神的同时，也从他们那里借鉴来了他的主要思想：他不是因为什么神奇的天赋而领悟出个别、特殊和每

① 赫尔德，《另一种历史哲学》，第115页。

个人都有个性，不是靠瞬间的灵感才发现了民族的概念，也不是他注意到事件的独特性，他也不是第一个或唯一一个想要还被压迫民族或被认为原始的民族以公正的人。在《另一种历史哲学》中，赫尔德强调“世界上没有两个相同的瞬间”，[①]我们可以看到，这不再仅仅是一个 18 世纪末期的发现，到了 20 世纪，它仍会成为他的又一个荣耀。而重要的是，该观念在《我在 1769 年的游记》中就已经出现。这意味着，价值的相对主义观念持续存在于赫尔德的思想之中，并构成他的主要遗产之一：“一个人、一个地方、一个民族、一个民族的历史、一个国家都找不到与之相似的另一个。因此，其表现出的真、善、美也不会相似。”[②]

赫尔德的概念并非政治概念，这也是它常遭质疑的原因。他的支持者们以此证明，对于在政治中引用他思想的现象，赫尔德是完全无知也是极其无辜的，就像尼采一样。但问题就在这里：赫尔德的研究范畴和孟德斯鸠的不一样，不是法学的、宪法学的范畴；他的关注点也不同于洛克、卢梭的关注点，他们专注于个人权利和社会的契约性；他理解不了康德，他对权利的性质、君权以
169 及君权留给个人的空间没有兴趣；他不思考人的权利，而这正是因为他反对那些“哲学家”的研究。赫尔德感兴趣的是作为一个有机整体的“民族”(peuple)、国家和历史：正因此，对他的时代来说，他的思想是革命性的；也正是因此，他的思想构建了一直延续

① 赫尔德，《另一种历史哲学》，第 171 页(段 504)。

② 引自鲁谢，赫尔德《另一种历史哲学》引言，第 102—103 页(苏邦版，IV，第 472 页)。

到 20 世纪上半叶的反启蒙战役的理论框架。赫尔德的著作准确地展现了这一孕育出现代世界的新思想的特点。

就这样,力量的观念、个人无意义的观念、基督教信仰、反理性和反怀疑、历史至上的观念以及他对更大范围的世界史的整合都构成了赫尔德的遗产。继赫尔德之后,继 18 世纪末期的冲突之后,历史哲学、相对主义、衰落和偏见在社会生活中的地位问题成了 19 世纪思想活动的核心。这些成形于 18、19 世纪之交的原则适应了这期间发生的变化,并将滋养 19 和 20 世纪的反启蒙流派,令其愈发富有生机。托马斯·卡莱尔时期有一种思潮,它仍是一种高端文化,但同时又逐渐具有反民主倾向,并很早就预示了 19 世纪末 20 世纪初将会发生的巨变,而卡莱尔大概是这一思潮最典型的代表。

卡莱尔历史哲学的主干思想是认为社会永恒变化的观念,杰出的人、英雄是这一转变的动因。必须强调,卡莱尔的英雄绝不是粗鲁的独裁者,而是有天赋的人,他们拥有模范的道德品质:不只政治家或成为政治家的军人可称作英雄,宗教创始人、先知和教士、诗人、文学家、哲学家都可能是英雄,是他们独有的品质和命运推动人类进步。显然,卡莱尔崇拜的英雄无论从地位还是职能上都无法与另一位历史学倡导者约翰·斯图尔特·穆勒眼中的天才相比较,但借助杰出之人可以说是反启蒙思想家的共同点,英雄崇拜进一步发展了该学派各分支共有的精英论。

如果说社会的主体在变化,或是必须随着时代的变化而变化,那么问题在于,卡莱尔如何构想这一以英雄为动因、为推动

力、为倡导者的转变:这样的改变是否必要、是否正常?或者说
170 它会不会成为灾难?[①] 它是永无止境的进步吗?所有时代都同等吗?这是不是相当于构建了一种价值相对主义?发展的过程是否就是进步的过程?存不存在超越了基督教的进步?《论英雄、英雄崇拜和历史上的英雄业绩》(*On Heroes and Hero-Worship, and the Heroic in History*)的作者指出欧洲三大文明是如何相继出现的:多神信仰的古代、基督教的中世纪和近代。"欧洲近代史上"重要事件、"近代人类史上最重大的时刻"、"整个文明发展史的起点"就是"1521 年 4 月 17 日,路德出席沃尔姆斯会议"。这一天,人们看到"贫苦矿工汉斯·路德的儿子"、"坚持上帝真理"的"唯一一人"如何反抗"所有权贵显要"。[②] 那天路德拒绝改变自己的看法,他的发言埋下了一粒种子,孕育出近代欧洲的所有伟大事件:英国的清教和议会、英国征服美洲及其在"近两个世纪以来发生的改变"、法国大革命和最后的伟人[③]拿破仑、卡莱尔成书不久前的歌德和德国文学,以及遍及世界的欧洲教化的成果。人们不仅注意到法国大革命恢复了法国在历史

---

① 参见伊祖莱(Izoulet)版的《论英雄、英雄崇拜和历史上的英雄业绩》中伊祖莱所作引言(阿尔芒·科兰出版社,第 13 版,1928)第 VIII—IX 页。伊祖莱考虑的首要问题是:无尽的改变过程。

② 卡莱尔,《论英雄、英雄崇拜和历史上的英雄业绩》,第 182—183 页。

译文参考:卡莱尔,《论英雄、英雄崇拜和历史上的英雄业绩》,周祖达译,北京,商务印书馆,2005,第 153—154 页。——译注

③ 卡莱尔《论英雄、英雄崇拜和历史上的英雄业绩》的最后一部分写拿破仑,称其为最后的英雄。——译注

中的地位,还开始关注其起源的作用与本质:法国大革命和清教一样,都不能没有路德为了真理、为了意识的自由而冒着“引起强烈争议”的危险“反对随处可见的错误和谎言”的斗争。[①]

然而,由于历史的动因是英雄、非凡的人、天意的信使的出现,历史的进程就不可能停止,也不可能退步。天主教永远不会回到罗马教廷不可救药的腐败之时,异教也不可能卷土重来,基督教的中世纪也已消失。但 19 世纪又将发生什么呢?社会创造了这位伟人,他不仅说明了对 leadership(领袖)的需求,也说明了对真理和信仰的需求。社会需要英雄主义,英雄是不墨守成规的人,是“感到自己在精神上与虚无世界有所联系”的人,是与“剩余 171
其他人维持着”一种“神圣关系”的人。[②] 如果说今天宗教信仰仍然“在这个世界上真正充满生命力”,[③]那是否就意味着未来需要有新的路德、诺克斯(Knox)和克伦威尔?民主是否扼杀了英雄?当然没有,它在“一个不再相信上帝的时代”塑造出拿破仑,这位伟人不像克伦威尔那样受到清教《圣经》经文的滋养,而是以贫乏的怀疑主义的《百科全书》作为出发点,这更加值得称赞。[④] 拿破

---

① 卡莱尔,《论英雄、英雄崇拜和历史上的英雄业绩》,第 183 页。

② 同上,第 24—25 页。

译文参考:卡莱尔,《论英雄、英雄崇拜和历史上的英雄业绩》,周祖达译,前揭,第 2—3 页。——译注

③ 同上,第 185 页。

④ 同上,第 310 页。

译文参考:卡莱尔,《论英雄、英雄崇拜和历史上的英雄业绩》,周祖达译,前揭,第 267 页。——译注

仑来自不幸的 18 世纪——也就是伏尔泰的世纪——末期，他是《论英雄、英雄崇拜和历史上的英雄业绩》最后几页谈到的人物，因而他也是在证明没有什么衰落是永恒的或绝对的。没有人能掌握未来的秘密。

卡莱尔最忠实可能也是最有影响力的追随者伊波利特·泰纳很快投入到卡莱尔开垦的这片土地上。很少有人会对卡莱尔无动于衷，而这位来自法国的英国文学史学家泰纳对他的关注不比任何一个人少。确实，在一切有关政治观念的问题上，柏克都是泰纳灵感的第一来源；但泰纳作为历史学家，又把卡莱尔当成他历史研究方法和写作方法的典范。卡莱尔让人迷失方向，同时又目眩神迷：泰纳在谈论卡莱尔的一大章中，对比了《论英雄、英雄崇拜和历史上的英雄业绩》的作者和当时刚刚逝世的麦考莱，他一方面声称厌倦了"这种夸张、疯狂的风格，这种特殊而病态的哲学，这种古怪的、预言式的历史，这种阴暗而狂热的政治"，同时另一方面，他又肯定卡莱尔比麦考莱更有天赋。[①]

起初，人们面对这一"非比寻常的动物，消失种族的遗存，迷失在本就不属于他的世界中的庞然大物"，[②]会感到着迷。观念、风格、语气，一切都是新的；他反对一切，"他怒视一切，一切情感、一切事物"。[③] 这位"清教预言家"的《法国革命史》(*Histoire de la Révolution française*)简直是呓语。如果读者没有生气、

① 泰纳，《英国文学史》，第 17 版，卷 5，第 296 页。

② 同上，第 208 页。

③ 同上，第 209 页。

厌烦地将它丢到一边,那他一定是丧失了判断能力。从崇高到
下流、从动人到滑稽,不过一步之遥。他面对现代世界表现出的
犬儒主义、他狂怒般夸张的文笔奠定了这个“怪人[……][但]又 172
能引发人思考的人”的主要基调;在泰纳看来,正是这种狂怒的
状态构成了他的天才。[1] 就这样,《现代法国的起源》(*Les Origines de la France contemporaine*)的作者找到了卡莱尔对 18 世纪末期产生影响的秘诀:法国大革命后,在他之前,没有人能像他那样用犬儒主义抨击政治中的民主。

最终,泰纳也采用了他的方法。这位法国批评家指出,卡莱尔的整个历史哲学都建立在对事实的寻找、发现和理解之上。在泰纳看来,这也正是卡莱尔笔下那些伟人——先知、君主、作家和诗人——的伟大之处。这位伟人发现了某些不为人知或被误解的事实,并将它们说出来;人们聆听他、跟随他,“而这就是整个历史”。他看到了这一事实,并怀着无比的、绝对的信仰相信它。直觉和信念是他工作方法的两大基础,他也将这一方法归功于那些伟人。并且泰纳认为:“他没有错,因为没有什么比这更有力了。他手持这盏明灯,走到哪里便将这未知的光明带到哪里。他冲破一堆又一堆写满学问的废纸,深入人的心灵。”因此,卡莱尔超越了政治的历史和官方的历史,“他揣测个性,他理解暗淡时代的精神”,他胜过了麦考莱,“他意识到精神的重大革命”。[2]

① 泰纳,《英国文学史》,第 17 版,卷 5,第 211—212、227、236 页。

② 同上,第 232—233 页。

但是,泰纳崇拜这位“有着奇特的、异乎寻常的想象和玩笑的作者”[①]不仅仅是因为他那预言家的特质。泰纳同样意识到他具有研究者的品质。这位英国历史学家拒绝传闻和传说,“他想要从历史中得出一种实在法”,他清除研究中累积的所有“寄生植物”,以获得“有用且坚实的树木”。但是,“通过这种热切的幻想得出的事实就仿佛置身火焰之中”,而“观念变成了幻觉,丧失了它的可靠性”。最终“华丽的观点和无尽的想法组成了一个变化多端的混沌世界,在他的思想中激荡翻腾”,泰纳这样说道。卡莱尔终其一生都在表达崇敬与忧虑,“而他所有的书都是训导”。[②]

这位作家“发自内心的是个日耳曼人,他比同时代的任何人
173 都更加贴近这一本源”,“他的想象力、他对古老事物的洞察力、他开阔的视野”都让他像极了德国人。[③] 卡莱尔不比麦考莱那类谨慎的、有条理的研究者,他没有沿着笔直、平坦的大道进行研究,他的思想和气质属于先知、诗人、发明家、浪漫主义时代和日耳曼民族所属的类别。泰纳认为,麦考莱这类人的才华主要表现在通过简单分析对论点进行雄辩式的辩护;相对而言,有一类人,他们会在“主题思想中突然进行思路的转变”,他们总是能够关注到他们想要囊括的整个范围,他们通过“突然集中关注那些强烈的观念”来思考,“他们能看到长远的影响[……]他们是揭示者、是诗人”,卡莱尔是这类人的完美典范。泰纳说,米什莱

① 泰纳,《英国文学史》,第 17 版,卷 5,第 218 页。

② 同上,第 233—236 页。

③ 同上,第 218 和 233 页。

是这种智慧最好的代表，而卡莱尔是英国的米什莱。[①] 直到今天我们才注意到，将“主题思想”(idée mère)的概念归功于谁的问题与孟德斯鸠无关，与托克维尔无关，也与伏尔泰无关。

泰纳想要同时成为米什莱、麦考莱和卡莱尔，但后者于他有某种特殊的恩情。确实，卡莱尔始终明白天赋是一种直觉、一种灵感。从赫尔德到伯林，所有反启蒙思想家都将直觉，而非理性视为理解人的事务的绝佳途径。泰纳引用了《衣裳哲学》中尤其典型的一段话，这段话中，卡莱尔总结了他的方法，同时提出了他的历史研究的关键。事实上，这一关键也是泰纳所有著作的关键：好的方法“永远不会是那些学派将所有真相排成一条线、每一个都抓住另一个衣角的粗暴的逻辑方法，而是根据某些完整成体系的庞大的直觉群体和直觉王国而进行的实用理性方法[……]它是自然的精神画卷”。[②] 当然，泰纳知道，这种预言式的方法是冒险的，因为激烈的断言和预言时常缺乏证明。但尽管如此，像卡莱尔这样的人都是最高产的。传统历史学家、那些“分类学者”创造不出什么，“他们太刻板”，缺乏想象力，而想象是“我们感知上帝的手段”。换言之，想要理解现象和形势，就必须从内心感受其走向和影响。它是莎士比亚的本能，是歌德的方法。没有什么比这更适合用来更新我们的观念、将我们从隔 174
阂与偏见中解放出来了。[③]

---

① 泰纳，《英国文学史》，第 17 版，卷 5，第 238 页。

② 同上，第 239 页。

③ 同上，第 240—242 页。

泰纳写道,是德国从 1780 至 1830 年孕育出我们历史时期的所有观念,卡莱尔也是从德国汲取了他最为重要的思想。有半个世纪的时间,或者可能有一个世纪,我们最大的任务就在于重新思考这些观念。三个世纪以来,没有什么思想运动比这更具独创性、更普遍、更高产、更能改变一切和重塑一切:在泰纳看来,德国发展于 18 世纪末并渗透到所有学科的哲学天赋与文艺复兴和古典时代的天赋有着同样的级别:"它和它们一样都是世界性的历史事件",它和它们一样出现在所有文明国家,出现在所有同时代伟大的思想著作之中。这种独创的思想在德国创造出一种哲学、一种文学、一种科学、一种艺术,它有着"发现所有观念的能力"。泰纳肯定道,德国人的优势正在于此:理解的天赋让德国人在致力于探寻总体概念的同时,将主题的所有分散部分集合在一个主导观念之下。[①] 于是,他们在整体的不同分支下发现了将这些分支汇集到一起的共有脉络,调和其中矛盾的部分,并让表面的对立恢复到深层的统一。泰纳总结说,这是无与伦比的哲学天赋。德国人凭借此"发现了不同世纪、不同文明、不同种族的精神,并将历史从仅由事实组成的世界转变为一种法的体系"。[②]

卡莱尔的文明观也是德国的:"一切文明都有它的**观念**(idée),也就是说,它的主线,所有其他的思想都由此派生而来,

---

① 泰纳,《英国文学史》,第 17 版,卷 5,第 244—245 页。

② 同上,第 246 页。

这使得哲学、宗教、艺术、风俗、思想和行为的一切部分都可以从某个最初的、基础的性质中推演出来，一切都开始于并且最终归于这个最初的、基本的性质。在黑格尔使用‘观念’的地方，卡莱尔用了英雄的想法，这更直观、更贴近人心。”①

泰纳在一段重要的文字中表示，那五十年间在德国诞生的所有观念都可以浓缩成唯一一个观念，就是“**发展**（développement [entwickelung]）的观念，它意味着一个整体的所有部分都是相互联系且互为补充的，于是每一个部分都需要其余的部分”。“除去它的外衣”，这一基本观念“[……]只是在说明在一个集 175
合的各项之间存在的相互依赖关系，它们都属于内部某种抽象的所有者。如果我们将这一观念运用到大自然，我们就可以将世界看作是一整套不同形态和不同状态的集合，它们有着自己相继出现和存在的理由，[……]它们共同组成了一个不可分割的整体；这个整体[……]可以自己满足自己的需求，它和谐而崇高，就像一个万能的、不朽的上帝”。如果将它应用在人的身上，“我们就能将情感和思想看作是自然而然的、必要的产物，它们之间的关系就像动物或植物的蜕化一样连贯。这使得宗教、哲学、文学、一切概念、一切人的情绪都成为某种精神状态的必然结果，这种状态消失之时，也会将其所产生的结果带走；如果状态恢复了，也会将它们重新带回；如果我们能够自己还原这种状态，它也会相应地赋予我们根据自

① 泰纳，《英国文学史》，第 17 版，卷 5，第 279 页。

己意愿还原其结果的方法”。这就是泰纳对他所写的“该世纪最伟大的两位思想家黑格尔和歌德”[①]的两大学派的看法。

这里就出现了后来被马克斯·韦伯发展成理想类型的观念。在他之前,莫斯卡(Gaetano Mosca)就在泰纳的思想中发现了认为历史不是阶级斗争史,而是精英兴衰史的观念。泰纳认为,舍弃精英正是法国大革命爆发的重要原因之一,并将其发展成一种一般规律。寻找一般规律不正是德国“哲学精神”给人们上的一堂重要的课吗?因此可以说,历史学家、文化批评家泰纳是社会科学的被忽略的伟大创始人之一,他终其一生都保持着“对整体看法的热情”。但是,他也意识到这一方法的局限:总是求助于前提和抽象概念会产生一些武断的解释,或者说让人在模糊的解释中迷失方向,这是德国思想带来的两个罪恶。昙花一现的体系、空洞无味的理论大量出现,要到法国那里找寻修正的方法。

确实,“每一个民族都有其独有的天赋,它在其天赋基础上塑造它从别处吸取来的观念”。这使得每个人都“根据自己的炉灶”重新锻造其他观念。[②] 虽然说泰纳继承了赫尔德,但他要比那位路德教牧师更加包容、更加开放,因为在他看来,吸收外来事物是自然的、积极的过程。16、17世纪,西班牙以另一种精神
176 复兴了意大利绘画;清教徒和詹森教徒重新思考最初的新教,法

① 泰纳,《英国文学史》,第11版,卷5,第274页。
② 泰纳,《英国文学史》,第17版,卷5,第251页。

国的 18 世纪促进了英国宗教自由和政治自由观念的发展。19 世纪也是如此:法国人不像德国人那样能够一下子掌握"高深的整体概念。他们只能一步步地从那些显而易见的观念慢慢达到抽象观念的高度"。但结果是一样的,甚至更好:在法国,人们不仅理解了黑格尔和歌德,还能够纠正他们的错误。于是,我们看到勒南"这个最细腻、最有教养的思想深刻之人用法国式的文笔阐述""60 年来莱茵河对岸"涌现的德国科学成果。[①] 泰纳还顺带提到,自 18 世纪末期以来,德国就掌控了欧洲文化舞台。勒南的著作中不曾质疑德国科学文化、历史文化和哲学文化的优势。

泰纳对卡莱尔的解读也是他认识自我的过程,这就是为什么他同时具有批评的和崇拜的视角。这位现代清教徒的思想"不是玄学,或者其他某种仅仅出自大脑的抽象科学,而是生命哲学;它不仅来自大脑也来自心灵,并与心灵对话"。[②] 泰纳提到,卡莱尔谈论整个情感的集合:怀疑、失望、内心斗争、兴奋和痛苦,过去的清教徒们正是通过这些情感达成信仰。这一方式也是卡莱尔自己的方式。一切可见事物都是象征,确切地说,我们看到的都不存在。物质只可能在精神上存在:言语、诗歌、艺术、教会、国家都仅仅是符号,世界是一个大符号,人只是上帝的符号。没有崇拜的科学是没有生命力的,甚至可能是有害的。

---

① 泰纳,《英国文学史》,第 17 版,卷 5,第 251—252 页。

② 同上,第 255 页。

不能够崇拜的人,哪怕最具智慧,也“不过是一副后面没有眼睛的眼镜”。[1]卡莱尔认为,“准确地说”,世界的任何区域都是“充满上帝光辉的地方。[……]上帝的荣光通过每一个鲜活的生命闪耀”。[2]

177 在泰纳看来,这种“强烈的宗教诗歌”只是“德国观念的英式**改写**(transcription)”。并且,卡莱尔“以德国式的、象征的方法”看待宗教。他的“基督教是非常自由的”、“泛神论的”,作者补充道,“用准确的现代法语来说,也就是疯狂的和罪恶的”。事实上,卡莱尔将基督教“看成一种神话”。[3] 这里有一个重要的原因:因为宗教履行着重要的社会职责。他认为,所有宗教都是某种形式的真理,它们都用自己的方式阐释神的情感,它们都是象征性的符号。唯一可憎的宗教是只传授仪式、只机械地重复祈祷的宗教。无论哪种宗教信仰,都是靠情感来传授所有美德,而这种情感是道德情感。所有宗教都告诉我们同样的东西:恶人与善人之间的差别极其之大。卡莱尔认为,基督教只是世界不同形式的宗教中的一个。他“想将人的心灵归结为英国式的责任感”。[4]

泰纳指出,在文学方面,卡莱尔引入黑格尔和歌德,将他们纳入清教的情感概念,并对文学批评进行了革新。他视作家、诗人、艺术家为英雄,也就是说“是揭示一切表象之下的神的观念

---

① 泰纳,《英国文学史》,第 17 版,卷 5,第 259 页。

② 同上,第 261 页。

③ 同上,第 262 和 266 页。

④ 同上,第 270 页。

的阐释者，是历史的揭示者”，是其所属世纪、民族、时代的代表。这些“日耳曼式的表达意味着，艺术家比任何人都更能理清并展现他周围世界清晰、连续的轮廓，这让我们能够从他的著作中得出有关人和自然的理论，以及对他的种族和时代的描绘”。[①] 因此，《论英雄、英雄崇拜和历史上的英雄业绩》的作者提出了新的批评，还创造了“书写历史的新方法”。[②] 确实，卡莱尔历史观的主干就是他的英雄概念，英雄“掌握并代表了他所属的文明。他发现、宣布或推行一个独创的概念，然后整个世纪都会追随着这个概念”。因此，对英雄情感的认知就是对整个时代的认知。根据这样的观点，“卡莱尔完成了那些传记。他重拾大师们的伟大见解。他和他们一样意识到，无论一个文明在时间和空间上有多么庞大的规模或是多么分散，它都构成一个不可分割的整体。
他让那些被黑格尔以法整合在一起的分散的碎片汇集在英雄主 178
义的旗帜之下。他理解事物之间长远且深刻的联系，这些联系将伟人与他的时代连结在一起”。[③]

因此，“既然英雄的情感是其他情感的根源，历史学家就应该致力于研究它。既然英雄的情感是文明的源泉、是改革的动因、是人的生活导师和改造者，就应该从它出发观察文明、改革和人的生活”。[④] 泰纳就这样通过呈现卡莱尔的思想，勾勒出他

① 泰纳，《英国文学史》，第 17 版，卷 5，第 271 页。
② 同上，第 282 页。
③ 同上，第 280 页。
④ 同上，第 282 页。

自己的历史研究方法的初步轮廓，而他的方法在于重塑时代的精神。

因为，如果改革不是“伟大情感的诞生”，那它是什么？这种情感又是什么？它来自何处，又会产生怎样的结果？必须思考“它会让想象力、悟性以及通常的倾向发生怎样的转变，让它得以维持的激情是什么，它其中包含了多少疯狂、多少理性……解释一场革命就是做一段心理学分析，艺术家的批评和直觉是能够做到这一点的唯一方法”。[①] 只有莎士比亚、巴尔扎克、司汤达这样伟大的、懂得人心的伟人才能做到。卡莱尔是他们中的一员：他的代表作是《奥利弗·克伦威尔书信演说集》(*Oliver Cromwell's Letters and Speeches*)。文中，他试图理解一个人的内心，理解那个最伟大的清教徒、那个所有清教徒的英雄。泰纳无数次提到，相比起罗伯逊和休谟优秀却平淡的叙述，他更推崇卡莱尔的《克伦威尔》中的评论文字。卡莱尔指出事实，而不是叙述事实。他能找到事实本身。[②]

如果说卡莱尔被视为狂飙突进运动在英国的产物，并立刻成为这一运动的继承者，那么在法国扮演这一角色的就是勒南。和卡莱尔一样，勒南沿着赫尔德的轨迹，发起对启蒙运动的抨击，其抨击的尖锐程度不亚于确定了反启蒙范畴的《另一种历史哲学》的作者。勒南和卡莱尔有着类似的看法。1870 年，这位博学的

① 泰纳，《英国文学史》，第 17 版，卷 5，第 283 页。

② 同上，第 284—288 页。

法国人在他给施特劳斯的第一封信中写道，我“将我的哲学，这个我所掌握的最重要的、堪称我的信仰的东西归功于”18 世纪末 19 世纪初的德国，“大约是 1843 年，我在圣叙尔比斯(Saint-Sulpice)宗教学院，透过歌德和黑格尔第一次知道了德国。我仿佛走进了 179
一座神庙”。[①] 正如亨利·特隆琼(Henri Tronchon)认为的那样，大约是在 30 年后，或者可能更早一些，勒南成为德国文化的专家。但可以肯定的是，1845 年他在他的《青年回忆录》(*Cahiers de jeunesse*)中记录了某些有关原始诗歌的观念。亨利·特隆琼强调：“这些观念与赫尔德的观念惊人地一致。”[②]确实，在勒南眼中，赫尔德是“思想之王”，相比起康德、黑格尔和费希特，他更推崇赫尔德。[③] 是这些德国思想家让勒南渴望理解新教教义：他想用他们的方式信奉基督，“但在天主教的统治之下，我可能成为新教徒吗？”他还呼喊道，“要是我是生在德国的新教徒该有多好！那里有我的一席之地，赫尔德就是主教”。[④]

在勒南看来，新教不仅是一个确保了个人自由的宗教；一旦

---

① 恩斯特·勒南，《写给施特劳斯先生的信》(Lettre à M. Strauss)，收录于《恩斯特·勒南全集》，亨利埃特·济卡里编辑并最终出版，巴黎，卡尔芒-莱维出版社，1947，卷 1，第 437—438 页。

② 特隆琼，《恩斯特·勒南与异乡人》(*Ernest Renan et l'Étranger*)，巴黎，美文出版社，1928，第 205 页。有关赫尔德在勒南思想中的地位问题，可参照整个第六章，第 205—259 页。同样可参考这一作者的另一部著作，亨利·特隆琼，《赫尔德留给法国的思想财富——准备》(*La Fortune intellectuelle de Herder en France—La Préparation*)，巴黎，列德出版社，1920。

③ 同上，第 205 和 207 页。

④ 引自埃德沃德·理查德，《恩斯特·勒南，传统主义思想家？》，普罗旺斯地区艾克斯，艾克斯马赛大学出版社，1996，第 57 页。

与哲学结合，它就能成为令人生畏的斗争武器，这是德国强大的真正秘诀：在萨多瓦（Sadowa）取得胜利的不是小学教员，而是路德，是康德，是费希特，是黑格尔。[1] 信仰只有通过思考获得才是有价值的，宗教行为“只有自发的才值得称赞”。而勒南认为，“新教最接近这一理想”。[2] 与现代的日耳曼化的清教徒卡莱尔一样，与赫尔德和柏克一样，勒南认为“只有最虔诚的、最相信高深莫测的命运的人才最接近真实”。[3] 后来，克罗齐也继承了这条抨击法国启蒙运动的脉络。

无论是赫尔德和柏克，还是克罗齐和泰纳，或是勒南，他们都赞同“思想文化的最高阶段是［……］**理解人**”。[4] 这一理解的关键是历史。因此，一切哲学都服从于历史的视角。[5] 历史不
180 是普通的字面意思上的政治史，而是“人的精神，它的发展和完成的阶段”。这就是为什么必须要用这样的视角来看待历史：勒南认为“缺乏哲学精神总是有害的”。[6] 但尽管他为德国哲学、为康德和黑格尔倾倒，尽管他熟知莱布尼茨（Gottfried Wilhelm

---

① 勒南，《当代问题》，巴黎，卡尔芒-莱维出版社，第七版，［1929］，《前言》，第 VII 页。

② 勒南，《现代社会的宗教未来》（*L'Avenir religieux des sociétés modernes*），收录于《当代问题》，前揭，第 406 页。

③ 同上，第 416 页。

④ 勒南，《科学的未来》，前揭，第 934 页（斜体部分在原文中即为斜体）。

⑤ 杜马斯（J. L. Dumas），《勒南的“历史哲学”》（La “philosophie de l'histoire” de Renan），载《形而上学与道德杂志》（*Revue de métaphysique et de morale*），卷 77，第一期，1972，第 105 页。

⑥ 同上，第 104 页。

Leibniz),他也不是传统意义上的哲学家。他不是形而上学者,他实践他所说的“**批评性哲学**”。[①] 这位历史学家与卡莱尔、泰纳、克罗齐、梅尼克、伯林一样,以导师赫尔德为榜样,他在一篇提到《另一种历史哲学》的重要论著《当代历史哲学》(*Philosophie de l'histoire contemporaine*)中写道,文化批评与社会批评在于理解“所有时代历史都完成的发展过程,70 年后,这些发展或许会拥有具体的名称与形式,革命的名称与形式”。他又更明确地解释道:“政治史不是党派的历史,同样,人的精神史也不是那些文学团体的历史。”[②]相反,“人的精神史是我们可以研究的最伟大的现实”,于是,“每一个照亮了过去一隅的研究都有了影响、有了价值”。[③]

因此,“我们今天的每个人都有他理解历史的方法”,而“历史是 19 世纪真正的哲学。我们的世纪不是形而上的。[……]它主要关注的是历史,尤其是人的精神史”。历史左右人们的选择,造就精神或思想的统一:“根据人们看待历史的方法,有些人是哲学家,有些人是宗教信徒;根据人们创造出的历史体系,有些人相信人,有些人不信。”[④]想要理解存在,就必须求助历史:有“一种有关人的精神的科学,它不仅是对个人心路历程

---

① 勒南,《科学的未来》,前揭,第 934 页(斜体部分在原文中即为斜体)。

② 勒南,《当代历史哲学》(*Philosophie de l'histoire contemporaine*),收录于《当代问题》,前揭,第 8 页。

③ 引自杜马斯,《勒南的“历史哲学”》,载《形而上学与道德杂志》,卷 77,第一期,1972,第 105 页。

④ 勒南,《科学的未来》,前揭,第 944—945 页。

的分析，更是人的精神本身的*历史*。历史是一切*生成*（devenir）的必要科学形式”。[①] 勒南最终得出这样一段非常重要的文字：“只有当我们深信人的*意识*和个人的意识一样，都是*自己形成
181 的*并能够从起初微弱、模糊、不集中的状态经过不同阶段最终达到其完整的状态，人的科学才真正诞生。那时，人们会理解，个人心灵的科学就是个人心灵的历史，人的精神的科学就是人的精神的历史。”这就是为什么“现代思想的伟大进步在于用*生成*概念取代*存在*（être）概念、用相对观取代绝对观、用运动取代静止”。[②]

勒南非常清楚地意识到，历史学家不可避免地要研究有关人和生命的哲学。[③] “18 世纪末和 19 世纪历史学的巨大发展”正在于此：也就是存在“一种人的生命，就像存在个人的生命一样。[……]黑格尔的不朽之名正在于他首先清楚地解释了这一生命力[……]，维柯和孟德斯鸠均未意识到这一点，就连赫尔德对此也只是提出了一个模糊的想法。因而，黑格尔获得了历史哲学真正创立者的称号。”[④]历史将永不再是“一系列孤立事实组成的空洞的集合，而是自发地朝向某一理想目标的趋势”，[⑤]它不再像孟德斯鸠描述的那样只是一连串事实和原因，不再只

① 勒南，《科学的未来》，前揭，第 867 页（斜体部分在原文中即为斜体）。

② 同上，第 873—874 页（斜体部分在原文中即为斜体）。

③ 杜马斯，《勒南的“历史哲学”》，前揭，第 107 页。

④ 勒南，《科学的未来》，前揭，第 865 页。

⑤ 同上，第 865 页。

是维柯所说的没有生命且几乎没有理性的演变:“它将是有关存在的历史,并且依靠其内在的力量而发展。”①

事实上,勒南提到更多的不是黑格尔,而是赫尔德。毫无疑问,勒南参考的那些有关生机论和有机体的文字都是赫尔德留给世人的遗产:“人们没有想到,每个民族通过它的庙宇、它的神、它的诗歌、它的英雄传统、它奇特的信仰、它的法律和它的制度,都代表着一种统一、一种看待生命的方法、一种人的态度、一种伟大心灵的本性。”②把历史看作有关某一存在的历史,把每一个文化共同体都看成唯一的整体,这样的观点正是勒南从赫尔德那里学来的;在他之前,米什莱也研究过赫尔德的这个观点。勒南认为,这正是孟德斯鸠和伏尔泰欠缺的地方,也是他不怎么提及他们的原因。法国启蒙运动的理性主义让他们缺乏将社会看作有生命机体的社会观,而这正是18世纪末、19世纪初的德国所具备的。勒南从德国汲取了他的历史概念,将历史视作人的心理学:“就像存在个人的心 182
理学一样,也有**人的心理学**(*psychologie de l'humanité*)。”③就这样,勒南被直接归入了赫尔德的德国古典历史主义派系。在勒南看来,历史有确定的部分,也有偶然的部分。他又一次直接引用赫尔德的话:“赫尔德说,人的发展脉络不是笔直的,也不是不变的,它朝着每一个方向分散开去,每段曲折、每一个转角都表现出来。”④它

---

① 勒南,《科学的未来》,前揭,第865—866页。

② 同上,第868页。

③ 同上,第867页(斜体部分在原文中即为斜体)。

④ 同上,第944页。

"既不是有标准答案的几何学,也不是偶然事件之间简单的连续。[……]实际上,尽管最具洞察力的人也时常无法准确预料人的事务,人们还是力求预计人的发展走向。要是人们能够辨别主要的与次要的部分,就会发现既成事实牵引着未来的所有路线"。① 人的历史正是从自然的历史中表现出来的,因此,勒南对历史无意识的安排格外感兴趣。在 1863 年的一篇典型的赫尔德式的文字《写给马赛兰·贝特罗的信》(Lettre à Marcelin Berthelot)中,他解释了为什么他认为历史范畴同时涵盖了人和自然界。他构想的历史是一个总的历史、是宇宙的历史,而上帝只是宇宙的生成。"历史,就一般意义而言——也就是说,我们所知的人发展过程中一系列事实的总和——只是真正的历史极其细小的一部分,可以理解成世界发展过程中我们所能知道的事物的画卷。"②

就像我们一再重复的那样,勒南追随的是赫尔德,不是黑格尔,他关注起源、童年时代和神话。"自发状态的人会用孩子的眼睛看自然和历史。[……]孩子也自己创造那些已经被创造出的神话,他接受所有冲击了他的想象力的故事。"③因此,比较

① 勒南,《精神改革与道德改革》(*La Réforme intellectuelle et morale*),引自杜马斯,《勒南的"历史哲学"》,前揭,第 110 页。

② 勒南,《自然科学与历史科学》(Les sciences de la nature et les sciences historiques),《哲学片段》(*Fragments philosophiques*),收录于《恩斯特·勒南全集》,亨利埃特·济卡里编辑并定稿,巴黎,卡尔芒-莱维出版社[1956],卷 1,第 633 页。同样可参考杜马斯,《勒南的"历史哲学"》,前揭,第 125 页。

③ 勒南,《科学的未来》,前揭,第 937—938 页。

语文学和比较神学"让我们回归历史文本，也可以说是回归人的意识的本源"。[①] 勒南指出"印欧语系的原始神话"在施瓦本 183
(Souabe)农民中间仍然具有生命力的原因，他为"民间歌谣和宗教圣乐"中蕴藏的财富惊讶不已。[②] 他的视野延伸到中国和埃及，延伸到阿拉伯人和希伯来人，延伸到凯尔特人、日耳曼人和斯拉夫人，延伸到人类学、古生物学和比较动物学。[③] 他一方面深信"任何任性或任何个别的意志都不会对世间的事实产生作用"，另一方面同样坚信"世界有一个目标，为了某项神秘的事业而努力"。[④] 换言之：历史具有意义。

勒南与一直被他认为是"现代最伟大的天才之一"[⑤]的赫尔德一样，事实上，也和维柯一样，将中世纪看作理想的时代，并不断将其与17、18世纪做对比："中世纪让人们重又回到了史诗时代和人的童年时代。"[⑥]赫尔德也是同样的想法。19世纪发现了"人的原始精神理论"并打压了"用绝对的、总体的、不变的方法看待人"的"旧笛卡尔学派"。[⑦] 因为，并不是"将人分成**身体**和**心灵**两个互不相通的地方"或是"在绝对的纯粹理性的世界中，

---

① 勒南，《自然科学与历史科学》，《哲学片段》，收录于《恩斯特·勒南全集》，卷1，前揭，第636页。

② 同上，第635页。

③ 同上，第635—637页。

④ 引自，《对话与片段》(*Dialogues et Fragments*)，收录于杜马斯，《勒南的"历史哲学"》，前揭，第124页。

⑤ 勒南，《科学的未来》，前揭，第837页。

⑥ 同上，第938页。

⑦ 同上。

人就能产生对生命的同情：我们所谓的人的科学研究的是人的活动的所有产物，尤其是研究人自发的活动”。在一段看似出自赫尔德之手的文字中，他继续道：“相比起笛卡尔学派的完美分析，我更喜欢从文学对比研究中最终得出的[……]原始诗歌和民族**史诗**理论。”①

通过对勒南的解读，并进一步阅读米什莱的著作，我们可以认识到赫尔德对法国 19 世纪的影响有多大。《雅歌》(*Cantiques des Cantiques*)②中提到的 1759 年时的作家赫尔德，至今仍被视作是从诗歌中发现了人的原始自发表达的思想家。尽管赫尔德当时已经读到过伏尔泰在《路易十四时代》第 32 章中所写的，
184 “这就是各个国家的人的思想命运；诗歌在各个地方都是天才的第一批产物，也是雄辩术最早的导师”。③ 维柯也表达过同样的观念，但是它的普及归功于赫尔德。与赫尔德一样，相比起历史，勒南更推崇神话、诗歌和寓言：“寓言是自由的，历史不是。”尽管在勒南看来，费尔都西(Firdousi)的《列王记》(*Livre des rois*)是糟糕的波斯史，但这部美丽的诗歌比最准确的历史更好地向我们展现了波斯的禀赋，因为它让我们看到波斯的传说和史诗

---

① 勒南，《科学的未来》，前揭，第 939 页(斜体部分在原文中即为斜体)。

② 作者为勒南。——译注

③ 伏尔泰，《路易十四时代》，收录于《历史作品集》(*Œuvres historiques*)，勒内·波莫(René Pomeaut)整理、加注、介绍，巴黎，伽利玛出版社(“七星丛书”)，1957，第三十二章，第 1009 页。

译文参考：伏尔泰，《路易十四时代》，吴模信等译，前揭，第 475 页。——译注

传统，也就是说，波斯的心灵。印度的圣书比历史更有价值，它向我们展现了“民族的精神”。[1]

---

① 勒南，《科学的未来》，前揭，第 940 页。

185 # 第三章　反理性和反自然权利

18、19世纪之交，在赫尔德和柏克发起的批评理性主义的基础上，形成了一个广泛的共识，这一共识不仅出现在德国思想中，也同样出现在法国思想里。对理性主义的批评之所以能够产生如此独特的影响，是因为它质疑理性理解时代、环境、民族特殊性的能力。赫尔德从一开始就表明了这一批评态度，他嘲讽当时“哲学的冷漠”，嘲讽他的时代无法理解“族长时期——人的摇篮——人的精神的伟大、智慧和美德”。[1] 我们注意到，理性企图理解历史，企图掌握人思想的复杂的方方面面；赫尔德对此宣战，而这正是《另一种历史哲学》诞生的原因。事实上，这位德国牧师是在向自己发问：有没有可能存在一种历史哲学，使精神通过历史发生转变，表现出各民族、各时代的特殊性，因而无法将其归纳为一个唯一的简单原则？这样的多样性，不同于假

① 赫尔德，《另一种历史哲学》，第127—129页(段483—484)。

定精神中存在某种可能不易察觉的统一性且这一统一将精神的不同表现形式串联在一起的历史哲学。赫尔德充分理解了这一寻求简单原则的历史哲学中存在的悖论。[①] 他给出的结论也并不令人惊讶:天意指引盲目的人走向人类的命运。《另一种历史哲学》的最后几页都在表明这一观念:"面对上帝这部有关不同 186
世界、不同时代的长篇巨著,我能说些什么呢?我只是其中的一个字母,我勉强看到的也不过是身边的两三个字母而已。"[②]

这就是为什么黑格尔拒绝以赫尔德为榜样。黑格尔想要有自己的独创性,他想同赫尔德那样忠实于事实,并以历史本来的样子看待历史,但他不能接受用直觉或"同情"(sympathie)取代理性。因为,当赫尔德借助"事实"来反对那些"词"的时候,他——黑格尔和康德都是这么认为的——反对的不再是启蒙哲学,而是直接反对哲学、反对理性思想本身。黑格尔之所以严厉地批评赫尔德,正是因为他不相信在专注于事实的时候可以不去使用那些哲学范畴,这些哲学范畴需要经过思考以证明其使用的合理性,而这一思考只可能是哲学的:"理性不应该沉睡,必须进行思考。谁理性地看待世界,世界也会理性地看待他:这中间存在关联。"[③]

---

① 杰弗里·安德烈·巴拉什,《赫尔德和历史决定论政治》,收录于皮埃尔·佩尼松(主编),《赫尔德和历史哲学》,前揭,第 208—210 页。

② 赫尔德,《另一种历史哲学》,第 367 页(段 585)。

③ 米里亚姆·比那斯托克,《历史意义:就是力量的意义?赫尔德、黑格尔与他们的诠释者》,参见佩尼松(主编),《赫尔德和历史哲学》,前揭,第 182 页,引文出自黑格尔,《历史哲学讲演录》(*Leçons sur la philosophie de l'histoire*),巴黎,弗林出版社,1967,第 23 页。

黑格尔怎么可能理解那个最终暗示“一切总的概念都只是抽象概念”的隐喻？——把脸贴在玻璃上的历史学家看见了什么？——他怎么可能赞同“只有造物主才能思考一个民族的统一性，或是思考所有不同民族的统一性，并且民族之间存在的一切分歧都不会让统一性从他的眼中消失”？[①] 而在伏尔泰看来，是理性根据人精神进步的准则来理解历史，相反，赫尔德的整个体系就和柏克的体系一样，都建立在理性的无能之上。理性的失信无法挽回：之前我们就已经说过，想要理解时代、民族或文明，就必须对这个民族感到同情，而同情需要依靠直觉和情感，它们刚好与分析和抽象概念相反。因此，在一切思想活动领域，情绪、无意识、情感、直觉以及信仰取代了智力。最终跟随上帝的是心灵，不是理性。[②] 再不能仅仅满足于分析由民族构成的
187 整个有机体的组成部分，必须抓住民族的灵魂。这就是为什么赫尔德提出要取代伏尔泰的方法：“主导一切的灵魂的全部本质，它根据自身本质塑造灵魂的其他爱意和其他秉赋，它感染着哪怕最漠然的行为。想要感受它们，就不要把某一个词当作你的答案，而是深入这个世纪、这个地方、这段历史、这整个历史，沉浸在这一切之中，自己去感受。”[③]

于是就有了接下来的内容：“离我们最近的那些哲学家，尤其

---

① 赫尔德，《另一种历史哲学》，第 175 页(段 505)。

② 吉利斯(A. Gillies)，《赫尔德》(*Herder*)，牛津，布莱克威尔出版公司，1945，第 36—58 页。

③ 赫尔德，《另一种历史哲学》，第 169 页(段 503)。

是法国哲学家，他们时兴的语气是怀疑。上百种形式的怀疑。"这当然是糟糕的，因为"人们从道德和哲学的困境中解救出来的东西，毫无讨论的价值"。[①] 而"针对一切美德的怀疑论"渗入历史、宗教、精神之中：这一破坏开始于蒙田，蒙田以后是培尔，培尔的影响持续了一个世纪，之后还有"伏尔泰、休谟，甚至狄德罗家族——这是人人怀疑的伟大世纪，这是浪潮涌起的伟大世纪"。[②] 于是，赫尔德用本能反对智力，他通过反对自觉的艺术来捍卫自发的通俗诗歌，通过反对精雕细琢以捍卫原初的生命力量，通过反对当时对民族国家、对种族国家甚至还有对生物概念上的国家的理性主义怀疑来捍卫历史。[③] 他的著作中几乎无处不在说明无意识和本能胜过思考，富有创造性的盲目断言胜过批判精神。

毫无疑问，赫尔德认为怀疑、怀疑论、哲学、抽象概念、主流思想会扼杀人的生命力。他和柏克都认为人的伟大品质在于其原始性而非理性。这是他们的观念的先锋，而这一观念在 19 世纪末 20 世纪初将大有前途。启蒙运动中的法国人表现出了衰落的所有征兆，这是法国人的病症，他们将其传染到整个欧洲。于是，我们得出一个事实，"光芒被永无止境地歌颂、播撒，而爱意和生命本能则极其微弱"。[④] 我们看到普遍主义、自由和人的

---

① 赫尔德，《另一种历史哲学》，第 189 页(段 512)。

② 同上，页下注释(段 512)。

③ 赫尔德，《人类历史哲学观念》，第九部。

④ 赫尔德，《另一种历史哲学》，第 251 页(段 538)："Licht unendlich erhöht und ausgebreitet; wenn Neigung, Trieb zu Leben ungleich geschwächet ist!"(普罗斯版，第 642 页)。

平等原则得到颂扬，而与此同时，或者更确切地说，作为这一过程的结果，我们看到了原始共同体成员之间最基础的整体关
188 系——“热切的情感：父爱、母爱、手足之情、子女对父母的爱、朋友之间的情谊”——表现得“极其微弱”。[①] 于是，“对活着、对行动、对人性化生活的渴望”消失殆尽。[②] 就这样，理性、自由思想、抽象或者说整个启蒙哲学不仅扼杀了思想，也扼杀了社会生活。

那么，在赫尔德看来，理性是什么呢？这位继承了圣保罗(saint Paul)和宗教改革传统的教士认为，存在两种理性：一种被罪恶和不相信上帝的人掩盖，另一种被受宽恕和相信上帝的人照亮。启蒙思想家从理性出发抨击天启，赫尔德则出于理性的起源和功能，将理性看成对天启的证明与延续：理性关乎上帝，它来自上帝并归于上帝。赫尔德认为，理性本质上是通过探究创世而获得的对上帝的认识，它绝不是严格根据人的观点进行评价的批判精神，而是在人世间任何地方都能看到上帝存在的虔诚的直觉。赫尔德跟随哈曼的脚步，用真正意义上的历史反对批评精神：理性取决于天启，历史精神来自启发了《圣经》的信仰，而最终历史精神与批判精神不能相容。理性没有批判天启的必要，它是理智的虔诚，而非怀疑。它遵从事实的秩序，而非反抗，因为神的真实——至少从本质上具

① 赫尔德，《另一种历史哲学》，第 251 页(段 538)。
② 同上。

备神性的真相——是理性的。在赫尔德看来,只有认识了整个世界的目标,只有认识到内在和外在的世界,才可能获得自由。①

这里,需要讨论一下赫尔德和莱布尼茨之间可能存在的某种承继关系。如果说赫尔德从被称作德国理性主义之父的莱布尼茨的著作中有所借鉴,这不足为奇。如同他引用弗格森、罗伯逊、孟德斯鸠或伏尔泰的观点那样,他也借助莱布尼茨的观点。赫尔德有着非比寻常的同化能力:他博览群书,却只从中抽出能够满足他需要的部分。他的主要目标是动摇理性主义和个人主义的根基。与阿兰·雷诺(Alain Renaut)的想法不同,赫尔德的著作不是“变形的普遍主义与对文化认同的某些思考的结合”——运用莱布尼茨思想的结果——②而是别 189
的东西。确实,在哲学方面,单子论模式既说明了个人性的独立,也确保了它们在一个和谐的世界中进行沟通;但就历史方面而言,莱布尼茨模式的运用有着截然不同的意义,因为文化、语言、种族和宗教共同体的独立性就如同这些共同体彼此之间的敌意一样,是始终存在的事实。赫尔德去过里加(Riga),深知中东欧严酷的现实。他嘲讽那些“笼统的改良方

① 鲁谢,《赫尔德的历史哲学》,前揭,第 241—242 页。

② 阿兰·雷诺,《普遍主义和多元论:赫尔德时代》(*Universalisme et différentialisme: le moment herderien*),收录于阿兰·雷诺,《政治哲学史》(*Histoire de la philosophie politique*),卷 3,《启蒙运动与浪漫主义》(*Lumières et romantisme*),巴黎,卡尔芒-莱维出版社,1999,第 247—248 页。

法”，嘲笑“理性主义的抽象”，在他眼中，那些不过是“书本文化的产物”。[①] 赫尔德与他之后的民族主义者一样，都渴望行动：“行动！［……］得到未婚妻青睐的人难道不比歌颂她的诗人更让人羡慕吗？”[②]赫尔德渴望成为行动者，他的心中蛰伏着一个行动派的哲学家，他明确地向人们表达了他对实际效果和行动的期待。他认为人类是一种空想的概念，而种族的、宗教的、文化的和历史的共同体才代表现实。

确实，莱布尼茨认为，单子概念有利于构造一个自身封闭的独特整体，但这个整体可以在普遍性的基础上进行思考。阿兰·雷诺相信，就民族的历史个人性层面来说，莱布尼茨的单子个人性的实体概念于赫尔德而言，就相当于承认了存在民族特殊性观念的可能，同时也不否认跨文化交流的国际视野。每一种文化都被设想成一个单子，它有其自身发展的原则：单子论模式为以文化特殊性和文化独立性为中心的民族共同体的存在提供了理论基础。想要评价任何一种文化，就要从它自身的发展原则出发，而不是参考其他的范例；同样，我们也能够估量到，那些想要让一种文化屈从于另一种模式而不是刺激其内在活力的行为，将会招致多么有害的影响。雷诺继续道，单子论模式也包
190 含了单子之间可以沟通的观念，也就是民族之间和文化之间的沟通。赫尔德从莱布尼茨那里了解到，应该通过单子论的方法

---

① 赫尔德，《另一种历史哲学》，第 267 页（段 545），同样可参见第 257 页（段 541）。

② 同上，第 267 页（段 545）。

理解个人性；在他看来，每种文化都是整体统一，也就是人的统一必不可少的部分，也是历史在逐渐臻于完善的过程中不可或缺的。从莱布尼茨那里，赫尔德还借鉴了延续性原则：这一原则将历史构想成同一文明的内部的民族-时代延续的进程。他在《另一种历史哲学》中时常将发展比作河的流淌或树的生长：这么多形象都在同时强调神对未来进程的规划，所有时刻同等的必要性和完整的延续性将这些时刻彼此联系在一起。[①]

雷诺的出色分析要比伯林的解读透彻得多，尽管如此，他还是对赫尔德表现出了极大的宽容。雷诺的分析的最大缺陷在于没有考虑到这位德国牧师所用方法的片面：赫尔德不仅将那些原则运用到历史中，也将其运用到他当时的时代。他不停地强调个人和个别，强调与之相对的普遍主义是脆弱的，甚至是不可信的；认为对每个族群和每个时代的评判都应该从其内部进行，而不是从另一个时代的原则中别有用心地选择出一些当作标准。当然，实体之间的联系确是事实，但它们绝不是平等的：赫尔德的观念中，各时代和各文明之间明显存在着一种等级。赫尔德思想的独特性在于，他认为启蒙思想核心中的普遍主义所基于的原则，并不像那些哲学家认为的那样，是唯一坚实的基础：理性主义、个人的自主与平等、《百科全书》中定义的法学和政治学范畴的民族概念。的确，在历史、种族和文化差异的基础

---

① 阿兰·雷诺，《普遍主义和多元论：赫尔德时代》，前揭，第 248—249 页。

上建立人的关系,要比在集体——个人的集合——平等的基础上建立容易得多,也自然得多。

作为普遍准则的敌人,赫尔德猛烈抨击启蒙哲学对法的重视。18 世纪的那些思想家认为,人创造了他们自己的历史,好的法、好的制度塑造了有道德的人和好的公民。好的法还培养
191 出自由的人:从《论法的精神》开始,出现了大量有关共和政体品德的思考,这些思考强化了对专制主义的反对。在赫尔德看来,“概括人的哲学、概括理性和人的宝典”都是无用的,其中充斥着“公平”和“善良”的陈词滥调;[①]启蒙思想家们认为,风俗改革开始于法的改革。而赫尔德则嘲笑包括教育领域在内的各种领域的改革计划。他对此做出了颇具特色的批评:与其制定计划、规划步骤、进行空想,还不如“重建或复兴好的习俗,甚至是偏见”更有效。[②] 既然一切文化都是特定环境、历史、语言的产物,那么就应该在民族的精神和传统中找寻合乎该民族人民天性的特有的行为准则。赫尔德认为,这些地方传统在形成道德认同中扮演着关键角色。他将反对“神的伟大杰作在于塑造人——沉默地、有力地、悄然地、永恒地——”这一有关人类事务的看法斥为“狭隘的虚荣”。[③]

在赫尔德眼中,人不过是在传达神的计划,因而他不得不反对人自己创造历史的观念。同样,柏克不赞同数世纪积累起来

---

① 赫尔德,《另一种历史哲学》,第 259 页(段 542)。

② 同上,第 265 页(段 543)。

③ 同上,第 267 页(段 545)。

的法和习俗构成了罪恶的根源，不赞同理性有义务消除这些罪恶以确保人幸福、确保给予他们好的制度，并让他们成为有道德的人。无论是赫尔德还是柏克，都不可能认同立法在精神方面的重要性，因为这一启蒙观念树立的是非宗教的精神，它意味着理性主义和普遍准则的胜利：“所有时代、所有民族，”赫尔德大声说道，“必须换一种方式为民族的血脉和神经提供营养，滋养它的心灵，让它脱胎换骨！”[①]

这个“辉煌的世纪”的巨大缺陷正在于此：“草率而无用的论证传播得太广——不正是它有力地削弱了爱意、本能和活力吗？”[②]这种致命的思想占了上风，造成精神上的“疲乏”；它打造出“一群受哲学支配的人”，这些人“不过是机器”。[③] 这个畏首 192
畏尾的世纪甚至不再能够打破过去、打破战争、打破劫掠：这个世纪没有过去时代的缺陷，因为它不具备过去的美德。假如拦路抢劫的强盗不见了，不是因为警察和正义让他们消失，不是因为风俗得到了改善，也不是因为人们生活得更幸福，而是因为：一方面，启蒙时代的强盗没有勇气和力量去完成他们的事业；另一方面，他能够“遵照我们这个世纪的风俗，顺理成章地甚至体面地、光荣地变成家中、屋里或是枕边的小偷”。正是因为我们不具备旧时代的美德，不具备“古希腊的自由、古罗马的爱国主义、东方的虔诚、骑士的荣誉感，[……]我们才同样不幸地失去

① 赫尔德，《另一种历史哲学》，第 261 页（段 541）。

② 同上，第 249 页（普罗斯版，段 537）。

③ 同上，第 251 页（段 538）。

了相应的恶习”。[1]

18 世纪引以为豪的品质，在赫尔德看来既是缺陷，也是衰落的征兆：“就是这样，伴随着我们的自然神论、宗教哲学和过分优雅的理性文化，我们加速着我们的迷失。”[2]“我们这个世纪的哲学”具备的不过是“几个比较清楚的概念”，而——这里，我们还是要引用这位路德教牧师的原话——“说实在的，那些概念所能提供的仅仅是概念而已”。[3] 理性又一次表现出无能，因此这个理性主义世纪的枯竭以及代表了这个世纪的人的枯竭超过了任何其他世纪。十年之后，赫尔德说道，人类繁荣昌盛的“持久的状态根本上建立在也仅仅建立在理性和公正的基础上”，但尽管如此，他对法国-英国-康德启蒙运动的否定仍旧比任何时候都更加有力。[4]

就是这样，赫尔德反对他的世纪，那个世纪“不幸地充满了光辉”，[5]充满行为准则、道德和风俗，它们将构成新文明的基础，而法国大革命之前，所有启蒙运动的敌人都在探究这一新文明。确实，中世纪文明的伟大在于，当时“是爱意和本能将一切团结在一起，而不是脆弱的思想”。这个被认为野蛮的世纪
193 有着“多么大的力量！多么大的效力！”[6]当然，赫尔德也意识到

① 赫尔德，《另一种历史哲学》，第 295—297 页（段 556）。

② 鲁谢，赫尔德的《我在 1769 年的游记》的引言，第 36 页（原书第 411 页）。

③ 赫尔德，《另一种历史哲学》，第 253—255 页（普罗斯版，第 643 页，段 539）。

④ 赫尔德，《人类历史哲学观念》，第十五部，第三章，第 275 页。

⑤ 赫尔德，《另一种历史哲学》，第 219 页（段 524）。

⑥ 同上，第 221 页（段 525）。

"灾害、领土战争、私斗、教会军队和十字军"种下的恶果。但尽管如此,如果我们权衡这段"野蛮时期"的缺点和优点,优点还是大占上风;没有这段"野蛮时期",文明开化的欧洲及其全部的智慧可能都只是"一片荒漠"。[①] 赫尔德的结论也不足为奇:在两种文明——当时的文明和中世纪文明——之间,他没有丝毫犹豫:"无论如何,请给予我们你们全部的虔诚和迷信、昏聩和愚昧、混乱和粗暴的风俗,并请带走我们的智慧和怀疑,带走我们的冷漠和缺乏活力的精致,带走我们脆弱的哲学意志和人的悲哀!"[②]

与康德的冲突构成了赫尔德的思想与法国-康德启蒙运动之间的整个鸿沟。从《另一种历史哲学》到《人类历史哲学观念》,本质没有发生变化:"由于幸福是一种内在状态,用来界定它的标准就不可能是外部的,必须要到每个个体生命的内部去找寻标准。"[③]赫尔德再一次强调了这个他自认为自己独创的观念——如今大多评论家都对此充满了兴趣——以反对康德的一篇重要论著《世界公民观点之下的普遍历史观念》(*Idée d'une histoire universelle au point de vue cosmopolitique*)。这篇文章于 1784 年 11 月发表在《柏林月刊》(*Berlinische Monatchrift*)上;一个月之后,他又在该杂志上刊登了他的著名

---

① 赫尔德,《另一种历史哲学》,第 221—223 页(段 525—526)。

② 同上,第 223 页(段 526—527)。

③ 赫尔德,《人类历史哲学观念》,第 137 页。可参见前文中一段几乎类似的文字,出自《另一种历史哲学》,第 183 页。

宣言《什么是启蒙?》(*Qu'est-ce que les Lumières?*)。《世界公民观点之下的普遍历史观念》这篇文章的字里行间无不透露着卢梭的影响。文中,康德提出了几个重要的对社会本质、自由和进步的思考,这些都极大地触犯了赫尔德。这位路德教牧师毫不犹豫地在《人类历史哲学观念》中同时对这两篇文章做出了回应。康德认为(命题五),"大自然迫使人类去加以解决的最大问题,就是建立一个普遍法治的公民社会"。[1] 因此,就像
194 霍布斯和洛克已经指出的那样,必须摆脱野蛮的自然状态。于是,天赋理性的人必须靠自己的双手创造社会;换言之,在这个社会中,人要"制定一部个人与个人之间的合法的宪法——也就是说安排一个共同体"。[2] 唯有在这个社会中,人的自由才有保障,并且这一自由"可以与别人的自由共存共处;唯有在这样的一个社会里,大自然的最高目标,亦即它那全部秉赋的发展,才能在人类的身上得到实现。大自然还需

---

① 康德,《世界公民观点之下的普遍历史观念》,收录于康德,《历史哲学文集》(*La philosophie de l'histoire* [*opuscules*]),斯泰法纳 · 皮埃贝塔译,巴黎,奥比耶出版社,1947,第 66 页。1990 年,弗拉马里翁出版社重新出版了该译作,文中由菲利普 · 耐诺(Philippe Raynaud)撰写引言,书名为《历史文集》(*Opuscules sur l'histoire*)。可参见重要著作:约维尔(Yirmiahu Yovel),《康德和历史哲学》(*Kant et la philosophie de l'histoire*),巴黎,梅里迪昂 · 克兰克谢克出版社,1989。

译文参考:康德,《世界公民观点之下的普遍历史观念》,收录于康德,《历史理性批评文集》,何兆武译,北京,商务印书馆,1996,第 8 页。——译注

② 同上,第 69 页。

译文参考:康德,《世界公民观点之下的普遍历史观念》,何兆武译,前揭,第 11 页。——译注

要人类凭自己的力量就可以做到这点，正如大自然所规定的一切目的那样”。①

当然，康德说“人是一种**动物**，当他和他其余的同类一起生活时，**就需要有一个主人**，因为他对他的同类必定会滥用自己的自由；而且，尽管作为有理性的生物，他也希望有一条法律来规定大家的自由界限，然而他那自私自利的动物倾向性却在尽可能地诱使他要把自己除外。因此，他就需要一个主人来打破他那自己固有的意志，并迫使他去服从一种可以使人人都得以自由的普遍有效的意志”。② 就是这样，康德将洛克的脱离自然状态观念与卢梭的公意（vonlonté générale）观念融合到他的表述中，卢梭是他的导师，他从卢梭那里学到了自由和尊重人的观念。迫使人进入和平共处的状态，这最终会让主人显得无用。人将会自由，因为他们将受到理性法则的管理，而理性认为，只要每个人在行使自由的时候不妨碍任何其他人行使自由，人就是自由的。

然而，康德在此观点上更近了一步，他超越了洛克和卢梭。**“大自然迫使人类去加以解决的最大问题，就是建立一个普遍法**

---

① 康德，《世界公民观点之下的普遍历史观念》，第 66 页。

译文参考：康德，《世界公民观点之下的普遍历史观念》，何兆武译，前揭，第 8—9 页。——译注

② 康德，《世界公民观点之下的普遍历史观念》，耐诺版，1990，前揭，第 77 页（斜体部分原文即为斜体）。

译文参考：康德，《世界公民观点之下的普遍历史观念》，何兆武译，前揭，第 10 页。——译注

治的公民社会。"[①]他问道,如果国家之间应该长期保持自然状态,那么努力结束个人之间的自然状态又有什么意义?主张各**民族的联盟**的原因在于,"无论这个观念会显得何等虚幻,并且
195 作为这样一种观念会被人讥笑为一位叫圣彼得的修道院院长或者卢梭的观念",这都是"人们彼此之间相处所必不可免的结局"。正是洛克从自然状态的原始阶段中得出了战争状态要"迫使每一个国家[……]达到野蛮人刚好是如此之不情愿而被迫达到的同一个结论;那就是:放弃他们那野性的自由,而到一部合法的宪法里面去寻求平静与安全"。[②] 这就是国际权利和"各民族的联盟"产生的原因,公民社会也是因此而诞生于世:结束战争的需要。因此,要将人的自由置于大家共有的法律之下,也就意味着理性的生命将竭力克服自然状态,换言之,克服人之间、社会之间、国家之间为了建立普遍法基础上的和平而存在的战争状态。胡西恩指出,达成这一理想的进程曲折而坚定,每一次回落都是下一次前进的教训和起点。[③]

---

① 康德,《世界公民观点之下的普遍历史观念》,耐诺版,1990,前揭,第 76 页(斜体部分原文即为斜体)。

译文参考:康德,《世界公民观点之下的普遍历史观念》,何兆武译,前揭,第 8 页。——译注

② 同上,耐诺版,1990,前揭,第 80 页(斜体部分原文即为斜体)。

译文参考:康德,《世界公民观点之下的普遍历史观念》,何兆武译,前揭,第 12 页。——译注

③ 胡西恩,《康德观点下的历史哲学》(*La philosophie de l'histoire selon Kant*),收录于《康德的政治哲学》(*La Philosophie politique de Kant*),巴黎,法国大学出版社,1962,第 39 页。

正是这种未来或者说结论令赫尔德反感。康德认为，人受到一种使命的召唤，这一使命太大，以至于任何个人都受限于自身的状况而无法达到。于是，“以往的世代仿佛只是为了后来世代的缘故而进行着他们艰辛的事业，以便为后者准备好这样的一个新阶段，使之能够借以把大自然所作为目标的那座建筑物造得更高”。[1] 因此，其实没有哪个个人、哪一代是在满足自身的需求，他们仅仅构成人类迈向自由和公正、迈向政治组织新形式的进程中的一个阶段。赫尔德回应道：“任何个人都没有理由相信自己的存在只是为了他人或后代。”[2]《人类历史哲学观念》中还有一段更加意味深长的话：“一切活着的生命都乐于活着。他不会去询问，也不会反复思量他是为了什么目标而活着。他的存在就是他的目标，而他的目标就是存在。”赫尔德继续着对康德的抨击，为此他寻求天意的庇护，并向欧洲之外、那个没有被理性主义污染的世界投去赞叹的目光：“对存在表达的这种简 196
单、深刻、无可取代的情感就是幸福，是它的无边海洋中的一滴水珠，而它就是一切的幸福，它就是一切，它享受一切、感受一切。这就是无数欧洲人在其他地方人的脸上和生活中看到的祥和与欢愉，他们对此称赞不已，因为他们的不安和混乱让他们自

---

① 康德，《世界公民观点之下的普遍历史观念》，1947 年版，前揭，第 63—64 页。

译文参考：康德，《世界公民观点之下的普遍历史观念》，何兆武译，前揭，第 6 页。——译注

② 赫尔德，《人类历史哲学观念》，第十五部，第五章，第 281 页。

己无法体验这样的情感。"数行过后，他继续道："有什么能够证明我们认识的人注定拥有无限提升的能力这类假设"？或是说明"每一代归根结底都只为下一代而活，而下一代立于前人幸福毁灭后的废墟之中"这样的观念？[①]

康德认为人区别于动物的第一步，在于通过理性和意志反抗自然秩序。因而可以说，自由的首次表现是打破人与自然的完美统一：在康德看来，卢梭揭示文明状态与自然原始的简单状态之间的矛盾所造成的恶果是有道理的，但他认为，卢梭提出的恶让文化的善成为可能：自从人意识到他的自由，他的理性就难以抑制地促使他开发自己的自然秉赋，并要求他逐渐摆脱自然法则的束缚。但同样的演变不会发生在个人生活中。[②] 在令赫尔德反感的 1784 年的论著中，康德写下了这一重要看法："这些自然秉赋的宗旨就在于使用人的理性，它们将在人——作为大地之上唯一有理性的被创造物——的身上充分地发展出来，但却只能是在全物种的身上而不是在各个人的身上。"[③]因此，人的历史是不断朝向更高层次的政治生活和思想生活迈进的过程。这一过程是漫长的，世界尚未被照亮，人们仍未真正脱离其未成年的状态，Aufklärung(启蒙)是一个未完成的过程：在《什么是启蒙?》中，康

---

① 赫尔德，《人类历史哲学观念》，第八部，第五章，第 141 页。

② 胡西恩，《康德观点下的历史哲学》，前揭，第 42—43 页。

③ 康德，《世界公民观点之下的普遍历史观念》，耐诺版，1990，第 71 页，前揭。同样可参考：胡西恩，《康德观点下的历史哲学》，前揭，第 43 页。

译文参考：康德，《世界公民观点之下的普遍历史观念》，何兆武译，前揭，第 3—4 页。——译注

德明确地指出了这一点。于是，他发表了一篇乐观的论文，为人们打开了一个无限广阔的视野，这绝不是乌托邦，他专注撰写著名的 1795 年论著《永久和平论——一部哲学的规划》(*Vers la paix* 197
perpétuelle, esquisse philosophique)也不是为了构思一个简单的乌托邦：文中，他指出国内权利、国内政治和国际权利之间的联系。一方面，"每个国家的公民体制都应该是共和制"；另一方面，"国际权利应该以自由国家的**联盟制度**为基础"。[①]

康德与赫尔德之间的论战非常重要。在绝大多数读者的眼中，赫尔德对康德所捍卫的启蒙运动的否定显而易见。除了孔多塞之外，包括康德在内的众多启蒙运动重要人物均未能免于赫尔德的抨击。这一论战仍是德国的论战，因为在法国人们还不知道赫尔德。1774 年的小册子出版的时候，伏尔泰还活着，但他应该从没想过要读这本书。何况，作为活着的最伟大的欧洲人之一的伏尔泰，何必要与一个默默无闻的德国人举戈相向呢？反驳《论各民族的精神与风俗》的 1774 年小册子令人不觉发笑。伏尔泰在这部书中用两千多页文字对世界史做出了绝妙的概括，他努力用理性的方式解释人从查理大帝到路易十四时代初期的发展过程。如果赫尔德想要严肃地回应伏尔泰的这部杰作，他就不得不以一种截然不同的方法去解读。伏尔泰的这部著作中融入了对

---

① 康德，《永久和平论》，1991 年普鲁斯特版(Proust)，第 84 和 89 页(斜体部分原文即为斜体)。

译文参考：康德，《永久和评论》，收录于康德，《历史理性批评文集》，何兆武译，北京，商务印书馆，1996，第 105 和 110 页。——译注

罗马帝国瓦解、对基督教起源以及对欧洲之外的世界——中国、印度、波斯、穆罕默德时期的阿拉伯——的思考，它需要能在格局上与之相称的研究。赫尔德也本该以同样的方式回应孟德斯鸠、休谟、弗格森和罗伯逊。他选择了最简单的方法：首先，歪曲著作的意思以便更好地进行抨击；接着，开始冗长的说教，同时大量使用暗示、影射、讽喻、暗喻，并借助《圣经》来抨击整个 18 世纪。赫尔德无法接受从理性的、非宗教的角度诠释历史，无法接受认为是人、而不是天意创造了历史的看法。

显然，康德不可能容忍这样的方法。但他对这位旧时门生的青年时代著作没有做出什么反应。大概他当时认为赫尔德并不重要，但十年之后，他感到自己必须要加入战争。这一次出现的，不再是以前针对孟德斯鸠或伏尔泰那样常常缺乏诚意的抨
198 击，而是开始质疑他自己的工作。通过提出天意在历史进程中的介入问题，赫尔德认为《圣经》是有理的：是 Elohim——Elohim 是希伯来语的上帝——创造了历史。[①] 然而，人类不可能有两种起源，一面是《创世记》中讲述的起源，一面是卢梭描述的起源。在卢梭和赫尔德之间，康德站到了《论人类不平等的起源和基础》的作者的阵营。在他眼中，他的老学生成了“非理性和蓄意伪造的代表”[②]：康德的观点没有错。即便在如今最新的学术分析看来，这一评价仍然是公正的。

---

① 参见胡西恩，《康德观点下的历史哲学》，前揭，第 40 页。

② 引自雷诺，《普遍主义和多元论：赫尔德时代》，前揭，第 246 页，注释 11。雷诺参考了佩尼松，《赫尔德：各民族的理性》，第 159 页。

康德反对赫尔德，他认为原始契约观念至关重要，并且原始契约观念与智慧增长的观念息息相关这一看法也同样重要。至少从人最成熟的阶段来看，他已走出了未成年期，他能够也应该理性地决定他的未来，他能够并应该规划自己的道路：证明这一点的恰恰是批评的存在，这是通过理性本身、根据既有的理性原则进行的理性批评，也是依照普遍性准则对政治-历史现实的批评。这里所说的普遍性是人之间按照有效法律共存共处的普遍性，人们自觉地赋予自己这些法律，因为作为完善的、理性的生命，人们清楚自己想要什么、应该要什么。原始契约和启蒙(Aufklärung)的重要性正在于此：原始契约的观念和公意的观念一样，它推动着世界的进步。它的历史作用在于它孕育了启蒙(Aufklärung)，并让启蒙得以延续。康德，这位有思想的人做到了自我解放，他希望他的自由能在一定的政治制度下得到承认，但却忽略了不是人人都有思想这一事实：人们的教育仍大有可为之处，并非所有人都认同普遍性原则是政治生活的唯一思想基础，并认为只有它能够赋予历史以意义。①

这里，涉及公意的概念，康德将这一概念归功于卢梭。康德尽管欣赏卢梭，却不是严格意义上的卢梭主义者。从根本上说，康德是乐观的：在他看来，从历史的起点开始，或者说从历史上

① 埃里克·维尔，《康德和政治问题》(Kant et le problème de la politique)，收录于《康德的政治哲学》，巴黎，法国大学出版社，1962，第 11—12 页。

199 最初的人——罪恶的而不是无罪的——开始，人就在进步。尽管康德和卢梭之间存在这样根本的分歧，康德还是将实践理性至上的观念、社会契约观念、公意观念和法律之下的自由观念归功于卢梭。我们之前已经看到，康德为了得出他的观点经过了曲折的道路，他认为唯有强制才能让人和平共处，而和平共处让专制国家的存在显得多余。不过，他跨出了关键的一步：社会契约指出一切实际立法的界限，它是一切政治裁判的原则、一切法律和一切决定的标准。康德关注权力结构、代议制、分权原则和国际权利。政治共同体内部个人之间的自然状态消失，国家之间的自然状态还继续存在。因此，必须营造和平的状态，必须在各个自由国家之间建立联盟。尽管这一使命显然无法立刻达成，但历史的目标是清晰的，朝向这一目标的道路已被人们指出。人可以掌握未来：未来不再是宿命，而是可通过理性自由选择的终点。埃里克·威尔说道，人，这一完善的生命，能够且应该无休止地进步下去，他向前的步伐绝不会停止；作为有思想的生命，他不需要休息。[①]

康德点明了关键所在，而这正是赫尔德抨击的地方：人是自己命运的主人并靠自己的双手、按照自己的设想规划命运，这样的观点在他看来是一种亵渎。康德、洛克和卢梭这些如此不同的哲学家一致认为，社会契约的观念至关重要，他们都赞同个人自主；在洛克之后，孟德斯鸠提炼出了两个确保自由的具体手

① 埃里克·维尔，《康德和政治问题》，前揭，第 9 页和第 25—29 页。

段——分权和代议制——伏尔泰为批评的自由而战、为宽容而战,因此常年被巴黎驱逐在外,他最终为英国式议会制君主政体倾倒。但在整个这段时期,赫尔德几乎不关心政治;而这正是关键的转折点,因为是他带来了真正意义上的思想革命。

确实,跟随着霍布斯和洛克的脚步,同时伴随着光荣革命的进程,那些“哲学家”继续对社会理性的、有意识的起源进行着英国式的思考。他们建立起社会契约的观念,以此指明社会的功利性起源并很好地确立社会目标,也就是个人福利,他们 200
都致力于勾勒出合理的政治体制框架;而当此之时,这位比克堡的牧师却提出文化至上的观念。卢梭创造了公意的观念:康德将其看作对人只能服从于法律——法律是人自己赋予自己的,并由人自己表述——的另一种表达。于是,就形成了康德思想中人民作为立法者拥有自由的观念。从 17 世纪中期的霍布斯到洛克和光荣革命,再到法国大革命时期的康德,国家的唯一目标在于确保每个个人享有自由和财富,或者换句话说,享有自然权利。社会是公民的共同体,该由公民来为自己创造尽可能最好的制度,也就是一种代议制。人永无止境地迈步向前,历史是人创造的,且具有某种意义,因为人下意识地走向自由。对此,赫尔德全力发起攻击:攻击自然权利学说描述的社会起源,攻击人凭自己的双手建立社会和国家的观念,攻击非宗教的历史观。

这就是为什么康德在 1785 年对两部《人类历史哲学观念》做出的评论在观念史上具有如此大的重要性。我们只要认真阅读这篇文章，就能理解为什么康德会如此严厉地抨击赫尔德：不仅是因为他们之间本质上的分歧，可能也因为康德不相信他这位旧时门生能够做出什么重要功绩。当然，康德按照自己的良好习惯，首先对“我们这位机智而雄辩的作家”致以敬意，致敬他同化、整合“从科学和艺术的广泛领域里”收集来的观念的“才能”。这样的说法并不一定是赞赏，尤其联系到之后的内容：这不是真正的历史哲学，因为在康德看来，历史哲学需要一种“概念规定上的逻辑准确性”以及“对原理的绵密分辨和验证”：而在赫尔德那里，我们看到的是“一种转瞬即逝的、包罗万象的观点”和将研究对象置于“朦胧深处”的能力。[①] 康德继续阐述他对这
201 一“做得并不完全成功”的尝试的看法，并在最后给他的老学生
上了一堂有关研究方法的课：他期待哲学“不是靠示意而是靠确切的概念，不是靠臆想的而是靠观察到的法则，不是凭一种无论是由形而上学还是由感性而来的高飞远举的想象力，而是要凭一种在纲领上是广泛铺开的，在运用上却是小心翼翼的理性”。[②] 对第二部的评论还要更加严厉：康德讽刺“那么多文风

① 康德，《评赫尔德〈人类历史哲学观念〉》(Compte rendu de l'ouvrage de Herder：“Idées en vue d'une philosophie de l'histoire de l'humanité”)，收录于康德，《历史哲学文集》，1947 年版，前揭，第 95—96 页。

译文参考：康德，《评赫尔德〈人类历史哲学观念〉》，收录于康德，《历史理性批评文集》，何兆武译，北京，商务印书馆，1996，第 32—33 页。——译注

② 同上，1947 年版，第 111 页，前揭。

译文参考：康德，《评赫尔德〈人类历史哲学观念〉》，何兆武译，前揭，第 45 页。——译注

充满着诗意的美妙的段落”,他教导赫尔德的不仅是严密性,还有文风,并最终希望赫尔德在未来“不会限于一种毫无内容的章句训诂,并将在有朝一日贡献给世界[……]一份可敬的哲学思维方式的典范”。①

但是,这场辩论的真正核心是赫尔德提出的基督教的历史哲学,以及由此产生的对人的自由的根本否定。康德从赫尔德历史哲学的中心思想出发,从认为历史进程中天意会超验介入的观念出发,正面攻击赫尔德。确实,赫尔德认为——康德大段地引用赫尔德的原话——“最初被创造的人是与指教一切的耶和华相通的,[……]他们在他的指导下通过动物的认识而获得了自己的语言和占统治地位的理性[……]。可是,耶和华是怎样接受他们的呢?也就是说是怎样教诲、监督和训练他们的呢?”②康德拒绝根据《圣经》的叙事将道德情感的起源视同于“整个人类历史的发端”,他认为历史是持续向前的进程,不断迈向更高的山峰,其中的每一代人都站在他们前辈的肩膀上,并确保他们的后代可以走得更远。在《人类历史哲学观念》中,赫尔

---

① 康德,《评赫尔德〈人类历史哲学观念〉》,收录于康德,《历史哲学文集》,1947 年版,前揭,第 118—121 和 126 页。

译文参考:康德,《评赫尔德〈人类历史哲学观念〉》,何兆武译,前揭,第 51 和 58 页。——译注

② 同上,1947 年版,前揭,第 123 页(耐诺版,1990,前揭,第 118—119 页)。

译文参考:康德,《评赫尔德〈人类历史哲学观念〉》,何兆武译,前揭,第 55 页。——译注

德严厉地抨击康德，因为康德不愿承认“终极目标”的存在。在整个第 8 卷和第 9 卷中，他引用康德的话却不赞同康德，[①]他指责进步的观念。康德以一篇重要的文章作为回应，文中他指出，真正的进步、道德的进步、文明的进步是不断趋向“最大的可能”：“如果天意的真正目的并非每一个人为自己勾绘出来的幸福的轮廓，而是由此登上舞台的那种不断前进着和生长着的活
202 动和文化，那么其最大的可能程度不就只能是依据人权概念所安排的国家体制的产物吗？”[②]他又肯定道：“人类的天职在整体上就是**永不终止的进步**”[③]，在《人类历史起源臆测》(*Conjectures sur les débuts de l'histoire humaine*)的结尾，康德提到“人间事务全体的”进程：“这个进程并不是由善开始走向恶，而是从坏逐步地发展到好；对于这一进步，每一个人都受到大自然本身的召唤来尽自己最大的努力、做出自己的一份贡献”。[④]

康德又对另一个要点进行了有力的还击。赫尔德认为，“人

---

① 赫尔德，《人类历史哲学观念》，第九部，第四章，第 157 页。

② 康德，《评赫尔德〈人类历史哲学观念〉》，收录于康德，《历史哲学文集》，1947 年版，前揭，第 124 页。

译文参考：康德，《评赫尔德〈人类历史哲学观念〉》，何兆武译，前揭，第 56 页。译文有改动。——译注

③ 同上，前揭，第 126 页(斜体部分原文即为斜体)。

译文参考：康德，《评赫尔德〈人类历史哲学观念〉》，何兆武译，前揭，第 58 页。——译注

④ 康德，《人类历史起源臆测》，收录于康德，《历史文集》，耐诺版，1990，前揭，第 164 页。

译文参考：康德，《人类历史起源臆测》，收录于康德，《历史理性批评文集》，何兆武译，北京，商务印书馆，1996，第 78 页。——译注

的幸福无一不是个人的福利”，这是“一种内在状态，用来界定它的标准就不可能是外部的，必须要到每个个体生命的内部去找寻标准。”[1]对此，康德这样回应：“他们存在时的价值”是一方面，“他们存在本身的价值”是另一方面。的确，如果幸福的塔希提居民从未接触过“文明国家”，如果他们仍然数世纪地沉浸在“他们那种宁静的散懒之中”，就不会提出“这些人究竟为什么存在”这样的问题。“这个岛屿如果是被幸福的牛羊而不是被处于单纯享乐之中的人所盘踞”，难道就不会同样好吗？于是，康德得出了与赫尔德截然相反的结论：“因此，那条原则就并不如著者先生所设想的那么邪恶。”[2]那条原则确实一点也不邪恶，前提是我们要承认文化让生命有了活着的价值，并接受人能通过摆脱自然的掌控而充分发展自身思想潜能的观念。

康德在《人类历史起源臆测》中对赫尔德进行了批判性思考，这篇文章在他评论《人类历史哲学观念》的第二部分发表一年后问世。在《人类历史起源臆测》中，康德借助了赫尔德的眼中钉，借助了那个用基督徒认为是可怕亵渎的方式描述人的起源的人，借助了“大名鼎鼎的卢梭的那些常常为人误解的、表面看来自相矛盾的见解”：一方面，卢梭“在他的著作《论科学的影 203

① 赫尔德，《人类历史哲学观念》，第八部，第五章，第 137 页。

② 康德，《评赫尔德〈人类历史哲学观念〉》，1947 年版，前揭，第 124—125 页。

译文参考：康德，《评赫尔德〈人类历史哲学观念〉》，何兆武译，前揭，第 56—57 页。——译注响》(*Influence des sciences*)和《人类不平等论》里,[……]完全正确地指出文化与人类天性(作为一个**生理上的**物种,其中每一个个体都应该全部地完成自己的天职)之间不可避免的冲突;但是在他的《爱弥儿》(*Émile*)、在他的《社会契约论》以及其他著作中,他又力求解决下面这个更为困难的问题:文化必须怎样地前进,才可以使人类的秉赋(作为一个**道德性的**物种,这属于他们的天职)得到发展,从而使它不再与作为一个自然物种的人类相冲突"。还是在这篇文章中,康德告诉我们:"**大自然**的历史是由善而开始的,因为它是**上帝的创作**;自由的历史则是由恶而开始的,因为它是**人的创造**。"①于是,康德将人区别于动物的第一步视作理性和意志对自然秩序的反抗。因而可以说,自由的首次表现是打破人与自然的完美统一,是相对于原始无辜状态的堕落,简单地说,是衰落、是罪恶。但原始人的堕落让文化财富的存在成为可能,而文化财富赋予生命其全部的价值。人一旦意识到自由,他的理性就会敦促他发展自己的自然秉赋。"认识到**所有有理性生物一律平等**"的人,②带着欲望和需求,期待农业、财产的诞生,也就是说,人进入了"**劳动与扰攘**"③的阶段。于

① 康德,《人类历史起源臆测》,收录于康德,《历史文集》,耐诺版,1990,前揭,第154—155页(斜体部分原文即为斜体)。

译文参考:康德,《人类历史起源臆测》,何兆武译,前揭,第68—69页。——译注

② 同上,第152页(斜体部分原文即为斜体)。

译文参考:康德,《人类历史起源臆测》,何兆武译,前揭,第66页。——译注

③ 同上,第157页(斜体部分原文即为斜体)。

译文参考:康德,《人类历史起源臆测》,何兆武译,前揭,第71页。——译注

是，“人类全部的艺术——而其中最有裨益的就是**社会性与公民安全**的艺术——就可以逐步地发展起来。[……]随着这个时代也就开始了人类的**不平等**，它是那么多坏事的，但同时却又是一切好事的丰富源泉，并且还日益得到增长”。人们得以享有“自由的无价之宝”，并因此享有舒适、更好的生活，因为“没有自由就不会出现任何可能创造财富的活动”。[①]

因此，人的历史彰显着自由的胜利。在《世界公民观点之下的普遍历史观念》中，康德表明精神自由是“逐步前进的”。自由 204
日益前进，“对个人行为的限制就日益为人所摒弃，普遍的宗教自由就日益为人所容忍；于是便夹杂着幻念和空想而逐步出现了**启蒙运动**”[②]……

康德接着说道：赫尔德批评的对象是真正现实中的启蒙运动还是启蒙运动的那些敌人想要看到的启蒙运动，这个问题几乎不成问题；在大多数情况下，他的看法都是一种错误的理解。恩斯特·卡西尔、彼得·盖伊（Peter Gay）、保罗·阿扎尔、勒内·波莫（René Pomeaut）、艾尔弗雷德·科本（Alfred

---

① 康德，《人类历史起源臆测》，收录于康德《历史文集》（耐诺版，1990），第159页（斜体部分原文即为斜体）。同样可参考：胡西恩，《康德观点下的历史哲学》，前揭，第42页。

译文参考：康德，《人类历史起源臆测》，何兆武译，前揭，第73页。——译注

② 康德，《世界公民观点之下的普遍历史观念》，前揭，第84—85页（斜体部分原文即为斜体）。

译文参考：康德，《世界公民观点之下的普遍历史观念》，何兆武译，前揭，第17页。——译注

Cobban),仅从他们最大的贡献来看,长期以来他们都在替启蒙思想伸张正义。[①] 从后结构主义到后现代主义的各种分支在刚刚结束的这个世纪的下半叶发起的所有反击,都无法阻挠他们。马克斯·鲁谢也在 1940 年的重要论著中指出赫尔德是如何一面曲解并过分简化那些"哲学家"的思想,一面抄袭它们以更好地进行抨击。[②]

就另一方面而言,在 18 世纪遭到如此诋毁的理性主义,也

---

① 彼得·盖伊是一部杰出研究著作的作者,书名为《启蒙运动:一种解释》(*The Enligtenment: an Interpretation*),卷 1《现代异教的兴起》(*The Rise of Modern Paganism*);卷 2《自由的科学》(*The Science of Freedom*),纽约,诺顿出版社,1995,(第一版出版于 1996 年)。最近,荷兰史专家乔纳森·伊斯雷尔(Jonathan I. Israel)的《激进的启蒙运动:哲学与现代性的产生,从 1650 年至 1750 年》(*Radical Enlightenment: Philosophy and the Making of Modernity, 1650 -1750*)出版,牛津和纽约,牛津大学出版社,2001。这本书非常文不对题,它其实说的是斯宾诺莎,是荷兰的斯宾诺莎主义。它刚好是在启蒙运动的影响达到顶峰时完成的。

② 鲁谢,《赫尔德的历史哲学》,前揭,第 9 页(注释 1)、第 10 页、第 135—141 和 147—148 页。这篇文章永远不会过时。同样可参考:赫尔德,《另一种历史哲学》,第 93 页。不同于我们通常对启蒙运动的看法,那些"哲学家"并非全都相信人类持续且无限的进步。18 世纪出现的各种有关进步的理论对欧洲历史并不始终持一致的乐观态度;当涉及到全人类或各民族总体历史的时候,这些理论之间的分歧还要更深。当然,正如我们已经提到的,康德谈论迈向启蒙的进程,吉本在 1781 年写道:"因此,我们可以得到这样一个可靠的结论:从创世起,每一个世纪都在增加人类的现实财富、幸福、智慧,可能还有美德",而其他一些 Aufklärer(启蒙运动者)则坚定地强调伟大时期过后的衰落。在《古代的面貌》(*L'Antiquité dévoilée*)中,布朗热甚至承认古代在某些方面要优于他的时代。伏尔泰——赫尔德最厌恶的人,因为伏尔泰是当时最有影响力的思想家——还指出了漫长的衰落的时代和蛮族的时代是如何中断人类历史的。在伏尔泰的作品中,将奥古斯都的世界与意大利文艺复兴分割开来的中世纪是什么呢?伏尔泰的思想从不排除存在新的衰落期的可能。

能够纠正自身的弊病。与泰纳认为的不同,理性主义最重要的 205
思想家们——赫尔德不断从他们的思想中汲取灵感——很少会先验地进行分析或滥施推广。相反,启蒙运动在不否认理性和个人至上的前提下引入了宗教宽容、特性权——看看伏尔泰和孟德斯鸠——引入了对大发现和航海中发现的原始人的同情,以及多元化。伏尔泰提倡尊重未知的美、尊重异国风尚,而他的同胞也承认"作为波斯人的权利"——波斯就是遥远、怪异文化的代名词。

赫尔德以一种令人极其不满的方式窃取了"民族普遍精神"[①]概念的创造者孟德斯鸠的观点。所谓的赫尔德的民族精神(Volksgeist)观念实际上是孟德斯鸠的思想核心:梅尼克曾怀着崇敬的心情引用孟德斯鸠的话语,并明确提到了上述观点。为此,他参考了 1920 年一部关于黑格尔的著名论著,这部论著堪称"迄今为止对孟德斯鸠的民族精神学说的最佳解释"。[②] 确实,直到 1793 年黑格尔的著作中,"民族精神"一词才以这样的形式、以真正德语的形式出现。黑格尔很可能是几年之前在常被与赫尔德联系在一起并深受卡莱尔崇拜的作家让-保罗(Jean-Paul)那里发现它的。直到当时,直到 18 世纪下半叶,直到《论

---

① 孟德斯鸠,《作品全集》(*Oeuvres complètes*),巴黎,伽利玛出版社,"七星丛书",卷 2,1951,第 558 页。

② 梅尼克,《历史主义——一种新历史观的兴起》,前揭,第 120 页(斜体部分原文即为斜体)。梅尼克参考了《黑格尔与国家》(*Hegel und der Staat*)(1920)。

译文参考:弗里德里希·梅尼克,《历史主义的兴起》,陆月宏译,前揭,第 136 页(注释)。——译注

法的精神》出版之后，这些被伏尔泰和孟德斯鸠吸收的词汇——民族的精神(Geist des Volkes)、普遍精神(allgemeiner Geist)、国家精神(Nationalgeist)——才似乎在法国扎根。[①] 正是由于孟德斯鸠的著作中涉及理解社会结构、尊重文化、尊重历史和尊重民族多样性与特殊性，涉及对非欧洲世界的尊重，涉及理解共同体各元素之间的复杂关系，这位波尔多议会议长的伟大著作才会被当成是赫尔德的成果。但事实恰恰相反，我们已经注意到，黑格尔比任何人都更准确地给出了理由：赫尔德的反理性主义是他用来打击哲学本身的方式。

确实，《论法的精神》和《风俗论》难道不是建立历史哲学的具有决定性意义的首次尝试吗？历史是法的精神，而不是培尔
206 期待的事实的精神；培尔认为对历史的认识只是事实与细节的简单集合，这些事实与细节之间没有任何联系和逻辑，他的观点与孟德斯鸠所说的截然不同。在孟德斯鸠的著作中，大量的细节受到某一严格的思想原则的支配并因此有效，而与此相比，培尔给自己的批评论著起名《历史与批评字典》(*Dictionnaire historique et critique*)也就不是偶然了。孟德斯鸠认为法只有在某一具体问题下才能得到理解，而这一问题只有当我们将它看成普遍联系的范例时才真正具有意义。是他首次提出了历史学、政治学和社会范畴的"理想类型"概念：卡西尔认为，《论法的精神》是第一个论述各种典型的理论。《论法的精神》第一章第一节和

---

① 鲁谢，《赫尔德的历史哲学》，前揭，第137页。

《罗马盛衰原因论》(*Considérations sur les causes de la grandeur des Romains et de leur décadence*)第十八章一样,都是最著名的政治思想文章。新的时代就此展开:"盲目的命运"、"根本理性"、"或是道德方面或是生理方面的一般原因"、一般原因与个别原因之间的关系、物质原因与精神原因的关系,这些概念的发展成了所有现代思想诞生的摇篮。[①] 早在赫尔德之前,拉布列德男爵(le baron de La Brède)就向18世纪的人传授了文化特殊性和民族特殊性概念。

在《另一种历史哲学》中,赫尔德向孟德斯鸠发起了满怀仇恨的攻击。他一面深受孟德斯鸠著作的启发,一面指出孟德斯鸠著作只是一件糟糕的半成品,认为它简单得可怜,已经走进了死胡同,这是多么没有道理啊。在赫尔德看来,孟德斯鸠建立起了一些"原则[……]根据这些原则,无需任何准备,就能在一眨眼的功夫按照基本政治运算法则对上百个民族和国家进行计算"。[②] 尽管如此,两个世纪以来,人们总是引用——卡西尔也是如此——赫尔德赞扬《论法的精神》作者的一句话的前几个字,"孟德斯鸠的崇高巨作",却大多忽略了这句话之后紧接着的一大段恶毒而荒唐的内容:青年牧师这样说道,这部著作"单靠一人之手无法达到它应有的状态。这是一部符合当时哲学偏好

---

① 参见卡西尔,《启蒙哲学》,第217—222页。

译文参考:卡西尔,《启蒙哲学》,顾伟铭等译,山东,山东人民出版社,1988,第204—207页。——译注

② 赫尔德,《另一种历史哲学》,第249页(段246)。

的哥特建筑，也就是精神的哥特建筑！仅此而已！事实被剥去它们的地点和源头，剩余的部分被扔到三四个市场上，被贴上标签，标签上写着三个毫无价值的一般概念——仅仅是几个词而
207 已！——不过是些空洞的、无用的、含糊的、混淆一切的机智的词罢了！因此，一阵卷着所有时代、所有民族、所有语言的涡旋从这部著作中呼啸而过，就像是巴别塔上的漩涡，要求每一个人将他的货物、钱财、锱囊悬挂在三个脆弱的钉子之上。各民族、各时代的历史以及其所有的枝节都是上帝充满生机的杰作，却被简化成一堆废墟和三个尖顶、三个箱子——当然，这仍然是极其崇高、极其庄严的建筑材料——孟德斯鸠啊！”①几页之后，赫尔德又写了一段，他在其中嘲笑道：“这位伟大的导师、国家的议员[……]。他给出了一个多么美丽的典型啊，用两三个词来衡量一切，将一切归结为两三条制度，以便查看它们起于何时，并确定它们有多大范围、能持续多长时间。”在抨击了孟德斯鸠的方法后，赫尔德又向他发出了最高的指责：“能够跟随他跨越自己民族的界限，探究所有时代和所有国家的法的精神，是多么愉快的一件事啊——这也是一种命运。”②

但是，如果说有一个人掌握了历史的各种存在形式，掌握了特殊、个别、独特这些词的意义，那一定是这位法国法学家。他

① 赫尔德，《另一种历史哲学》，第 319 页。在该页下方的注解中，译者马克斯·鲁谢解释说，孟德斯鸠所谓的“三个钉子”就是担忧、恐惧和品德，就是专制主义原则、君主制原则和共和原则。

② 同上，第 323 页。

从未企图将同样的治理形式强加给所有国家，他在开始写《论法的精神》第一章时就表明，“为某一国人民而制定的法律，应该是非常适合于该国人民的；所以，如果一个国家的法律竟能适合于另外一个国家的话，那只是非常凑巧的事”。[①] 法律与特定的社会、经济、政治和文化条件相关：孟德斯鸠认为立法应该符合国家的特殊情况，符合它的气候、它的生理条件、它的生活方式、它的宗教和居民的富裕程度。赫尔德深受第十九章的启发：第十节（“西班牙人和中国人的性格”）、第五节（“应该如何注意不变更一个民族的一般的精神”）以及第四节。第四节中，《论法的精神》的作者教会了赫尔德“何谓一般的精神”：“气候、宗教、法律、施政的准则、先例、风俗、习惯。结果就在这里形成了一种一般的精神”。[②] 梅尼克没有弄错，他引用第十九章第四节的文字称 208
赞孟德斯鸠的“一般的精神”以及认为每个时代都有其“特殊天性”的观念。[③]

赫尔德之后，柏克开始了一段可与之相提并论的批评。列

---

① 孟德斯鸠，《论法的精神》，贡扎格·特鲁克撰写引言、注释，巴黎，加尔尼埃出版社，1961，卷1，第10页。

译文参考：孟德斯鸠，《论法的精神（上册）》，张雁深译，前揭，第6页。——译注

② 同上，卷1，第319页。

译文参考：孟德斯鸠，《论法的精神（上册）》，张雁深译，前揭，第305页。——译注

③ 梅尼克，《历史主义——一种新历史观的兴起》，前揭，第121页。梅尼克参考了《思想与片段》（*Pensée et fragments*），卷2，第141页。

译文参考：弗里德里希·梅尼克，《历史主义的兴起》，陆月宏译，前揭，第137—138页。“普遍精神”即指“一般的精神”。——译注

奥·施特劳斯明确指出，柏克在他的第一本书、发表于 1757 年的《关于我们崇高与美观念之根源的哲学探讨》(*Recherche philosophique sur l'origine de nos idées du sublime et du beau*)中不仅反对了现代理性主义，也反对了理性主义本身。《自然权利与历史》(*Droit naturel et histoire*)的作者认为，柏克对理性主义的反对兼具传统与现代的特征。① 施特劳斯清楚地认识到，这部论著、柏克"全部理论努力"的谱系都旨在"将情感和本能从理性中解放出来"。在这位芝加哥大学哲学家看来，柏克对理性的批评中最与众不同的地方，在于他否认理性是制定宪法的最好方法。旧派认为宪法是理性的产物：即使宪法的目标不由人来确定，它的制定也是由人进行的。② 事实上，柏克是在对理性主义提出全面否定，认为它不具备任何传统，并走在现代反对启蒙运动个人主义批评和理性主义批评的前列，而这一反对将在 19 和 20 世纪持续进行。柏克的整个论点都体现出一种绝对的新特征，超越了过去的各民族共识(consensus gentium)：柏克用过去时代的集体智慧、各代人积累起来的知识反对个人判断，这也就意味着

---

① 列奥·施特劳斯，《自然权利与历史》(*Droit naturel et l'histoire*)，莫尼克·那桑(Monique Nathan)和埃里克·丹皮埃尔(Eric Dampierre)译，巴黎，弗拉马里翁出版社("麦田文丛")，1986 年，第 271 页。原书出版于 1953 年(*Natural Right and History*，芝加哥，芝加哥大学出版社，1953)。

② 同上，第 270—271 页。关于施特劳斯对柏克的解读，可参考史蒂芬·伦兹纳(Steven J. Lenzner)，《施特劳斯眼中的柏克作品》(Strauss's Burkes)，收录于《政治理论》(*Political Theory*)，19(3)，1991 年 8 月，第 364—390 页。

译文参考：施特劳斯，《自然权利与历史》，彭刚译，北京，生活·读书·新知三联书店，2003，第 319—320 页。——译注

人不是理性的，意味着社会不是由个人组成的整体，而是一个躯干。这个躯干有它的组成和结构，它像一个个人一样有着与生俱来的特征。这使得“宪法”——这里指管理国家的制度或是各项法律和各项条文的集合——无法像洛克、美洲移民者或是1789年的人认为的那样在一个民族生活的任意时刻、仅凭一代人的意志就被无中生有地创造出来。 209

确实，柏克所关心的事物与赫尔德关心的不同，他不是雅可比那样的哲学家，他的反理性主义也与他们的不尽相同。他不是伏尔泰那种厉害到无所不碰的人，他的天赋也与卢梭的截然不同。他是一位政治家，同时也是政治思想家，因为他承认思想的力量，将思想作为政治活动的手段。他并不保守：在这个智慧的年代，他毫不畏惧地大声喊出他认为低于本能的理性的弱点，[①]或者说他毫无畏惧地将1689年革命理解成反动的革命——这里的“反动”一词即取其字面意思。之前我们提到，为了展现理性的无能，柏克写了《关于我们崇高与美观念之根源的哲学探讨》一书：“即使我们能够证明就此一问题提出的所有解释，同样多的困难依然横亘于我们面前。原因的巨大链条一环紧扣一环，甚至直接掌握在上帝手中，它非人力所能及。当我们跨出事物的直接感性特质这一领域时，事物就已经不能为我们所掌握。此后所做的一切不过是软弱

---

① 罗德尼·基尔卡普(Rodney W. Kilcup)，《柏克的历史绝对论》(Burke's Historicism)，收录于《现代历史杂志》(*Journal of Modern History*)，第49期，1977，第396页。

无力的挣扎而已，这仅仅证明此一领地根本不属于我们[……]。假如我们要解释某一物体落到地面这一过程，我会说这是引力所致，而且我也会尽力尝试说明这一力量是以何种方式起作用的，但我绝对不会去探究为何它以此种方式起作用，而非别的方式。”①在1759年该著作第二版的前言中，他几乎是在重复赫尔德的话语：“不要在我们还只能勉强爬行的时候就想要飞翔。”②而且，他写道：“当造物主想使我们被某些事物所感动时，他并不依赖那些虚弱无力而且不稳定的理性活动，而是使这些事物拥有某些能够阻止知性甚至是意志发挥作用的力量和特质，后者能够在理性能力赞成或者反对之前紧紧抓住感官和想象力、牢牢控制我们的灵魂。”③柏克
210 在他的第一篇论著中——这篇文章的目的在于批评卢梭——就已经抨击了滥用理性的现象，这是他的时代犯下的罪状。

---

① 柏克，《关于我们崇高与美观念之根源的哲学探讨》，巴尔迪纳·圣-吉隆(Baldine Saint-Girons)翻译并撰写前言，巴黎，弗林出版社，1990，第171—172页(第四部分，第一节)。

译文参考：柏克，《关于我们崇高与美观念之根源的哲学探讨》，郭飞译，郑州，大象出版社，2010，第109—110页。——译注

② 同上，第52页。

③ 同上，第147页。原文参见埃德蒙·柏克，《关于我们崇高与美观念之根源的哲学探讨及其他大革命前作品》(*A Philosophical Enquiry into the Origin of Ideas of the Sublime and Beautiful and other Pre-Revolutionary Writings*)，伦敦，企鹅图书出版公司，1998，第142页。这段文字也同样出现在格特鲁德·希梅尔法布，《现代性之路》(*The Roads to Modernity*)，第76页。

译文参考：柏克，《关于我们崇高与美观念之根源的哲学探讨》，郭飞译，前揭，第91页。——译注

"如果所有道德义务和社会基础的合理与否都取决于它们是否对每个个人来说都清楚明了,那么我们的世界将会变成什么样子? 甚至是那些属于我们能力所及的领域又会是怎样的?"①

在柏克看来,历史是自然的近义词:历史带来的现实符合事物的自然秩序。有时,柏克会否认自己是理性的敌人,这一点当然备受质疑,因为他不接受理性的判断,除非理性的判断与历史的判断相符且不反对经验,而经验是对既定秩序的另一种定义;②不仅如此,柏克还从不认为理性——理性自然而然地激发出某种想要改变的意愿——能够在历史中扮演非从属性角色的观念:历史是一个盲目的过程,因此改变只可能是不确定的、无法感知的过程。③ 准确地说,柏克对历史"这一天意的灯塔

---

① 埃德蒙·柏克,《为自然社会辩护:检视人类遭遇的痛苦和邪恶》(*A Vindication of Natural Society: or A View of the Miseries and Evils Arising to Mankind from Every Species of Artificial Society*),收录于《关于我们崇高与美观念之根源的哲学探讨及其他大革命前作品》,第5页。

② 埃德蒙·柏克,《关于相关委员会调查英国国会下议院代表性的1782年5月7日下议院议案的演讲》(Speech on a Motion made in the House of Commons the 7th of May 1782, for a Committee to inquire into the State of Representation of the Commons in Parliament),收录于《埃德蒙·柏克阁下作品集》(*The Works of the Right Honourable Edmund Burke*),伦敦,亨利·乔治·博恩出版社,1854—1856,卷6,第148页:"I do not vilify theory and speculation: no, because that would be to vilify reason itself… No, whenever I speak against theory, I mean always a weak, erroneous, fallacious, unfounded, or imperfect theory; and one of the ways of discovering that it is a false theory is by comparing it with practice."

③ 参见柏克,《反思法国大革命》,第215页。

[……],这一人生的向导"[①]的崇拜促使他拒绝对现有秩序进行价值评判。

同样是在这部关于美和崇高的理论著作中,柏克抨击洛克和他的《人类理解论》(*Essai sur l'entendement humain*)。[②] 当然,他也说道"这个伟人的权威毫无疑问是罕有其匹的",但这句话的后半部分——施特劳斯没有引用[③]——却告诉我们,这种权威"似乎仅仅符合一般流行的原则"。[④] 这不足为奇,因为我们很少看到柏克在什么地方以洛克为榜样,很少看到他接受洛克的
211 权威。事实上,柏克拒绝关注人存在的最终目标:他不仅将政治看成一种复杂的活动,也将其视作一项事业,而人的理性无法掌握这项事业的奥秘。19 世纪末伟大的自由主义思想家阿克顿勋爵(Lord Acton)起初就把柏克比作一座取之不尽的政治宝藏,最终又反对他的怀疑论。他有理由认为,在柏克的思想中不仅不可能产生类似经济学体系的政治学,甚至他的怀疑论也必

---

① 柏克,《通过对比其他民族,论法国大革命的禀赋和性质第二封信》(Deuxième lettre, sur le génie et le caractère de la révolution française, dans ses rapports avec les autres nations)(《论弑君的和平第二封信》),收录于《反思法国大革命》,第 600 页。

② 柏克,《关于我们崇高与美观念之根源的哲学探讨》,第 171—172 页。

③ 引自列奥·施特劳斯,《自然权利与历史》,前揭,第 270 页。

译文参考:施特劳斯,《自然权利与历史》,彭刚译,前揭,第 319 页。——译注

④ 柏克,《关于我们崇高与美观念之根源的哲学探讨》,第 171—172 页。巴尔迪纳·圣·吉隆翻译并撰写前言,巴黎,弗林出版社,1990,第 185 页(第四部分)。

译文参考:柏克,《关于我们崇高与美观念之根源的哲学探讨》,郭飞译,前揭,第 120 页。——译注

然走向某种极端的保守主义，成为某种向成功屈服的行为，并使得他只在已经存在着的事物中找寻应该存在的事物，这非常接近黑格尔的“世界历史就是世界法庭”(Die Weltgeschichte ist das Weltgericht)。[①] 阿克顿准确地理解了柏克的保守主义的危险，开始害怕柏克的反理性主义，但他没有意识到柏克创造了一种新的保守主义形式：革新的保守主义。

因此，必须从洛克出发来理解柏克对人权、对 1777 年美洲和对 1789 年法国的憎恶。《论宗教宽容》(*Lettre sur la tolérence*)的作者和霍布斯都是以个人幸福为唯一确定、可靠的标准这一观念为基础的政治理论的创始人。即使洛克不像人们通常认为的那样，即使他不是个人概念的创造者、不是个人解放的首位先驱，即使不是他第一个呼吁个人反对宗教——马基雅维利和霍布斯要先于他——他依然是在这些思想基础上建立起严密的政治体系的第一人。洛克的非宗教性源于他的一种心理学，这种心理学不仅否定了政治领域中涉及的宗教和传统，也否定其中民族天性经过长时间而产生的一切神秘产物。针对这一长期积累起来的集体财富，洛克代之以功利主义，简单地说就是个人的福利。柏克是第一个全面反对洛克的人，他否认洛克的理性主义、原子主义、乐观主义，否认他的契约概念，当然，还有否认他的认为一切知识都可凭经验获得的《人类理解论》。无论洛克的

---

① 谢默思·迪恩(Seamus F. Deane)，《阿克顿勋爵和埃德蒙·柏克》(Lord Acton and Edmund Burke)，收录于《观念史杂志》，33(2)，1972，第 329 页。

理论存在怎样的缺陷,他的“白板”心理学都应该在现代思想的发展中扮演关键角色。因为如果人是带着各种天赋的原则、各种固有的本能以及各种与生俱来的传统降生于世,那么显然人
212 将永远只能是他祖先将他塑造成的那个样子,他将是祖先的延续,并与祖先相似;他将永远无法改变自己的命运,而世界会始终保持原样,至少那些大原则不会变。在一个由悲观的神学统治的世界里,不可能产生进步的观念。

相反,在洛克看来,个人是由他所处的环境、他的生存条件、他所接受的教育塑造而成:这位 1689 年革命时期的哲学家给了世界一个真正革新的理论。根据洛克的理论,社会的面貌有可能在一代人手上发生变化。过去无法存在的进步概念这一新理论在 18 世纪末成为现实、成为政治活动的实际目标,并为人所接受。洛克让人们接受了认为人无论时空都生来一样的观念和认为人在自然状态下——无论这里的“自然”是什么意思——是自由的并与其邻人平等的观念。[①] 光荣革命时期,自由主义和功利主义成为启蒙运动者投身战役的两大支柱。

洛克的论著提供了接下来两个世纪中英国自由主义的概念框架,他提出个人主义的基本原则,因而也是现代民主的基本原则:我们从中看到了我们时代建立自由主义民主的主要潜力。《政府论第二篇》的作者与所有自然权利学派的理论家一样,从

① 参见艾尔弗雷德·科本,《埃德蒙·柏克》(*Edmund Burke*),第 24—25 页。在这段分析之后,科本并没有得出令人信服的结论:他认为柏克深入研究并发展了洛克的思想,从而产生了自己的学派(第 74 页)。

开始就在探讨处在自然状态中的人:“要正确地理解政治权利并探索其起源,就必须研究人类原来处于什么状态。”[①]洛克认为“自然状态由自然法进行统治,它应该为每一个人所遵守。理性,也就是自然法,教导愿意遵从理性的全人类:每个人都是平等和独立的,所以任何一个人都不得侵犯他人的生命、健康、自由和财产”。[②] 因此,受到理性统治的自然状态是“完美的自由 213
状态,在这一状态中,人类在自然法规定的范围内,按照他们自己认为合适的方式,决定自己的行为、处理自己的财产和人身,而不需要征求其他任何人的同意,或者听命于其他任何人的意志”。自然状态也是“一种平等的状态,在这种状态下,一切权力和管辖权都是相互的,没有一个人拥有多于他人的权力”。[③] 于是,他又指出自由和平等的界限由理性确定。在自然状态中,人是自由的,“与最尊贵的人平等,不从属于任何人”,且受到理性

---

① 约翰·洛克,《政府论》(*Traité du Gouvernement civil*),戴维·梅泽尔(David Mazel)译,西蒙娜·戈雅·法布尔(Simone Goyard-Fabre)编年,撰写引言、参考书目和注释,巴黎,弗拉马里翁出版,1984,第二章,第 4 节,第 173 页。这部译作改动、修改了大量斜体字,高夫(J. W. Gough)引进的英文版《政府论第二篇和一封关于宗教宽容的信》(*Treatise of Civil Gouvernment and A Letter Concerning Toleration*)中并非如此,牛津,布莱克维尔出版社,1948。我决定采用那个经典的版本。

译文参考:洛克,《政府论(上篇)》,瞿菊农译,北京,商务印书馆,1982,第 121 页。——译注

② 同上,第二章,第 6 节,第 175 页。

译文参考:洛克,《政府论(上篇)》,瞿菊农译,前揭,第 122 页。——译注

③ 同上,第二章,第 4 节,第 173 页。

译文参考:洛克,《政府论(上篇)》,瞿菊农译,前揭,第 112 页。——译注

法的统治;但是,尤其因为“所有人都是国王,所有人都平等”,这样的状态并没有充分体现出其对和平与安全的保障,而保障了和平与安全才能够确保所有人都享有他们的自然权利:它“缺少一种确立的、固定的、众所周知的法律,而这种法律是大家一致同意接受和承认的”;它缺少“一个众所周知的、公正的”且“有权根据既定法律裁决一切争执的裁决者”①:这就是社会的起源。

从洛克开始,一切政治思想的核心都是对社会起源的思考。这一自然状态观念打造出一系列原则,应该在这些原则之上构建社会组织结构。它规定个人的位置,并使个人在好的社会权力结构中扮演首要角色。由于这个问题非常重要,我们还要再花些笔墨来关注洛克—赫尔德—柏克组成的这个三角。根据当时的传统,赫尔德自己也回到起源的问题,但是他的起源与自然权利学派的起源不同。无论赫尔德还是柏克,他们的观念中都没有个人主义的自然状态,他们不会将社会看成是人的自由意志下的人为产物——人首先在他们之间形成社会契约,然后形成政府契约。赫尔德认为,在人的起源中我们能看到的不是个人,而是一个已经建成的社会,一个族长制的、专制的社会,人们生活在对上帝的敬畏中。这是赫尔德眼中的理想社会。于是,赫尔德重为《圣经》正名,他首先反对伏尔泰,因为伏尔泰描述了很多基督教世界之外的包括中国人、波斯人、印

---

① 约翰·洛克,《政府论》,第九章,第 123—127 节,第 273—276 页。

译文参考:洛克,《政府论(上篇)》,瞿菊农译,前揭,第 182—183 页。——译注

度人在内的民族的传统，这些传统要先于《圣经》。① 赫尔德对被他认为是人类起源的族长时代满怀敬意，《另一种哲学》正是 214
开始于此：赫尔德歌颂“人类发展最初的历史，就像最古老的书籍向我们描述的那样”。② 这就是人类的摇篮。只有那些受到“我们这个世纪那憎恶神秘事物胜过一切的哲学精神”束缚的人，才会认为希伯来语的《圣经》讲述的这段历史是短暂而不可靠的：但“它正是因此而真实”。③

于是，赫尔德想要追溯起源以理解“人类，理解他们最初的爱意、最初的风俗和制度[……]，这是所有时代人类教育的永恒基础：被当作科学的智慧”。④ 这篇文章非常关键，因为赫尔德正是为了“人类教育”才写了《另一种历史哲学》。这部完成于比克堡的小册子大有完全取代洛克的《政府论第二篇》和《不平等论》的趋势。与洛克、卢梭以及其之后的泰纳一样，赫尔德追溯起源以寻找真理、探究人的本质和人的行为准则。方法是一样的，只是洛克、卢梭和康德探究的是人的权利，他们从中看到了能够控制世界、能够根据自己的需求和自然权利来改造自身生存的理性生命的出现，看到了一种自由的生命，而赫尔德眼中却是造物主的万能。人生来就是为了追随圣书中的教训，这些圣

---

① 鲁谢，赫尔德《另一种历史哲学》引言，第 12 页，引自《风俗论》，第一章和第三章。

② 赫尔德，《另一种历史哲学》，第 115 页(段 478)。

③ 同上，第 117 页(段 478)。

④ 同上，第 119 页(段 479)。

书向人讲述造物的故事，为人指引道路，人正是为了追随这一传统精神的规则而生。

面对“非宗教的历史的废墟”，面对“最草率的论证，面对伏尔泰，面对历史的主题”，赫尔德求助于“那些有关人类形成的英雄开端”。“我兴奋地颤抖，”他说，“当我站在这世界的祖先面前，神圣的雪松！”这个“人充满了力量和上帝的情感”，他具备一切“能够行使这一集中在自身的神圣且无声的自然本能”的力量。[①] 这就是理想所在：“族长茅屋中平静又漂泊的生活”，一家之中女人“专为男人而设”，子子孙孙一直到第三、第四代
215 都是在族长的引领下走在“宗教和法律、秩序和幸福的道路”之上。这个“族长的世界”一直持续到“人类初期的黄金时代”。[②] 然而，“由于我们时代的谎言”，也就是说，由于我们习惯于“从我们的情况出发”看待一切，习惯于“根据我们欧洲的思维（也可能是感受）方式”评判一切，由于我们将一切置于“我们枯燥的政治语境”之中，人们才将族长制定义为专制主义。其实，即使真的是族长帐下的畏惧构成了这一制度的力量，我们也不该被“这位职业哲学家的用词引入歧途”：赫尔德在这页的注释中表明，这里指的是孟德斯鸠和《论法的精神》作者的“继承人大军”。[③] 在另一个注释中，他同样质疑了《东方专制主义起源之研究》(*Despotisme oriental*)的作者布朗热以及伏尔泰和爱尔维

---

① 赫尔德，《另一种历史哲学》，第119—121页（段479—480）。

② 同上，第123页（段481）。

③ 同上，第125页（段482）。

修“等”:有那么多糟糕的观点都认为专制主义应该拥有一个普遍的定义而无须考虑时间、地点和特定条件,以至于这一看法被广泛引用。面对这些具有当时时代精神的人,赫尔德自豪地说:“依靠冷漠、干瘪的理性”,我们什么也学不到。[1] 在人类的这一童年时代,就像每个个人的童年一样,人们通过“偏见和教育留下的印记”融入社会。专制主义不同于 18 世纪“冷漠的哲学家”所认为的那样,准确地说,专制主义不过是“旨在掌握房舍与茅屋的族长权威”。[2]

与 16、17 世纪所有思考王权的理论家一样,赫尔德将政治权利看作族长权利。洛克将他的一整部《政府论第一篇》都用来抨击提出无限王权的理论家菲尔默(Robert Filmer),菲尔默将无限王权的观念当作他的思想体系的基石。16 世纪的法国也是如此。社会不能比作家庭或是部落这个大家庭,且一家之主的权力无论如何都不可能削弱公众权力——无论这一公众权力的性质是怎样的——这一观念的提出标志着理性主义和自由主义现代性的诞生。在自由主义的创始人看来,公民社会建立在自由个人契约的基础之上,它不同于家庭或部落:而赫尔德消除了这一区别,将血脉关系看成社会的基础。18 世纪 70 年代初,洛克和孟德斯鸠已经过世,而伏尔泰和卢梭尚在人世,在这样的 216
背景下,想要恢复似乎已被自然权利学派和早期立宪主义根除

[1] 赫尔德,《另一种历史哲学》,第 125 页(段 482)。

[2] 同上,第 125—127 页(段 482—483)。

的两种共同体之间的一致性这一目标,仿佛属于另一个世界。但事实上,赫尔德引入了一些新的社会组织标准,并为另一种现代性打下了基础:康德准确地理解了这一点,他认为赫尔德的思想相当危险,因而提出了他的批评。的确,赫尔德抹杀了自然权利学派在个人解放进程中带来的进步,从而发明出反对自由主义的可怕武器。

《另一种历史哲学》第 127 页(普洛斯版第 595 至 596 页)可以说是赫尔德整个论证的缩影,它是由各种矛盾编制而成的缩影,不仅出现在 1774 年这部著作中,也同样以某种方式在《人类历史哲学观念》中表现出来。处在孩提时期的整个人类就像每个个人一贯的那样需要父亲的权威:这很有用,是好的也是必要的。但赫尔德还要更进一步,事实上,他将自己推崇的这个孩提时期转变成适用于所有人、所有时代的模式。于是,他提出了一些原则,并将这些原则变成了普遍原则,这与他自己最初的设想背道而驰。就这样,族长时期成为了之后每一代人的行为准则:"可称之为权利与福利的事物,或者至少是类似权利与福利的事物[……]似乎无需证明,而是相反地被固定成永恒不变的形式,它们都带着神的光辉和祖辈的爱[……]。根基就这样确定了下来,并且不可能以其他方式加以确定[……]。之后的数个世纪都在此基础上建立[……],并将继续下去!幸运的是,一切都建筑在此根基之上。"[①]于是,认为社会建立在特定时代基础之上

① 赫尔德,《另一种历史哲学》,第 127 页(段 483)。

的观念——公然反对所有时代具有同等价值这一观念——就成了整个人类的模式。

甚至在抨击布朗热的时候，赫尔德也不得不承认“东方，这片上帝的土地，[……]这些地区有着极其细腻的敏感性和天马行空的想象力，渴望将一切都浸润在神的光辉之中”；这些地区最终还是建立起了专制制度，“如同这位哲学家所说的那样，其最可怕的影响”在于“在这样的情况下，没有一个东方人能够构思出有关建立更好的人类组织的深刻概念”。但同时，赫尔德努 217
力指出，“最初，在温和的父权统治之下，人的精神”是如何“领悟了智慧和美德的最初形式，并理解了它们的简单、力量与崇高，而如今[……]在我们哲学的、冷漠的欧洲世界，却再也找不到可与之相媲美的了”。[1] 族长制的社会以宗教为前提，一切都围绕着宗教这一元素进行，而族长就像国王一样代表着上帝：因此，难道一定要“按照我们时代的精神和核心人物”——在该页下方的注释中，赫尔德又一次提到伏尔泰、爱尔维修和布朗热——那样，认为这一切都必然出自骗子和流氓之手吗？[2] 对于“我们这片哲学的沃土、这个有教养的时代”来说，对宗教的情感成了可耻的情感，糟糕的是“事实绝非如此，多么不幸”，任何国家最古老的哲学和最古老的政府形式“最初都只可能是神学”。[3]

应该读一读紧随其后的文字。与人们通常认为的不同，这

---

① 赫尔德，《另一种历史哲学》，第 129 页（段 484）。

② 同上，第 131 页（段 485）。

③ 同上。

里不是有关方法或多元化的说教;赫尔德看到的不仅仅是事实,他通过时代和特定条件的必要性来解释这些事实。他对伏尔泰以及对所有其他学识渊博的“哲学家”的指责,都是因为他们皆以自己时代的标准评判另一个世界,而不是从其内部进行考察。实际上,赫尔德这一要求意味着人们应该完全放弃做出任何价值评判的可能;但这只是理论层面的要求,实际不可能做到,赫尔德自己就没有遵从。他提出过非常严苛的价值评判标准,并确立了极其明确的价值等级,第一次是在他评价他自己时代的时候,第二次则是在他企图将他认为具有普遍价值的准则引入到 18 世纪的核心中去的时候。赫尔德和伏尔泰的唯一区别是,在后者看来有损于价值的,却被前者认为是人类的理想典范。宗教就是最好的例子:赫尔德并没有说它有利于族长制时期,而是告诉我们它具有永恒的价值。令赫尔德感到最遗憾的是,他所处的世纪进入了衰落的阶段,这令他无法感受宗教情感的崇高。

218 这就是赫尔德与洛克以及所有其他自然权利学派理论家之间的区别。自然学派理论家认为,人们为了保障他们的生活、自由和福利而创造社会:这就是政治合法性和权利结构的基础。因此,社会和国家是一种下意识的决定的产物,且只有一个目标:为人们提供保障自然权利的方法。“人们加入社会的一大目的就是为了能够和平安全地享受他们的各种财产。”为此,人们根据“所有国家最早的、最根本的文明法”赋予自己“立法权”:任何法律如果不是得到“立法机构”的批准,都不具备合法性。没有这一批准，“法律就不具备成为法律所绝对必需的条件，即社会的同意。[1] [……]因为，就法律的真正意图而言，与其说它是为了限制人们的行为，倒不如说它为了指导自由而聪明的人去追求自己的正当利益”。之后洛克又说道：“法律的目的不是取消或限制自由，而是保护和扩大自由。”但“自由就是指一个人不受其他人的约束和暴力，而在没有法律的地方，是不可能有这种自由的”。[2]

《政府论第二篇》明确提出了功利的原则，形成了当权者的原则，为多党制打下基础。[3] 书中第 97 段提出了民主的基础：“于是，当每个人和其他人同意建立一个由一个政府统治的政治实体的时候，他就使自己对这个社会的每位成员负有一种义务，即服从大多数人的决定和大多数人的约束。”[4]洛克的自由主义赋予了人们自治的权利，以及根据自身需求和现行体制的运行情况改变管理制度的权利。根本标准始终不变：它要表现出一种民主潜能，之后美国人就是毫不费力地发挥了这一民主潜能，并将其转化为具体的文字。在法国和欧

---

① 洛克，《政府论》，第十一章，第 134 节，第 279—280 页。在法文的译本中，“国家”(État)一词取代了洛克使用的“政治实体”(Commonwealth)一词。

译文参考：洛克，《政府论(上篇)》，瞿菊农译，前揭，第 187 页。——译注

② 同上，第六章，第 57 节，第 217—218 页。

译文参考：洛克，《政府论(上篇)》，瞿菊农译，前揭，第 148 页。——译注

③ 同上，第十章至第十五章，第 132—174 节，第 278—314 页。在这部分，洛克详细地描述了权力结构。

④ 同上，第八章，第 97 节，第 251 页。

译文参考：洛克，《政府论(上篇)》，瞿菊农译，前揭，第 169 页。——译注

洲其他国家,《百科全书》作为启蒙运动的思想"武器"推广了洛克的这部作品。狄德罗说道:"任何人也没有从大自然获得
219 过命令别人的权利。自由是上天的赐予,每个个人一旦学会使用理性,便有权享受它。"[①]在这个"自认为注定要改变各种法律"[②]的世纪,"国王对其臣民的权威源自其臣民,而这种权威又受着自然法和国家法的制约。臣民们只有在依据自然法和国家法的条件下,才服从或理应服从于他们的政府"。[③] 因此,如果契约的条件未得履行,"国家将重新获得权利和自由来[……]与任何他们所喜欢的人达成一个新的契约"。[④] 美国继承了这些信条;之后,理查德·普莱斯(Richard Price)在伦敦布道时也几乎是逐字逐句地引用了它们,而他的布道成了柏克抨击的对象,这也是《反思法国大革命》发表的直接原因。托马斯·潘恩同样引用这些信条来反击柏克的小册子。这些信条反映了当时的时代精神。

这就是为什么,在 1789 年的最后几个月柏克写《反思》的时

① 《百科全书——科学、艺术和工艺详解辞典》(*Encyclopédie ou Dictionnaire raisonné des sciences, des arts et des métiers*),阿兰·彭斯选编、翻译,巴黎,弗拉马里翁出版,1986,卷 1,第 257 页,词条"政治权威"。

译文参考:《狄德罗的〈百科全书〉》,梁从诫译,广州,花城出版社,2007,第 329 页。——译注

② 同上,第 128 页,前言(Discours préliminaire)。

③ 同上,第 259 页,词条"政治权威"。

译文参考:《狄德罗的〈百科全书〉》,梁从诫译,前揭,第 330 页。——译注

④ 同上,第 261 页,词条"政治权威"。

译文参考:《狄德罗的〈百科全书〉》,梁从诫译,前揭,第 332 页。——译注

候，他迫切地开辟了他的英国战场。[①] 对他来说，首要任务是阻止这样的人权革命波及大不列颠岛。为此，他必须将法国新制度的建立变成一个特例事件，一个反自然的、绝对骇人听闻的事件。而最刻不容缓的事情，是必须消除光荣革命与法国结束旧制度的革命之间可能存在的一切可比性。同时，还要掩盖住大西洋彼岸刚刚结束的另一场革命，让人们忽略它，并宣称法国的事件不过是误解的产物。《反思》的第一部分就是为此而作。也正是因此，这里不仅要关注柏克对英国读者所说的内容，他所隐瞒的东西也同样重要。

确实，如果读者将《反思》当成唯一的信息来源，他就不可能知道，就在旧世界在巴黎崩塌的那一刻，殖民地的移民们不仅刚刚赋予了自己新的身份，还为新民族、新社会和新国家的 220
建立打下了基础。“美洲的英国人”曾经也是某一世袭君王的臣民，如今却已成为美国的公民，并且在发表了一场独立宣言之后选举出了一班国会成员和一位总统。那样的读者不会知道，独立宣言以及这个合众国各个州府发布的所有其他宣言和宪法都是建立在自然权利原则之上，都是在实践洛克的思想。他也无法认识到，就在不久前出现了一个断裂：那些开始为他们的英国式自由而斗争的人已经结束了为简单的自由而

---

① 柏克，《反思法国大革命》，第 12 页：“邻家失火，我们有所反应实不为过。”

本注引文译文参考：柏克，《反思法国大革命》，张雅楠译，上海，上海社会科学院出版社，2014，第 9 页。——译注

战的事业。如果柏克是人们常说的，尤其是20世纪末人们常说的那种自由主义者，他就应该提到美国建立者们遵从的那些原则，这些原则是他们反对宗主国的最后阶段的思想支柱。如果柏克真的是一个激进的辉格党人，他就极有可能会提到约翰·洛克的名字以及洛克之后的《联邦党人文集》三位作者的联合笔名“普布利乌斯”。美国起义者们不断引用的——就像他们引用孟德斯鸠一样——两篇《政府论》的作者在柏克的著作中完全消失，这构成了他在解释百年前英国发生的那些事件时所遵从的逻辑脉络。

没有人比柏克更能理解洛克与美国国父们之间的密切联系。伏尔泰评价洛克说，“从来没有一个人比洛克先生更聪明、更有方法”①；达朗贝尔将其与培根、笛卡尔和牛顿相提并论。② 柏克不承认洛克。他很清楚托马斯·潘恩、《联邦党人文集》的作者、普莱斯和伦敦革命协会(Société de la révolution)的成员、查尔斯·福克斯为首的辉格党议员以及法国《人权宣言》的作者和1791年宪法的作者都继承了洛克的遗产，对孟德斯鸠也是一样。在《反思》中，柏克仅仅提到过一次《论法的精神》的作者，还是为了强调“古代立法者正是通过对公民的

---

① 伏尔泰，《哲学通信》，弗里德里克·德洛弗尔编辑、加注，巴黎，伽利玛出版社，“书稿”文丛，1986，第88页。

译文参考：伏尔泰，《哲学通信》，高达观译，上海，上海人民出版社，2005，第61页。——译注

② 达朗贝尔，《前言》，收录于《百科全书——科学、艺术和工艺详解辞典》，前揭，第152页。

分类展现了自己最伟大的权威，这种权威甚至超越了他们本身”。[1] 1791 年 8 月的《新辉格党人向老辉格党人的呼吁》 221
（*Appel des whigs modernes aux whigs anciens*）中，柏克第二次提到孟德斯鸠，这一次，孟德斯鸠被说成是一位“天才［……］具有某种难以形容的精神力量”，但柏克引用这个“天赋才能的人”只是为了借他的名义表明英国宪法“值得全人类赞赏”，而不是像美洲人那样，将孟德斯鸠当成他们的全部教诲。[2] 孟德斯鸠的理性主义、他的社会学分析、他的权利均衡观念都令柏克厌恶；同样，柏克也无法原谅洛克提出的那个让世袭君主制变得无用的体制。

1771 年，柏克成为负责纽约殖民地的议会官员。由于憎恶所有的、任何形式的“学理上的划分”（“我讨厌这样的声音”），柏克在 1774 年 4 月拒绝参与一切关于美国权利问题的辩论：他要求单纯、简单地废除向殖民地移民征税的制度；他认为，如果不这样，美洲移民最终甚至会质疑英国在美洲的主权。[3] 一年后，1775 年 5 月 22 日，他进行了第二场有关殖民地的演讲，其中他

---

① 柏克，《反思法国大革命》，第 236 页。

译文参考：柏克，《反思法国大革命》，张雅楠译，前揭，第 221 页。——译注

② 柏克，《新辉格党人向老辉格党人的呼吁》，收录于《反思法国大革命》，第 449 页。

③ 柏克，《论课税于美洲的演讲》（Speech on American Taxation），收录于《埃德蒙·柏克阁下作品集》，伦敦，亨利·乔治·博恩出版社，1854，卷 1，第 432 页。本文也出现在牛津版中，卷 2，第 406—463 页。

译文参考：柏克，《美洲三书》，缪哲译，北京，商务印书馆，2012，第 86 页。——译注

夸奖了在美洲生活的英国后裔们对自由的热爱。从最遥远的时代起，他们的先祖就在为自由而战，尤其是涉及赋税问题，和先祖们一样，他们所热爱的自由是“以英国的观念、英国的原则深爱着的自由。抽象的自由，如其他纯粹抽象的东西一样，天下是找不见的”。[①]

222 柏克最后一次介入殖民地事务是在 1777 年 3 月，当年年初议会在王国本土部分停止了《人身保护法》的实施，美国问题成

---

① 柏克，《论与殖民地移民和解动议的演讲》(Speech on Moving Resolution for Conciliation with the Colonies)，同前，卷 1，第 464 页。这篇著名演讲也被称作《论与美洲和解的演讲》(Speech on Conciliation with America)，同样出现在牛津版中，卷 3，第 102—169 页。这里，必须对柏克所说的具体而非抽象的自由概念的真正内涵稍做分析。柏克认为，南方的移民者，也就是弗吉尼亚和南卡罗莱纳的移民者最依恋自由。确实，所有移民者都珍视建立在新教教义上的自由。“宗教每每是活力之源”，它是“这一自由精神的主要根源”：“所有的新教教派，即使是最冷静、最消极的，也是一种异见者”，但北方的新教教义则是异见中的异见。这就解释了移民者对自由的依恋。然而，在南方，这一精神“更高扬、更傲慢”：他们拥有奴隶，在他们的日常生活中，总能接触到处在从属地位的人，就如同在世界的其他地方一样，“凡是有奴隶的地方，则自由的人莫不万分骄傲于自己的自由、珍视自己的自由。自由之于他们，不仅是一种享受，更是一种地位和特权”。柏克并不想对拥护南部联盟的人做出价值评判，他无意“称赞这一感情中气势凌人的派头，在其中傲慢与品德至少参半”，但他说，“我无法改变人的本性”：南方人比北方人更依恋自由，这是事实。“古代的共和国如此，我们的哥特祖先如此，当今的波兰人如此，所有不是奴隶而是奴隶主的人也都将如此。”奴隶制就这样发展着，并强化着自由精神：换言之，将自由建立在他者自由缺失的基础上，甚至建立在他者被奴役的基础上，柏克丝毫不认为这是罪恶。这一原则解释了柏克对于 1782 年英国选举改革提案所持的立场，解释了他对所谓的代议制的维护，也解释了他为什么反对 1789 年 5 月在法国发生的政治秩序的初步变化(第 466—467 页)。

译文参考：柏克，《美洲三书》，缪哲译，第 115 页，本注中引文部分参见《美洲三书》，前揭，第 117—119 页。——译注

为英国的首要问题。[①] 柏克担心美国的冲突会削弱英国在国际舞台上的影响力，并构成“国家沉重的财政负担”。不仅如此，他还害怕会形成某些特定的局势，从而诞生出“在涉及英国宪法的权利与特权冲突中能够战胜英国人的军队，然后习惯性地（无论美洲怎样）将英国人置于可耻的从属地位，最终对英国本身的自由造成灾难性的影响”。[②] 这就是为什么柏克一上来就先告诫人们要小心谨慎：在他的《致布里斯托城行政司法长官书》（*Letter to the Sheriffs of Bristol*）中，他强调了那些能够结束冲突的举措。在人们真正幸福的时候，“是不太会关心什么理论的”[③]：柏克有比乔治三世更好的政治主张，他知道，想要缓和并拆除那颗美国炸弹，就必须从直接原因入手，根除帝国在美洲面临的问题。从冲突的一开始，柏克就保持着这样的立场。时间证明了一切：应该迅速结束冲突，并果断满足造反者的要求，以防他们在革命的灾难之路上走得更远；只有这样，才能将美洲的经验扼杀于萌芽之中。于是，停止对峙成了重中之重；因为，随着冲突的继续和发展，殖民地移民们开始有了一种新的思想意识：渐渐

---

① 柏克，《致布里斯托城行政司法长官书》（A Letter to... Sheriffs of the City of Bristol, on the Affairs of America），同前，卷 2，第 2—10 页。同样可参见牛津版《作品与演讲》（*Writings and Speeches*），卷 3。

② 柏克，《新辉格党人向老辉格党人的呼吁》，收录于《反思法国大革命》，第 413 页。

③ 兰德尔·瑞普利（Randall B. Ripley），《亚当斯、柏克与 18 世纪的保守主义》，收录于《政治科学季刊》（*Political Science Quarterly*），卷 80，第 2 期，1965，第 220 页，引自柏克，《致布里斯托城行政司法长官书》，收录于塞尔比（F. G. Selby）主编，《柏克演讲集》（*Burke's Speeches*），伦敦，1917，第 169 页。

223 地,他们不再要求他们的历史特权,而开始求助于理性,为个人拥有自觉建设新社会和新权力结构的权利而战。十三个殖民地之间联合关系的解除不仅为大英帝国,也为它的人民打开了一条重建社会和重建国家的道路。只要有一点点想象力,我们就能设想出当时在美洲形成的局势——脱离了洛克描述的那种自然状态:美洲人构建了一种新的政治形式。他们在一片广袤的国土上建立起了有史以来第一个现代民主制度,他们选出了国会两院的代表、选出总统以及包括从法官到州长在内的难以计数的政府官员。美洲人起草宪法和人的权利,这些成为美国社会和政治组织的基础。而且,美洲人对英国宪法的理解是一种激进的辉格党式的理解,也就是说,是洛克理解的英国式的自由。

于是顺理成章地,从"美洲的英国人"满足了自己的要求、将人权原则作为独立的基础,并成为美国公民的那一刻起,柏克就对他们失去了兴趣。从 1777 年到 1791 年,柏克都没有提过他们,就好像美洲已被大洋吞没。为了维护帝国的统一、保障英国的经济利益,同时也为了捍卫传统的英国自由,柏克也曾反对过君主专制。而且,殖民地移民出于传统的赋税问题而反对国王,在伦敦议会中的辉格党人看来,他们成了柏克的协助力量,不容小觑。但是,柏克从未支持过美洲革命,这一点不同于另一个生命力顽强的传奇。美洲人主张的人为的、自觉建立的社会令柏克深恶痛绝。没有人比他更憎恨美洲所谓的"我们人民"("We the people")。同样,柏克为印度人——他们面临黑斯廷斯

(Warren Hastings)总督政府滥用权力的威胁——的权利而战，这一斗争不是为了捍卫个人权利，而是捍卫一个有组织的共同体的权利、捍卫共同体中精英们的权利、捍卫它的传统，因而也是捍卫它的“组织构成”。[①]

这就是为什么柏克从未提及那场通过了美国宪法的著名选 224
举活动：这是首次现代民主的伟大运动，它和由此诞生的代议制一样令柏克厌恶。相比起承认一场革命运动不仅成形了，还成功了，柏克宁可对其闭口不谈，并以此作为反驳。由于柏克关注美洲局势的发展，他不会无视《联邦党人文集》的内容；但事实上，柏克的著作对此未置一词，就好像这部书从未存在过一样。美国的组织架构不可能是真正民主的，从多个方面来看它都不是，[②]汉密尔顿、麦迪逊和杰伊的自由主义可以被披上一层薄薄的保守主义的面纱；但对柏克来说，这已然太过。美洲人宣称的不可剥夺的权利、权利的普遍性(黑人除外)、人民主权原则、作

---

① 黑斯廷斯案件，1773 年至 1785 年黑斯廷斯任印度总督，其案件从 1785 年开始受审一直持续到 1795 年。他最终被宣判无罪。柏克从 1784 年起为这一案件的审理做准备，在其中起到了关键作用。他发表了为期四天(1788 年 2 月 15、16、18、19 日)的公开演讲，这些演讲被看作当时最出色的演讲之一。文章收录于《作品与演讲》(牛津版)，卷 6，第 269—459 页。同样可参考卷 7 的引言。在这里，不可能分析从卷 5 到卷 7 的所有文章，而且在我们现在关注的这些问题上，柏克的大原则始终一致：尊重传统、尊重历史、尊重地方文化，以及革命的威胁。对基督教的尊重在柏克的思想中与在赫尔德那里同样重要。

② 参见美国政治学会主席罗伯特·达尔(Robert Alan Dahl)的近期著作，《对美国宪法中非民主成分的批判》(*How Democratic Is the American Constitution ?*)，纽黑文，耶鲁大学出版社，2001。

为合法性唯一来源的社会契约观念、现行的选举制、政府的契约性、共和主义哲学以及向洛克的学习，这些在柏克看来都是无法容忍的。尽管人民主权观念受到契约条款、权利宣言和宪法的限制，它还是在构成社会的契约中建立起来的：一种新的国家诞生，结束了历史的延续。在柏克看来，美洲最终还是没有希望了。

确实，依据托马斯·杰斐逊（Thomas Jefferson）的定义，形成于18世纪的美国思想意识是“英国宪法最自由的原则与来自自然权利和自然理性的其他原则”综合的产物。[1] 认为自由是
225 人的本质的观念出现在弗吉尼亚州宪法之中，这部宪法是权利宣言的经典案例。几乎所有州府都根据1780年的马萨诸塞州宪法提出了认为一切政治制度的目标都是“保障自然权利”的原则。每个地方的政治主体都由“所有个人自愿的联盟”根据“社会契约”组成。[2] 从17世纪中期开始就备受争论的自然权利成为美洲公民社会的法律。甚至在英国，威廉·布莱克斯通（Wil-

---

① 约书亚·阿里利（Yehoshua Arieli），《美国思想中的个人主义与民族主义》（*Individualism and Nationalism in American Ideology*），剑桥，马萨诸塞州，哈佛大学出版社，1964，第50页。

② 同上，第84和87页。弗吉尼亚州的法律如何支持奴隶制？乔治·华盛顿是国家北部，即今天的联邦首府郊外的一座庄园的所有者；托马斯·杰斐逊也是如此，他在蒙蒂塞洛有一座漂亮的私人住宅，是那里的奴隶主，他们难道没有从中看到难以忍受的一面吗？这些问题构成了分化整个南部的又一个议题。但从我们这里涉及的观点看来，只需要说明法国大革命解放了奴隶、解放了犹太人。撇开其本身的巨大衰落不谈，人权原则在美洲被写进了法律，并成为美国政府结构的一部分。

liam Blackstone)在他发表于 1765 年至 1769 年间的著名的《英国法释义》(*Commentaries on the Laws of England*)中指出了一切社会的最终目标，他与美国建国者们所说的几乎没有差别，因为他们都极大程度地接受了洛克的自由主义原则。毫无疑问，柏克明确地反对布莱克斯通。

柏克比任何人都更好地理解了自然权利哲学对固有秩序的瓦解能力：美洲就刚刚发生了分裂。他准确地对托马斯·潘恩的意见进行了评价，并解释了其中的含义："如果只是将美国的独立看成脱离英国而并不伴随着政府原则与实践的革命，这只是区区小事一桩。"[①]柏克早已看透了当时美洲主流思想的论调，1770 年他就曾希望清除这一罪恶，或至少将其控制、限定在新世界的范围内。

这第二次的自由革命真正地侵犯了历史，也就是说，侵犯了自然：柏克担心这一案例会扩散，尤其是殖民地的移民正在证明那些罪恶的革新能够取得极大的成功。及至 18 世纪 70 年代末，他仍然期待那些仿佛被丢弃在"遥远的大西洋对岸"[②]的殖民地移民不会构成直接的威胁。但法国也爆发了革命，这让他意识到同样的 226
灾难也可能吞没英国。这就是为什么在法国大革命爆发的时候他

① 托马斯·潘恩，《人的权利》(*Les Droits de l'homme*)，克洛德·穆沙引介，巴黎，贝林出版社，1987，第 185 页，同样可参见第 193 页。

译文参考：托马斯·潘恩，《人的权利》，戴炳然译，上海，复旦大学出版社，2013，第 108 页。——译注

② 柏克，《论弑君的和平第二封信》，收录于柏克，《反思》，第 602 页。

又重提美洲的事件,以表明“直到现在为止,我们并没有见过关于这种民主体制的实例”。[①] 他深信1776年留下的记忆深深地影响了1789年。柏克害怕且蔑视民主,他将民主的到来视作文明的结束:他拒绝看到民主,并认为民主已被封闭在世界的另一端。

因此,《反思》的作者完全有理由在他思想活动的巅峰时期、在《新辉格党人向老辉格党人的呼吁》中以第三人称表明自己从未改变过立场。“对于美洲爆发的战争,他从未改变或是放弃过他的观点。在战争起因的看法上,他和福克斯(Charles Fox)先生完全不同。福克斯先生认为美洲人起义是因为他们认为自己未能享有足够的自由[……]。柏克先生从来不曾这样想过。当他对1776年第二次《和解》议案进行提案时,他加入了有关该主题的重大讨论。他提出9条关键假设,力求根据这些假设证明将原因归结在这群人民身上是不对的。”[②]柏克确实在1776年就得出了这样的结论,认为殖民地移民举起武器只是为了“反对我们未经其同意就强行向他们征税”:简单来说,“他因此坚定地认为,他们起义只是在采取守势”。[③] 在他看来,美洲人所处的形势要优于1688年时的英国:当时的英国“一位合法的君王[……]正极力掌握专制权力”。[④] 他同样坚

① 柏克,《反思法国大革命》,第158—159页。
译文参考:柏克,《反思法国大革命》,张雅楠译,前揭,第147页。——译注

② 柏克,《新辉格党人向老辉格党人的呼吁》,收录于《反思法国大革命》,第411页,同样可参见第413页。

③ 同上,第412页。

④ 柏克,《1792年2月9日演讲》,收录于《反思法国大革命》,第331页。

信，对大英帝国来说唯一明智的道路就是“废除征税议案”，这不仅仅是为了让美洲的局势不再恶化，也是为了让英国本土不要处在危险之中。

于是，当法国大革命正如火如荼的时候，当一场新的革命打破既定秩序的时候，柏克意识到自己与其他人，尤其是过去的辉格党友人之间出现了分歧，他不辞劳苦地重新提出他的底线：假如他认为“美洲人只是为了扩大自身自由才发动起义，那么柏克 227
先生就会以一种完全不同的方式看待他们起义的原因”。[①] 的确，他在 1777 年就猛烈地抨击了理性主义，那些支持理性主义的人致力于“转移我们的心思，使我们不顾我们美洲政策的常识”，他们致力于讨论政治自由，就好像这是一种学理概念上的自由。所有这些人“都为自由是积极的还是消极的观念这样的问题争论不休”，却不曾思考人是否拥有自然权利的问题，也不思考个人所拥有的一切乃至他们的生命本身是否都是国家的馈赠（“政府的恩赐”）。[②]

在逝世之前，柏克为他的思想画上了一个圆，他又回到了美洲的问题上：他从美国国家的建立、从美洲反对英国君主制的联盟中看到了路易十六的巨大错误。人们通常认为是战争的代价

---

① 柏克，《新辉格党人向老辉格党人的呼吁》，收录于《反思法国大革命》，第 411 页。

② 柏克，《致布里斯托城行政司法长官书》，收录于《埃德蒙·柏克阁下作品集》，伦敦，亨利·乔治·博恩出版社，1854，卷 2，第 29—30 页。

译文参考：柏克，《美洲三书》，缪哲译，前揭，第 227 页。译文有改动。——译注

削弱了王国的力量，但柏克却不这么想；在他看来，这应该归咎于政治和思想。美国的诞生本身就构成了一个全新的威胁。这就是《论弑君的和平第二封信》(*Duexième lettre sur la paix régicide*)的真正意义："路易十六不可能无偿地保护一个全新的共和国，在他的宝座与他为他的敌人建造起的危险的庇护所之间横亘着的是一条大西洋。"①尽管美洲远在世界的边缘，尽管欧洲君主制度依旧存在，美洲革命的影响仍然致命。应该从中吸取必要的教育：如果这个最初的共和国、一个属于农民和渔夫的国家会是这样一场灾难的开端，那么当我们接受在欧洲的中心出现了一个愈发强大的共和国时，这对于现有秩序——更确切地说，基督教文明、社会结构和等级、骑士秩序——又将产生怎样的结果？

这"第二封信"极其重要，因为它明确指出柏克不同于他那些忠实的门徒——从根茨和雷贝格一直到我们今天的新保守主义者——他认为这两场革命之间没有本质的区别。大西洋两端犯下了同样的罪恶，但由于法国离欧洲其他国家更近，加之法国革命的强度更大，它造成的威胁是致命的。如果说柏克对美洲还能报以沉默甚至轻视，那么在法国的问题
228 上，唯一的解决办法就是与之划清界限，并展开摧毁新制度的思想之战。因为，这场战争是"旧的欧洲公民秩序、道德秩

① 柏克，《论弑君的和平第二封信》，收录于柏克，《反思法国大革命》，第601页。

序和政治秩序的支持者与狂热的、野心勃勃的想要打破旧秩序的无神论者”之间的战争，“并非法国强迫其他民族人民遵守来自异国的约束，而是一个企图统治世界的学派以征服法国为起点开始他们的事业”。[①] 由于受到“形而上学的诡辩”[②]的影响，“这一派别不受地域或国家的限制”，它是一场普遍的灾祸，“存在于欧洲的每一个地方：[……]欧洲是他的中心：它的范围遍及整个欧洲，凡是有欧洲人生活的地方就有它的存在。这一派别活跃于所有其他地方，但是它在法国获得了胜利”。[③] 于是，世界革命有了它的中心和阵地。同样的论证出现在苏维埃革命之后，只是罪恶的中心发生了转移。而在冷战时期，这又成了反对共产主义的思想运动的无法辩驳的力证。

柏克力求让他的同胞们意识到法国大革命是一场“难以置信的革命”[④]，一场“情感上、礼数上和道德观念上的革命”。法国刚刚建立的政府“是天才乍现的直接产物”——邪恶的天才。“这一计划错乱、不道德、亵渎神灵、暴虐；但它又热烈、勇敢，其所遵从的原则条理清晰而且简单。”[⑤]的确，除了想要打破整个

① 柏克，《论弑君的和平第二封信》，收录于柏克，《反思法国大革命》，第581页。

② 柏克，《反思法国大革命》，第114—115页。

③ 柏克，《论弑君的和平第二封信》，收录于柏克，《反思》，第580页。

④ 同上，第590页。

⑤ 柏克，《反思法国大革命》，第102页。

译文参考：柏克，《反思法国大革命》，张雅楠译，前揭，第94页。——译注

欧洲秩序的意愿,"根除宗教"也是"法国革命的主要特征",同时也是巴黎政权的"狂热的无神论"目标。[1] 这使得那场由"基督教势力"为"维持文明民族的社会和政治秩序"、为打击"占领了法国身躯的邪恶天才"而发起的战争[2]显得"公正而必要",[3]因为"法国当权的政府"、那个"邪恶的天才"——这个说法在这篇文章的两页中反复出现——"是它的灵魂。为其所有的抱负和行为都打上了独一无二的烙印",这在任何国家、任何形势之下都找不到可与之相比拟的先例。"是这个天才启发法国人进行
229 了一场新的、不祥的、致命的运动",并因此让法国变得"可怕"。
因此,不仅无法设想"我们能与这个体制和平相处";同样,因为它是邪恶的化身,这个体制也可能动摇"其存在本身"。[4] 柏克在《反思》中提到"最严重的四十天",[5]而他最后的著作已经成了为"摧毁这整个制度"而战的战场。[6]

在职业生涯的一开始,柏克就对致力于清除旧制度的启蒙运动的普遍性感到恐惧。1789 年,这场瘟疫蔓延到欧洲中心。应该直击问题的深处、直击问题的根源,应该封锁来自美洲的观

---

① 柏克,《论弑君的和平第二封信》,收录于柏克,《反思》,第 589—590 页。

② 同上,第 579 页。

③ 参见一篇关于柏克和国家理性的有趣研究:大卫·阿米塔奇(David Amitage),《埃德蒙·柏克和国家理性》(E. Burke and Reason of State),收录于《观念史杂志》,61(4),2000,第 617—634 页。

④ 柏克,《论弑君的和平第二封信》,收录于柏克,《反思法国大革命》,第 579—580 和 597—598 页。

⑤ 柏克,《反思法国大革命》,第 112—113 页。

⑥ 柏克,《论弑君的和平第二封信》,收录于柏克,《反思》,第 599 页。

念，并同时赋予 1689 年以英国特殊的、个别的、无法效仿的性质，这一性质根植于民族历史，且通常极其有限。有必要改变光荣革命的意义，从而让这场英国王朝的更替不再被理解为建立了自由主义的事件，让这场事件不再被视为首个先进的、成功的革命，不再是之后两场同性质革命的先导，而仅仅成为一场“被避免了的革命”。这就是为什么英国有关法国事务的辩论围绕的不是刚刚发生的事件或是刚刚诞生的观念，而是已经有了一个世纪之久的旧事。

当柏克发起反对 89 原则的活动，并坚持认为法国大革命是建立在与光荣革命完全不同的原则之上时，[①]他并不是在表明自己忠实于 1689 年传统；恰恰相反，他在与 1689 年断绝关系。在 1790 年的英国，柏克不是严格意思上的保守主义者，当时的保守主义者还是空想家，他们的内心是革命的，就像一个世纪之后 19 世纪末 20 世纪初那一代保守主义者一样。事实上，柏克是反抗自由主义的开端，这一伟大的反抗意义非凡，尤其因为它是在当时最自由的国家发起的。柏克的思想中没有什么模糊暧昧的地方，理解上产生分歧是因为对《反思》的解读建立在一种错误的认知之上：柏克并不同时是自由主义政治作家和反革命作家，他也不是英国自由主义传统的代表。刚好相反，英国的自 230
由主义传统建立在霍布斯和洛克的理性主义之上，建立在自然学派原则和社会的人为性、理性、自觉性之上。柏克厌弃这些原

① 柏克，《1792 年 2 月 9 日演讲》，收录于《反思法国大革命》，第 331 页。

则，他拒绝像洛克的继承者们期待的那样支持民主和人民主权。他也不是现代历史主义的敌人，而是它的奠基人。①

1789年的英国，人权的信徒们重新聚集在一起，对英国宪法进行自由主义式的解读，就好像在美国取得胜利的宪法那样。他们从法国旧制度的崩塌中看到了自由的诞生，认为法国革命在政治和道德上的广度与伟大都可以媲美他们自己的革命。简言之，他们都忠实于英国自由主义的传统概念。的确，柏克抨击的那些以普莱斯牧师和革命协会成员为代表的自由主义者从1689年事件中看到的是自然权利的落实，自然权利由洛克提出，并受到17世纪末以来所有激进的辉格党人的青睐。正是这种对光荣革命的洛克式的解读，构成了柏克控诉的对象。

当理查德·普莱斯于1789年11月4日登上老犹太（Old Jewry）礼拜堂②的讲坛赞颂法国大革命，并将其与光荣革命相比较，当革命协会成员在此之后向国民议会递交请愿书时——

---

① 有关自由主义的柏克，可参考莱考夫（S. Lakoff），《托克维尔、柏克与自由保守主义的起源》（Toqueville, Burke and the origines of Liberal Conservatism），收录于《政治评论》（*Review of politics*），60（3），1998，第435—464页；同样可参考康纳·克鲁斯·奥布莱恩，《伟大的旋律：埃德蒙·柏克主题评传》，伦敦，辛克莱·史蒂文森出版社，c. 1992。法文著作可参考米歇尔·冈赞，《埃德蒙·柏克的政治思想》，巴黎，法律与法学图书总公司，1972，第302页及之后内容，亦可参考菲利普·耐诺，《反思法国大革命》序言，第XV页。在这两篇文章中，柏克被写成洛克的门生。还可参考艾萨克·克拉尼克（Isaac Kramnick），《左派和埃德蒙·柏克》（The left and Edmund Burke），收录于《政治理论》，11（2），1983，第189—214页。

② 该礼拜堂被取名“老犹太礼拜堂”是因为它坐落在曾经的犹太人区，这为柏克提供了反犹太影射的机会：参见《反思法国大革命》，第106—107页。

而国民议会正是建立在这场演讲提出的原则之上——他们的方
法没有表现出任何革新的地方。相反,所有这些人都对恢复那
些近乎平庸的观念抱有情感。包括普莱斯牧师提出的法规在内
的所有这些观念都获得了广泛的认可,而这正是柏克气恼的原
因,因为普莱斯可不是什么无足轻重的人:他是 1777 年《论公民
自由的本质》这部有力支持美洲的论著的作者,是美国建国主张 231
的发言人,也就是人权革命的发言人。[①] 这部著作很快为他招
来了乔赛亚·塔克(Josiah Tucker)[②]——一个未定型的柏
克——的抨击。而且,如同约翰·波考克(John Pocock)指出的
那样,普莱斯拥有吸引保守主义者矛头的天赋:约翰·亚当斯
(John Adams)正是为了回应杜尔哥写给普莱斯的信才写了《美
国政府宪法之辩护》(*A Defence of the Constitutions of government of
the United States*)。[③] 塔克自己也是一位英国教士,他与休谟和
亚当·斯密均有来往,并且关注新政治经济学,他对普莱斯的批
评比《反思》的作者早了十年。普莱斯认为一切不以维护个人与

① 有关理查德·普莱斯(1723—1791),可参考卡尔·博纳(Carl B. Bone),《自由的引导者:理查德·普莱斯对 18 世纪思想的影响》(*Torchbearer of Freedom: the influence of Richard Price on Eighteen Century Thought*),列克星敦,肯塔基大学出版社,1952;托马斯(D. O. Thomas),《诚实的心:理查德·普莱斯的思想和作品》(*The Honest Mind: The Thought and Work of Richard Price*),牛津,克拉伦登出版社,1977。

② 有关乔赛亚·塔克(1711—1799),可参考波考克(J. G. A Pocock),《德行、商业与历史》(*Virtue, Commerce and History*),剑桥,剑桥大学出版社,1985。

③ 波考克,《反思法国大革命》引言,印第安纳波利斯和剑桥,哈克特出版公司,1897,第 LI 页。

生俱来的自由为目的的权利体系都不具备合法性，对此，塔克提出控诉。换言之，他认为坚持自然权利原则会破坏让社会得以存在，并让经济、贸易活动成为可能的道德纽带。塔克根据波考克的观点同时提出了对洛克和普莱斯的控诉，这一点与柏克不同。①

这里有一个常见的错误，那就是忽略柏克对普莱斯的批评所具有的意义。柏克抨击普莱斯，是为了不与洛克、这个取代了笛卡尔的杰出人物直接较量。许许多多的人都认为，在这个开始于 1689 年、结束于 1789 年的世纪中，洛克是最伟大的政治哲学家。卢梭是一个很难说清的人物，康德当时仍很活跃，而且是德国反理性主义的攻击目标，而洛克当时已成历史。已故之人总是有些优势的：伟人会随着时间的流逝越来越伟大。1790 年时的情形和 1777 年完全一样，洛克几乎是神圣而不可侵犯的。柏克清楚，与《论宗教宽容》的作者正面对抗不仅会加重自己被孤立、被辉格党势力边缘化的局势，还会令他无法继承辉格党遗产，并同时被彻底丢出自由主义阵营。

这就是为什么柏克在《反思》和 18 世纪 90 年代的所有其他著作中都选择忽略洛克，但其实他的全部论证都直指《政府论第
232 二篇》的原则。更何况，在英国是普莱斯领导了斗争，并且是他在老犹太礼拜堂的讲坛上进行了名为《爱国论》（*A Discourse on*

① 波考克，《反思法国大革命》引言，印第安纳波利斯和剑桥，哈克特出版公司，1897，第 XV—XVI 页。

the Love of our Country)的布道。普莱斯为了国民议会在巴黎采取的措施而进行的活动是这场漫长斗争的一部分,而从 18 世纪 70 年代起,这位并不固守成规的牧师就加入到了这场斗争之中。戴着胜利的光环,普莱斯的思想路线的重点必然是教会与国家之间的分裂。确实,普莱斯与约翰·普利斯特里(John Priestley)以及其他"激进分子"一样,都致力于让那些与英国教会意见相左的人士摆脱从 17 世纪末起就被迫在各方面都没有资格的境地。光荣革命以来,这些异见人士就享有洛克在《论宗教宽容》中提出的信仰自由,但他们却被排除在《宽容法案》(*Acte de tolérance*)之外,更不用说那些天主教徒。事实上,所有不属于英国教会的人都被排除出公民的范围。普莱斯沿着洛克的思想脉络反对这一建立在某种不协调的神学秩序上的现象,而这种不协调的秩序又对社会造成了极大影响。柏克反对将教会的法令简化为由持同样观念的人自愿组成的共同体的法令,同样也不能将社会当成是简单的公民全体。1790 年,柏克开始反对普莱斯,因为后者以法国教会的具有革命性的重建来抨击英国教会的唯一地位。普莱斯为抗议的异见人士要求绝对的权利平等,实际上,他要求的是公民权利的平等。

面对英国的自由主义者,尤其是面对像查尔斯·福克斯那样视法国旧制度垮台为最重要的人类历史事件的人,柏克发出指责之声。他不赞同他们将 1689 年当作现代英国政治文化的开端,指责他们对英国政治文化的思想解读:这种解读是由洛克确立的,因而也是建立在启蒙原则之上。的确,那些自由主义者将导致法国旧制度终结的原则当作他们自己的原则,他们认为人的意志是政治合法性的唯一源泉。因此,在他们看来,唯一存在的合法权利是得到人民认同的权利,而大英帝国的国王为他的人民负责,因此也是世界上唯一合法的君王。① 借助光荣革
233 命,自由主义者们要求社会有权利选择自己的政府,并有权利在必要的时候因为这个政府不够资格而将其废除②:柏克补充道,这一唯一的观念、这一人民主权的观念"足以令我感到厌恶和担忧"。③ 他说,在 1688 年"上下两院从未提到过任何一个和'构造我们自己的政府的权利'有关的音节"。④ 而且,王朝的更迭形成于一部以"英国贵族名义"签订的法案,而不是成于民众的暴乱。⑤ 这就是为什么光荣革命的真正意义在于"我们防止了革命,而不是发起革命"。⑥

因此,不同于那些视 1689 年为新时代开始的自由主义者,柏克认为奥兰治亲王威廉登基标志着英国传统自由的恢复,这一"传承自我们祖先的不可让与的遗产[……]是只属于这个国家人民的财产"。这些财产包括"继承的王位、继承的贵族头衔、

① 柏克,《反思法国大革命》,第 17 页。

② 柏克准确地总结了自由主义论点,以便将其驳倒:参见《反思法国大革命》,第 20 页。同样可参见第 37 页。

③ 柏克,《反思法国大革命》,第 39—40 页。同样可参见第 13—20 页。译文参考:柏克,《反思法国大革命》,张雅楠译,前揭,第 34 页。——译注

④ 同上,第 41 页。同样可参考第 39—40 页。译文参考:柏克,《反思法国大革命》,张雅楠译,前揭,第 35 页。——译注

⑤ 柏克,《1792 年 2 月 9 日演讲》,收录于《反思法国大革命》,第 331 页。

⑥ 同上,第 332 页。

一座下议院，以及从祖先那里继承了特权、政治权利和自由的国民”。① 当自由主义的创建者们——不仅仅是洛克和霍布斯——用“不可让与”这个形容词来描述自然权利，当过去的时代——或者简单地说，时间——对他们来说不再是任何合法性的来源，柏克却认为，“不可让与”这个词只能用于先祖留下来的习俗，且每一个习俗都根植在它之前的习俗之上：13 世纪的《大宪章》(*Magna Carta libertatum*)与亨利一世时期的另一个宪章密切相关，两者都不过是在重申更古老的时代就已经存在的法律。② 面对“所谓的人权”的“荒谬”③，面对巴黎上演的“这场畸形的悲喜剧”④，“英国国民[……]认为当前的国家政体拥有难 234
以估量的价值”，表达了对“在我们的国家中、宅邸内、墓园里或是祭坛上”⑤的这个独一无二的整体的忠诚。在柏克看来，1689

① 柏克，《反思法国大革命》，第 42 页。

译文参考：柏克，《反思法国大革命》，张雅楠译，前揭，第 36 页。——译注

② 同上，第 40—41 页。对于这一论点，托马斯·潘恩回应道，人总是可以回溯到更远的过去并找到更加古老的习俗，而事实上，只要这样行进下去，人最终将会找到真理：“我们将在人脱离造物主之手的那一刻到达。他是什么？人，人是他最伟大的也是唯一的称号。”(托马斯·潘恩，《人的权利》，克洛德·穆沙引介，巴黎，贝林出版社，1987，第 96 页，斜体部分原文即为斜体。)

译文参考：托马斯·潘恩，《人的权利》，戴炳然译。——译注

③ 柏克，《新辉格党人向老辉格党人的呼吁》，收录于《反思法国大革命》，第 394 页。

④ 柏克，《反思法国大革命》，第 13 页。

译文参考：柏克，《反思法国大革命》，张雅楠译，前揭，第 9 页。——译注

⑤ 同上，第 33 和 43 页。同样可参见第 41—42 页。

译文参考：柏克，《反思法国大革命》，张雅楠译，前揭，第 28 页。——译注

年革命的唯一目标就是“确保这个政府永远地存在下去”。[①]

柏克对光荣革命的这一解释得到了两个世纪以来各个领域保守主义者的广泛认同，有着重要影响。但它不是，也永远不会是英国自由主义的正统之路。因为，即使《权利法案》确实恢复了某些旧的权利，比如国会在税收方面的权利，从本质上而言，它仍是彻底革新的文件。在这样的语境下，激进的字眼并非不合时宜：从 17 世纪中期起，它就已经在英国出现。《权利法案》是上百份传单、小书、小册子表达的大量思想的产物，这些思想呼吁重建君主制度。1660 年的议会(Convention Parliament)是在政府契约理论的基础上召开的，政府契约理论形成于内战时期，因此绝非 1689 年独创。改革者们将其发展成有限权利理论，洛克普及了它。事实上，洛克的两篇《政府论》都是在总结这个形成于 1689 年前半个世纪、在 1776 年又重新出现的论证：在此期间，这位当时最伟大的哲学家将它们体系化。从这样的意义上，可以说 1776 年是第二次英国革命，1689 年是第一次美洲革命。原则是一样的：政治权利来源于国民，王室权利受到契约而不是自然权利的约束，也受到国王向宪法宣誓的约束。国王受国民——权利的支持者——委托(信任)行使权力。当国王违反了契约条款，君主就成了僭主，公民也就没有了服从他的义务。在这样的情况下，契约解除、完全无效，而权利回归他的合

① 柏克，《新辉格党人向老辉格党人的呼吁》，收录于《反思法国大革命》，第 425 页。

法支持者，也就是国民手中。这些在内战和美洲独立战争时期风行的观点，在光荣革命期间也同样盛行。①

于是，一部重要著作诞生了，它启发了当时的议会辩论，其 235
目标在于推动君主政体改革。② 大概是因为奥兰治亲王威廉反对，文中提出的大部分措施均未出现在最终的文件中。但是，两个主要措施得到了采纳：有关立法和军队的措施。亲王当然会提出反对，并威胁要回荷兰。他认为皇室权利受到根本限制，以至于一种新的合法的形势形成了。经过长期的政治工作，人们最终达成妥协，但这一和解最终形成了改革者的胜利：受到詹姆士二世攻击的旧权利得到恢复，但同时新的王国也得以建立。如果 1689 年 2 月 13 日新的统治者宣读的那份被威廉和玛丽接受的权利宣言没有存在过，如果它没有得到过《权利法案》的批准，那么 1689 年革命就只是一场政变，就像今天某些人认为的那样。③ 其实，这是一场具有两面性的革命：既是对过去的复

---

① 洛伊斯·施沃厄尔(Lois Schwoerer)，《权利法案：1688—1689 年革命概要》(The Bill of Right：Epitome of the Revolution of 1688－89)，收录于波考克，《三次英国革命：1641、1688、1776》(*Three british Revolution*：1641，1688，1776)，普林斯顿，普林斯顿大学出版社，1980，第 226—237 页。

② 在这些出版物中，最具效力的是对约翰·弥尔顿(John Milton)的《论国王和官吏的职权》(*The Tenure of Kings and Magistrates*)的匿名改编著作，著作名称非常明确：《人民反抗僭主的主权与权利》(*Pro populo adversus tyrannos*)。另一部启发了当时议会辩论的著作是乔治·劳森(George Lawson)的《神的政治与世俗政治：一个教会政府的典型》(*Politica sacra et civilis*：*or a model of ecclesiastical government*)，乔治·劳森要先于洛克；还可参考波考克，《英国革命》(*The British Revelotion*)，第 233 页。

③ 波考克，《英国革命》，第 237 页。

兴，也是向前的跨越。《权利法案》建立了一个新的君主政体，远不止是王位更替。这就是当时的人的感受，这也是美洲人在1776年提起《权利法案》时的感受。普莱斯、潘恩、汉密尔顿、麦迪逊和杰弗逊(Jefferson)就是这样循着洛克和1689年改革者的脚步去理解这场发生在17世纪末的事件，是他们的解读形成了19和20世纪英国的自由主义。而柏克则代表了敌对阵营，他加入了那个认为1689年只是想要加冕一位新国王的思想脉络，并且认为这样的英国代表了秩序井然的社会和管理得当的国家的理想状态。

当然，柏克并不否认，当人的生活中没有任何东西能够企求完美的时候，一切都不可能是完美的，但他不认为有什么是必须从根本上进行改变的。尽管他提出过抗议，他却并不反对改进和改良，当然这只是相对于改变而言，实际上他没有给出过任何
236 他认为理想的，甚至是可以接受的改良案例。相反，现有的秩序——这一历史和神的意志的产物——应该被保留。于是就出现了这样一个普遍原则：改变只能是边缘的、缓慢的，并且只能以一种“几乎感觉不到”[①]的方式进行。必须经过漫长的时间，甚至是经过好几个世纪，才能感受到变化。因此，没有任何起义的理由：整个欧洲正在蓬勃发展，并且归根结底，这一幸福的状态应该归功于“古老风俗和古老观念的精神”。[②] 法国国民有过

① 柏克，《反思法国大革命》，第215页。

② 同上，第99页。

一个“好的体制”,“如果他们有公德的话,或者只要谨慎一些,他们就能够从君王的良好举措中获益”;这个君王“只是想要知道弊病所在以便对其进行改造”、以便让建立在三层阶级基础上的总的等级秩序具有“合理的永久性”。① 法国人幸运地服从于一个“一直向他们施予恩赐的优雅、慈善和宽赦”②的政权,没有任何东西迫使他们去“抛弃对他们君主以及对他们国家的古老体制的忠诚”。③ 而且,即使最近的过去提供不了任何借鉴,法国人也始终可以回溯更久远的先祖。④

柏克所说的“体制”指的不是权力的结构形式,而是国家的整个社会结构。在他眼中,英国的社会结构及其制度完全是一项壮举。与柏克相近的其他保守主义者——如美国的约翰·昆西·亚当斯——他们分辨政府结构和社会结构的区别,并对英国政府组织形式和社会恶习大加批评,认为那是腐败的根源;而当此之时,柏克对英国现实情况未发一句指责之词。当时的英国表现出一种半封建性,这不仅让英国的自由主义者不满,甚至也让不具备丝毫伟大革命者特质的黑格尔不满。⑤ 严格地说,

---

① 柏克,《1792 年 2 月 9 日演讲》,收录于《反思法国大革命》,第 328 页。

② 柏克,《反思法国大革命》,第 49 页。

译文参考:柏克,《反思法国大革命》,张雅楠译,前揭,第 43 页。——译注

③ 同上,第 67 页。

译文参考:柏克,《反思法国大革命》,张雅楠译,前揭,第 60 页。译文有改动。——译注

④ 同上,第 44 页。他并不认为法国诞生了同样完善的体制,但他认为存在一种既定秩序,并且其存在本身就构成了一种保障。

⑤ 参见,埃里克·维尔,《黑格尔与国家》,巴黎,弗林出版社,1950,第 21 页。

237 不应该将黑格尔理解成普鲁士国家哲学家，而应该像埃里克·维尔(Eric Weil)认为的那样，将其简单地理解成国家哲学家——一个"现实存在的国家，而不是理想的、幻想的国家"：这一理论可以被理解成"实现人类身上理性存在的理论，它是为了理性而实现，且由理性本身实现"。[①] 而这不可能成为柏克的思想。柏克不是理性主义者，他不可能在他的专制政体中建立一个冰冷的、逻辑严密的国家结构：尤其因为英国呈现出来的是一种蔑视常识的政治结构，其中自由是特权的同义词，不平等被看作自然的产物，而自然本身又被理解为历史，这恰恰满足了英国人自己的理想状态。

与柏克一样，迈斯特坚信理性没有能力"引导人"。[②] 他并不想"侮辱"理性，但常识告诉人们信仰至上。[③] 理性——或者有些人更喜欢说哲学——"啃食了那个将人团结在一起的袖带，再也不存在精神的团结了"。[④] 正因此，人们犯下了谋杀路易十六的罪行：这不仅仅是结束罪有应得之人的生命，更是对**王权**本身的侵害。[⑤] 君主走向死亡，而无论巴黎还是外省都没有发出声音，这一事实显示了法国社会的分裂程度：不是所有法国人都同意杀死路易十六，但绝大多数公民都赞同了1月21日之前的

---

① 埃里克·维尔，《黑格尔与国家》，巴黎，弗林出版社，1950，第22页。

② 约瑟夫·德·迈斯特，《圣彼得堡之夜——论神在人间的统治对话》，巴黎，迈斯尼出版社，1980，卷1，第108页。

③ 同上，卷1，第216页。

④ 迈斯特，《论法国大革命》，第139—140页。

⑤ 迈斯特，《论法国》，第25页。

“所有荒谬之举”。[1]

柏克死后半个世纪,迈斯特的接班人卡莱尔提出,恶的根源始终不变:理性主义和个人主义。卡莱尔说:“思想不会产生行为,而是造成无边的混乱,并将自己吞噬。”[2]在他看来,人被派到凡间不是为了思考,而是为了工作:“人的最终目标是行动,不是思想,这在很久以前就已经确定”[3],而“好的悟性[……]不是逻辑、不是论证,而是直觉。因为领悟的最终目的绝非证明或是 238
找到缘由,而是知道和相信”。[4] 在他的第一部小书《衣裳哲学》这部有关符号理论的著作中,卡莱尔就已经明确说道:是“符号引导并支配人,无论幸福还是悲苦”,“约束我们的不是逻辑能力或计算能力,而是想象力”。[5] 同样,人们能够本能地找出杰出之人并紧随其后:“我们并不真正地理解您,[但]我们看出您比我们更高贵、更智慧、更伟大,[因此]我们将忠诚地跟随您。”[6]

但《论英雄、英雄崇拜和历史上的英雄业绩》中有一段话,它让恩斯特·卡西尔认为,尽管卡莱尔用一种神秘的方式表达观

---

① 迈斯特,《论法国》,第 26 页。

② 卡莱尔,《作品选》(*Essais choisis*),第 75 页。

③ 同上,第 72 页。也可参考第 75 页。

④ 同上,第 50—51 页。同样可参考《新作品选》(*Nouveaux Essais choisis*)第 320 页:“心总是在大脑**能够**看见之前就已经看见”(斜体部分原文即为斜体)。

⑤ 卡莱尔,《衣裳哲学》,第 240—242 页。整个第三章(第 238—251 页)都用来说明这些符号。这部被泰纳称为“服装哲学”(philosophie de costume)的著作包含了一种形而上学、一种政治学和一种心理学。在卡莱尔看来,人是穿衣服的动物,而社会就是基础的布料:泰纳,《英国文学史》,第 17 版,卷 5,第 218 页。

⑥ 《新唐宁街》,收录于《现代短论,托马斯·卡莱尔作品选》,前揭,卷 20,第 142 页。

点，但他绝不是非理性主义者。所有他写到的英雄——先知、牧师和诗人——都被描述成真正的、深刻的思想家。[①] 被维京人视作"诸神之王"并被他们当作学术难题的奥丁确实是一位思想家。确实，在卡莱尔的思想中，世界历史的任何时期引出所有其他事件的伟大的创始事件，都伴随着一位思想家的出现。[②] 而提出可被当作社会力量的思想难道不正是那些杰出之人的特权吗？或者说他们的专有属性？难道不是只有在他们那里思想才能扮演首要角色吗？难道不是只有在他们那里才能产生路德、拿破仑、歌德式的天才的光辉吗？[③] 至于那些凡夫俗子，也就是所有弱于他书中所写巨人的人，如果"领悟是他们的窗口"，那么"想象[就是]他们的眼睛"。[④] 这些说法难道不像是受到了《关于我们崇高与美观念之根源的哲学探讨》的启发吗？

239 在赫尔德、柏克、迈斯特和卡莱尔之后，泰纳也找到了症结所在：个人企图通过理性掌握对自己命运以及对所有人的事务的无限权力。《英国文学史》的作者认为，灾难的根源就是这个世纪的精神，也就是"偏执的理性的独立。理性脱离了想象，摆脱了传统，糟糕地实践着经验，它将逻辑看成它的女王，数学是它的榜样，言语是它的组成，文明的社会是它的听

---

① 恩斯特·卡西尔，《国家的神话》(*Le Mythe de l'État*)，贝尔特朗·韦热里(Bertrand Vergely)译，巴黎，伽利玛出版社，1993，第 295—296 页。

② 卡莱尔，《论英雄、英雄崇拜和历史上的英雄业绩》，第 46—47 页。

③ 卡莱尔，《作品选》，第 51 页。

④ 卡莱尔，《衣裳哲学》，第 242 页。

众，一般真理是它的工作，抽象的人是它的研究对象，而思考是它的方法”。[①] 他在献给卡莱尔的重要章节中说道：“对内在事物的情感[悟性]是同一类的，这情感是一种哲学式的语言。必要之时，心灵取代头脑。有创造力的、有激情的人洞悉事物内部；他通过感受到的震颤来理解缘由；他清楚并能迅速地掌握自己那富有创造力的想象[……]。直觉是一种完美而生动的分析。诗人和先知：莎士比亚和但丁、圣保罗和路德，无论如何，他们都是条理清晰的理论家。”[②]

这一观念正是《现代法国的起源》详细论证的核心：泰纳指出了在临近 1789 年的时候，反对所有定论、所有信仰，以及所有政治、社会和宗教制度的伟大思想是如何发展壮大的。人们将启蒙的世纪、“理性的时代”（这里的引号代表讽刺）看成精神的胜利，这一时代认为“从前的人类处于孩童期，[而]今天他才‘长大了’”，在这一时期，“真理终于第一次大白于世”，人们第一次将要“看到它主宰整个地球”。[③] 这里不难看出对康德的影射。泰纳继续着他的批评：从本质上来说，真理是普遍的，因此它应

---

① 泰纳，《英国文学史》，卷 3，第 7 页，引自埃里克·加斯帕里尼（Éric Gasparini），《伊波利特·泰纳的政治思想：在传统主义与自由主义之间》（*La Pensée politique d'Hippolyte Taine : entre traditionalisme et libéralisme*），普罗旺斯艾克斯，艾克斯-马赛大学出版社，1993，第 194 页。

② 泰纳，《英国文学史》，第 17 版，卷 5，第 253 页。

③ 泰纳，《现代法国的起源》，巴黎，拉丰出版社，“旧作”文丛，1986，卷 1，第 153 页。“长大了”一词在原文中也有引号。

译文参考：泰纳，《现代法国的起源：旧制度》，黄艳红译，吉林，吉林出版集团有限责任公司，2014，第 209 页。——译注

该引导一切;它有着至高无上的权利,因为它是真理。泰纳认为,由于这两个信仰,“18 世纪的哲学就像是一种宗教,类似 17 世纪的清教、7 世纪的伊斯兰教”。这一宗教与之前的那些宗教
240 一样响亮地表达着自己的观点,不同的仅仅在于前者不是以上帝之名,而是以理性之名说话。[①] 对理性的运用构成了其独一无二的特征,它撼动并动摇了那个所有基石都建立在“很多为人遵守的法律、一个被认可的权威、一种占统治地位的宗教”之上,所有根基都打在古老习俗之上的大厦:信仰和服从是人们的遗产,国王——政府机构的首脑——的意志拥有八个世纪的基础,因此是一种纯粹而简单的继承权利;命令人服从于既定政权的宗教从十八个世纪以来的传统中获得了合法性。[②] 神的意志是“最后的,也是首要的基石”,“世袭性偏见”建立在此之上,是既定秩序的基础,而既定秩序“就像本能一样,是理性的一种不自知的形态。这种制度的合法性的最后一点在于,理性若要更有效力,就必须借用该制度的形式”。[③]

---

① 泰纳,《现代法国的起源》,卷 1,第 154 和 155 页。“理性”一词在原书中为斜体。

② 同上,卷 1,第 154 页。

译文参考:泰纳,《现代法国的起源:旧制度》,黄艳红译,前揭,第 210 页。——译注

③ 同上,卷 1,第 154 和 158 页。也可参考第 160 页和第 829 页泰纳所写的摘要目录,作者在摘要目录中总结了他的论点并再次使用了“世袭性偏见”一词。

译文参考:泰纳,《现代法国的起源:旧制度》,黄艳红译,前揭,第 211 和 216 页。——译注

在这样的语境下，泰纳又写了很长一段评论，这对理解反启蒙思想至关重要。当启蒙运动者视理性为人的固有属性，当他们认为理性是能够始终为人所用的手段且在任何情况下都是评判政治好坏的唯一普遍标准时，他们的自由保守主义批评家——本身也是理性主义者——却将理性完全理解为只适用于高端文化领域的专家特权。相反，在社会生活中，理性会引发灾难。这就是为什么“理性对于人的事务由偏见指引感到愤怒，而这种愤怒又是错误的，因为若要指引人的事务，理性自己也必须成为一种偏见”。确实，“一种学说只有在变得盲目时才会有效”：想要形成一股社会力量、想要知道人的行为，就“必须以确定的信仰、已养成的习惯[……]形态沉淀于人的脑海中，[……][就必须]凝结在意志之中静止的洼地上”。①

泰纳毫无迟疑地否定了理性改造社会、建立制度以及接受个人自主的能力。在此方面，泰纳继承了柏克和迈斯特的论点。这也是勒南、卡莱尔、梅尼克和克罗齐的论点：在根本问题上，启
蒙的敌人们遵从着同样的原则。在《现代法国的起源》4 页简练 241
的前言中，泰纳提出了他的信条，这与主流思想完全相反，之后的 600 页都只是它的解释。首要原则非常简单：“人民在要求给出意见时能说出他们喜欢哪种政府形式，但不是他们需要的政府形式。”“政治寓所”的性质取决于风俗、特异之处和居住者的

① 泰纳，《现代法国的起源》，卷 1，第 158 页。

译文参考：泰纳，《现代法国的起源：旧制度》，黄艳红译，前揭，第 216 页。——译注

特点。在其他地方、其他国家,“政府寓所”之所以不断更替,是因为任何“政治寓所”都不可能“根据某种新图纸,参照单一的考量尺度而在瞬息间建成”。因为“须臾之间发明一部合适且持久的新宪法,这个任务非人类思想能力所及”。[①] 对于所谓合适的宪法,“我强调的是发现它——如果它存在的话——而不是口头上宣扬它”。的确,已经没有选择的余地了:“自由和历史事先已经为我们做出了选择”,适合每个国家国民的政治体制是“由民族的性格和历史”[②]决定的。全书中,这个观念不断出现:人不是自由的生命,或者换句话说,不存在选择的自由。人服从于世袭性偏见、服从于他所处的社会环境和家庭环境、服从于动物本能和身体需求。这使得卢梭在《社会契约论》中提出的自由概念只能不幸地成为抽象概念,而不具备任何现实性。自然权利认为“这样构建起来的社会才是唯一公正的;因为,[……]它不是某种人物盲目忍受的传统的作品,而是平等人之间缔结的一项契约,而且契约受到全面的审查和完全自由的认可”,但对自然权利学说的实践只会造成灾难。[③]

---

① 泰纳,《现代法国的起源》,卷 1,第 3—4 页。

译文参考:泰纳,《现代法国的起源:旧制度》,黄艳红译,前揭,作者序,第 2 页。——译注

② 同上,卷 1,第 4 页。

译文参考:泰纳,《现代法国的起源:旧制度》,黄艳红译,前揭,作者序,第 2 页。——译注

③ 同上,卷 1,第 165 和 175—180 页。

译文参考:泰纳,《现代法国的起源:旧制度》,黄艳红译,前揭,第 240 页。——译注

只有法国要为理性主义付出致命的代价，它将完全处在恐
惧之中。勒南写道，只有它要发动革命，这场革命会令它走上
“一条充满怪诞之事的道路”。鲜血洒满了这条道路，但在这之
后，它离它定下的目标仍然相距甚远：一个公正、人道、诚实的社
会。[1] 英国未曾发动过起义，却几乎达到了这个目标。[2] 法国的
这一特殊性源自法国启蒙运动的理性特征和物质主义特征，源
自“将一切看不到直接原因的事物视作荒谬”的倾向。[3] 20 年 242
后，勒南总结了罪恶的本质：法国“在应该以历史的方式行事的
时候，选择了哲学的方式”。[4] 为了摆脱民族生活的框架——民
族生活本质上就是“某种有限的、平庸的、狭隘的东西”——为了
“形成杰出的、普遍的东西，[……]人们让他们的祖国分裂，这一
祖国是所有人都不能接受的偏见和固有观念的集合”。[5] 只有
“当公民是根据相近的种族共同体、语言共同体、历史共同体、利
益共同体而组成的自然族群的时候”，他们的存在才有意义。[6]
至于民族，赫尔德、柏克和迈斯特都相继展开了这一有机论的主
题，民族“仿佛是人的身体”。[7]

---

① 勒南，《法国君主立宪制》，第 237—238 页。

② 同上，第 238 页。

③ 勒南，《科学的未来》，第 749 页。

④ 勒南，《法国君主立宪制》，第 239 页。

⑤ 同上，第 236 页。

⑥ 勒南，《当代问题》，巴黎，卡尔芒-莱维出版社，第七版，[1929]，《前言》，第 XXVI 页。

⑦ 勒南，《法国君主立宪制》，第 304 页。

随着时间的推移，革命的罪恶逐渐占据了勒南批评的核心，他的语气也变得愈发严厉。“就在法国砍下了国王头颅的那天，它走上了自杀的道路”，他在色当战役的第二天这样写道。① 勒南在他的论文集《当代问题》（*Questions contemporaines*）的重要前言中向柏克和泰纳看齐，控诉了那些“在 18 世纪最后几年，企图建造一个充满小人和暴乱的世界”的人。同样，他还揭示了“大革命的破产”，揭示了“诞生于大革命的社会体制”，揭示了“一份几乎是为了理想公民而编写的孕育弃儿、扼
243 杀独身者的法典”。② 因为在勒南看来，根据那些 89 原则，“社

① 勒南，《精神改革与道德改革》，前揭，第 9 页。

② 勒南，《当代问题》，《前言》，第 II—IV 页。然而，不应该忽视勒南思想中的二元性：勒南从来没能完全摆脱大革命带给他的吸引力，他的笔下充满了矛盾。色当战役前夜他这样写道（《法国君主立宪制》，第 235—236 页）：“法国大革命是一个如此非凡的事件，以至于有关我们时代事务的所有思考都由此展开。而这场关键事件的直接结果就是，在法国什么重要的事情也没有发生。[……]就好像所有伟大的、英勇的、大胆的事情一样，就好像所有非人力所及的事情一样，法国大革命将连续数个世纪成为世界谈论的话题。[……]从某种意义上而言，法国大革命（在我看来，法兰西帝国也是其一部分）是法国的荣耀，是法国杰出的史诗巨作。但是，为这件事付出代价的始终是在其历史中做出杰出贡献的民族的人民，他们遭受长期的苦难，甚至要他们以自身的民族存在作为代价。”犹太人的问题也是如此：勒南始终担心犹太人在西方文明中地位下降，他的担忧被《什么是民族？》（Qu'est-ce qu'une nation ?）演讲 12 个月后的两场演讲抵消，这两场演讲后来被发表出来：《犹太教和基督教的起源认同与逐渐分裂：1883 年 5 月 26 日犹太研究协会的演讲》（Identité originelle et séparation graduelle du judaïsme et du christianisme：conférence faite à la Société des études juives le 26 mai 1883）和《作为人种的犹太和作为宗教的犹太：1883 年 1 月 27 日圣・西蒙俱乐部的演讲》（Le judaïsme comme race et comme religion：conférence faite au cercle Saint-Simon le 27 janvier 1883），收录于《恩斯特・勒南全集》，亨利埃特・济卡里编辑并最终出版，巴黎，卡尔芒-莱维出版社[1956]，卷 1，第 907—944 页。

会将没有信仰和虔诚。它只有一个目的，就是让组成社会的个人享有最大的财富，而不去考虑人的理想命运”。[①] 于是，诞生了那些分裂社会、扼杀社会的原则，诞生了利己主义和私产。私产不再属于道德范畴，而是成了可以用金钱来衡量的享乐：换言之，个人主义、功利主义和“近年来可耻的享乐主义”应该为堕落负责。[②]

在所有这些罪恶中还应加上另一项产生于18世纪的罪恶，它同样重要，即习惯认为所有重大政治斗争都关乎生死问题的看法；因为“一切暴风雨都会引发洪水”的这种看法会让人们迅速走向极端，并学会随时拿整个社会的命运冒险。[③]

当然，1789年事件并不一定会走向灾难。如果三级会议能够年年召开，那么“人们将真正地接触到真理。然而，卢梭式的不合实际的政治占了上风”。[④] 因此，就像在柏克、迈斯特和泰纳那里一样，就像在之后的索雷尔、莫拉斯、巴雷斯和伯林那里一样，就像在卡莱尔——虽然他用了完全不同的方法，但仍然是相似的——那里一样，卢梭在勒南那里又一次成了大罪人。确实，勒南容不下第三等级，他不认为将三级会议转变成国民议会是有道理的，甚至不认为这对当时的现实情况来说是必要的。

---

① 勒南，《法国君主立宪制》，第241页。

② 勒南，《科学的未来》，前揭，第1030页；《当代问题》，前言，第III—IV页。

③ 勒南，《当代历史哲学》，收录于《当代问题》，前揭，第31—32页。

④ 勒南，《精神改革与道德改革》，前揭，第7页。

在 1870 年，尽管有了美洲的实例，他仍和柏克一样认为在 17 世纪初盛行的制度到了 1789 年依旧能够很好地满足这个欧洲最大国家的需求，不应该任由它受到民众的侵犯。法国应该效仿英国的范例，效仿这个“最符合立宪政体的国家，而[它]却没有成文的、严格意义上的宪法”。[1]

但事实并没有如此。相反，人们追随着卢梭，陷入到“倾向于抽象的组织结构，而不考虑过去的权利和自由”的巨大错误之
244 中：正是由于《社会契约论》的作者，才出现了“革命派，准确地说[……][革命派]造成法国大革命的最终性质”。[2] 于是，“人们一面自以为建立了抽象的权利，一面建立着约束”。[3] 法国大革命是反对历史、传统的“物质主义”和卢梭主义启蒙运动的后代。根据勒南的观点，或许它不是完全如此，但是它表现出的倾向却是难以避免的。产生于卢梭思想（又一次提到“不合实际的政治”一词[4]）的“先验地建立一种体制”的意愿构成了“最初的错误”，而这一错误本身就根植于《社会契约论》的作者和自然权利学派传播的那个“从各方面看来都不符合人类社会现实”[5]的观念之中。因此，“法国大革命认为一切革命都建立在抽象观念而

---

① 勒南，《精神改革与道德改革》，前揭，第 7 页。

② 勒南，《当代历史哲学》，收录于《当代问题》，前揭，第 61—62 页。

③ 勒南，《德·萨西先生》(Monsieur de Sacy)，收录于《道德与批判文集》(*Essais de morale et de critique*)，第 47 页，引自理查德，《恩斯特·勒南，传统主义思想家?》，前揭，第 130 页。

④ 理查德，《恩斯特·勒南，传统主义思想家?》，前揭，第 140—141 页。

⑤ 《法国君主立宪制》，第 241 页。

非过去的权利之上,这毫无道理可言”。①

这里有必要注意到:勒南和柏克都没有将洛克和卢梭对立起来。勒南与柏克、泰纳以及卡莱尔一样,反对自然权利的一切传统,并且明确否定了主张民主和平等的个人主义。这正是他批评当时文明的出发点。18 世纪“受人的创造力观念的影响太大”。② 人“就像戈贝林厂(Gobelins)的工人一样,从挂毯的背面编织,看不见正面的图案[……]。啊! 人真是好动物! 他穿戴着鞍辔是多么合适啊!”③勒南几乎是逐字逐句地重述着柏克的话语,他紧随柏克其后,从我们每个人身上看到了“对忠诚、对献身精神、对经验、对过去想法的继承,我们每一个人都延续着我们的遗产,与过去和未来形成联系。企图把人当作自私且贪财的生命、企图对此进行说明并将人的义务划归在他所属的社会之外,没有什么比这更肤浅的哲学了”。④ 从《科学的未来》(*L'Avenir de la science*)开始,勒南的一生都在不断揭示罪恶的根 245
源:那个“我们可以将其归为政治物质主义的理论”。该理论认为“个人的享乐是社会的唯一目标”,⑤这正是造成法国民主传

---

① 勒南,《思想与批评文集》,第 83 页,引自理查德,《恩斯特·勒南,传统主义思想家?》,前揭,第 130—131 页。

② 勒南,《科学的未来》,第 749 页。

③ 勒南,《哲学对话录》(*Dialogues philosophiques*),第 572 页。

④ 勒南,《论受教育家庭与国家》(La Part de la famille et de l'État dans l'éducation),收录于《恩斯特·勒南全集》,亨利埃特·济卡里编辑并最终出版,巴黎,卡尔芒-莱维出版社[1956],卷 1,第 526 页。这段文字也出自理查德,《恩斯特·勒南,传统主义思想家?》,前揭,第 202 页,注 751。

⑤ 勒南,《法国君主立宪制》,第 242 页。

统的巨大不幸的个人主义和利己主义的源头。

在勒南之前，卡莱尔就以更加强烈、更加生动的文笔进行了同样的控诉。反启蒙主义之战不是应时的产物：卡莱尔面对他所处世界做出的反应与色当战役之后法国人的反应，或是19、20世纪之交所有欧洲大国那一代人的反应都没有什么差别。1850年8月，卡莱尔将当时世界描绘成“巨大的猪食槽”，唯一占上风的道德是猪的道德：“全世界养猪场的使命与所有猪的任务一样，向来都是增加眼前财物数量，减少够不着的东西。”①泰纳说，卡莱尔将现代生活投入到这片泥淖之中，而超越所有其他生活的英国式生活也是在同样的情况下、在同一片泥沼中投入了积极的精神、对舒适的渴望、工业科学、教会、国家、哲学和法律。②

因此，现代的衰落是物质主义的、“机械论的”和功利主义的文明的衰落。物质对精神的胜利和由法国人——这个诞生过马勒伯朗士(Nicolas de Malebranche)、帕斯卡尔、笛卡尔和费奈隆的国度只剩下库赞(Victor Cousin)和维尔曼(Abel François Villemain)这几个人了——首先发起的对形而上学的背叛成为那个时代最重要的印记。洛克以后，形而上学本身也成了机械式的。现在的那些哲学家已不再像苏格拉底、柏拉图一样，而是像边沁那样认为幸福完全取决于人的外在环境。卡莱尔说，这就是为什么即使在最文明的民族内部，人们也只能听到一种呼唤：

① 卡莱尔，《耶稣会教义》(Jesuitism)，1850年8月1日，收录于《现代短论》，卷20，第816页。

② 泰纳，《英国文学史》，第17版，卷5，第227页。

给我们好的制度、好的政治观点，这样幸福就会到来。[①] 因为，
现代概念希望我们世界的一切都关乎势力对抗和利益冲突，希
望从严格意义上来说人的关系中没有任何东西具有神性。[②] 人 246
们失去了对不可见事物的信仰，只关注可见的、物质的和实际的
东西。19 世纪不是一个“信仰的时代”，不仅如此，它还是一个
无法理解善与美的时代：边沁的功利主义、在实践美德的时候计
较得失都成了它的指导原则。[③]

---

① 卡莱尔，《时代的符号》（Signs of Times），收录于《评论文集》，卷 2，第 63—67 页。

② 卡莱尔，《论英雄、英雄崇拜和历史上的英雄业绩》，第 263 页。

③ 卡莱尔，《评论文集》，卷 2，第 67 和 73—74 页；《论英雄、英雄崇拜和历史上的英雄业绩》，第 110—111 和 228—229 页。

247 第四章　偏见——一种政治文化

被启蒙运动奉为巨人的，在启蒙的敌人眼中却是侏儒。赫尔德是这一对人的看法的开路人，几年之后的迈斯特只是继承了赫尔德。这位路德教牧师致力于说明人是微不足道的，并在此基础上构建他的整个体系。赫尔德矛头所指的正是启蒙思想的核心："首先，面对对人的理智的极度颂扬，我必须要说，如果我可以这么说的话，与其说是人的理智，倒不如说是一种推动并指引事物的盲目命运完成了世界的整体改变[……]，如果真的如此，那么人精神的偶像会是什么呢？"①的确，是谁引领人的命运？是谁"在这个地方建立了威尼斯[……]，又是谁在此思考，对于这片土地上的人民来说，千百年来，这个威尼斯能够或应该具有怎样的意义？在这片泥沼中投入一条布满小岛的海峡的，[……]正是那个播下种子并让它在适当的时间和地点长成参天

① 赫尔德，《另一种历史哲学》，第 233 页（段 530—531）。

大树的人;他在台伯河畔搭起茅舍,使其最终成为罗马——世界永恒的领袖。如今,也是这个人指引着蛮族摧毁亚历山大图书馆[……],也正是他[……]让一座帝王的城池[君士坦丁堡]遭到毁灭,那些人们不去探索、长期无人触碰的科学逃亡到欧洲。这一切都是巨大的命运!人无法盘算、期待、操控——你不过是 248
一只蚂蚁,你难道没看见自己不过是在命运的巨轮上爬行吗?”[①]数页之后他又说道:“人,无论你愿意与否,你永远都只是渺小而盲目的工具。”[②]在著作的最后几页,赫尔德重又回归这一观念。对于“个体的人啊,你带着你的爱意、你的能力、你的个人贡献,你又是什么?”这个问题,他以第一人称答道:“我的力量只是为了整体而存在,这个整体可能是一整天、一整年、一整个民族、一整个世纪;我力量的失败证明了我什么也不是,而整体才是一切!这是怎样的一部杰作啊,里面有那么多没有想法、缺乏眼界的影子,有那么多为了自由的幻想而行动,却忽略了自己在做什么又为什么而做的盲目工具。”[③]后来,迈斯特完全继承了这一观念。在他们二人看来,历史是上帝所写的一篇文章,是一出戏剧;他让人来表演,“大地上的那些影子”唯一要做的就是“奔跑着在世界穿行”。[④]

直到 20 世纪后半叶盛行的自由保守主义形式,所有反启蒙

---

① 赫尔德,《另一种历史哲学》,第 233 和 235 页(段 530—531)。

② 同上,第 237 页(段 532)。

③ 同上,第 365 和 367 页(段 584—585)。

④ 同上,第 117 页(段 478)。

理论家都将社会的最高权力看成文明的基础。柏克认为:“人的社会这种神奇的统一”[①]是“伟大的自然奥秘,而我们无法参与其中”。我们“通过一条神秘且不为我们所知的道路来到世界”,我们只知道“那个谱写了我们如今生活的伟大作者也谱写了我们在现行秩序中所占有的地位”。他继续道:“我们应对同类负有义务,没有什么地方会明确记载这些义务,也不存在任何契约。”[②]这就是柏克眼中的社会关系的本质,就像是维系长辈与孩子之间关系的道德义务,而孩子们不需要“实际的同意”,就被以一种默许的方式与他们的义务联系在一起,这是符合事物本质的。[③]

249 就这样,社会就像是一个真正的有机体、一个身体,其中每个部分都因“我们对祖先的忠诚”相连,而社会成员之间的关系实际上是永恒不变的。因此,“接受这种继承关系,就等于为我们的政策框架绘制出一幅以血缘关系相连的画面;用我们最宝贵的家庭纽带将国家的宪法整合在一起;将我们最根本的法律纳入家庭情感的怀抱,让这种情感和法律在它们共同体现的善意中、在我们的国家中、宅邸内、墓园里或是祭坛上相互依存,永不分割”[④]。实际的结论呼之欲出:“我们的政治系统犹如一个包含了诸多临时部分的恒久的机体,正是对世界秩序的合理呼应,与其形成了

---

① 柏克,《反思法国大革命》,第 42 页。

② 柏克,《新辉格党人向老辉格党人的呼吁》,收录于《反思法国大革命》,第 453—454 页。

③ 同上,第 454 页。

④ 柏克,《反思法国大革命》,第 43 页。

译文参考:柏克,《反思法国大革命》,张雅楠译,前揭,第 37 页。——译注

美好的对称。[……]这机体不会老迈,也无中年或青年时代可言,但会不断经历衰变、倾塌、更新和进步的循环。”①

这个“社会是一部契约”,但是它不同于那份可以由依据自己需求和意愿行事的个人自由表述的协议,它不同于洛克和卢梭想要的那样,它没有丝毫功利性。之前我们就已经提到,洛克跟随霍布斯的脚步提出了个人财富构成一切政治活动和一切社会组织的目标与标准的原则。和之后的卢梭一样,洛克在社会契约的观念中表达了该原则。柏克的全部工作都旨在打破这一观念,他使用了“契约”一词——那个主流思想的关键词——以挖空其内容。柏克的契约不产生任何新的东西:它不是开始,因为一切开始的本身就是谬误;它只是反映事物的自然秩序,它“并非只是生者之间的协议,也是在世的、过世的以及尚未降生的人之间的约定”,而“每一个国家的契约都只是整个永恒社会契约中的一个条款,[……]让所有的身体和精神特质都各归其位的、不可违反的誓言所允可的契约”。② 这使得一切制度的改变都是真正的罪行,因为“国家的整个链条和延续性都会被切断”。③ 柏克表达得很明确: 250

① 柏克,《反思法国大革命》,第 43 页。

译文参考:柏克,《反思法国大革命》,张雅楠译,前揭,第 37 页。——译注

② 同上,第 122—123 页。

译文参考:柏克,《反思法国大革命》,张雅楠译,前揭,第 113—114 页。——译注

③ 同上,第 120 页。

译文参考:柏克,《反思法国大革命》,张雅楠译,前揭,第 112 页。——译注

"任何人组成的集体都不能企图任意瓦解一个国家。"[①]其实在柏克的语境中,从字面意义上谈论契约是可笑的。当霍布斯和洛克都认为整个契约观念都意味着一种理性的、自愿的决定时,柏克却提出"认同理性的造物,就是对事物的先定秩序的始终赞同。人以这样的方式来到他们父辈的社会共同体中,享受着所有利益,并承担实际情况中产生的一切义务"。"父辈们曾经也是这一共同体的组成部分,他们形成的那些社会关系的开始与延续始终独立于我们的意志。"[②]社会自始至终都存在,这就是说,无法根据个人的需求创造或重建社会。它甚至不由个人组成,而是由一个个身体构成。关键问题在于:如何防止人摧毁神的意志在历史中形成的这一产物?

为此,人们必须"求助于宗教"。[③] "人类从构成来讲就是宗教的动物",并且"宗教是公民社会的基础,也是一切善与慰藉的源泉"。[④] 柏克认为"一个国家的宗教对这个国家的认可"对社会组织的构成来说是必要的。这里,他提出了一条重要的原则:"每一个拥有不同比例权力的人都应该深深铭记他们深信的理念:每个人都应该秉持对那位唯一的至高无上的管理者、创作者

---

① 柏克,《新辉格党人向老辉格党人的呼吁》,收录于《反思法国大革命》,第 465 页。

② 同上,第 454 页。

③ 柏克,《反思法国大革命》,第 119 页。

④ 同上,第 114—115 页。

译文参考:柏克,《反思法国大革命》,张雅楠译,前揭,第 106—107 页。——译注

和建设者的信任行事。”[①]委任——trust——的观念是洛克提出的一项原则，只是在《政府论第二篇》的作者那里，受委任人对国民负责，而不是对“至高无上的管理者”负责。这就是坚持理性主义的自由思想与保守主义各个分支之间的全部差别，尤其因为这一“责任”被深深地铭刻在权力的原则和结构之上。“我们的教会体制[……]贯穿了我们思维的始末。因为我们一直站在我们拥有的宗教体系的基础之上，持续不断地遵照我们早期 251
接受且一直秉持的人类思维来行事。”[②]这就是为什么“英国公民将他们的宗教体系看作整个宪法的基础，有了这一系统，有了这一系统的每个部分，才能让这个联合体更加牢不可破”。在他们的脑海中，“教会和国家是不可分割的”。[③] 宗教是文明、道德和社会生活的基础，它是国家的柱石，绝不该将它归入“混乱模糊的市政机构或者穷乡僻壤的管辖范围，[……]我们要让它在法庭或议会中昂首挺胸”。[④] 宗教是稳定而持续的因素，保证其稳定性与延续性的正是“[……]古老的教会模式和体制，自 14 和 15 世纪起，这一制度几乎没有怎么变过，[……]它更有利于

---

① 柏克，《反思法国大革命》，第 117—118 页。
译文参考：柏克，《反思法国大革命》，张雅楠译，前揭，第 109 页。——译注

② 同上，第 116 页。
译文参考：柏克，《反思法国大革命》，张雅楠译，前揭，第 108 页。——译注

③ 同上，第 126 页。
译文参考：柏克，《反思法国大革命》，张雅楠译，前揭，第 117 页。——译注

④ 同上，第 131 页。
译文参考：柏克，《反思法国大革命》，张雅楠译，前揭，第 120 页。——译注

社会的道德和纪律”。因此，“我们的教育事实上完全掌握在教会手中，从婴幼儿的教育一直到成人教育”。① 即便离开了中学或大学，这样的关系仍然会延续下去；在贵族年轻人访问其他国家时，神职人员们也会扮演良师益友的角色，“成为他们的旅伴，他们与这些贵族家庭会一直保持着密切的联系”。②

正是出于这种思想，柏克捍卫爱尔兰天主教的权利。他感兴趣的不是维护个人权利，而是保护一个已有共同体的传统权利。天主教是爱尔兰身份认同的基础，是爱尔兰历史的一部分，它构成了爱尔兰作为一个共同体的稳固基础。因此，它是稳定性的因素，也是既定秩序的保障。就这样，它形成了一道屏障，把愈发威胁到英国的来自法国的破坏阻挡在外。因为，如果我们不立即停止一切宗教战争，获得胜利的将不是罗马教会、不是苏格兰教会、不是路德教会也不是加尔文教会：最终，取得胜利的将是“新的对人权的狂热信仰[……]，这一信仰会抛弃一切既有制度、一切纪律、一切教会秩序，实际上还会抛弃一切公民秩
252 序”。③ 因而，捍卫自身不受“这一毁灭性的、全新的、正极力扩

---

① 柏克，《反思法国大革命》，第 126—127 页。

译文参考：柏克，《反思法国大革命》，张雅楠译，前揭，第 117 页。——译注

② 同上，第 127 页。

译文参考：柏克，《反思法国大革命》，张雅楠译，前揭，第 117 页。此处参考译文与文中所引法文译文并不完全相符，因此译者根据法文引文进行了改动。——译注

③ 柏克，《写给理查德·柏克的信，1792 年 2 月 19 日寄》(Letter to Richard Burke, post 19 February 1792)，收录于《埃德蒙·柏克作品与演讲集》(牛津版)，卷 9，第 647 页。

张的体系”侵犯是所有教会共同关注的问题。[①]

托马斯·潘恩立刻就懂得了“柏克先生书中经常重弹的老调……**教会与国家**。他意指的并非是某个特定的教会,或是某个特定的国家,而是任何教会与国家。他用此术语来塑造一个整体形象,来支撑各国教会与国家结合在一起的政治说教”。[②] 英国自由主义者、《联邦党人文集》的作者以及他们在19、20世纪的继承人揭示了潘恩所说的柏克的“国家与教会的反政治理论”,并致力于将教会与国家分离,这是顺理成章的事情。反之,也同样不难理解启蒙运动、支持人权与社会权利——社会被视为由公民组成的简单的共同体——的自由主义者的所有敌人都求助于宗教。显然,在柏克和迈斯特看来,无神论是一种“可怕的罪恶”。在巴黎“无神论者的狂热精神受到了大量文章的鼓舞激励”,这些文章“将黑暗而野蛮的残暴思想灌输给了民众”,使人们耻于宗教、企图占有教会的财富、嘲笑贵族家庭,[③]使人们看到了大街小巷的国民、看到“那些贩售虚假的形而上学的走私者”[④]的权威。

但是,柏克的宗教概念非常暧昧。一方面,他坚持天意在历

---

① 柏克,《写给理查德·柏克的信,1792年2月19日寄》,第648页。

② 托马斯·潘恩,《人的权利》,前揭,第117页(斜体部分原文即为斜体)。

译文参考:托马斯·潘恩,《人的权利》,戴炳然译,前揭,第55—56页。——译注

③ 柏克,《反思法国大革命》,第195页。

译文参考:柏克,《反思法国大革命》,张雅楠译,前揭,第181页。——译注

④ 同上,第115页。

译文参考:柏克,《反思法国大革命》,张雅楠译,前揭,第106页。——译注

史中所扮演的角色;同时,他似乎承认存在宗教揭示的神的秩序和真理。在对柏克思想的自由主义式的解读中,20 世纪 50 年代的罗素·柯克和今天的格特鲁德·希梅尔法布是所有新保守主义者的伟大领袖,这些解读都趋向于认为柏克就像斐洛(Philon le Juif)和他极少引用的西塞罗那样是柏拉图学派传统中的一环,是神学自然法(jus naturale)学派的使者,而这种自然法认为人的法律只是一种神的启示。[①] 罗德尼·基尔卡普(Rodney Kilcup)也提到过,在柏克看来,人的自然宪法是对我们都服从
253 的最高意志的表达。因此,道德法则不是强加于人身上的,而是人内在所固有的。[②] 的确,他相信柏克的思想中存在一种观念,认为人不会改变,而是始终如一。这就是为什么恶的根源也是永恒不变的。[③] 但另一方面,如果我们进一步考察就会得出这样的结论:对柏克来说,"贵族精神和宗教精神"是构成秩序和维护秩序的两大支柱,并且似乎往往是宗教最先履行了其作为工作工具的职能。

因此,虽然阿克顿勋爵敬仰《反思法国大革命》的作者,他还是批评了柏克危险的历史概念。他认为是宗教而非历史揭示了真理和永恒秩序,而真理和永恒秩序又构成评判历史的

---

① 罗素·柯克,《柏克与命令哲学》(Burke and the philosophy of prescription),收录于《观念史杂志》,14(3),1953 年 6 月,第 372 页。

② 参见罗德尼·基尔卡普,《柏克的历史绝对论》,收录于《现代历史杂志》,第 49 期,1977,第 395 页。

③ 同上,第 397—398 页,引自《论弑君的和平第一封信》(*Première lettre sur la paix régicide*)和《反思》。

标准。根据他的观点，柏克的立场是相反的：真理不属于形而上学，而属于人的生活；只要理解了人的生活，就能掌握真理。阿克顿认为，柏克的内心只有一半是倾向于内在性观念的，另一半结合了宗教和历史。[1] 其实，这两方面都存在于柏克的思想中，且并非不相容；它们都以自己本来的面貌根植于柏克的反理性主义之中。柏克怀着最坚实的信念，致力于否定一切企图将我们的悟性与理性联系在一起的努力：他认为理性无法触及事物的本质。总之，柏克似乎不认同存在永恒的、始终有效的指导政治行为的原则。当然，从理论上说，神的意志构成了人的道德义务，但这种意志只有在历史的进程中才能显现出来。柏克接着提出，如果是偶然性造就了历史，那么它也造就了公共道德秩序。无论如何，当涉及道德和宗教真理的时候，就必须回归情感问题。[2] 于是，我们就看到了反理性主义一方面实际上重新推动着基督教，另一方面又形成了相对主义。因此，柏克的思想与赫尔德的思想有着同样的倾向：宗教不是得到揭示的真理，而是维护社会团结、社会健康的工具。我们可以用这样的方式去理解巴雷斯、莫拉斯和斯宾格勒，也同样能够以此研究各种法西斯主义运动最极端的形式。
莫拉斯作为一场不停仰仗天主教的政治运动的领袖，最终遭 254
到梵蒂冈的反对。

---

① 科本，《埃德蒙·柏克》，第 86 页。

② 罗德尼·基尔卡普，《柏克的历史绝对论》，收录于《现代历史杂志》，第 49 期，1977，第 395—396 页。

因此，与阿克顿勋爵的看法不同，宗教对柏克来说是反法国革命派“权利宣言”的武器。这一宣言的客体“既是不信教的，也是可恶的”，因为“它想要向国民的脑海中灌输一种具有破坏性的体系，将一切宗教的、非宗教的权威都置于它的刀斧之下，并将发表意见的权利归还给国民”。[①] 宗教是对抗这种“无政府机构和无政府学说”的堡垒，那些无政府机构与学说会伤害“私产本身直至它的基础”：柏克将这种破坏性的言论置于“真正的人权”——人在社会中享有的利益——的对立面上。[②] 的确，“公民社会是为了人类的幸福[……]。这是一种慈善的制度”。所有人都有“公平公正的权利[……]。他们有权利拥有自己的生产所得[……]。他们有权获得家长留下的财产，有权让后代的生活得到提高”；他们同样有权利获得“死的悼念”。

但是，关键在于：“在这样一种合作关系中，虽然每个人都拥有平等的权利，但并不意味着可以得到同等的事物。在这种关系中有 5 先令的人可以得到其对等的所得，就如同有 500 英镑的人也可以得到与之对等的所得一样，但他无权均分这些财产。”这样的看法从未出现在洛克或麦迪逊的观念中。权利的不平等是柏克社会思想的基础，当涉及政治领域，它就转

---

① 柏克，《1790 年 2 月 9 日演讲》(Discours du 9 février 1790)，收录于《反思法国大革命》，第 328—329 页。

② 柏克，《反思法国大革命》，第 74 页。

译文参考：柏克，《反思法国大革命》，张雅楠译，前揭，第 67 页。——译注

变成了对权利本身的全面而坚决的否定:"至于权力以及在处理国家事务中人们所拥有的权利——我必须声明,这一权利并非人们在公民社会中所拥有的原始权利,我认为这种权利只属于公民社会之内的人——它需要由惯例来做出安排。"①两年之后的1791年,就在制宪会议临近尾声的时候,柏克总结道:"所谓的**人权**已经造成了如此的破坏,它不可能成为国民的权利。因为成为国民并拥有权利是两件无法兼容的事情;一个的前提是存在公民社会的状态,而另一个的前提是没有公民社会。"②

同样的论证,柏克在法国大革命之前、沃伦·黑斯廷斯案件 255
开庭的时候就已经提出。唯一存在且独一无二的平等是按照上帝的想法创造出来的生命的道德平等。③ 自然权利没有抓住社会的现实,只是单纯的"抽象概念"④,是为了定义一切破坏既定秩序的原则而约定俗成的词汇,该词也意味着柏克对自由主义、对平等以及对从洛克到美国权利宣言再到1789年法国人权宣

① 柏克,《反思法国大革命》,第75页。

译文参考:柏克,《反思法国大革命》,张雅楠译,前揭,第68页。——译注

② 柏克,《新辉格党人向老辉格党人的呼吁》,收录于《反思法国大革命》,第466页(斜体部分原文即为斜体)。尽管人们期待的不是"拥有权利",而是"拥有一些权利",总的来说,引文的文字还是非常准确的。同样可参考第394—395页。

③ 弗朗西斯·卡纳万(Francis P. Canavan),《论埃德蒙·柏克眼中理性在政治中扮演的角色》(E. Burke's Conception of the Role of Reason in Politics),收录于《政治学杂志》(*The Journal of Politics*),1959(21),第71页。引文出自《作品集》,卷13,第166页,1788年2月16日。

④ 柏克,《反思法国大革命》,第10—12和73—79页。

言所界定的自由的无法挽回的判决。柏克意识到在辉格党领袖眼中他的言论不合时宜，于是柏克借助了“理性且人性的自由”[①]，并竭力让他对历史和对保守主义的崇拜——这使得柏克十年前就已经成为了辉格党极右派的一员——成为辉格党唯一的也是独一无二的真正遗产。[②]

法国大革命用个人反对上帝和自然、用理性反对历史和社会，这一斗争简直是恶魔。当然，柏克没有忽略宗教改革的意义：他知道，正是因为这一“经过改革的”个人，霍布斯和洛克才提出了自然权利理论。然而，只要英国社会秩序没有受到光荣革命的质疑，只要美国的独立能被理解成大英帝国愚蠢行为的产物，罪恶就不会从霍布斯、洛克、卢梭式的著作中蔓延出来。但是个人的反抗成了灾难，而在柏克的脑海中，这一灾难凭借粗俗的功利主义力量，威胁要摧毁整个文明。在这样的情况下，他发起了首次伟大的共同体主义和民族主义之战。

他用共同体反对个人、用个别反对普遍；他反对理性的自大而维护地区文化、维护有组织的共同体；他带着固有的悲观主义；但是，这些都没有让他成为盲目的历史捍卫者。确实，他抨击理性的自大，并将其与历史和传统对立，但却不去分辨那

---

① 柏克，《反思法国大革命》，第 44 页。

译文参考：柏克，《反思法国大革命》，张雅楠译，前揭，第 38 页。——译注

② 柏克，《新辉格党人向老辉格党人的呼吁》，收录于《反思法国大革命》，第 466 页。

是怎样的历史和怎样的传统。柏克做出了他的选择,他是指明
保守主义革命路线的第一人:历史来自各种不同的甚至相对立 256
的传统。历史不是一个整体,它带给人们的也不止是一种教
育。在柏克的表述中,内战和查理一世被处死就好像不是英国
历史的一部分似的。的确,如果考虑到反抗和异端行动、考虑
到政治极端主义和平均主义,那么直到资产阶级革命时期的英
国历史都是一笔巨大的财富,远远超过法国历史。平均主义者
(Levellers)和掘土派成员(Diggers)、休·彼得(Hugh Peter)和
约翰·鲍尔(John Ball)、著名作品《乌托邦》的作者托马斯·莫
尔,他们都代表着一种英国传统,理查德·普莱斯可以轻易地
倚仗此传统。那些平均主义者难道没有提出过进步的要求吗,
比如改革债务法、废除十一税、分离教会与国家?掘土派成员
们主张耕地共产主义,他们难道不抱有促进一个转型国家民主
意识发展的社会目标和政治目标吗?但是,如果对《反思法国
大革命》的作者来说,就连洛克的传统都是无法接受的,那他为
什么还要追溯那些企图将英国变成平均主义共和国的异端分
子呢?

柏克还不至于天真到以为只存在一种传统,或是以为过去的经验能够盲目地符合当下的需求。[①] 相反:面对革命的法国,这位意识形态战争理论家反对“那些无可救药的君王,在他们对

① 唐·赫尔佐格(Don Herzog),《柏克的难题》(Puzzling through Burke),收录于《政治理论》,19(3),1991,第351—352页。

抗那个惊人的新势力的时候，表现得仿佛当下的战争与过去的冲突没什么差别。[……]在这里，老路是最危险的道路”。[①] 柏克清楚，历史是一个动态的过程，并且人的生活将不可避免地发生改变，但必须不惜一切代价，让当下问题的解决方法符合维持基督教文明永恒的伟大目标。为此，绝对有必要保障社会等级制度，有必要在最大程度上限制政治参与，并将一切民主的企图扼杀于萌芽之中，甚至要让政治生活受到极大的限制。知道如何做出好的选择，才是《反思》的作者及其在 20 世纪的继承人所认为的采取传统道路的真正意义。

257 就整个历史的所有大时代而言，情况都是一样的。柏克和赫尔德一样，都强调了中世纪的重要性。在一个培养了怀疑论且否定信仰的世界的中心，在一个反对既定秩序、宣扬个人自主的世界里，柏克转而研究——不仅像迈斯特和莫拉斯这样厌恶最终走向启蒙运动的个人主义宗教改革的天主教徒，也像路德教牧师赫尔德一样——那个信仰的时代、稳定的时代、尊重社会等级和阶层制度的时代、社会关系和谐的时代。当人们生活在一个怀疑美德的时期，生活在一个对抗宗教、对抗天赋的不平等、对抗秩序的时代里，还有什么比这更自然的呢？中世纪的社会就像是人的身体，建立在相互依赖的基础上；它承认市镇生活的价值，承认组成秩序的美。于是，形成了应该从所处家庭、宗

① 柏克，《通过对比其他民族，论法国大革命的禀赋和性质第二封信》（《论弑君的和平第二封信》），收录于《反思法国大革命》，第 579 页。

派、共同体、城市以及民族来考察人的世界观的观点。

确实，“人以这样的方式来到他们父辈的社会国家共同体中，享受着所有利益，并承担实际情况中产生的一切义务。父辈们曾经也是这一共同体的组成部分，如果说他们形成的那些社会关系的开始与延续始终独立于我们的意志，甚至独立于这种被称为祖国的亲缘关系[……]，那么我们之间的联系也无需任何代表我们名义的规定”。所以，“我们的祖国并非单纯的地域概念，它取决于某种古老的事物秩序，我们也诞生自这一秩序”。[①] 柏克在谈论黑斯廷斯案件时接着说道：“人对自己国家的爱要次于对子女的爱，后者是最强大的本能，它同时也是自然的、道德的。”[②]民族是延续性最好的体现[③]：因此，民族共同体随着世纪的变迁而发展，并在这过程中对自己产生了认识。形成的行为方式、情感、观点和偏见成为民族性中不可分割的组成部分。一个人诞生于某个民族共同体，他会感染上这个民族的气质，受到偏见和祖辈习惯的改造，形成第二天性。[④] 民族的偏见 258
和情感是一种所有人都服从的、神赋的自然秩序。[⑤] 一个民族

① 柏克，《新辉格党人向老辉格党人的呼吁》，收录于《反思法国大革命》，第 454 页。

② 科本，《埃德蒙·柏克》，第 97 页，引自《作品集》，卷 8，第 141 页。

③ 同上，第 89 页。

④ 基尔卡普，《柏克的历史绝对论》，收录于《现代历史杂志》，第 49 期，1977，第 398 页(关于黑斯廷斯案件，参见柏克，《作品集》，波士顿，1866，卷 2，第 164 页)。

⑤ 柏克，《反思法国大革命》，波科克撰写引言、注释，第 76—77 页。

继承的偏见拥有某种道德意义，无论是无神论者还是傻子都不能忽略这种意义。如果民族或国家生活中发生的变化总是伴随着新方式的诞生，那么人的价值恐怕和夏天的苍蝇差不多：个人就像影子一样转瞬即逝，但民族（nation）和种族（espèce）会得长久。[①] 个人与影子的比喻很快风行于整个历史界，我们在本章的开头谈论赫尔德的重要主题时就已经提到了它。

柏克是民族主义思想体系的创始人之一，是首批理解了民族的整体化力量的思想家之一。民族是有组织的共同体的理性类型：它由历史打造而成，是一种客观存在，并拥有完全独立于个人意志和理性的标准。同样，柏克对人权感到厌恶，个人权利被排除在他的社会和文化语境之外。他是已建成的共同体和具备合法性的历史民族的捍卫者。他反对法国吞并科西嘉，正如同他反对波兰分裂。民族（nation）是真正的活的机体，它区别于人民（peuple），后者的民主含义令柏克深感不快。柏克害怕且蔑视人民——这一始终有资格要求权利、要求可憎的人权，却忽略了服从和尊重既定秩序的义务的个人集合。他是首批认为有机的民族主义是对抗民主大潮的堤坝的人之一。对既定秩序的保护本身并不构成什么价值，但是它是阻止支持人权和民主的自由主义的手段，同时也是防止衰落的手段。此外，在柏克那里，他的国家概念的基础是服从：对人的管理建立在服从的基础上。[②] 从中，

---

① 引自科本，《埃德蒙·柏克》，第 87—89 页。

② 柏克，《论与殖民地移民和解动议的演讲》，I，收录于《埃德蒙·柏克阁下作品集》，伦敦，亨利·乔治·博恩出版社，1854，卷 1，第 470—471 页。

难道我们看不到莫拉斯派发起的运动的主要原则吗？难道看不到那些在整个 20 世纪上半叶就已经极具震慑力的概念 259
吗？难道这不正是俾斯麦拥护者梅尼克一直崇拜柏克的原因吗？

柏克确立的目标正是迈斯特著作的目标，迈斯特的表达与赫尔德或是“可敬的柏克”[1]的表达并没有什么差别。“人一旦认识到自己是无用的，他就迈出了一大步”[2]，他这么说。他承认人的依赖性，他理解“为什么人能够——打个比方——种下一粒橡树种子，[……]却不能创造橡树”。不幸就在于，在社会领域人自以为自己就是“一切经他之手而形成的事物的直接创造者：从某种意义上说，这就相当于一把自以为是建筑师的泥刀”。[3] 还有什么比《社会契约论》开头的那句话更荒谬：人不是自由的，事实正好相反。迈斯特反对卢梭这个所有作家中最有害的一个，他寻求亚里士多德的帮助：亚里士多德“说过**有些人生来就是奴隶**，这句话再正确不过”。[4] 不平等是自然的，而亚里士多德那些正确结论的基础正是“作为经验政治的”历史。历

---

① 迈斯特，《论新教》，收录于《论法国大革命》，巴黎，法国大学出版社，1989，第 235 页。

② 迈斯特，《论宪政及其他人类制度的生成原则》，收录于《论法国》，皮埃尔·马南引介，[布鲁塞尔]，综合出版社，1988，第 257 页：“人自以为有创造能力，但其实不过是命名者。”

③ 同上，第 219—220 页。同样可参考《论法国大革命》，前揭，第 93—94 和 141 页。

④ 迈斯特，《论教皇》(*Du pape*)，日内瓦，德罗兹出版社，1966，第 232 页。

译文参考：迈斯特，《论教皇》，收录于《信仰与传统——迈斯特文集》，冯克利等译，北京，商务印书馆，2010，第 192 页。——译注

史教导我们人“**太邪恶了，不可能享有自由**”。[1] 迈斯特和之后的泰纳一样，认为摆脱教会控制的人是暗藏的造反者、是潜在的雅各宾党人；对其而言，社会始终是不公正的，且社会的安排始终有悖理性。也就是说，谈论人民主权是荒谬的，甚至有罪：人不能创造“道德和政治世界中最神圣、最根本的”[2]事物，他们也不能构建民族。

确实，他这样的基督教徒是无法接受这种让一切个人责任都不复存在的决定论的。人们“自由地做着奴隶，其行动既是自愿的也是必然的”：“我们大家都被一根柔韧的链条拴缚在上帝的御座下，而这根链条是在约束我们，并不是要奴役我
260 们。”[3]但是，“我们的作恶倾向是情感和经验中的事实，它被每一个时代所证实”，其中产生的“可悲的教义”将无法改变：人“不可能是个**坏人**却没有**罪**，有罪却没有堕落，堕落却不受惩罚，受惩罚却没有犯下罪行”。[4] 因此，社会是因为害怕惩罚和害怕上帝而存在：“惩罚管理着整个人类，惩罚是人类的保障

---

① 迈斯特，《论教皇》，前揭，第 232 页。

译文参考：迈斯特，《论教皇》，收录于《信仰与传统——迈斯特文集》，冯克利等译，前揭，第 192 页。——译注

② 迈斯特，《生成原则》，收录于《论法国》，前揭，第 258 页。

③ 迈斯特，《论法国》，前揭，第 15 页。

译文参考：迈斯特，《论法国》，鲁仁译，上海，上海人民出版社，2005，第 24 页。——译注

④ 迈斯特，《圣彼得堡之夜——论神在人间的统治对话》，巴黎，迈斯尼出版社，1980，卷 1，第 72 页。

译文参考：迈斯特，《圣彼得堡对话录——论神在人间的统治》，收录于《信仰与传统——迈斯特文集》，冯克利等译，前揭，第 217—218 页。——译注

[……]。人的整个种族都因惩罚而保持秩序。”[①]人因刽子手和宗教而得以幸存。刽子手和士兵一样，本身也是职业杀手；他是崇高的行刑者，是社会真正的基石；而没有社会，一切秩序都将不复存在。[②] 其实，只有天主教会能够维护对惩罚的畏惧：宗教是纪律的源泉，也是对特权的尊重的源泉；如果没有宗教基础，任何人类团体都不可能长久。[③] 人需要一个主人，他必须经受宗教教育，必须将信仰置于科学之前，必须首先承认上帝“是至上权利的创造者，也是惩罚的创造者”。[④] 因此，必须发动一场“欧洲道德革命”，因为“如果宗教精神”得不到强化，“社会联系”也会瓦解。[⑤]

不过，个人主义是前所未有的最强大的瓦解力量。基督教曾经是欧洲的宗教，并且直到 15 世纪都作为“政治体制”而存在。宗教依靠的基础原则“是教义无谬论，并因此产生了对权威的盲目尊重和对一切个人理性想法的克制”。[⑥] 新教教义是“个人理性反对一般理性的暴乱”。它将人民从服从的桎梏中解救

---

① 迈斯特，《圣彼得堡之夜》，卷 1，第 30—31 页。

② 关于刽子手，参见《圣彼得堡之夜》，卷 1，前揭，第 32—34 页和卷 2，第 5—6 页。

③ 迈斯特，《生成原则》，收录于《论法国》，前揭，第 259—260 页。

④ 迈斯特，《圣彼得堡之夜》，卷 1，第 34 页；《生成原则》，收录于《论法国》，前揭，第 246—249 页。

译文参考：迈斯特，《圣彼得堡对话录——论神在人间的统治》，收录于《信仰与传统——迈斯特文集》，冯克利等译，前揭，第 208 页。——译注

⑤ 迈斯特，《论法国大革命》，前揭，第 112 页。

⑥ 迈斯特，《论新教》，收录于《论法国大革命》，前揭，第 220 和 227 页。

出来,因而不仅仅是宗教的异端,也是世俗的异端;它激起了"大范围的反对权威的傲慢,并让争论取代服从"。[1] 新教教义生来就手握武器,它实质上是造反的、是反君主的,"它是一切民族理性的致命敌人;它让个人理性取代一切:也就是说,它毁掉一切"。[2] 迈斯特对赫尔德没有直接的认识,他指出,孔多塞——
261 在他眼中,孔多塞是最可恶的革命者、基督教最狂热的敌人,也是宗教革命的友人——在赞叹那些我行我素的原则之时,非常清楚自己在说些什么:没有什么能阻止他对个人理性的呼吁。[3] 新教教义提供了原则,而启蒙思想家承担了结果。[4] "新教教义和雅各宾主义"[5]之间存在着明显的相似性,那就是"宗教的*无套裤汉主义*(sans-culottisme)":二者都宣扬人民主权,"前者借上帝之口,后者借助人权"。[6] 迈斯特之后的那个世纪,莫拉斯继承了同样的论证,几乎没有任何变化。

理性就是这样扰乱社会的。理性不能取代"那些被称为*迷信*的基础",具体说来,它不能取代"习俗的力量和权威的影响"[7]:迈斯特与他之前的柏克和赫尔德一样,与之后的泰纳、巴

① 迈斯特,《论新教》,第 219—221 页。

② 同上,第 227 页。同样可参考第 221—223 页。

③ 同上,第 235—237 页。

④ 迈斯特,《论教皇》,前揭,第 29 页。

⑤ 迈斯特,《论新教》,收录于《论法国大革命》,前揭,第 234 页。

⑥ 同上,第 239 页。

⑦ 迈斯特,《论法国大革命》,前揭,第 133 和 139—140 页(斜体部分原文即为斜体)。

雷斯和莫拉斯也是一样，他将偏见当成对抗理性的堤坝。因为理性侵犯了“所有偏见和所有习俗”，大革命只可能走向暴政。[①]

这就是为什么迈斯特与柏克都提出了一种“总规则”：“**人不能造就宪法，任何合理的宪法都不是写成的**。”[②]这位来自萨瓦(Savoie)的外交官无数次重申这一原则。他抨击洛克和潘恩，因为前者从对集体意志的表述中找寻法的性质，而后者提出“**一部宪法，只有当人们能够掌握它的时候，它才会存在**”[③]。人们从未写成过，也永远不可能先验地写成这样一部基本法律——这些基本法律应该能构成一个世俗的或是宗教的社会——的合集。[④] 宪法没有真正意义上的起源，就如同我们无法说出社会是怎样构成的：“一切伟大的事物都没有伟大的开始。”[⑤]在迈斯特看来，社会“与人一样古老”，而这一“被可笑地称作**自然状态** 262
的[……]想象出的状态”从未存在过。[⑥] 那么，既然已建成的社会与个人一样历史悠久，显然也就不存在人权了。

这里就出现了法国人犯下的根本性错误；他们编纂了一部宪法给“人。但是世界上并没有人”，迈斯特在他最著名的一篇

---

① 迈斯特，《论法国大革命》，第 182 页。

② 迈斯特，《生成原则》，收录于《论法国》，前揭，第 238 页（斜体部分原文即为斜体）。

③ 同上，第 212 和 218 页(斜体部分原文即为斜体)。

④ 同上，第 238 页。同样可参考第 239—242 页，以及《论法国大革命》，第 142、145—146 和 150 页。

⑤ 同上，第 233 页。

⑥ 迈斯特，《圣彼得堡之夜》，卷 2，前揭，第 11—12 页。同样可参考卷 1，第 75—76 页。

文章中这样说，这篇文章不仅得到了莫拉斯的青睐，也为伯林和20世纪末一些共同体主义者所推崇。“在生活中，我见到过法国人、意大利人、俄国人等；因为孟德斯鸠，我甚至知道，*人们也可以是波斯人*：但说到人，我从未在生活中见到过人。”[①]莫拉斯继承了这一观念，并且对其进行了强化，赋予了它民族主义的意味，并使其成为他思想体系的基础概念。20世纪下半叶，以赛亚·伯林也对《论法国》(*Considération sur la France*)的作者表达了敬意，他曾表明，在他看来，迈斯特的这一观念也是伟大真理。[②] 在此观念的基础上，莫拉斯补充道，关于人的起源问题，唯一确定的是“原罪，它解释了一切，没有它，我们什么也解释不了”。[③]

“18世纪什么也没有料到，什么也不怀疑”；它相信人能够制定法，也就是说能够依据自己的意志创造权力结构。[④] 但是，人只能制定可能会被废除的规则。而至于法，只有在人们认为它出自一种最高意志的时候，才具有真正的权威，这使得它的本质特性就“在于它*并非所有人的意志*”。[⑤] 和柏克一样，迈斯特认为，宪法的政治根基的存在先于一切成文法，符合宪法的法律

---

① 迈斯特，《论法国》，收录于《论法国大革命》，第145页(斜体部分原文即为斜体)。

② 伯林，《约瑟夫·德·迈斯特与极权主义的起源》(Joseph de Maistre et les origines du totalirisme)，收录于《扭曲的人性之材》，第107页。

③ 迈斯特，《圣彼得堡之夜》，卷1，前揭，第63页。

④ 迈斯特，《生成原则》，收录于《论法国》，前揭，第218页。

⑤ 同上，第213页。

只可能是现存的、不成文的法的结果。“基本法的本质在于没有人有权利废除它。”①

这就是为什么迈斯特满怀嫉妒地看着英国制度，他认为
想要人们不走弯路，就必须始终有刽子手出现。这位被伯林
看成法西斯主义奠基人的作家表达了对英国宪法的推崇。英
国宪法是许许多多不同局势的结果，数世纪之后，这些局势形 263
成了“最复杂的整体，形成了政治势力最美的平衡，这在世界
的任何地方，我们都从未见过”。② 该页下方的注释中，迈斯特
更进一步引用了塔西佗的话，按照西塞罗的说法，对塔西佗来
说，“所有政府中最好的是三种彼此平衡的权力混合而成的政
府，*但这种政府永远不会存在；即使它出现了，也不会长久*”。
迈斯特不仅将这一有关好的政治的看法转化为他自己的观
点，他还向读者们保证：英国的常识能够让它的好的政府组织
形式得以延续，且延续的时间远比我们想象的要长。为此，它
“不停地让[……]理论——或是我们常说的*原则*——从属于经
验和节制的教训：如果原则是成文的，那么这就不可能做到
了”。③

必须考察迈斯特本来的面貌。他并不像人们总是不断重复的那样是一个简单的反动派。他不是直接继承自圣路易时代的十字军战士，也不是法西斯主义的奠基人。他思想中的常识让

① 迈斯特，《生成原则》，收录于《论法国》，第 211—212 页。

② 同上，第 219—221 页。同样可参考第 213 页。

③ 同上，第 221—222 页（斜体部分原文即为斜体）。

理性变得无用:“幸好常识先于诡辩。”[1]通过常识,他力求让行为准则停留在人的外部。批准是历史的批准,而历史“是经验的政治”[2]——莫拉斯让这个说法风行于 20 世纪——因此也是真理的唯一源泉。在 18 世纪,在那个认为“所有现实都是谎言,所有谎言都是现实”的世纪,人们以至高无上的理性为名排斥历史。[3] 只要常识、历史和宗教能够让理性缄口,只要“**教会和国家**”(Church and State)这样的词未被排除在其语言之外,英国的政治制度就将持续下去。[4] 柏克所说的也是这些,《论法国》的作者充分地理解了《反思法国大革命》的作者。的确,迈斯特认为,如果国家的特权未遭到侵犯,英国人绝不会需要《大宪章》;而如果特权存在于宪章之前,人们也不会需要它。英国的体制“**只有在无法运转的时候才会运转**”[5]:迈斯特的这句话完美地
264 展现了柏克以及他自己所有政治著作的意义。柏克清楚英国体制的所有缺陷,但他认为试图修正这一体制会带来整体衰落的危险。一个如此复杂的体制想要发生改变只能通过渐进的过程,而这个过程几乎难以为人察觉,且必须分为数个世纪完成。迈斯特所说的也是同样的东西:如果人们胆敢在英国制定一部法律,要求枢密院符合宪法的规定且限制其权力使其不能滥用,

---

① 迈斯特,《生成原则》,收录于《论法国》,第 213 页。

② 同上,第 195—196 页。

③ 同上,第 233 页。

④ 迈斯特,《论法国》,前揭,第 102 页(原文即为英文和斜体)。

⑤ 迈斯特,《生成原则》,收录于《论法国》,前揭,第 215 页。

那么国家将陷入混乱。[①]

法国也拥有一部宪法，与英国宪法非常相似："来自各方的作用极其均衡，人人各司其职。"[②]法国民众权利的不朽著作证明了这一点，正如同马基雅维利这样的行家的证词，但马基雅维利是个狂热的共和主义者。迈斯特说：《君主论》的作者认为，法兰西王国的政府是"就法律而言最温和的政府"。[③] 法国君主制的特殊性在于其神权政治的因素："没有任何事物如这一因素一样如此带有国家性。"[④]

继赫尔德、柏克和迈斯特之后，对偏见这一文化的保护和对个人自主的否定构成了伊波利特·泰纳思想的全部：这正是认为人是其种族、阶层和时代产物的观念的意义所在。1907 年时，阿尔丰斯·奥拉尔(Alphonse Aulard)就已经清楚地看到，泰纳在《英国文学史》前言中提出的这一著名理论，一方面直接继承自孟德斯鸠和奥古斯特·孔德(Auguste Comte)，另一方面，更重要的是，来自赫尔德。确实，在《人类历史哲学观念》第三册中的"地域、时代和民族情况的广度"[⑤]一句要先于我们在第十五册中看

---

① 迈斯特，《生成原则》，前揭，第 216—217 页。

② 迈斯特，《论法国》，前揭，第 102 页。
译文参考：迈斯特，《论法国》，鲁仁译，前揭，第 85 页。——译注

③ 同上，第 107 页。
译文参考：迈斯特，《论法国》，鲁仁译，前揭，第 89 页。——译注

④ 同上，第 101 页。
译文参考：迈斯特，《论法国》，鲁仁译，前揭，第 84 页。——译注

⑤ 赫尔德，《人类历史哲学观念》，第十三部，第七章，第 235 页。

到的那句"地域、时代和局势":在此,赫尔德指出各民族如何"依据地域、时代和内在属性而发生变化。每一个民族自身都是完美统一的,且无法与其他民族进行比较"。① 奥拉尔读过《观念》的第一个法译版本,也就是基内(Quinet)版;奥拉尔也引用了原文,并指出赫尔德的核心内容:"民族随着时代、地域和他们的内在属
265 性而发生变化和演变。"②同样:"我们从每一个伟大历史现象中观察到的基本法则是什么呢?在我看来是这样的:我们土地上的所有事物都应该依据地域条件和需求、依据时代情况和特征、依据民族与生俱来的或偶然具备的性质。"③只是,奥拉尔受到《另一种历史哲学》的启发,而深信泰纳"仅仅是矛盾地夸大了赫尔德细致而有分寸地指明的理论"。因为,在赫尔德谈论"民族特征"(caractère national)和"民族天赋"(génie nationale)的地方,泰纳说的是"人种"(race),这是对赫尔德观点的变形和夸张。④ 这位索邦的历史学家完全正确地指出了泰纳对赫尔德的依赖:认为人从属于所有自然和文化条件,从属于所有历史和社会条件,并在

---

① 赫尔德,《人类历史哲学观念》,第十五部,第三章,第 275 页。

② 阿尔丰斯·奥拉尔,《法国大革命史学家泰纳》(*Taine historien de la révolution française*),巴黎,阿尔芒·科兰出版社,1907,第 4 页:奥拉尔引用了德文版的文字,《人类历史哲学观念》(*Ideen zur Philosophie der Geschichte der Menschheit*),里加和莱比锡,1784—1791,卷 4。引文出自卷 3(1787),第 333 页。鲁谢翻译,译作与原作略有不同。

③ 同上,第 4 页。基内翻译,卷 2,第 413 页(德文原书卷 3,第 121)。

④ 同上,第 4—6 页和第 5 页,奥拉尔引用了赫尔德的文字:"就好像水流通过流向来表现它的组成部分、支流和倾向,同样,一个民族的原始特征源自其家庭的特点,源自它的气候、生活方式、教育,它的第一次尝试,它的习惯事务"(基内译,卷 2,第 414 页)。

这些条件下生长的看法构成了赫尔德的杰出观念。但是,奥拉尔之所以夸耀《观念》作者“明智的怀疑态度”[①]、指出赫尔德的大度,是为了更好地抹黑泰纳,他控诉泰纳曲解了那位德国作家。确实,“人种”(race)一词的确未在赫尔德的著作中出现过,这不足为奇,大概是因为 18 世纪还不熟悉此概念,而“民族特征”观念也并没有相差很远。就时代语境而言,这一词汇其实或多或少地承担了 19 世纪人种观念的角色。文化决定论和种族决定论的第一要素非常明确:这片土地已经开垦完毕,准备迎接已经认识到社会达尔文主义和戈宾诺人种主义的那一代人。

但泰纳的思想并不真正依靠戈宾诺的思想。对他起决定性 266
作用的是赫尔德和柏克的思想,后来还要加上达尔文的影响。确实,“人种、环境、时代”这句话从 1850 年起就出现在了这位师范学院青年学生的笔记中。无论弗朗索瓦·莱热(François Léger)还是安德烈·谢弗里荣(André Chevrillon)都无法指出这些笔记的源头,但泰纳也不大有注明源出的习惯,勒南也没有。[②] 他读

---

① 阿尔丰斯·奥拉尔,《法国大革命史学家泰纳》,第 6 页:为了证明赫尔德与泰纳之间的区别,奥拉尔又一次引用了赫尔德的话:“即便是最不混杂的民族,也会有那么多地域和政治因素去扰乱历史的走向;因此,想要理清历史蜿蜒曲折的道路,就必须拥有拨开一切云雾的锐利眼光”(基内译,卷 2,第 416 页)。奥拉尔的著作是对泰纳历史著作的毁灭性的批评。从某些方面来说,这一批评纯粹是浪费笔墨。它在我们这篇文章中并没有那么重要。

② 弗朗索瓦·莱热,《泰纳的人种观念》(L'idée de race chez Taine),收录于吉拉尔(P. Guiral)和泰米纳(*É. Témine*),《当代法国政治思想中的人种观念》(*L'idée de race dans la pensée politique française contemporaine*),巴黎,法国国家科学研究院出版社,1977,第 89 页。同样可参考安德烈·谢弗里荣,《泰纳,思想的形成》(*Taine, la formation de sa pensée*),巴黎,普隆出版社,1932。

过孟德斯鸠,他可能也知道迪博神父;因为米什莱和基内,他又不能不注意到维柯和赫尔德。就这样,整个19世纪50年代,泰纳对欧洲人民精神习惯的思考都是追随着赫尔德对民族"特征"和民族"天赋"的思考。这两种思考都是通过人所属的世界——人也是由之塑造而成——来解释人的行为。当赫尔德说"一个民族的原始特征源自其家庭的特点,源自它的气候、生活方式、教育,它的第一次尝试,它的习惯事务"时①,他就已经为泰纳铺好了道路。一切都取决于"特征"观念和"人种"观念之间的距离。赫尔德的种族仍然是文化决定论的概念,而泰纳却引入莱热的真正意义上的人种决定论。这在法国并非首例:文艺复兴时期就已经出现了人种论的某种思想形式。勒南也几乎完全采纳了赫尔德的民族差异观。他比赫尔德走得更远,在他那里,人种不平等成了他自己历史哲学的基本要素。然而,赫尔德本身从未真正忠实于各种族群体平等的原则。无论是认为未来属于年轻民族的观念,还是认为民族走下坡路的观念,都表现出明确的等级性,要将其理解成勒南和泰纳所认为的人种不平等也不是没有可能的。大约在赫尔德之后一个世纪,当时社会达尔文主义正在蔓延,文化决定论正朝着生物决定论的方向发展,它的意义也有了巨大的转变。这一过程极大程度地归因于泰纳想要让历史成为奥拉尔所说的类似心理学和地质学的科学。②

---

① 奥拉尔,《法国大革命史学家泰纳》,第5页,引自基内译本,前揭,卷2,第414页。

② 同上。

确实，这里就出现了泰纳的“主题思想”：泰纳的方法不仅像 267
人们通常认为的那样在于将历史变成一种科学，也在于将人的秩序同化为自然秩序。赫尔德也是将历史世界同化成自然。[1] 从《现代法国的起源》开篇，泰纳就明确提出自己并“没有别的目的”：并且，他认为他的“主题如昆虫蜕皮一般”，他要求人们允许“一个历史学家像自然主义者一样工作”。[2] 在《英国文学史》中，他就已经注意到“人就像是自然的延续”。[3] 在这样的语境下，泰纳力求继承伏尔泰的传统，并加入到 18 世纪这个大步向前的伟大思想脉络中去，认为在 18 世纪，“道德科学与神学分离了，它被嫁接在物理科学之上”。泰纳说道，就在一个世纪前，思想家们还在从宗教教义出发进行思考；到了 18 世纪，作家们开始从人和批评的角度出发找寻其原则：自然法则是“普遍的、不可更改的”，因此“道德世界也如物质世界一样，丝毫不能逃脱自然法则”。于是，人们找到“分辨神话与真理的可靠途径”。[4] 一页之后，他又重申了这一原则：观察生物法则是必要的方法，“人类历史就像其他事物一样，是个自然现象：它的方向取决于它的

---

① 赫尔德，《人类历史哲学观念》，第九部，第四章，第 159 页。

② 泰纳，《现代法国的起源》，卷 1，前揭，第 5 页。

译文参考：泰纳，《现代法国的起源：旧制度》，黄艳红译，作者序，前揭，第 3—4 页。——译注

③ 泰纳，《英国文学史》，第 17 版，卷 5，第 252 页。

④ 泰纳，《现代法国的起源》，卷 1，前揭，第 134 页。

译文参考：泰纳，《现代法国的起源：旧制度》，黄艳红译，前揭，第 182 页。译文有改动。——译注

构成要素;没有任何外部力量支配历史,历史是由其内部力量塑造而成的;历史不会走向某个目标,它只会产生某种结果”。①这就是为什么所有历史现象——社会结构、制度的本质、经济条件——既不是偶然的结果,也不是任意的产物,而是“有着我们无法逃脱的条件”。② 这就意味着,“一个民族所能进入并能逗留的社会和政治形态,并非民族的仲裁者所能任意摆布,而是由民族的性格和历史决定的”。③ 在《法国19世纪古典哲学家》(*Les Philosophes classiques du XIX*^{e} *siècle français*)中,他提出世界是“一个独一无二的存在”④;在另一篇文章中,他确立了他的自然主义、决定论以及种族主义概念:“外在表现内在,历史反映心
268 理,外表传达心灵。”⑤这一核心观念恰恰构成了一种决定论的基础,没有这一决定论,20世纪的人种主义将难以形成。

有机论是认为个人从属于集体的观念的最高形式,是反启

---

① 泰纳,《现代法国的起源》,卷1,第135页。

译文参考:泰纳,《现代法国的起源:旧制度》,黄艳红译,前揭,第184页。译文有改动。——译注

② 同上,卷1,第137页。

译文参考:泰纳,《现代法国的起源:旧制度》,黄艳红译,前揭,第185页。——译注

③ 同上,卷1,第4页(斜体部分原文即为斜体)。

译文参考:泰纳,《现代法国的起源:旧制度》,黄艳红译,作者序,前揭,第2页。——译注

④ 泰纳,《法国19世纪古典哲学家》,第370页(引自加斯帕里尼,《伊波利特·泰纳的政治思想》,前揭,第96页)。

⑤ 同上,第340页(引自加斯帕里尼,《伊波利特·泰纳的政治思想》,前揭,第95页)。

蒙思想的重要“主题思想”之一。泰纳以一种自然的方式在柏克和赫尔德开垦的这片田埂中前行。于是,也就出现了一个难以理解也鲜为人知的现象:革命的右派的萌发之所以能够成为可能,只是因为亚里士多德的反抗构成了这场深入人心的反启蒙的重要理论框架。对启蒙运动的反抗成了大众现象,它依据不变的原则进行。因此,我们看到了柏克和泰纳的伟大思想脉络汇合在一起,而我们所说的《起源》作者的独特风格也主要源于他首先融合了赫尔德的风格,之后又融入达尔文的特点。和柏克的想法一样,在泰纳看来,社会是“一个设计得混乱无序、靠修修补补来维持的危楼”。总而言之,经过一代又一代人的修正,社会“与纯粹的理性格格不入”,因为它“是历史而非逻辑的产物”。这还有另一个原因:社会不是任何协议的产物,不是其成员同意的结果。所有的社会形式、法律、制度、风俗,都无需个人“满意。而[个人]深受先辈们的熏陶,思想被禁锢于后者所推崇的道德、政治和社会理论之中”,①这使得社会成了一个有机体,“一个有生命的肌体”②,由无数代人前仆后继地经过数世纪打造而成。所有这些人都是那么不同,他们绝不是独立的,也绝不是“第一次缔结契约”。800 年以来,泰纳仿佛柏克的回音般说道,他们和他们的祖先“已经构成一个民族共同体”,一个让他们

① 泰纳,《现代法国的起源》,卷 1,前揭,第 571 页。

译文参考:泰纳,《现代法国的起源:大革命之雅各宾》,姚历译,吉林,吉林出版集团有限公司,2015,第 8 页。——译注

② 同上,卷 1,第 412 页。

自己得以在其中生活并积累“我们今天仍在享用的遗产和知识”的共同体。这就是为什么每个个人“就像有机体中的一个细胞”，并且“这些细胞唯有依靠整个肌体的健康，才能生产、生存、
269 发展和实现自己的个人目标”。[①] 伊波利特·泰纳的工作就是沿着这个主干发展的：“一种文明成形，其组成部分就像一个有机生命体的组成部分一样相互依存。”[②]

这就是巴雷斯和所有民族主义者笔下最常使用的比喻：将社会比作一棵树，“其树干因为年代久远而厚重，层层的年轮中、结瘤中、弯曲的枝干中、繁杂的枝蔓中，都储藏有鲜活的汁液，都烙上它历经沧桑后的印记”。[③] 民族正是这样一棵上百年的老树：8 个世纪以来，法国人，“他们和他们的祖先已经构成一个民族共同体”。[④] 国家和家庭也是如此，他们是“人的联盟的两个主要杰作”：在泰纳看来，家庭是“自然的、原始的、小的国家”，而国家是“人为的、非原始的、大的家庭”，就像赫尔德、莫拉斯和斯

---

① 泰纳，《现代法国的起源》，卷 1，第 414 页。同样可参考《英国文学史》，第 18 版，巴黎，卷 1，第 XXXVI 页。

译文参考：泰纳，《现代法国的起源：大革命之大混乱》，黄艳红译，吉林，吉林出版集团有限公司，2015，第 138 页。——译注

② 泰纳，《英国文学史》，第 18 版，巴黎，卷 1，第 XXXVI 页。

③ 泰纳，《现代法国的起源》，卷 1，前揭，第 413 页。

译文参考：泰纳，《现代法国的起源：大革命之大混乱》，黄艳红译，前揭，第 137 页。——译注

④ 同上，卷 1，第 414 页。后来，巴雷斯进一步发展了该主题，这一比喻是世纪之交出现的新右派民族主义关于土地与死亡的重要比喻之一。

译文参考：泰纳，《现代法国的起源：大革命之大混乱》，黄艳红译，前揭，第 138 页。——译注

宾格勒认为的那样，它的存在不取决于个人，不取决于他们的意志和需求。家庭和国家一样，都是建立在权威的基础上：谁建立了家庭？甚至是谁形成了“让妻子和孩子在父亲或丈夫的指导下行动的服从感？”[1]通过泰纳，一如通过赫尔德，我们仿佛重新回到了16和17世纪，回到那个支持神权权威和社会自然属性的理论家——霍布斯和洛克反对的那些理论家——的世纪。但事实上，这是一个非常具有现代性的定义，它的目标始终在于拒绝将个人任意的自由和个人自主作为一切社会和政治组织的基础。泰纳不止一次重复该观念：国家是一个先于个人的联盟，这就意味着“我们一出生，还未自知也什么都不知道，就强行进入了其中”。因此，个人的加入是“默许的”，无需经由任何“选举”；它是“符合生理的，因而也是优先的、天生的，有时甚至是不能破坏的”。[2] 事实上，在泰纳看来，国家、司法机构和社会——民族共同体的近义词——之间不存在真正的区别：一切社会组织形式都是由历史创造的有机体，因此也独立于人的意志。

显然，在赫尔德的思想中和在泰纳那里，服从历史的审判有 270
着不同的意思：《起源》的作者在旧制度崩塌一个世纪后完成了他的著作。当时，大革命已经成了民族历史的一部分；但在泰纳看来，大革命仍然是陌生的。他之后的莫拉斯为了支持维希政府，也是这样认为的。尊重历史就是尊重那个不包括大革命在

① 泰纳，《英国文学史》，第18版，巴黎，卷1，第XXXIII页。

② 引自加斯帕里尼，《伊波利特·泰纳的政治思想》，前揭，第290页。

内且将1789年之后发生的事件排除在法国历史之外的历史。这也是政治归纳法的具体意义:政治受到历史的控制。准确地说,这意味着对既定秩序的一切质疑都必然会造成灾难。泰纳推崇英国模式:柏克所说的英国模式,从19世纪直到今天都被习惯性地奉为"经验政治"和与生活现实密切相关的经验论"归纳法"的经典描述。[①] 这一所谓的历史和自然概念以实施唯一适当的改革、放弃所有"行不通的改革"为名,不得已而采取"拖延、和解和妥协"的方法。[②] 在泰纳和柏克的思想中,这一概念无非是要让事物保持在它所处的状态,只要这一状态适合它们。

为了反对主流思想的原则,必须强调每一代人都只是"从上代人那里接收并负责传给下一代的珍贵和光辉产业的受托保管者"。[③] 在每个社会中,我们都会看到"真理的沉淀、[……]正义的沉淀,这些残留物很少,但很珍贵[……],经由传统保存"。[④] 这就意味着,1789年初就出现的社会重组行为只是一件荒唐之事,是对历史和自然犯下的罪过;而如同柏克和莫拉斯的观点,泰纳认为自然位同天意。作为历史的产物,作为一代又一代人

---

① 甚至加斯帕里尼也在他的《伊波利特·泰纳的政治思想》中借用了这一经典描述:参见第111—114页。

② 引自加斯帕里尼,《伊波利特·泰纳的政治思想》,前揭,第112页。

③ 泰纳,《现代法国的起源》,卷1,前揭,第415页。

译文参考:泰纳,《现代法国的起源:大革命之大混乱》,黄艳红译,前揭,第139页。——译注

④ 同上,卷1,第162页。

译文参考:泰纳,《现代法国的起源:旧制度》,黄艳红译,前揭,第221页。译文有改动。——译注

数世纪的构建，社会是一部织满传统和继承偏见的编织物，是耐心建造而成的有着极深根基的建筑。法国人不需要创造他们的联盟，它已经存在了 8 个世纪，法国人之间存在一种“**公共事务**”：谈论个人之间的契约是荒谬的，除非说“他们差不多已经缔 271
结了一个契约”。① 因此，唯一得到泰纳承认的协议就是那些认可过去权利的协议，在柏克也是如此。泰纳对《权利法案》的解释是在模仿柏克、迈斯特、雷贝格、根茨以及一些德国浪漫派思想家的解释。我们不止一次听见泰纳谈论现实生活中的人、具体情况、既定制度，谈到 1689 年历史协议，谈到它只有一个目标，就是保障过去的既得权利。② 因而，相比起一代又一代人前仆后继、原原本本地接受既定秩序，同时接受自然的教诲，没有什么比这更好的政治了。这一切都止于 1789 年：如果说柏克就停留在那个时期，那么对泰纳和莫拉斯来说，他们必须退回到 100 或 150 年前，退回到全国三级议会召开前的那一天。因为，在 1789 年一个世纪后的勒南和泰纳都不认为过去的时间足以让法国大革命具有可敬的一面，魏玛时期德国的斯宾格勒、意大利法西斯夺取政权前的克罗齐也是同样的看法。《人权宣言》100 年后的维希政府时期，莫拉斯主义者们为了保护既定秩序、为了捍卫共和国别无他法，他们愉快地成为了掘墓人。反启蒙

---

① 泰纳，《现代法国的起源》，卷 1，第 414 页（斜体部分原文即为斜体）。

译文参考：泰纳，《现代法国的起源：大革命之大混乱》，黄艳红译，前揭，第 138—139 页。——译注

② 同上，卷 1，第 182 页。

思想家们从来不是保守主义者,而是另类的革命者。

泰纳跟随着柏克的足迹,将偏见种植在其历史哲学的核心。这个所谓的科学家实践着一种反理性主义。他的反理性主义丝毫不亚于之前的柏克,也不输于他之后,在19、20世纪之交最具代表性的人物巴雷斯。的确,"世代相袭的偏见也有不为人知的道理",这是一种集体的理性。在这里,泰纳比赫尔德想得更远:"像科学一样,[偏见]以长期的经验积累为根源",它是文明的基础。它将"野蛮的兽群"变成了"人的社会",它的消失将剥夺人们"许多世纪的智慧",让人们退回到"野蛮的状态"之中。[①] 对《起源》的作者来说,一如对《反思》的作者而言,世袭性偏见是他们的历史哲学的支柱,也是政治的基础。

272 于是,就有了个人对于社会的依赖性。社会将所有时代的重量,甚至是永恒的重量全部压在人的身上。人不仅不是自由的,而且服从于一切传统,"他必须接受它"[②]。因此,"每个人生来都是对国家负有责任的,到他成年时,他的责任仍在增长"。[③] 这里,泰纳更近了一步:国家是共同体的守护者。国家与共同体之间的差别并未明确界定,对泰纳来说,这两个词似乎意思相近。

---

① 泰纳,《现代法国的起源》,卷1,第156页。

译文参考:泰纳,《现代法国的起源:旧制度》,黄艳红译,前揭,第212—213页。——译注

② 同上,卷1,第571页。

③ 同上,卷1,第414页。

译文参考:泰纳,《现代法国的起源:大革命之大混乱》,黄艳红译,前揭,第138页。——译注

就像我们在上文提到的那样,他紧接着指出:人在共同体中就好像人体上的一个细胞。社会"是个人的债权人",始终都是:泰纳说到,真正的法国人,"与哲人们着意构建以取代他们的简单的、孤立的、不可分辨的单子比起来,他们是多么的不同"。[①]《社会契约论》不是为他们而写,而是为了那些不属于任何时代、不属于任何国家的抽象的人而作,这些人仿佛"纯粹是封闭在玄学小匣子中的实体"。在历史的世界、现实的世界,人与人之间有着极大的不同,适合这个人的东西不一定适合其他人。每个社会都由人组成,人具有"一整套的心理和精神结构,[……]由遥远时代的先人传递下来"。所有人的共同点在于他们都是"从人类本性中抽露出的一小撮萃取物",这就是当时对人的看法。泰纳说道,"根据当时的定义",这一看法认为个人除了是一种"期望幸福且有推理能力的存在"外,什么也不是。[②] 泰纳借助法语的全部财富、借助所有近义词和一切可能画面来不停地重复同样的东西:社会不是任何协议的产物,而是"*永久的基业*";只要"这份基业不受触动",人们就一代接着一代地为它带来贡献。[③] 在这种世代的延

---

① 泰纳,《现代法国的起源》,卷 1,第 414 页。

译文参考:泰纳,《现代法国的起源:大革命之大混乱》,黄艳红译,前揭,第 138 页。——译注

② 同上,卷 1,第 413 页(原文即有引号)。

译文参考:泰纳,《现代法国的起源:大革命之大混乱》,黄艳红译,前揭,第 136—137 页。——译注

③ 同上,卷 1,第 415 页(斜体部分原文即为斜体)。

译文参考:泰纳,《现代法国的起源:大革命之大混乱》,黄艳红译,前揭,第 139 页。——译注

续中，任何个人、任何群体、任何有使用和收益权的人都无权损坏传到他手中的寄存物，无权“伤害先人的奉献牺牲，或是挫伤
273 后人的希望”[1]。将其他民族的准则强加到一个现存民族的历史中，也就相当于用“哲学的幻影、徒有其表的幌子”来取代“真实而完整的人”。[2]

“从这种远见出发”，集体的财富构成了一切政治活动的目标。宪法本身不存在什么好与不好、有用与无用、正当与不正当，因为“没有先行的、普遍的和绝对的法则”。只有一条准则：那就是去了解宪法究竟是会“导致国家解体”还是“维系国家”。[3] 因此，这里指的不仅是个人对作为公民社会的集体的承诺与义务，也是个人对权力结构、制度、体制以及民族的永远无法推脱的债务。柏克之后一个世纪，泰纳的立场丝毫不弱于《反思法国大革命》作者的立场：他的思想融入了赫尔德的概念和达尔文主义，因而变得更加强硬。个人对国家——这个既定秩序的守护者——的服从，准确地勾勒出反法国-康德启蒙思想的轮廓。

---

① 泰纳，《现代法国的起源》，卷 1，第 415 页。

译文参考：泰纳，《现代法国的起源：大革命之大混乱》，黄艳红译，前揭，第 139 页。译文有改动。——译注

② 同上，卷 1，第 413 页。

译文参考：泰纳，《现代法国的起源：大革命之大混乱》，黄艳红译，前揭，第 137 页。——译注

③ 同上，卷 1，第 415 页。

译文参考：泰纳，《现代法国的起源：大革命之大混乱》，黄艳红译，前揭，第 139 页。——译注

因此，社会至上不仅是一个事实，也是根植于人类本质的必然。社会、民族、国家、偏见、行为准则以及所有公共生活的限制都构成了一个个安全阀门，让人始终能够回到他起初的状态，“变为一只饥饿焦虑的狼，到处流浪和被追踪”。[①] 其实，文明是一种约束力量，通常情况下，它多多少少都能掌控住这一“非常接近猴子的[……]贪婪的肉食动物”。这类动物具有“持久的本性，它凶暴残忍，有暴力和毁灭的本能”，它们受到“不可抗拒的激烈情绪”、情感和会传染的躁动、风行的轻信或猜疑等“野蛮力量”支配。在它们身上，“大量繁殖的梦想自行发展成可怕的幻觉”。[②] 在泰纳看来，这毫无疑问是可能的：人的动物本能、人的需求和物质利益决定了他的行为，至少在大量民众被强制从事手工劳动的时候是如此的。“人的理性有多么不牢靠，理性在人类之中就有多么稀罕。”或者更进一步说：“理性不仅根本不是人 274
的自然属性，对人类而言也根本不是普遍的，而且，在个人和人类的行为中，理性的影响很微弱。”[③]除了在“某些头脑冷静、思维清晰的思想家那里，如丰特内勒、休谟、吉本”，理性的角色都

---

① 泰纳，《现代法国的起源》，卷 1，第 156 页。

译文参考：泰纳，《现代法国的起源：旧制度》，黄艳红译，前揭，第 213 页。——译注

② 同上，卷 1，第 180 页。

译文参考：泰纳，《现代法国的起源：旧制度》，黄艳红译，前揭，第 247 页。——译注

③ 同上，卷 1，第 179 页。

译文参考：泰纳，《现代法国的起源：旧制度》，黄艳红译，前揭，第 245—246 页。——译注

是次要的；真正“支配人的要素是体格气质、肉体需求、动物本能、遗传性偏见、想象力……”①

这还不是全部。泰纳相信“确切地说，人本质上是疯子，正如肉体本质上是病态的”。② 只有权力机关、只有“警察[……]、城堡和守卫”能够战胜拒绝和反抗的本能、战胜过度的自尊和教条的理性论证，“雅各宾派的这两大精神渊源”在整个国家中“暗流涌动”，试图“突破历史的禁锢”。③ 能够保障社会的最终推动力、唯一真正有效的手段就是让“这位武装的宪兵队长平息我们每个人身上隐藏的野蛮、掠夺和疯狂的本能”。④ 在这个只有靠恐惧才能维持和平的世界里，谈论人权、个人自由、人民民主和人民主权是荒谬的。迈斯特、莫拉斯和斯宾格勒主张同样的原则。对个人的信仰是大革命犯下的大罪，也显然是推行卢梭思想的真正的罪恶之源：“遵照《社会契约论》的教条，人们提出一项根本原则：人人生而自由，且其自

---

① 泰纳，《现代法国的起源》，卷 1，第 179—180 页。

译文参考：泰纳，《现代法国的起源：旧制度》，黄艳红译，前揭，第 245—246 页。译文有改动。——译注

② 同上，卷 1，第 178 页。

译文参考：泰纳，《现代法国的起源：旧制度》，黄艳红译，前揭，第 245 页。——译注

③ 同上，卷 1，第 571—572 页。

译文参考：泰纳，《现代法国的起源：大革命之雅各宾》，姚历译，前揭，第 8—9 页。——译注

④ 同上，卷 1，第 180—181 页。

译文参考：泰纳，《现代法国的起源：旧制度》，黄艳红译，前揭，第 248 页。——译注

由永远不可让渡。”[1]这就意味着，将“发明了人权和社会契约之条件的纯粹理性”[2]运用到人类存在上，也就是“思辨推理和混乱实践”[3]的规则。《人权和公民权宣言》不过是集合了那些“空洞的教条”“形而上学上的定义”和“多少有些文学色彩，也就是多少有些错误的公理，因为它们时而措辞模糊，时而自相矛盾；[……]它们很适合于华丽的演讲，但不适合实际运用”[4]，它不过是一部关于抽象的人——“一个简单的、其原理已为人知的机械 275
装置”[5]——的文献，它拒绝思考“实际的人”[6]的本质，拒绝思考“我们在田野和街道上亲眼看到的”“鲜活的性格”。[7] 在人身上，

---

① 泰纳，《现代法国的起源》，卷 1，第 420 页。

译文参考：泰纳，《现代法国的起源：大革命之大混乱》，黄艳红译，前揭，第 146 页。——译注

② 同上，卷 1，第 413 页。

译文参考：泰纳，《现代法国的起源：大革命之大混乱》，黄艳红译，前揭，第 136 页。——译注

③ 同上，卷 1，第 465 页。

译文参考：泰纳，《现代法国的起源：大革命之大混乱》，黄艳红译，前揭，第 206 页。——译注

④ 同上，卷 1，第 462 页。

译文参考：泰纳，《现代法国的起源：大革命之大混乱》，黄艳红译，前揭，第 202 页。——译注

⑤ 同上，卷 1，第 121 页。

译文参考：泰纳，《现代法国的起源：旧制度》，黄艳红译，前揭，第 206 页。——译注

⑥ 同上，卷 1，第 464 页。

译文参考：泰纳，《现代法国的起源：大革命之大混乱》，黄艳红译，前揭，第 204 页。——译注

⑦ 同上，卷 1，第 147 和 151 页。

译文参考：泰纳，《现代法国的起源：旧制度》，黄艳红译，前揭，第 200 和 206 页。——译注

人们只愿意看见“书本中创造的抽象的人”。[①] 最后，根据宪法，“自发的大混乱成了合法的大混乱[……]。这可是9世纪以来未曾见过的绝佳作品”。[②] 泰纳之前的柏克和卡莱尔、与他同时期的勒南，以及之后的克罗齐和梅尼克谈论的都是同样的东西。

除了两手粗糙的警察外，另一个经得起检验的堤坝是宗教。在反对启蒙运动的这些伟大的自由批评家中，除了赫尔德是个新教传教者，其他没有一人有宗教信仰，但是他们都从宗教中看到了一种极其强大的教化力量，看到了社会稳定的关键要素，看到了道德力量的源泉。泰纳和柏克一样，都认为欧洲道德根源——也就是欧洲文明根源——的意识和荣耀存在于基督教和封建制度中。[③] 宗教本质上是“一首有信仰为伴的形而上学之诗”[④]，它确保“作为我们内在光辉的道德意识”充满活力[⑤]；对几代人来说，它都是唯一通向神圣事物的道路，它始终是“珍贵而

---

① 泰纳，《现代法国的起源》，卷1，第464页。

译文参考：泰纳，《现代法国的起源：大革命之大混乱》，黄艳红译，前揭，第204页。——译注

② 同上，卷1，第465页。

译文参考：泰纳，《现代法国的起源：大革命之大混乱》，黄艳红译，前揭，第206页。译文有改动，原文为“9世纪”，黄艳红中译本中将其译为“9个世纪”。——译注

③ 同上，卷2，第79—80页。同样可参考加斯帕里尼，《伊波利特·泰纳的政治思想》，前揭，第221—222页。

④ 同上，卷1，第157页。

译文参考：泰纳，《现代法国的起源：旧制度》，黄艳红译，前揭，第215页。——译注

⑤ 泰纳，《英国文学史》，卷4，第297—298页，引自加斯帕里尼，《伊波利特·泰纳的政治思想》，前揭，第74—75页。

自然的器官”，它确保人能够把握“事物之无尽与玄奥”，它让个人在共同体中扎根：教会是一种社会力量，它的“胚芽太幽深了，根本不能被根除”。[①]《起源》的开头几页都用来歌颂基督教，歌颂作为纪律和教化力量的宗教：是宗教和教士在日耳曼人入侵之后将欧洲从蛮族手中拯救出来，防止它陷入“蒙古式的大混乱中”；“靠着无数的圣徒传记，靠着大教堂和大教堂的结构，靠着宗教雕塑和它们的表情，靠着祭礼和其中尚能明了的意思，教士将‘神的王国’变得具体可感，并在现实世界的尽头树立起一个理想世界”。[②] 就这样，他们“驯化了野蛮的牲畜”。教会从一开 276
始就发现了社会生活的重大秘密：它学会驯化个人、保护既定秩序。的确，在许诺了“神的王国”之后，教会“劝诫人们驯服地依从天国之父的指引，召唤耐心、温和、谦卑、克己、仁爱”。最后，它建立了唯一能够在蛮族大军铁蹄下维持的充满活力的社会。[③] 1200 页之后，在第二卷的结尾，泰纳总结道：“在私人生活和政治生活的所有枝节中，教会的影响都是巨大的，并且构成了一股清晰的、永恒的、首要的社会力量。”[④]我们很少看到有人将

---

① 泰纳，《现代法国的起源》，卷 1，前揭，第 157—158 页。

译文参考：泰纳，《现代法国的起源：旧制度》，黄艳红译，前揭，第 214—215 页。——译注

② 同上，卷 1，第 10—11 页（原文即有引号）。

译文参考：泰纳，《现代法国的起源：旧制度》，黄艳红译，前揭，第 5—6 页。——译注

③ 同上，卷 1，第 9 页。

译文参考：泰纳，《现代法国的起源：旧制度》，黄艳红译，前揭，第 4 页。——译注

④ 泰纳，《现代法国的起源》，卷 2，第 610 页。同样可参考卷 2，第 677 页和加斯帕里尼，《伊波利特·泰纳的政治思想》，前揭，第 72 页。

教会当作既定秩序的支柱来刻画其所扮演的角色。1789 年,在那场巨大灾难之前,教士、贵族还有国王“占据了国家的显赫位置,这种位置带给他们各种好处”,这些都是他们长期以来“配得上”享有的:“确实,他们以长期艰巨的努力,相继奠定了近代社会的三大基础。”①一切在欧洲曾经伟大且仍然伟大的东西,都是这个属于修道院、城堡、贵族、教会人士的世界的产物。

为了更好地利用法国宪法的灾难,泰纳不同于对美国宪法不置一词的柏克,也不同于很好地理解了美国的宪法却不怎么推崇它的勒南:他将美国置于革命法国的对立面上。确实,他以他自己的方式理解 1776 年 7 月 4 日的《独立宣言》。在他眼中,除了第一句话只是“就当前局势向欧洲哲人呼吁”外,整篇文章以及之后的 1789 年 3 月 4 日的宪法和它的 11 个修正案都呈现了限制国会权力和确保“基本的公民自由”②的具体措施。泰纳不认为这些文件背后有任何哲学、任何原则,就像柏克指出的那样,其中并没有提及洛克和自然权利。

强调个人的从属性让从“自由”一词的传统意义出发谈论自
277 由成为幻想。泰纳的自由主义正是柏克的“有限的”自由主义或

① 泰纳,《现代法国的起源》,卷 1,前揭,第 9 页。泰纳也谈到了三种阶层,即贵族、神职人员和第三等级。

译文参考:泰纳,《现代法国的起源:旧制度》,黄艳红译,前揭,第 3 页。——译注

② 同上,卷 1,第 462 页。

译文参考:泰纳,《现代法国的起源:大革命之大混乱》,黄艳红译,前揭,第 202 页。——译注

共同体自由主义的分支。个人不能放任自己，因为当我们尝试用具体的语言来解释这种被称作人的自主的思想观念时，我们就会想到法国大革命和那些屠杀：于是，我们看到出现了 9 月的杀手，看到了嗜血的雅各宾派成员，他们扼杀了自己身上仅存的人的部分，犯下一桩桩谋杀的罪行；他们是“但丁笔下的恶魔，既野蛮又文雅，他们不仅是破坏者也是刽子手”。[①] 维克多·吉罗(Victor Giraud)是研究泰纳最深的专家之一，他引用泰纳的话，同时自己也写道：在 19、20 世纪之交，最终伴随着公社出现的是“凶残而贪婪的大猩猩”。[②] 根据泰纳所属的思想谱系的观点，这就是《人权宣言》的最终结果：对思想意识敌人的去人性化开始于柏克，直到 19 世纪起形成了一种政治。这种去人性化一方面表现为对人民的憎恨，另一方面表现为将外来群体排斥于共识之外。共识的定义可以根据需求进行更改。在引入种族主义和达尔文主义之后，去人性化将获得新的维度。

勒南以一种不那么带有预言性的文笔展开了同样的观念：“社会不是个人原子式的集合，其形成并不是在复制某一统一体；它是一个已经形成了的统一体，*它是原始的*。”[③]因为，“从某

---

① 泰纳，《现代法国的起源》，卷 1，第 730 页。

译文参考：泰纳，《现代法国的起源：大革命之雅各宾》，姚历译，前揭，第 194 页。译文有改动。——译注

② 奥拉尔，《法国大革命史学家泰纳》，前揭，第 17 页，引自卷 5，吉罗，《论泰纳》(*Essai sur Taine*)，第 3 版，第 88 页。

③ 勒南，《科学的未来》，第 929 页(斜体部分原文即为斜体)。在第 995 页中，勒南又回到了这个问题上。

种高深的哲学来看，社会是天意的伟大杰作；它不由人创造，而是自然本身造就了它[……]。从不存在孤立的人。孕育了一切理想类型的人的社会是最高意志的直接产物，它唯一的希望就是让那些凝思者的宇宙中出现真、善、美”。[①] 勒南在他最自由主义的作品《科学的未来》中就已经写道：“人不是生而自由的。[……]他生来就是社会的一部分，他生于法律之下。[……]人就像植物一样，天性野蛮。[……]只有有了思想和道德文化，我们才成为人。”[②]就这样，勒南与启蒙运动的自由传统决裂，不仅仅是与卢梭决裂，也是与洛克决裂。由此，他加入了
278 柏克、梅尼克和泰纳的思想谱系，也是卡莱尔和尼采的谱系。尼采在感受着卢梭的伟大的同时，厌恶他的平均主义和他对等级制度的咒骂。确切地说，在勒南看来，“社会是一种等级制。所有个人都是高尚而神圣的，所有生命(甚至动物)都有权利；但不是所有人都是平等的，所有人都是一个巨型身体的臂膀，都是那个巨大有机体的组成部分，这个有机体完成着神的工作。否定神的工作就是犯错，而法国的民主很容易就犯下了这样的错”。[③] 人的秩序是“最高意志的直接产物”[④]，它的最终目的不是“取悦大多数人”，而是保障思想和道德生活。[⑤] 起初，勒

① 勒南，《法国君主立宪制》，第 242 页。

② 勒南，《科学的未来》，第 996 页。

③ 勒南，《法国君主立宪制》，第 242 页。

④ 同上。

⑤ 同上，第 241—242 页。

南仍然认为“让一定比例的人保持在野蛮的状态中是不道德的,也是危险的”。于是,他希望“让所有人享受知识的盛宴”。[①] 而到了19世纪50年代,这些自由主义倾向中就已经不剩什么重要的东西了。

这正是民主与人类存在的目的相悖的原因。人类存在只可能建立在不平等的基础上,这种不平等相当于自然中的不平等:“如果人没有让动物顺从于自己需求的权利,那么人将无法生存;同样,如果人们坚持认为人生来就有权利获得相同的财富和社会阶层,那么人也会无法生活。”[②]尊重不平等是能够确保生活文明、社会秩序健康、民族政治伟大的首要条件:“一个民族的伟大品德就在于接受不平等传统。”[③]生存条件平等是“一切品德的终结”,不仅如此,“如果我们严格地推行对每个个人都公正的观念,社会也将不可能存在”。[④] 社会阶层的平等就和性别平等、消除私产、消除遗产、消除贵族一样,是不符合事物本质的。不可能所有人都同等地享有社会提供或创造的财富,不可能所有人都达到同样的高雅,而是必须要有闲人、有学者、有正直的人,还有教养好的人:“如果我们不承认有些阶层整个都应该靠着他人的荣耀和他人的快乐而生活,那么我们就消灭了人。”[⑤] 279

---

① 勒南,《科学的未来》,第995页。

② 勒南,《法国君主立宪制》,第243页。

③ 同上,引自理查德,《恩斯特·勒南,传统主义思想家?》,前揭,第143页,注释165。

④ 同上,第243—245页。

⑤ 同上,第246页。也可参考第247—248页。

更进一步："自然希望人的生命分成几个等级。[……]是几个等级的粗俗成就了唯一一个等级的教育。"[①]教会很好地理解了这一点，解释这些奥秘的是宗教；同样，也是宗教为人世的所有牺牲者带去宽慰，因为"即使一个人为另一个人牺牲是不公的，所有人都服从于完成人的最高事业也不会不公"。[②] 这就是教会想要教导我们的重要法则："大多数人的汗水确保了少数人的高贵生活。但教会并没有把后者称为享有特权或把前者称为剥夺权利，因为在它看来，人的伟大事业是不可分割的。"[③]这一原则一旦被废除，人们就会变得平庸自私，或者换句话说，变得物质而民主。

最终，勒南转而支持共和国，或者更准确地说，他不再抨击共和国。同时，一方面因为担心与德国发生冲突，另一方面又因为蔑视平民和粗俗，他反对布朗热主义，但并不否定他一生的工作。他也不赞同民主的思想基础。

勒南不会接受启蒙运动和大革命的遗产。他并未停止反对"这一认为任何一代人都不会约束到下一代人，以至于生与死之间没有任何联系，以至于没有任何对未来的保障的可悲原则"。[④] 他不停地重复着"一个民族的意识存在于这个民族的有

---

① 勒南，《法国君主立宪制》，第 247 页。

② 同上，第 248 页。

③ 同上，第 247 页。同样可参考第 238—239 页："在广大群众中，智慧只占极小一部分，但他们为国家服务，通过服役和纳税为文明做出了极大贡献；他们克己、顺从、有着优秀的精神，是无与伦比的宝藏"。

④ 勒南，《精神改革与道德改革》，前揭，第 69 页。

识人士组成的阶层中，他们引导并指挥着剩下的人”。[①] 从《科学的未来》到他最后的文章，勒南始终相信：“人的一切罪恶都来自于[……]文化的缺失。”[②]这就是为什么要排除民主：人性中有一半是“天性的残忍”，这使得他们“无法喜爱人民本来的样子”。如果人民获胜了，那“将比法兰克人和汪达尔人还要糟糕”。确切地说，这意味着普选是不合理的，因为“愚蠢无权统治世界”。[③] 因此，应该有人来“监督群众”：这就是贵族的职责。[④] 280

卡莱尔继续了这一分析，有时候很难说清楚这段话的作者究竟是谁，他们无论是观念还是表述都是那么相近：如果世界想要逃避彻底毁灭的命运，造就了现在的“整体死亡的那些日子”就必须成为“整体复兴”的日子。[⑤] 只有回到事物的自然秩序中，并恢复真正意义上的个人的本质，恢复他们的限制和义务，才有可能实现复兴。“所有人不变的义务[……]就是从事他们力所能及的工作，就是根据自己的能力诚实地工作，因为人被派到这个世界上来就是为了这项工作，而不是为了任何其他原因。”[⑥]

---

① 勒南，《精神改革与道德改革》，第 67 页。

② 勒南，《科学的未来》，第 997 页。

③ 同上，第 998—1001 页。

④ 同上，第 997 页。

⑤ 卡莱尔，《现代》(The Present Time)，1850 年 2 月 15 日，收录于《现代短论》，卷 20，第 1—2 页。

⑥ 卡莱尔，《黑人问题》(The Nigger Question)，收录于《评论杂文集》(*Critical and Miscellaneous Essays*)，卷 29，第 355 页。

卡莱尔强调,人有两种本性,一个是有活力的,一个是机械的。类似功利主义这样的低等东西都来自机械性,而一切伟大都诞生于其有活力的本性:基督教民族产生于"人灵魂神秘的深处"。① 正是由于人的有活力的本性,他才需要顺从于比他优越的人,才需要服从他的上级,才需要秩序和等级:"人们心中没有什么比这种感情更高贵更神圣的了。"②人渴望服从于他认为比他优秀的人,这让他成为了一种社会存在:"道德起始于"社会。正是在社会中,人第一次意识到自己是什么,也第一次成为了他有能力成为的样子。③ 这就是为什么自由的真正意义不是自由地安排自己而不受他人干涉,不是从他者手中得到解放和自主;正好相反,它是对宇宙法则的服从,对比自己有智慧的人的服从,以及对自身局限性的了解。这是唯一可能存在的自由④,如果不再"服从上天的选择"⑤,自由也就无法想象了。至于人权,
281 卡莱尔说,显然,所有人都有权重申或寻求他们的权利;而且,他又补充道,无论有权与否,他们都将这么做:基督教、激进主义、法国的所有革命都证明了这一点。人权当然是对的,但下面这

---

① 卡莱尔,《评论文集》,卷 2,第 68—70 页。

② 卡莱尔,《论英雄、英雄崇拜和历史上的英雄业绩》,第 39 页。

译文参考:卡莱尔,《论英雄、英雄崇拜和历史上的英雄业绩》,周祖达译,前揭,第 16 页。——译注

③ 卡莱尔,《过去与现在》,卷 10,第 241—242 页,《作品选》,第 56 页。

④ 卡莱尔,《论议会》(Parliaments),收录于《现代短论》,卷 20,第 251 页;《过去与现在》,卷 10,第 212—213 和 217—218 页。

⑤ 卡莱尔,《衣裳哲学》,第 270 页。

句话也同样正确:"根据每个人的权利来对待他,那么谁将逃避鞭挞?"[1]再者说,人权(rights)对他的现实力量和实现其权利的能力(mights)没有丝毫影响。从一个地方到另一个地方,从一个时期到另一个时期,情况也会发生极大的变化:这就意味着谈论普遍而永恒的人权是荒谬的。[2] 最后,卡莱尔总结了他的思想:在所有人权中,最重要也是唯一不会受到质疑的"人权",就是对被比自己有智慧的人用各种方式引导和控制一无所知的权利。[3]

这一原则被卡莱尔当成欧洲文明的安全阀门。它也曾出现在柏克的思想中,但是柏克的用词没有这么强烈,也没这么明确:命令、谨慎和偏见。正是在命令原则的基础上出现了理论上的代议制原则,这是下一章所要探讨的问题:通过用理论上的代议制取代选举制,柏克人为地竖起一道防范民主大潮的堤坝。而且,这一机制存在的本身就是对其合法性的证明与最终解释,因为在柏克看来宪法是一种秩序,其合法性根植于过去。这一过去赋予了它某种近乎神圣的属性。根据他通过公民法定义的这一命令原则,某一财产的占有者经过一定时间之后就会成为它的合法所有人,哪怕之后有任何证明显示他是通过骗取或暴

---

① 卡莱尔,《新作品选》,第324—325页(《评论杂文集》,卷29,第五章,第153页)。

② 卡莱尔,《新作品选》,第324页;《宪章运动》(*Chartism*),第152—153页,《黑人问题》,第372—373页。

③ 卡莱尔,《宪章运动》,收录于《评论杂文集》,第157—158页(第五章,该页未被译成法语)。也可参考《现代》,第23页。

力占有财产的。柏克相信,私产和权力总是通过窃取的形式获得的,如果没有命令原则,既定秩序随时都会遭到质疑。因此,想要稳定公共秩序,就必须在一切政治辩论中排除权力问题和合法性的起源问题。柏克认为,命令原则属于事物的自然秩序。1782 年,在关于改革代议制体系的演讲中他提出了这一原则;
282 十年之后,他又在全面反对法国大革命的战场上重新回到了这一主题。他就爱尔兰问题给儿子写过一封信,在这篇重要的文章中,他直接将人之间的一切联系、将一切合法性构筑在了“命令性的坚石”之上:他认为这是“人与人关系中最坚实、最完整且最受认可的权利,[……]它不是实际法的产物,而是主人,[……]它尽管没有文字定义,本质上却根植于自然法本身,[并]因而构成了财产法的基础”。①

偏见、谨慎和命令表明人没有能力创造一个不同于现有世界的世界。事实上,“谨慎”意味着聆听历史声音的能力,或者更简单地说,意味着对理性主义和普遍原则的否定。② 但是,前面我们已经注意到,反理性主义同样带来了价值相对主义:柏克的

---

① 柏克,《写给理查德·柏克的信,1792 年 2 月 19 日寄》,收录于《埃德蒙·柏克作品与演讲集》(牛津版),卷 9,第 657 页:“The soundest, the most general, and the most recognized title between man and man [⋯]. A title which is not the creature but the master of positive Law [⋯], a title which though not fixed in its term, is rooted in its principal, in the law of nature itself and is needed the original ground of all known property.”也可参考罗德尼·基尔卡普,《柏克的历史绝对论》,收录于《现代历史杂志》,第 47 期,1977,第 400 页。

② 柏克,《新辉格党人向老辉格党人的呼吁》,收录于《反思法国大革命》,第 450 页。

确相信道德的价值应依据具体情况而定。[①] 无论如何，如果遵
循了谨慎的法则，法国人不会窃取政权，也不会建立一个新的政
权，而会让自己适应“已有的宪法”。[②] 英国人无疑遵从了这一
法则：“所有古老的偏见，”柏克说道，“我们之所以珍视它们，恰
恰因为它们是偏见，而且这些偏见盛行的时间越久、传播得越
广，我们就越热爱它。”其实，在柏克的思想中，偏见取代了理性：
“偏见在紧急情况下可以得到及时的应用；它提早地将头脑汇入
了智慧与德行的道路，让人们不至于在需要做出决定的时刻彷
徨犹豫、困惑不解。”因为“我们不敢让人类依据自己的理性来生 283
存和交易来往，因为我们怀疑人类自己的思想太过渺小，而国家

---

① 有关该主题，可参考朗西斯·卡纳万，《论埃德蒙·柏克眼中理性在政治中扮演的角色》，收录于《政治学杂志》，1959，第 60—79 期："The lines of morality are not like the ideal lines of mathematicks. They are broad and deep as well as long. They admit of exceptions; they demand modifications. These exceptions and modifications are not made by the process of logick, but by the rules of prudence"（《作品》，卷 6，第 97 页，原文即这样拼写）。同样可参见卡纳万，第 77 页："Burke believed that 'no moral questions are ever abstract questions' and that before judgement could be passed upon 'any other proposition', it 'must be embodied in circumstances'. For he said, 'things are right or wrong, morally speaking, only by their relation and connexion with other things'."

两段英文引文的译文如下："道德的脉络不同于数学中理想的直线。道德的脉络宽广而绵长，它允许例外的出现，也允许修改。造成这些例外和修改的并非逻辑过程，而是上天的规则。""柏克相信'任何道德问题都不可能是抽象问题'，并且在对'任何其他命题'做出判断之前，'必须通过具体情况对其进行具体化'。因为他说：'从道德层面来说，任何事物都只有在与其他事物产生联系或交流时才存在对与错。'"——译注

② 柏克，《反思法国大革命》，第 57 页。

的经验与时间的流逝会带给他们利益和机会”。①

---

① 柏克,《反思法国大革命》,第 110—111 页。这里还有另一个非常重要的句子,它的法文翻译很是古怪。英文原文如下:“Prejudice renders a man's virtue his habit, and not a series of unconnected acts. Through just prejudice, his duty becomes a part of his nature”(埃德蒙 · 柏克,《反思法国大革命》,波考克撰写引言、注释,印第安纳波利斯和剑桥,哈克特出版公司,1987,第 76—77 页)。法译本中,皮埃尔 · 安德勒(Pierre Andler)将这句话翻成了另一种意思:“偏见让美德成了习惯,而不是一系列单独的行为。通过建立在理性基础上的偏见,责任成为了人本质的一部分。”无论我们认为形容词“just”是什么意思,都不可能是“建立在理性基础上的”。这里,似乎并不是一个错误,而更像是有意为之:通过加入原文没有的意思,来赋予赫尔德的文字以自由主义的甚至民主的含义。第 658 页的第 141 条注释也同样引起人们的疑问。这些注释的作者们想要利用这部历史著作,于是他们在很多明显的地方“将思想差异和社会隔阂降到最小,并在人与人之间建立起一种延续性(在平民与引导者之间),使得柏克的偏见合法化衬托出了人民的道德权威”。他们正是通过这种奇特的方式阅读柏克,借此从这个一生都献给了反人权、反政治平等、反民众代议制的人的思想中找出某种“民主内涵”。确实,“柏克在《反思》中不断重复祈祷‘共有情感’‘自然情感’‘心灵的道德状态’和‘未开化之人(unlettered)的智慧’,其中共同的情感和共同的智慧被认为是所谓的‘人类真正平等’的基础”。这里,艾尔弗雷德 · 菲耶罗(Alfred Fierro)和乔治 · 列贝尔借鉴了美国新保守主义专家格特鲁德 · 希梅尔法布献给柏克的一章文字。这一章节由两篇论文组成,一篇写于 1949 年,另一篇则在 20 年后。第二篇致力于给柏克披上自由主义甚至是民主的外衣,正是这样的诠释主导了我们这里所引用的法译本的翻译。对柏克的崇拜开始于罗素 · 柯克,他认为柏克是世界政治智慧的集大成者。的确,哈罗德 · 拉斯基(Harold Laski)——希梅尔法布也曾参考过他的观点(《维多利亚时代的心智:论危急时刻的知识分子和转型时期的思想》,芝加哥,伊万 · 迪出版社,1995,第 3—31 页)——认为柏克是英国最伟大的政治思想家,这只是他常招质疑的论点之一,这些论点有损于他作为英国工党理论家和亲马克思主义者的名声。因为,要想将柏克当成比霍布斯、洛克、休谟、穆勒还要伟大的思想家,只有两个办法:一个是忽略英国政治哲学史,拉斯基当然没有这么做;另一个就是提出一些另辟蹊径的观点,这在这位伦敦政治经济学院教授那里并不稀罕。

译文参考:柏克,《反思法国大革命》,张雅楠译,前揭,第 102—103 页。——译注

将柏克和赫尔德与卡莱尔、泰纳、勒南、巴雷斯、莫拉斯和斯
宾格勒串联在一起的导线只有在极少数的时候才会松散开来：
未开化之人的权利和特权就是接受秩序并执行秩序，谦卑者和
国民的伟大品德在于聆听他们的心灵，而不是聆听理性的声音。
不真实的理性主义的阴谋从反对基督教出发，孕育出了革命的
灾难；同样是这个理性主义的阴谋承担了 19 世纪末法国衰落和
失败的责任。文明始终受到威胁，理性与民主的无秩序力量始 284
终蠢蠢欲动。

理性无力引导社会中的人的观念始终是反启蒙思想的基础，是柏克的，也是赫尔德、巴雷斯和斯宾格勒的思想基石。柏克的批评针对所有形式的理性主义，它的目标在于揭露在思想和道德方面个人判断的低下。在强调理性极其脆弱的同时，柏克对人权观念本身进行了抨击：在他看来，作为个人自然权利的自由并不存在，只存在"某些自由"，也就是特权，它被视为遗产。[①] 就像 1789 年春天法国发生的事件一样，一切妄图重建社会秩序和政治秩序的行为都被事先定为有罪，并被定义为"机械的哲学"或只能形成"集合分配和算数安排"的"本科生的形而上学"。[②] 但这里指的并非仅是法国大革命：无论如何，光荣革命在编年史中都只能写成旧秩序的复兴。柏克完全无视现实，它

---

① 柏克，《反思法国大革命》，第 43 和 100 页。

② 柏克，《反思法国大革命》，第 97—98 和 235—236 页。

译文参考：柏克，《反思法国大革命》，张雅楠译，前揭，第 91 和 218—220 页。——译注

呼吁法国人进行一场在他看来类似1689年的复兴。这里我们又一次看到了,当历史的评判不能够符合他眼中应有的评判时,这位“实用主义者”放弃了历史的批评。于是,柏克与上层贵族的立场看齐,尤其是与王族的立场看齐,他提议纯粹并简单地回归1614年的情形。那时,全国三级议会最后一次召开。他宣扬崇拜传统,而那个在19世纪末变得著名的问题——“什么传统?”——在百年前就以同样尖锐的方式提出过了。埃德蒙·柏克自己所说的传统是1787至1788年贵族们反对路易十六的大臣提出的国家改革时所表现出的传统。作为法国问题的专家、作为职业政治家,柏克不可能忽略皇室权力所处的动态局势。他不可能不理解改革的必要性。但改革必须只能是一种复兴,而不能是任何其他形式。在这几年间,他自己不也没有反对英国制度的所有改革方案吗?

285 归根结底,柏克思想的脊柱是秩序的观念。对于“秩序”,他认为神的道德秩序是政治秩序和社会秩序建立的基础。确实,存在一种普遍的道德秩序,因为存在共同的人的本质。[①] 但是,这种道德平等不具备任何政治职能。柏克不认为存在普遍的政治价值:自由的分享分配是专横且不平等的,其目标

① 弗朗西斯·卡纳万,《论埃德蒙·柏克眼中理性在政治中扮演的角色》,收录于《政治学杂志》,1959(21),第74—75页。同样可参考康尼夫(J. Conniff),《柏克和印度:委托理论的失败》(Burke and india: the failure of the theory of trusteeship),《政治研究季刊》(*Political Research Quarterly*),46(2),1993,第302页。

在于维护特权阶级。然而,维护特权并不意味着维护生来就是贵族的人,而是维护整个既定秩序,资产阶级也已经是这个既定秩序的一部分。这就是《写给一位贵族的一封信》的含义:在这封信中,他似乎是在上层贵族面前为资产阶级辩护。这只是一个假象:面对人们指控他为了贵族给的好处而背叛辉格党传统,他不得不为自己辩护。在这篇自我辩护的文章中,他扮演了反对天生贵族、捍卫有才能之人的角色;但其实并非如人们通常认为的那样,这里反映的不是人们如何靠着自己的力量到达顶峰,也不是表达对家族谱系的蔑视。[①] 无论是在《反思》还是在《新辉格党人向老辉格党人的呼吁》中,他都认为"真正的、天赋的贵族[……]是健全的伟大民族的核心中不可分割的一部分"。[②] 在20年前的1772年,在一封写给里士满公爵的信中,柏克根据事物的本质,明确指出贵族与国家其他阶级之间应有的联系。怀着对自己国家的上层贵族的崇敬之情,他说道:"你们这些来自大家族的拥有继承财富的人,你们不像我这类的人:无论我们达到了怎样的高度,无论我们上升得有多快,也无论我们带来了多大的成果,[……]我们都只是仅有一季生命的植物,在我们的身后不会留下任何足迹。但是,你们,如果你们达到了你们应该成为的样子,那

① 参见唐·赫尔佐格,《柏克的难题》,收录于《政治理论》,19(3),1991,第355—356页。

② 柏克,《新辉格党人向老辉格党人的呼吁》,收录于《反思法国大革命》,第459—460页。

么在我眼中你们就是一棵棵参天的橡树，一代又一代地[……]用树荫荫蔽整个国家。”[①]这个经典的比喻后来又出现在泰纳和巴雷斯的作品中。

286 柏克始终本着同样的精神，继续为他的思想斗争：多数人并不优于少数派，他们也没有权利改变国家的政治结构：“国民中多数人的选举[……]无法改变事物的精神本质或物理本质。”因此，“无论通过什么样的契约，也无论它是默许的还是明确表达的，国家的宪法一经制定，就没有任何势力有权对它进行更改，除非我们违背了契约的条件，或是得到所有人的一致赞同”。[②]这就是柏克眼中的政治合法性。在1789年事件的现实背景下，这也意味着国王、贵族和教士对国家其他阶层代表意志的否决权是好的、公正的，也是合法的。

柏克推崇经验，他将自己变成了社会、政治、经济秩序的卫士，变成了特权和不平等的卫士。他坚持让政治参与减小到最少，并认为政治参与本质只能是为了确保秩序的持久。为此，他借助“政治运作的科学，[它]本身就是一种实际的科学”[③]；他举起了“实践智慧”的旗帜，以对抗“理论科学”。[④] 确切地说，资产阶级

---

① 科本，《埃德蒙·柏克》，第70页。

② 柏克，《新辉格党人向老辉格党人的呼吁》，收录于《反思法国大革命》，第451页。同样可参考第457—459和465页。

③ 柏克，《反思法国大革命》，第77页。

译文参考：柏克，《反思法国大革命》，张雅楠译，前揭，第70页。——译注

④ 同上，第41页。

译文参考：柏克，《反思法国大革命》，张雅楠译，前揭，第35页。——译注

秩序是既定秩序，经验告诉我们这一秩序应当受到摆脱了民主桎梏的政府的保护。柏克支持无干涉的制度，同时也支持严格的秩序体系。他希望有一个强大的政权，他认为“一个政府的倾覆只可能是由于其自身的脆弱，不会有其他原因”。[1] 事实上，“新的辉格党人”推行的主权“始终属于人民且不可剥夺；人民可以合法地罢黜国王，[……]如果愿意，可以建立一个新的政府形式”；但在柏克看来，这类观念其实只会“造成全面的破坏，不仅破坏所有可能的政治运作、破坏我们为某一自由可能提供的保障，也会破坏道德规范和原则”。[2] 因为，没有什么比多数人的意志或符合人民心意的契约观念更能够破坏秩序，也没什么比它们更违背自然。
必须将人民从他们自己手中解救出来。“政府是人类智慧的发明 287
物，为人们提供所需。[……]在人类的所需中，存在着一种对公民社会里人们的热情进行限制的需求。[……]这一任务只能由他们之外的权力来完成，而不能在履行职责时屈从于人们的意愿和热情，因为这种权力的责任就是约束和征服。这样看来，对人类的限制同他们享有的自由一样，都属于他们的权利范畴。”[3]

---

① 引自迈克尔·弗里曼，《埃德蒙·柏克和革命社会学》(E. Burke and the sociology of revolution)，收录于《政治研究》(*Political Studies*)，25(4)，1977，第464页。这段引文出自《社会思想与详述》(*Thoughts and details on Society*)。同样可参考写给加丹·皮埃尔·杜邦(Gaëtan-Pierre Dupont)的信，1790年10月28日。

② 柏克，《新辉格党人向老辉格党人的呼吁》，收录于《反思法国大革命》，第425页。也可参考第465页。

③ 柏克，《反思法国大革命》，第76页。

译文参考：柏克，《反思法国大革命》，张雅楠译，前揭，第69页。——译注

因此,必须毫不犹豫地坚持人不应该"在表面的自由下,实施一种从掌管国家之人手中强行掠夺而来的不自然的、本末倒置的控制权力"。[①] 然而,没有什么比相信多数人更违背事物自然秩序的了,多数人永远无法以人民的名义说话。事实上,人民存在的前提就是人民服从于"社会纪律,根据这一纪律,最智慧、最能干、最富有的人引导并以此启发、保护最弱小、最无知和拥有最少财富的人。如果民众没有遵从这一纪律,我们就很难将他们所处的社会看成一个文明社会"。[②]

偏见是社会纪律的基本要素和反理性现代性的推动力,我们之前从柏克的著作中看到的对偏见的恢复也是赫尔德思想的核心。偏见代表着一个民族或一个时代的特殊性或特殊财富,它是幸福和生命力的源泉。因而,所有偏见都是好的,都同样值得尊重。理性不能左右偏见,因为偏见构成了保卫民族的城墙。"还必须崇拜、使用、利用偏见。"在苏邦(Bernhard Suphan)版的《我在 1769 年的游记》中,他这样说道。[③] 在《另一种历史哲学》中,他继承并发展了这一思想:"偏见是好的,因为它带来幸福。它让人们重新聚集到他们的中心,让他们更紧密地与祖先联系在一起,让他们自身的本性变得更加健康、更加积极,并因此而

---

① 柏克,《反思法国大革命》第 119 页。

译文参考:柏克,《反思法国大革命》,张雅楠译,前揭,第 111 页。——译注

② 同上,第 458—459 和 465 页。

③ 鲁谢,赫尔德的《我在 1769 年的游记》的引言,第 47 页(原书第 472—473 页)。

对他们的爱意和目标感到更加幸福。"于是，赫尔德得出这样的结论："最无知、最充满偏见的民族在这一方面做得最好，对异乡 288 满是愿景的渴望扩张和冒险的时代已经体现出了病态，浮肿，过度肥胖，濒临死亡！"①

我们从赫尔德的社会概念中看到这么多保守主义的内容，这不足为奇。他写道："如今自由、社会生活与平等到处生根发芽。它们已经造成了上千种弊端，并且这一恶果仍将不断扩大。"②前一页中他就指出，如果"人的自由、社会生活、平等和幸福的概念得到传播，[……]它首先引起的将不是那些最好的结果，而通常是恶，并且恶一经出现就会战胜善。但！"③与他之后的泰纳和克罗齐一样，面对启蒙思想在社会各阶层中的传播，他感到痛惜。在第二部分中，赫尔德对启蒙精神、对其"机械的"特征以及对理性主义提出了严厉的批评，并推崇本能；同时，他继续了那个后来成为反民主思想典范的类比："因此，是不是整个身体都注定要用来思考？如果手和脚想要成为眼睛和心灵，那么整个身体不是都得受罪吗？"④下一页中，赫尔德对他眼睁睁看着形成起来的局势表达了深深的惋惜：人们即将变成"那么多依据哲学行事的

---

① 赫尔德，《另一种历史哲学》，第 185—187 页(第 510 页)。皮埃尔·佩尼松认为这段文字有些"过度发挥"：《赫尔德，各民族的理性》(*J. G. Herder, La Raison dans les peuples*)，第 103 页。

② 赫尔德，《另一种历史哲学》，第 345 页(段 576)。

③ 同上，第 343 页(段 575)：原文这段话就是这样结束的。

④ 同上，第 249 页(段 537)。

野兽"。[1] 他就是这样理解自然权利学派构想的社会的。在赫尔德看来,自然权利是人为的,是哲学家无中生有地发明出来的权利,或者像柏克所说的那样,是决心要让基督教文明消失的哲学阴谋的产物。

确实,一个世纪以来,事物的自然秩序发生颠覆,出现了一道"无法挽回的罪恶的深渊"——堪比路德时期再洗礼派和其他狂徒在德国造成的灾难——"而如今,随着社会等级的极大融合,随着渺小的事物上升成为伟大,[……]那些维持人生命最强健、最必要的器官被掏空。"[2]一切旨在侵蚀社
289 会关系、瓦解自然联系的事物:"哲学、自由思想、富裕和针对所有人的教育都深入到每一个个人。"[3]目光所及之处皆为废墟:"限制和隔阂被打破:如同我们所说的,等级、教育甚至宗教的偏见都遭到践踏,人们甚至嘲笑它们受到的伤害:得益于教育、哲学、无宗教信仰、罪恶的知识[……],得益于哲学赞扬和探讨的事物,无论主人与仆从、父亲与孩子,还是年轻男孩与截然不同的年轻女孩,我们都将成为兄弟。"[4]这位新教牧师写出如此辛辣的讽刺,以这样的方式讥嘲兄弟关系的观念,这不足为奇。这种兄弟关系不是基督教的观念,而是建立在哲学价值或社会平等化之上,因而被认为从本质上

① 赫尔德,《另一种历史哲学》,第 251 页(段 538)。
② 同上,第 347 页(段 576)。
③ 同上,第 353 页(段 579)。
④ 同上,第 347 页(段 576)。

就是错的。

这一“另一种现代性”抨击启蒙运动的物质主义特性,它也将在 19 和 20 世纪拥有伟大前景。“物质主义”一词的使用中涵盖了反启蒙者对自由主义和民主的反对、对个人自主的反对和对将社会视作依据自己所制定法律行事的个人集合的反对。因此,赫尔德希望“人可以不那么物质,能够更像人本身”[①],也就是说,一种接近中世纪模式的社会,一个意识到是天意之手塑造了历史的社会。然而事与愿违,我们看到的不正是人与人之间关系的不断破坏吗?“社会生活和两性的肤浅交易难道不有损于幸福、庄重和人的举止态度吗?它们难道不是为了地位、金钱和斯文撬开了伟大世界的所有大门吗?”夫妻之情、母爱、教育:“它们遭受的折磨还不够多吗?”所有这些发展,“它们的破坏扩散得还不够广吗?[……]损失无法挽回!”[②]两页之后,他满怀失望地看着“朝向理性、富裕、自由、无耻蜂拥而去的人群”,这些人继续着摧毁传统权力核心的灾难。[③] 最后,甚至复兴的想法也已不复存在,“因为作为改善和治愈之源的年轻人、生命力和上层教育本身已被堵塞”。[④]

如果有什么东西是令赫尔德恐惧的,那就是平等。他与平 290
等斗争,反对“一致性”,并呼吁多元化。通过抨击一致性和宣扬

---

① 赫尔德,《另一种历史哲学》,第 243 页(段 575)。

② 同上。

③ 同上,第 345 页(段 576)。

④ 同上,第 343 页(段 575)。

多元化,赫尔德发起了反对统一法律、反对废除偏见——其中包括了最为人厌恶的偏见,即在法律面前的不平等和税收不平等——的战役。哲学家们反对数世纪根植于传统的习惯——其中包括司法习惯——是为了消除最可怕的不公正,18 世纪的人无法容忍不公正。赫尔德为那些遭到启蒙哲学家厌恶并于 1776 年在法国被杜尔哥罢黜的同行辩护,[①]他反对伏尔泰提出的旨在统一法律的一切计划:"在外省和首都,人们是否总会根据不同的理由进行评判?有没有可能一个人在布列塔尼是对的,到了朗格多克就不对了?我想说的是,有多少个城市就有多少种判例"[②]……赫尔德坚持着完全不同的立场,他挥舞着"古老传统"之旗,挥舞着深受那些哲学家蔑视的"愚蠢的偏见"之旗。他嘲笑道:"在我们法庭封闭的大厅内[……],每一个案件都必须在此进行受理和审查",新的哲学为其引入了一种"美丽、自由而简单的审判方式[……]将所有个人的、单独的特殊案件丢在一边,而只专注于那些方便而明确的笼统概括——(这个世纪的成果是)哲学家取代了法官!"[③]在这样的情况下,孟德斯鸠又一次受到攻击,他也总是矛头直指的对象:的确,很少有著作能够比他更明确地区分启蒙思想的世界与它的反对思想的世

① 赫尔德,《另一种历史哲学》,第 217 页(段 524)。

② 伏尔泰,《路易十四时代》,卷 4:《路易十五的执政细节》(*Précis du règne de Louis XV*);第四十一章,《法律》(Des Lois):引自鲁谢,《另一种历史哲学》引言,第 84 页。

③ 赫尔德,《另一种历史哲学》,第 245 页(段 536)。

界。这位拉布列德爵士认为“知识使人温柔,理性使人倾向于人道,只有偏见使人摒弃温柔和人道”。[1] 相反,赫尔德反对“我们的政治科学”,它思考的不是每个国家特殊而具体的需求,而是带着曲解一切的“锐利眼光”。[2] 然而,想要满足某一民族的需求,“法典就必须量身定制,就像衣服一样”。[3] 因此,赫尔德为“那些一切还非常具有民族性的时代和民族的思想”感到惋 291
惜。[4] 文化民族主义的基础就此提出。

卡莱尔也是用了同样的方法。人们普遍认可《法国大革命史》的作者在英国政治格局中他这一派里占有独一无二的地位。撇开他刻意使用的古老的预言式文笔——这很容易让人联想起赫尔德——撇开大量的日耳曼文化内容和布道者站在讲坛上说话式的语句,如果我们细看卡莱尔的思想,会发现它与《反思法国大革命》作者的思想并没有什么大的差别,柏克煽动式的、救世主般的修辞也自然而然地出现在卡莱尔的著作中。的确,后者完全加入到了这个反理性主义现代性的思想谱系中;他抗拒民主,因为反理性主义现代性就意味着否定康德的个人自主,否定人权、人民主权和平等。虽然相距半个世纪,卡莱尔的反民主却像极了柏克的反民主:卡莱尔之所以憎恶他所处时代的英国政府系统,主要是因为后者

① 孟德斯鸠,《论法的精神》,卷 1,前揭,第十五章,第三节,第 257 页。译文参考:孟德斯鸠,《论法的精神(上册)》,张雁深译,前揭,第 244 页。——译注

② 赫尔德,《另一种历史哲学》,第 245—247 页(段 536)。

③ 同上,第 261 页(段 542)。

④ 同上,第 265 页(段 544)。

不再是柏克极力推崇的那个政府系统。像曾经柏克所属的那个下议院那样招集而来的下议院、主要靠着功勋而非出身强大起来的贵族阶层、已有的等级体系、像皮特那样的政府管理者，这些几乎毫不费劲就得到了《论英雄、英雄崇拜和历史上的英雄业绩》作者的赞同。卡莱尔提出“永恒的而非暂时的契约原则”是一切社会组织的基本原则，这一点在柏克那里找到了前所未有的认可。[①]

首先，宇宙是君主制和等级制的世界，由永恒的公正和上帝统治：这就是所有“宪法”的原型。[②] 民主完全与自然法则相悖，后者想要的是让至高无上的精神和贵族引导下层人民：这就是为什么民主是一场骗局，是这片土地上前所未见的丑闻，上帝和人都难以容忍它的存在，它在“所有领域都宣告失败，是令人悲痛的丑恶、可憎的行为”。[③] 因此，不平等符合自然，而普选则是荒谬的：我们可以向全体群众征询对某些简单而实际的问题的
292 意见，“有的时候，我甚至问他们对我的马的看法”，卡莱尔如此说道。[④] 其他一些问题也同样可以询问他们。但是，面对一切重要问题，“满肚黄汤与无知的群众”就完全无能为力了。[⑤] 水手难道可以在没有船长的情况下根据全员的投票航行吗？[⑥] 这

---

① 卡莱尔，《过去与现在》，第 277 页。有关柏克眼中理想的代议制，参照本书下一章节。

② 卡莱尔，《现代》，收录于《现代短论》，第 22 页(原文也有引号)。

③ 同上，第 12 页。也可参考第 15 和 21—22 页。

④ 卡莱尔，《论议会》，收录于《现代短论》，第 244 页。

⑤ 卡莱尔，《现代》，收录于《现代短论》，第 14—15 和 34 页。

⑥ 同上。第 15—16 页。也可参考第 22—23 页。

一比喻无数次出现,它清楚地表达了卡莱尔的核心思想:民主就意味着不希望找寻船长和英雄来管理人们。[①] 喧嚣、招摇的民主永远不可能实现任何东西:从罗马到雅典,始终如此。一直都是极少数人通过他们的智慧和远见确保了进步。克伦威尔的清教徒就是一个很好的例子:"我们将英国最神圣的事物"归功于极少数人。[②] 况且,"难道您从未听人说过'杀了他!杀了他!'这样的话吗?这是为了消灭少数人的伟大功绩。"[③] 我们在法国大革命的时候看到了这样的场景:民主很容易退回到专制。[④]

从卡莱尔的著作中,我们一方面读到了泰纳和勒南式的思想,另一方面又读到了 20 世纪极权主义学派的一些分析概念。泰纳在《英国文学史》献给卡莱尔的章节中,通过阐述卡莱尔的思想来抨击没有上帝的世界:"这个世界的一切真理都不确定。只有利益和损失、只有布丁和布丁的颂歌才是讲求实际的人可以看见并始终能够看见的东西。我们再没有上帝。上帝的法则变成了尽可能大的幸福的原则,变成了议员的举措……这才是真正散发着臭味的部分,是大面积传播的社会病症的核心,

---

① 卡莱尔,《过去与现在》,第 215—216 页。同样可参考《唐宁街》,收录于《现代短论》,第 112 页。

② 卡莱尔,《论议会》,收录于《现代短论》,第 246 页。

③ 卡莱尔,《黑人问题》,收录于《评论杂文集》,第 360 页。

④ 卡莱尔,《宪章运动》,收录于《评论杂文集》,第 159 页。也可参考《论英雄、英雄崇拜和历史上的英雄业绩》,第 129 页:一个国家实行民主,它就成了"被所有会说话的[……]人管理的"国家。

它威胁要让所有现代性事物惨死。[……]人丢失了灵魂。[……]我们只相信观察,只相信数据,只相信明显而易感知的真理。[……]我们没有精神信念。[……]我们自私而缺乏恒心。我们不再将生命看成庄严的庙宇,而是将其当作获得丰厚利益的机器或是微不足道的游戏房。[……]我们当贵族是贪
293 婪的商贩。[……]我们的宪法提出了只有让两百万个傻子投票才能发现真和善的原则。我们的议会成了一个巨大的舌头。[……]在那些协约和发言的薄幕之下暗藏的是无法挽回的民主。"在卡莱尔看来——泰纳也注意到了这一点——工业生产越是毫不费力地将上千万工人抛弃在铺砌的路面上,危险就越大:饥饿将推翻"摇摇欲坠的脆弱的屏障,开放的无政府主义和在废墟之间摇摆的民主将让我们不断接近最终的崩溃,直到神圣感和责任感嘲笑民主的英雄主义崇拜,直到民主建立了自己的政府和教会,直到它找到方法去求助于最符合道德、最有能力的政权"。①

在《英国文学史》中,泰纳就已经对民主不抱有任何同情了。"在所有文明的世界中,"他说,"民主自大且泛滥,它依据的所有模具都脆弱而短暂。"但是,他对卡莱尔说道:"将它描述成清教徒狂热和暴虐的结果是多么奇怪的想法。"不可能将社会和制度,其实也不可能将政治文化建立在仿佛高烧与爆炸的狂热之上:"神秘主义是好的,但前提是它必须转瞬即逝。正是那些过

① 泰纳,《英国文学史》,第 17 版,卷 5,第 291—295 页。

分的情形造成了极端的状态。创造伟人是巨大的罪恶。如果您想要看见救星，就必须制造事故。”①

对于历史阶段也是如此，一个高强度的时代之后出现的将是与它相反的状态：“共和国的禁欲论会让放荡卷土重来”，“骑士对伟大的西班牙君主制的诗意的虔诚让西班牙人和西班牙思想消磨殆尽。天才、品位和智慧的至高无上让意大利在某一世纪之末充满了享乐的惰性，以致其政治堕落到从属地位”。② 19 世纪这个衰落的时代就此开始，而这就是民主的产物。

确实，在泰纳和柏克的思想中，民主就像是一种“普遍的谵妄”：自 1789 年起，在各个角落，“在现有的所有做法中，在行政当局的措施中，[……]没有哪一项是人们看不到专制特征的。[……]多么倒胃口的做作，多么疯癫的观念，真是精神错乱症医生分析的绝妙病例”。③ 因此，“从五六本宣传册中总结出的短 294
短几句政治口号，就足以鼓动成千上万的乡村农夫和近郊工人，让那些身处穷乡僻壤的下级教士、税吏和军士变得自命不凡；马洛艾(Malouet)和米拉波爷、王廷重臣、国王、立法议会、教会、外国政府、法国乃至整个欧洲，都是他们针砭的对象。其后，他们

① 泰纳，《英国文学史》，第 17 版，卷 5，第 296 页。

② 同上。

③ 泰纳，《现代法国的起源》，卷 1，前揭，第 242 页。

译文参考：泰纳，《现代法国的起源：旧制度》，黄艳红译，前揭，第 337—338 页。——译注

开始僭越妄为，毫无顾忌地发表鼓动性言论。民众的喝彩使他们对自己的豪言壮语更加自负”。[①] 和柏克一样，潘恩显然更倾向于能够确保众议员在国会地位的体制。根据托马斯·潘恩的描述，他们“不是从肮脏腐败的选区凭空而来”，也不是那些只会“依附贵族的代表”。[②] 最后，“那个黏着在土地上的阶层”进入历史舞台，“他们六十代人一直节衣缩食以供养其他的阶层和阶级，它那如钩子一般的双手总是想抓住这块自己耕种的土地”：泰纳说道，“我们即将看到具体表现”。[③] 对民主的批评伴随着从他描述雅各宾派时就流露出的对国民切实的憎恨和畏惧，这构成了其著作的主线。大革命宣布取消精英阶层，让国民中的每一个人登上历史的舞台；大革命是“骡子和马在长着鹦鹉喉咙的猩猩的指导下反抗人的暴动”[④]；因为大革命，欧洲文明受到死亡的威胁。

在《起源》第一卷的最后一部分，作者得出了对这一政治遗产

---

① 泰纳，《现代法国的起源》，卷 1，第 573 页。

译文参考：泰纳，《现代法国的起源：大革命之雅各宾》，姚历译，前揭，第 11 页。——译注

② 托马斯·潘恩，《人的权利》，前揭，第 121 页。

译文参考：托马斯·潘恩，《人的权利》，戴炳然译，前揭，第 57 页。——译注

③ 泰纳，《现代法国的起源》，卷 1，前揭，第 180 页。

译文参考：泰纳，《现代法国的起源：旧制度》，黄艳红译，前揭，第 247 页。——译注

④ 奥拉尔，《法国大革命史学家泰纳》，前揭，第 21 页，引自泰纳，《生活与书信》（*Vie et correspondance*），卷 3，第 266 页：1874 年 7 月 26 日写给德布瓦斯利尔（M. de Boislile）先生的信。

的长篇思考的实际结论:毋庸置疑,他否定所有形式的民主。而
且,无论是瑞士的州还是美国的体制,无论任何可能性或是任何
纯粹的民主,都始终出于同样的原因而被认为是不祥的:多数人
的管理,“国民对国民的直接管理”。因为,我们已经知道,民主不
适合“忙于生计的文明人”,它是那些“生活窘迫、家徒四壁、缺乏
教养”之人的特权。[1] 于是自然而然地,它堕落成为一种“激进的
民主”,西哀士——与卢梭一样为思辨式的概念着迷,与马基雅维 295
利一样毫无顾忌——的民主正是其代表。[2] 此外,普选这一“对数
量愚蠢的崇拜”、这一“平均化的机器”[3]、这一“蛊惑人心的怪兽的
巢穴”[4]无情地排斥精英、显要、贵族和受教育之人,以建立一个属
于“那些被手工业工作变得麻木、受到物质需求压迫的没有文化
的大脑”的政府,建立一个属于那些“麻痹的、天生盲目的人”的政
府。于是,“工作衫”的政府取代了“晚礼服”的政府,出现了“数字
上占多数的人”[5]的统治,政治制度无可救药地迷失了方向。[6] 所
以,唯一好的政府体系是将权力交到“上层阶级”[7]手中的政府,因

---

① 泰纳,《现代法国的起源》,卷 1,前揭,第 779 页。

译文参考:泰纳,《现代法国的起源:大革命之雅各宾》,姚历译,前揭,第 254 页。——译注

② 同上,卷 1,第 640 页。

③ 引自加斯帕里尼,《伊波利特·泰纳的政治思想》,前揭,第 222 页。

④ 奥拉尔,《法国大革命史学家泰纳》,前揭,第 16 页,引自泰纳,《生活与书信》,第 265 页:1873 年 5 月 26 日的信。

⑤ 泰纳,《现代法国的起源》,卷 2,前揭,第 595 页。

⑥ 同上,卷 2,第 595—599 页。

⑦ 同上,卷 1,第 417 页。同样可参见第 416 和 418 页。

为他们不受财政问题的束缚；对他们来说，权力不是一个职业：贵族、资本家、教士就属于这一“上层精英”阶级，他们受过教育，富有，往往从小就为履行统帅的职责做着准备，他们天生具有领导国家的才能。[①] 应该效仿英国的绅士，而不是美国的政治家。[②] 这一精英阶层无须为权力竞争、战斗，他们围绕在世袭君主身边，[③]能够为法国带去唯一适合的制度。在泰纳生命的最后，他得出了这样的结论：君主制的复兴是不可能的。他和勒南一样接受了共和国，但他始终坚定地否认启蒙运动的遗产和民主。

---

① 泰纳，《现代法国的起源》，卷 2，第 232 页。

② 同上，卷 1，第 416 页。

③ 参见《起源》第一卷前几页为法国君主制的辩护，尤其是第 15 页；也可参考第 158 页。

第五章　不平等法与反民主之战 296

18 世纪末开始的反民主之战今后仍将持续下去。柏克在他长期的政治活动中一直与理性、自然权利、个人自主做着斗争，并确定了之后至少一个半世纪的思想脉络主线。英国败于美洲后，一切企图遏制欧洲世界民主化的行为都成了合理的行为，都得到了认可，甚至包括那些极度不公正的、极其笼络人心的腐败的政治秩序和社会秩序。为达到目标，柏克开始维护至高无上的财产。一个世纪之后，这一目标仍然未变，只是方法不再相同：莫拉斯、克罗齐和斯宾格勒并非想要维持那个新的既定秩序，并非想要确保其永恒——因为新的秩序是民主——相反，他们致力于用遥远的甚至神秘的遗产将其摧毁。

这一思想机制既反对民主的思想又反对民主制度，想要准确地理解它，最好的方法就是跟随柏克的脚步去关注那些如今备受推崇的充满智慧的政治准则。柏克是这些政治准则的代表，因此，有必要探讨他在威斯敏斯特宫所持的立场，尤其是他在由政治和社会当权派代表——在这些代表中，至少有两人在英国历史上留名——发起的改革下议院的事件中的立场。

297 在柏克的时代，还没有什么制度可与英国议会制相提并论，在首相沃波尔（Walpole，1721—1742）的治理下，政府极大程度地依赖下议院议员。但是，作为辉格党的卫士，这位首相又导致了政府管理体系的全面腐败。他下台之后，腐败仍在继续。下议院议员席位和选民投票都可以通过购买获得，因此无论是政治风气还是群众思想均未得到改善。这一风气——这里说的不是政府手段——直到新一代的出现才有所改变，威廉·皮特是其中的重要代表，他指导英国人在七年战争中战胜了法国。柏克称其为完美英国的活的象征。他是极具天赋、个性刚毅的演说家，通过拉拢、贿赂的不正当手段进入政坛。他的身上已经具备了一定的民族主义特质。虚弱的身体让他无法从事军事职业，他选择了政治，并让自己“获选”老沙伦（Old Sarum）下议院议员，老沙伦是有名的“肮脏腐败的选区”，或者说，“钱袋选区”。它是古老的萨克逊城市，征服者威廉（Guillaume le Conquérant）在那里建立了坚实的城堡。13 世纪，这座城市开始衰落，而到了 16 世纪，它就已经名存实亡了。人们将它的教堂一点一点地拆除，又在数千米外的索尔兹伯里重建了一模一样的教堂。18 世纪时，这一“选区”就只剩几个居民了，根据某些数据显示，只有 5 座房子(托马斯·潘恩认为只有两三座)，但它每次能向下议院输送两名议员。[1] 该选区一直是查塔姆勋爵——1776 年成为查塔姆勋爵——家族的拥护者。在伊丽莎白一世时期确定的"选区"名单,也就是说选举区划中,利物浦、曼彻斯特之类的大型新兴经济中心并不能选举下议院议员,直到 1832 年改革将那些"肮脏腐败的选区"除名后,它们才得以进入下议院。及至当时,选民在全体居民中所占的比例为 1/22。

英国的议会是杰出的,它的管理制度同时代表了王室的权
威和下议院议员的意志。相比起法国、普鲁士和俄国的王室专
制,英国就如同孟德斯鸠认为的那样,是世界上最自由的国家;
但在 18 世纪 70 年代,随着美洲起义和美国的建立,自由的标准 298
发生了变化。人们逐渐开始在现实与洛克推崇的制度之间进行
对比。这位光荣革命时期的理论家提倡分权、提倡管理者对被
管理者负责,而不提倡柏克时期大英帝国盛行的那种混杂而腐
败的制度。同样,在那些引进下议院议员选举模式的人看来,在
那些认为代表制是表达所有公民的意志而不是某个阶层的意志
的人看来,英国议会无法赢得他们的尊重。但柏克当然不在
其列。

整个 18 世纪的英国,都是有钱的大家族掌控着选举区划、选区和区域,这些家族中的长辈占据上议院席位,晚辈在下议院

---

[1] 托马斯·潘恩,《人的权利》,第 105 页;让·德·维基埃里(Jean de Viguerie),《启蒙时期的历史与辞典,1715—1789》(*Histoire et Dictionnaire du temps des Lumières, 1715 -1789*),巴黎,罗贝尔·拉丰出版社,"旧作"文丛,1995,第 557 页。同样可参见第 553—556 页。该著作是非常重要的研究工具。

任职。乡村里的贵族是他们的拥护者,从事大宗商品买卖的商人阶层与他们联合。所有人都靠政治谋取钱财。确实,法国大革命之前,尤其是在 1782 年第二任首相罗金汉(Rockingham)侯爵执政期间,腐败的现象有所减少,但是必须强调两个事实:那些“肮脏腐败”的选区并未受到影响,而且缓和腐败状况的措施并非由辉格党领袖或他们的拥护者提出,而是在被称作“激进主义”和“威尔克斯主义”(wilkisme)——以它的倡导者下议院议员威尔克斯(John Wilkes)的名字命名——的政治运动施加压力下的结果。根据 1782 年法令将同样身为政府官员的下议院议员排除在国会之外的举措,是这些政治运动的杰作,而不是首相的杰作。那几年,我们看到议会制有了一些进步:从 1771 年起,辩论的报告被公开,因而媒体可以对其进行谈论。于是,大量报纸创刊,其中包括《泰晤士报》(1785 年)。自 1782 年开始,内阁首脑在述职时需要阐述自己的计划。

然而,收拢人心和政治败坏始终是这一制度的基石,为了管理,必须有下议院的支持,但下议院却不能代表全部公民。直到 1784 年,执政党一直是辉格党。在柏克看来,由 15 000 个选民来安排下议院半数席位是符合事物秩序的。至于拥有投票权的总人数不超过 400 000,且国会事实上只代表贵族意志,他并不认为有什么不妥。他不反对这一人尽皆知且在整个 18 世纪孕育出大量改革计划的现象。更何况,他自己也没有理由去抱怨一个让他
299 变得如此成功的体制。柏克作为白金汉郡“肮脏腐败的选区”文多弗(Wendover)的代表进入议会,他自己就纯粹是辉格党拉拢手

段的产物。在首相获得权力之前,柏克做了他的私人秘书,但是他与首相的这种合作性质并不令他满意。柏克第一个议会职位归功于他与自己家庭的一位成员之间的关系,那就是威廉·柏克(William Burke),后者与爱尔兰要臣韦尔奈(Verney)爵士关系密切。韦尔奈在白金汉郡拥有大量私产,并在威斯敏斯特代表白金汉郡。他是文多弗实际的主人。1768 年,柏克在文多弗"又一次获选";但在 1774 年议会解体后,韦尔奈急需用钱,他必须卖掉他在该郡安插的四个席位,其中就包括柏克的席位。柏克没有办法重新购买他的职位,他的老板罗金汉公爵帮助了他,为他在自己"家族的选区"约克郡的莫尔顿(Malton)安排了席位。而就在此时,英国西部的首府布里斯托城为他提供了议员席位。

布里斯托城的商人们掌控着当地的政治,他们受到美洲危机的影响。为了捍卫帝国的不平等,柏克强调,他清楚在贸易问题上,英国与美洲的关系至关重要。他提出与美洲人的需求和权利进行妥协,提出要赢得殖民地的和平以促进区域繁荣,这些都是为了布里斯托港的显要们:柏克在 1774 年 10 月 13 日《呼吁布里斯托城选民》(Appel aux Électeurs de Bristol)中明确承诺将成为他们利益的保卫者,成为他们的人。[①] 然而,融洽的关系并没能持续很长时间:美国建立后不久,柏克就意识到他失去了保护自己在布里斯托城席位的机会。1780 年,当他不得不寻找另一个选区

---

① 《埃德蒙·柏克作品与演讲集》,牛津,克拉伦登出版社,1996,卷 3(与前文一样,引自牛津版),第 61 页。

时，他不得已而选择了之前备选的区划，并最终成为莫尔顿的下议院议员。如果1832年改革——就像辉格党议会领袖查尔斯·詹姆斯·福克斯、皮特或普莱斯希望的那样——能够提前50年，柏克无法在布里斯托城扎根的议员生涯或许就会有所不同了。

现在，需要关注一下柏克对代表制的看法。通常，人们赞赏国家和公共财富的崇高概念，这一概念在他1774年11月3日的
300 演讲中有所体现："议会代表的不是不同的或矛盾的利益，它不是不同政见的支持者和拥护者的集会；议会是以民族的名义说话，它关注唯一的利益，也就是整体的利益；其中占上风的不是地区目标和偏见，而是代表共同目标的整体财富。的确，是您选出了一位议员，但是一旦获选，他代表的就不是布里斯托城，而是整个议会。"[①]事实上，该原则的提出背后有着明确而实际的原因，因为柏克希望尽可能地限制代表制的不良影响。这就是为什么1780年4月当福克斯打算进一步呼吁支持年选并增加下议院议员人数时，他发现柏克坚定地挡在了他前进的道路上。上百名新

---

① 埃德蒙·柏克，《呼吁布里斯托城选民》，收录于《埃德蒙·柏克阁下作品集》，伦敦，亨利·乔治·博恩出版社，1854，卷1，第477页（下面的内容引自博恩版《作品集》）。在牛津版卷3中，这篇文章题为《民意检测结果演讲》（Speeche at the Conclusion of the Poll），第64—67页："Parliament is not a congress of ambassadors from different and hostile interests, which interests each must maintain, as an agent and advocate, against other agents and advocates; but Parliament is a deliberative assembly of one nation with one interest, that of the whole-where not local purposes, not local prejudices, ought to guide, but the general good, resulting from the general reason of the whole. You choose a member, indeed; but when you have chosen him he is not a member of Bristol, but he is a member of Parliament."

议员让下议院摆脱了服务于王位的当选者的影响。1780 年 5 月，在持续了整个春天的漫长辩论中，在福克斯的支持下，一份相关的议案最终被提交给议会。而埃德蒙·柏克仍在极力反对。

他认为，“公民选举构成极大的罪恶。这项罪恶太大了，以至于尽管大部分国家的国王曾经都是选举出来的，如今也极少有国家坚持如此。是选举引发的疾病毁掉了自由的国家。这一疾病很难治愈，甚至不可能治愈，唯一的药方就是尽可能降低选举的频率”。[①] 柏克还是希望议会存在的，但前提是无论是人员任免 301
还是议员职责都不取决于选民的意志，而且选举制度要受到限制。他强调，他相信英国的代表制制度“越是接近人的本性和人类事务的必要的不完美，它就越接近完美”。[②] 尽可能受到限制的选举制度、尽可能少地征求民意，这就是减少破坏的方式。真正让柏克推崇的制度是“潜在的代表制”(virtual representation)

---

① 柏克，《关于缩短议员任期提案的演讲》(Speech on Bill for Shortening the Duration of Parliaments)，同上，卷 6，第 132—133 页：“Popular election is a mighty evil”，他说，“It is such and so great an evil that, though there are few nations whose monarchs were not originally elective, very few are now elected. There are the distempers of elections that have destroyed all free states. To cure these distempers is difficult, if not impossible; the only thing, therefore, left to save the commonwealth is to prevent their return too frequently.”柏克在这篇演讲中呼吁支持并严格遵照七年任期制，但没有人知道这篇演讲的准确日期。很可能是在 1780 年 5 月发表的。约翰·索布里奇(John Sawbridge)每年都会定期提出采取措施增加选民调查的动议。在牛津版卷 3 中，该文题为《有关议员任期的演讲》(Speech on duration of Parliaments)，第 588—602 页。

② 柏克，《关于相关委员会调查英国国会下议院代表性的 1782 年 5 月 7 日下议院议案的演讲》，同上，卷 6，第 144 页。同样可参见，第 144—153 页。

或者说“真正的代表制”，这是柏克政治思想脉络的主要原则之一。它是一种没有选举的代表制，代表社会的是精英，是最符合事物本质的社会组成。应该由天生的领袖来代表人民说话，因为“潜在的代表制在于以群体名义行事的人和被他们借其名行事的人民，二者的利益是一致的，情感和愿望也是共同的，尽管受委托人(trustees)不由人民选举产生。这就是所谓的潜在的代表制。我认为，在大多数情况下，这样的代表制要胜过实际现行的代表制。它具备后者的所有优点，却没有它的那些缺点。当人类事务的进程发生变化，当公共利益以不同的方式展现出来，以至于最初确定的路线发生偏离时，它可以纠正现有代表制的不合理之处。人民可能会做出错误的选择，但共同利益和共同情感极少会出错。然而，如果现实社会中缺乏根基，这种潜在的代表制很难长期稳定存在。议员与委托人之间必须要存在某些联系”。①

---

① 柏克，《写给赫拉克勒斯·兰格里什阁下的信……关于爱尔兰的罗马天主教问题》(A letter to Sir Hercules Langrishe… on the Subject of Roman Catholics of Ireland…)，同上，卷 3，第 334—335(1972 年)页。该文非常重要，并且有必要写出原文："Virtual representation is that in which there is a communion of interests, and a sympathy in feeling and desires, between those who act in the name of any description of people, and the people in whose name they act, though the trustees are not actually chosen by them. This is virtual representation. Such a representation I think to be, in many cases, even better than the actual. It possesses most of its advantages, and is free from many of its inconveniences; it corrects the irregularities in the literal representation, when the shifting current of human affairs, or the acting of public interests in different ways, carry it obliquely from its first line of direction. The people may err in their choices; but common interest and common sentiment are rarely mistaken. But this sort of virtual representation cannot have a long or sure existence, it has not a substratum in the actual. The member must have some relation to the constituent."这段文字出现在旧版中(波士顿，小布朗出版社，1889，卷 4，第 293 页)，在牛津版出版前，该版本一直是最常被引用的版本。

所谓的“某些联系”其实就是辉格党要臣或是像柏克这样 302
的辉格党支持者与他们“肮脏腐败”的选区之间的联系，二者没有本质的差别。他们很久之前就居住在这个区域，他们了解那里的居民、道德风俗和惯例，他们有管理人和处理政治事务的习惯与经验，不像那些大字不识的群众，他们非常有文化：权力难道不就是这一社会阶级的固有特权吗？他们如此有能力胜任这片土地的主人，又能够对新的经济活动和工业革命的首要成果负责。这一制度让柏克能够以文多弗和莫尔顿议员身份进入威斯敏斯特，并看着他的儿子在 1794 年接替他成为莫尔顿议员，还能够让威廉·皮特成为老沙伦选区“代表”进入下议院，它难道不比那个让他们不得不像粗俗的仆人一样冒着被辞退的危险在舍费尔德(Sheffield)、白金汉或曼彻斯特这些新型制造中心的居民面前摇尾乞怜、向他们汇报的制度要好上千百倍？

这就是为什么在 1782 年 5 月，当青年威廉·皮特重申他父亲 12 年前提出的观念并向下议院提交关于重新分配席位、重新划分选区、扩大选举的提案时，柏克极力反对。死于 1778 年的查塔姆伯爵老威廉·皮特从代议制中看到了“宪法肮脏腐败的部分”。[1] 他的儿子担心，如果任其如此，这一制度将在荒唐可

---

① 罗斯·霍夫曼(Ross J. S. Hoffmann)和保罗·莱瓦克(Paul Levack)，《柏克的政治：关于改革、革命和战争的作品与演讲选》(*Burke's Politics: selected writings and speeches on reform, revolution and war*)，纽约，克诺夫出版集团，1949，第 224 页。引自查塔姆：“the part of the constitution”。

耻的贿赂和选举习惯中迷失方向，并最终丧失其合法性。当男性普选在美洲已成为规范，对于极个别有权势、富有的人掌控英国下议院半数席位，并像是做着简单的生意般买卖席位的现象，我们还要容忍多久？①

303 实际上，尽管福克斯在罗金汉内阁担任国务秘书和外务大臣，他还是和查塔姆派自由主义的部分人士一起合作，提出改革政治生活的方案。柏克自开始他的政治生涯后就一直是罗金汉派的导师，面对这一自由的翅膀，他表现得就像是个空想家，固守着强硬的保守主义原则。他认为应该拒绝受理皮特依据代议制固有的常识和逻辑提出的微不足道的改革提案。这些改革的目的在于消除最可怕的滥用权力现象，这并不是为了公正或自然权利，而仅仅为了确保这一制度的良好运行。确实，普莱斯所说的也是这些，②不过他还借助了洛克的传统，在柏克看来，这让辩论变得更加危险。

1782 年的改革方案未得到落实，尽管小威廉·皮特在

---

① 参考柏克，《反思法国大革命》，注释和评论，第 640—641 页。确实，为了确保当权者的利益，选举中的投票和席位买卖的情况时有发生，这加深了腐败现象。柏克以此理由来反对将议员任期缩短为三年的方案。总之，对于腐败，还是存在一种简单的解决办法的，那就是改革者们的方法：扩大选举基础可以有力地净化体制。但柏克提出反对的真正理由显然是出于他想要尽可能减少对当选者的依赖。参考整篇《关于缩短议员任期提案的演讲》，收录于《作品集》，博恩版，卷 6，第 132—143 页。

② 参考柏克，《论爱国》(*Discourse on the love of our Country*)，第 39 页，出处同上，第 640 页。

1783 年获得了首相的职位。国王和内阁的反对不可避免，这里需要注意的是，在首要利益的问题上，柏克与当时最反动的立场看齐。当问题不再涉及美洲或爱尔兰，而是具体的大英帝国的管理问题，以柏克为理论指导的反自由主义辉格党人从他身上看到的，就只剩下对既定秩序原则无法动摇的忠诚了。柏克对殖民帝国的捍卫会让人们将他当成自由主义者，因为当时人们没有注意到、今天的人也时常忽视，当柏克就爱尔兰和美洲问题批评乔治三世政府的时候，他维护的不是个人权利或人权，而是为了反对那个他认为有损于民族的政治。为了遏制殖民地的暴动、阻止天主教问题成为国家威胁的危险看法，必须要有一种妥协的政治。妥协是维持的方法，就像几年之后与革命的法国发生的战争一样，后者也是一种维持的方法。对议会改革的问题同样如此：柏克反对一切修正案， 304
他认为所有改革的企图都会损害宪法，都是对宪法真正的亵渎。

确实，《反思法国大革命》的主要主题都出现在了针对小皮特而发表的 1782 年 5 月 7 日演讲中。[①] 柏克对 1789 年事件的反应只会令那些无法从他的著作和他的政治活动中得出重要结论的人——比如福克斯——感到惊奇。他的文笔会发生变化，或是让人隐约看到自由主义的东西，但是内容不变：在他看来，

---

① 柏克，《关于相关委员会调查英国国会下议院代表性的 1782 年 5 月 7 日下议院议案的演讲》，收录于《作品集》，博恩版，卷 6，第 144—153 页。

英国的体系就是一切，他为维护现有秩序而战，以防这座大厦在启蒙运动的触及下一碰就倒。[①] 扩大选举权会让下议院这个只限于某一阶级的俱乐部成为无法预料的反动机构。谁知道民主化进程应该在什么时候结束？如果没有了“肮脏腐败”的选区，如果把席位分配给那些工业城市，又会发生什么呢？美洲发生起义，在巴黎，思想的权威在卢梭追随者们那些“虚假的阴谋”之手中传来传去，而英国改革者也不断施压，在这样一个疯狂的年代，有谁能预见到像福克斯和小皮特这样善意之人提出的表面天真纯洁的提议将带领人们走向何方？在《反思》中，当他意识到他的立场被边缘化时，他提出了应该逐步改变的理论，并且指责法国人没有遵从这一理论。但是，在英国关于选举改革——逐步改变的典范——问题的重大辩论中，他由于担心整个体制会受到冲击而拒绝了全部改革计划，即使这个改革所触及的内容其实小之又小。

事实上，皮特父子自己就是这一体制的受益者：他们希望扩大政治参与的基础，但并不希望有什么实质的改变。柏克完全意识到了现行体制的缺陷，却仍然忠实于他的代表制概念。他的全体利益观念时常受到称赞，他被认为是国家的伟人，但其实
305 他完全脱离了他的委任者，提出了一项原则，认为议会制的基础本身就是合理的：他拒绝向人们汇报，也几乎不愿意倾听。作为反自由主义者和反民主人士，作为极端的精英主义者，柏克自认

① 参考柏克，《反思法国大革命》，第 315—316 页。

为自己是天生的领袖，只对上帝和历史负责，而不对那些在他拥有布里斯托城下议员席位时偶然生活在世间的具体的人负责。每个人都有自己的角色：几乎全部的人都不重要，他们的角色就是工作和生产——卡莱尔、勒南、泰纳和斯宾格勒都表达过同样的观念，并且都深信这一观念的正确性。只有2%或3%生活富裕的人拥有选举权，他们有特权承认一位天生的领袖，并派他去下议院。这些人给自己选出的与其说是代表，不如说是主人，就像卡莱尔后来追随柏克的脚步提到的那样：他们的唯一特权在于服从。

这是让民主化企图从眼前消失的唯一方法，因此也是保护事物自然秩序的唯一方法。为此，柏克又一次提到了“宪法”，在这部风格无法效仿的文字中，谈到的只有全体人民的财富和议会制的伟大。他说道：“我不否认我们的宪法存在缺陷，也不否认这些缺陷一经发现就应该得到改正。但就其总体而言，这部宪法是我们的荣耀，也是所有其他民族倾慕的对象。”①因此，对每一个部分的考察都应该考虑到整体的所有其他部分。在柏克的思想中，英国体制是一个活生生的有机体：根据他的史观，每

① 柏克，《关于议员任期的一封信：致1780年4月13日艾尔斯伯里举行的白金汉郡会议的主席》(A letter on the Duration of Parliaments. To the Chairman of the Buckinghamshire Meeting, held on the 13th April, 1780 at Aylesbury)，收录于《作品集》，博恩版，卷6，第2页。柏克无时无地不在尽力阻止选举改革：这里，柏克想要说服白金汉郡的选民，他们要求在议员任期和议会代表制平等的问题上发表意见。这篇重要文章既明确了柏克的思想，又体现了他的政治作用，但本该收录此文的牛津版《作品集》第三卷中却并未出现这篇文章。

一次损伤、每一次改变、每一次废除都像是一场外科手术，有可能威胁到整个身体或是造成死亡。① 在理论上，他从不排斥任
306 何进化的观念，但是一旦涉及实际举措，他不认为存在任何足够严重的缺陷，以至于需要有什么东西介入到王国“宪法”这一独一无二的艺术杰作之中。

事实上，“宪法”一词是他今后一生都坚守的作战堡垒。所有方法都是好的：变得触碰不得的不是 5 个世纪之久的文章、规范和习惯，而是只有几十年历史的选举制度的简单骗局。一旦这些方法符合了他想要维持社会秩序和政治秩序的考虑，就一下子变得神圣而不可侵犯。1716 年，1694 年的三年协议被废除，取而代之的是七年协议，下议院议员任期从三年变成了七年。这不意味着习惯和规范在一夜之间消失，而是为了促进下议院稳定、为了维护其权力所做出的调整，这也是维持辉格党寡

---

① 柏克，《对当前不满原因的若干思考》(Thoughts on the Cause of the Present Discontents)，同上，卷 1，第 368 页。确实，柏克在他某部最著名的作品中说道：“our constitution stands on a nice equipoise, with steep precipices and deep waters upon all sides of it. In removing it from a dangerous leaning towards one side, there may be a risk of oversetting it on the other. Every project of a material change in a government so complicated as ours, combined at the same time with external circumstances still more complicated, is a matter full of difficulties; in which a considerate man will not be too ready to decide; a prudent man too ready to undertake; or an honest man too ready to promise”。

注释中的引文译文如下：“我们的宪法立于绝妙的平衡之上，四面都是峭壁和深海。如果除去一边的危险，就会有向另一边危险倾斜的威胁。在我们这样如此复杂的政府中，加之其更加复杂的外部环境，每一项旨在进行重大变革的计划都面临重重困难；在这样的情况下，细心之人不会急于决定，谨慎之人不会急于动手，诚实之人不会急于承诺”。——译注

头政治的主要手段。议会议员职务可以买卖,这场改革同样是为了尽可能地降低席位的价格。乔治三世为重新掌控议会展开努力,导致辉格党要员更频繁地借助选举来反对国王的专制企图。1771 年,查塔姆爵士提议恢复三年制任期,自此之后,每年他都要提出此项提议。①

柏克与福克斯在议会代表制、议会组成、选举形式等关键问题上的巨大分歧,反映了一个真正的、自由主义的、面向未来的辉格党人与一个启蒙运动强硬而坚定的敌人、一个反对一切可能促进政治生活民主的人的区别。当法国开始终结旧制度,当那位莫尔顿议员提出第三等级,柏克也在 1791 年 8 月的《新辉格党人向老辉格党人的呼吁》中重申了他在 1780 至 1782 年间展开的论证。“老辉格党人[……]对人权所知甚少”,②他对洛
克的继承人们这样说道:在他看来,自然权利哲学完全不符合英 307
国的自由传统。在他的思想中,唯一名副其实的辉格党就是他自己所代表的那个辉格党,它“忠实于将祖先尊为神圣真理的政治观念”:所有推崇改革的辉格党人、所有“按照法国的国情打造辉格党原则”的辉格党人都是背叛。③

---

① 参见科本,《埃德蒙 · 柏克》,第 46 页。

② 柏克,《新辉格党人向老辉格党人的呼吁》,收录于《反思法国大革命》,第 426—427 页。

③ 同上,第 466 页。这篇文章主要针对的是福克斯,福克斯也同样能够忠实于自己;也正是因此,在 1793 年 2 月,这位辉格党领袖成了他曾经的朋友恶毒抨击的对象。在柏克看来,福克斯不经英国政府许可就通过特别密使与俄罗斯政府接触,因此,福克斯几乎犯下了叛国重罪。为了消除福克斯的影(转下页注)

柏克并不是在空想,他准确地意识到了问题所在:启蒙运动的思想意识是改革的动力。他说道,与大多数改革者谈论大英帝国政府的宪法是可笑的,因为这些改革者认为每个人都应该自我管理,并将此作为自然权利原则,认为一切没有建立在此基础上的政府都只是僭越,他们最终让反抗不再是人的权利,而成为人的义务。① 柏克并不否定现实,他知道下议院代表的不是全体人民,它不是来源于那个认为个人可以根据自己的意志选择自己的制度的权利:"没有人希望这样,也没有人能够维持这

(接上页注)响,《反思》的作者、意识形态战争的开启者毫不犹豫地用这种下流的托词攻击福克斯,从福克斯支持法国大革命起,柏克对他的憎恶就没有减少过。参考柏克,《埃德蒙·柏克先生就管理议会少数派问题写给波特兰公爵大人的信(包括 54 封检举福斯特的文章,原件为公爵大人所收)》(*A Letter from the Right Honourable Edmund Burke to His Grace the Impeachment against Rt. Hon. C. J. Fox. From the Original Copy, in the Possession of the Noble Duke*,伦敦,欧文印刷出版并出售,第 168 期,帕卡迪利,MDCCXCVII),第 1—6 页。在第 6—7 页中,福克斯并未被指控犯下"叛国重罪",而是被指责"离犯罪不远"。这篇写给波特兰公爵的文章,也是写给另一位英国贵族的,目的在于让他们相信查尔斯·福克斯的观念有着颠覆性的威胁;但这篇文章写成之后,柏克并没有出版的打算。波特兰公爵削弱了柏克对福克斯的抨击:参见《作品集》,牛津版,卷 8,第 402—403 页。

① 柏克,《关于相关委员会调查英国国会下议院代表性的 1782 年 5 月 7 日下议院议案的演讲》,收录于《作品集》,博恩版,卷 6,第 145 页:"For they lay down that everyman ought to govern, himself, and that where he cannot go, himself, he must send his representative; that all government is usurpation, and is so far from having a claim to our obedience, it is not our right, but our duty, to resist. Nine tenths of the reformers argue thus-that is, on the natural right."

注释中引文的译文如下:"因为他们提出,每个人都应该管理自己,即使是他去不到的地方,他也应该派出自己的代表;他们提出所有政府都是僭越,远不能得到他们的服从,抵抗不是他们的权利,而是义务。因此,改革者中十之有九都在争论——这是我们的自然权利。"——译注

样的情况。”[①]但是，改革者们不信任下议院，“大部分改革者的重大目的是为破坏宪法做准备”[②]，或者换句话说，是为破坏偏见这
一政治文化做准备。为了维护这一政治文化，柏克只能用一个论 308
证来反对改革者，这个论证带有某种神圣性：“我们的宪法是有命令性的宪法，其权威的唯一来源就是它从远古时期起就已经存在。[……]对于其中的所有条款，无论是有关私产的条款，还是有关确保宪政的条款，命令性都是其最稳固的性质……”命令性原则伴随着另一个重要原则：“一切存在了很长时间的权力形式，都要比尚未形成经验的计划更能够促进国家繁荣。”英国现行的宪法来自“世世代代人选举的过程，为了一个选择要经过上千次的选举：体制是局势、目的、国家气质、条款以及人民的思想、政治和社会习惯的产物，而这些都要经历漫长的时期才能显现出来”。[③]

---

① 柏克，《关于相关委员会调查英国国会下议院代表性的 1782 年 5 月 7 日下议院议案的演讲》，第 146 页。

② 同上，第 151 页。

③ 同上，第 146 页：“A presumprion in favor any settled schema of government against any untried project that a nation has long existed and flourished under it.”结论“is a deliberate election of ages and of generations; it is a constitution made by what is ten thousand times better than choice: it is made by peculiar circumstances, occasions, tempers, dispositions, and moral, civil, and social habitudes of people, which disclose themselves only in a long space of time”。也可参考罗德尼·基尔卡普，《柏克的历史绝对论》，收录于《现代历史杂志》，第 49 期，1977，第 300 页：“Our constitution is a prescriptive constitution; it is a constitution whose sole authority is that it has existed time out of mind. [...] Prescription is the most solid of all titles, not only to property, but, which is to secure that property, to government.”

注释中最后一段引文的译文如下：“我们的宪法是约定俗成的宪法，它唯一的权威在于它很久以前就已经存在。[……]无论对财富还是保护财富的政府而言，这种因袭性是它最坚实的特征。”

在柏克的思想中，下议院就和上议院、王位、司法权力一样具有命令性。选举权力以及选举者都产生于这种命令，而选举制度已经存在了5个世纪之久。一切触及选举模式和选区划分的内容都明显是错的，一切涉及1689年革命后的宪法秩序也都有待商榷。柏克意识到他的论证中存在一种讽刺性：他很清楚，自己捍卫既定秩序不是因为它是既定的，而是因为这一秩序反映了他对好的政治的看法。他明白，除了那些信徒之外，没有人会相信“你们的宪法就是过去的那个宪法”，他也无法说服那些认为这一体制如此低下，以致“堕落的宪法”（degenerate constitution）被广泛使用，从而想要反对这一制度的人。“对于那些认为该宪法糟糕的人，我回应道，请看看结果吧。谈论一种思想机
309 制时，就必须从思想结果上对其进行判断。”[①]然而，依据这一标准，宪法在他眼中是完美的。

因此，面对波及范围愈发广泛的改革运动，柏克选择了最激进的方法：全盘否定。否定一切就意味着否定自然权利思想、理性主义、个人自主、乐观主义，否定洛克和他在《政府论第二篇》中提出的原则。一切妥协都会像滚雪球般越滚越大。他从两个方面进行抨击：经验告诉我们在英国生活是幸福的，全世界都羡慕它的法律和制度。更何况，谁敢说人民的幸福取决于议会的选举艺术和选举方式？派代表去威斯敏斯特的那些郡是否就比

---

① 柏克，《关于相关委员会调查英国国会下议院代表性的1782年5月7日下议院议案的演讲》，第148页：“To those who say it is a bad one, I answer, look at its effects. In all moral machinery, the moral results are its test.”

那些没有代表的郡更加幸福、更加自由、更加富有？斯塔福德(Stafford)的生活是不是比纽卡斯尔(Newcastle)或白金汉更好？康沃尔郡(Cornouaill)和威尔特郡(Wiltshire)的道路、河道、监狱、警局又会不会比工业化的约克郡质量更高？[①] 同样的主题也出现在《反思》中："康沃尔选举的成员和整个苏格兰一样多，但是康沃尔真的比苏格兰得到了更多的关照吗？"[②]包括托马斯·潘恩在内的许多人都抱怨这一体制的基础极其不平等，抱怨像拉特兰郡(Rutland)这样人口少的地方与约克郡那样人口激增的制造业中心都同样能够派出两名议员。面对他们的抱怨，[③]柏克回应道："你们有平等的代表制，因为你们有同样关注全体财富、关注整体利益且具有广泛同情心的人。"[④]这种代表制更好，因为这些人不是靠地区关系、不是靠着所谓的代表的情感和阴谋维系在一起。这样，整体利益和社会整体的健康就都能得到保障。柏克所说的整体利益原则与卢梭的整体意志观念并没有多大区别：整体利益独立于大量个别利益，并且不是由个人或个人代表发现或表达出来的，这是全体社会的利益。只是 310

---

① 柏克，《关于相关委员会调查英国国会下议院代表性的1782年5月7日下议院议案的演讲》，第149—150页。

② 柏克，《反思法国大革命》，第240页。

译文参考：柏克，《反思法国大革命》，张雅楠译，前揭，第224页。——译注

③ 托马斯·潘恩，《人的权利》，前揭，第105页：潘恩认为约克郡大约有一百万居民，而拉特兰郡只有其百分之一。

④ 柏克，《关于相关委员会调查英国国会下议院代表性的1782年5月7日下议院议案的演讲》，收录于《作品集》，博恩版，卷6，第150页。

在卢梭看来，对法律的服从巩固了这一社会和这些法律，每个公民都参与制定法律，这意味着人们只服从于他们自己赋予自己的法律。相反，柏克则认为，社会是历史的产物，与个人意志没有丝毫关系。

因此，柏克说道，在过去从未有任何人产生过评判英国宪法的念头，从未有人想要"控诉宪法的所有恶习和所有缺陷，或是思考这一我们崇拜的、值得尊敬的宪法是否符合某些人思想中形成的某种先见的构想。[……]正是因为担心我们这笔无法估量的财富会丢失，我才不去冒险为了一些无谓的希望而试图对其进行改进，以防它从我手中溜走"。[①] 柏克始终坚定地反对改变，只有在"为了更好地保护整体"或"为了根除严重的弊病"[②]时，他才会同意改变。不过，在英国的制度之中，他看不到任何弊病。他接受逐渐改变的原则——谁能够在理论上否定一切改进的可能性呢？——只要这些改变发生得相当缓慢，缓慢到几乎难以察觉即可。这很好地回应了他的信仰："改革的精神是自私的情绪和狭窄的视角带来的普遍恶果。"[③]普莱斯所说的革命协会反对这个体系，因为它充满了不平等这一"如此巨大而明显的罪恶"，让英国的自由本身受到质疑；而柏克却认为，"我们的

---

① 柏克，《关于相关委员会调查英国国会下议院代表性的1782年5月7日下议院议案的演讲》，第153页。

② 柏克，《反思法国大革命》，第316页。

③ 同上，第42页。

译文参考：柏克，《反思法国大革命》，张雅楠译，前揭，第36页。——译注

代表制能够完美地满足所有需求,是我们可以期待并建立的人民的代表制”。普莱斯想要一种“纯粹且公平的代表”,他反对腐败;柏克回应说,现行制度完美地履行了它的职责,国家“长久以来一直尊崇的”正是这一“古老的宪法”。[①]

不同于那些泛滥的天真想法,柏克并不反对抽象而笼统的理
论或观念,他只是厌恶那些不符合他自己有关好的政治概念的理 311
论和价值观。这就是为什么他在法国国王王位受到动摇之前很多年,就已经发起了反启蒙的战役。但法国的危机令他充满了恐惧,尤其因为这也是古老政治和古老社会结构的危机。他对美洲幽灵的恐惧又一次涌上心头:贵族政治拒绝放弃他们的特权,提出第三等级不再仅仅为了反对国王的专制,也是为了反对贵族和教士。我们知道,内克尔(Necker)暗自企图建立一种接近英国体系的制度。但既然陈情书表达的是想要拒绝王权专制、实现社会所有阶层自由的期望,那么对资产阶级来说,权利的平等与自由就是不可分割的。于是,大革命就成了权利平等的胜利。[②]

确实,这些将平等与自由紧密联系在一起的革命者同样认为法律高于权威,柏克自己则认为权威先于法。在《新辉格党人向老辉格党人的呼吁》中,他坚持了自己思想的内在联系和连贯

---

① 柏克,《反思法国大革命》,第70—71页。

译文参考:柏克,《反思法国大革命》,张雅楠译,前揭,第64页。译文有改动。——译注

② 参考某些人总是试图忽略的乔治·勒费弗尔(Georges Lefebvre)的经典著作:《法国大革命》(*La Révolution française*),巴黎,法国大学出版社,第二版,1957,第122—124页。

性：从一开始，他就是反理性主义卫士，他始终憎恶人权，一直害怕并蔑视群众，崇拜“骑士”的秩序。至于资本家，在他的经济思想中他非常厌恶自由资本主义思想体系，因为在这种思想体系中首要的就是政治权利平等：从这一角度而言，柏克的确是反启蒙现代性的首个卫士。确实，柏克企图掏空自由主义的思想价值和道德价值，以维护自己的经济思想，他的这一观念构成了19、20世纪之交右派革命者的思想基础。

但是，在柏克的世界中，仍然没有教化群众的必要，这让他在提出自己的思想时没有一丝委婉：人民是“猪一般的群众”（a swinish multitude）[①]：在我们引用的法语文本中，这个短语被译成了“牛一般的群众”（une multitude bestiale），并没能准确地表
312 达其含义。[②] 在他看来，人民几乎就是“猪”的同类。他的著作中其他一些针对或围绕法国大革命的说法，尤其是关于判处国王和王后死刑的说法，都重现了这样的比喻：于是，人们都看到“仆人、疯子、酒鬼组成的群众”[③]登上舞台，这类“群众没有思

① 柏克，《反思法国大革命》，收录于《埃德蒙·柏克阁下作品集》，波士顿，小布朗出版公司，第三版，1865，卷3，第335页。

② 柏克，《反思法国大革命》，阿歇特版，“多元文丛”，整卷中均使用了这一说法，第100页。该翻译是柏克的崇拜者们为了让读者相信新保守主义之父所说的不是所有人而是某一情况下某些下等人而做的努力。参见格特鲁德·希梅尔法布，《现代性之路》，第90页。希梅尔法布借用了奥布莱恩的权威，奥布莱恩曾为柏克的《反思》撰写引言，伦敦，企鹅图书出版公司，1976（第一版出版于1968年）。

③ 柏克，《论对法国的同盟政策：含附录》（Remarks on the Policy of Allies with respect to France：With an Appendix），收录于《作品集》，小布朗出版公司，第三版，1865，卷4，第415页：“an hired, frantic, drunken multitude”。

考、没有原则,迷失在自己的愚昧之中。最终,他们反复无常的情感形成了贱民政治不稳定的倾向和任性的基本特征”。① 人民群众是一种长着无数个脑袋的怪物,它试图施行“放肆、残暴、野蛮、没有法律、没有风俗、没有道德的群众专制,这不止是想要让人们尊重那些普遍得到同意的东西,而且是想要蛮横无理地推翻所有直到当下仍然能够指导世界且适合于这个世界的原则和观点”。② 这就是为什么在柏克的思想中,“法国大革命应该算是世界上迄今为止发生的最令人惊诧的事件”③,巴黎的事件正是意味着一种文明的终结。

这种文明是想要牢牢控制住个人的文明:柏克先于泰纳一个世纪就指出了这点。个人在各个方面得到自主要比路易十六被判死刑更令他感到恐惧。在社会生活领域,他抨击一切可能削弱父辈权威的针对夫妻财产制的改革:他在这样的背景下指出,为实现个人自由而损害服从和权威,会让社会变成由“残忍、放荡的群众”④组

---

① 柏克,《写给法国国民议会一位成员的信》(Lettre à un membre de l'Assemblée nationale de France),收录于《反思法国大革命》,第 350 页。原文为:“an unthinking and unprincipled multitude”(《作品集》,小布朗出版公司,1865,卷 4,第 23 页)。

② 柏克,《新辉格党人向老辉格党人的呼吁》,收录于《反思法国大革命》,第 397 页。原文参见《作品集》,小布朗出版公司,1865,卷 4,第 78 页:“a licentious, ferocious, and savage multitude”。

③ 柏克,《反思法国大革命》,第 13 页。

译文参考:柏克,《反思法国大革命》,张雅楠译,前揭,第 9 页。——译注

④ 柏克,《关于废除婚姻法案提案的演讲》(Speech on a Bill for the Repeal of the Marriage Act),收录于《埃德蒙·柏克阁下作品集》,波士顿,小布朗出版公司,第三版,1865,卷 7,第 132—134 页:“a multitude of the profligate and the ferocious”。关于这一问题,还可参考唐·赫尔佐格,《柏克的难题》,收录于《政治理论》,19(3),1991,第 356—357 页。

成的群体。这篇文章写于 1781 年。而就政治生活而言,柏克在 1793 年重申了他对人民主权原则的一贯反对,重申他不认为
313 1688 年革命从各方面都能与那场野蛮人的起义——反抗所有古老而法定的统治——相提并论;后者是邪恶的发明,革命的法国将其归功于卢梭,新辉格党人冒险将其引入英国。他痛斥巴黎的恐怖带来的这种新的政治参与形式:难道我们没有注意到聚集在某些俱乐部中擅自讨论英国宪法价值的只是个人,而不是那些有组织的地域共同体或行业同盟的代表?明天,他们就该将自己的意志强加在王国的权威之上了吧?① 于是,柏克谈到"群众梦想的疯狂,他们认为自己能够达成一切梦想,而无需头脑更加清醒、财产更加丰厚之人的帮助"。② "公民之间有本质的区别",这使得社会等级的存在自然而必要。③ 因此,"所有公众情感的首要原则,或者可以说它们的根源,就在于对自己所处社会阶层的忠实"。④ 于是,自然而然地必须要有一个最高阶级。这就是为什么平均主义者所做的不过是改变和败坏事物的自然秩序。如果人们允许工人、木匠、理发师、蜡烛制造者来管

---

① 柏克,《有关少数派的举止的观察,尤其针对 1792 年最后一次议会会议期间》(Observations on the Conduct of the Minority: particularly in the last Session of Parliament, 1792),同上,卷 5,第 45—47 页。

② 兰德尔·瑞普利,《亚当斯、柏克与 18 世纪的保守主义》,收录于《政治科学季刊》,80(2),1965,第 230 页:"the madness of the common people's dream that they could be anything without the aid of better fortunes and better heads than their own"。

③ 同上,第 236 页。

④ 同上,第 59 页。

理国家，那么就犯下了“篡权的重罪，篡取天生有特权之人的权力的重罪”。①

因为人和动物一样，被分为不同种类、不同等级。对此，柏克呈现给我们一篇常被他的信徒们忽视的文章，这篇文章对于理解其思想有着至关重要的作用。他抨击“法国的形而上学家和炼金术士”行事不“考虑公民之间的本质区别”，最终“将公民的所有等级都均匀地融合成一体”。不同于那些学习“中学生的形而上学”“盐税官的数学”的学徒，旧世界共和国宪法的作者们知道，所有这些区别将人们分成“如此多的不同种类”。以往的
立法者清楚“哪怕最粗俗的农民也会分享牲口，会让每一种牲口 314
各得其用；他有足够的常识，以确保自己不用纠缠于那些将所有物种都同化成动物的抽象概念，不会给他的马、他的羊、他的牛喂同样的饲料、给予同样的照顾，也不会让它们从事同样的工作”。知道了这些，立法者就会对“自己作为同类的管理者、指导者、引路人，却被笼罩在形而上学的迷雾之中、坚持认为他所管理的人只是抽象之人组成的集合而感到惭愧”。②

人们坚信社会达尔文主义者是 19 世纪末 20 世纪初最粗俗的人。但这种将人类世界同化为动物世界的做法是在借助孟德斯鸠思想的背景下完成的；通过孟德斯鸠，也借助了那些古代共和国。柏克从《论法的精神》作者那里借鉴的是对等级

① 兰德尔·瑞普利，《亚当斯、柏克与 18 世纪的保守主义》，第 62—63 页。

② 同上，第 235—236 页。

结构的颂扬，而不是认为应该“分配”或“划分”权力的观念，他推崇旧世界是因为其中盛行的不平等。[1] 孟德斯鸠将这种社会结构视作实现民主的必要条件，而柏克则认为民主是反自然的现象。柏克之所以求助于古代，是为了不去提及那个刚刚建立的最为年轻的共和国；在这个共和国中，人们极力想要构建一个以人民主权为基础的政治秩序，它要比当时欧洲实行的政治秩序灵活得多，其中没有出身贵族的人，只有金钱的贵族。柏克所知的美洲社会是一个等级社会，实际权力由精英阶层掌握，但尽管如此，这一社会仍然不同于欧洲的等级划分：在欧洲，惯例、习俗、法律中的不平等是既定秩序的基础。柏克清楚地意识到这一点，并避开了对比：为了不与这个民主共和国相较量，这位曾经的纽约殖民地官员又一次表现得像是美国根本不存在一样。他更崇尚遥远的亚里士多德的权威：亚里士多德不正是注意到民主在很多方面都与专制惊人地相似吗？[2]

315 试图让民众参与到政治事务的进程中会犯下反对上帝和“自然”的真正罪过。民众应该在社会结构的权势和偏见的力

---

① 我们知道，孟德斯鸠这篇著名的文章，在 19 世纪末被阿克顿公爵所引用：自由只在“国家的权力不被滥用时才存在。[……]要防止滥用权力，就必须以权力约束权力”。孟德斯鸠，《论法的精神》，巴黎，加尔尼埃出版社，1961，卷 1，第十一章，第四节，第 161—162 页。阿克顿最终摆脱了柏克的影响。

译文参考：孟德斯鸠，《论法的精神（上册）》，张雁深译，前揭，第 154 页。——译注

② 柏克，《反思法国大革命》，第 159 页。

量之下保持沉默。然而,法国大革命是反对偏见的战役,因而也反对文明社会;这样一场灾难之所以会发生,是因为“骑士气概当道的年代已经一去不返了,诡辩家、经济学家、算术家才是这个时代的主人。欧洲的荣光已经永远消褪了”。[①] 在“骑士的年代”中,柏克看到了一种文明,它建立在服务、虔诚、服从和骄傲的从属意识之上。只有在一个“永远失去了这些优雅的原则”的世界中,只有在一个“国王只不过是一个男人,而王后也只不过是一个女人”的世界里,民众才能够掺和到“执行违背自然秩序的统治”之中:掌控人民议会的是一群“农村的律师、公证员,还有大把市政诉讼的代表人物,以及农村骚乱事件中的煽动者和指挥者”,当然也包括“乡村教士”[②]。在这些人的带领下,人民议会全面走向堕落。最终,它“被最初不光彩的胜利冲昏了头脑”,终于让自己成为“一场商业贸易,准备将[……]所有人民的所有财产全盘颠覆”。[③] 然而,“公民社会最初的信仰是对人民财产的承诺”。[④] 任何立法机

---

① 柏克,《反思法国大革命》,第 95—96 页。

译文参考:柏克,《反思法国大革命》,张雅楠译,前揭,第 89 页。——译注

② 同上,第 53、58、96、98 和 193—194 页。

译文参考:柏克,《反思法国大革命》,张雅楠译,前揭,第 47 和 90 页。——译注

③ 同上,第 193—194 页。

译文参考:柏克,《反思法国大革命》,张雅楠译,前揭,第 179—180 页。——译注

④ 同上,第 136—137 页。

译文参考:柏克,《反思法国大革命》,张雅楠译,前揭,第 126 页。——译注

构都没有“权力侵犯财产”,因为这一“掠夺”、这一“可怕而不谨慎的扣押财产的行为”[①]最终构成的是“令人难以置信的专制”。[②] “继承的财产”和出身具有某种“优势”,并为反对“那些被哲学所限的蛮横无理的纨绔子弟”提供持续而必要的保障。[③]

自柏克之后,从法国大革命最初的日子一直到冷战,甚至到今天,认为平等破坏了自然和道德秩序、让其成为专制的观念都是所有反理性主义现代性思想家思考与活动最重要的观念基础和真正动力。我们之前已经看到,在柏克眼中,最糟糕
316 的不公正是群众行使权力所造成的不公,而最糟糕的压迫也是多数派施行的压迫:“绝对的民主制度[……]不能被算作合法的政府形式。”[④]在柏克的笔下,绝对的民主和一般的民主就是简单的同义词,二词的使用并没有什么区别。数行之后他写道:民主始终并处处趋向于政党专制。[⑤] 最后柏克预言道,如果革命的计划能够战胜它激起的所有地方反抗,法国就将“呈现出一幅尚不为人所知的专制景象”。[⑥] 从勒南和泰纳直到伯林以及冷战时的那些思想家,都几乎是逐字逐句地照

---

① 柏克,《反思法国大革命》,第 133—136 和 194 页。

② 同上,第 194—195 页。

③ 同上,第 65—66 页。

④ 同上,第 159 页。

译文参考:柏克,《反思法国大革命》,张雅楠译,前揭,第 147 页。——译注

⑤ 同上,第 159 和 160 页。

⑥ 同上,《柏克先生关于法国现状的演讲》(Discours de M. Burke, sur la situation actuelle en France),第 329 页。

搬了这一观念。

另一个有关不平等的问题是奴隶制的问题。柏克只是间接地在下议院中提到了有关贩卖黑奴的问题。当时，正在进行一场针对非洲公司的辩论，非洲公司的管理状况在当时是贸易与种植议事会批评的对象。人们尤其质疑非洲公司为了实现贸易垄断而使用国家拨给的资金去维护英国在非洲大陆的宪兵部队和要塞的习惯。在这场辩论的过程中，身为下议院议员的大卫·哈特莱(David Hartley)对奴隶制的实施提出了严厉的抨击；柏克作为贸易自由的忠实卫士则极力捍卫非洲公司及其职能和所得成果。然而，他并不反对另一位议员勒特雷尔(Luttrell)的立场：勒特雷尔寻求对此问题进行“总体了解”。柏克同样认为哈特莱提供的证据——哈特莱在会议中展示了一副手铐以便向前辈们解释贩卖黑奴的状况——足以让议院关注是否需要缓和这一状况的问题。但是，我们这位布里斯托城的议员说道：“从远古以来，非洲就处在奴隶制的状态中；因此，我们在非洲的居民所做的只是从一种奴隶制变成另一种奴隶制而已。”他遗憾道：“总的来说，从非洲的奴隶变成欧洲的奴隶，情况变得更糟，这当然是一种耻辱，是一件值得严肃思考的事情。”[①]但这一“严肃的思考”绝对没有废除 317
奴隶制或停止贩卖黑奴的可能。

---

① 柏克，《1777年6月5日关于非洲奴隶贸易的演讲》(Speeches on African Slave Trade, 5 June 1777)，收录于《作品集》(牛津版)，卷3，第341—342页。

他有关与殖民地和解的重要研究也是如此,其中仅仅简单地提及了一下这种“非人道交易”。[①] 1778 年,他承认自己并不支持进一步将人当成货物进行交易,他不是此类行为的“支持者”,但他称赞非洲公司。[②] 两年之后,他自己承担了起草“黑人法案”的职责,该法案旨在人性化现行的奴隶贸易。他一方面承认道德和宗教要求取消这种交易,另一方面他又指出像这样激进的措施不可能轻而易举地得到实施:必须等待某一时机让这一措施自己发挥作用,却“不会因为突然改变了长期以来的习惯而造成巨大的不便”。在等待的同时,应该采取一些举措,缓和“这一交易和奴役的固有恶行”。[③]

从很多方面来看,这些文字都很有意思。一个用了 7 年的职业生涯来对抗黑斯廷斯的人,一个捍卫爱尔兰人权的人,却常常不去提及奴隶制。只有一次,他做出了一点努力,但这不过是一份非洲公司的任何官员都可以起草的法案。柏克并不喜欢奴隶制,但他也没有提出过废除奴隶制。奴隶只是一群命运悲惨的个人,而非有组织的共同体,在他看来,非洲不同于印度,它无法求助于上千年来烙印在其历史之中的风俗、精英阶层的自由和特权以及古老的传统、法律和习惯。它不像爱尔兰那样与教会紧密地团结在一起,并以此捍卫源于欧洲基督教化时代的共

---

① 柏克,《论与美洲和解的演讲》,同上,卷 3,第 131 页。

② 参考《黑人法案概要[1780 年 4 月 9 日]》(Sketch of a Negro Code [post 9 April 1780]),同上,卷 3,第 562—563 页。

③ 同上,第 563 页。参考整篇文献,第 562—581 页。

同体权利。柏克无法用同样的方法思考非洲:他认为,奴隶制深深地扎根在其古老的习俗之中,即使它让善良的基督徒的道德意识备受困扰,它仍然是历史的一部分,是约定俗成的习惯的一部分。我们不能武断地将其终结。

类似的观点也出现在卡莱尔的思想中,但是是以更加具有现代性,因而也更加强硬的方式提出。卡莱尔认为奴隶制其实并不存在。卡莱尔的《黑人问题》(The Nigger Question)一文就是针对这一在第二共和国时期的热点问题而作,当时,第二共和 318
国又一次提出废除奴隶制,英国和美国的废奴主义者们也展开了大量活动。在这篇重要的文章中,卡莱尔致力于指出,唯一存在的奴隶制就是那个推翻了天赋的且唯一公正的等级制度、让强大的主人变得虚弱、让富有智慧的伟人和贵族服从于平庸而不幸的人、让智慧屈从于愚昧的奴隶制。这个时代的巨大不幸正是由于这种价值颠倒。因为,根据新的圣经读本布道的原则,没有什么比看着犹大自以为可与耶稣平齐更加合理的了。[①] 从这一总原则出发,卡莱尔对黑人说道:作为人,他对贩卖黑奴、剥削和压迫黑人感到厌恶,他理解废奴主义者的愤怒;但渴望黑人与白人之间达到平等,则是另一种颠倒自然秩序的方式。对西印度来说如此,对所有其他地方来说也都是如此:任何议会文件都不能终结奴隶制,理由很简单,因为低等生命附属于高等生命

① 卡莱尔,《黑人问题》,收录于《评论杂文集》,卷 29,第 360 和 363 页;《尼亚加拉枪击事件:事后?》(Shooting Niagara: And After?),收录于《评论杂文集》,卷 5(《作品集》卷 30),第 4 页。

的现象准确地反映了符合宇宙法则的好的、公正的人类秩序。没有什么比认为上帝创造了平等的人更大的谬误了。更何况，终身服务于人的奴隶通常比那些按月雇佣或通过随时可以解除的契约而受雇的佣人更值得羡慕。不仅如此，奴隶制也不一定是人们不能摆脱的条件，事实刚好相反。应该确定一个所有人都认可的价格，让黑人奴隶根据自己的性格、通过工作、通过经济活动购买自己的自由。以此证明他是值得这一自由的。①

与勒南和泰纳一样，卡莱尔从帝国主义中看到了上天的赐福。《黑人问题》也是在称赞白人传播文明的行为。在牙买加能够创造出一点点价值之前，在丛林成为耕地之前，上千万的英国人在那里献出了生命。西印度的所有财富都聚集在那里，都埋藏在丛林和沼泽深处，等待着白人魔术师对它们说："醒来吧。"②

319 19 世纪下半叶，在勒南思想的带领下，不平等观念的巨大力量得到了全方位的体现。当他在《法兰西的精神改革与道德改革》中宣称"平等是政治和军事衰落的最大根源"③时，他不仅是在重述自己在色当战役前发表的论著《君主立宪制》(*Monarchie constitutionnelle*)中的观念，也是在重述《科学的未来》和《闪

---

① 卡莱尔，《黑人问题》，第 358、371—379 页。也可参考《尼亚加拉枪击事件：事后?》，收录于《评论杂文集》，卷 5(《作品集》卷 30)，第 5 页；《宪章运动》(1839)，收录于《评论杂文集》，卷 29，第 200 页。

② 同上，第 374—377 页。

③ 勒南，《精神改革与道德改革》，前揭，第 53 页。

米特族语言比较史》(*Histoire générale et système comparé des langues sémitiques*)的观念。反启蒙思想中存在着巨大的一致性、连续性以及毫无缺陷的逻辑性。我们已经探讨过,柏克的《反思》只是让他从自己的第一本书和第一项政治活动起就在捍卫的原则适应 1789 年形成的局势。同样,泰纳在《起源》中又回到了色当战役前就已完成的《英国文学史》的重大主题。勒南也是如此,并非 1870 年的戏剧化事件启发了他、让他产生这样的立场;他就和他的前人一样,认为"一个民族的伟大品德就在于接受传统的不平等":这就是"有道德的人种"和"封建的人种"的真正奥秘。①

就这一真理而言,色当战役带来的不过是试验的结果。不平等是宇宙法则:"由于没有理解[……]人种的不平等,[……]法国最终将平庸当成社会的完美状态。"②勒南并不想成为资产阶级的代言人;恰恰相反,资产阶级的"物质主义"令他厌恶,他强烈地憎恨七月王朝以及之后的第二帝国,它们形成了一种被称作"财阀政治"的"以财富为新事物原则的社会状态",造成了价值观的颠覆。③ 这样的社会状态令人惋惜,不仅因为人们"没有钱就无法有所作为",也是因为它激起了穷人的反抗。④ 但必须注意,这并不意味着作者关注那些处于劣势的人:他们造成的

---

① 勒南,《法国君主立宪制》,第 249 页。

② 同上,第 242 页。

③ 勒南,《科学的未来》,第 1060 页,同样可参考第 1061 页。

④ 同上,第 1061 页。

不稳定对社会来说是致命的危险。确切地说,为了捍卫反启蒙的延续性和不平等,捍卫一切有可能的、可以想象到的不平等,勒南在寻求缓和群众情绪的方法。对此,有钱人的统治就是最
320 坏的办法。因此,他所提倡的不平等是出身或智力的不平等,而非金钱的不平等。出身不平等包括了种族不平等,理想的社会不平等是建立在继承贵族之上的不平等。勒南给自由主义下的定义毫不含糊:"真正的自由主义者极少会去担心在他之上还有贵族——哪怕是倨傲的贵族——只要贵族能让他毫无障碍地工作、让他履行自己的责任即可。在他眼中,只有一种稳固的平等,就是在责任面前的平等:天才、贵族、农民都受到唯一且同样的东西约束,那就是美德。"①

与柏克、赫尔德、卡莱尔、迈斯特、泰纳一样,勒南痛恨资产阶级和功利主义价值观。他说道,确实,人们从没有像 1830 至 1848 年那样生活舒适。然而,我们能否认为"在这期间,许多新观念丰富了人的思想,使得道德、知识、真正的宗教产生了明显的进步"?② 总体而言,世界进入了"衰落期"。③ 同样,他在 1876 年说道:"我们活在绝对的阴影中,我们之后的人要靠什么生存?"④从勒南到第二次世界大战的所有反启蒙思想家都认同

---

① 勒南,《当代历史哲学》,前揭,第 24 页。

② 勒南,《反思精神状态(1849)》(Réflexion sur l'état des esprits [1849]),收录于《当代问题》,前揭,第 302 页。

③ 勒南,《现代社会的宗教未来》,收录于《当代问题》,前揭,第 401 页。

④ 勒南,《哲学对话与片段》,收录于《恩斯特·勒南全集》,亨利埃特·济卡里编辑并最终出版,巴黎,卡尔芒-莱维出版社(1956),卷 1,第 557 页。

和平年代就是灾难时期，因为它产生不出什么伟大的东西。正是因此，勒南哀悼他这一代人的命运：他们没有机会“勇敢地投入战斗以磨砺自己的青年时光”，他们享受不到这样的幸福，就连最小的暴风雨也会让这代人惊慌失措，而他们对未来的看法与期许都仅仅出于唯一的目标——“战战兢兢地保护父辈留给我们的东西”。[①] 和平年代并不是完全没有价值，只是它产生不出任何接近“那些杰出时代的大胆杰作的东西，在那些时代，有关人的思想一个接着一个在大地上涌现”。而最终他说道：“这一代人将生命看成休息和艺术、看成享乐[……]这真是一代人的不幸啊！”[②]

对于自由主义，勒南首先讨论了限制权力的观念，尤其是在经济方面。于是，继基佐的《为当代史提供的回忆录》
(*Mémoires pour servir à l'histoire de mon temps*)之后，勒南在他的论 321
文《当代历史哲学》中重拾了传统的自由主题，并要求“放任的[……]管理”。[③] 数页之后，他虽然没有提到托克维尔，却对其学说进行了解释：“强化管理的趋势与革命并非两个相反的事物。[……]是自由让它们彼此对立。”[④]只是，勒南设想的自由并不是托克维尔受到美洲的诱惑而提出的自由。勒南的

① 勒南，《现代社会的宗教未来》，收录于《当代问题》，前揭，第 300—301 页。

② 同上，第 301 页。

③ 勒南，《当代历史哲学》，前揭，第 27 页。

④ 同上，第 46 页。

自由是贵族阶级的特权，无论他们是天生的贵族，还是依靠功勋而成为贵族。他的自由不是美洲人实践的那种洛克的自然权利。

因此，根据勒南的观点，从自由主义被当作政治体系——以推行普遍的个人权利为目标，而不再仅仅推行思想精英的言论自由——的那天起，衰落就开始了。在勒南看来，如果言论自由最终带来的只是平庸，那它本身也不具有价值："如果人们没有什么真实的、新颖的东西可说，那么说话和写作的自由又有什么用呢？[……]一个人只有在感受到有一只手作用在自己身上的时候，才可能变得更加大胆、更加自豪。[……]因此，让我们思考得自由一点、深刻一点，而不是专注于自由地表达我们的思想。"[①]相比起"只知道外在的自由，而对思想的自由毫无所知的"[②]法国，在赫尔德、歌德和康德的时代，在一种绝对统治下的时代，人们的思考更加自由。

而且，自由不是人类进步的基本要素，甚至不是最重要的因素之一：相比基督教诞生时期，政治自由在 19 世纪受到了更好的保障；但是如果"耶稣出生在我们的时代，他就会被移交给处理轻罪的警察，这比将他钉在十字架上折磨致死还要糟糕。人们很容易以为自由有利于那些真正新颖的观念的发展"。[③] 在《科学的未来》中，勒南总结了对自由主义的批评，并且将整个自由主义

---

① 勒南，《科学的未来》，第 1016—1017 页。

② 同上，第 1016 页。

③ 勒南，《反思精神状态(1849)》，收录于《当代问题》，前揭，第 302 页。

体系都置于知识发展之下："只要那个所谓的**被愚昧奴役**的状态仍然存在，最自由的制度就将是最危险的制度。"[①]换言之，只要 322
支持自由和理性的是"一群无知的民众"，自由和民主就没有存在的理由。[②]

因而，勒南认为，自由只能掌握在那些决定了整个科学、艺术、高尚文化的极少数人手中。精英的责任正是在于维护"人类生活的美好传统"：他用"精英"一词来表现他思想的现代性。[③] 在《改革》中，他用了几页纸去称赞对创造了科学和高尚文化的精英所拥有的自由的捍卫。他提出一种分工方式：他对国家的政治人士们说，不要将我们传授的东西与我们所写的东西混为一谈；请让我们将大学、将民众、将乡间学校毫无保留地交托给你们。[④] 只有思想和科学界的精英才有能力带领人们走向最终目标、"完美地实现最终目标"[⑤]，而不是那些世袭的贵族、土地所有者、有钱的资本家。很少有人像勒南一样如此蔑视那个由"商人、企业家、工人阶层[……]、犹太人"开创的"物质时代"。[⑥] 他痛斥法国贵族阶级时用词前所未有地严厉：旧时代贵族与复辟时期的贵族一样

---

① 勒南，《科学的未来》，第 1001 页（斜体部分原文即为斜体）。

② 同上，第 999—1001 页。

③ 同上，第 1037 页。

④ 勒南，《精神改革与道德改革》，前揭，第 97—99 页。

⑤ 勒南，《科学的未来》，第 1056 页。

⑥ 理查德，《恩斯特 · 勒南，传统主义思想家？》，前揭，第 158 页，引自《回忆录》（*Souvenirs*），第 784 页。

违背了他们的地本责任——“对贵族来说，凡尔赛宫是美德的坟墓”——没能建立起自由。[①] 在同样的语境下，勒南清理了他与基督教的旧账：即使基督教极大地尊重了其教义中固有的人的尊严，政治自由也不是它的职责所在。从 4 世纪起，基督教就与罗马的专制主义紧密地联系在了一起；即使从乔治七世开始，罗马教廷为了防止世俗权力过大而提倡自由，神父们向往的其实仍是基督教国家的领袖地位，渴望实现一种“基督教的哈里发政治”。[②]

在《当代历史哲学》中，勒南似乎是在重新建立《科学的未来》里最早提出的一些观念：“自由始终是社会持续的基础。”数
323 页之后他又写道：“只有自由能赋予个人生活以动力，只有它能防止民族走向灭亡。”[③]但是，归根结底，勒南的自由主义是将自由当作特权，而不认为它是根植于自然权利的价值。勒南想要的自由就是泰纳想要的自由，它不仅仅如人们通常认为的那样源于历史，[④]它源于某一特定的历史：日耳曼的中世纪历史以及之后新教的欧洲历史。因此，他憎恶洛克、边沁和穆勒父子的英国自由主义，憎恶功利主义的、“物质主义的”、个人主义的自由。也因此，他更加接近柏克的思想。

---

① 勒南，《法国君主立宪制》，第 239—240 页；勒南，《当代历史哲学》，第 21—23 和 27—29 页。

② 勒南，《当代历史哲学》，第 12—13 页。

③ 同上，第 65 页。同样可参考第 61 页。

④ 理查德，《恩斯特・勒南，传统主义思想家?》，前揭，第 212—213 页。

确实,针对“法国由国家不偏不倚地维持分配公正的永恒错误”[1],勒南以那些“格外高尚”的社会——比如他认为是理想社会典型的普鲁士社会——进行反驳:在那里,个人“不断被来自过去、效仿古老制度的社会接受、养育、打造、训练、教导、要求”。[2] 在这样的共同体中,个人为国家做出了很多贡献,其中“包含了那些完全被用来牺牲的阶级”,这些阶级必须“过着悲惨的生活,并且这种生活不可能得到改变”[3]。在这个共同体中,“每个人在自己所属的阶级中都是捍卫传统的卫士,而传统对文明发展来说至关重要”。[4] 普通大众的牺牲是为了让少数人能够履行他们的社会职能,能够利用事物自然且必要的秩序来创造文明、制造财富。勤劳的农民必须为资产阶级的生存提供条件,而后者又必须确保贵族的生活,让他们无需为生存所需的物质担忧,让他们能够投入作为领袖的责任中去。“人类是一把神秘的梯子”,民主只会让它倾倒,并因此摧毁文明。[5]

勒南从未偏离过社会至上的观念,这是反启蒙思想的首要原则。“从个人的立场来说,道德世界中没有什么是能够解释的”,他在《科学的未来》中这样说道。[6] 就在这几页中,他提出了自己一贯的思想:生命的目的不是享乐,社会的目标不是幸 324

① 勒南,《法国君主立宪制》,第 244 页。
② 勒南,《精神改革与道德改革》,前揭,第 113 页。
③ 同上。
④ 勒南,《法国君主立宪制》,第 245—246 页。
⑤ 同上,第 245 页。
⑥ 勒南,《科学的未来》,第 1037 页。

福——既不是所有人的也不是个人的幸福——更不是物质财富，而是“思想的完善”：也就是说，国家不是济贫所，而是“前进的机器”。[①] 个人依据古老的牺牲模式而做出的牺牲、人为了民族的牺牲，是社会组织结构，也是人类进步的支柱：“社会有权享有对其存在而言必要的东西，哪怕这最终会让个人受到明显的不公。”因此，“不平等始终是合法的，并且它对人类的财富来说是必要的”。[②]

勒南的立场始终一致：只有当个人福利构成一切政治活动和社会活动的最终目标时，平等才可能存在。但是，既然在社会中“不存在个人”，既然“社会的需求、整个文明的利益胜过一切”，那么不平等“就是自然的，并且我们有理由将其看成社会的必然法则，将其当作社会得以完善的必要条件，至少是暂时的条件”。唯一存在的权利“是人类的进步：没有什么权利可以阻挡这一进步；反之，进步让一切合法化”[③]。因此，既然个人自由和竞争已经成了一切文明生存的条件，“那么相比起社会主义的苦役，当下极端的不平等要好得多”。在人类进步的必要的不公平中，在这些“自然的且符合事物必然组成的杰作”中，我们看到动物附属于人类，看到性别“之间”的从属关系，看到“根据人的完美程度而划分的等级”。如果奴隶制“是社会存在所必需的，那它就是合法的。因为奴隶是人类的

---

① 勒南，《科学的未来》，第 1030 页。

② 同上。

③ 同上，第 1031—1032 页。

奴隶,是上帝创造的奴隶”。[①] 20 年后勒南又说道,这也是自然判给下等阶级的牺牲方式,应当得到认可。而且,“奴役所有下等人种”[②]就是上等人种传播教化的基本目标。“同等人种之间的征服应该遭到指责,而与此对应的上等人种对下等人种的改造却符合神授的人类秩序。”如此说来,“下等人种的国家被上等人种征服并受到其统治管理”就没有什么值得惊讶的了。不仅如此,
这也极大地有利于人类进步。5 世纪和 6 世纪日耳曼人的征战、 325
英国对印度的统治都是这样的情况,后者最大程度地促进了印度和英国的居民以及全人类的进步。现在,应该继续征服的事业,应该占领中国。[③]《改革》的作者总结他的思想道:“自然创造了一个工人的人种,那就是中国的人种;[……]苦力的人种是黑人的人种,[……]主人和士兵的人种是欧洲的人种。”[④]

尽管他认为美洲的奴隶制“令人生厌”,他还是和柏克、卡莱尔一样,坚信人们至多只能赋予黑人最少的人道。既然动物都有权利,就应该与人“为善”,“应该安抚那些受到自然粗暴对待的人”。与卡莱尔一样,勒南认为“黑人[……]生来就应该服务于白人期待并构想的伟大事务”。因此,“人不是平等的,人种不是平等的”[⑤],而“各人种、各民族之间的竞争问题”仍将长期构

---

① 勒南,《科学的未来》,第 1031 页。

② 勒南,《法国君主立宪制》,第 305 页。

③ 勒南,《精神改革与道德改革》,前揭,第 92—93 页。

④ 同上,第 93—94 页。

⑤ 勒南,《哲学对话》,前言,第 556 页。

成历史问题的核心,至少在“部分被称作旧世界的欧洲地区”仍是如此。[1] 于是,他评价道,“废奴主义极大地忽略了人类心理”。[2] 对此,他同样认为,未来“**教育野蛮人种**将成为欧洲精神的最大问题之一”。[3]

勒南社会观的必然结果依旧是根植于赫尔德历史哲学的决定论,而泰纳的决定论则已经有了明显的生物学印迹。《以色列人民史》(*Histoire du peuple d'Israël*)的作者在开始研究闪米特人时就表明,“有理由认为,闪米特族语言符合人类的某种划分方式;的确,使用这些语言的民族性格通过种种迹象在他们的历史中呈现出来,这些迹象与形成并界定他们思想的语言同样原始”。[4] 这一观念构成了他解释闪米特人宗教性质,或解释闪米
326 特、日耳曼、凯尔特等不同特质的基础,他从中得出了让这些种族区别于彼此的政治特性和特征。因此,人种之间的划分存在等级性与不平等。

在《科学的未来》中,勒南就已经强调,“区分印度-日耳曼语系之人与闪米特语族之人的三大特征”就在于闪米特人“**既没有哲学,也没有神话和史诗**”。[5] 数行之后他写道:“构成众多神话基础的对自然力量的极力神化,与认为世界就像陶瓷匠人手中

---

① 勒南,《精神改革与道德改革》,前揭,第 82—83 页。

② 勒南,《科学的未来》,第 1033 页。

③ 同上(斜体部分原文即为斜体)。

④ 勒南,《闪米特族语言比较史》,收录于《恩斯特·勒南全集》,亨利埃特·济卡里编辑并最终出版,巴黎,卡尔芒-莱维出版社,1956,卷 8,第 144 页。

⑤ 勒南,《科学的未来》,第 941 页(斜体部分原文即为斜体)。

的花瓶一样是被打造而成的狭隘观念之间，有着多么大的差别啊！正是这样狭隘的观念让我们在探究神学的路上走入歧途！"[①]在《现代社会的宗教未来》(*De l'avenir religieux des sociétés modernes*)一书中，《耶稣的一生》(*Vie de Jésus*)的作者进一步力求最小化犹太人和闪米特人在整个西方文明中的作用。确实，"从他们将希伯来语的《圣经》转化为欧洲科学的那天起，从他们让罗伊希林(Johannes Reuchlin)和路德学会希伯来语的那天起，他们就没有做过什么重要的事了"。不仅如此，在他看来基督教"并非犹太教的延续，而是从犹太教内部发起的对犹太教指导精神的反对"。[②] 占据绝对优势的首先是古希腊和古罗马的思想，其次是日耳曼和凯尔特人的思想，这使得基督教的发展方向完全偏离了它最初的起源。勒南对此立场坚定：施莱尔马赫(Friedrich Schleiermacher)形成了自己的观念，他很早就提出，相比起约书亚和大卫时期的犹太部族，相比起"狭隘、记仇、具有强烈排外精神的法利赛宗派(真正的犹太人)的犹太人"，苏格拉底和柏拉图更接近耶稣基督，更接近当时的基督教徒。因此，未来的基督教发展应该越来越远离犹太教，以便"印度-日耳曼语族的天才在其中占据主导地位"。[③] 为了保障文明，必须摆脱犹太社会和穆斯林社会最为脆弱的特征，也就是它们没有能力做到政教分离：这一观念是"信仰基督教的欧洲的福音"，是自由的

---

① 勒南，《科学的未来》，第 941 页。

② 勒南，《现代社会的宗教未来》，收录于《当代问题》，前揭，第 347—348 页。

③ 同上，第 348—349 页。

基础。的确,神权与俗权的统一会孕育出神权政治,"闪米特文明"的两种形式不可能允许基督教欧洲所理解的世俗政府的存
327 在。无论是犹太民族还是阿拉伯民族,他们的权力都来自上帝。神权政治让权力有了神圣的起源,它是一种"隐形毒药",只能"带来绝对的权力"。

确实,犹太人和阿拉伯人让人摆脱了古老的神话,从而为人类做出贡献。忽略这一贡献是不公正的。印欧语系拯救了基督教;得益于"日耳曼民族"为它构想的未来、得益于"盎格鲁-撒克逊民族"①入侵这个世界,基督教获得了自由。欧洲获救于"日耳曼原则,这一原则认为权力[……]是行使权力之人的财产,[……]就此视角而言,一切都成了人的权利:每个人都有他的法则,每个人都是各自城堡的国王"。正是这样的主权概念"在世界上建立起了自由"。②

这篇文章发表在一部面向大众的书中,枯燥而鲜有人读的《闪米特族语言比较史》的第一章中对闪米特族的描述并没有给人带来什么惊喜。的确,人们可以将"至少一半的人类思想杰作"归功于闪米特人,"他们总是能依靠其极高的本能理解宗教[一词]"。但是,"科学和哲学对他们来说却是陌生的"③。于是,"相比起印欧民族,闪米特族确实代表了人类本质的低级结合"。④ 经

① 勒南,《现代社会的宗教未来》,收录于《当代问题》,第 350 页。

② 同上,第 351 页。

③ 勒南,《闪米特族语言比较史》,前揭,第 144 页。

④ 同上,第 145—146 页。

过十多页对闪米特族所有缺陷、弱点和病症的分析，勒南得出了明确的结论。[①] 在该著作发表之后，一个世纪的所有反闪米特专著都是从各个方面逐字逐句地继承了勒南的观念。勒南 328
如此坚定地相信其分析的准确性，并在这里一字不差地重述了《科学的未来》中的用词："因此，闪米特族表现出的特征几乎只有负面的：它没有神话、没有史诗、没有科学、没有哲学、没有想象、没有造型艺术，也没有公民生活。总而言之，它缺乏复杂性，不分辨事物的差别，它对同一性有着专一的情感。"不久之后，勒南又说道："我们注意到，闪米特族在一切事物上都表现出一种简单性，像是个不完整的人种。如果我能这么说的话，它与印欧语系人种之间关系就好像单色画之于彩色绘画，或是素歌之于现代音乐。"[②]闪米特族达不到"只有印度和日耳曼才具有的唯灵论的高度"，它的意识"清楚，但不够广博，他很好地理解了同一性，却不能理解繁复性。一神论最终解释了其所有特征"。[③] 这些特征是不可改变的，因为勒南和赫尔德一样认为"我们无法改变一个民族的特性"。[④] 勒南的"历史哲学"本质上是种族主义的，它最终形成了大量反闪米特的论著。他的观念常常一字不差地出现在图塞内尔(Toussenel)、于勒·苏里(Jules Soury)、巴雷斯、莫拉斯、德吕蒙

① 勒南，《闪米特族语言比较史》，第 145—155 页。

② 同上，第 155—156 页。

③ 同上，第 146 页。

④ 勒南，《精神改革与道德改革》，前揭，第 82 页。

(Drumont)等所有反闪米特主义理论家的著作中。[①]

我们又一次注意到勒南思想极大的延续性。“正是在历史中过分推行泛神论，将所有人种置于同等地位”，他这样说道。[②]《未来》中的观念在25年后又以同样的活力出现在《改革》之中，也同样出现在1870年9月16日《写给施特劳斯先生的信》和1871年9月15日《写给施特劳斯先生的又一封信》中：其中，民族观念始终与人种紧密联系在一起。甚至在阿尔萨斯-洛林(Alsace-Loraine)地区沦陷之后，勒南仍然毫不犹豫地表明：“民族是由人种、历史和种群意志决定的自然的集体。”[③]一年之后，他进一步说道：“当然，我们否认个人平等和人种平等这样的根
329 本性错误；高贵的人应该统治低下的人；人类社会是一幢有着很多层的大楼，管理这幢大楼的应该是温和、是仁慈(其中的人甚至被看成动物)，而不是平等。”[④]这就是为什么“人类可能会无可救药地走向堕落，缺乏人种不平等的健全观念将造成全面的衰落”。[⑤] 在同一人种内部，不平等表现为阶级的不平等，它成了“极端的不公正”，这与人种不平等的情况不同：“让我们试想

---

① 泽夫·施特恩赫尔，《莫里斯·巴雷斯和法国民族主义》(*Maurice Barrès et le nationalisme français*)，第六章。

② 勒南，《闪米特族语言比较史》，前揭，第145—146页。

③ 恩斯特·勒南，《写给施特劳斯先生的信》，收录于《恩斯特·勒南全集》，亨利埃特·济卡里编辑并最终出版，卷1，前揭，第438页。

④ 恩斯特·勒南，《写给施特劳斯先生的信》，出处同上，第454页。

⑤ 勒南，《哲学对话》，出处同上，第591页。在1890年《科学的未来》序言中(第732页)，勒南为“足够明确的人种不平等观念”感到惋惜，这在1848年时并未有过。

一下,如果只有黑人,这片土地会变成什么样子……”无论是哪种形式的不平等,它都是“人类演变的奥秘,就像是敦促世界前进的鞭子”。[1] 因此,民主在斥责“人种不平等以及上等人种的天赋权利”时,也是在对文明进行否定。[2]

显然,就此论证来看,勒南一直是接近戈宾诺的,尽管他极力掩盖自己与《人种不平等论》(*Essai sur l'inégalité des races humaines*)作者的联系。戈宾诺在法国的影响要比通常认为的深得多。在这一方面,勒南与梅尼克和托克维尔的分歧很大。[3] 对于是什么塑造了社会的问题,历史社会学的观点与勒南的观念不同:勒南坚持认为“人种和气候共同形成了人类的差异,这些差异进而通过时间在人类的发展进程中表现出来”。[4] 在勒南看来,人种因素是决定性因素,对各个人种的心理观察至关重要。人种的特性影响着他们的政治行为。[5]

反启蒙流派用不同的种族决定论形式解释历史,它在 18 世纪末正式进入法国思想界。虽然准确说来,赫尔德的影响直到 19 世纪 20 年代才真正显现出来,但布兰维利耶(Henri de 330

---

① 勒南,《哲学对话》,前揭,第 591 页。

② 同上,第 618 页。

③ 有关托克维尔的问题,可参考阿历克西·德·托克维尔,《作品全集》(最终版由迈尔编辑出版),卷 9:《阿历克西·德·托克维尔与阿瑟·戈宾诺的书信集》(*Correspondance d'Alexis de Tocqueville et d'Arthur de Gobineau*),巴黎,伽利玛出版社,1959,第 197 页。

④ 勒南,《科学的未来》,第 859 页。

⑤ 参考理查德,《恩斯特·勒南,传统主义思想家?》,前揭,第 72—73 页。

Boulanvilliers)传统的影响却从未消失。该传统与孟德斯鸠的传统有着很大的差别,它否定《论法的精神》作者思想中本质的理性主义特质。而且,勒南几乎没有借助过孟德斯鸠的思想,尽管这位波尔多司法官员和伏尔泰都未曾受到像人们控诉卢梭那样的指责。无论是孟德斯鸠还是伏尔泰都不提倡《论不平等的起源与基础》中定义的平等。勒南在 1871 年总结自己的思想道:"人种志的历史观越发占据我的思想。"这正是承接了赫尔德的传统。他就是从这样的视角审视中世纪的法国,他推崇这一"由日耳曼贵族军队筑成的日耳曼式建筑",并羡慕俾斯麦的德国。①

然而,勒南践行的生物决定论同样令他的思想具有了某种双重性。无论如何,在《闪米特族语言比较史》的前言中,他还是写道:"对人种的评判应当受到极大限制:人种在人类事务的进程中起着决定性的影响,人类的发展极大程度地归功于它,而它却被大量其他影响所动摇,那些其他影响似乎常常控制或企图完全抹杀血缘的影响。"②无论他如何划分人种的等级,无论"文明"一词有着怎样的含义,哪怕从某种意义上而言"文明"的含义会干扰到人种的含义,有一件事都是明确的:勒南始终坚信人的

---

① 勒南,《精神改革与道德改革》,前揭,第 24 页。同样可参见理查德,《恩斯特·勒南,传统主义思想家?》,第 76 页,文中引用了《历史与游记文集》(*Mélanges d'histoire et des voyages*)中的一段:"我认为,我们越是从真正的源头研究历史,就越是要排除那些总方法,而要从人种志的角度进行思考。"

② 勒南,《闪米特族语言比较史》,前揭,第 139 页。也可参考 1928 年卡尔芒-莱维版前言(第 15 页)。

不平等。然而，1870 年的失败迫使他的态度发生了些许转变。正是在这样的情况下，有关“民族是什么？”的著名演讲变成了自由民主主义的宣言，这与勒南此前的教诲背道而驰：“因此，曾经至关重要的人种问题将永远地丧失其重要性。[……]正如我们这些历史学家所认为的那样，人种就是某个可有可无的东西。对于关注人类历史的学者来说，研究人种是必要的。但它不能运用到政治之中。”①

确实，必须用 1870 年征服者所借助的历史原则、文化原则、 331
传统原则之外的原则来反对德国。在这样的压力下，勒南一面回应当时的政治，一面调整自己的步伐。其时，他承担着法国代言人的角色，面对德国征服者，法国只剩下 89 原则。他仍然像在《精神改革与道德改革》中写到的、在那些最为昏暗的日子里一样，欣赏德国这个旧制度国家，但他不想在自己的国家过着移民者的生活：德国思想家在文化决定论和人种决定论的基础上赋予吞并阿尔萨斯和洛林的行为以合法性。面对这样的情形，勒南开始重新审视认为人有权支配自己的观念。《写给施特劳斯先生的又一封信》中就已经表现出了这一思想转变的迹象，但直到 1882 年 3 月 11 日的讲座“民族是什么？”，他的新的思想进程才真正得到展开。勒南出于爱国主义精神接受了共和国，因为在 19 世纪 80 年代的历史情形下，在一场新的对外战争或是

① 勒南，《什么是民族？1882 年 5 月 11 日索邦大学讲座》，收录于《恩斯特·勒南全集》，亨利埃特·济卡里编辑并最终出版，卷 1，第 898 页。

内战过程中，抨击共和国都将对法国造成严重伤害。尼采由于害怕民主而厌恶民族主义，勒南却为了民族主义最终与共和国和解，但他不会接受民主。

“法国受到民主的巨大刺激，并因其自身的繁荣而民主化，它为这几年的迷失付出了惨痛代价。”[①]勒南在这部伟大著作的开篇这样写道，其文笔的煽动性堪比柏克的《反思》和迈斯特的《论法国》。柏克从法国大革命中看到了基督教伟大文明衰落的最后阶段，勒南认为 1870 年的失败提供了一直缺乏的证据：失败是法国为启蒙运动和民主付出的代价。虽然，在这场灾难中卢梭和法国启蒙运动都已退居次位，二月的“罪行”——这里，勒南引用了库赞的说法——也就是普选，为法国带来了“六月血的洗礼”，让“法国的灵魂和精神面临真正的危机”；而事实上，1848 年的法国人并不需要普选。[②] 第二帝国就在这样的情况下诞生：“这个可悲的政权是民主的结果，法国想要它，发自内心地期待它的到来。普选的法国再也不会变好。”[③]

332 勒南用了几页文字严厉地控诉了法国的启蒙运动和大革命、自然权利学派和人权学派，以及冠以民主之名的一切政治传统，控诉它们塑造的社会观：“国家不是个人的简单相加，它是灵魂、是意识、是人、是有生命的结合体。”它需要“一个清醒的头

---

① 勒南，《精神改革与道德改革》，前揭，第 2 页。

② 同上，第 14—15 页。

③ 同上，第 46—47 页。

脑,这个头脑在别的头脑不思考、不感受的时候仍然在思考”。这是普选永远无法提供的:出身的风险始终“低于选举的风险。出身通常意味着教育的优势,有时还带有某种人种的优越性”。最平庸的人也要优于“三千六百万个各自为战的个人组成的集体”。这就是为什么一个除了“直接普选”没有别的管理手段的国家,将会成为“没有能力机智地处理任何问题的无知且愚蠢的生命”。[①]

在这样的语境中,勒南的语句不仅让人联想到柏克和迈斯特,也会让人想到特赖奇克。后者作为德国民族主义历史学家解释了帝国为什么拒绝考虑 1870 年被吞并居民的意愿:他反对多数人的意志和利益,求助于过去的一代又一代人,求助于历史和文化,求助于作为有机体的民族的客观意志。[②] 勒南也是用类似的方法表达自己的观念,并且在政治上运用了相同的原则:“关键并不在于这种多数人的特殊意志有所改善,而在于民族的总的理性取得胜利。数量上的多数人可能会期望不公正、期望

---

① 勒南,《精神改革与道德改革》,第 45—49 页。福楼拜也认为“普选是人类精神的耻辱。[……]人数胜过精神、教育、人种,甚至金钱也比人数更有价值”。引自《恩斯特·勒南,传统主义思想家?》,第 146 页,注释第 208。

② 参考海因里希·冯·特赖奇克,《历史与政治文集》(*Historische und politische Aufsaetze*),卷 4,莱比锡,希尔策尔出版社,1897—1903,以及他的《19 世纪德意志精神》(*Deutsche Geschichte im neunzehnten Jahrhundert*),莱比锡,希尔策尔出版社,1912—1914,或英文版《特赖奇克的 19 世纪德国历史》(*Treitschke's History of Germany in the nineteenth century*),卷 5,纽约,麦克布莱德出版社,纳斯特国际出版社,1915—1919。

不道德,他们可能想要破坏历史;这样,数量上的最高权力就只可能是最糟糕的错误。”[①]柏克和卡莱尔提出的这些观念又被莫拉斯和克罗齐以同样坚定的信念继承,它们在19世纪末成了这些思想家的共同之处。

仍然需要强调,勒南思想的两面性只是一种偶然,而不是什么原则性问题。1869年色当战役之前,他就已经开始抨击
333 这一威胁要夺取一切并被他习惯地定义为“民主精神”的思想意识。这种思想意识指的是“所有人权利平等的观念,是将政府简单地看作人们花钱得到的公共服务而无需报以尊重和认可的看法,是美国式的无礼行为,是把政治简化为征求多数人意见的简单行为的[……]企图”。[②] 将政府管理的原则简化为“被绝大多数人视为利益的东西”,就堕落成了所有人都厌恶的“物质主义概念”,[③]因为国家不是“简单的治安机构和保证良好秩序的机构。它就是社会,也就是说,是人的自然状态。[……]它不该不闻不问,它应该给人们提供进步的条件”。[④] 国家有它的义务,“它是进步的机器”;但它既不是救济所,也不是医院,[⑤]它应该促进社会“达成从各个方面完善人类生活的目标”。[⑥] 为此,必须要有集体的努力:勒南在《科学的未来》中写

---

① 勒南,《精神改革与道德改革》,前揭,第75页。

② 勒南,《法国君主立宪制》,第279页。

③ 同上,第303页。

④ 勒南,《科学的未来》,第929页。同样可参考第1030页。

⑤ 同上。

⑥ 同上,第928页。

道，应由国家实行“真正的领导权力”。①

法国溃败之后，勒南在回顾了之前二三十年的历史后，更加明确了自己的思想。其实，这里涉及两种不同的政治文明。通过对比法国与普鲁士，勒南惋惜道：“法国的自由主义倾向是为了个人的自由而削弱国家力量。”勒南带着羡慕的情绪看待普鲁士的胜利，并希望法国能够效仿它；同时，他也清楚地意识到这需要付出的代价：“普鲁士国家比我国任何时候都要更加专制，普鲁士人由国家培养、训练、劝导、教育、安排，并始终受到国家的监督，他们比任何时候的我们都要受到更大程度的统治（可能也比我们受到更好的统治），却从不抱怨。”②于是，危机降临之时，现实也就突显出来：“我们的所有弱点都根深蒂固，其根源就是不恰当的民主。一个民主的国家不可能得到好的统治、管理和指导。”③民主导致平庸：“普选之下的法国变得极其物质主 334
义，曾经对法国高度关心的爱国主义、对美的热情和荣誉感都随着代表法国灵魂的贵族一起消失。”④

其原因非常简单：只有精英可以占据统治地位。群众“笨拙、肤浅，受到最表层的利益控制”。群众的两个代表是工人和农民：工人学识浅薄，农民只想着土地买卖；如果有人与他们谈论法国的过去、法国的天赋、军人的荣誉、对伟大事物的欣赏，

① 勒南，《科学的未来》，第 929 页。

② 勒南，《精神改革与道德改革》，前揭，第 52 页。

③ 同上，第 43—44 页。

④ 同上，第 28 页。也可参考第 27 页。

他们是不会理解的;这两种人也几乎不关心科学和艺术。[1] 然而,“只希望安静地享受自己获得的财富的资产阶级物质主义”[2]“极大地唤醒了工人和农民的物质欲望”,[3]从而产生了一种扎根于“简单庸俗的资产阶级”的“纯物质主义政治”。于是,在整个19世纪的进程中,法国丢失了“民族主义政治传统”。[4]最终,“就在我们未曾意识到物质主义倾向不明智的时候,就在我们走向衰落的时候,被我们称作旧制度的古老精神在普鲁士和俄国的诸多方面风生水起”。这确保了普鲁士“不受工业、经济、社会和革命的物质主义影响,给了它战胜所有其他民族的力量”。[5]

确实,对勒南来说,封建制度是最理想的制度,君主制是最符合法国本质的制度;事实上,对一切文明社会都是如此:他的整部《法国君主立宪制》(*La Monarchie constitutionnelle en France*)以及《改革》中很重要的部分都用来捍卫这一观念。勒南推行的不是“世袭总统”式的王权,而是“在相信超自然力量的人看来是神的创造,在不相信的人看来是历史的产物”的王权。[6] 王权是

---

① 勒南,《精神改革与道德改革》,第18页。除了工人和农民,他还加上了女性,这些人都不配有投票权。丈夫或兄弟代替女性投票。既然没法避免选举制度,就无论如何要让选举限制在两个阶级中以避免普选,从而将损失减少到最小。参见《改革》,第77—78页。

② 同上,第2页。

③ 同上,第22—23页。

④ 同上,第31—34页。也可参考第58页。

⑤ 同上,第50—54页。

⑥ 同上,第75页。

世袭的，而非“来自市政府”[1]；它代表着“民族的本质和利益”[2]，是历史法的具体化。“哲学法和历史法（如果您愿意的话，也可 335
以说是神的法）”说明“社会权力并不完全来自社会”。[3] 这一观念非常重要：勒南想要说的是，某些准则和法律是由历史制定的，它是被我们称作“法”的行为准则的集合，这“对民族来说是必要的”。[4] 相比起理性，勒南更加坚信历史至上。他没有轻易地使用“神圣的”这一形容词，他将其放在引号中，并认为这是一个“不幸的词汇”，受到“50 年来精通公法的法学家们”的追捧。[5] 至于其他问题，他重续了与柏克之间的关联，并倾向于莫拉斯。他基本赞同这两人的观念：与造成王权被废的有关人权的“粗浅哲学”对抗。所有反启蒙思想家都从这一认为王权不合常理的“物质主义哲学”中看到了罪恶的根源，王权是伟大民族不可或缺的部分。[6] 1792 年，人们对政府机构发起反抗，这些政府机关应该确保“美好事物”的延续；作为特权的享有者，它同样构成了“民族生活的有机体”，就像那些“封建社会的城楼”一样，而这些“城楼”只是“社会的物品寄存处”而已。最终，人们否定了“所有传统的从属关系、所有历史条约、所有信条。而王权就是首当其冲的条约，它有着千年历史，是当时盛行的幼稚的历史哲学无法

---

① 勒南，《当代历史哲学》，第 37 和 41 页。

② 勒南，《法国君主立宪制》，第 250 页。

③ 勒南，《精神改革与道德改革》，前揭，第 75 页。

④ 同上。

⑤ 同上，第 71 页。

⑥ 同上，第 75—76 页。

理解的信条”。[①]

柏克认为个人意志无法取消历史契约，在勒南看来这仍是最高的智慧，莫拉斯和他的学派也是这么认为的。与柏克和迈斯特一样，勒南又回归了“中世纪的观念，根据该观念，一份条约越是古老就越有价值”。《法国君主立宪制》的作者秉持着与那位英国前辈一样的思想，但是使用的是他自己时代的概念。他痛斥当时的实证主义，后者企图废除一切形而上学，否认确保了
336 所有社会持久发展的基础条约是“独立于个人意志的条约，是父子相承的遗产”。[②]

然而，勒南推崇的不是法国式的绝对君主制。与卡莱尔一样，他受到日耳曼和新教遗产的诱惑，并将天主教与法国专制的君主制置于其对立面：法国受到“天主教带给它的均一性和神权政治倾向”的影响，从而出现了“这一不符合基督教欧洲本质的[……]东方的专制君主、这一反基督教的国王”，也就是路易十四。[③] 勒南不否认旧制度犯下了重罪，但他还是痛恨“1 月 21 日的谋杀”，它结束了“伟大的卡佩王朝”的“神圣传奇”：处死国王就是——在他看来，这是最大的不公——“最可怕的物质主义行为”。[④] 他认为的理想典型与赫尔德和卡莱尔的一样，都是日耳曼式的个人主义的、自由的封建制度。正如

① 勒南，《法国君主立宪制》，第 249—250 页。

② 同上，第 302 页。

③ 勒南，《当代历史哲学》，第 18 页。

④ 勒南，《法国君主立宪制》，第 250—252 页。

《论英雄、英雄崇拜和历史上的英雄业绩》的作者所想的那样,这一封建制度最终以议会制和分权的形式将它的果实带到了德国。[1] 勒南继承了来自赫尔德的观念,并这样说道:"日耳曼人的思想是最绝对的个人主义[……]。该社会原则的最终表现就是封建制度。"[2]中世纪时的法国也是日耳曼的结构体系,其尚武精神来源于日耳曼。后来,法国力求摆脱日耳曼传播来的元素,"直到大革命时期,那是人们为此爆发的最后一次动乱"。[3]

法国猛烈地摧毁日耳曼遗产,想要归并朗格多克和普罗旺斯,还想要继续信奉天主教:它不停地为这两大不幸付出代价。"本质上,我们的种族与大不列颠岛的种族一样",勒南认为:如果能够信奉新教,如果能够摆脱南部地中海的影响,法国就能始终是严肃的、有活力的民族,最终就能形成一种议会制度。[4] 另外,天主教作为另一个主要的衰落根源,"形成了一种接近无知的超验的神秘主义,它不具备任何道德效力,对思想的发展有着致命的危害。[……]超自然信仰就像是毒药,服用过量,就会被 337
毒死。新教在其中混合了某些别的液体,于是毒药的比重减小了,变得对人体有益"。[5] 面对赫尔德、康德、费希特这些自称是

① 勒南,《当代历史哲学》,第 10—11 和 17—18 页。

② 同上,第 11 页。

③ 勒南,《精神改革与道德改革》,前揭,第 24—25 页。

④ 同上,第 26—27 页。

⑤ 同上,第 97 页。

基督教徒的人,勒南渴望和他们一样;然而,他说道"我能在天主教中做一个新教徒吗?"[①]

去日耳曼化造成的衰落也将对英国产生危害。顽强、不妥协、忠诚的崇高品质是皮特、卡斯尔雷(Robert Stewart Castlereagh)、威灵顿(Arthur Wellesley Wellington)这类性格坚毅之人所属时代的伟大事物的根源,而这个时代过去了多久!当时的英国与19世纪下半叶掌控着公众舆论的"经济学家组成的温和而完全基督教式学派"的时代有着多大差别啊!"凯尔特的精神"占据了上风:更温和、更有同情心、更有人性,却无法诞生伟大。[②] 这一趋势极其危险,因为只有封建的、尚武的"日耳曼人种"能够征服民主和社会主义。[③] 勒南陷入悲观之中,就连用复兴日耳曼传统来拯救欧洲这样的看法在他看来也是有风险的:"一系列不稳定的专制政治、低谷时期的凯撒式专制政体,这一切都有可能出现在未来。"[④]

然而,绝对的、天主教的君主制还是要优于平庸的、平均主义的民主,优于产生了"对文化绝望"之感的沙龙文化,优于"无意义的资本家生活",尤其优于外省的资本家生活。[⑤] 没有什么比"粗俗的资本家"[⑥]更低下的了。在英国,封建制度和新教创

① 引自理查德,《恩斯特·勒南,传统主义思想家?》,前揭,第57页。
② 勒南,《精神改革与道德改革》,前揭,第27页。
③ 同上,第27—28页。
④ 勒南,《精神改革与道德改革》,第115页。
⑤ 勒南,《科学的未来》,第1101页。
⑥ 同上。

造了议会制;普鲁士保留了封建制度和新教中古老贵族的个人
主义、军功贵族的独立和强大力量;面对这些,法国的处境很是
特殊。勒南认为,从很多方面来说,法国都是美男子腓力四世和
他的法学顾问根据罗马法为地方主权和外省自由发起的激烈战
争的受害者,同时也是提倡在政治领域及其他领域回归古代的
文艺复兴的受害者。如果促使法国走向“专制的国家概念”的运 338
动成了普遍的运动,那么“自由就会永远消失”。是那些“受日耳
曼文化统治的国家”的“强烈反应”拯救了欧洲。①

卡莱尔也是当时另一位伟大的思想家,他同样不断地称赞德国的品质,认为普鲁士的胜利是对无政府主义的胜利,将俾斯麦政治和他的成功看成法国的机会、看成给全世界上的一堂无与伦比的课。统一、“高贵、耐心、深刻、虔诚、坚定”的德国成为“欧洲大陆的主宰”是唯一公正的事情,而征服“轻浮、自负、喜爱指手画脚、喜爱吵架、烦躁、过分多疑”的法国在卡莱尔看来是最有希望的事件,他的一生都专注于这一希望。② 我们可以看到,反法国启蒙思想家对德国的推崇从未中断过。

1870 年后,勒南自己也为特赖奇克的狂妄自大和与之类似的施特劳斯的泛日耳曼主义所苦。我们看到,勒南呼吁在法国和德国、这“人类精神的两面之间达成妥协”,但是按照他自己的

---

① 勒南,《当代历史哲学》,第 17—19 页。

② 卡莱尔,《1870 年 11 月 11 日寄给〈泰晤士报〉的信》(Lettre au *Times* du 11 novembre 1870),收录于《评论文集》,卷 5,第 59 页。

说法，他所说的德国是“作为歌德智慧化身”的德国。“没有人比我更热爱、更崇拜”这个“伟大的德国”，他在 1879 年寄往德国的一封信中这样写道。[①]《精神改革与道德改革》的前言中，他重复说：“德国是我的情人”，但在这里，他热衷的那个德国仍然是指“康德、费希特、赫尔德、歌德的祖国”。[②] 然而，他必须向色当战役的上帝审判低头：法国的失败意味着勒南赞扬的那个封建的、军事的政治文化的胜利，但同时它也是勒南祖国的失败。这里，20 世纪 30 年代那一代人将会经历的两难处境第一次出现。对法国启蒙运动的所有敌人来说，1940 年也是如此。被征服的不是未准备好的或是被错误指挥的军队，而是民主、普选、自由主义和功利主义。这是卢梭的溃败，是百科全书学派的溃败，是
339 革命哲学、个人主义的溃败，也是认为社会只是个人的集合、认为国家只是个人手中的工具的观念的溃败。根据勒南的看法，1789 年出现的革命机械论造成了 1830 年，尤其是 1848 年 2 月和 6 月的事件，当时的人民群众找不到任何理由去终止资产阶级极力要求的平等。很快，私产本身会遭到控诉，其合法性会受到质疑。

这就是为什么勒南要将自己所有的力量都用来遏制这一让

---

① 勒南，《有关上一次演讲写给一位德国朋友的信》(Lettre à un ami d'Allemagne à propos du discours précédent)，收录于《恩斯特·勒南全集》，亨利埃特·济卡里编辑并最终出版，卷 1，第 750 页。

② 勒南，《精神改革与道德改革》，收录于《恩斯特·勒南全集》，亨利埃特·济卡里编辑并最终出版，1947，卷 1，第 327 页。

法国社会瓦解的罪恶根源,也就是忠实地践行着启蒙运动思想的民主:“在我看来,18 世纪学者的机械的物质主义是人能够犯下的最大的错误。”①对于那些最蔑视启蒙运动的人来说,让个人摆脱历史和文化是伤害文明的重罪:因此,勒南惊叹于“这种主张个人能够拥有更大利益的骗局”。②《人权宣言》、个人主义、精英阶层的衰落以及将权力转移到缺乏管理大国的必要能力的新人手中,这些都造成了法国社会的瓦解,都标志着现代衰落的开始。负责推行 1789 原则的几何学精神、对历史的反抗和平均主义都是违背自然的。勒南推行的有机论是构筑健康社会唯一的也是特有的基础,而启蒙哲学则正好相反;它的进步观念、它对幸福的诉求都违背了勒南的力量观,后者推动人类前进:“世界进程的重要动因是痛苦,是不满,是想要进步却很难进步的状态。舒适只会产生惰性;不适才是前进的原则。只要有压力,水面就会升高,只有压力才能引导水流。[……]我们可以将人当成一个动物物种来谈论,但我们更应该从民族、从宗教、从一切有生命的伟大事物、从人类和整个宇宙的角度来探讨人。”③勒南非常喜欢将人类世界与动物世界进行比较,并为由此得出的结论而着迷:“人类不可能达到绝对的平等,就好像动物界的不同物种中也不会有绝对的平等。”④

---

① 勒南,《哲学对话》,第 570—571 页。

② 同上,第 571 页。也可参考第 572 页。

③ 同上,第 570 页。

④ 勒南,《科学的未来》,第 1037 页。

勒南几乎用了和卡莱尔一样的话语，在他看来，“社会的存在
340 只是为了组成它的个人的福利和自由”这一观念与“自然的计划”背道而驰。[①] 自然“牺牲了许多物种，只为让其他物种找到它们生活所需的条件”。[②] 这就是为什么“狂热的、满怀醋意的”民主“违背了上帝的道路”：“世界追随的目标绝不是消除权威；恰恰相反，这一目标应该在于创造神灵和高等的生命，其余的生命都将自觉地敬仰并服务于他们，而且乐于为其效力。”[③]但是，“沉湎于自私和低俗享乐的国家无法诞生救赎之人，无法诞生救世主”。[④] 在写于 1871 年、再版于 1876 年的《对话》(*Dialogues*)中，勒南没有丝毫犹豫就背弃了自己在 1869 年坚信的东西。1869 年时，他尚且能够接受“所有人都有权利获得知识的哲学原则”[⑤]。在巴黎公社给他造成的恐惧之下——他从中看到了民主的步伐——他开始渴望让群众保持无知的状态，“因为他害怕接受过初级教育的民众[……]不愿意[……]把自己献给那些主人”。[⑥] “人的终极目标在于创造伟人。[……]没有伟人，人什么也不是，是伟人赐福于人。人、普通的群众无法完成救世主、解救者的工作。”[⑦]勒南的想法

---

① 勒南，《哲学对话》，第 608 页。

② 同上，第 610 页。

③ 同上，第 609 页。

④ 同上，第 610 页。

⑤ 勒南，《论受教育家庭与国家》，收录于《恩斯特·勒南全集》，亨利埃特·济卡里编辑并最终出版，前揭，第 523 页。

⑥ 勒南，《哲学对话》，第 610 页。

⑦ 同上。

与卡莱尔的相同,他认为伟人、“这些未来的主人,我们应该将他们想象成善与真的化身,我们应该乐于服从他们”。因为,“用某种神圣权利的说法强迫人们服从一些并不优越的主人[……]是荒谬的,也是不公的”。[①] 必须通过“完善的方式”来塑造法国的精英阶层,以便得到能与日耳曼征服者相媲美的结果:这样,“人种优越性”就有可能“再次成为现实”。[②] 在《科学的未来》中,勒南就指出伟人们如何“将言语和声音赋予那些在人群中受到压制、渴望表达自己的天生的哑巴”,指出伟人作为人类大军的前锋侦察兵是如何“迈着轻快而大胆的步伐”“走在人类的前面”, 341
侦查“秀丽的平原和高耸的山峰”。[③] 因此,“上帝不希望所有人都过着相同高度的精神生活”;根据事物的自然秩序,“其余的生命都将自觉地敬仰并服务于”那些“高等的生命”。[④]

勒南在《精神改革与道德改革》中得出了有效的结论:“没有理由让群众来管理、改革一个民族。引导改革和教育的必须是一种只关心民族利益的力量,但这一力量又区别于民族、独立于民族。”[⑤]民主纯粹是启蒙运动的产物,它通过反对神的意志——“所有意识都是神圣的,但它们并不平等”[⑥]——为过分

① 勒南,《哲学对话》,第 618 页。

② 同上。

③ 勒南,《科学的未来》,第 884—885 页。

④ 勒南,《哲学对话》,第 609 页。

⑤ 勒南,《精神改革与道德改革》,杜马斯,《勒南的“历史哲学”》,收录于《形而上学与道德杂志》,卷 77,第一期,1972,第 113 页。

⑥ 勒南,《哲学对话》,第 607 页。

傲慢的理性主义的胜利做出了贡献。信仰人民主权——“如今，人民，或者确切地说，农民，成了这座房屋的绝对主人；但事实上，他们都是房屋的入侵者。他们就像是大胡蜂，占据不是自己建造的蜂巢，做那里的主人”[1]——造成了“削弱民族的最大错误”。[2] 相比起多数人的管理，勒南始终都更倾向于一个人的统治，只要这个人有资格即可。他在《改革》的一段中明确道：“国会绝不是伟人”，然后又以同样的态度补充说：“必须有一个始终由贵族组成的中心来保护艺术、科学、品位，让它们不受民主和外省愚昧的侵犯。”[3]因为“群众是盲目的、不理智的，求助于他们就相当于文明求助于野蛮”。[4]《科学的未来》的作者多次重述这一思想主题：他谴责“只关心自身贪欲、信奉物质主义的群众的低俗思想”。[5] 从 18 世纪末起，在勒南的思想架构中，反民主的观点就从未变过。

也是民主造成了法国两次军事独裁。勒南认为，第一帝国
342 与大革命结为了一体，而第二帝国与第二共和国是一体的：问题不在于制度的外部表象，而在其内在结构。两个帝国都是勒南所说的民主和物质主义的产物。这两次独裁统治并不是

---

① 勒南，《精神改革与道德改革》，第 67—68 页。

② 同上，第 75—76 页。

③ 同上，第 69—70 页。

④ 勒南，《科学的未来》，第 997 页。参见《精神改革与道德改革》，第 68 页：“如果把选举权交给上万名掌控在由少数自由人组成的贵族手中的奴隶，雅典会成为什么样子？”

⑤ 勒南，《哲学对话》，第 591 页。

政变的结果，而是由于这样或那样的民众意志。1815 年和 1870 年失败的正是这一原则，其失败证明了民主有悖于建立伟大民族政治结构所需的基础原则。因为民主既不能让人守纪律，又不会教导人有道德；相反，它破坏纪律，它从不发起战争，而战争“有益于人种选拔赛”。[①] 同样，民主不能给予学者足够的权威，因此会损害知识工作。[②] 最后，民主还是“迄今为止造成一切品德瓦解的最强大的力量”。[③] 这就是为什么衰落不可避免：不仅是法国，除了普鲁士和俄国，整个世界都是如此。它们“在这条物质主义的毁灭之路上越走越远”，它们“烦躁不安，失去古老的活力”。[④] 于是，“一切事物的平庸时代就此开启”。[⑤] 色当战役就是证明：普鲁士的胜利不仅仅是科学和理性的胜利，也是“旧制度和否认人民主权、否认民众有权利掌控自己命运的原则”的胜利，这些观念“绝不赞同通过解除武装来巩固人种”。[⑥]

所以，问题依然存在。如果亚里士多德是对的，如果确实存在两种等级的人，一种“拥有自己的理性，而另一种人的理性并不属于他们自己，也就是说，是**天生的奴隶**”，那么民主的胜利就是

---

① 勒南，《当代问题》，《前言》，第 XXII 页。

② 勒南，《精神改革与道德改革》，第 48、54 和 64—69 页。

③ 同上，第 84 页。也可参考第 81 页：“在民主的魔鬼晚宴上，我们丢失了一切美德。”

④ 勒南，《精神改革与道德改革》，第 82—84 页。

⑤ 引自理查德，《恩斯特·勒南，传统主义思想家？》，前揭，第 180 页。

⑥ 勒南，《精神改革与道德改革》，第 55 页。

“罪恶思想的胜利，是肉体战胜了精神”。要想证明亚里士多德是错的，要想用“无法抗拒的进步观念否定了贵族政治理论”这样的思虑来反对亚里士多德，并进而主张“所有人都有自己的道德原则”，就必须“教育人民”；因为如果我们不尽快教育人民，“我们就
343 将接近可怕的野蛮状态”。那些想要让人民保持他们所处状态的人需要留心了，因为“可能有一天，野兽会向他们扑去”。准确地说，“只有当所有人都有这种理智的部分的时候，普选才是合理的；没有理智，我们不配称为人”。[①] 只是，人民没有达到，大概将来也无法达到这种预计的未来，也就是无法达到这种能够让民主不再回归野蛮的文化阶段；因此，实际的结果不会发生变化。这一问题在 1848 年至 1850 年期间被提出，当时巴黎公社运动还未开始，它一直是勒南政治生涯关注的主要问题，甚至也是首要问题。1890 年，在《科学的未来》的序言中，他提到那场政变对他的影响：“我对 12 月 2 日看到的人民感到厌恶，我从他们面带嘲讽的脸上看到了良好公民灭绝的征兆。”[②]因为“只有当我们认为人民群众比任何人都能更好地理解什么最好的时候，他们才可能拥有管理的权利。政府代表理性，如果我们愿意的话，也可以说政府代表上帝，[……]而不在于人数”。[③] 也就是说，“能够推动进步的统治是神权的统治”。[④] 因此，“我从不赞同不理智的主权”[⑤]。他

① 勒南，《科学的未来》，第 999—1000 页(斜体部分原文即为斜体)。

② 勒南，《前言》，《科学的未来》，第 717 页。

③ 勒南，《科学的未来》，第 1007 页(斜体部分原文即为斜体)。

④ 同上，第 1002 页。

⑤ 同上，第 1001 页。

在得出结论前这样说道："无论如何，人类还需要我们的长久贡献。"①

从《科学的未来》第一版到 1890 年的序言，勒南的看法始终如一：1848 年，在书写他的政治思想核心的几页中，他提出了他之后从未背弃的原则："人类的目标不在于个人舒适的生活，而是[……]不断趋于完善。"②因此，如果自由和平等能够被看成自然权利，如果我们能够将社会组织结构视作个人手中的工具，那就不存在什么站在整个文明的利益——这一唯一重要的立场——上看问题这回事了："从物种的角度出发，就能理解统治与不平等。杰出之人的化身、国王、王室要比平庸的大众有价值得多。"③我们之前就已经提到，勒南不喜欢路易十四时代，他毫不犹豫地对其进行严厉的批评；但相比起一 344
个"所有利益都得到保障、所有自由都得到尊重、所有人都生活舒适"的国家，他还是更倾向于路易十四时代。那是一个备受争议的文明，但它创造了"法国最伟大的皇家奇迹——凡尔赛宫"。④ 40 年后，勒南在一篇总结自己思想的文章中一心想要表现其著作的一致性："不平等符合自然的本质要求。[……]从人类崇高的追求来看，能够赋予个人最大幸福的国家很有可能就是极度堕落的国家。"⑤

---

① 勒南，《科学的未来》，第 1002 页。

② 同上，第 1036 页。

③ 同上，第 1037 页。

④ 同上，第 1036 页。

⑤ 同上，1890 版《前言》，第 720 页。

在他的第一部也是最著名的哲学戏剧《卡利班》(*Caliban*)中,他对人民的憎恶又一次表现出来。以卡利班为领袖的米兰革命展现了之前从1789年到1830年和1848年再到1871年期间的所有革命的破产。他用尖刻、严厉的语言风格谈论公民,从而展现出自己政治思想的两大经典主题。米兰人民要求平等、反抗事物的自然秩序,而后者正是最好的、最强大的,也是最具智慧的秩序。[①] 对人民的恐惧占据了勒南的思想,这一点与柏克和泰纳一样,甚至比卡莱尔表达得更加深刻(卡莱尔对广大民众的苦难遭遇还是有所同情的)。

勒南的历史哲学激起了世纪之交的各种暴乱;他著作中的一些方面会受到批评,但巴雷斯、德吕蒙、莫拉斯、苏里和布尔热(Paul Bourget)的著作都是在勒南和泰纳开垦的这片土地上生根发芽,而且该时期的暴乱者们也都意识到了这一点。所有以反人权为基础的政治运动,尤其是法国排犹主义发起的运动,都从勒南那里有所借鉴,这一点无可争议。布吕纳蒂耶(Ferdinand Brunetière)就指责勒南"在19世纪下半叶成了排犹主义的守护人和煽动者",他指责勒南比伏尔泰还要糟糕,因为作为语言学家和人种志学家,勒南"企图将雅利安人和犹太人之间的差异说成二者之间的对立,说成是他们固有的、无法克服的

---

① 勒南,《卡利班》,收录于《哲学戏剧》(*Drames philosophiques*),第409—410页,理查德,《恩斯特·勒南,传统主义思想家?》,前揭,第298页。

矛盾和敌对”。[①] 他大量引用勒南的原句继续道：“直到今天，犹太人[……]仍希望不用组成民族、希望不用承担作为民族的责 345
任就能够享有一个民族应有的好处。”不久之后，他又写道：“犹太隔都制度一直都是有害的，但是对法利赛教义和《塔木德》律法的践行让这一遁世制度成了犹太人民的自然状态。**对犹太人来说，犹太隔都不是来自外部的限制，而是塔木德精神的结果。**”结论不言而喻：“《犹太法国》(*la France juive*)的作者已经说得很清楚了。”[②]确实，很难想象如果勒南的不平等和犹太人低等的观念没有受到重视，从德吕蒙、巴雷斯和莫拉斯到1940年种族法的排犹主义运动要如何取得成果。[③]

总之，布吕纳蒂耶认为，“我们几乎无法想象，还有什么历史概念比这‘更残酷’”；也很难想象，相比勒南的著作，“还有什么能够如此恬不知耻地表达蔑视人的想法”。[④] 相反，布尔热在

---

① 费迪南德·布吕纳蒂耶，《论恩斯特·勒南》(*Pages sur Ernest Renan*)，皮埃尔·莫罗(Pierre Moreau)撰写前言，巴黎，佩兰出版社，1924，第218—219页。认真的读者会发现，布吕纳蒂耶引用的是学术著作《闪米特族语言比较史》中的文字，他以此反对应罗斯柴尔德男爵之邀而进行的讲座，这次讲座面向的是犹太研究协会成员，演讲稿以《犹太教的身份认同起源及其与基督教的逐渐分离》(*Identité originelle et séparation graduelle du judaïsme et du christianisme*)为题。这次讲座的目的是取悦犹太人，布吕纳蒂耶也是这么认为的。

② 费迪南德·布吕纳蒂耶，《论恩斯特·勒南》，第219—220页。

③ 这里我参考了我的《革命右派》(*Droite révolutionnaire*)，文中，我第一次靠近了这一问题。当时，我并不知道《论恩斯特·勒南》中的这一段：“现在，打开《犹太法国》，然后告诉我，理论部分是否不单纯是勒南的理论，是不是更好的勒南、更严肃的《闪米特族语言比较史》作者的理论？”(第219—220页)。

④ 保罗·布尔热，《全集》，卷1，巴黎，普隆出版社，1899，第64—65页。同样可参考这一整章内容，第64—68页。

《论当代心理学》中名为“勒南先生的贵族梦”的一章中表达了对《改革》和《对话》的喜爱，这两部著作“展现了大多数人服从于精英思想家的完整画卷”。[①] 从不断抨击伏尔泰和卢梭的“人类观念”的柏克开始，一直到勒南和布尔热这一代，厌恶人民都是反启蒙思想自始至终的重要观念之一。

卡莱尔和勒南都同样蔑视普通人民群众，同样崇拜上层人士。此外，他们也都无限地推崇德国。卡莱尔作为作家写过有关让·保罗、歌德、席勒和大弗雷德里克的论著，作为译者翻译过歌德的《维廉·迈斯特》(*Wilhelm Meister*)，他从职业生涯的一开始就表达了对德国的狂热，是英国有史以来最崇拜德国的人。
346 几乎可以确定，是黑格尔的《实在哲学》(*Realphilosophie*)让卡莱尔意识到“所有国家都由伟人的力量建立。[……]伟人拥有某种特质让其他人想要奉其为主人，人们服从他，并忘记自己的意志。[……]专制君主实行的约束是法律本身的约束，但一旦得到人们的服从，这一法律就不再是一种外来的约束，而成为所有人的共同意志”。[②]

没有哪个英国人像卡莱尔那样如此深受费希特、歌德、诺瓦利斯(Novalis)以及整个德国浪漫主义的影响。泰纳指出，卡莱

---

① 关于崇拜歌德的问题，可参见《作品选》，第 247 和 249 页，以及引言，第 36—39 页；《新作品选》，第 196 页；《论英雄、英雄崇拜和历史上的英雄业绩》，第 211—212 页。

② 让·路易·杜马斯引自《实在哲学》，《勒南的“历史哲学”》，第 113 页，第七期。

尔这种新入教者般的热忱令他的思想缺乏洞察力，尤其是谈及歌德的时候——一个清教徒应该对歌德的异教思想感到困扰——而且，当谈到让·保罗的时候，卡莱尔差点闹笑话，他将这个“矫揉造作的小丑”说成巨人。[①] 约翰·保罗·弗里德里希·里希特(Johann Paul Friedrich Richter，1763—1825)，也就是让·保罗，是当时非常有名的作家，他不是小丑，像赫尔德这样的人——相对而言，他比较接近赫尔德——肯定会这么认为。正是这些人滋养了卡莱尔的思想。卡莱尔与赫尔德这类严肃的批评家在法国也时常受到嘲笑，因为这个国家将他们的目光集中在所有可能的错误之上；[②]但即便如此，卡莱尔还是很快在法国获得了认可。他在德国和美国也颇有名气，在美国，时间越是临近内战，他的声望就越大。米什莱和泰纳不谋而合地将他的《法国大革命史》作为典范。他那些杰作快就被翻译出来，而且他的著作仍在不断增加。

是什么让他不仅在英国享有盛名，也深受法国欢迎呢？与其说他的成功是由于其著作的本质，不如说是因为其保守的特质极大地满足了广大受教育人士的期待。卡莱尔的政治生涯主 347

① 泰纳，《英国文学史》，第17版，卷5，第271—272页。

② 卡莱尔，《宪章运动》(1839)，收录于《评论杂文集》，第六章，第161—162页。同样可参考《1870年11月11日寄给〈泰晤士报〉的信》，文中他与德国民族主义的传统立场看齐：阿尔萨斯和洛林是德国的省份。只有黎塞留的天才和路易十四的剑能够让斯特拉斯堡官员们变节，在某一夜晚将城市交给法国军队：《评论杂文集》，卷5，第49—59页。这篇严厉的讽刺、嘲讽文章讥笑着法国的衰落，并向它提出建议：接受事实，向德国的权威低头。

要活跃在1832年和1867年两次改革法案期间，这两次改革法案最终在民主化的道路上建立起玷污柏克所歌颂的古老英国的政治体系。在伦敦这个世界上最强大的工业城市，在约翰·斯图尔特·穆勒和麦考莱的思想领导下，洛克和边沁的遗产逐渐以普选（男性）的形式被付诸实践。顷刻之间，欧洲最广大、最有组织的英国无产阶级开始收获他们为人权长期奋战的果实，而卡莱尔正是对此发起攻击。1837年出版的《法国大革命史》受到了英国公众的热烈欢迎，为他赢得了声望。这是他最初几部著作——《席勒的一生》（*Vie de Schiller*），尤其还有他的半自传著作《衣裳哲学》（1833—1834）——都未能做到的，但他后来的大部分重要观念都在这些著作中埋下了种子。

在《衣裳哲学》中，德国教授托伊费尔斯德罗克（Herr Teufelsdröckh）被卡莱尔说成是衣裳哲学家，在他看来，一切存在的事物、所有人的制度、所有人的条件以及人本身都只是世界内在现实中可见的衣服和符号。因此，要穿着得体。像19世纪的新教教会这样破旧的衣裳——没有它，社会的架构、卡莱尔笔下的社会架构就将化为灰烬——需要一场改革，16世纪时的天主教教会也是如此。换言之，这件"衣裳"必须满足实际生活的需求。

卡莱尔带有挑衅意味的新颖的话语、夸张而古怪的想象让他在1840年有关其英雄理论的讲座中激发了人们的好奇，而这一英雄理论也是他的宇宙观。但是，不同于在法西斯阴影下的人时常以为的那样，令他获得成功的并非文字风格的魅力，也不是其演讲的教育性，这些在维多利亚时期的英国相当平常[①]：卡莱尔的声望并不在于其怪诞的想法，而在于他有关基督教伟大文明衰落的黑色预言，在于其思想从本质上并不因循守旧，在于他对理性主义现代性的全面反对，在于他对
人权的蔑视，如果我们愿意的话，也可以说，在于他与所有宝 348
贵的启蒙原则的无条件对抗。当 19 世纪的英国似乎都在为科学精神、自由理性主义和功利主义原则的胜利欢呼时，卡莱尔提出回归信仰、回归宗教。卡莱尔的神秘主义和反理性主义绝不过时，他和柏克一样面向未来。他的成功与斯宾格勒的成功极其相似。

法国大革命之后数十年间，人们提出这个世界没有上帝，同时政治平等的胜利逐渐成为现实，而宪章运动——第一次有组织的工人运动——又引导了为公民权利而战的斗争。正是在这样的情况下，英国受教育阶层为卡莱尔欢呼喝彩；在英国，他是继柏克之后民主的最大敌人。其伟大的政治论著大多是在 1848 年的阴影下写成，[②]它们传达了有限的自由主义的经典主题：拒绝民主、吁求有才能的精英阶层进行管理、蔑视被金钱腐化的贵族、崇拜中世纪这个欧洲的英雄时代、崇拜

---

① 二战前，有关卡莱尔的魅力的最好例子就是夏皮罗(J. Salwyn Schapiro)，《托马斯 · 卡莱尔：法西斯主义的预言家》，收录于《现代历史杂志》，17(2)，1945 年 6 月，第 111 页。

② 可参见出版于 1850 年 2 月 1 日的《现代》和出版于 1850 年 4 月 15 日的《新唐宁街》，收录于《现代短论》，卷 20。

伟人、崇拜“统帅”，这些主题后来被勒南和泰纳继承，所有莫拉斯派的人也都追随他的脚步。与这些主题相应的是对美国民主、对工业化、对“物质主义”的厌恶，同时他还推崇天生奴隶的观念，这一在启蒙运动时期黯淡无光的观念在未来将大有作为。

泰纳指出这位“德国文学传播者”让“德国观念成为英国观念”：确实，在《英国文学史》作者的眼中，这种转化几乎是自然而然的，因为“这两国宗教和诗歌是相通的”。也因此，“这两个民族成了姐妹”。① 泰纳认为，“卡莱尔的神秘主义的力量堪比”莎士比亚、但丁、圣保罗和路德的力量，他认为卡莱尔用“诗意的、宗教的文字风格”转述了“德国哲学”。泰纳这样说道：“他和费希特一样，谈论”“神的世界，谈论作用在一切表象之下的现实”；“与歌德一样，他谈论”“不断编织着有生命的神的裙子的精神”。② 而“卡莱尔的神秘主义与其他这些人的观念的区别在于
349 它的实用性”，因为“清教徒寻找上帝的同时，也在寻求责任”。③ 事实上，卡莱尔更接近另一个年轻的狂飙突进运动者(Stürmer)，那就是牧师赫尔德。

卡莱尔在其最具特色的一部小书中对他有关民主化的思想简要地进行了总结：“民主化，[……]也就是我们所说的群众的自我统治[……]从其本质上来说是一场自我取消的事业，其长

---

① 泰纳，《英国文学史》，第 17 版，卷 5，第 253 和 271 页。

② 同上，第 253—254 页。

③ 同上，第 263 页。

期的成果为零。”[①]的确，如果十人中有九人是傻瓜，我们又能期望通过选举箱选出什么有智慧的人呢？[②] 实现政治平等就意味着西印度黑人（Quashee Nigger）的意见与苏格拉底或莎士比亚的意见一样重要。[③] 1867 年，当议会在迪斯雷利（Benjamin Disraeli）的操纵下通过了普及男性投票权的第二改革法案时，卡莱尔震怒了：他将其看成魔鬼的杰作，那位“可怕的希伯来魔术师”[④]操纵了整个英国精英阶层，他们就像是“被施了魔法的在睡梦中的牲口一样被牵着鼻子走”。[⑤] 18 世纪末的柏克，100 年后的勒南和泰纳，20 世纪初的斯宾格勒、莫拉斯和克罗齐都展开了类似的论述。他们都认为复兴之路就意味着与平等、民主的原则和制度开战。

卡莱尔用一种与勒南类似的方式丰富了自己的思想：“任何集会、任何世俗的力量都不能让被神的意志定为奴隶之人获得自由。”[⑥]无论社会为他创造了怎样的条件，无论他是住在廉价

---

① 卡莱尔，《宪章运动》（1839），收录于《评论杂文集》，卷 4（《作品集》卷 29），第六章，第 158 页：“Democracy [...] What is called ‘self-government’ of the multitude by the multitude [...] is by the nature of it, a self-cancelling business; and gives in the long-run a net result of zero.”

② 卡莱尔，《论议会》，收录于《现代短论》，卷 20，第 238 页。

③ 卡莱尔，《尼亚加拉枪击事件：事后？》，收录于《评论杂文集》，卷 5（《作品集》卷 30），第 4 页。

④ 这里指的是迪斯雷利。——译注

⑤ 卡莱尔，《尼亚加拉枪击事件：事后？》，收录于《评论杂文集》，卷 5（《作品集》卷 30），第 11 页（superlative Hebrew Conjuror）。

⑥ 卡莱尔，《论议会》，收录于《现代短论》，卷 20，第 249 页（“Whom Heaven has made a slave, no parliament of men nor power that exists on earth can render free”）。

的房屋中，还是昂贵的宅邸里，奴隶始终是奴隶；哪怕被最耀眼的知识照亮，他的面目也只会显得更加可憎。在任何地方，都是那些天生的奴隶占大多数，而自然法则规定的自由之人只占极小的一部分：不承认这一事实、看不到其实际的结果，就是反抗
350 上帝、反抗自然的行为。[①] 因为，每一个人无论是否意识到、无论承认与否，"都有他的上级，都服从于一个高于他的等级，一级一级往上，直到天堂，直到我们的造物主上帝。上帝创造这个世界不是为了创造混乱，而是为了建立秩序和行为准则"。[②] 第一个反抗神的秩序的人就是撒旦。[③]

卡莱尔在 1850 年 2 月发表的重要论文《现代》(The Present Time)有着无可争议的力量，其风格带有预言性。它不仅旨在证明民主的罪恶、无用、虚无——就像半个世纪之后克罗齐说的那样——它也企图用滔滔不绝的雄辩之辞说得读者晕头转向，让他们相信法国大革命形成的发展进程是可以逆转的。不，这一"巨大的、黑色的、普遍的民主"尽管是现在的实际情况，它也绝不是不可避免的，绝不是永恒的。但是，在能够与其对抗之前，为了避免其危害性，为了抵抗它、控制它，必须了解其本质。[④] 也必须让自己不要被美洲的事例欺

① 卡莱尔，《论议会》，收录于《现代短论》，第 250—252 页；《过去与现在》，收录于《作品集》，卷 10，第 210—211 和 251 页。

② 卡莱尔，《宪章运动》，收录于《评论杂文集》，第 189 页。

③ 同上。

④ 卡莱尔，《现代》，收录于《现代短论》，第 8—10 页。

骗：美国的巨大财富让它可以没有政府，让它沉湎于民主的演讲练习中。[①] 而美洲究竟凭什么能够成为范例？除了资源，除了棉纺织工业，除了美元，它还有哪一方面是杰出的？它诞生过什么伟大的思想？美洲没有任何东西可以证明民主的成功。[②]

还必须强调两个要点，它们将卡莱尔与世纪之交的那一代人紧密地联系在一起。首先，他对法国大革命的看法比柏克或是泰纳在《起源》中的看法更符合现实。在谈及大革命时，这位“衣裳”哲学家遵从了他写在《衣裳哲学》中的重要原则：如果实际与外表不相符，就必须改变着装。他努力想要理解法国大革命的精神；他认为法国大革命是必要的，就像宗教改革一样，即使宗教改革会造成某些“令人痛心的局面”，它也不可能不发生。[③] 而且，无论路德还是新教都不用为宗教改革之后的那些战争负责，唯一有 351
罪的是“那些伪善者，[是他们]导致了罗马教廷的堕落，迫使[路德]起来反抗”。[④] 在大不列颠岛上，“经过五十年的奋斗”，诺克斯(Knox)的苏格兰改革终于引起了“1688 年光荣革命”。[⑤] 正是

---

① 卡莱尔，《论议会》，收录于《现代短论》，第 227 页。

② 卡莱尔，《现代》，收录于《现代短论》，第 21 页。

③ 卡莱尔，《论英雄、英雄崇拜和历史上的英雄业绩》，第 184 页。

译文参考：卡莱尔，《论英雄、英雄崇拜和历史上的英雄业绩》，周祖达译，前揭，第 154 页。——译注

④ 同上，第 184—186 页。

译文参考：卡莱尔，《论英雄、英雄崇拜和历史上的英雄业绩》，周祖达译，前揭，第 155 页。译文有改动。——译注

⑤ 同上，第 195—196 页。

译文参考：卡莱尔，《论英雄、英雄崇拜和历史上的英雄业绩》，周祖达译，前揭，第 166 页。——译注

得益于此，英国才颁布了人身保护法，才创立了自主的议会，才有了“其他许多事件”。[①] 虽然说是光荣革命提出了自由，但让自由获胜的却是清教徒：对此，卡莱尔向我们呈现了一段更加接近洛克，而不是柏克的文字。这篇文字出自《黑人问题》、《宪章运动》(Chartism)、《议会》(Parliaments)的作者之口听起来有些奇怪。“我们有我们的人身保护法，有我们自由的人民代表制。全世界都承认，所有人无论现在或将来都必须是、应该是、要成为我们所说的自由人——人生应该建立在现实和正义的基础之上，而不是建立在已经变得不公正的虚构的传统之上！这是清教徒的许多事业的一部分。”[②]

因此，“清教徒的战争”并非英国历史上又一场内战，而是“构成真正世界史的、具有世界性的重要战争的一部分——即信仰反对无信仰的战争！这是注重事物真实本质的人和注重事物外表形式的人的斗争”。[③] 这就是清教徒的伟大所在，这就是他们革命的深层原因：他们为自由而战，为他们所期待的不付税的自由，还有他们的宗教信仰自由。清

---

① 卡莱尔，《论英雄、英雄崇拜和历史上的英雄业绩》，第 196 页。

译文参考：卡莱尔，《论英雄、英雄崇拜和历史上的英雄业绩》，周祖达译，前揭，第 166—167 页。——译注

② 同上，第 273 页。

译文参考：卡莱尔，《论英雄、英雄崇拜和历史上的英雄业绩》，周祖达译，前揭，第 233 页。——译注

③ 同上，第 210 页。

译文参考：卡莱尔，《论英雄、英雄崇拜和历史上的英雄业绩》，周祖达译，前揭，第 230 页。——译注

教徒的斗争为的是他们所理解的真理，而不是既有的掌权者所需的真理。“一个因物质主义而变得枯燥乏味的世界”是不会懂得这些东西的。18世纪谴责克伦威尔这个最伟大的清教徒——他像“一个巨人，赤手空拳地对付他的敌 352
人”①——他不会认为“没有正当理由就可以拒付税款”是“个人的基本权利”。② 而“一个正直的人，在决定反抗他的政府之前，一般来说总会有比追求金钱更好的理想”。③ 一个善良的人、一个清教徒会这样说：“任何手持实弹手枪的强盗都可以抢走我的钱包，但是道德品格是造物主上帝赐予我的，不是你们的。因此，我要誓死抵抗。”这就是清教徒造反的理由，“在我看来，”卡莱尔说，“它也是人间一切正义造反的精髓”。④

卡莱尔又接着谈到法国大革命的问题：“即使是法国大革命也不是只因饥荒引起的。当时，那种虚伪性已表现为饥荒、

① 卡莱尔，《论英雄、英雄崇拜和历史上的英雄业绩》，第276页。

译文参考：卡莱尔，《论英雄、英雄崇拜和历史上的英雄业绩》，周祖达译，前揭，第235页。译文有改动。——译注

② 同上，第277页。

译文参考：卡莱尔，《论英雄、英雄崇拜和历史上的英雄业绩》，周祖达译，前揭，第236页。译文有改动。——译注

③ 同上，第277页。

译文参考：卡莱尔，《论英雄、英雄崇拜和历史上的英雄业绩》，周祖达译，前揭，第236页。——译注

④ 同上。

译文参考：卡莱尔，《论英雄、英雄崇拜和历史上的英雄业绩》，周祖达译，前揭，第236—237页。——译注

普遍的物质匮乏和精神上的空虚，从而在大众眼中成为无可争议的虚伪。我们姑且把 18 世纪及其‘赋税自由本身’撇下不谈。”①这段文字既对 18 世纪 90 年代的造反进行了解释，也为其正名；同时，这也直指柏克对大革命的理解和边沁的功利主义解读。1789 年并不仅仅表现为经济困难，因为任何伟大而深刻的事物都不能仅以物质利益进行解释。卡莱尔将法国大革命与清教徒革命并列来看，并向其致敬，这是他对法国大革命表达的最高的敬意。虽然他未曾明说，但他也赞同法国大革命是一场反对腐败的政治、社会秩序的起义。正因为如此，卡莱尔在《论英雄、英雄崇拜和历史上的英雄业绩》中将几页美丽的文字献给了这场在英国清教起义之后“新教运动的第三次也是最后一次行动”。与柏克不同，他认为法国大革命延续了路德开启的一系列反抗运动，他将“法国大革命”与“英国革命”放在同一高度：它们都不具备“可以向人们展示的公证人写的羊皮证书”。②

353 面对他誓死捍卫的建立在贫瘠与扩张基础上的“骑士”文明，卡莱尔并不是盲目的政治家。他理解了大革命的意义，认为它是一场伟大的事件，是“人们为了惩办伪善的行为，凭借爆发

---

① 卡莱尔，《论英雄、英雄崇拜和历史上的英雄业绩》，第 278 页。

译文参考：卡莱尔，《论英雄、英雄崇拜和历史上的英雄业绩》，周祖达译，前揭，第 237 页。——译注

② 同上，第 309—310 页。

译文参考：卡莱尔，《论英雄、英雄崇拜和历史上的英雄业绩》，周祖达译，前揭，第 266—267 页。——译注

的混乱,使得人们向现实和真实回归”。[①] 他清楚地意识到“在法国大革命中,坚持这种崭新的极端民主是一个不可抹杀的事实,整个社会[……]都不能阻挡”。[②] 与柏克不同,他将大革命看成反抗“被怀疑论政治变成‘机器’的自然”,反抗一个不能够再造就出任何伟人的“贫乏”的世界。[③] 而对人类来说,伟人是必不可少的,“伟大的法国大革命”高举“事业成功之门向有才能者敞开”[④]的旗号,补救了 18 世纪这个造成一切衰落的时代的致命缺失。他还写道:“‘自由和平等’的革命神话认为明智的伟人是不可能有的,只要有为数众多的愚昧小人物就足够了。这一切都不令我感到愤怒。这种观念在当时的条件下是很自然的。”[⑤]

尽管“无套裤汉派”是野蛮的,“这一可怕的,甚至地狱般的对

---

① 卡莱尔,《论英雄、英雄崇拜和历史上的英雄业绩》,第 309—310 页。

译文参考:卡莱尔,《论英雄、英雄崇拜和历史上的英雄业绩》,周祖达译,前揭,第 266 页。译文略有改动。——译注

② 同上,第 312 页。

译文参考:卡莱尔,《论英雄、英雄崇拜和历史上的英雄业绩》,周祖达译,前揭,第 269 页。——译注

③ 同上,第 267 页。

译文参考:卡莱尔,《论英雄、英雄崇拜和历史上的英雄业绩》,周祖达译,前揭,第 227 页。译文有改动。——译注

④ 同上,第 313—314 页。

译文参考:卡莱尔,《论英雄、英雄崇拜和历史上的英雄业绩》,周祖达译,前揭,第 269 页。——译注

⑤ 同上,第 267 页。

译文参考:卡莱尔,《论英雄、英雄崇拜和历史上的英雄业绩》,周祖达译,前揭,第 227 页。译文有改动。——译注

武力的诉求也还是值得我们尊敬”。[①] 并不像“直到今天仍在英国非常盛行的”那些理论认为的那样，法国大革命不是“集体精神错乱:[……]对于那个虚伪枯竭而矫揉造作的时代，法国大革命就是一部启示录(也就是说，是神的启示)，可怕却真实”。[②] 因为，大革命虽然也有令人恐惧的部分，但它还是回归了真理，“这是地狱之火笼罩的真理，因为只有这样才能被世界所接受”。[③] 几页之后，卡莱尔说明了他从“自由、平等的普遍呼声中”听到了
354 什么:那就是拒绝由没有价值、没有功绩、没有才能、没有品质的人行使权威。那些“假的伟人”通过“谎言和欺骗”让人臣服于他们，这样的僭越是革命者不能容忍的:革命者们相信“真正的伟人已经不存在了”，这就是为什么他们决定“不再需要权威”。[④] 他们对“自由和平等的信仰”是对谎言的拒绝:“我认为”卡莱尔

---

① 卡莱尔，《论英雄、英雄崇拜和历史上的英雄业绩》，第 309—310 和 264 页。

译文参考:卡莱尔，《论英雄、英雄崇拜和历史上的英雄业绩》，周祖达译，前揭，第 267 页。译文有改动。——译注

② 同上，第 265—266 页。同样可参考这两页:1830 年让“所有人都明白，尽管法国大革命看上去疯狂，却不是一个疯了的民族的一时冲动，而是我们大家生活的这个世界的法则的真实产物，这是不可否认的事实”。

译文参考:卡莱尔，《论英雄、英雄崇拜和历史上的英雄业绩》，周祖达译，前揭，第 225—227 页。译文有改动。——译注

③ 同上，第 264 页。

译文参考:卡莱尔，《论英雄、英雄崇拜和历史上的英雄业绩》，周祖达译，前揭，第 225 页。译文有改动。——译注

④ 同上，第 267 页。

译文参考:卡莱尔，《论英雄、英雄崇拜和历史上的英雄业绩》，周祖达译，前揭，第 227—228 页。译文有改动。——译注

说，“出现这种观念是完全自然的”。[①] 于是，1830 年继续了法国大革命的事业，“1789 年起义者的子孙们重新点燃了火炬，他们不否认父辈们的‘疯狂’，而是以同样的力量、为了同样的目标发起他们自己的反抗，以完成他们的工作”。[②] 因此，宗教改革、清教、法国大革命就像是同一革命进程的三个方面，或者，如果我们愿意这样说的话，它们代表着同一个道德救赎。

从某些方面来说，年轻的勒南短暂地继承了这种对法国大革命的尊敬，而《起源》之前的泰纳甚至超越了卡莱尔。[③] 奥拉尔在他给《法国大革命史》写的前言中针对泰纳的指责，表明卡莱尔是有理的。的确，奥拉尔提到，泰纳在他发表于 1864 年的文章中——之后收录于他的《英国文学史》中——谈到大革命时期的人，以此回应他那位杰出的前辈：“他们忠实于抽象的自由，就好像你们这些清教徒忠实于神的真理。”奥拉尔认为，泰纳这样说不仅是推翻了自己之前的观念，也是对“这位诗人历史学家”不公正的、不正当的控诉，因为卡莱尔的目的“既不在于歌颂大革命，也不在于咒骂它，而是怀着同情与理智用心审视它、解读它”。[④] 在

---

① 卡莱尔，《论英雄、英雄崇拜和历史上的英雄业绩》，第 268 页。

译文参考：卡莱尔，《论英雄、英雄崇拜和历史上的英雄业绩》，周祖达译，前揭，第 227—228 页。——译注

② 同上，第 265 页。

译文参考：卡莱尔，《论英雄、英雄崇拜和历史上的英雄业绩》，周祖达译，前揭，第 225 页。译文有改动。——译注

③ 泰纳，《英国文学史》，第 17 版，卷 5，第 288—290 页。

④ 奥拉尔，《告读者》（Avertissement），收录于卡莱尔，《法国大革命》（*Révolution française*），第 V 页。

这篇介绍性文章中，奥拉尔自始至终都在尖刻地甚至有些不公正地批评泰纳，[①]他认为卡莱尔是一位杰出的大革命史学家，认为他陶醉于大革命的伟大和法国人民的英雄主义。在柏克看来，年轻的玛丽·安托瓦内特（Marie Antoinette）的美貌是旧时法国的活的象征；相反，卡莱尔指出“无声的农奴阶层正在靠近王宫，令其为之震颤。上百万惨败的面孔、丑陋疲惫的身躯、褴
355 褛的衣衫列队而来，用粗陋的文字表达着他们的愿望和悲苦，只为得到四十英尺高的新的断头台的回应”。奥拉尔立刻得出了结论：无论在勒南还是泰纳的笔下，亦或是 20、21 世纪之交形成的对大革命的批评中，我们都看不到更加有力的理由。他说道，无套裤汉付出了鲜血，但“如果回顾过去，将历史的目光投注在昔日的法国，历史会悲痛地告诉我们，我们找不出有哪一个时期，这两千五百万法国人遭受的不幸能够比那个恐怖时期少一些”。[②]

奥拉尔反对泰纳的观点。他指出，卡莱尔将法国大革命看成继十字军东征之后唯一一次信仰的运动，这在卡莱尔看来似乎已不再是暴力的行为：“的确，这是最特殊的信仰[……]，它被当成奇迹。整个世界都用惊愕的眼神看着这场被称为法国大革命的世界奇迹的灵魂。”他比他之前任何共和阵营之外的人都更加推崇 1793 年人的信仰和信念：“所有人都从巨大的苦难中清

---

① 参考奥拉尔出版于 1907 年的《法国大革命史学家泰纳》。

② 奥拉尔在《告读者》中引用了这段话，收录于卡莱尔，《法国大革命》，第 VII 页。

醒过来,恢复了意识,相信自己能够在这片土地上到达命运的乐土。”[①]卡莱尔敬佩“1793 年的法国无套裤汉,他们走出了长久以来的麻木,顷刻之间冲破界限,为了永恒的理想,为了他们自己以及同胞的自由信仰誓死奋战”。[②] 他继续思考那个不顾一切阻碍“点燃雅各宾派战火”的力量的本质,这个力量让穿着草靴、布鞋,“用柴草遮挡臂膀”的士兵们因为致命的寒冷而发起反抗。但大革命并不仅仅是刚入伍的士兵的斗争,也是制宪会议代表和新一代军人的战争:“新任元帅、曾经的中士儒尔当(Jean-Baptiste Jourdan),贵族中士皮什格吕(Charles Pichegru),贵族中士奥什(Lazare Hoche)。”[③]与柏克、泰纳和勒南相反,卡莱尔不畏惧人民,只要不赋予他们权力就好。人民也能酝酿出伟大,人民的内部也能产生杰出人士。相比起贵族,相比起富有而追求享乐的资本家和没有管理社会之能的政治精英,卡莱尔更倾向于 356
人民。《论英雄、英雄崇拜和历史上的英雄业绩》的作者,这个自夸是当时唯一能够承认大革命真正具有伟大性的人,是不会忽略大革命的英雄主义特质的。

奥拉尔有理由说卡莱尔与米什莱一样,认为人民是他的《法国大革命史》的真正英雄。而且,极有可能的是,这个认为卡莱尔著作毫无意义的米什莱恰恰深受其著作启发。法国战场上,上百万悲惨、饥饿的起义人民在 8 月 4 日发起了对特权

① 同上,第 VIII 页,引自卡莱尔,《法国大革命》,卷 3,第 158 页。

② 同上,引自卡莱尔,《法国大革命》,卷 3,第 409 页。

③ 卡莱尔,《法国大革命史》,卷 3,第 332—338 页。

的攻击，出身行伍的士兵数量不断上涨，他们奋起反抗整个欧洲的联盟，这些都震撼着卡莱尔的想象。他可以贬低启蒙运动，可以憎恶民主，可以发自内心地期待独裁英雄的到来，但他无法崇拜旧制度。他比任何人都更擅长感知伟大：卢梭、拿破仑、奥什、雅各宾派，尽管他们的行为极其暴力，他们仍是有能力的个人；他们造就了历史，避免他们的时代和之后19世纪一样成为“一个古怪而盲目的时代”①，以防其无法与大部分文明年代相较量。② 在这样一个世界中，不仅“人的信仰被毁灭”，也“丢失了真与假的意义”；“那些漫不经心的多数人除了觉得一切都好之外，什么也看不见”③；才能与智慧已不复存在，精英表现得粗俗而平庸。在这样的世界中，④只有一场新的革命能够拯救文明。

卡莱尔与柏克都认为，人渴望秩序，并且世间一切人的事务都可以被解释成秩序的创造。伟人是秩序的使者，传播秩序就是他的使命。这就是为什么从始至终，只有在克伦威尔或“最后的伟人”⑤拿破仑这样的人出现的时候，人们才有可能进入起义和革命时期。无论在什么地方，人都需要领袖，都想要

---

① 卡莱尔，《论英雄、英雄崇拜和历史上的英雄业绩》，第25页。

② 卡莱尔，《评论文集》，卷2，第73页。

③ 卡莱尔，《新作品选》，第322—323页。

④ 卡莱尔，《新唐宁街》，1850年4月15日，收录于《现代短论》，第127和133—134页。

⑤ 卡莱尔，《论英雄、英雄崇拜和历史上的英雄业绩》，第268—269和317页。

成为某位主人、某位国王的忠实臣民：这就是人类社会存在本
身的基本要素。[①] 卡莱尔正是在这一信仰之上建立了他对未来
的期待：他的时代的软弱、在这个时代盛行的无政府主义不可
能不会终结。为此，只需要回归事物的自然秩序，让历史回归 357
它的源头。既然“世界历史［……］完全能够归结为伟人的传
记”，归结为这些人类导师和榜样的人生，[②]想要拯救人类，就必
须终结民主的可怕闹剧，必须回归少数人的统治。拯救英国的
是克伦威尔和他的同胞，他们是上天派来的少数人。[③] “必须起
用能人，凡事都受到自然必要性的支配！”[④]这就是为什么英雄
崇拜是一切社会的基石，是社会关系的灵魂、是社会从停滞状
态中觉醒过来的条件。[⑤] 总而言之，它是“为人类带来宗教的和
社会的一切美好事物的基础”。[⑥]

然而，这个英雄究竟是什么人，这一点并不重要。“他是最为

---

① 卡莱尔，《宪章运动》，收录于《评论杂文集》，第 159—160 页。

② 卡莱尔，《论英雄、英雄崇拜和历史上的英雄业绩》，第 37 页。也可参考第 23 和 55 页。

译文参考：卡莱尔，《论英雄、英雄崇拜和历史上的英雄业绩》，周祖达译，前揭，第 33 页。译文有改动。——译注

③ 卡莱尔，《论议会》，收录于《现代短论》，第 246—247 页。

④ 卡莱尔，《论英雄、英雄崇拜和历史上的英雄业绩》，第 261 页。

译文参考：卡莱尔，《论英雄、英雄崇拜和历史上的英雄业绩》，周祖达译，前揭，第 222 页。译文有改动。——译注

⑤ 卡莱尔，《衣裳哲学》，第 271—272 页；《过去与现在》，第 35 页。

⑥ 卡莱尔，《论英雄、英雄崇拜和历史上的英雄业绩》，第 169 页。

译文参考：卡莱尔，《论英雄、英雄崇拜和历史上的英雄业绩》，周祖达译，前揭，第 141 页。——译注

神秘莫测的上帝派遣的使者,带着消息来到人间。[……]他的话直接来自万物的内在事实。[……]他来自世界的核心,他是万物主要实在的一部分。”①“英雄品德[……]就是灵感,除此之外再无其他”:因此,英雄“生活于事物的内在境界,也就是生活在真实、神圣和永恒的境界之中,这种境界无处不在,只是极少有人能够透过其短暂而平凡的表象看到它。英雄始终能够接触神圣的真理,他有使命让它被世界知晓。[……]各种各样的英雄降世,都是[……]来履行职责的。”②而既然“始终是精神决定物质”,既然“始终是不可见的精神决定可见的物质”,而且在过去,英雄可以被称为上帝(奥丁)、先知(穆罕默德)、神父(路德、诺克斯)或是诗人(但丁、莎士比亚),那么“文人英雄必定被认为是当代最重要的人物”。③ 英雄根据他们所处的世界,注定要成为这样或那样
358 的人。真正的伟人可以成为任何形式的英雄:“伟人的一个重要品质就是:他有伟人的灵魂,他这个人是伟大的!”④只有伟

---

① 卡莱尔,《论英雄、英雄崇拜和历史上的英雄业绩》,第 75 页。

译文参考:卡莱尔,《论英雄、英雄崇拜和历史上的英雄业绩》,周祖达译,前揭,第 51 页。——译注

② 同上,第 209 页。

译文参考:卡莱尔,《论英雄、英雄崇拜和历史上的英雄业绩》,周祖达译,前揭,第 176—177 页。译文有改动。——译注

③ 同上,第 26 和 208—209 页。

译文参考:卡莱尔,《论英雄、英雄崇拜和历史上的英雄业绩》,周祖达译,前揭,第 175—176 页。译文有改动。——译注

④ 同上,第 116 页。

译文参考:卡莱尔,《论英雄、英雄崇拜和历史上的英雄业绩》,周祖达译,前揭,第 88 页。译文有改动。——译注

人、只有真正的英雄能够深入“宇宙的神圣奥秘，即歌德所谓的‘公开的秘密’”。“这个神圣的奥秘存在于万事万物之中，正如费希特称它为‘存在于现象深处的世界的神圣理念’。一切现象，从布满繁星的天空到辽阔大地的草原，特别是人类的出现及其活动，无非是神圣理念的外观，是神圣理念具体化为可见事物而已。这种神圣的奥秘是无时不有、无处不在的，并且始终以最真实的方式存在。”而假如没有这种“上帝思想的具体化”，宇宙会是什么样子？最后，“如果我们对这一现实无知，在不理解它的情况下生活，那么对我们每个人来说将是多大的遗憾啊！这确实是一件最可悲的事：没有什么比这样的生活更失败的了！”①

下文中，卡莱尔继续强调费希特的观点。在他看来，这位德国哲学家将现实看成“所有表面的东西”，而在这些表象之下“存在着它们本质的东西，他称之为‘世界的神圣理念’”。② 普通人无法感知这一本质，因为大多数人只能看到世界的表壳。英雄——这里指的是文人——被派到世间来揭示这一神圣理念。这就是为什么“真正的文人总有这种神性：他是人间的光明，是人世的教士，就像一条神圣的火柱”。因此，“根据这一概念”，卡

① 卡莱尔，《论英雄、英雄崇拜和历史上的英雄业绩》，第 117—118 页。

译文参考：卡莱尔，《论英雄、英雄崇拜和历史上的英雄业绩》，周祖达译，前揭，第 90 页。译文有改动。——译注

② 同上，第 209 页。

译文参考：卡莱尔，《论英雄、英雄崇拜和历史上的英雄业绩》，周祖达译，前揭，第 177 页。——译注

莱尔认为近百年来最伟大的文人是歌德。但是文人英雄一章却并非为歌德而作，而是献给了约翰逊、彭斯(Robert Burns)和卢梭。原因在于，他们和歌德不同，他们“没有成为英雄的光明使者，而是英雄的光明追求者”。[1]

这就是英雄崇拜的基础：无论先知还是诗人，任何时候任何地方的任何英雄都是被派来为我们揭示“这个神圣的奥秘[……]，他比任何人更接近这一奥秘。[……]”只是，“他们认为
359 自己生活于其中，而且必须生活于其中。[……]任何人都可能生活在对事物的表面认识中，而其本性则要求他必须生活在事物的真正本质中”。[2] 因为对英雄来说，“真诚是不可或缺的：我希望大家把这作为我关于伟人的首要定义”。[3]

无论是写克伦威尔还是写拿破仑，都存在着英雄观念与其具体化的对照问题，但卡莱尔遭遇到的这一困难并不真正重要。关键在于，英雄崇拜不仅满足了对神圣事物的需求，也回应了对最高权力的要求。《论英雄、英雄崇拜和历史上的英雄业绩》的作者意识到新教教义中出现的精神断裂和政治断裂，这一点卡

---

① 卡莱尔，《论英雄、英雄崇拜和历史上的英雄业绩》，第 210—212 页。

译文参考：卡莱尔，《论英雄、英雄崇拜和历史上的英雄业绩》，周祖达译，前揭，第 178—179 页。——译注

② 同上，第 118 页。

译文参考：卡莱尔，《论英雄、英雄崇拜和历史上的英雄业绩》，周祖达译，前揭，第 90—91 页。——译注

③ 同上，第 75 页。同样可参考第 74 和 118 页。

译文参考：卡莱尔，《论英雄、英雄崇拜和历史上的英雄业绩》，周祖达译，前揭，第 51 页。译文有改动。——译注

莱尔绝不亚于他之前的迈斯特和19、20世纪之交的莫拉斯。对罗马教廷的反抗使得每个个人都成了他们自己的教皇，于是，从那时起没有人再会屈从于任何宗教英雄。就这样，新教教义成了对各种形式的宗教特权的抗争，而英国的清教教义则到了这一进程的第二个阶段。法国大革命承诺废除所有世俗的和宗教的特权，成为其第三阶段。因此，从表面上看，大革命仿佛标志着人类共同体服从于某个个人的现象就此消失。如果这真的是不变的事实，卡莱尔说："我承认我对这个世界完全没有希望了[……]但我坚信，事情并非如此。"①

管理人民绝不是一种特权，而是责任；就像中世纪的情形一样，它会落在最好的、最勇敢的人身上。一个国家如果还能够被这样的人统治，那它就是最幸福的国家。真正的贵族会被接受、会得到爱戴，因为尊重、赞美最好的人是人之本性。② 世界出现了假贵族，出现了宪章运动和民主，出现了法国大革命、拿破仑主义（这显然与对拿破仑这个最后的伟人的崇拜相矛盾）、波旁主义，以及最终形成的路易·菲利普主义；当此之时，出身统治阶层的真正贵族的觉醒确实成了拯救欧洲的条件。卡莱尔又回到了那个他多次提及的观念，任何国家都只有在天生精英的手中才能得到好的管理：在卡莱尔时期，履行这一职责的本该是有土地的

① 卡莱尔，《论英雄、英雄崇拜和历史上的英雄业绩》，第169—170页。

译文参考：卡莱尔，《论英雄、英雄崇拜和历史上的英雄业绩》，周祖达译，前揭，第142页。——译注

② 卡莱尔，《宪章运动》，收录于《评论杂文集》，第160页。

贵族，而征服者威廉——不断被卡莱尔赞美为“强大的人”——的
360 时代已经相当遥远。从此，引路人的职责应该落在有才能的贵族阶层身上，他们被某一领袖召集起来，这一领袖是“真正有才干的人，帝王或能人”。[①] 在每一个国家，人们都应该找到“最有才能的人”，他同样必须有着最有教养、最公正、最高尚的灵魂，人们“将他推向国家的最高位”，任何“投票箱、议会辩论、选举、制定宪法以及其他机制”都不能超越他。[②] 就这样，人们拥有了最好的政府。卡莱尔说：“我认为它确实对我有着神圣的权利。”[③]

最后，就有了卡莱尔的英雄之后的问题。对英雄的爱戴与崇拜、英雄权力的半神圣性都确实构成了这种现代的新的独裁形式。英雄是天意和历史的武器，是天定之人。他享有某种超自然的条件，而他的权力与这种条件相称。英雄拥有万物的力量，是它们永恒的化身，并以此作用于社会。[④] 马克斯·韦伯将

---

① 卡莱尔，《论英雄、英雄崇拜和历史上的英雄业绩》，第 263 页；《现代》，收录于《现代短论》，第 23—24 和 29—30 页；《过去与现在》，第 33、215、241—246 页；卡莱尔，《新唐宁街》，收录于《现代短论》，第 131 页。“强大的人”（“the strong man”）一词出现在《宪章运动》，收录于《评论杂文集》，第 147 页，它是“智慧之人”（“the wise man”）的同义词。

译文参考：卡莱尔，《论英雄、英雄崇拜和历史上的英雄业绩》，周祖达译，前揭，第 223 页。——译注

② 卡莱尔，《论英雄、英雄崇拜和历史上的英雄业绩》，第 259—260 页。

译文参考：卡莱尔，《论英雄、英雄崇拜和历史上的英雄业绩》，周祖达译，前揭，第 220—221 页。——译注

③ 卡莱尔，《论英雄、英雄崇拜和历史上的英雄业绩》，第 263 页。同样可参见《黑人问题》，收录于《评论杂文集》，第 379 页：“找到主人的人是幸福的……”

④ 伊祖莱，《论英雄、英雄崇拜和历史上的英雄业绩》引言，第 IX 页。

这种天赋的且独一无二的才能、这种非凡的品质、这种引导人们却无需对其进行解释的态度称作“超凡魅力”。

要想公正地评价卡莱尔就必须强调，在他看来，任何情况下，作为不平等原则基础的优越性观念始终是最高的道德和精神，它与社会法规毫无关系。他所期待的精英阶层拥有精英的特质、价值和才能，他们因为自身的道德和思想品质而获得认可。他们不是狂热的、野蛮的、凶残的精英。此外，卡莱尔不想回到 1832 年改革法案之前的时代，他不是保守主义者。他蔑视 361
柏克推崇的托利党的旧英国，但他同样痛恨议会制和功利的自由主义。他对英国宪法没有丝毫敬意，于他而言，英国宪法象征着现代政府管理无能。他看不起国王和议会，就如同他看不起旧制度一样。[①] 他与赫尔德和勒南都被骑士精神的中世纪吸引，他不推崇 18 世纪革命之前的两三个世纪。他厌恶英国贵族阶层的自私，他们从土地中谋取财富，投入贸易和工业之中。卡莱尔厌恶金钱统治的现象，厌恶资本主义和可耻的剥削，以及在此基础上建立起的英国工业力量。“没有职责需要履行的最高阶层就像是生长在深渊中的大树。”[②]他所推行的精英主义就如同泰纳和勒南的精英主义，都是世界范围的概念。他和勒南都宣扬白人至上。

---

① 卡莱尔，《宪章运动》，收录于《评论杂文集》，第 167—169 和 180 页；《衣裳哲学》，第 246 和 271 页。

② 卡莱尔，《过去与现在》，第 179 页：“A high class without duties to do is like a tree planted on precipices...”

同样,卡莱尔蔑视当时的寄生贵族,他深刻地意识到工业革命所产生的罪恶。上百万工人聚集在新兴工业中心,成为市场上可供买卖的货物,卡莱尔准确地理解了这一转变,理解了他们因为生存在饥饿中而不断斗争的悲剧结果。卡莱尔最重要的论著之一《过去与现在》都在讲述工人的悲苦,讲述对英国无产阶级、对体力劳动——按这位清教徒的说法——对工作的宗教性与神圣性的捍卫。工人生活的苦难与不幸是一场悲剧,既是身体的悲剧也是精神的悲剧,它吞没了整个社会。① 在他看来,工人生活在金钱权力之下,没有比这更悲惨的场景了。② “供需法并不是唯一的自然法。金钱酬报不是人与人之间唯一的联系,绝不是。”③在过去,“手足之情时常被遗忘,但
362 在对物质财富的崇拜如此膨胀之前,它从未这样遭到否认”。④ “人们不能容忍的是不公正感。没有人能够也没有人应该忍受[……]不公正对待。[……]真正的苦难是心灵的痛苦和灵

---

① 卡莱尔,《过去与现在》,第 195—199 和 207 页:“For there is a perennial nobleness, and even sacredeness, in Work”;“Work is of a religious nature: work is of a brave nature; which it is of all religion to be.”

注释中引文的译文如下:“因为在工作中有着永恒的高贵性,甚至神圣性”;“工作具有宗教性:工作具有勇敢的本性,而勇敢存在于所有宗教之中。”——译注

② 同上,第 195 和 207 页。

③ 同上,第 186 和 272 页:“Supply-and-demand is not the one Law of Nature; [...] Cash-payment is not the sole nexus of man with man,-how far from it!”同样可参考《黑人问题》,第 365 页:我们可以用钱买别人的劳动,却买不到他的服从。

④ 同上,第 211 页。同样可参见第 183—184 页。

魂的枯竭。"[①]劳动群众有着深深的不公感，他们清楚他们的命运并不是建立在权力之上，既不是应该有的命运，也不是最终未来为他们准备的命运。[②] 但选举权和议会民主不能解救他们，因为民主制度的基础正是"无政府和放任"原则。[③] 毋庸置疑，卡莱尔具备勒南没有的社会观念，他将这种观念与对民主的厌恶结合在一起：在这一方面，他有着无与伦比的现代性。他在否定贵族与否定启蒙运动所说的平民之间架起了桥梁。他认为民主是道德、思想与政治的灾难，但同时他又培养出对市场经济的厌恶，并且践行着一种真正意义上的与20世纪相适应的民粹主义。

说实话，就某些方面而言，卡莱尔要比包括托克维尔、泰纳和勒南在内的同时代的人都更好地理解了他的时代。"工人阶层，"他说，"不能再不受管理了。"[④]"自由，是的，有人对我说自由是神圣的东西。自由，当它成了为饥饿而死的自由之时，难道还神圣吗！"[⑤]对他来说，放任自流的政治意味着权力的失败，意味着在管理和规范人事遇到困难之时选择放弃。[⑥] 国家具有积

---

① 卡莱尔，《宪章运动》，收录于《评论杂文集》，第144—145页。也可参考第148、187页。

② 同上，第149页。

③ 同上，第159页。

④ 同上，第155页。

⑤ 卡莱尔，《过去与现在》，第212页。

⑥ 卡莱尔，《宪章运动》，收录于《评论杂文集》，第156是—157、159和185—186页。

极的职能，“它的存在是为了让生存变得可能，变得符合人们的期待，变得高尚”；一旦它承担了责任，它就有能力发起“最有利的行动”。[①] 但在国家中占首要地位的不能是那些在议会中高谈阔论的人，而应该是备受赞扬的英雄，或者用卡莱尔最喜欢的方式说——这里又要重复一遍——应该是“最有才能的人”。[②] 卡莱尔极其反感夸张的文化，反感在“我们的伊顿(Eton)和牛津”风靡的对演讲、对平庸和肤浅的崇拜：难道人们妄想通过培
363 养律师，通过醉心于诉讼文化，就能够一下子看到人们的引路者，看到具备“英雄的智慧”的人？[③] 卡莱尔或许会与民主和解，但前提是这能够让最好的人掌握权力，而不论这些人的出身。如果议会能由出身社会下层的有才能之人组成；如果选举箱能过够让罗伯特·彭斯这样有着高贵灵魂却家庭贫苦的人获取议会席位，那么民主就有了意义，“我们也能够得救”：做不到这些，议会的高谈阔论就只能意味着我们的灭亡。[④]

作为资本扩张的敌人，卡莱尔以惊人的方式描绘贫苦造成的堕落和衰亡。他发现工人的生存条件不仅低于美洲的奴隶，还要低于田里劳作的马匹：除了社会主义学派，与他同时代的人没有一个如此尖锐地指出了这一点：“一个人想要工作

---

① 卡莱尔，《新唐宁街》，1850 年 4 月 15 日，收录于《现代短论》，第 164 页。

② 卡莱尔，《论英雄、英雄崇拜和历史上的英雄业绩》，第 261 页。

③ 卡莱尔，《新唐宁街》，1850 年 4 月 15 日，收录于《现代短论》，第 134 和 167 页。

④ 卡莱尔，《新唐宁街》，第 131 页。

却找不到工作,这样的画面或许是这世上致命的不公平中最令人悲伤的。"[1]作者借助了 18 世纪苏格兰诗人罗伯特·彭斯(他和卢梭还有塞缪尔·约翰逊都是卡莱尔所写的文人英雄中的一员)的话语。彭斯是贫苦农民的儿子,对他们来说,"世界如此之大,却无他们安身之处"。[2] 这位农民诗人和他的家庭终其一生都在为生存而战:这就是人的命运,欲求工作而不得,两条腿的劳动者还没有四条腿的令人羡慕。马总能有地方住、有东西吃,而上百万的人却得不到这些。在爱尔兰,四分之三的工人居民一年中有三十周没有土豆,即使有也是质量极差的,而且数量不能满足生存需要。[3] 问题已经不在于大不列颠岛上那些始终面临饥荒威胁的白人所过的物质或精神生活有没有意义,而仅仅在于他们能否存活下来。[4] 而"缺乏的土豆"也是维持帝国 364
第一公仆生命的物质。[5]

卡莱尔也支持当时最前卫的改革者推行的改革。教育是人的权利,也是人所必需:显然,这一点"甚至无需人们为其辩护"。

---

① 卡莱尔,《宪章运动》,收录于《评论杂文集》,第 135 页("A man willing to work, and unable to find work, is perhaps the saddest sight that Fortune's inequality exhibits under this sun")。

② 卡莱尔,《论英雄、英雄崇拜和历史上的英雄业绩》,第 247 页。

译文参考:卡莱尔,《论英雄、英雄崇拜和历史上的英雄业绩》,周祖达译,前揭,第 212 页。——译注

③ 卡莱尔,《宪章运动》,收录于《评论杂文集》,第 135—137 页("two footed worker"和"four-footed worker")。

④ 卡莱尔,《黑人问题》,收录于《评论杂文集》,卷 29,第 349—350 页。

⑤ 卡莱尔,《宪章运动》,收录于《评论杂文集》,第 136 页。也可参考《评论文集》,卷 1,第 424 页。

卡莱尔认为让人们获得文化——“能够想到那些不会思考的人，并教导他们、让他们能够思考”——是“政府的首要职责”。[1] 他提出国家应当介入与社会陋习的斗争，这引起路易·勃朗(Louis Blanc)的关注。要是把用在入侵世界各地的军队中的手段与力量投入抵抗贫穷的战场上该有多好！首相能够动用上百万的钱财去杀害法国人，却拨不出几百镑来确保英国人的生活，这难道不是丑闻吗？[2] 针对同一问题，卡莱尔提出调整工作时间，提出改革住房条件和改革工厂作业，并提出由国家规范移民殖民地的政策：“国家介入已经开始，它应该继续下去，并拓宽范围、深化层次、加强力度”，而不顾甚至反对英国政府和英国国民固有的保守。[3]

然而，在卡莱尔看来，这不仅是道德问题。“缺乏土豆”一词是即将到来的革命的预言。卡莱尔意识到了“欧洲上层阶级和下层阶级之间斗争”[4]的本质：他认为，欧洲的尤其是英国的阶级斗争事实上是在要求建立一种新的社会关系。[5] 严重的工人问题需要激进的手段，而传统的放任自由主义与议会制、普选、多数人的法则一样会走向失败。他从“放任”中看到的不仅仅是
365 其本身的罪恶，也是当时社会中所有罪恶的根源；同时，他也看

① 卡莱尔，《宪章运动》，收录于《评论杂文集》，第 192 页。

② 卡莱尔，《过去与现在》，第 262—263 和 267 页。

③ 同上，第 265—268 页。

④ 卡莱尔，《宪章运动》，收录于《评论杂文集》，第 123 页：“The struggle that divides the upper and lower in society over Europe...”

⑤ 卡莱尔，《现代》，收录于《现代短论》，第 25 页。

到了拥有管理社会职能的人放弃了他们的权力。[①] 这场威胁欧洲的巨大社会悲剧的解决,关键在于那些杰出的、掌权的、有才能的、具备英雄眼光的人。在卡莱尔眼中,理想的领袖就是克伦威尔:“宝剑和《圣经》”这两个“清教的象征”装点了他至高无上的权力,而这就是所谓的“真实的盛装”。[②] 这也就是为什么民主化的改革只能以灾难告终。

卡莱尔的现代性正在于此,20 世纪的转折也是由此产生。抨击议会制度——这一缓慢的民主化象征——就像是一座桥梁,连接了柏克的批评与 19、20 世纪之交那一代人的批评。和克罗齐一样,也与莫拉斯、巴雷斯和斯宾格勒一样,卡莱尔认为独裁政府是解决现代性危机的唯一方法:道德危机和思想危机也是史无前例的社会危机。上百万饥饿、无业的人拒绝向金钱的粗暴力量屈服,他们不服从理性论证,这些论证不过是想让田中劳作的马匹相信从长远角度来看,蒸汽机最终会创造更多的工作;即使眼下一个职位没有了,在世界的其他地方也会有更多的岗位。[③] 他们不相信沉迷于议会的高谈阔论之中能够给他们带来什么好事,从本质上来说,议会没有能力指导民族事务。议会作为一种协商的集会,从不能管理好民族,也从不能防止其变

---

① 卡莱尔,《宪章运动》,收录于《评论杂文集》,第 131 页。

② 卡莱尔,《论英雄、英雄崇拜和历史上的英雄业绩》,第 314 页。

译文参考:卡莱尔,《论英雄、英雄崇拜和历史上的英雄业绩》,周祖达译,前揭,第 271—272 页。——译注

③ 卡莱尔,《宪章运动》,收录于《评论杂文集》,第 142 页。

得混乱。历史上只有两个议会履行了其作为最高权力的职责，并取得了一定的成绩：英国资产阶级革命时期的长期议会和法国大革命时期的国民公会。①

① 卡莱尔，《论议会》，收录于《现代短论》，第 214—215、224—228 和 232—233 页。

第六章　民族主义的思想基础 366

经过之前的分析，我们看到，反理性主义现代性强调的是那些让人分离、孤立的东西，是人特殊和个别的地方，它对抗一切可能让人统一在一起的观念。这第二种现代性同样标志着民族主义思想体系的诞生，而该思想体系的奠基人是赫尔德，他的影响一直持续到20世纪中期。自法国大革命以来两个世纪，人们通过解读赫尔德的著作发现了一个至关重要的问题，时至今日，这一问题仍是争议的焦点：自由的民族主义可否被接受？在21世纪初的今天，它有没有可能成为历史现实？我们将看到，作为政治概念而不是种族概念的公民的民族观念并没能脱离法国大革命最初几年的限制。这种民族的政治观和司法观受到赫尔德反启蒙思想的影响。构建19世纪和20世纪上半叶典范的是赫尔德的文化共同体、种族共同体、语言共同体观念，而不是通过理性、出于利益、为了维护权利而团结在一起的个人的共同体。

就与解读柏拉图和卢梭一样，对赫尔德的理解也符合观念的整体发展曲线。20 世纪最后 30 年，随着多元文化、反理性主义、共同体主义倾向抬头，把赫尔德当作爱国者而非民族主义者，认为他是不涉政治的文人、是人类统一观念的捍卫者、是反
367 相对主义者、是某种普遍主义的支持者——无论他表现得怎样，他都从未放弃过普遍主义的观念——在今天成了广泛接受的观念。20 世纪下半叶，尤其是在英语世界，以赛亚·伯林对赫尔德满怀敬意，他的看法对解读《人类历史哲学观念》的作者具有重要意义。所有人都同意伯林在 1976 年所写的：他认为赫尔德的职业生涯开始于对启蒙原则的捍卫，之后转而树立了比较反动的立场，进而致力于让理性和理智从属于民族主义、直觉以及传统上没有批判意识的信仰。能不能说赫尔德一开始是世界主义者，而最终成了民族主义者？我认为不能，伯林说道：赫尔德从未放弃德国启蒙运动的基督徒式的人道主义，他认为基督教是世界性的宗教，涵盖了所有人、所有民族，超越了对普遍和永恒的崇拜中所有个别的忠诚。①

---

① 伯林，《维柯与赫尔德：两个观念史研究》(*Vico and Herder: Two Studies in the History of Ideas*)，伦敦，霍加斯出版社，1976，第 156—157 页。最近出版了该书的新的版本：《启蒙的三个批评者：维柯，哈曼，赫尔德》(*Three Critics of the Enlightenment: Vico, Hamann, Herder*)(亨利·哈代编辑出版)，普林斯顿，普林斯顿大学出版社，2000。伯林提到了弗雷德里克·贝尔纳(Frederick M. Bernard)的著作，《赫尔德的社会思想和政治思想：从启蒙运动到民族主义》(*Herder's Social and Political Thought, from Enlightenment to Nationalism*)，牛津，克拉伦登出版社，1965。

这一论点经不起考验，而且无论如何，它都不可能是伯林提出的那样。赫尔德不可能开始的时候是启蒙运动者，最终却成为民族主义者，因为正是在他职业生涯的最后阶段——他的职业生涯开始于他写作 1774 年小册子的时候——他有了世界主义者的倾向。与启蒙运动的抗争确实贯穿了他生命的大部分时光。《人类历史哲学观念》中是否出现了某种转变，或者说这种转变主要是语气的变化还是内容的变化？两种解释都是可能的，尽管一个半世纪以来，赫尔德在历史学上的重要性与极大的影响力都体现在他对普遍主义的反对上，以及他为了文化和种族的多样性的斗争之上。在马克斯·鲁谢对 1796 年至 1797 年《论人类进步的通信》(*Lettres pour servir à l'avancement de l'humanité*)这部最接近启蒙运动的著作进行了简短的解读之后，就连他也坚持强调赫尔德思想的普遍主义特征，并在 1940 年发表的具有决定性意义的书作 368
中努力将赫尔德与纳粹的人种决定论区分开来。[①] 于是，他既不支持认为赫尔德是世界主义者的解读，也不支持伯林的解读。鲁谢认为，从本质上说，赫尔德是一个极不“自由”的德国人，他从孟德斯鸠钟爱的种族和历史“气候”的理性主义概念出发，“勾勒出希特勒理想的**血脉和土地**概念的轮廓；尽管如此，最终他还是明确地背离了这些观念”。[②]

---

① 可参考鲁谢，《赫尔德的历史哲学》，前揭，第 246—248 或 298—303 页。

② 同上，第 539 页。也可参考剩余几百页内容，尤其是从第六章到第八章的内容。

鲁谢的看法对我们来说格外重要。这位法国学者撰写他的论文之时,德国正由纳粹当权,备战已进入最后阶段;他意识到赫尔德成了当时关注的焦点,而且迫切地想要在这位德国文化的伟大人物与奉其为先知的纳粹主义思想之间划清界限,他的观点与梅尼克的观点大相径庭。鲁谢没能提到赫尔德与启蒙运动、与法国影响的对抗,就好像 20 世纪德国发生的事件与 18 世纪的情形毫无关系一样;梅尼克与鲁谢不同,他甚至没有提及自己时代的发展。鲁谢也不敢对 1774 年的《另一种历史哲学》视而不见,或是将成书于 1784 年和 1791 年间的《人类历史哲学观念》写成纯粹的"人性"赞歌:1940 年,在这篇论文发表的时候,他就已经注意到多元论(différentialisme)胜利所付出的极大代价。

总的来说,尽管伯林的立场备受争议,它还是在今天的法国得到了阿兰·雷诺的认同:赫尔德绝对没有与启蒙运动的遗产决裂,也绝没有挥霍它的遗产,而是提供了一种方式,为启蒙运动增添新的维度。阿兰·雷诺在《政治哲学史》(*Histoire de la philosophie politique*)的一个短小的章节中回应了认为赫尔德是启蒙运动者的观点,这一观点也引起了雷诺的担忧,但这一解读最终被保留下来。[①] 皮埃尔·佩尼松也是如此,他写了一部非常重要的著作,这部著作要比雷诺的还要早上几年。[②]

---

① 阿兰·雷诺,《普遍主义和多元论:赫尔德时代》,前揭,第 247 页。

② 皮埃尔·佩尼松,《赫尔德:各民族的理性》,前揭。

必须强调,问题并不在于从细节上把握两个世纪以来对赫 369
尔德这个复杂而有迷惑力的人物的不同解读。这些献给赫尔德的杰出著作——通常缺乏原创性,虽然他的信徒们并不这么认为——和二手文献都从方方面面展现了这位作家。观点产生两极化并不意外:一方面,赫尔德被说成一位值得仰慕的启蒙运动者,是西方人道主义最杰出的代表,是反文化殖民主义之父,是法国文化思想专制的批判者,是中西欧民族解放的预言家;而另一方面,他又成了激进的民族主义狂飙突进运动者。有些人认为赫尔德是伟大的"人性"理论家,因而也是普遍主义和世界主义、温和的爱国主义以及不涉政治的文化民族主义观念的理论家;但他同样也被纳粹明确地写进了《从赫尔德到希特勒的民族观念》一类的文章中。在这两个极端之间,自然也有其他的观点。想要不带任何偏见地阅读赫尔德,就不能只赞同其中的一个方面,而否定其他所有的观点。

我们从伯林献给赫尔德的文字中看到的、几乎是自由主义的赫尔德,与那些支持纳粹的思想家伪造的那个赫尔德一样不真实(有时甚至让人认不出是赫尔德)。赫尔德的多重性是一个事实,而现在是时候摒除天真的赞美——这也是一种曲解——和谬解做出这样的结论:赫尔德有过怎样的贡献?他的思想是对法国-康德启蒙运动的适当修正,还是对这一传统的绝对严肃、具有毁灭性的批评?是稳固了自然权利和人权的传统,还是对个人自主观念的不断吞噬?很难不注意到,正是在 19 世纪末 20 世纪初的时候,正是在民族主义登上欧洲政治和文化舞台之时,这位魏玛主教的著作成了关注的主题。确实,赫尔德除了为推动民族主义做出贡献外,他还有哪些历史意义呢?

总之,在拿破仑征战英国以及之后法国的战争,还有后来中东欧,尤其是斯拉夫地区发生战争的时候,在这些历来备受争议
370 的时刻,赫尔德都发挥了巨大影响。在德国,20 世纪初以来,1774 年《另一种历史哲学》的思想和道德重要性超过了《观念》,有些人甚至认为后者只是那部青年时代著作的可悲回音。1942 年出版、1956 年再版的《约翰·哥特弗雷德·赫尔德的历史意识解放》(*La libération de la conscience historique de Johann Gottfried Herder*)的作者西奥多·利特(Theodor Litt)认为,比克堡时期的那部著作要远远高于《观念》。① 难道梅尼克和斯宾格勒不像是赫尔德的后继者吗?在此期间,因为有了民族(Volk)的概念,因为人们赋予了这一概念以生物学的含义,对《另一种历史哲学》以及《我在 1769 年的游记》的解读也完全是以民族主义,甚至人种主义的方式进行的。就这样,作为"人性"捍卫者的赫尔德消失了,他成了严酷的民族主义先驱。1933 年之后,纳粹为了宣传而扭曲了赫尔德著作的意义,这一点毋庸置疑;但必须明确区分阿尔弗雷德·罗森伯格(Alfred Rosenberg)这类人对赫

---

① 雷吉纳·奥托(Régine Otto),《"仅论赫尔德的历史哲学"——比克堡时期作品的影响》("Un mot seulement sur la philosophie de l'histoire de Herder"- Des effets du traité de Bückeburg),收录于皮埃尔·佩尼松(主编),《赫尔德和历史哲学》,第 83 页。1900 年,霍斯特·斯蒂芬(Horst Stephan)提出比克堡时期著作优于魏玛时期著作。从 1918 和 1933 年之后,出现了一种相反的趋势。

尔德思想的粗暴侵犯，与认为赫尔德是狂飙突进运动和欧洲民族主义众多分支——当然包括德国民族主义——先锋的合理解读。[1] “每个民族都有自己幸福的中心，就好像每个星球都有重心一样!”[2]这大概是赫尔德最著名、最常被引用的观念了。确实，它被纳粹的意识形态加以利用;但尽管如此，它还是切实地包含了现代民族主义的基本要素，并且与《大百科全书》中定义的民族主义截然不同。如果想要找到一个能够与百科全书学派所给的定义不同却又清晰简明的定义，那它一定是在赫尔德的思想中。

确实，狄德罗和达朗贝尔将民族定义为“生活在某一国家疆域内、受到某些限制、服从同一政府管理的一定数量的人民”。[3]
在英国，休谟几乎给出了同样的定义:“民族不过是个人的集 371
合。”[4]这一理性主义、个人主义的政治定义和法学定义至今仍是无人可以超越的自由主义民族观念基础，它是赫尔德反对的主要对象。但启蒙运动并不是完全同质的，孟德斯鸠就有过很不个人主义的世界观，赫尔德也从中得到了两个启发。在名为

---

① 参见上一章。

② 赫尔德，《另一种历史哲学》，第 183 页。

③ 《百科全书——科学、艺术和工艺详解辞典》(洛桑，印刷出版社，1781)，卷 44，《民族》一文，第 221 页。

④ 大卫·休谟，《政治论文集》，第 12 篇，《论民族性》(*Des caractères nationaux*)，英文原名为:*Of National Characters*，第 79 页。法文版中，该文章在第 21 篇:参见《关于不同主题的文集和论著:论道德、政治和文学》，米歇尔·达莱尔伯翻译、作注，巴黎，弗林出版社，1999，第 242 页。

《征服的权利》一节中，孟德斯鸠描述了征服者与被征服者的关系，他强调个人集合与社会之间的本质区别：社会的毁灭并不意味着构成社会的人的毁灭，“社会是人的联盟，而非人本身；公民可能会消失，但人将永远存在”。[①] 然而，在这一点上，赫尔德以及之后的勒南、泰纳、巴雷斯和斯宾格勒都要走得更远；当赫尔德将历史世界同化为自然的时候，他就与启蒙运动决裂了。整个 19 世纪，人们都不断看到这样的观念：“自然养育了家庭，”赫尔德说，“民族和家庭一样都是自然中生长的植物，只是民族这棵植物有着众多的枝桠。”[②]

因此，民族多元论最终占了上风。在赫尔德的观念中，传统既是好的也是不好的；但无论如何，天平更倾向于好的一边，因为传统体现了民族的灵魂。赫尔德并不反对民族性和人性，但他拒绝面对那个他不可能忽略的问题：无论我们愿意与否，多元论都会酝酿出差别、等级、反对和战争。不可能要求每个族群都关起门来小心翼翼地保护自己的特殊性，不能要求他们拒绝一切外来事物，或是让他们把外来文化都看成致命的东西，这只会在他们中间激起更多的仇恨，而非爱意。在赫尔德的思想中，是广义的民族主义让他接受了多元化的历史观。就其字面意思来
372 看，一致性几乎是死亡的同义词。因此，他极力吹捧认为“在时间和各民族中一切都极具民族性的思想”；并且，在他看来，“我

① 孟德斯鸠，《论法的精神》，贡扎格·特鲁克撰写引言、注释，巴黎，加尔尼埃出版社，1961，卷 1，第 147 页。

② 赫尔德，《人类历史哲学观念》，第九部，第四章，第 159 页。

们这个世纪那些学问高深之人控诉学识不够渊博的希腊人没能发展出普遍的、纯粹的、正确的抽象哲学,而只谈论那些狭小舞台之上的需求",是"不正当的指责"。①

哲学评价的标准在伏尔泰、孟德斯鸠、休谟、弗格森、达朗贝尔、艾斯林以及其他众多启蒙运动者眼中都具有某种普遍意义,能够质疑那些被历史神化的价值。赫尔德反对他们的普遍性企图。他否定的不仅是当时标准下的普遍性,也否定一切时代标准的普遍性;他的观念得到了认可,且至今仍然有效:脱离价值的背景来质疑价值的历史意义,同样打击了渴望找到适用于一切时代的普遍意义的企图。因此,1774 年时,赫尔德谈论的历史哲学力求指出,从自然权利、历史一致性原则这类观念出发无法理解现实。他认为,既然历史的真理原则存在多元化,那么每个民族就都有权提出自己的思想标准。这就是为什么任何整齐划一的原则都不能构成历史一致性的共同原则。只有造物主才能掌握这种一致性。②

上文中我们已经看到,这种对历史一致性的批评在 20 世纪成了现代历史主义的出发点。在赫尔德的敌人眼中,赫尔德是历史多元论的大祭司,他能够通过历史认可价值多元化的有效性。每个民族的价值都在特定的背景之下有着其自身的有效

---

① 赫尔德,《另一种历史哲学》,第 265 页(段 544)。

② 杰弗里·安德烈·巴拉什,《赫尔德和历史决定论政治》,收录于皮埃尔·佩尼松(主编),《赫尔德和历史哲学》,第 200—201 页。也可参考赫尔德,《另一种历史哲学》,第 174—175 页。

性，于是在多元论原则的帮助下，历史主义能够反对任何形式的、企图建立绝对价值体系模式的教条主义；而从历史的角度来看，这样的价值体系的意义是有限的。那些诋毁赫尔德的人认为，赫尔德是“历史相对主义”之父，“历史相对主义”与他的多元
373 论一脉相承。标准的数量没有限制，每一个标准在其时其地都是有效的，这些观念确实朝着相对主义的方向发展，这种相对主义表明人们不可能提出具有普遍意义的原则。在当时的背景下，认为一切价值都相对有效的原则一旦被推向极致，就会成为新教条主义的源头，并被用来为那些看似是一个时代或一个民族合理表达的最专断的行为辩护。[①] 20 世纪恰恰证明了赫尔德主义并不是不涉及政治的思想活动。

赫尔德正是通过抨击“那位百年前的作家，那位毫无争议的世纪之尊”，确立了 19 和 20 世纪反普遍主义和共同体主义的伟大思想脉络。甚至在他将伏尔泰评价为位于“世纪之巅”的“伟大作家”时，他也认为，确切地说，伏尔泰的贡献是毁灭性的。因为，在这个尚未成型的清教徒口中，“普及文明，普及所谓的人性的哲学，普及宽容，普及为自己而思考的能力，普及在无数有魅力的外表下仅存的美德的微光、微不足道的人的意向”，这些绝不是称赞之辞。接下来的话还要更糟：“多么可悲，多么肤浅，多么脆弱、犹豫而冷漠！那么缺乏深度、缺乏坚定的计划，面对美德、幸福和功绩是那么怀疑！［……］他用罪恶之手将我们之间

① 杰弗里·安德烈·巴拉什，《赫尔德和历史决定论政治》，第 201 页。

微妙的联系切断，却没有给我们任何可以替代的东西[……]？他和他那没有道德、没有坚定的人的情感的哲学与游戏，会把我们交到怎样的手中？”①

赫尔德从《风俗论》的作者那里借鉴得越多，他的反伏尔泰运动就越是强硬。在伏尔泰看来，历史“是个大仓库”，“应有所取舍”；或者说，“您可以在其中选取您所需用的东西”。② 因此，历史并没有被理解成记忆的工作，而是为了产生有用的真理而进行的理性的特定选择。根据伏尔泰的观点，没有什么比他为人的精神进步做出的贡献更能揭示真理的实用性。只有具有进步意义且能够作为世界其他事物典范的东西，才配成为历史研究的对象。而赫尔德则否定伏尔泰思想的这些基本概念：历史 374
研究的一致性原则、他的语言功能概念、他的民族观，但尽管他并不承认，他还是从伏尔泰的遗产中吸收了知识，尤其是吸收了伏尔泰和他之前“享有盛名的博须埃”——伏尔泰的原话——共同带给历史的东西：研究“民族精神”，也就是考察“各种风尚和各种习惯”；或者，更直接地，就像《关于世界史的演讲集》(*Discours sur l'histoire universelle*)的作者所说的那样，考察人民和他们的统治者的“性格”。③

---

① 赫尔德，《另一种历史哲学》，第 363 页(段 583)。

② 伏尔泰，《论各民族的精神与风俗》，前言，卷 1，前揭，第 196 页。

译文参考：伏尔泰，《风俗论(上册)》，梁守锵等译，前揭，第 230 页。——译注

③ 同上，第 197 页。在第 196 页注释 1 中，在谈到历史研究方法的时候，伏尔泰提到了在他之前博须埃的一篇文章。

译文参考：伏尔泰，《风俗论(上册)》，梁守锵等译，前揭，第 230 页。——译注

此外，面对伏尔泰严格区分事实与传说的历史认识论，[①]维柯早已提出反对，赫尔德更是从一个根本性的问题出发对其进行质疑：我们能用什么标准来评判其他种族和其他文化的风俗、法律、政治制度和社会制度？伏尔泰的方法是一种比较法，让人们进行选择或价值评判；赫尔德与伏尔泰对立，并相应地提出了一种既不要求对比也不做价值评判的研究方法。他抨击温克尔曼（Johan Joachin Winckelmann），因为后者根据希腊美学去评判埃及；抨击伏尔泰，因为后者将自己所处时代当作整个世界的标准和典范。这里我们谈到的赫尔德的这个方法论，直到两个世纪之后，人们才意识到它的意义；而当时，赫尔德自己以及其他同时代或之后一个世纪的反启蒙批评家在攻击法国影响力和宣布法国衰落的同时，始终都忠实于这一方法。赫尔德、他之前的《论德意志民族精神》（*De l'esprit national allemand*）的默泽尔、耶拿（Iéna）时期之后的费希特实际上都不是在寻求所有语言、所有时代、所有风俗和所有文化的平等；恰恰相反：他们彰显德国人的优越性，德国人组成了一个年轻的民族，只有他们拥有纯粹、独创、不受任何外来事物干扰的语言。这些思想家也强调日耳曼中世纪的优越性，强调路德宗教改革
375 要高于意大利文艺复兴。甚至，只要基督教民族的优越性不影响民族的同质性，前者就不会受到质疑。对于文艺复兴，赫尔

① 马克·克雷蓬（Marc Crépon），《语言与历史（赫尔德及其对伏尔泰的批评）》（Langues et histoire [Herder, critique de Voltaire]），收录于皮埃尔·佩尼松（主编），《赫尔德和历史哲学》，第 127 页。

德表现出明显的厌恶，就像对拉辛和高乃依的作品一样：他以莎士比亚的戏剧有利地对这二者进行了抨击。[①] 时常，他自己也处在一系列的矛盾之中：他肯定十字军的伟大，但他又不能无视这些信徒远征埋下的不幸；圣经的诗句和古老的希伯来人吸引了他的注意，可在他的时代犹太人又是排犹主义最主要的对象。他谴责殖民主义；他预言斯拉夫人将有很好的未来，但又深信他们比德国人低级。

然而，虽然说各个族群、各个文化和每个时代都绝对平等的原则只是赫尔德思想潜藏的一面，且几乎不为其同时代人所知，但这位民族主义思想家还是立刻引起了反响。几乎是在两个世纪之后，《另一种历史哲学》的作者才得到美化，成为不涉及政治的多元论先锋。之所以这么说，是因为独特性与平等是两个不同的原则。不少评论家都犯下了一个大错误，就是认为民族之间的平等会破坏各民族的特殊性；事实刚好相反，特殊性引起了对差别的敏锐意识，而不是对平等的意识。对此，我们可以更进一步，这也是非常关键的一步：之所以说特殊性和独特性让我们没有对比、评价不同民族的标准，是因为在赫尔德看来，民族就是个体。文化、文明、民族、时代的对比研究会抹杀绝对的特殊性。据此而言，如果历史研究的不是彼此独立的地区和民族的

---

① 赫尔德对文艺复兴的憎恶引起了尼采对所有德国人的指责：他认为德国人破坏了历史上最伟大的时期。参考汉斯·布鲁门伯格，《现代的合法性》，萨尼奥尔、施莱格尔和特里埃维勒译，巴黎，伽利玛出版社，1999，第 534 页。

特殊性,那么历史又是什么?而如此一来,我们还能谈论世界史吗?

赫尔德的研究方法力求克服的全部困难在于:世界史不可能不是比较历史。事实上,《观念》就已经是一部比较史,其中表现出了民族之间的不平等,而特殊性也是服从于民族之间细微而清晰的等级关系。至于价值的等级,它从 1774 年起就已经从赫尔德的思想中突显出来:难道理性不是次于本能和情感吗?
376 相比起罗马帝国,日耳曼的征服难道不是一次巨大的进步?原始性难道不比理智化更高级?路易十四时期的法国难道不是模仿和人为文化的典型案例?卡莱尔和斯宾格勒所说的有什么不同吗?巴雷斯和莫拉斯是不是在用另一种方式谈论德国,而丹尼列夫斯基对整个西欧又有什么不同的看法呢?

赫尔德在《我在 1769 年的游记》中宣布了法国的衰落,并想要通过否定法国的影响来摆脱其文化和文学形式。这部作品与长篇著作《另一种历史哲学》都一下子突出了所有的问题和矛盾。为了抨击伏尔泰、卢梭和孟德斯鸠,赫尔德将民族视作独一无二的有机体,视作习惯、生活方式、行为不受任何批评影响的个人。一个世纪之后,巴雷斯说道,他自己理解不了帕特农神庙,也不懂柏拉图,因为他的血管里流淌的不是希腊的血液:在他看来,作为一个洛林的法国人,自己无法理解希腊的本质。赫尔德走得没有这么远,但他认为即使能够把握一个民族的本性,依靠的也不是理性的方法。在这一点上,巴雷斯是赫尔德的门生。

确实,想要关注“一个民族的性格”,想要理解“国家和上天的生活方式、习惯、需求、个性的整个鲜活画卷,就必须首先与这个民族产生同理心”。[①] 但这样就可以了吗？如果说,休谟认为民族的性格是由各自的社会制度和社会价值培养而成,是由道德因素塑造而无需物质因素的介入,[②]那么不要忘记,在赫尔德看来民族就是个人,而历史和自然造成的民族个性的削弱是不幸和衰落的征兆。[③] 赫尔德问道,为什么人们没有注意到“一个人的特殊性是多么难以察觉的东西,而想要说清楚那些让他区别于其他人的事物又是多么困难？他感受和生活的方式呢?”要如何理解这一独特的生命在世间形成的画面？他如何观察？如何感受？“每当他用眼睛观察事物、用灵魂丈量它们、用心感受 377
它们,他能否意识到所有的事物都变得那么不同、那么特殊”？“一个民族的性格”会有这样的“深度”,这一深度“如此难以用语言形容”,以至于产生了这样一个戏剧性的问题:“如果事实确实如此,那么统治民族、时间和国家的又是什么?”[④]

民族是一个整体、一个有生命的机体,这种整体性以最完美的方式在语言中表现出来。于是,就有了这样一个问题:如果每种语言都蕴含了各自所属民族的思想,那么思想还是否具有普

---

① 赫尔德,《另一种历史哲学》,第 169 页(段 502)。

② 休谟,《政治论文集》(第 12 篇),第 82—83 页,法文版为弗林出版社出版,前揭,第 242—244 页。

③ 赫尔德,《另一种历史哲学》,第 282—283 页(段 551)。

④ 同上,第 167—169 页(段 502)。

遍意义和普遍使命？只有当我们接受了伏尔泰的实用主义语言观，思想才有可能具有普遍性。赫尔德自己一面将关注点集中在个体身上，一面又想要保护普遍性；但他首先是一个德国人，只有上帝的目光能够看到整个人类，也只有上帝能够理解其他民族的语言和文化精神。崇拜个性、个人性和特殊性，这一赫尔德独创的、全新的观念使得集体身份观念本身带有了某种革新的意味，其代价将在推行文化民族主义和政治民族主义的过程中扮演至关重要的角色。这就是为什么赫尔德比迈斯特更具有现代性。并且，不同于伯林的想法，赫尔德在反对自然权利和反对 89 原则的运动中做出的贡献绝对高于《圣彼得堡之夜》(*Soirée de Saint-Pétersbourg*)的作者。迈斯特的反抗没那么危险，因为他是以旧制度的名义发起反抗，而我们知道旧制度已经不复存在，因而这一反抗也没那么可靠；而赫尔德对启蒙运动的否定则宣告了民族主义的新力量登上历史舞台。19、20 世纪之交的民族主义正是根植于赫尔德的而不是迈斯特的民族观。

上文中我们看到，尽管赫尔德的表达已经非常清楚，人们普遍接受的观念仍然认为，除了“创造了历史界”，赫尔德最大的荣誉在于创造了多元论和多样性。他所说的尊重非欧洲民族和文化正是源自这一观念。赫尔德也正是由此出发，反对启蒙运动
378 的欧洲中心论，反对他们对非欧洲世界的轻蔑。他也是各文明、各时代平等的先锋。① 事实上，赫尔德所持的立场不及伏尔泰

① 主要参考伯林，《维柯与赫尔德》和本书第八章。

的立场。他推行的不是所有价值的平均化,他只是想建立另一种等级。他用基督教、日耳曼和中世纪的文化来反对理性主义、个人主义和启蒙运动的世俗性。在那些"哲学家"看来,进步完全归功于人的精神;而赫尔德则认为,是天意控制了人的发展,是上帝实现了人的发展。赫尔德的思想体系可以被看成基督教历史哲学的产物:自罗马帝国转变和蛮族基督教化以来,这一历史哲学就倾向于将历史现实视作上帝意志,这损害了人的自由。继维柯之后,赫尔德成为18世纪基督教历史哲学的代表。这就是为什么赫尔德在《另一种历史哲学》中几乎未提及远东地区,《观念》中也是草草带过。

相反,没有哪一个作家像伏尔泰那样如此公正地对待非欧洲人。在《风俗论》开篇,他就对欧洲人认为美洲民族低等、野蛮的观念做出批评:"所谓美洲野人是他们土地的主人。[……]他们知道什么是荣誉,而我们欧洲的野人则从来也没听说过。"休伦人(Huron)、阿尔冈昆人(Algonquin)、伊利诺伊人(Illinois)、卡弗尔人(Cafre)、霍屯督人(Hottenton)能够掌握获取自己所需东西的技艺,"而我们的乡下人却不会"。不仅如此,"他们有祖国,他们热爱祖国,捍卫祖国。他们缔结条约,他们也勇敢战斗,而且往往英勇地慷慨陈词"。[①]《风俗论》第二卷用了相当大的篇幅讨论亚洲和美洲国家,其中包括蛮族的征战和美洲中部、南

① 伏尔泰,《论各民族的精神与风俗》,卷1,前揭,第23页。
译文参考:伏尔泰,《风俗论(上册)》,梁守锵等译,前揭,第37页。——译注

部意外的基督教化。这些文字赞叹印加人的伟大，指责欧洲人的野蛮，使得我们无法知道伏尔泰内心的倾向：欧洲人虐待“从非洲买来的、被运到秘鲁的”黑奴，而“这些新世界的居民”都没被当作人看。①

379 伏尔泰秉持着同样的精神强调基督教世界之外的民族，《风俗论》的前七章都用来论述中国、印度、波斯和穆罕默德时代的阿拉伯，他怀着敬意谈论这些民族，常常歌颂那些非基督教的宗教。② 中国“已有 4000 多年光辉灿烂的历史”，它有发达的科学和艺术，它建造出了众多大城市(北京“居民约有 300 万人”)，长城是“超过埃及金字塔的伟大建筑”，整个国家有将近 5000 万人口，农业产量极其丰富。③ 伏尔泰不遗余力地强调中国人比结束了罗马帝国的野蛮人优越。尧帝力求使民智开通、民生安乐，伏尔泰说，这位帝王也是一位精明的数学家，他亲自改革了天文学：“我们没见过古代日耳曼或高卢的部族首领改革天文学。”④

伏尔泰对野蛮人的蔑视是没有界限的，无论他们是否是基督教徒。他指出克洛维(Clovis)受洗之后比之前更加嗜血，犯

---

① 伏尔泰，《论各民族的精神与风俗》，卷 2，前揭，第 360 页。也可参考第 354—359 页。

译文参考：伏尔泰，《风俗论(下册)》，梁守锵等译，前揭，第 61 页。——译注

② 同上，卷 1，第 206—276 页。

③ 同上，卷 1，第 205—213 页。

译文参考：伏尔泰，《风俗论(上册)》，梁守锵等译，前揭，第 239—244 页。——译注

④ 同上，卷 1，第 206 页。

译文参考：伏尔泰，《风俗论(上册)》，梁守锵等译，前揭，第 240 页。——译注

下更大罪行,这些罪行“并非属于令愚人赞叹不已的英雄事迹,而是盗窃和弑亲”。[①] 赫尔德无法容忍这样的控诉。让我们看看赫尔德和伏尔泰是如何以各自的方法描述那些北部族群以及他们的影响,尤其是最受关注的诺曼人的。赫尔德认为,“不仅是英国,欧洲大部分地区骑士制度的兴起都归功于他们的风俗”。这段话不是出自《另一种历史哲学》,而是《观念》。诺曼人具备“无畏的精神和强大的体力,精通所有之后被称作骑士风格的艺术,对荣誉和高贵出身有着伟大的情感”。[②]

对所有北部民族,对所有日耳曼部落,赫尔德不仅表现出极大的热忱,还让所有刻板印象都具有了天赋的权威。这些刻板印象很快变得家喻户晓,并在日耳曼神话的传播中扮演了重要角色。“他们高大、强壮、健美的体魄,他们摄人的蓝色眼睛都流露出忠诚奉献和节制的精神,这让他们服从于自己的领袖,让他 380
们在斗争中勇往直前,让他们不惧危险,并因此成为其他民族,尤其是衰败的罗马渴望联合或是畏惧的对象。”数行之后他继续说道:“我们德意志的众多民族与罗马的长期对抗强化了我们的力量,以及我们对这一天敌的憎恨。”[③]赫尔德几乎是无限地崇拜日耳曼人的尚武精神和他们游牧、捕猎的原始生活方式。当然,并非所有这些部族都有着同样的风俗和文化,但存在一个共

① 伏尔泰,《论各民族的精神与风俗》,前揭,卷 1,第 306 页。
译文参考:伏尔泰,《风俗论(上册)》,梁守锵等译,前揭,第 350 页。——译注

② 赫尔德,《人类历史哲学观念》,第十八部,第四章,前揭,第 363 页。

③ 同上,第十六部,第三章,第 293—295 页。

同的基础：就是“德意志原始的英勇”，就是“图伊斯托(Theut 或 Tuisto)、曼(Mann)、赫塔(Hertha)和奥丁(Wotan)，也就是一位神灵、一位英雄、大地和一位将军”。① 在献给“德意志各民族”这一章节的末尾，赫尔德一方面模糊地评价了德国人的“政治条件”，另一方面也指出了其文化的不断飞跃；前者是欧洲文明缓慢进步的原因，后者确保了德国的大好未来：“不仅是他们以自己的方法征服、开垦、规划了欧洲大部分地区，也是他们捍卫、保护了欧洲；若非如此，如今发展繁荣的那些事物不可能发展起来。他们与其他民族人民的关系、他们的战争联盟和民族性格构成了欧洲文明、自由和安定的基础。”②日耳曼人在所有领域都起到了核心作用，这一点应该归功于“德意志民族的刻苦和忠诚”。他们的修道院保护了科学，他们的移民成为其他国家的引导者，“而在这些世纪每一个世事颠倒的时候，德意志不可摧毁的忠诚与诚实精神仍旧那么明显”。德国的忠贞比任何地方都要更加完善，那里的风尚也愈发神圣。③

与此同时，赫尔德在数页之后指出，他意识到封建主义造成的分裂以及封建主义的流弊。赫尔德认为，中世纪欧洲遭受的所有苦难中，让人们屈服的“最终只有专制的封建制度。欧洲挤
381 满了人，但其实是挤满了农奴，他们感到了沉重的压迫；更何况他们还是基督教的奴隶，他们受到政治法则和盲目传统的规范，

① 赫尔德，《人类历史哲学观念》，前揭，第 297 页。

② 同上，第十六部，第三章，第 299 页。

③ 同上，第十八部，第五章，第 371—373 页。

需要书面认可，黏着在他们的耕地之上”。[①] 但在总结的时候，赫尔德还是禁不住歌颂“德意志如此自然、如此高尚的政治组织形式”的伟大，歌颂日耳曼风俗的伟大，并且主张“不应该依照文字，而应该根据现行的看待事物的观念来评判”一切罪行。其他“部落习俗、联盟习俗”见证了“德意志民族清明而公正的精神”，德意志国家也是如此：“集体财产和民族共同自由的原则伟大而崇高”。[②]

赫尔德与伏尔泰的全部区别都从对征服罗马者的看法中表现出来。伏尔泰认为：这些斯堪的纳维亚民族，这些波罗的海(Baltique)海岸居民，这些在赫尔德看来遍布欧洲各个角落、预示着年轻世界的诺曼人不过是“野蛮人”：“杀人越货和海盗行为，在他们就是生存之所必需，就像野兽的互相残杀一样。”从4世纪起，他们就混入了“蹂躏远至罗马和非洲的其他蛮族的洪流”。[③] 罗马沦陷，因为不再有人像马略(Marius)那样能够抵御蛮族，因为在罗马僧侣多过士兵：“基督教打开了天国的大门，但却丧失了帝国。”[④]中世纪早期是一个“普遍愚昧无知”[⑤]的时代，

---

① 赫尔德，《人类历史哲学观念》，第十九部，第六章，前揭，第445页。

② 同上，第十八部，第六章，第383页。

③ 伏尔泰，《论各民族的精神与风俗》，卷1，前揭，第385页。

译文参考：伏尔泰，《风俗论(上册)》，梁守锵等译，前揭，第443页。——译注

④ 同上，卷1，第304页。

译文参考：伏尔泰，《风俗论(上册)》，梁守锵等译，前揭，第347页。——译注

⑤ 同上，卷1，第393页。

译文参考：伏尔泰，《风俗论(上册)》，梁守锵等译，前揭，第452页。——译注

在“这野蛮时代”,一切“只是混乱、暴政、野蛮和贫穷”。[①] 封建主义产生了“一种畸形状态:身体的各部分并不组成身体[……],每个城堡都是一伙强盗组成的小国家的都城”,还有荒芜的乡村、破败的城市以及被拖拽到战场上、待遇还不及马匹的农民。[②] 而包括骑士精神在内的规则和习惯都是持续内战的战争格言。[③] 18 世纪是个转折点:人们“从野蛮的无知转为经院式的无知”:伏尔泰指出,从那时几乎直到今天,经院式的研究仍然是“一种荒谬的体系,乃至于即使把这些谬论说是塔普罗巴纳(Taprobane)人的见解,那我们也会认为这是对他们的污蔑”。[④]

382 如今的宗教也是如此:伏尔泰说道,圣体瞻礼日源于列日(Liège)修道院修女的幻想。1264 年,她自称每晚看到月亮上有个窟窿,之后她得到启示,认为月亮代表教会,而窟窿则表示缺少一个节日。一位修士和她一起编出了圣体弥撒,这个圣体瞻礼日也在列日修道院确定下来,而教皇乌尔班四世(Urbain IV)则将之推广到整个教会。[⑤]《风俗论》开篇,伏尔泰就关注“那些

---

① 伏尔泰,《论各民族的精神与风俗》,卷 1,前揭,第 444 和 448 页。

译文参考:伏尔泰,《风俗论(上册)》,梁守锵等译,前揭,第 515 和 520 页。——译注

② 同上,卷 1,第 443—445 页。

译文参考:伏尔泰,《风俗论(上册)》,梁守锵等译,前揭,第 514—515 页。——译注

③ 同上,卷 1,第 522 页。

④ 同上,卷 1,第 638 页。

译文参考:伏尔泰,《风俗论(中册)》,梁守锵等译,前揭,第 99—100 页。——译注

⑤ 同上。

荒诞不经的神话”,“人类中大部分[……]荒谬而愚蠢”的人都是在这些神话中找寻意义,就好比“所有假设是神与凡人妻女非自然交配而生的人”的神话。① 赫尔德厌恶的正是伏尔泰这种恶毒的挖苦,而不是他反历史主义的企图,也不是他欧洲人式的骄傲。

赫尔德不像伏尔泰那样,他没有披露出欧洲相对于非欧洲世界所有不足的方面,他认为基督教世界仍然是“人类世界中最重要的部分”。② 《另一种历史哲学》出版一年后,他更加明确地指出:“引导历史的正是那些受到犹太教和基督教启示,并传播其教义的国家。此外的所有地方,人的理性仍未觉醒。”③《另一种历史哲学》忽略了非洲、美洲和远东,《观念》则表现出了对这些地区的轻蔑,这一点凡是不抱偏见的读者都不难看出。此外,赫尔德写道:“通过希腊和罗马,亚洲的一连串传统与欧洲联系在了一起——而在这之外的其他传统都仍然处在不为人知的阴暗里。”④这句话出现在对埃及的赞颂中。赫尔德义正词严地抨击温克尔曼这位最杰出的古代艺术史学家,抨击他只“根据希腊的标准”来评价埃及艺术作品;他严厉地批评沙夫茨伯里,后者

① 伏尔泰,《论各民族的精神与风俗》,卷 1,前揭,第 18 页。

译文参考:伏尔泰,《风俗论(上册)》,梁守锵等译,前揭,第 31—32 页。——译注

② 赫尔德,《另一种历史哲学》,第 321 页(段 567)。

③ 鲁谢,《赫尔德的历史哲学》,前揭,第 102 或 540 页,引自 1775 年《新约评注》(*Commentaires au Nouveau Testament*)

④ 引自鲁谢,赫尔德《另一种历史哲学》引言,第 77 页。

作为“可敬的欧洲柏拉图”，将他的“怨恨”撒向“埃及的迷信和祭司的统治”；赫尔德还猛烈攻击伏尔泰，但这一次他和牛顿站在了统一的战线上。[①] 赫尔德抨击的这些人，表现得就好像如果
383 埃及不是希腊或我们现代世界诞生过程的一个阶段，那它就没有存在的意义。通过反对像温克尔曼这样的古典主义信徒，通过反对包括沙夫茨伯里在内的现代性思想意识的代言人，赫尔德呼吁人们根据埃及自己的标准，而不是我们现代的标准来评判埃及；就此，他又一次指出了他自己的价值体系。我们没有权利反对“埃及的精神”，他以其常用的对话口吻对 18 世纪的人这样说道：“你的公民经验、你的自然神论哲学、你轻佻的戏谑、你穿越世界的步伐、你的宽容、你的善良、你的人权以及一切陈词滥调”。[②] 在赫尔德看来，人权、宽容、公民经验——也就是对自由的最初意识——探索世界和了解其他文化的意愿就与戏谑和自然神论哲学一样，都是“陈词滥调”。

事实上，赫尔德在此抨击整个启蒙“哲学”是为了普及自己的准则和价值，但却忽略了其他的问题：启蒙运动的这一罪过不过是它的敌人们捏造出来的。确实，古今之争中，以丰特内勒及其之后的伏尔泰为首的主要“哲学家们”都坚信他们的时代优于过去，但这么说只是因为：每一代人都内化了过去的成果，并在这一长期积累的资本中加入了自己的贡献，总和必然会高于过去。对

---

① 赫尔德，《另一种历史哲学》，第 143—145 页(段 490—491)：赫尔德引用了《文集》第三卷(沙夫茨伯里的《性格》)。

② 同上，第 143 页(段 490)。

于那些光荣的时代也是如此，尤其是古代，但中世纪绝对是一个例外——17 和 18 世纪所有思想家，无论他们来自哪个国家，都认为这个极其野蛮的时代无法为整体进步做出丝毫贡献。赫尔德那么厌恶这一主流思想，并对法国文化表现出了如此强烈的敌意，以至于他的批评极大程度地丧失了可靠性。而且，当他提出所有时代都拥有相同的价值时，他首先排除了 18 世纪，于是这一观念表达的具体含义仅仅在于为日耳曼的中世纪平反。赫尔德曲解了 18 世纪的历史文献：当他指责这些文献将“所有时代”改变成“可笑、片面的‘虚构小说’”[①]时，他自己却成了笑柄。

埃及之后是希腊，这个“人类独一无二的产物”[②]，它代表了古 384
代人性的成年期。但不同于“主流的”公众言论，赫尔德不认为苏格拉底、柏拉图、亚里士多德、伯里克利和菲狄亚斯(Phidias)是永远伟大的希腊典范。他强调“苏格拉底只是雅典公民，他的全部智慧都只是作为雅典公民的智慧”。[③] 他嘲笑 18 世纪人借助传奇的苏格拉底、借助“永恒的苏格拉底”，嘲笑他们认为苏格拉底的每一句话都“适用于整个世界，都永远适用[……]。传授连那个时代的苏格拉底都不敢想象的带着光辉和光明的美德！激发对人的爱！如果确实存在对人的爱，那将比对祖国和对城邦的爱更大！”[④]在

---

① 赫尔德，《另一种历史哲学》，第 293 页(段 555)。

② 同上，第 155 页(段 496)。

③ 赫尔德，《人类历史哲学观念》，第十三部，第四章，第 229 页。

④ 赫尔德，《另一种历史哲学》，第 327 页(段 568—569)。赫尔德讨论了热爱平民(Bürgerliebe)意义上的热爱城邦。

这里,赫尔德思想中个人服从于共同体的理想典型得到了更加明确的描述:在希腊人身上,赫尔德推崇的正是他们的共同体精神,而非雅典的民主。他认为理想的状态就是在温泉关(Thermopyles)阵亡的斯巴达人的墓志铭"永远都是最高政治美德的原则"。[1]

罗马代表了"人性强大的时代、有力之人的时代"[2](后期罗马帝国[Bas-Empire]代表了人性的衰落),它引起了赫尔德的恐惧,而这主要是因为:罗马的统治就像是一场"暴风雨,席卷了每个民族精神最隐秘的角落",因而成了"摧毁所有民族性"[3]的第一步——斯宾格勒几乎原封不动地继承了这一思想脉络。赫尔德不可能没有注意到古罗马的伟大,但是它的世界性令他厌恶:"有没有可能在罗马犯下劣行,却不让鲜血流过三个洲的大陆?"[4]赫尔德就是这样发起了反古典主义的战争,并开始为中世纪唱颂歌。在此,必须提到 18 世纪古典主义研究激发起的对罗马共和国的思念。赫尔德并不思念共和国最初的阶段,他最关注的始终是大帝国中融合的民族身份问题,是"从某种程度上来说,
385 在罗马的铁骑下失去了自己本来样貌的民族"[5],以及受到希腊和罗马压制的、古老的埃及精神。[6] 他偏爱的是那个希腊小城

① 赫尔德,《人类历史哲学观念》,第十三部,第四章,第 227 页。
② 赫尔德,《另一种历史哲学》,第 161 页(段 499)。
③ 同上,第 165 页(段 501)。
④ 同上,第 161 页(段 400)。
⑤ 同上,第 165 页(段 501)。
⑥ 同上,第 201 页(段 517)。

邦，它融合了外来事物却仍能创造出原初的文明、开出“人类的青春之花”[①]，并始终保持在民族的框架之中。当然，赫尔德推崇“古希腊人对自由的热爱”[②]，但他只字不提雅典的民主，也不提雅典与斯巴达的区别。他不认为希腊的官员选举、公民集会、修昔底德笔下的伯里克利体现了民主，甚至不能算是有产者独有的民主，或谙熟古代文化的几代人理想化的民主。在赫尔德看来，古希腊只是培养特殊性的民族文化和共同体文化的青年阶段，而接续这个完美文化共同体的是多民族的罗马怪物。

为了弥补“罗马的世界性”所造成的裂缝，“必须要有一个新世界”：这就是北部的世界，需要“北方侵入南方”。生活在罪恶阴影下的人建成的陈旧的古代世界被一个年轻的族群打乱。赫尔德再次为这个新世界的开始和“人的新生”所倾倒。[③] 他从日耳曼人的到来中看到了重生的可能，“面对天意选择的这条人类力量更替的独特道路，[他]充满了惊讶与崇敬”。因此，“新世界[……]就是他们的杰作！他们的种族！他们的体制”。[④] 日耳曼人带来的不仅仅是“人类力量”，还有“如此有效的法律和如此有效的制度！”他们蔑视艺术和科学，蔑视“摧毁了人类的”财富和文雅；取而代之地，他们带来了“自然、[……]北欧人的常识、[……]强大而优秀甚至野蛮的风俗”。他们的

① 赫尔德，《另一种历史哲学》，第 159 页(段 498)。

② 同上，第 201 页(段 517)。

③ 同上，第 195—197 页(段 513—514)。

④ 同上，第 197 页(段 514—515)。

法律“展现了男人的勇敢，展现了诚实，展现了对智慧、忠诚的信仰，展现了对神的崇拜”。至于封建制度，它用乡村文化取代了“人口稠密、生活富足的城市的杂乱”，它培养出“健康且因此而知足的人”；之后，它将“忠贞和诚实作为目标”，并“让人的情感变得崇高”。①

386 赫尔德为日耳曼中世纪的辩护几乎涵盖了社会生活和政治生活的方方面面。这位路德教牧师蔑视那些支持“带有我们时代文明特征、追求人性顶点的美丽的古典精神”之人，这些支持者抓住一切机会“抨击所有其他时代，指责它们的野蛮、它们可悲的公众权利、迷信和愚昧”，抨击修道院和庙宇、学校和同业公会。同时，那些糟糕的人不断“兴奋地赞扬我们时代的光辉，也就是这个时代的轻浮和懈怠、它对思想的热衷与对行动的漠然、它浮于表面的力量和自由、它致命的弱点以及它在怀疑、专制和财富的影响下表现出来的疲惫”。② 应该看一看中世纪，赫尔德说：我们应该“根据其自身的本质、目标、意志和风俗”来看待它；如果我们这样做了，我们就会发现，尽管中世纪存在暴力的表象，它还是拥有“某种稳定的东西、某种紧密的联系、某种高尚的情操”。③ 这是社会的本质，这是赫尔德惋惜“被取缔的同业公会”的原因，也正是因此他嘲笑他所处时代的自由；或者换句话

---

① 赫尔德，《另一种历史哲学》，第 199 页(段 515—516)。也可参考第 225—226 页(段 527—528)。

② 同上，第 217 页(段 524)。

③ 同上，第 219 页(段 524)。

说，他嘲笑他所处时代的个人主义，并以中世纪的价值、准则和社会结构与之对照：这是一个“主人与仆人、国王与臣民之间关系更加密切的”世界，在这里，不会出现“城市过度的不良扩张和贪图人类生命力量的无底洞”，也“没有贸易和极端的文雅，这确保了风俗的严谨，让人拥有单纯的心灵”。在这个世界中，“简单的同业公会和领主权培养了骑士和手工业者的骄傲”，以及他们的“自信、对自己行业的坚定和专注的男子气概”。这里，赫尔德更进了一步，他歌颂那些向着之后中世纪肥沃土地进军的“尚武的共和国”和“处在作战状态的城市”的品德。①

赫尔德对伏尔泰将中世纪看成野蛮时代的定义表示赞同；但与伏尔泰不同的是，他认为这种野蛮状态是健康的男子气概，他赞扬那时充满创造力的无序和动荡。这个“纷乱”的时代，也因为它的“基督教信仰”——“世界的动力”——而充满创造 387
力。② 事实上，相比起基督教的中世纪，赫尔德更像是在为日耳曼的中世纪正名，他对中世纪的天主教没有丝毫同情。他喜欢的正是这种分裂：在古代，“每个独立民族性格的活力都遭到破坏”③，而人，“在这个动荡年代，[……]被分成了小的群体、小的分支，分支之下还有更细的划分，[……]有那么多、那么多阶级！”④

① 赫尔德，《另一种历史哲学》，第 221 页(段 525)。
② 同上，第 201 页(段 516)。
③ 同上，第 227 页(段 528)。
④ 同上，第 199 页(段 516)。

赫尔德并不总是忠实于他的“狂飙”概念：他在《观念》中写道：“中世纪的夜晚”再也不会回来了。但他仍旧极力推崇一切令伏尔泰和包括休谟在内的其他启蒙思想家反感的东西。伏尔泰认为，“当我们从罗马帝国的历史转向在西方把罗马帝国弄得四分五裂的各个民族的历史时，我们犹如一个旅行者走出一座美丽的城市，进入荆棘丛生的沙漠。从伊利里亚（Illyrie）的穷乡僻壤直至阿特拉斯山（Atlas），优美的拉丁语被 20 种蛮族土语所取代。治理东半球一半土地的那些明智的法律荡然无存，我们看到的只是一些野蛮的风俗习惯[……]。人们失去了理性，沉迷于最卑怯、最荒唐的迷信行为。这些迷信行为愈演愈烈，以至于僧侣成为领主和王公。他们蓄养奴隶，这些奴隶甚至不敢有任何怨言。整个欧洲直至 16 世纪以前一直处在这种腐化堕落状态中，只是经历了可怕的动乱才得到解脱”。①

不同于赫尔德这个醉心于乡村文明的人，《风俗论》的作者与休谟一样②，崇尚这些科学生活和文化生活中心的，也就是城市的文明开化的品德。在献给 9 世纪英国的一章中，他怀着赞美之情描述阿尔弗雷德大帝（Alfred le Grand）；他懂得拉丁语，从罗马引进书籍，因为“当时英国文化极端落后，几乎没有什么

① 参考伏尔泰，《论各民族的精神与风俗》，卷 1，前揭，第 309—310 页。译文参考：伏尔泰，《风俗论（上册）》，梁守锵等译，前揭，第 355—356 页。——译注

② 休谟，《政治论文集》，第 14 篇，第 105—114 页。

书";他还"奠定了牛津大学的基础"。[①]《风俗论》的结尾再次称赞道,从彼得堡到马德里,"在600年前的荒地上,已经建造了多少美丽的城市"。[②] 对此,赫尔德通过宣扬日耳曼人粗鲁而健康的农业文明进行回应。

赫尔德与尤斯图斯·默泽尔(Justus Möser)、克洛卜施托 388
克(Friedrich Gottlieb Klopstock)一样,都认为早期的日耳曼中世纪的重生是18世纪衰落文明的复兴所需的明灯和典范。赫尔德并没有臆造来自蛮族的救赎者的神话,而是指出日耳曼人的到来更新了这一衰落的世界,使其得到进化。确实,蛮族的又一次入侵不可想象,但道德、思想、民族的重生和有机统一的民族性的觉醒是可能的,正如同伴随着启蒙文明而来的共同体文明、反理性主义文明和反普遍主义文明。甚至"野蛮"一词本身也失去了贬义的意味:赫尔德嘲讽文艺复兴造成的终结,"我们不再是野蛮人了"。[③] 赫尔德要求恢复日耳曼蛮族本来的地位。尽管提出过各文化平等的观点,他还是毫不犹豫地赞扬北欧人对地中海文明的摧毁,抨击文艺复兴跳过日耳曼中世纪建立起一座通向古代的桥梁。赫尔德开始自己职业生涯的时候,一场复兴日耳曼和斯堪的纳维亚神话——

① 伏尔泰,《论各民族的精神与风俗》,卷1,前揭,第393页。
译文参考:伏尔泰,《风俗论(上册)》,梁守锵等译,前揭,第452页。——译注
② 同上,卷2,第811页。
译文参考:伏尔泰,《风俗论(下册)》,梁守锵等译,前揭,第533页。——译注
③ 赫尔德,《另一种历史哲学》,第231页(段530)。

这二者很容易被混为一谈——的运动正如火如荼地进行：1756年，瑞士人马莱在《丹麦史导论》中让《埃达》(*Edda*)为大众所知；赫尔德作为这部史诗忠实的仰慕者，称赞德国诗人引用北欧神话：事实上，是浪漫主义语文学家瓦格纳让这一神话在艺术中重获生命。瓦格纳的情况清楚地表现了种族主义和神话之间的联系：种族主义是日耳曼神话的现代形式，狂飙运动者们一直将其与古希腊罗马神话对立。

这种文化复兴为政治复兴奠定了基础。蛮族表现出的健康的男子气概之于罗马的衰落，正相当于狂飙突进运动之于法国启蒙运动。歌颂中世纪就是歌颂一种日耳曼式的、多元化的、民族性的体制，这同时也是神话的、新生的体制。人们并不常常将中世纪理解成各民族共同体百花齐放的时期：基督教的普遍主义、宗教的统一、拉丁语这一普遍的文明语言是通常人们对中世纪的理解。赫尔德并非如此。他喜爱“骑士精神的精华”，但这所指的并非“哥特式建筑”，他推崇的首先
389 是“这种王国的多元化！姐妹共同体之间的共存”。然而，他丝毫没有看不起均一性的意思，只要这种平等符合他自己的财产观念即可。这一点正是从鲁谢到巴尔纳(Barnard)和伯林的所有解读赫尔德的思想家都没能抓住的一个特性：只要这些“姐妹民族”“都是德意志民族的后裔，都遵从同样的体制，都[团结地]信仰同样的宗教”，均一性就是好的。这个世界表现出了无与伦比的男子气概，每一个共同体都在“与自己斗争”，它们在“同一阵宗教之风”的推动下开始了“十字军东征

和各族人民的皈依”。[1]

但是，数页之后，赫尔德又指责欧洲的扩张带来灾祸和毁坏，他严厉谴责“皈依和教化的途中”[2]播撒下不幸的种子；而几页之前，他将十字军东征也归为不幸的一部分。[3] 在《观念》的第四册中，赫尔德更加严厉地说道：“对基督耶稣的信仰成了全世界杀戮的工具。”[4]整个第二十册都在审判十字军东征这个“疯狂的事件”[5]，这一“耗费了基督教欧洲难以计数的财力、人力的疯狂”[6]案件，这册书就像是宗教裁判所、就像是“刑事法庭”[7]。他严厉地控诉罗马教廷，控诉它对法国南部异端分子的征战，控诉它在巴勒斯坦建立的骑士团。的确，赫尔德厌恶任何形式的殖民，包括打着信仰旗号的暴行。他的一生都忠于他自己提出的那些首要原则：至高无上的历史特殊性价值。然而，这些高尚的原则还是滋生出价值的等级体系：其中，中世纪占了上风，高于现代世界，并且德国优于法国。他似乎总是秉持着两个不同的立场：一方面，每每谈论起久远的过去或遥远的地区，他的研究角度就变得绝对平等和开放；而另一方面，当涉及他所处的时代，涉及法国和法国、英国启蒙运动的时候，就又成了另一

---

① 赫尔德，《另一种历史哲学》，第 229 页(段 529)。
② 同上，第 239 页(段 533)。
③ 同上，第 223 页(段 526)。
④ 赫尔德，《人类历史哲学观念》，第十九部，第二章，第 403 页。
⑤ 同上，第二十部，第一章，第 447 页。
⑥ 同上，第二十部，第三章，第 471—473 页。
⑦ 同上，第二十部，第四章，第 487 页。

种态度。

无论如何,赫尔德的理想是一种有机的、行会的共同体的理想,在这个共同体中,社会各个阶层构成了一种等级制度。他用
390 这一理想社会、这一日耳曼征服的结果和征服者带来的全新制度来反对他所处时代的现实:没有上帝的世界,放任的社会,专制的制度。在他看来,更严重的是中央集权的国家和破坏了社会自然联系的理性主义与个人主义哲学。他认为,民族是一个自然的共同体,他赞扬整个中世纪时期这种共同体的存在。民族是有机文明的基础,而他所处时代的"现代文明"正好与之相反:理性主义的、"机械的"文明——在这几页描述现代性思想结构特性的文字中,"机械的""机械论"这类词多次出现——取代了那些"哲学家"认为只是野蛮年代的文明。赫尔德竭尽所能地讽刺那些犯下巨大过错的人——尤其是休谟、罗伯逊、达朗贝尔、艾斯林——在这些人眼中,中世纪的瓦解就好像结束了一场噩梦:"漫漫长夜被清晨照亮,被宗教改革和艺术、科学、风俗的复兴点亮!——废渣沉淀下去,就有了我们的思想!我们的文明!我们的哲学!……我们不再是野蛮人!"①赫尔德尤其针对文艺复兴,因为它反野蛮、反日耳曼,因为它越过中世纪与古代结成联盟。而且,赫尔德认为文艺复兴是意大利民族的神话。但有趣的是,在我们提到的这篇文字中,这位新教神学家毫不犹

① 赫尔德,《另一种历史哲学》,第 231 页(段 530):鲁谢注释道,"就有了我们的思想"("es ward unser Denken")是在模仿"es ward licht",也就是"就有了光"(《创世记》,I:3)。

豫地将宗教改革与文艺复兴置于同一地位:换言之,赫尔德不仅是用中世纪日耳曼和反理性主义的神话来取代古典主义和理性主义的神话,也是用它们来取代新教神话。

于是,就有了德意志民族的觉醒。赫尔德赞美德国人的入侵,赞美日耳曼人和中世纪,因为那是杰出的日耳曼体制。他歌颂它的法律和习俗、它的生活方式、它的道德,更宽泛地说,就是这个英雄时代的精神。这就预示着赫尔德将付出巨大的努力去对抗法国文化的影响。不仅如此,他需要面对的还有理性主义、普遍主义和世界性、自然权利学派、功利主义、自由思想以及所有的理性主义改革,换言之,就是自由主义和民主的一切思想基 391
础。在赫尔德和柏克的努力下,反法国启蒙运动的战役在整个19世纪和20世纪上半叶形成了一定的规模。民族主义的情感,对民族的过去和对民族主义历史、文化、传统的崇拜第一次被调动起来,用以反对理性、反对个人自主。考虑到民族的过去,柏克为了阻止他认为的文明在未来的终结而极力推崇那个正在覆灭的现在;而出于同样的原因和同样的目的,赫尔德厌恶那个现在。无论这些观念呈现出怎样的表象,它们都既不反动,也不传统保守;恰恰相反:正是这些原则酝酿出一个新的文明方案,并滋养了发生在欧洲中心、以赫尔德为主导的文化革命。从长远来看,这场革命的重要性并不亚于工业革命,在许多方面都是如此:群众民族化归功于此,也正是因为这场革命而诞生了革命右派和保守派革命。

不够民族主义、过分“开明”是赫尔德对弗雷德里希二世

(Frédéric II)的双重指责。赫尔德在很多方面都表现得像是严格的日耳曼精神的代表,他反对弗雷德里希二世那个更为世界性的政权,而后者推行的观念无论在宗教还是文化上都超前于其民众。保守的民众之上,却出现了一位亲法的君主,他用法语写作、为伏尔泰和他的自然神论倾倒。这些世界性和反宗教的趋势触犯了狂飙运动者兼路德教牧师赫尔德的文化爱国主义。路德教的传统正是这种区域化爱国主义,它与现代国家概念有着极大的区别。20 世纪,对区域传统的崇拜成了反对普选和反对多数法则的基本要素。但在赫尔德的时代,普鲁士制度就很容易给人它超前于路易十五和路易十六统治的印象。赫尔德正是将弗雷德里希二世政府这种“世俗化”和中央集权化的特征视作灾难,泰纳和莫拉斯对第三共和国也是同样的看法。

赫尔德用什么反对开明专制制度?不同于那些哲学家,不同于康德,他的提议并不以自然权利学派的原则为基础;在他看来,无论社会还是国家,都不是人建立的。虽然赫尔德讨厌专制,但他也不会因此而赞同洛克、休谟、孟德斯鸠或卢梭提出的
392 任何建议。他指责开明专制制度将人当成“冷漠的、无思想的巨大机器上的零件”,他从中看到了“吞噬人性的深渊,它蚕食一切,意图构建所谓的平静和服从——但事实上是在均一性中走向死亡和毁灭”[①]。然而,由于赫尔德的评判是出于他在社会问题上的因循守旧,出于他对传统等级制度和既有权威的尊重,出

① 赫尔德,《另一种历史哲学》,第 200—201 页(段 516)。

于他对同业公会和中世纪自由，尤其是对早期的日耳曼中世纪自由的推崇，他不会涉及任何深度改革。他不愿认为开明的专制制度同样意味着抛弃神权。很有可能，正是由于行会主义的某种现代化形式，赫尔德想起了在“依靠同业公会完成一切的德国民众中”[①]占主导地位的组织原则，想起了汉萨同盟城市的局部“自由”，他在里加这个令他推崇的贵族共和制城市中体验过这样的自由。的确，这位靠近里加大教堂的年轻布道者表现得就像是一个虔诚的自由民；他和柏克一样，表达了对古老城邦制度的喜爱，与里加城中的贵族一起表达对叶卡捷琳娜二世女王的忠诚：他称其为“欧洲的主宰、和平女神、王权哲学的使者”，他预言她的名字将代表整个世纪，就像彼得大帝那样。[②]

这种忠实的臣民想要的只是君主与“天生的”社会代表之间的协商，除此之外，几乎再无其他。确实，赫尔德要求的民众参与政治生活是作为整体的民族的参与。其关键并不在于要让广大被统治者都参与进去，而在于要求民族精神得到表现。民众的主权并非问题所在，也不在于实行什么形式的议会制，而是要让政府受到民族灵魂和民族精神的熏陶：统治者和被统治者必须遵从同一种文化。最后，重要的是，精英和君主一样必须是民族的，他们用同一种文化语言说话、写作，并且不受外来影响。赫尔德厌恶绝对的君主制，因为它与中世纪的政治、社会秩序相

---

① 赫尔德，《人类历史哲学观念》，第二十部，第二章，第 457 页。

② 引自列维-布留尔（Lucien Levy-Bruhl），《赫尔德的政治观念》（Les idées politiques de Herder），第 922 页。

悖,它破坏了领主、同业公会和行会的权利,也破坏了局部“自由”,而这种局部自由就是部分人的特权。在赫尔德看来,重要
393 的是,国家必须是民族的国家,国家必须受到民族天性的浸润,但没有任何理由可以说明一位绝对君主不可能成为民族灵魂的化身。这正是《我在 1769 年的游记》的写作动因。书中,赫尔德以彼得大帝——彼得大帝“在自己的身上看到了俄罗斯民族应该并即将成为的样子”——有力地反对“弗雷德里希二世,弗雷德里希二世统治下的国家仅仅代表了他个人的计划”。① 了解、感受、保护民族灵魂是神圣的使命。俄国之所以充满希望,是因为它未曾受到拉丁语、僧侣文化和罗马天主教影响:“只有俄国历史建立在本国语言的建筑之上”,而在其他欧洲国家,“僧侣的语言排挤掉了一切它能够排除的东西”。②

赫尔德认为,“各民族之间存在地点、时间和内在性质的差别,每一个民族的和谐都取决于其自身,而无关乎其他民族[……]”。③ 泰纳继承了这一说法——人种、社会环境、时间——他说明了赫尔德在一个世纪之前就已经想要指出的问题:个人依赖于文化、历史和种族语境;社会环境对每个民族的思想和道德都有着深远的影响;每个民族都具有其特殊的、一以贯之的、独创而永恒的精神。在赫尔德看来,这种独特精神在表

① 引自鲁谢,《赫尔德的历史哲学》,第 64 页(引文出自《游记》,S. IV,第 473 页。)

② 赫尔德,《人类历史哲学观念》,第十九部,第二章,第 411 页。

③ 同上,第十五部,第三章,第 275 页。

现出来的同时,也不可避免地变得衰弱。他在阐述这一观念的时候用了萌芽的植物进行比喻:它开花结果,然后凋谢。每个民族、每个历史时期,“就如同一切艺术和一切科学[……],都有它发展、繁荣和衰落的时期”。[①]

对特殊性的崇拜、对那些革新“哲学家”的理性主义的抗争一次又一次出现在《另一种历史哲学》中。接下来这段文字中采用的反语讽刺准确地表达了这一精神:“一个仍然保留着各民族和各民族民族性的时代是多么悲哀啊:那么仇恨彼此,那么厌恶外族,那么不懂得反省自身,那么多传统的偏见,那么眷恋我们出生并将长眠的土地!局限的思考方式!狭隘的观念——永远都是蛮夷!至于我们今天,感谢上帝!抹去了所有民族性!
[……]我们没有故土,甚至不能把任何人称作‘我们的’;我们也 394
不为任何人而活,但我们是所有人、是全世界人的朋友。很快,所有欧洲民族的管理者都开始用法语讲话,我们也将全部使用法语![……]民族性,你们去了哪里?”[②]

土地与死亡、土地与血脉的思想核心在于:定义人的——也就是定义民族的——不是他们的行为或他们服从的制度,而是他们的心理。[③] 人受到自己出身背景的羁绊,无法摆脱语言和文化的决定论;只有当他们用自己母语思考、阅读、写作的时候,

① 赫尔德,《另一种历史哲学》,第 171 页(段 503)

② 同上,第 283 页(段 550—551)。

③ 这使得赫尔德完全没有历史的经济视角;不仅如此,他与维柯不同,他并没有理解思想与社会生活之间的紧密关系的本质。

他们才是他们自己。语言是人们认识自己的手段。[①] 正是因此,人是自然的:弗雷德里希二世脱离了天意为他确定的框架,只知道滑稽地效仿另一个民族、另一种文化和语言。赫尔德研究的另一个角度在于,用历史、种族和文化的共同体取代由可以根据自己意愿自由打造国家和社会、由可以选择自己想要的生活方式的公民组成的共同体。

这正是赫尔德对欧洲思想的主要贡献:民族这一共同体的存在堪比人的存在。我们已经提到,赫尔德将民族比作个人,每个民族都有自己的外表和特有的精神,都有自己的"性格"或者说体格。要想保护这种精神,就要将其孤立起来:"一个民族可能经受的最大伤害,"赫尔德在1767年《片段》的第三部文集中说道,"就是被剔除自身精神和语言的性格[……]稍加思考,你就能意识到德国所遭受的损失。上天眷顾的德国在中世纪结束的时候也成了英国那样的岛屿。"[②]这一原则始终是切实可行的,在任何时候都是如此,它适用于所有民族、所有文明。孤立能够保护民族原初性。就像之后巴雷斯说的那样,它能够保存它的"自我";或是如斯宾格勒所言,保护所有文化不受外来侵入。赫尔德的世界性、他理想的"人性"完全是理论上的:与他的

---

① 贝尔纳,《赫尔德的社会思想和政治思想:从启蒙运动到民族主义》,第57页。

② 引自列维-布留尔,《赫尔德的政治观念》,第923页。鲁谢在《另一种历史哲学》引言中也引用了同样的文字,第9页(苏邦版,卷1,第366页),这段文字同样出现在他在1940年写的论文中,第36页。

民族主义不同,他对外来影响的猛烈攻击立刻就产生了具体的 395
效果。赫尔德思想革命的最直接结果,就是认为任由外来影响侵蚀即意味着衰落的原则。由于注意到日耳曼文化与拉丁文化的本质区别,这位德意志民族主义者更加坚信他的观念。之所以说来自法国的影响只能产生毁灭性的结果,是因为这是对德国精神的暴力。德国是时候重新掌握自己了:“过去的已经过去,不必再提;但未来,我们应该走自己的路,从我们自己身上汲取能够汲取的东西。无论人们如何评价我们的民族、我们的文学、我们的语言,它们都是我们的,并且代表了我们,这就足够了。”①

一场真正神圣的战争就此爆发:一切外来的或是来自外界的事物都威胁着民族生活——无论公共生活还是私人生活。在现代的、外来的哲学和风俗影响下,青年的羞涩、谦虚等美德都在逐渐消失,女人丧失了忠贞,并开始在社会生活中占据一定地位,这些都令赫尔德痛心。世风日下,到处都能听见人们谈论爱情。在他眼中,17 和 18 世纪的文化生活空洞乏味:没有艺术,没有音乐,没有建筑,没有戏剧,没有文学。他厌恶现代派要求发明创造的企图:他针对的正是伏尔泰继《风俗论》之后完成的《路易十四时代》。为了准确地指出 18 世纪法国的低劣和浅薄,赫尔德将伟大的古典主义戏剧描述成对路易十四宫廷人物的平庸复制,并对高乃依和拉辛表示轻蔑。从博须埃到法国的花园,

① 同上。

从歌剧到《百科全书》,巴黎的一切都缺乏深度、没有个性。[①]

396 于是,民族主义意识在莱茵河东岸形成,并产生了想要赋予文化自主以政治意义的强烈愿望。文化生活的民族化让每个民族的民众变得团结一致,并将各民族区分开来。它旨在强化民族的传统、激发排外思想,并最终推行一种让每个民族都与其他民族对立的、广泛的相对性原则。[②]

一个民族的“精神”和“性格”最好的表现就是语言。在哈曼的、可能也有卢梭的影响下,赫尔德很早就对语言的起源产生了兴趣。他就此问题发表的论文得到柏林学院表彰。但必须强调,赫尔德是从他与伏尔泰的对抗中发展形成了自己的观念。在《路易十四时代》的引言中,伏尔泰从欧洲历史中选取了四个杰出的时代:伯里克利时期、凯撒和奥古斯都时期、意大利文艺复兴时期和路易十四时期。其共性在于,在这四个时代中,都有一个特定民族的艺术和文学发生了了不起的

---

① 赫尔德,《另一种历史哲学》,第 287—289 页(段 552—553):“高乃依笔下的主人公和拉辛的情感正是来自路易十四的宫廷。”尽管如此,赫尔德在《另一种历史哲学》中批评孟德斯鸠和伏尔泰、抨击他们推广高乃依和拉辛作品时,还是毫不犹豫地将他们的普及说成最糟糕的事情。从总体上说,赫尔德常常把人描述成天真甚至戏谑的样子,尤其是在谈论法国时候:法国人缺乏深度和想象力,他们的精神是戏剧性的,而不是严肃的。因此,法国是一个程式化的、风格化的、仪式化的国家,简言之,就是西方的中国。德国人却截然相反。尽管赫尔德的看法缺乏原创性——他沿袭了路德、莱辛和莱布尼茨的思想脉络——他为德国描绘的画面还是成了经典的德国人整体形象,并且直到 20 世纪中期仍然得到认可。

② 有关这一问题,可参考鲁谢在纳粹主义获得政权却还未展开野蛮行动的时候发表的观点(《赫尔德的历史哲学》,第 28 页)。

飞跃。对这位历史学家来说,问题有两个层面:为什么这样的精神飞跃正好在那个时代发生?为什么这一飞跃被限定在某一特定的民族范围内?[①] 马可·克雷蓬(Marc Crépon)指出,正是这一问题的答案将语言与历史牢牢地联系在了一起。只有伟大而统一的民族能够在历史上扮演至关重要的角色,而民族的统一取决于它的语言,民族的伟大取决于语言特有的某种改进状态。

那么,在赫尔德看来,语言是什么呢?它首先是可改进的文学手段。各民族之间的区别在于各自语言推动文学和科学进步的能力,这种能力并不是天生的,它可以不断被提炼和提高。如果一种语言缺乏作为工具的效力,这并非它本身有缺陷,而是一种信号,预示着它有待完善。不可否认,赫尔德与伏尔泰二人的思想在此问题上是接近的。但如果像伏尔泰认为的那样,语言只是工具,那它就可以被替代。这正是赫尔德反对的观念。在他看来,语言是通过移情和同理心理解一个
民族个性的方式。语言既是文学的载体,也是文学的内容,换 397
言之,赫尔德主张将语言当作传统来看待。语言储存并承载了数世纪以来一代又一代人的思想,而正是这些思想让他们的语言成了民族的语言。语言是每一代人从他们前辈那里继承并加以丰富的遗产,是为每个民族带来财富的资本。但它不仅是一个载体,它也是内容:是被储存的东西,是过去的文

① 克雷蓬,《语言与历史(赫尔德及其对伏尔泰的批评)》,第 125 页。

学的思想,而未来的文学有责任对其进行加工。语言的历史不是别的,而是传统的任务。[①]

因此,在赫尔德看来,语言不是人类技艺的产物,一个民族的语言就是这个民族的灵魂,是民族灵魂可见可感的化身。每个民族都按照其说话的方式思考,按照其思考的方式说话。它的语言是一个有机的整体,像人一样生活、成长。民族的性格、气质、感受方式和思考方式、特殊性和独特性都是从语言中表现出来的。语言绝不是一成不变的,它就像民族一样拥有生命,而且它的演变是民族历史的关键。每种语言的所有特殊性都有其存在的理由。[②]

换句话说,语言是文化的镜子,是"灵魂的词典",是我们理解人以及人在宇宙中地位的钥匙。[③] 所以,每个民族都不能让自己的语言消失:既然语言不再只是工具,既然它成为民族的宝库,成为民族灵魂、民族个性的体现,成为传统的载体,那么放弃语言就是背叛。不尊重语言就相当于宣告文化战争开始,充满了毁灭的危险。

这就是赫尔德批评启蒙运动的关键所在。伏尔泰认为,语言的本性不是民族的本性,它并不能表现民族的性格或是某些构成民族本质的特性。一种语言的本性在于其"用最简洁、最和谐的方式谈论其他语言无法如此完美表达的事物的

---

① 克雷蓬,《语言与历史(赫尔德及对伏尔泰的批评)》,第 133—134 页。

② 列维-布留尔,《赫尔德的政治观念》,第 933 页。

③ 吉利斯,《赫尔德》,前揭,第 37 页。

能力”。[1] 语言本质上能够表达同样的事物，他们的能力与表达
的内容没有差别。这一概念有一个双重的结果：它不仅承认语 398
言之间存在比较和竞争，但——在赫尔德看来最严重的问题是——它还承认了某一语言可以统治其他语言。法国文化从中找到了自己占据支配地位的合理性：法语能够在文明开化的欧洲行使权威，因此，法国文学能够成为典范，更不用说拥有掌控任何其他民族天赋的能力了。伏尔泰认为，天赋的概念意味着民族共同体与语言共同体并不一致：感受方式、想象方式、思考方式与每个民族无关，每种语言或多或少能够表达的东西都独立于说这种语言的民族。是历史和政治环境之类的整体背景，比如风俗的弱化，让某些语言能够变得更加准确。这些能力不是语言的固有品质，而是历史的目标，而这一历史就是人类精神的进步。[2]

精神进步的概念是伏尔泰历史观的基础。在他看来，无论什么民族都不能吸引历史学家的全部注意力；同样，天赋也不是在各个语言之间进行平分的，一个语言缺乏天赋的民族只能换用另一种语言。进步法则丝毫不排斥一种语言凌驾于另一种语言之上，问题在于语言的能力：能力会随着外部条件发生变化，这些条件能够让一个时代转变成另一个时代。即使一个民族或是民族的一部分使用另一种语言，这个民族的身份认同不会有

① 引自克雷蓬，《语言与历史（赫尔德及其对伏尔泰的批评）》，第 126 页。

② 同上。

丝毫损失:民族共同体不能被理解成语言共同体。在伏尔泰眼中,无论如何,语言都只是工具。

赫尔德反对的正是这一观点,他对伏尔泰的批评其实就是对整个启蒙运动的批评。想要反对伏尔泰,就必须让德语重新掌权,就必须推行民族文学,并借此确保德国民族重获其在世界上的地位。德国要想与法国抗衡,语言就不能只是工具。因此,赫尔德认为,语言切实地表现了民族的特殊性,或者说,民族的天赋和精神。赫尔德“勉强”写到的“中世纪颂歌的缺陷”只有一
399 个,那就是拉丁语的统治地位。世界性的语言、文化语言、指导所有民族事务的语言有利于“作为知识阶层的神职人员,却不利于民族本身”。的确,“如今,不仅各民族母语[……]失去生机”,而且“每一次,都会有大量民族个性伴随着这个国家的语言一起从民族事务中消失”。因此,“一个民族想要走出野蛮状态,就必须发展它的语言”。[①] 这一民族身份认同的革新概念有着难以估计的影响。

赫尔德不禁强调德国的优越性:“我们的语言有着比西班牙语、意大利语、法语和英语更古老的诗意,只是我们的政治体制导致这片土地长期无人耕种。”[②]德语绝不是生硬、古怪、野蛮的语言,而是打造德国思想的模具,而且是唯一适用的模具。接触德语就是接触德国灵魂。这就是为什么,法语是破坏德国精神

---

① 赫尔德,《人类历史哲学观念》,第十九部,第二章,第 411 页。

② 引自列维-布留尔,《赫尔德的政治观念》,第 933 页。

的毒药：它违背了这个民族的精神和心灵。最后，赫尔德给出这样的忠告："因此，"他于 1794 年写道，"我们必须与这个相邻的民族对抗，以防其语言将我们的语言同化。醒醒吧，沉睡的雄狮，醒醒吧，德意志民族，不要让人夺走了你们的守护神！"①想要觉醒，就必须使用德意志民族的母语，也就是德语，这一语言在当时常被当作某一未开化部落的蛮语。"我们就是我们，"他说道，"长久以来，我们被打发到远离家乡的地方，脱离了我们自身，为其他民族服务，成为它们的附庸；今天的我们难道不应该高举野蛮、粗暴的双手，呼喊'认清你自己吧，因为别人看清了你
并在利用你'？自己差遣自己，不要被别人差遣。"② 400

这还不是全部：罗曼语族的语言是拉丁语的女儿，是希腊语的侄女；而德语则不同，它是"希腊语的姐妹"。罗曼语族的语言、这些后来衍生出来的语言怎么能与一个和其所属民族一样古老并始终纯粹的语言相媲美呢？列维·布留尔在 1887 年写道，赫尔德只是提出了观念，是费希特在《对德意志民族的演讲》

---

① 引自列维-布留尔，《赫尔德的政治观念》，第 934 页。1671 年，法国耶稣会会士多米尼克·鲍赫斯（Dominique Bouhours）将法语推上了人类自然语言的高度。只有法国人能说话：其他人，比如德国人，都是在哼吟、唏嘘、叹息、喘气。鲍赫斯还提到查理五世，他和普鲁士国王弗雷德里希二世一样，只对马说德语，却用意大利语和法语与人对话：参考马丁·博拉歇尔《"博学时代的井底之蛙"：赫尔德在〈另一种历史哲学〉中对现实的诊断》，收录于皮埃尔·佩尼松（主编），《赫尔德和历史哲学》，第 61 页，其中引用了多米尼克·鲍赫斯，《阿里斯特与尤金的对话》（*Les Entretiens d'Ariste et Eugène*）。该著作最近一版由贝尔纳·伯尼奥和吉利斯·德克勒克（Gillies Declercq）主编，于 2003 年在桂冠出版社出版。

② 引自博拉歇尔，同上，第 61 页。

中对其进行了发展；书中，这位柏林大学校长在语言比较的基础上证明了德意志民族是欧洲所有民族中最古老、最纯粹、最高贵的。①

事实上，语言、文化和民族的等级都是赫尔德已经涉及的问题，这种等级秩序已经深深地扎根在赫尔德的反普遍主义和反理性主义之中，扎根于他的种族统一的民族观中。赫尔德的多元文化主义和纯理论的人性理想并不能确保人与人之间真正的平等。从职业生涯的开始，他就通过一种政治民族主义同时表现出了他理想的爱国主义、他对外来影响的抨击以及他对民族文化的维护。认为哲学、文学和整个文化都是为民族服务的观念并非费希特而是赫尔德创造的。由于赫尔德不是普鲁士的而是德意志民族的爱国者，他常常被人误解：当时，文化爱国主义是唯一能够确保道德统一的爱国主义，而道德统一又是唯一可能的统一形式。他使用当时仅有的具体标准来定义他的德国：历史、文化、语言、路德教传统和日耳曼的中世纪，或是更宽泛地说，德意志的"性格""精神"和"天赋"。

在这样的语境下，关注数年之后完成了《雅可比哲学》(*La Philosophie de Jacobi*)的法国著名德国语言专家、哲学家、人类学家列维-布留尔的解读格外有趣。就在法国民族主义开始形成政治势力的时候，这位资深的德国语言专家对赫尔德《文集》的前几卷与海姆(Haym)传记中展现的德国进行了研究。他没有被

① 列维-布留尔，《赫尔德的政治观念》，第 935 页。

骗，而是完全理解了这种德意志优越性的宣言。他写道，在赫尔
德眼中，德国的本质是道德的，德意志性格最主要的两个特点是 401
“勇气和忠诚”。真诚、言出必行、仇视不忠、厌恶谎言、蔑视伪善，这就是德意志天性的独特印记，也就是忠诚。路德就已经指出宗教改革的真正源头是德国无法向意大利谎言屈服的本性，费希特后来也重复了这一观点。赫尔德说：“我们民族的众多优秀精神得不到承认。[……]但没有人会否认我们民族勇敢的公民、英雄、贤君所具备的勇气、忠诚和坚定的信念。他们的话语比誓言、比盖着官印的签字文书更有效力。领主依靠附庸，附庸依靠领主：这就是我们从古老的德意志格言中看到的内容。”德国人厌恶不道德的言行，忍受不了放荡：“我们缺乏这样的精神，我们没有轻浮的本性，我们没有包容并安于不道德行为的宽广心胸。”18 世纪德国的罪恶是外来的，不是德国的。①

在这类慷慨陈词之外更有趣的是，如果将其与孟德斯鸠、伏尔泰、卢梭以及其他法国启蒙运动者对同胞的尖刻批评相比，我们会发现：赫尔德同情德国人的命运，同情那些不幸的、受到悲惨命运驱逐的人。于是，在拥有全部美德的德国人之后，又出现了被迫害的德国人。德国人之所以区别于其他民族的人民，不仅仅因为其“性格”中固有的道德属性，也因为压倒在他们身上的不幸和贫穷。面对这些穷人、不幸之人、被迫害者，赫尔德没有建议他们反抗；相反，他让他们相信神的公正。从路德的寡妻

① 列维-布留尔，《赫尔德的政治观念》，第 939—941 页。

向丹麦国王乞求帮助，到开普勒被饿死，再到密西西比河畔和俄亥俄河畔买卖“德国黑奴”，这个饱受折磨又如此坚毅的民族的荣耀正是它的忘我精神和它对人类进步的神圣事业做出的奉献。德国人的崇高命运在于它是为了其他民族，而不是为了自己而存在，在于它是一个有教养的民族。①

赫尔德与他的同时代人都以各自的方式得出了结论，但他们所朝的方向是一致的：每个民族出于各自的性格和本质都要
402 在历史中完成自己特有的使命。因此，完成了使命的民族就应该让位于其他民族，就有了民族之间的轮转。在赫尔德的观念中，这一进程被纳入神的计划之中：“天意本身[……]就是要通过新势力觉醒、其他势力衰退这样的转变来达到它的目标。”②而在赫尔德及其同胞看来，德国在未来仍然承担着重要使命。费希特认为应该由德国承担找寻真正的国家形式的使命，它会让基督教与现代社会原则达成一致。但提出由“年轻民族”收集衰落民族遗产的还是赫尔德：在第 101 封《关于人性进步的通信》(*Lettre pour l'avancement de l'humanité*)中，他说道：“我们来晚了，好吧！因此我们也是年轻的。当其他民族在贡献了所有其可能产生的东西之后进入休息期的时候，我们还有很多要做。”③法国

---

① 列维-布留尔，《赫尔德的政治观念》，第 942 页。“德国黑奴”指的是来自德国的移民。

② 赫尔德，《另一种历史哲学》，第 179 页(段 507)。

③ 引自列维-布留尔，《赫尔德的政治观念》，第 943 页。鲁谢在《赫尔德的历史哲学》，第 567 页注释 2 中所用译文略有不同。

的天赋已经耗尽，无法重新生成；法国的使命在 18 世纪下半叶这一衰落时期结束，而德国的使命刚刚开始。

从赫尔德到 20 世纪 30 年代《上帝是法国的吗？》(*Dieu est-il français?*)的作者西堡(Friedrich Sieburg)，德国不停张扬着它的年轻：反法国征服者的神话就是赫尔德的神话。赫尔德甚至走得更远：他不仅认为他的民族因为年轻而具有优越性，还认为他具有本质的优越性。他在 1797 年完成的诗歌《德意志民族的荣耀》中预示了德国的未来，因为德国是优秀的人的国家。同一主题在《关于人性进步的通信》中又一次出现：德语是出色的原生语言，德国是优秀的人的民族。[1] 因此，早在拿破仑战争带来的羞辱之前，“人性”与日耳曼文化、与民族主义之间就已经达成了和解，甚至达成统一。既然德意志民族理性与人性的理想混在了一起，德国就可以轻而易举地引领文明的、基督教的欧洲；由 403
于德意志民族性格中天生的道德性，这一使命自然而然地落到了它的身上。就这样，德意志成了特权民族。费希特在后来指出，德意志是杰出的民族；米什莱也谈到法国的使命：19 和 20

① 1806 年，亚当·穆勒(Adam Müller)重复道，德意志是一个格外具有人性的民族；费希特也在他的《对德意志民族的演讲》中提出普遍性是德意志的性格。这一观念并非从赫尔德传到费希特，赫尔德的诗直到 1812 年才出版，但费希特从赫尔德那里继承了另一个重要概念，即认为德语是原生语言而非衍生语言的观念，以及因此德语优于罗曼语族语言的观念。鲁谢，《赫尔德的历史哲学》，第 567—568 页。关于德语的优越性，鲁谢参考了《片段》的第一册(S. I，第 189 页和 S. II，第 30 页)以及 1796 年《关于人性进步的通信》的第 101 封信，S. XVIII，第 112 和 208 页。

世纪的所有民族主义者都认为自己民族肩负着世界的使命。

赫尔德毫不犹豫地赋予了德国一种与其道德优势相称的、极其崇高的使命，并宣布整个18世纪的衰落，尤其是法国的衰落；与此同时，他坚持捍卫所有民族都有同等的独特性和同等价值的观念。我们提到过，每个民族都有自己幸福的中心，每一个都有自己的美德和特有的幸福。① 民族之间、时代之间没有进步，只有延续（fortgang），是“持续的、发展的进程”。在《另一种历史哲学》中，他又将人类比作河流和树木，“进程”（progression）一词和树木的比喻都不止一次出现。② 这种平均主义的多元化在原则上确保了每个民族、每个时代都拥有同等的地位，确保这一切都同样重要、同样值得尊重；但事实上，这种多元化最终会形成文明衰落、老化、腐朽的观念，尤其是以法国、18世纪、法国和英国启蒙运动以及康德哲学为代表的文明。欧洲文明，特别是法国文明的耗尽，认为法国胜利意味着整个西方文明失败的观念，文化的不可渗透原则——我们更倾向于认为这是斯宾格勒发现的原则——这些都是赫尔德亲自挖开用来对付理性主义启蒙运动的战壕，而不单是其继承者的杰作。

赫尔德厌恶的法国影响最终归结为《百科全书》从司法和政治的层面出发为民族下的定义，这一定义与历史和文化没有丝毫关系。伏尔泰的精神、《百科全书》的精神、自然权利的精神很

---

① 赫尔德，《另一种历史哲学》，第183页（段509）。

② 同上，第165页（段500）、第189页（段51）页（段528）。

快就获得了自由主义的名号，而赫尔德则自己建立了一个学派，这个学派最终在 19、20 世纪之交达到了顶峰。时常与斯宾格勒联系在一起的、认为每一种文明都要度过生命所有时期的想法，实际上是赫尔德的构想。德国的文化爱国主义与对理性主义文明——理性主义文明建立在拥有无限权力的个人之上，建立在被《百科全书》视作人类精神荣耀的科技进步之上——的憎恶同 404
时出现在赫尔德的思想中。自然而然地，赫尔德在阐述人类智慧无能的同时，又加入了对进步的轻蔑。[1] 在他看来，科技让政治生活和道德生活受到“机械化”的威胁。事实上，“机械化”是政治生活理性化的同义词，它要么预示着自然权利的胜利，要么预示着开明的专制制度的胜利。这两种都会令赫尔德感到厌恶，因为二者都会摧毁古老的偏见、传统的行为和生活方式以及宗教信仰。而且，之前我们已经提到，针对开明专制制度，他对“开明”的憎恶不亚于对专制制度的厌弃。

正是出于这样的背景，“人民”(peuple)一词在 18 世纪末法国的意义与从赫尔德那里获得的含义大相径庭。在法国，“人民”或者说“民族”(nation)是法学、政治学和社会学的词汇，与权力和特权对立。与“民主人士”“爱国人士”意义相近的“人民”一词，从法国大革命起具有了“改革者”的含义，与“君主制拥护者”相对。而在德国却截然不同：作为民族价值的载体，人民反对外来影响，或者说反对法国的、拉丁语的影响。一个民族的精

① 赫尔德，《另一种历史哲学》，第 233 页(段 530)。

神和品味存在于这个民族未受外来事物影响的那一部分，这一观念在德国风行。面对法国化的知识分子，人民成了民族的化身：赫尔德的原始——本真的同义词——“通俗诗歌”的理论是民族解放战争的基础。通俗诗歌散发着民族气息。这是一种独创而自发的天赋，在赫尔德看来，它是来自种族和时代的声音。诗人伟大的品德不在于他个人的独创性，而在于民族的独创性。维柯就已经将诗歌说成最自然、最自发、最不受外来事物干扰的表达形式。

正因此，《百科全书》的传统没能撑过 18 世纪最后 10 年。随后，德国和法国先后以人民的名义抗击建立在普遍价值，因而
405 也建立在世界价值基础上的民主。到了 19 世纪最后几年，民主在法国，还有后来的德国变成陌生的价值，变成民族传统的敌人，这也就不足为奇了。柏克、迈斯特、勒南、泰纳之后，我们又从巴雷斯、莫拉斯和索雷尔口中听到自由主义的民主是民族和文明致命威胁的言论。在赫尔德之后，德国民族主义开始出现倒退，而法国民族主义却在巴雷斯的引导下继续了一个世纪。

我们还需要探讨一下赫尔德的“人性”(Humanität)概念。我们已经不止一次提到这个词，它拥有多重意义：在《观念》的第一部分，人性的理想跨出了地球的范围，有了宇宙的意义：所以，它是真正的普遍思想。只要理性也是在约束自我、对抗情欲的兽性，人性和理性同样可以成为宗教精神的同义词；因此，自我的“自由”同时也是对他人的公平。最后，人性还是对邻人的爱，是人与人之间的手足之情。鲁谢认为，人性之所以能够

与民族性共存，是因为人性排除了民族主义，[①]这一观念似乎可以回应赫尔德的意愿。然而从一开始，整个问题都在于要弄清楚文化民族主义以及对民族天赋、民族特殊性和对在日常生活中造成人与人差别的事物的崇拜所偏重的是否是人与人之间的矛盾，而不是共性。民族的区别具体而鲜活：人与人之间的手足之情不能消除文化、语言的界限，就连基督教也不能。赫尔德一生中强调的特殊性要比“人性”中的共同点强大得多。的确，20 世纪的民族主义不是赫尔德所期待的，赫尔德也无法提前预知民族主义的未来；但在他为捍卫民族、语言、文化和历史特殊性，为对抗法国影响而发起的战役中，所有这些发展都切切实实地被描绘了出来。法国影响的罪恶不仅仅在于它是外来的影响，还在于它具有世界性，这二者归根结底其实是一
回事。“人性”的理想根植在宗教中，而不是根植于对理性生命 406
平等的承认或对拥有全部自然权力的个人所组成的集体的承认之中，它很快就变了样；但民族的现实却始终没变，并且成为了民族主义的堡垒。

在此，我们必须解释一下柏克与赫尔德对法国大革命截然不同的态度。和众多的国人一样，赫尔德兴奋地欢呼旧制度垮台。在 18 世纪 90 年代的著作以及书信中，他几乎不谈大革命，也从未提及柏克的《反思》，尽管他读过根茨的译本。直到 1793 年，赫尔德都在褒扬大革命，他认为法国这场完全出于自卫的战

① 鲁谢，《赫尔德的历史哲学》，第 242—244 页。

争是"第一场神圣而公正的战争"。[①]

巴拉什(Barash)认为,在柏克猛烈抨击法国大革命的这几年中,赫尔德完美地表达了他思想的伟大原则,即历史特殊性的最高价值,也就是价值的多样化。在巴拉什看来,赫尔德的人性主义理想坚信每个人、每个民族、每个社会群体都有其必要而纯洁的梦想,因此,无论如何都不能从这些梦想内部将其打破,也不能将它升华成对一切人性都适用的普遍准则。确实,每个民族都有权利为自己的自由而战,但这还要取决于其自身的历史背景,这种历史背景既可能是假象,也可能是真实的。所以,一个民族无论如何都没有权利干涉其他民族的政治事务,没有权利将自己的自由宪法强加给另一个民族。"每个民族,"赫尔德写道,"都应该用自己的双手采摘玫瑰、编织自由的花冠。[……]所谓最好的政府形式[……]必然不会在同一时间、以同样的方式适用于所有民族。"[②]

显然,在魏玛时期的后半段,当赫尔德书写《观念》的时候,他的思想中出现了某种转变。巴拉什指出,赫尔德将Humanität(人性)一词的含义加入到他在《另一种历史哲学》和《观念》中都用到的 Menschheit(人类)一词之中。这一概念转变发生在其职业生涯的最后阶段,也就是《关于人性进步的通信》

① 巴拉什,《赫尔德和历史决定论政治》,收录于皮埃尔·佩尼松(主编),《赫尔德和历史哲学》,第 216 页。

② 同上,第 213—217 页。巴拉什参考了魏玛时期的《关于人性进步的通信》。

(*Briefe zu Beförderung der Humanität*)中;这里,赫尔德的人性主 407
义变得更加明确。从那时起,文化多元化,尤其是德国的文化多元化有了真正的普遍意义,赫尔德认可了各民族平等的原则。也是因此,他赞同非欧洲民族拥有维护自身价值的权利。他质问道:“根据我们欧洲人的标准评判所有民族究竟有什么意义?哪里有什么方法能用来进行对比?”①

这一解读遭到了双重指责。首先,在赫尔德最具盛名的那些主要著作,尤其是《观念》中,并没有如此明确地表明上述观点;相反,我们在前文中就已经探讨过,赫尔德抨击非欧洲人。其次,假如没有对比标准,那是不是就又陷入了相对主义最初的形式之中?而这又意味着什么呢:是他与普遍主义长期抗争而产生的相对主义,还是宽容的精神?是不是他在生命的最后跨过了《另一种历史哲学》限定的民族特殊性的界限,而产生了人类统一的观点?巴拉什、伯林和其他一些人都认为,赫尔德的人性主义信念和宗教信仰占了上风,激发了他的多元化观念。②鲁谢深信赫尔德既是狂飙运动者也是启蒙运动者。③但是,难道没有理由认为在对启蒙运动进行猛烈攻击的同时,他也是启发了现代相对主义的思想家吗?

赫尔德是否理解了1789年那场人权革命的伟大?更重要的是,他是否认识到旧制度的崩塌意味着改变了世界、让世界由此

① 巴拉什,《赫尔德和历史决定论政治》,第217页(引文出自《通信》)。

② 同上,第218页。

③ 鲁谢,《赫尔德的历史哲学》,第163页。

变得更好的启蒙哲学的成功?他有没有意识到如果把个别主义落实成具体的政策,人与人之间的关系就会恶化?或者说,从现实情况来说,赫尔德是否将1789年事件看成地方、民众,尤其是民族反抗专制制度——他对专制制度没有丝毫同情——的起义?很可能是民族武装的场景、瓦尔密(Valmy)和热马普(Jemappes)的胜利、群情激愤的人民为自由的抗争点燃了他的想象。不同于
408 现代众多评论者的观点,赫尔德似乎很快就注意到,之所以有法国大革命,正是因为法兰西民族意识到了自己的存在和成熟,因为它对自己有信心。在大革命时期的法国,国家与人民的意志相符,这正是赫尔德期待他自己国家可以达到的理想状态。他当然清楚不是大革命塑造了人民,而是人民发起了革命。法兰西民族确实存在过,而旧制度的衰落意味着它的终结。但赫尔德认为新获得的那些自由是集体的自由,而不是个人的自由:19世纪对集体特性的崇拜完全与个人自主观念相悖。

赫尔德并非不懂战争或不懂国家的作用,他并非温和、无辜、天真的梦想家。他知道并理解民族战争和国家统一力量。对于启蒙运动者来说,战争只会引起他们的厌恶,但赫尔德却认为尚武精神是民族主义的基础。“若不是受到因微不足道的利害冲突,甚至常常是由小小的任性引起的连绵不断的战争的破坏,欧洲将会达到何种繁荣的境地!”[1]伏尔泰叹息道。在他和

---

① 伏尔泰,《论各民族的精神与风俗》,卷2,前揭,第811页。

译文参考:伏尔泰,《风俗论(下册)》,梁守锵等译,前揭,第533页。——译注

他之后的康德眼中，结束战争是文明人的使命。这不是赫尔德的立场：在他嘲笑普鲁士军队的时候，他嘲笑的是为王朝利益服务的军队，他抨击的是为了扩张和权力而发起的战争。他用“天生的”军队、原始的军队反对 18 世纪的雇佣军。赫尔德不像伏尔泰和吉本那样谴责职业军人价钱昂贵，而是指责他们缺乏民族性：伏尔泰和吉本对民众不关心王朝战争而只关注随着战争进程日益加重的赋税这一事实感到欣慰，赫尔德却为这种无动于衷扼腕叹息。二者差别极大：如果战争本身不是罪行，那么民族战争就可能成为善行。

赫尔德对国家的看法也是如此。上文中提到过，他感到了国家在历史中的力量和作用。虽然赫尔德是专制国家的敌人，但他绝不反对那样的国家力量。正因为如此，他是伟大的现代人，他 409
仅仅想让民族国家取代专制国家：“最自然的国家就是拥有同样民族性格的人民组成的独一无二的族群。这样的国家千百年来保持原状，如果君主同样出身于这一民族，它就能以最自然的方式发展。[……]没有什么比国家反自然地扩张、比各种不同民族的人混合在一起、比不同民族统一在同一王权之下更违背政府目标了。”①赫尔德的民族国家概念至关重要：并非伯林认为的那样，赫尔德的思想并非一直是不涉政治的文化民族主义：他的文化自主的要求一经提出就立刻有了政治意义，并通过政治语言表达出来。他的著作是文化、种族和国家民族主义的首次宣言；当

① 赫尔德，《人类历史哲学观念》，第九部，第四章，第 159 页。

然，这种民族主义并不具有现代所说的种族主义的意义，而是与洛克、休谟、伏尔泰、卢梭一类人的国家观念相反的概念。

我们注意到，在赫尔德眼中，人是自然的产物，是真正的物种：《另一种历史哲学》中提到人与动物的区别不足为奇。① 赫尔德认为，民族建立在人种、语言、历史以及自然界限之上；在他眼中，自然界限就是天意所定的界限。民族性是一种客观的、命定的、世袭的、种族的、哲学的存在，无关乎个人的意愿。民族的存在不取决于是否意识到其存在，也不取决于共同的政治认同。民族性来自对民族天赋的信仰。赫尔德的文化民族主义是他思想体系的开始，而不是结果。因此，他反对《百科全书》给民族下的那个"主流"的定义，但他的文化和种族决定论却很容易转变为种族主义。更何况，很难区分，甚至根本不可能划清文化决定论或者含糊地说种族决定论与人种决定论之间的界限，也无法区分立刻介入政治的文化民族主义与想要保护民族文化的意愿。赫尔德之所以反对弗雷德里希大帝统治
410 之下的普鲁士，是为了德国文化，而不是公民权利。对于 20 世纪的欧洲而言，这种以民族价值为名反对民主和普遍价值的方式绝不会陌生。针对与民族国家必要性相关的一切问题，《观念》的第九章又重述了《另一种历史哲学》中建立的原则。国家需要文化差异，就如同其需要政治界限一样。它必须具有文化特性，就好像他必须具备政治特性一样。国家和民族都是种

① 赫尔德，《另一种历史哲学》，第 173 页(段 504)。

族-生物的存在。巴雷斯、莫拉斯以及他们在法国形成的流派都不断重复着这一观念。

最后要说的是，在拿破仑战争前二三十年，赫尔德就认为启蒙运动、亲法派和衰落都是否定民族精神而造成的结果。这是理解后来成为民族主义基石的赫尔德思想为整个欧洲带来的直接影响的关键：启蒙运动、人权、个人主义，或者更直接地说，民主，威胁到了民族、祖国、民族文化。赫尔德是第一个为了民族而奋起反对启蒙运动的人。认为每个民族的天性都存在于民众阶层中的看法正是赫尔德的观念，这与伏尔泰从研究中国的工作中得出的结论截然相反："一个民族的智慧总是存在于少数人中，少数人让大多数人劳动，并统治大多数人。"但之所以会产生这样的精英论观念，是因为"下层人民""在任何国家""都只忙于从事手工劳动"，而伏尔泰则认为"中国人的民族精神是地球上最古老的理性之纪念碑"。[①] 这几句话表现了启蒙运动与其对手之间的全部区别：在伏尔泰看来，民族精神表现的是理性，而不是心理结构。这是理智的职责，而不是天生的本能，因为本能越是不被书本文化曲解、越是不与外来事物接触、越是不受世界主义和理性主义影响，就越自然。

这种激进的现代性还有另一个根本要素，就是在新生的民族主义的影响下基督教所经历的转变。我们已经注意到，赫尔

① 伏尔泰，《论各民族的精神与风俗》，卷 1，前揭，第 399 页。

此处参考的引文应该出自卷 2。译文参考：伏尔泰，《风俗论（下册）》，梁守锵等译，前揭，第 105 页。——译注

德提出过一个非常革命性的原则：遭受外来影响就是堕落。就
411 如同每个民族都应该保护自己的文化和种族特性、都应该拥有
一个民族的政府一样，它也应该拥有自己的宗教。这是民族主义的基础之一：在赫尔德的思想中，历史精神是广泛的民族主义的一方面，它让宗教服从于民族。然而，在这一点上，赫尔德比对任何问题都要更加犹豫，他表现出了某种他自己难以摆脱的双重性。

一方面，如果每个人都有自己不可改变的天性、祖国、观念和宗教，并且这些都是必要的、值得尊重的，那么自己皈依别的宗教就是背叛民族，让其他民族人民皈依就是损害外来民族的天性。赫尔德追随孟德斯鸠的观点说道："一切外来宗教的引入都极其危险。它总能破坏民族性以及各自的偏见。"[①]只是，在孟德斯鸠眼中这是一种普遍原则，而赫尔德则在对日耳曼人福音布道的指责和赞赏中摇摆不定：《观念》的第十六卷中，他称赞德国人接受了基督教并切实表现出"积极的献身精神"。[②] 而且，赫尔德称赞圣科隆邦(saint Colomban)和圣加尔(saint Gall)在阿拉曼人——德意志瑞士的建立者——的皈依中扮演的角色。[③] 几页之后，他谈到"德意志民族"的荣耀：它是"基督教的

---

① 鲁谢，赫尔德《我在 1769 年的游记》引言，第 41—42 页(第 472 页 S. IV)。这句话并未出现在《游记》中，而是出现在写于南特和巴黎的摘要和注释中。

② 赫尔德，《人类历史哲学观念》，第十六部，第三章，第 297 页。

③ 同上，第十八部，第三章，第 355 页。

城墙和堡垒”，是蒙古人、匈奴人、鞑靼人、匈牙利人和土耳其人的“风暴想要突破的有生命的墙”。[①]《观念》的第四部分中，赫尔德满意地写道，在犹太教和基督教之间，“天意的天平发生倾斜，随着犹大地(Judée)的消失，这一自称是上帝唯一子民的民族用来抵挡大地上其他民族的坚实壁垒就此倾覆”。赫尔德接着说道：“充满傲慢和迷信的孤立的民族崇拜时代已经过去。”这里出现了两条路，因为“罗马人普遍的宽容精神”以及之后基督教战胜犹太教的事实造成了演变，这是“人类历史迈出的一大步，但它同样是危险的。它教导所有人只有一个上帝，唯一的救世主，让所有人成为兄弟；可它一旦强行给人们带上宗教的镣铐 412
和锁链，它就会让人们变成奴隶”。[②]

另一方面，当他赞同所有文明都有同等的价值、谴责所有的宗教皈依时，他也就对基督教至高无上的地位提出了质疑。宗教也是某一时代、某一国家、某一种族的必要产物，迫使其他民族人民皈依是对一方的背叛和对另一方的压迫，是对外来民族天性的伤害。谴责向美洲蛮族福音布道的行为可以被看作宽容的胜利，或者是相对性战胜了普世的基督教教义。[③] 确实，如果基督教是全人类的宗教，又怎能阻止它向欧洲之外扩张呢？此外，要怎样才能解释这位新教牧师对把基督教强加给日耳曼人

---

① 赫尔德·《人类历史哲学观念》，第十八部，第五章，第 369 页和第十八部，第三章，第 297 页。

② 同上，第十七部，第一章，第 317 页。

③ 鲁谢，《赫尔德的历史哲学》，第 126 页。

感到的悲痛呢？这么说是因为，赫尔德在《观念》的最后部分为基督教战胜犹太教欢呼；同样是在这一部分，他却悲伤地谈论基督教对日耳曼人的生命力、风俗和征战造成的致命影响："没有什么比基督教更能阻碍北欧人的生活和活动，它终结了奥丁的英雄主义信仰[……]。"赫尔德毫不掩饰自己对这些来自北部的日耳曼人、波罗的海海岸的英勇征服者的同情：他知道"这些人深深地埋下了对基督教的憎恨"；他知道"对奥丁的信仰已经渗透到他们的语言和精神之中，只要他们继续沿着他们怀念的道路前进，基督教就不可能占领他们的精神"。赫尔德欣赏多神教派对基督教入侵的抵抗，而且他清楚，只有通过武力和恐怖手段强制根除整个文明，才有可能突破这一抵抗："僧侣的宗教与异教的传说、歌谣、习俗、寺庙、纪念碑格格不入。"赫尔德指出这些北方民族的人民如何"痴迷于为了推行基督教"而进行的"新的盛大的崇拜仪式"：这与信仰毫无关系，不过是"唱诗班歌咏的圣诗、恭维、圣光、[……]钟声和仪式"。①

就这样，赫尔德以一种迂回、婉转的方式呈现出他旨在说
413 明基督教败给了民族主义的思考过程。与那些批评家的看法
不同，赫尔德维护基督教传统所代表的共同信仰，但当"德意志
人民的祖国"只剩下"一点点可悲的残余"时，他选择为日耳曼
人败给查理大帝扼腕叹息。首先是伦巴第人(Lombards)②覆

① 赫尔德，《人类历史哲学观念》，第十八部，第五章，第365—367页。

② 同上，第十八部，第二章，第349页。

灭，然后是被迫屈从的萨克逊人，他们在诋毁“奥丁的伟大形象”之后，被迫皈依基督教：就这样，“那些独特而自由的民族与法兰克的君王”联系在了一起，这差一点让他们丧失了“他们最初的精神”。①

这里又一次明显地体现了他与伏尔泰的不同。《风俗论》的作者指出，查理大帝嫉妒萨克逊人的自由，用了 30 年时间才最终征服了萨克逊人，让他们臣服，而他征战萨克逊人除了自己的征服欲再没有其他理由。当时的法兰克人已经是基督教徒，他们掠夺、杀戮、屠城；对查理大帝来说，基督教是一件工具，它将胜利者的枷锁束缚在被征服者身上。伏尔泰同情异教的受害者，因为他们是受害者，查理大帝激起了他深深的敌意；而日耳曼人却让他深恶痛绝，因为“渡过莱茵河的蛮族使其他民族也成了野蛮人”。② 他们把野蛮带给了别人，但他们也是这种野蛮的受害者，因此他们也值得同情。伏尔泰是以启蒙运动者的名义讲话，他是暴力的敌人，他指责查理大帝的野蛮和残忍；而赫尔德则是德国爱国者，指责罗马化、基督教化的法兰克人是外来的征服者，指责他们摧毁了萨克逊人，也就是摧毁了当时德国人的多神文化。

赫尔德在基督教问题上的立场至关重要，因为它涉及了多

---

① 赫尔德，《人类历史哲学观念》，第五章，第 369。

② 伏尔泰，《论各民族的精神与风俗》，卷 1，前揭，第 338 页。参考第 324—329 页关于萨克逊战争的内容。

译文参考：伏尔泰，《风俗论（上册）》，梁守锵等译，前揭，第 391 页。——译注

元化和价值相对主义的全部问题。《另一种历史哲学》展现了多元化和相对主义概念，赫尔德在《观念》中试图将这些概念弱化，但却没能做到。在基督教的绝对价值与作为民族主义基础的对一切绝对价值的反对之间，他不可避免地陷入了两难的境地。崇拜民族天性，崇拜其最初、最持久也是最危险的贡献，绝不仅仅是为了对抗法国思想扩张而做出的自卫反应；同样，1870 年后的法国民族主义也不仅是面对失败的自卫反应。不可否认的
414 是，赫尔德通过他的民族天性理论，力求将文化和精神说成受地域、生物、阶层和人种决定的副现象。在他的带领下，人们开始了迈向真实性、迈向回归源头的历程，并反对欧洲大城市那些可以模仿的、人为的文明。赫尔德相信整个文化生活和一切思想都受到阶层和民族限制：这一观念并非泰纳所创，也不是巴雷斯、莫拉斯或斯宾格勒，而正是赫尔德。

赫尔德是猛烈抨击西方文明的自信的第一人。在 20 世纪，西方文明的自信将导致灾难性的结果。当赫尔德思想中表现出广泛的相对性时，那些“哲学家”却批评他们的文明，批评其中仍旧存在的蒙昧主义概念，他们用另外一些普遍的、理性的、世俗的价值取代基督教群体的普遍价值。他们厌恶殖民政治，因为它残忍、对宗教不宽容；他们反对社会不公、反对剥削民众；但他们却深信自己的文明相对于古代、中世纪或是其他文化具有优越性：“所有这些民族，”伏尔泰在讨论日本的章节末尾写道，“过去在文学艺术和手工技艺方面都远比我们西方民族先进。但是我们现在已把失去的时间夺回了！布拉芒特(Bramante)和米开

朗基罗建造了罗马圣彼得大教堂，拉斐尔画了许多画，牛顿计算了无穷大，高乃依、拉辛写了《西拿》(*Cinna*)、《阿达莉》(*Athalie*)，这些人的国家已成了地球上最先进的国家。至于其他民族，尽管历史悠久，尽管有自然界赋予的一切，在艺术方面尚处于野蛮和孩提时代。”①启蒙运动者的历史哲学固守着一种进步的理论，这也是对个人自由的捍卫。他们认为摆脱历史和宗教束缚、摆脱旧习惯和古老偏见是所有人的共同未来。相反，赫尔德的相对主义历史哲学打破了欧洲对自身和对自身价值的
信心。它预示了西方的衰落，并期待共同体主义文明战胜个人 415
主义文明：他认为后者有怀疑论和理性批评的否定精神倾向。

赫尔德的著作表明了建立在氏族禁忌和神话之上的文化民族主义和种族民族主义很难与普遍价值共存。首先，赫尔德的民族主义颠覆了理性主义；其次，它无法与基督教并存。一方面，“人的美德”的观念似乎表现出了赫尔德思想中存在的普遍性，他想要将一切关乎人的本性、“让人拥有理性和自由”的东西都囊括到“人的美德”之中。② 而另一方面，《观念》中的详尽分析很快揭示了，这部重要著作谈论的首先是白人的优越性，其次是德国民族的优越性。于是，赫尔德最独有的贡献立刻突现出来，那就是力求在个别价值和普遍价值中取得平衡。多元化不

---

① 伏尔泰，《论各民族的精神与风俗》，卷 2，第 142 章，第 317 页。

译文参考：伏尔泰，《风俗论（下册）》，梁守锵等译，前揭，第 16 页。——译注

② 赫尔德，《人类历史哲学观念》，第四部，第五章，第 107 页；参考整个第四部。

可能没有代价，对特殊性和个性的崇拜也不会没有任何后果。

在《另一种历史哲学》中，赫尔德拒绝比较各个历史时期和历史民族，认为每种文化都同样崇高，并宣布真理就是某一民族或是某一时期的真理；借此，赫尔德为之后斯宾格勒的观念、为相对主义和怀疑论开辟了道路。随后，他注意到了令他投身其中的相对主义的本性以及多元化的影响；今天我们因为多元化而赞扬赫尔德，却忽略了他为此付出的极大代价。在他生命的最后，他多多少少做出了让步，但却无法消除他的反启蒙所造成的影响。他试图协调许多矛盾，但他的读者却不愿注意到这一点。即使我们承认他力求建立一个由彼此矛盾的元素组成的平衡体系，这一体系也无法抵挡拿破仑战争的风暴。从 19 世纪初起，赫尔德的“人性”理想就已经不剩下什么了，更不用说 19 世纪末了。而事实上，就连在赫尔德的著作中，这一理想也不能消灭与之相悖的文化特殊性理想和统一的、北欧的、种族的、反拉丁的、反英法的神话的理想。这就是为什么爱国主义和种族的本能最终战胜了基督教的普遍主义。反法国 18 世纪的战役从未真正停止过，因为赫尔德不希望，也不能背弃那些根植于他心
416 中的思想：于他而言，每一种思想都是对民族、对种族的表达，而不是对真理的表达。

因此，不同于另一种被广泛接受的看法，唤醒民族性从而打破欧洲统一的不是法国大革命：大革命要晚于德国对启蒙运动的反抗。民族性原则并非产生于法国大革命，而是 18 世纪的德国。赫尔德的民族天性观念最终让所有民族彼此对立。他的民

族主义将世界分裂成许多部分，将历史分成各个孤立民族的发展历程，造成了欧洲前所未有的巴尔干化和文化分裂。赫尔德将基督教、希腊和罗马古典主义、中世纪遗产这些构成了西方文化的元素孤立起来，但他并不愿意这样做，因为他清楚这种分裂可能带来的影响。他的“人性”理想让他在 19 和 20 世纪的崇拜者感到失望：与其说它将人团结在一起，不如说它让人与人之间产生隔阂。康德坚信“大自然的最高目标是*建立一种普遍的世界公民状态*”，其中存在一个“基地，使人类精神的全部原始禀赋都得到发展”[①]，而赫尔德则被看成当时欧洲最大的分裂者。这就是启蒙运动的理性主义、普遍主义与 18 世纪末个别性与种族性斗争之间区别的真正历史意义。

对民族天性的崇拜表现了那些尚未受到外来影响和理性主义文明波及的民族的人民对共同生活和集体灵魂的怀念。赫尔德用历史反对理性，用德国、俄国、波罗的海国家反对法国，他借此抨击启蒙运动的个人主义和理性主义现代性。与启蒙运动的对抗会产生某种必然的结果，这一必然结果很难甚至无法避免，那就是：所有真理中，只剩下民族多样化的真理。巴雷斯谈论法国的真理和德国的真理，谈论法国的公正和德国的公正。的确，当一切都受到历史相对性和种族相对性的制约，

---

① 康德，《世界公民观点之下的普遍历史观念》，收录于康德，《历史哲学文集》，1947，第 76 页（斜体部分原文即为斜体）。

译文参考：康德，《世界公民观点之下的普遍历史观念》，何兆武译，前揭，第 18 页。——译注

当不再有对比的可能,也不存在任何价值等级,当理性无法触
417 及历史现实、只有直觉才有这种能力,普遍价值必然会消声匿
迹。于是,民族主义孕育出了相对性观点,成为理性主义文明的极大威胁。历史相对性和种族相对性、认为不存在普遍真理的观念标志着对欧洲价值观的质疑:这些观念在19、20世纪之交脱颖而出。

第七章　20 世纪初文明的危机，418
广义相对主义及普遍价值的死亡

价值的相对性、文化的不可渗透性以及赫尔德的民族主义观念一直是 19、20 世纪之交反对启蒙运动所倚靠的三大主要思潮。反抗启蒙运动的斗争成为一种大规模的现象，逐渐披上了民众的、多维度的反对自由主义民主的外衣。也正是这一斗争才构成了这一时代的真正独特之处：逐渐消失的世纪初一代人追随着这场起源于 18 世纪末的运动，但将其进行了顺应时代的改造，因为技术已经历了前所未有的革新。无论是柏克还是迈斯特、卡莱尔还是勒南竭力阻止的民主化进程变成了现实，还有此后世界各地的、以文明之名和国家之名发生的无数次革命，莫拉斯、斯宾格勒、巴雷斯、克罗齐以及索雷尔都曾见证这一切。在莫拉斯的著作中，他对柏克、迈斯特、泰纳和勒南的观念进行了总结；巴雷斯、斯宾格勒和克罗齐仍然在赫尔德的理论田野里耕耘不辍，从广义上来说，这也是维柯研究的范畴。两大潮流不停地相遇、交汇，绘制了思想现实的两面；早在 18 世纪末期的时候，我们就已经隐约看到它的轮廓。

在这些转折的年份里，法国的领导者无疑是巴雷斯。[1] 确
419 实，随着时间的推进，《离开本根的人》的伟大作者在法国和欧洲思想界所起的主心骨作用愈发重要。两次战争中间法国的反叛者、那些“保守主义的革命者”鼓吹“回到巴雷斯”[2]，狠狠抨击了自由主义民主。不仅仅是他们，整个欧洲都出现了这种情绪。巴雷斯不仅在欧洲的拉丁语系国家享有盛名，还影响了南美洲，甚至影响了维也纳诗人雨果·冯·霍夫曼斯塔尔(Hugo von Hofmannsthal)以及赫尔曼·巴尔(Hermann Bahr)[3]。然而，法国以外最显著的巴雷斯主义者无疑是恩斯特·荣格尔和卡尔·施米特(Carl Schmitt)：著名的《劳动者》(*Der Arbeiter*)是一本巴

---

① 在这里我并不打算重新引述《莫里斯·巴雷斯和法国民族主义》(新版本，巴黎，法亚尔出版社，2000 年)的结论。然而在一本处理已经暴露出来的问题的著作中，我们不可能不花上几页纸来谈论这个反启蒙主义思潮的主要人物。

② 文森特(R. Vincent)，《回到巴雷斯》(Retour à Barrès)，载《论战》(*Combat*)；1939 年三月刊。

③ 关于巴雷斯在维也纳，参见斯达布兰(Stablein)《关于主体与自我崇拜的分离：雨果·冯·霍夫曼斯塔尔与赫尔曼·巴尔对巴雷斯式衰落的接受》(Dissociation du sujet et culte du Moi：la réception de la décadence barrésienne par Hugo von Hofmannsthal et Hermann Bahr)，拉特拉弗尔斯和莫泽尔，《来到世纪之交》(*Vienne au tournant du sciècle*)，巴黎，阿尔班·米歇尔出版社，1988，第 217—257 页。关于他对南美洲的影响，我们参考了阿尔伯塔·斯皮克托洛夫斯基(Alberto Spektorowski)的《阿根廷右派革命起源》(*The Origins of Argentina's Revolution of the Right*)，印第安纳大学出版社，2002。

雷斯风格的著作，反抗了“机械主义”和“现代性”。[①] 巴雷斯著作全集、这些“民族主义”的天才著作，根据莱昂·布鲁姆(Léon Blum)的表述，是荣格尔所熟读和钟爱的。[②] 至于卡尔·施米特，

---

① 恩斯特·荣格尔，1998 年去世，享年 103 岁，他的著作全集于 1981 年以原语言的形式出版。关于我们所感兴趣的几点，他最引人注目的著作除了《劳动者》之外，还有《政治传播学，1919—1933》(*Politische Publizistik*, 1919-1933)，斯图加特，克莱特·科塔出版社，2001 年；《战争，我们的母亲》(*La Guerre notre mère*)，法语版本由让·达埃尔(Jean Dahel)翻译，巴黎，阿尔班·米歇尔出版社，1934 年；《战争日记》(*Journaux de guerre*)，莫里斯·贝茨(Maurice Betz)、亨利·德·特沃尼基(Henri de Towarnicki)、亨利·皮拉尔德(Henri Plard)译自德语，由雅克·布勒耐特(Jacques Brenner)撰写前言，巴黎，朱莉娅出版社，1990 年。他和卡尔·施米特的通信(1930—1983)，斯图加特，克莱特·科塔出版社，1999 年；以及基于他在第一次世界大战的经历所写的著作，成名作《钢铁的暴风雨》(*Orages d'acier*)，有多个版本和译本。在最近的、关于荣格尔的论著中，最有用是简·波玛(Jan Poma)的《工人：恩斯特·荣格尔身上的虚无主义与工艺》(*The Worker: On Nihilism and Technology in Ernst Jünger*)，布鲁塞尔，圣阿洛伊修斯出版社，1991 年；托马斯·内凡(Thomas R. Nevin)，《恩斯特·荣格尔和德国：在深渊里》(*Ernst Jünger and Germany: into the Abyss*)，杜伦，杜克大学出版社，1996 年；艾略特·内曼(Elliott Y. Neeman)，《暧昧的过去：恩斯特·荣格尔和纳粹之后的文学政治》(*A Dubious Past: Ernst Jünger and the Politics of Literature after Nazism*)，伯克利，加州大学出版社，1999 年。法语著作有：阿兰·德·波诺思特(Alain de Bonoist)，《恩斯特·荣格尔：生平及作品研究》(*Ernst Jünger: une bio-bibliographie*)，巴黎，特莱丹尼尔出版社，1997 年。二十年之后，《圆桌》(*La Table ronde*)杂志在乔治·拉夫里(Georges Laffly)的编纂下出版了一期专刊，《献给恩斯特·荣格尔》(*Hommage à Ernst Jünger*)(1976 年冬季刊)，以马塞尔·儒安(Marcel Jouhandeau)多为首。他写作了《我的朋友：恩斯特·荣格尔》(Mon ami: Ernst Jünger)，很好地代表了学界的声音。另一位参与者，笔名叫“巴尼”(Banine)的，他在 1989 年出版了名为《恩斯特·荣格尔，多面性的人》(*Ernst Jünger, aux faces multiples*)的著作，洛桑，岁月出版社。

② 关于德国的“保守主义革命”和法国的巴雷斯主义传统以及其他思潮之间的比较，可以参见我新出版的著作，《革命右派，1885—1914：法国法西斯主义的起源》(*La Droite révolutionnaire, 1885-1914, Les Orgines françaises du fascisme*)、《不左不右：法国法西斯思想》(*Ni droite ni gauche. L'idéologie fasciste* (转下页注)

420 作为“政治区分”或仅仅是一种“政治标准”的著名的“敌友之别”[①]是一种经典的巴雷斯式的区分。在这位德国政治学家出现的三十年之前，巴雷斯就反对基于个体之“我”之上的国家之“我”和集体之“我”。无论从字面含义还是引申义来说，这种对“我”的反对都是一种他者、一种野蛮性和他异性。

施米特和荣格尔是德国“保守主义革命”两个典型的代表人物。德国的这种法西斯主义与纳粹主义不同，它在魏玛时期的政治生活中扮演了重要的角色。保守主义革命对于很多人来说代表了德国民主的衰落。这个术语与我们惯常的想法相反，早在魏玛时期就已经出现了。霍夫曼斯塔尔近距离地接触了这场潮流，并在 1927 年和 1932 年引用了它，写进了一本献给索雷尔的著作中。[②]

(接上页注)*en France*)(巴黎，法亚尔出版社，2000)。我们可以参见一篇发表自 1990 年的著作，它根据“不左不右”的原则，探讨了《恩斯特·荣格尔笔下暮光公主与阿拉丁的无政府主义者的问题》(The anarch of Twilight-Aladdin's Problem by Ernst Jünger)，《纽约书评》，1993 年 7 月 24 日。关于这一方法论的总体情况，参见斯汤奈尔编，《永恒回归：反民主以及衰落期的意识形态》(L'Éternel Retour. Contre la démocratie, l'idéologie de la décadence)，巴黎，国家政治科学出版社，1994 年。

① 卡尔·施米特，《政治的概念：支持者的理论》(*La notion de politique. Théorie du partisan*)，由玛丽·露易丝·斯丹豪塞(Marie-Louise Steinhauser)翻译，朱利恩·弗勒恩德(Julien Freund)作序，巴黎，卡尔芒-莱维出版社，1972 年，第 65—66 页。

② 参见弗里茨·施特恩(Fritz Stern)，《文化绝望之政治：德国意识形态崛起研究》(*The Politics of Cultural Despair: A Study in the Rise of the Germanic Ideology*)，柏克利，加州大学出版社，1963，第 15 页。迈克尔·弗洛德(Michael Freund)，《乔治·索雷尔，保守主义革命》(*Georges Sorel, der Revolutionäre Konservatismus*)，法兰克福，克劳斯特曼出版社，1932(1972 年再版)。关于“保守主义(转下页注)

巴雷斯自认为是赫尔德民族主义的合理继承人,自己继承了他的相对主义、他对"人"的厌恶和对宇宙准则的蔑视。这一长期以来不断发展的整个思想体系虽然在德国之外的其他地方始终未能得到很好的理解,但还是在德累福斯案持续发酵的这几年中走向了成熟。一时间,就像赫尔德所说的,反理性主义、相对主义、生机论、对人民的无意识以及对天才品格的崇拜、对"生于斯死于斯"的土地的依恋[①],它们导致了巴雷斯主义关于生死的观念的出现。在赫尔德之后的世纪,巴雷斯的论战有着更为具体的意义:他反对法国的 18 世纪,这个极端自由主义、享乐主义和功利主义的世纪,但首当其冲的是理性主义。从此以 421
后,国家不再是法国大革命最初几年的公民的集体,而是拜倒在教堂和墓地前虔诚的人的集体;他们充满对祖先的敬仰,接受着一种新的道德。

"相对的意思"是《民族主义的现象及法则》(*Scènes et doctrines du nationalisme*)一书第三章的小标题;针对这场"抽象意义

(接上页注)革命",参见另外两本卓越的法语著作:路易·居波(Louis Dupeux),《德国民族基要主义观点及其他文章》(*Aspects du fondamentalisme national en Allemagne et essais complémentaires*),斯特拉斯堡,斯特拉斯堡大学出版社,2001,以及一本由路易·居波编纂的著作,《魏玛共和国下的德国保守主义革命》(*La Révolution conservatrice allemande sous la République de Weimar*),巴黎,基梅出版社,1992。"保守主义革命"在魏玛时期是德国社会的主流意识形态,和我们通常的想法不同,并不是在 1949 年才由阿明·莫勒(Armin Mohler)引进了这个概念。参见阿尔曼·穆勒,《德国保守主义革命 1918—1932》(*Die Konsevative Revolution in Deutschland 1918–1932: ein Handbuch*),1989 年第一版。他的博士论文出版于1950 年。

① 赫尔德,《另一种历史哲学》,第 283 页。

下玄学的狂欢”，巴雷斯坚持“相对主义的必要性”。对于所有知识分子、那些割离了种族和共同体之根的人，巴雷斯呼吁道：“我们要根据法兰西的原则来判断一切。”[①]不存在理论上的真理、正义，“没有绝对的真理，只有各个相对的真理”。另外，他解释了相对主义的含义：“相对主义者力求区分每种人自己的概念。”用比较准确的句子来概括，这就是赫尔德主义关于相对性的经典阐释；几年之后，斯宾格勒也做出了他的解释。人类是他先祖的后代，他依靠着他们，是一种特定文化与土地的产物，有着某种一致性。“我们的土地赋予了我们某种纪律，我们是死去祖先的延续。”[②]这也就是为什么“民族主义就是通过法国解决每个问题”[③]。巴雷斯仅仅通过间接的方式了解赫尔德，他对赫尔德的所知来自米什莱；然而面对启蒙主义、理性主义和普遍主义，他采取了与赫尔德同样的姿态。跟他更相近的是他的两位老师，泰纳和勒南：是他们教会了他只有通过这种方式，国家才能重新找到“道德上的同一”，这是其严重缺失的一点。[④] 赫尔德、朱斯塔斯·默泽尔（Justus Möser）和柏克都认为这是一种归属

① 莫里斯·巴雷斯，《民族主义的现象及法则》，第一卷，巴黎，普隆出版社，1925，第 84 页。

② 莫里斯·巴雷斯，《我的笔记》（*Mes Cahiers*），巴黎，普隆出版社，1929—1938 和 1949—1957，第二卷，第 163 页。同时参见《离开本根的人》，巴黎，法斯盖尔出版社，1897，第 322 页以及《民族主义的现象及法则》，巴黎，普隆出版社，1925，第一卷，第 38 页。

③ 同上，第 86 页。

④ 同上，第 84—86 页。

于特定文化、特定社会的特殊行为规范，它既是原因，也是结果。巴雷斯用自己的语言表达了同样的理念："我只能接受一种规范。我越是为自己骄傲，就越会去反抗非我种族的规则。"[①]"种族"(race)这个词在这里表达了一种强烈的赫尔德主义的、对历史和文化上的人民及团体的看法。

就像在一个多世纪之前，个体的自主化和理性化成了腐蚀彼 422
时社会的罪恶的源泉："个体！他掌握宇宙法则的智慧与才能！我们需要克制。我们并不是自己思想的主人。思想并不来自我们的才智，而是我们古老传统的生理反应。根据我们所处的阶层，我们才养成了判断力和理性，人类的理性就是这样世代联系着。"[②]18世纪巨大的罪恶，存在于"应该批评自身的所有偏见并承认明显的个人的事实"的观念之中。这种批评的精神"仅仅遵从他们自己的理性[……]拒绝服从集体理性的教导"[③]。

巴雷斯全身心地投入到对"17世纪的理性主义"的反对[④]中。他反对"《百科全书》的精神，因为它只在理性中寻求真理，认为世界上不符合理性规则的就是不合理的"。[⑤] 为了拒绝接受狄德罗和孟德斯鸠的观念，他不惜自食其言，尽管不久之前他还把这两个人称为"天才"和"另一个我"。当历史学家和共同体主义者开

① 莫里斯·巴雷斯，《我的笔记》，第二卷，第68页。
② 同上，第17页。
③ 巴雷斯，《我的笔记》，第十卷，前揭，第99页。
④ 同上，第八卷，第161页。
⑤ 同上，第十卷，第219页。

始占上风时，巴雷斯认为《社会契约论》“极其愚蠢”，无法理解“这样一个人”怎能影响后世。[①] 卢梭的罪恶是企图“将生活理性化”，换句话说，也就是将其“贫乏化”，因为“理性主义的观点和生活以及它的本能形态是相互对立的”。[②] 卢梭是有罪的，因为他接受了一个错误的、建立在“抽象之人”观念上的系统。《向军人发出号召》(*L'Appel au soldat*)的作者提出了一个关于历史学、共同体以及新保守主义思想的经典问题以反对法国-康德启蒙思想，这一问题也是以赛亚·伯林在20世纪重新提出的：“什么人？他住在哪里？他生活在何时？”[③]巴雷斯回溯了泰纳和柏克的权威，他在这样的背景下攻击人权。他用经验反对“想要忽略永恒
423 山丘”的理性主义；用集体理性“缓慢形成的宝藏”反对个体理性，前者是通过国家无意识的力量才得以形成的。[④]

在他学术生涯的初始，巴雷斯就高度肯定了无意识和天性的优先地位。他认为，“天性，远高于分析，它造就了未来”。[⑤] 而生命的问题，“就是情感的、世代相传的秩序，是一种古老的无意识”。[⑥]天性是直觉和非理性的情感，这种热情和冲动是决定人类行为最深沉的力量。理性主义属于那些离开本根的人，属于那些失去了

---

① 莫里斯·巴雷斯，《贝丽妮丝的花园》(*Le Jardin de Bérénice*)，巴黎，贝林出版社，1891，第197页；《我的笔记》，第九卷，第290—291页和第十卷，第219页。

② 巴雷斯，《我的笔记》，第八卷，第77—78页，第九卷，第24和290页。

③ 同上，第二卷，第83页。

④ 同上，第十卷，第98和186页。

⑤ 巴雷斯，《贝丽妮丝的花园》，前揭，第179页。

⑥ 巴雷斯，《向军人发出号召》，巴黎，法斯盖尔出版社，1900，第359页。

社群归属、种族归属和宗教归属的人；它削弱了敏感，扼杀了天性。这也是为什么巴雷斯不在意任何普遍法则：他否认真理的观念，不认为其原则对我们是有价值的。在他的思想中，“既定的物和人，也就是法国人，他们之间真正的联系在于法国式的真实和正义。明确的民族主义，无非就是知道这一点的存在”。[①] 如果道德价值属于一个文化里特殊的部分，对于法国的再生、民族和国家的重建来说，需要“让个体植根于土地、植根于我们死去的先辈中”。[②]

我们曾在先前的章节中看到赫尔德与柏克对勒南和泰纳产生的深远影响，然而，想要从总体上了解这些观点缓慢演变的复杂性，想要知道德国民族主义和法国民族主义之间常常令人惊讶而又总是拐弯抹角的关系，则需要回到米什莱。巴雷斯很欣赏米什莱，因为他在这位共和国伟大的历史学家身上发现了未曾被人察觉的过去：一种观察文化、历史和国家的视角，这种视角更接近赫尔德，而非百科全书派的作家或法国的启蒙思想家。因为正是米什莱，这位杰出的思想传承者，把赫尔德介绍到了法国，并发现了詹巴蒂斯塔·维柯这位“历史哲学的奠基者，意大利散文时代的但丁”。[③] 1827 年，年轻的米什莱出版了第一卷， 424
其中包含了他改写的《新科学》；1835 年，他在第二卷中发表了

---

① 巴雷斯，《民族主义的现象及法则》，第一卷，前揭，第 13 页。这里出现了“明确”一词的表述。

② 同上，第一卷，第 13 页、

③ 米什莱，《通史导论》（*Introduction à l'histoire universelle*），载《全集》，第二卷，1828—1831，由保罗·维拉尼克斯（Paul Viallanex）编纂，巴黎，弗拉马里翁出版社，1972，第 243 页。

一篇关于维柯著作的介绍性文章，还有他对这位意大利哲学家主要著作的翻译。[①] 米什莱对维柯的迷恋具有十分重大的意义：遵循着他的道路，巴雷斯也有着同样的思想。

1825年，米什莱遇到了埃德加·基内(Edgar Quinet)，后者正在翻译《人类历史哲学观念》一书，从此他们两个结下了半个世纪的友谊。也正因为如此，米什莱发现了一位深受基内喜爱的德国作家。在他们相遇的一个月之后，米什莱开始学习德语。基内翻译的著作在1827年面世。1905年，居斯塔夫·朗松(Gustave Lanson)清楚地看到，米什莱在赫尔德的身上寻求一种重建历史哲学的方法。除此之外，正是在遇见赫尔德之后，米什莱才开始将维柯的思想真正内化。[②] 如果说通过历史哲学，我们理解了理性为让历史理性化所做的努力[③]，那么为什么米什莱转向了赫尔德，而不是伏尔泰或卢梭，他从基佐那里汲取的也更多是赫尔德，还有为什么他更希望看到"事件史下的观念史"[④]，这一切就得到了解释。

然而，最引人注目的是他对孟德斯鸠思想的背弃。不管怎

---

① 阿歇特出版社1835年的版本由保罗·维拉尼克斯重新编辑，并放在了《全集》(1971)的第一卷中，第260—624页：维柯的著作，包括《回忆录》《新科学》《黄昏》《书信》等，以及对他的一生和著作的介绍。

② 朗松，《米什莱历史研究方法的形成》(*La Formation de la méthode historique de Michelet*)，《现当代历史杂志》(*Revue d'histoire moderne et contemporaine*)，第七卷，1905—1906，第11—13页。

③ 古耶(H. Gouhier)，《历史和历史的哲学》(*L'Histoire et sa philosophie*)，巴黎，弗林出版社，1952，第87页。

④ 引自朗松，《米什莱历史研究方法的形成》，第11页。前揭。同时参见埃里克·法盖(Éric Fauquet)，《米什莱和赫尔德》(Michelet et Herder)；佩尼松，《赫尔德和历史哲学》。

么样，我们没有在《论法的精神》的第十九节中找到任何米什莱可能感兴趣的东西。赫尔德不是唯一一个有“民族概念”的人，也不是唯一一个认同文学、语言、立法等的民族性的人。我们在前面几个章节看到，除他之外还有很多人对特殊性和个体做出了反思。孟德斯鸠是否从未谈到“民族的普遍精神”或者“民族的气质”[①]？是否直到 1720 年，他才在《波斯人信札》中谈到了 425
我们文明的相对性概念？他是不是从未在《论法的精神》中展示出历史相对性的意思，就像他在《罗马盛衰原因论》中写到的那样？为什么米什莱会转向赫尔德和德国？

个中原因或许在于，这位历史学家感受到了和这个清醒的国家之间的一种深沉的一致性。深思熟虑后，他并不欣赏启蒙主义的理性思想；像赫尔德一样，他认为太过追求理性会削弱生命本身的力量。他在赫尔德的历史哲学中看到了可以为人所用的国家使命的思想，使得民族主义和人文主义能够相互调和。朗松不失时机地指出，米什莱有一些偏离法兰西学院派的历史观。[②] 他并非不愿承认在他之前迈斯特就在 19 世纪向法语世界引入了这样的观念：“国家和个体一样，都有他们的气质甚至**使命**，就像在个体的社会中，每个人都接受一种道德的天性[……]，同时也表现出某种气质，这是个体特性的结果。”[③]为了

① 孟德斯鸠，《论法的精神》，巴黎，卡尼埃出版社，1961，第一卷，第 319—322 页。

② 朗松，《米什莱历史研究方法的形成》，前揭，第 10 页。

③ 迈斯特，《论法国大革命》，第 71 页。

建造一个抵御伏尔泰影响的堤坝,迈斯特强调“每种语言都是天才的产物,这种天才都是独一的,它驱逐任何他异的思想、抽象的构成以及从前的成规”①。为了反对伏尔泰,迈斯特在“过分引入外来文字中”看到了“人民堕落最可靠的迹象”。② 与启蒙主义的战争始终有着民族的和区域的维度,这一观点振聋发聩。

事实上,米什莱对赫尔德反孟德斯鸠的回溯最重要的一点,在于对法国民族主义思想形成的影响。正是这位赫尔德和维柯的传人将他们思想的遗产传给了勒南,还有之后的巴雷斯。实际上,《人民》(*Le Peuple*)可以被看成赫尔德主义信念的经典之作。正是沿着赫尔德—米什莱—勒南这条线,当代民族主义理论得以诞生,并迎来世纪之交的大爆发,尽管这个现象初看起来
426 匪夷所思:接近 20 世纪的时候,德国的民族主义和法国的民族主义走到了一起,显示出了非常相近的特质。奇怪的是,虽然说从莱茵河最东边的德国一直到乌克兰、俄罗斯和巴尔干,这个语言学上、文化意义上而非政治意义上的概念,就像那些年轻而激进的思想一样,构成了一场真正的改革、一种卓越的动员性的力量,但是这些观念并没有满足法国具体的要求。虽然说在这些地区,赫尔德必然地成了预言者,而民族、历史、文化以及之后生物学意义上的地方主义成了政治活动的先导,但他在被集权专制和雅各宾党共和国选中的土地上却没有立足之地。在多民族

---

① 迈斯特,《圣彼得堡之夜》,第一卷,第 91 页。

② 迈斯特,《生成原则》,载《论法国》,第 270 页。

的帝国中，集体由语言和文化定义，而不是国家或王朝；“民族天赋”和“民族气质”的概念是反叛的活力，甚至是从强权中解放出来的动力。文化刻度同样能够展示一种民主的、反朝代的气质，这种气质在赫尔德身上有，在伏尔泰那里也曾展现过：《风俗论》的作者正是以各民族的文化史反对各朝代完全政治化的历史。伏尔泰在面对专制的时候站在了第三等级的位置上，对于赫尔德来说，这意味着人民抛弃了国家的界限，不与其同流合污。

然而在法国，在这个杰出的民族国家、这个政治传统悠久的地方，在这个文化疆界、语言疆界与政治疆界吻合的区域，赫尔德的历史哲学没能回答任何具体的问题。而这两种民族主义——法国式的和德国式的——都始于19世纪中叶，展现出不相上下的特质，常常具有同质性：反对启蒙运动的斗争、德国的文化革命以及之后形成民族国家的漫长过程逐渐影响了法国，这个进程在世纪之交达到了顶峰。

《人民》代表了法国史学和法国民族主义的一个侧面，它强调个体价值对普遍价值的超越。诚然，另一个侧面是《通史导论》所展现的启蒙传统，它也没有消失，也远远没到消失的时候。“法国不是一个像德国一样的民族，而是一个国家。它起源于融合……个体能够从这个总体中汲取光荣。”[1]正是这种“融合让 427
各种族一起构成了国家的个性和特质”。[2] 这也是为什么只有

---

① 米什莱，《通史导论》，前揭，第253—254页。

② 同上，第248页。

法国“想要在平等之中寻求自由，这是一种社会的禀赋。法国的自由是正义的，也是神圣的，它值得在全世界被推广；它将信念团结起来，将人民联系起来”。[①] 后文又提到：“人民有着高尚的社会天性，关注世界的自由，关心遥远地方的苦难。所有人的人性是联系在一起的，在这个普遍的同理心下，才有人性的光荣和美丽。”[②]

然而米什莱相信，在赫尔德身上，民族赋予的使命概念代表了和平与文明。祖国宏大的梦想植根于一种文化优越性的深沉情感，人民相信自己是被选中的人，能够表达人类与国家利益、人性相一致的想法。这也解释了米什莱如此欣赏赫尔德的原因：正如《观念》的作者口中的德国，米什莱的祖国也有牺牲的精神，经历过贫穷和苦难，“在这片土地上，如果我们想要筑起有血肉的国家，需要各方面的努力，法国的金字塔因此将直指苍穹。[……]而你们的，噢民族们，你们全部在这里，啊！你们的，你们的牺牲堆积起来，才到孩子的膝盖”。[③] 感谢法兰西——人性的向导和摩西——建造了这个世界的城邦；在这里，没有人会被驱逐。[④]

---

① 米什莱，《通史导论》，第 253 页。这段文字还附带了一段注释：“是否要说，这是权利的平等或是达到光明之路、获得政治权利的途径的平等？”

② 同上，第 254 页。

③ 米什莱，《人民》，初版，由鲁西昂·拉夫尔(Lucien Refort)出版，巴黎，马塞尔·迪迪埃出版社，1946，第 242—243 页。

④ 莫诺德(G. Monod)，《儒勒·米什莱的一生和思想：初始，成熟》(*La Vie et la pensée de Jules Michelet. Les débuts, la maturité*)，巴黎，冠军出版社，1923，第一卷，第 222 页。

法兰西文明使命的思想由此确立，就像赫尔德对德国思想的发展一样，这是一种民族至上的深沉情感：甚至在《通史导论》中，
我们看到“在法国的思想被阐释、翻译、大众化之前，欧洲所有的 428
社会出路都是贫瘠的”。[①] 法国“十分重要，它将勇敢和新思想带到了其他国家，并用一种非凡的力量，将自己的思想和其他思想融合起来。就像罗马作为古代的立法者一样，法国在‘现代’也扮演了同样的角色……法国做出行动，用理性思考，颁布法令并不断斗争。它重塑了世界，创造了历史并讲述了它”。[②] 在《人民》一书中，作者将法国视作“信仰和宗教”，它的历史“独一无二且完备无缺”，而其他的历史都是“残破”的；这是一种法兰西式的特性、“伟大的传统”，“从凯撒到查理大帝，到圣路易、路易十四、拿破仑，让法兰西的历史成为全人类的历史。”[③]

为了保存民族的个性，就像之前的赫尔德和之后的巴雷斯一样，米什莱反对“世界主义的威胁、模仿的危险”。[④] 这个独特的民族，“这个将自己的利益和命运与世界紧紧联系的民族”，如果它开始模仿别人，譬如说“反法兰西的英国”[⑤]，会发生些什么呢？“模仿之路”意味着“把自己的血肉放进他人的身躯”，这条备受赫尔德指责的道路只会通向“自杀和死亡”。[⑥] 正因为如

---

① 米什莱，《通史导论》，前揭，第 257 页。

② 同上，第 249 页。

③ 米什莱，《人民》，第 246—247 页。

④ 同上，第 330 页。

⑤ 同上，第 247 页。

⑥ 同上，第 239 页。

此,米什莱在回答“如果法兰西堕落了,世界会怎么样?”这个费希特曾为德国预想过的问题时,他的答案和《对德意志民族的演讲》的作者并无不同:“这片土地,”米什莱说,“将会陷入冰封的世纪,而我们周围的一切已经到达别的星球。”[1]

据朗松的说法,这位法国历史学家在发现赫尔德价值的同时,也改变了自己关注的方向,从“普遍和空间概念开始转向不同时代的差别”。[2] 在 1827 年初的时候,他还是(巴黎高师)预科班的一名教师,对历史研究中的种族问题十分感兴趣,倾向于种族延续的问题。就像朗松在 1905 年描述的那样,米什莱十分
429 满足于从他的学生们身上观察“法国各省的不同性格和特质,由土地和种族、语言、文化、信仰、祖先等引起的决定性的差异”。[3] 民族是一个有生命力的机体:米什莱在这些民族中看到了“它们每天都在塑造自身的道德,人民因此变成了不同的样子”。[4] 每个民族都拥有自己的灵魂,“民族的性格不会因为我们心血来潮而受损毁,但却深深地受到气候、食物、农副产品的影响,会根据它们而做出细微的调整,但并不会因此消失”。[5] 在 19、20 世纪之交,国家被看成一个人,而不是公民的整体,这个观点占据了政治和文化舞台。

---

① 米什莱,《人民》,第 236 页。

② 朗松,《米什莱历史研究方法的形成》,前揭,第 21 页。

③ 同上。

④ 米什莱《人民》,前揭,第 231 页。

⑤ 同上,第 232 页。

因此,越是随着时间的推移,极端化的进程就会不断加深。泰纳和勒南,一个是坚定不移的社会达尔文主义者,另一个更接近戈宾诺的思想,相对于米什莱,他们代表了一种确定的民族主义的偏向。然而,对启蒙运动的反对由来已久,在政治舞台上也经历了起起伏伏的变迁,这个文化现象在法国的政治意义仍然是受到限制的。不过,只要条件成熟,文化上的反抗将会导致政治上的变革。在德国,情况便是如此:仅仅是在赫尔德去世四年后,费希特就在1807年的冬天发表了他著名的《演讲》,呼吁在被法军占领的柏林宣传赫尔德的思想。解放战争不仅是为了对抗法国人,更是为了反抗法国启蒙运动的影响,这次呼吁的规模——尽管受到了限制——在那个时代很快成为大众级的现象。然而,正是拿破仑战争使得文化和历史主义的主要原则紧密联系在一起,并由此形成了一股政治力量。

法国在随后也受到了波及,工业化和快速的欧洲社会民主化很快就位,并呼唤大众社会的到来。1870年的战败同样也在反对89原则中起到了一定推动作用,但前者绝对不是后者的根本原因:在关于大革命的著作中,勒南和泰纳论述了法兰西衰落的原因,色当一役不过是一个结果。这两个人都强调,对于他们来说,最重要的一点就是要知道并非军事溃败造成了灾难。 430
1870年的悲剧不过是几片“被扯破的风帆”,[①]伟大法兰西真正的掘墓人是18世纪的那一批启蒙主义者。

① 勒南,《法兰西的精神改革与道德改革》,第94页。

因此，在19世纪的最后几十年间，法国对于平等式微的反思、对文化观和种族观下历史问题的阐释、对新时期实用主义的思考、对道德上的世纪之症的沉思，这一切都把建立在启蒙思想、共和国传统之上的政治文化置于岌岌可危的境地。除了那些如雷贯耳的名字，我们还能看到之后的巴雷斯、布朗热、勒庞(Le Bon)、德吕蒙，以及他们之间一脉相承的精神：他们都有着贵族式的、保守主义者的反抗，都反抗启蒙思想，都反对面对"下等人"时泰纳和勒南表现出的典型的恐惧，也明确勾勒出这些真正关乎"土地与死者"的民族主义革命的观念传统。将社会看成一个整体的概念、将其看成一个有生命力的机体的视角，这种文化决定论必然引发分离和极端封闭的世界观。

谁没有在对康德和卢梭的战斗中看出《离开本根的人》(*Déracinés*)一书的痕迹呢？在这个时代的欧洲文学中，是否存在一种比《民族精力的小说》(*Le Roman de l'énergie national*)更赫尔德的政治小说？是否有一种文本，比《向军人发出号召》中核心的那一章更接近狂飙突进运动的精神？谁能否认对"新文明本身也是一种机械性"的批评中体现出来的对现代性的反对？当泰纳认为人类受害于过多的文化①的观点渐渐被人接受，我

---

① 泰纳，《巴黎笔记，泰纳整理并出版的弗里德里希-托马斯的一生与观点》(*Notes sur Paris, Vie et opinions de M. Fréderic-Thomas Graindorge recueillis et publiés par H. Taine*)，巴黎，阿歇特出版社，1867年，第147、287—288页。在这里需要引用舒恩(A. Shuin)一部尚未出版的硕士论文，《19世纪的历史悲观主义者：伊波利特·泰纳》(*Le Pessimisme historique au XIXᵉ siècle: Hippolyte Taine*)，日内瓦，1982。

们是否意识到自己抱有对道德和美创造出的暴力的崇拜？什么时候进步的思想才能和堕落的人联系起来，人们可以意识到现代意识形态的弊病，而不仅仅只是高唱现代科技的赞歌？

第一次世界大战之前的几年，历史主义积累的影响渐渐为 431
人所觉察。正是在这一基础之上，"法兰西行动"（Action Française）成立了，并且莫拉斯也追随着从巴雷斯到维希的民族主义观点。世纪之交的战争结束不到五十年，民族主义就成了维希政府的理论支持，民族分离派和激进派证明了它长期以来积聚的影响力：这一理念不仅成为文化遗产，同时也将所有人连结起来，展示出破坏性的力量。

莫拉斯没有写过一篇系统性的政治文章，他也不是个大作家，但他是个无与伦比的学校教员。1937年，他以《我的政治思想》（*Mes idées politiques*）为书名收集了他曾经的几篇文章并为之作序，题为《自然政治》。事实上，这一文集仅仅探讨了《君主制的调查》的问题。似乎在莫拉斯的身上，所有的思想动态都跟德雷福斯事件分不开。在这个意义上，他描绘了在两次世界大战之间法国思想界的发展脉络：20年代和30年代代表了世纪初法国思想界的大迸发，已经到了追求质量的阶段。然而，伴随着20世纪40年代的溃败，这些论证发展到极致，这些观念也得到了最完善的表达。

《我的政治思想》的第一个阶段站在了《社会契约论》的对立面，用一种总体性的观点看问题：人生来并不是平等的；正相反，这种平等观极其虚伪，它把一切责任都抛在了社会的身上。在这种情况下,没有任何东西可以被称为契约,没有相互、没有平等。[①] 这也是为什么对于莫拉斯来说,恶源自于改革;众恶之夫是"可悲的卢梭"。[②] 莫拉斯关于不公正的论述是无与伦比的,但提到《爱弥儿》的作者时,他看起来有些极端:"有时奴颜婢膝,有时是主人,有时是受人供养的寄生虫",我们在这个"不幸的讲坛上
432 [……]看到了这个有罪之人,或者说是个野蛮人,甚至是个疯子"。他进入巴黎,"像一个胡言乱语的预言家,厌倦了荒漠,带上破旧的背包,系上骆驼皮的腰带,头上是脏兮兮的灰尘,行走在忧郁中"。很快,"这个野蛮人"将占领巴黎和上流社会,"一颗智慧而慎思的头颅,却让这个狂人满口胡话"。[③] 这个世纪所有的不幸都指向卢梭,而非伏尔泰和孟德斯鸠,尽管是后面两位的伦敦之行"标志着希伯来和德意志思想之间的第一次碰撞,这在英国刚刚发生影响"。"这场来自东方的嫁接没有枯萎",而是作用到了哲学领域。可以确定的是,他们把"无政府主义的火种和狂热"带回了波尔多和巴黎,当然也有其他经典思想,比如"大法官",又比如"富裕的资产阶级",他们的地位没有"丝毫动摇"。[④]

---

① 莫拉斯,《我的政治思想》,皮埃尔·贾克斯特(Pierre Gaxotte)作前言,巴黎,阿拉巴特洛斯出版社,1993,第17页。在这部清晰而卓越的著作中,布鲁诺·戈耶(Bruno Goyet)坚持强调莫拉斯在法兰西历史学界的重要地位:独一无二、具有启发性。同时参见他的《查尔斯·莫拉斯》,巴黎,社科出版社,2000,第128—132页。

② 莫拉斯,《浪漫主义和大革命》(Romantisme et Révolution),载《著作集》(*Oeuvres capitales*),巴黎,弗拉马里翁出版社,1954,第二卷,第33—34页;《三种政治观点》(*Trois Idées politiques*),1954,《著作集》,第二卷,第87页。

③ 莫拉斯,《浪漫主义和大革命》,前揭,第34—36页。

④ 同上,第34页。

与泰纳所想的不同,大革命并不是来自于古典精神——这是莫拉斯的错误推断——更准确地说,正好相反:它恰恰来自于浪漫主义。天主教哲学效仿了亚里士多德,而天主教的政治则遵循了罗马的惯例:这是传统的特点。对于莫拉斯而言,古典精神是人性的准则,它在政治领域具有权威性和传统性。如果将“古典”思想定义为一种革命的精神,就是剥离了它的自然属性。① 正是在《社会契约论》中,而不是在布瓦洛的著作里,人们重新发现了罗伯斯庇尔的精神。“浪漫主义就是革命”:浪漫主义的时代始于卢梭——这个日内瓦人。或者说,日内瓦就意味着宗教改革,改革就意味着“系统性的叛乱”。确实,对于莫拉斯来说,希腊-拉丁传统和中世纪天主教的智慧一样,与革命精神从根本上就是背道而驰的。法国大革命的先导者们,或者说所有革命的先驱们都从日内瓦来,都来自威滕伯格(Wittenberg)、耶路撒冷;“他们汲取了犹太教的精神和独立的基督教思想,后者在荒漠中、在日耳曼的丛林里、在野蛮人的聚集点大肆横行”。② 433

柏克、迈斯特,勒南、泰纳和巴雷斯,以及在他们之前的赫尔德都认为,罪恶总是源于“个人主义的人生哲学”③。自由、平等

① 莫拉斯,《三种政治思想》,第 86—87 页。

② 莫拉斯,《浪漫主义和大革命》,前揭,第 32—33 页。关于这个主题可以参见卡尔·施米特,《政治浪漫派》(*Romantisme politique*),由皮埃尔·林恩(Pierre Linn)译自德语,巴黎,瓦鲁尔书店出版社,1928。由莫拉斯主义者乔治·瓦鲁尔(Georges Valois)初版,施米特在这部著作里展现了改革如何导致法国大革命的“解体”(第 17 页)。

③ 莫拉斯,《我的政治思想》,前揭,第 198 页。

和民主的"革命思想[……]只接受个体"。[①] 这些个人没有联系,远离家庭、国家、职业;个人不仅仅"如尘土般微小",他还沉醉于公正,表现出这种情形下固有的疯狂:因为"所有的权利来自责任"。[②] 卢梭之后,夏多布里昂是能够欣赏孤立人格的首批人之一[③],无组织的"'个人'的嘈杂"打破了对自由的承诺。[④] 然而,自由是一种权力,它意味着权威和力量;自由仅仅是一种方法,而非最终的目标。[⑤]

在这里,莫拉斯从三个方面进行了区分。首先,是"作为形而上学原则的自由"和"其他自由"的传统的柏克式区分;其次,他区分了人民意愿、"个体意愿总和"和"公意、民族整体利益的表达"[⑥];最后,他区分了"积极的自由"和"消极的自由"。[⑦] 他不允许"愚蠢的人"发表意见,因为他们只会沉浸在权力的快感中。[⑧] 然而,愚蠢的人也被赋予了理性,这个实用的工具将人性和自然天性分隔开来。对理性失望和完全倚靠理性一样,都是不可行的。[⑨] 不是

---

① 莫拉斯,《我的政治思想》,前揭,第 256 页。同时参见第 198、253 页。

② 同上,第 127 和 204 页。

③ 莫拉斯,《三种政治思想》,载《全集》,前揭,第 64 页。

④ 莫拉斯,《浪漫主义和大革命》,前揭,第 48—49 页。

⑤ 莫拉斯,《我的政治思想》,前揭,第 123—124 和 132 页。

⑥ 同上,第 122 页。

⑦ 莫拉斯,《浪漫主义和大革命》,第 47 页。这种区分平淡无奇,就像是洛克、康德和邦雅曼·贡斯当曾经做过的那样,在冷战时期由于以赛亚·伯林的推动而影响深远(参见本书最后一章)。

⑧ 莫拉斯,《我的政治思想》,前揭,第 120 页。

⑨ 同上,第 101—103 页。

因为大革命宣布了理性的垄断地位，也并非因为外国的影响（主要是英国的）——在这里，莫拉斯不点名地批评了柏克——试图 434
展现出大革命的宗旨，即：理性的表达，启蒙运动的敌人们才想要放弃思想界。他拒绝“仅仅因为这些是思想就丢弃它们”。对于莫拉斯而言，“事实和思想并不是对立的，也并非不能相容”。而且，我们不能因为革命思想是抽象的或是“概括的”就去谴责它，我们谴责它，是因为它站在了“真实的对立面”。[1]

因此，莫拉斯想要否认个体的自主性和人权，不是因为它们遵循了理性法则，而是因为它们消极的一面。在这里，他提到了那个关于“政治哲学先行者”的著名“玩笑”：迈斯特宣称了解法国人、英国人、德国人还有很多其他国家的人，但他“在任何地方都没有遇到过一个抽象的人”[2]。直到今天，这个精神还鼓舞着所有的新保守主义者，他们坚信自己将会拥抱美好的明天。莫拉斯从迈斯特开始，追溯到霍布斯、亚里士多德：对于亚里士多德来说，人是一种政治动物；霍布斯是一个绝对君主制度下的理论家，认为“人身上有狼的特性”，他支持“真正的哲学”，反对仅仅将人类放在社会中进行考量。[3] 另外，莫拉斯将“个人”(individu)[4]一词置于引号中；相比于这个词，他更倾向于使用“人格”(personne)[5]，后者与穆尼

① 莫拉斯，《浪漫主义和大革命》，前揭，第 49—51 页。

② 同上，第 49—50 页。

③ 莫拉斯，《我的政治思想》，前揭，第 87—89 页。这里关于霍布斯的解读有错误。

④ 同上，第 170 页。

⑤ 同上，第 268 页，注释 1。

埃(Mounier)反对自由主义的人格主义思想并行。不管使用的术语是怎么样的,他想表达的思想很清楚:不是人创造了社会,是"社会创造和毁灭了人"。[①]

赫尔德和柏克——莫拉斯没有直接阅读他们的著作,而是出于相同的、反启蒙的立场——莫拉斯从他们两位的身上汲取了某些思想;和他们一样,莫拉斯认为"社会不是个人意愿的连结,而是一种自然形成的结合体。它不是有意为之的结果,也不是成员选出来的。我们无法选择自己的出身、国家、语言或者传统,社会是我们自然天性的一部分,我们只能去接受它、反抗它
435 甚至逃离它,但却不能从根本上忽略它"。[②] 另外,"实证科学的公设是将社会视为自然事实和必要性的存在"。[③] 在这里,莫拉斯质疑孟德斯鸠的权威性,以及他认为法律是"**来自事物本质的联系**"[④]的观点。文中的观点柏克都曾提到过,他跟莫拉斯、迈斯特、赫尔德一样,对《论法的精神》一书的作者提出了质疑。与他的老师迈斯特和里瓦尔罗(Rivarol)正相反,莫拉斯对柏克并无太多敬重之心,他认为这个英国人只是个政治的"实践家",但他们反对启蒙运动使用的是同一种论证方法。[⑤] 不过,莫拉斯在其中加入了生物学的思想,使他能够更加领会遗传和选择的

---

① 莫拉斯,《我的政治思想》,第 170 页。

② 同上,第 173 页。同时参见第 171—172 页。

③ 同上,第 163 页。

④ 同上。

⑤ 莫拉斯,《浪漫主义和大革命》,前揭,第 157 页。

精髓以及政治的延续性,更加懂得政治科学。尽管政治的延续和生物学上的世系之间有很多差别,但有一些基本的东西是共通的:人是“活着的存在,遵循一定的生命的法则”。[①] 因此,把契约作为社会起源的说法是十分荒谬的,个体的幸福并不是社会进步的动力,政治的唯一目的是“使群体繁荣”[②]。这就是为什么 89 原则——居于其首位的平等——既是荒谬的也是有罪的。

一个社会可能逐渐平等,但生物学特性告诉我们“平等是通向死亡之路”[③]。每个人都应该拥有尽可能多的权利,“但既然自然都是不平等的,我们为什么要求人与人之间能够达到平等呢”[④]。就像是所有的社会达尔文主义者,莫拉斯将社会机体看成生物学的延续:事实上,他将生物学引入历史研究,对于他来说,社会也是自然的产物。一开始,平等是有可能存在的,但随着时间推移,我们越是逐渐发展,“劳动所导致的不公平就越大,随后导致了不平等的产生[……]进步是一种上流行为”。[⑤]

柏克也持有同样的观点,但他的表述方式略有不同:对于他 436
来说,一个文明的社会本质上是一个不平等的社会。百年之后,莫拉斯可以发展这个观点,而且不仅从经验,还从科学的角度、

① 莫拉斯,《我的政治思想》,前揭,第 157 页。

② 同上,第 129 和 180 页。

③ 同上,第 157 页。

④ 同上,第 171 页。

⑤ 同上,第 157 页。

从孔德的人的观念对其进行论证。对他而言,“政治学是生物学的后代,围绕着一些准确的法则运行,有时落后、有时超前于人类意愿;从自然法则出发,法律也需要受到审判”。这里不得不提到一篇十分重要的文章,这篇文章和柏克的思想不谋而合,同时也代表了赫尔德和泰纳的想法。在文中,莫拉斯对孔德进行的攻击——泰纳假装没有读过这篇文章,对此这位“法兰西行动”的发起者不失时机地进行了尖刻的指责——更加明显。“一个公正的政治法则,”莫拉斯强调说,“*不是说它是被定期投票选出的*,而是能够指向一定的目标,并且充分考虑了现实情况。我们没有创造它,我们只是在自然、地点、时间和国家的秘密中发现了它。”[①]这个古老的法则赫尔德和柏克都曾经使用过,泰纳也将把它接过来,不断赋予启蒙主义的敌人们以力量,成为他们的宣言。

在这个背景下,我们更需要思考莫拉斯思想中理性的位置。尤其需要注意的是防止自己落入陷阱:即便莫拉斯拒绝放弃理性的才能,但他也不是一个理性主义者。他吸收了施米特的思想,认为“正是在时间的进程中,时间让反理性的鸿沟显现出来,而一切历史演变都来自这里”。[②] 一开始,他认为“本能和无意识是人类本性的基石”,理性和情感作为支撑而存在;[③]然而,最基本的是个体对文化共同体和民族共同体的依赖。就像柏克和

---

① 莫拉斯,《我的政治思想》,第160页(斜体部分原文即为斜体)。

② 卡尔·施米特,《政治的浪漫派》,前揭,第69页。

③ 莫拉斯,《我的政治思想》,前揭,第100和103页。

赫尔德曾经提到过的，这种依赖不仅仅是对活着的人，也是对已经死去的人的依赖。“我们的祖国不是活着的人制定的契约，它不是所有人的意愿相互妥协的结果。”法国不是因为它活着的四千万国民而存在，而是因为那死去的“数十亿人”。① 一个**民族**的存在，“是因为它的人民**出生**在这里，而非别处；它代表了新生、世系、历史与过去”。② 这使得“祖国是一种**自然社会**，或者 437
在它自身的**历史**中”是“一种永恒的东西”，不是“个人投票的选择，而是**作为家庭的整体**而存在”。③ 对于莫拉斯来说，民族是“最大范围的共同体圈子”，从所有现实出发“它都是最强大的存在”；而即使民族不能被理解为上帝、“一种绝对的神学”，它也是“女神”、是“法兰西女神”。④ 法兰西“比法国人更有价值”：她依靠的是“世世代代的延续，有大师、英雄、艺术家、半神和圣人”，而不是什么全民公选。民族主义是古代人“用他们的鲜血和他们的作品”创造的，它保卫自己的民族，反抗外来民族的入侵，外来民族也是如此，这就产生了“内外之别”。⑤

就像是赫尔德和斯宾格勒，莫拉斯知道，衰亡的危险窥伺着所有的民族和每一个文明，唯一的屏障就是“土地和鲜血的力量”构筑的传统。⑥ 对莫拉斯而言，就像巴雷斯和其他社会达尔

① 莫拉斯，《我的政治思想》，第 275—277 页。

② 同上，第 182 页。

③ 同上，第 278—279 页。

④ 同上，第 281 页。同时参见第 287 页。

⑤ 同上，第 283—286 页。

⑥ 同上，第 134 页。

文主义者一样，他们认为法国民族主义和德国民族主义同时出现于 20 世纪初。传统在柏克之后已经被冲淡了，它反对理性："现实与观念或是自然的艺术截然相反，像醋与油一般互不兼容。"[①]传统是文明得以存续的基石。

然而，莫拉斯建立了一个简明的方法，用以区分小写的文明和大写的文明。小写的文明这个世界上各处都有，从中国到秘鲁，从非洲的深处直到大洋洲；而大写的文明只有一个，它诞生自希腊，经由罗马传向世界，先是罗马的兵团，到后来是罗马的基督教。尽管爆发了大革命，但它仅仅是改革的结果；尽管有大
438 革命后文学、哲学、道德上的浪漫主义，法国能够为人称道的却只有文明的遗存。传统出现了断层，"首都残存下来，只有我们能够让它重新开花结果"。[②]

法国是民族主义遗产的继承者，保存和扩展了这个秩序的"奇迹"。就像巴雷斯、维柯、赫尔德和斯宾格勒一样，莫拉斯认为整个社会到了最完善的顶点，随之而来的便是它的衰落，别无他法：衰落的念头由来已久，从维柯起，它就属于反启蒙思想的一部分。亨利·马希(Henri Massis)说过，莫拉斯的著作只是关于死亡的冥想。实际上，莫拉斯的民族主义认为，一个民族从始创到它的顶峰，之后就会开始衰落。[③] 在柏克之后，莫拉斯也受

---

① 莫拉斯，《我的政治思想》，第 134 页。

② 同上，第 143—146 页。

③ 柯莱特·卡皮坦-皮特，《查尔斯·莫拉斯和法兰西条款的意识形态：右派社会学研究》，巴黎，瑟伊出版社，1972，第 20 和 43—45 页。

到秩序思想的影响；像赫尔德和巴雷斯一样，他着手创立一个模型，用以面对国家和基督教文明所受到的威胁。从他的先辈们开始，他们就不喜欢为个人所用的进步概念，因为它否认了衰败的存在：莫拉斯认为，“在不确定的未来中，没有任何东西能够否认它”。同时，也没有任何东西能够挑战它的真实性。进步的信念是一种谜一样的秩序，并非科学可以解释的。在同样的观念之下，莫拉斯难以分辨帕特农时代之后人们如何创造出新的进步。①

捍卫民族要求人们正视历史经验，但这种经验里“满是自由和平等的坟墓”。莫拉斯将历史视为自然的科学：即使每一个现象都是独一无二、有自身特点的，历史现象的产生却也不是如此。历史有结论，“允许不违背规律的预测”。② 因此，经验“这个记忆的孩子”，就像莫拉斯所说的，它是我们“政治上的主人”。③ 柏克也遵循着这样的思想脉络，但在20世纪、在这个法兰西行动发起者的笔下，历史变成了一种科学意义上的真实。

这种真实认为，“**民主是罪恶的，民主意味着死亡**[……]和 439
反自然的制度，其精神和意义最终会催生出[……]新的奇异的激情，伴随着欲望的毁灭，导致自杀和贫瘠”。④ 民主是反自然的现象——柏克、卡莱尔、勒南这样说——因为它建立在个体的

① 莫拉斯，《我的政治思想》，前揭，第148—152页。

② 同上，第167页。

③ 同上。

④ 同上，第64—65页。

平等之上,反抗作为正常状态的不平等。然而,社会作为一个机体,各个器官的组成是一致的,却拥有不同的作用。劳动的分工加剧了不平等[1],这也是为什么90%的法国人寄希望于公共建设:不仅是因为人民主权实际上并不存在,也因为“大众没有活力”,他们允诺并付诸最小的努力。[2] 全民普选是一种“保守主义”,甚至骚乱也只不过是惯性现象。[3] 最后,全民普选将国家分成了“四个结成同盟的联邦”(犹太人、新教徒、泥瓦匠、外国人)并产生了一系列的社会问题。[4] 与其他国家一样,“法国并不[……]适合民主”[5]。这个“政治病”、这个反自然的现象摧毁了这个国家。[6]

正因为如此,人权、个人自主、人民主权的自由看起来像是和社会组织形式保持了一致,并保证了后者的存续。社会机体需要国家的存在,89原则一方面保留另一方面又歪曲了国家观念。[7] 莫拉斯很早就明白了“共和国首先是一个哲学而非政治意义上的存在,它倚靠哲学或宗教思想:如果抛弃了历史基础,
440 它将会失去支撑,很快就无法继续存在”。[8] 莫拉斯的王权主义

① 莫拉斯,《我的政治思想》,第205—206页。
② 同上,第187和212页。
③ 同上,第212页。
④ 同上,第236和237—239页。
⑤ 同上,第288页。
⑥ 同上,第230和237—239、288页。
⑦ 卡皮坦·皮特(Capitan-Peter),《莫拉斯》,第61页。
⑧ 同上,第61页,注释1。

只是一种对首领和独裁者的崇拜，这种崇拜斯宾格勒在描述传统的时候也曾提到过。

在巴雷斯和莫拉斯之后，法国反对启蒙运动的另一侧面也就此展开，索雷尔在战前首先提出了他的观点。在索雷尔身上，我们看到了三个反对理性主义的主要分支，分别是对维柯、尼采和柏格森思想的继承。① 索雷尔反对法国 18 世纪的运动与同时期克罗齐的活动相联系，构成了向后一个阶段，即法西斯主义阶段的转化。

尽管在一开始受到诸多阻碍，索雷尔并未放弃求索，他的基本概念没有改变。从第一本书《苏格拉底的审判》(*Le procès de Socrate*)开始，他就确立了对反理性主义和悲观主义的支持、对英雄价值和时代的崇拜，以及对启蒙思想的憎恶。在这部著作中，他开始攻击启蒙运动，并区分了好战者的伦理和知识分子的伦理：好战者代表了古代城邦英雄主义的精神，是一种荷马式的价值观——可以看出他受到了维柯的影响；而知识分子则代表了衰落的启蒙主义文明。荷马的精神已经被理性主义和辩证式的诡辩派摧毁，他们是道德和风俗的败坏者，破坏了城邦和家庭：他们的偶像是苏格拉底。索雷尔的忧虑在于苏格拉底和伯里克利所谓的开放社会，但这并没有阻止他对伏尔泰和卢梭的批判。这些哲学家摧毁了古代社会，没落的雅典也跌下神坛。

① 为了避免重复，我要再一次引述以前的著作，也就是《法西斯主义的起源》，巴黎，法亚尔出版社，1989 年，或是伽利玛出版社，历史著作丛书，1994，在那里我对索雷尔的思想做了系统的分析。

知识分子们认为社会是封闭的，“我们不能通过老方法——教授年轻人英雄史诗的方式——在他们身上培养英雄主义”。[①] 在这里，索雷尔提出了一种他从未偏离的观点，即建立在神秘之上
441 的文明总是比建立在理性主义和物质主义之上的文明要更加优越。对于苏格拉底和诡辩家们而言，这些知识分子了解雅典式的民主；柏拉图试图对这种民主进行批判，并将其和苏格拉底的认识区分开来。对柏拉图来说，就像他在《理想国》中竭力展现的，高等教育的从业者需要承担起更多的社会责任。在历史的审判前，所有人都是有罪的；索雷尔将知识分子最大的罪恶归结为他们的乐观主义。[②]

在他的第一本书中，索雷尔指出了雅典式民主（城邦）衰落的原因与法国启蒙运动（自由民主的第三共和国）衰落的源头之间的相似之处。和在斯宾格勒那里一样，启蒙运动被认为是一种不独属于 18 世纪的文明。诡辩家们、苏格拉底、笛卡尔、伏尔泰、卢梭、雅各宾派和他们的继任者、19 世纪的政客，他们同属于一个思想脉络。[③] 苏格拉底和诡辩家们摧毁了荷马式的道德以及充满了英雄主义的希腊悲剧思想；然而，含有悲观主义思想和世界末日说的宗教伴随着基督教教义重生了，并成为理性主

① 索雷尔，《苏格拉底的审判：苏格拉底论断的批评研究》，巴黎，阿尔卡出版社，1889，第 235 页。同时参见第 90—99、101、154—161、178—179、183—184、207—209、211—216、236—239 页。

② 同上，第 277 页。同时参见第 218 和 346 页。

③ 同上，第 108—109、172、239—240、349 页。

义最大的敌人和反对堕落的武器。然而，现代性的道德被 18 世纪损毁，我们赋予这个不幸的世纪以理性、乐观主义以及它们在政治和社会上的延伸：民主、代议制，还有像雅典一样的道德上的松懈、妇女的解放、古代悲观主义的和英雄主义的宗教的消失。[①] 重生依然是可能的，但必须建立在神秘再一次战胜理性的基础之上，这个思想贯穿了《暴力论》一书。

在反理性主义的进程中，伴随着《暴力论》一书产生社会影响的，还有《进步的幻觉》(*Les Illusions du progrès*)，后者在集结成册出版前，发表在贝尔・拉加德(Hubert Lagardelle)创办的杂志《社会主义运动》(*Le Mouvement socialiste*)中(1906 年 8 月—12 月)。事实上，索雷尔还可以选择另外一个名字作为标题——《理性主义的幻觉》(*Les Illusions du rationalisme*)。这部著作由古今之争开始：他反对佩罗，这个“布瓦洛批判的坏作家们的不知疲倦的支持者”，同时也反对丰特内勒；索雷尔坚定地站在古代的一边。[②] 现代派的胜利对于他而言是堕落的标志：当 17 世纪所有的作家都支持布瓦洛的时候，上流社 442
会的人、文学小报、女人们，他们都站到了佩罗的那一边。[③] 这场著名的争论引发的结果超出了艺术的领域：法国社会坚

---

① 索雷尔，《暴力论》，第 11 版，巴黎，马塞尔・里维尔出版社，1950，第 13—22 页。

② 索雷尔，《进步的幻觉》，第 5 版，巴黎，马塞尔・里维尔出版社，1947，第 16—17、22 页。

③ 同上，第 22—24 页。

定了自给自足的信念，认为没有一个国家值得去仿效；相反，法国应该成为其他国家模仿的典型。在同一时期——17世纪末——不久前让这个国家极为关注的宗教问题，此时让所有人都变得冷漠不语。另一个可怕之处在于对贞洁的追求和悲观主义正在消失：基督教正逐渐消解。在各个地方，享乐成了活着的乐趣，这个想要娱乐的社会需要把自己的行为引导到正确的方向，或者换句话说，它需要一种意识形态的转变。丰特内勒，是个俗人、精明的传播者和疯狂的笛卡尔主义者，他揭示了另一种哲学的可能性：这就是进步理论的源起。①

这也是为什么笛卡尔到了17世纪末又重新返回思想界，而索雷尔对笛卡尔的反对之处在于笛卡尔从来都不"关注生活的意义"：这也是为什么没有所谓的笛卡尔式的道德，为什么这个让帕斯卡尔颇为震惊的"野蛮"和肤浅的理性主义会斥责宗教，这也解释了为什么笛卡尔是一个"彻底的乐观主义者"。②没有谁能比丰特内勒更能代表笛卡尔主义的精神，尽管索雷尔孜孜不倦地批评前者。伴随着笛卡尔的思想出现了"无限进步"③的理论，并成为现代民主的基石；这个制度以科学为基础，自认为是人创造了自然。在《暴力论》一书中，索雷尔把它称作

① 索雷尔，《进步的幻觉》，第5版，巴黎，马塞尔·里维尔出版社，1947，第29—33和37页。

② 同上，第44—48页。

③ 同上，第35页。同时参见第49页。

是“小科学”;在《幻觉》这部著作里,他使用了“资产阶级科学”这一术语,用来衡量“18 世纪百科全书式的科学”。[1] 这也是理性主义所追求的:对人类能力的过度自信,认为利用理性可以解决社会生活中的任何困难,就像它能够解决宇宙学中的各种难题一样。

作为 20 世纪初的作家,跟我们所认为的不一样,索雷尔并不只限于对普遍的乐观主义的批评,他同样也批判了理性主义的精髓——笛卡尔主义,后者“完全是一种法国式的哲学”。[2] 443
他对笛卡尔式理性主义的批判处处透着维柯的思想。事实上,这本出版于 1896 年的对维柯思想进行批判性阐述的书,是面对那个马克思主义的时代的产物,并没有涉及他对理性主义最根本的敌意。索雷尔的阅读深受赫尔德、马克思和恩格斯的影响,在他的论著里也多有引用,但他也在其中加入了自己的见解:在对理性主义的理解中,他完全去除了马克思主义的影响。这也是为什么尽管他也阅读马克思和黑格尔,却能在十年之后毫无困难地回到维柯。

从论著的第一部分开始,索雷尔就把目光转向了维柯,并论述了维柯对马克思思想的意义:人类的历史和自然史不同,我们往往会选择这样做而非其他。[3] 他随后指出,人类只能认识社

---

① 索雷尔,《进步的幻觉》,第 5 版,巴黎,马塞尔 · 里维尔出版社,1947,第 179 页。

② 同上,第 49 页。

③ 索雷尔,《维柯研究》,《社会生成,第二年》,1896,第 758—817、906—941、1013—1046。这篇论文被索雷尔翻译成了意大利语。

会，因为人是社会的产物。[①] 另一方面来说，“维柯教会了我们在这个多多少少有些经验论的社会中去寻找形而上学意义上的起源。”[②]在维柯的身上，索雷尔学到了历史中心理因素的重要性，它们和社会因素混杂着起作用。索雷尔认为，这一历史分析对于“阐释历史唯物主义的法则来说至关重要”。[③] 作为一名马克思主义者，索雷尔认为“社会主义应当遵循一条完全科学的道路，尽管科学的道路有时是难以忍受的”[④]；但他同时也吸取了维柯的思想，认为道德判断是“所有历史运动的基石”[⑤]，“任何一个哲学系统都不会基于唯一一种价值论断，总是需要作者找到挑起情绪的方法，使人们的精神偏向他的一边”。[⑥] 在很多观点看来，多亏了维柯，索雷尔式的马克思主义者才远离了那个时
444 代在法国占据上风的庸俗马克思主义。然而，在这个马克思主义者想要推进他的系统的时候，总是保留了维柯的影子；在此之上，他又接受了尼采和柏格森的影响，这在《暴力论》和《幻觉》中展露无疑。

我们因此看到，维柯在索雷尔的思想中占据了比克罗齐所

---

① 索雷尔，《维柯研究》，《社会生成，第二年》，1896，第 786 页。同时参见第 808—810、813、906、912、920、935—938 页关于大革命的思想（是思想所无法描述的最大规模的革命，在它面前，一切都失去了力量）。

② 同上，第 801 页。

③ 同上，第 911 页。

④ 同上，第 941 页。

⑤ 同上，第 797 页。

⑥ 同上，第 940 页。

认为的更重要的角色。对于克罗齐来说,索雷尔仅仅通过原基督教教义和现代新教运动的变迁史指出了维柯观点里某些功用性的方面。[①] 事实上,维柯的著作在索雷尔思想的形成过程中扮演了决定性的作用。一开始是维柯,之后是泰纳,他们共同形成了索雷尔的思想体系:对理性主义、理智主义的拒绝,对笛卡尔式怀疑和普遍准则的驳斥,欣赏基督教的悲观主义,反对进步的想法。这就是维柯和索雷尔竭力追寻的神秘主义理论:一种建立在"心理学法则"[②]之上的重要思想。在同样的思想秩序下,索雷尔让人看到了维柯与勒南之间的演变关系,并表现出神话故事和诗歌在历史上的重要性——"诗歌永恒的气质在于重现能够让人相信的不可能"[③]——意志、崇高、反对理智主义,"要求灵魂去感受情绪的波动"。[④]

在《苏格拉底的审判》中,索雷尔批评了柏拉图,认为是后者提出了一元论的概念——后来伯林继承了索雷尔的这一观念——而一元论始终是科学思想的一大阻碍:"柏拉图的方法是反科学的。旧的哲学热衷于一元论和演绎法,在人类认知进步的过程中犯了许多巨大的错误。"[⑤]在同一部著作中,他对笛卡

---

① 克罗齐,《维柯的哲学》(*La Philosophie de Jean-Baptiste Vico*),由柯林伍德(R. G. Collingwood)翻译,纽约,罗素与罗素出版社,1964,第 277 页。

② 索雷尔在他的各个著作中都表现出了向这个思想复归的倾向,在这里无需过多的引用,参见《维柯研究》,第 912 和 806、810—811、911—913 页。

③ 索雷尔,《维柯研究》,第 1025 页,同时参见第 1026 页。

④ 同上,第 1030—1031 和 1034 页。

⑤ 索雷尔,《苏格拉底的审判》,前揭,第 332 页。

尔和他的怀疑进行了严厉的批判——索雷尔认为这种怀疑是应该完全被排除的[①]——同时也批判了他的方法论和思想体系。与笛卡尔的方法相反，索雷尔反驳道，如果规则可以被确认或是可被数学计算，那么这种规则就是不适宜的。在这里，索雷尔极大地借助了维柯的权威：维柯“总是厌弃笛卡尔主义的诡辩，在他看来，不管是在物理意义上还是在知识领域，笛卡尔主义都损
445 害了认知”；他向这位“理性主义者”投射毒箭并批评他的体系：笛卡尔的系统就是一切不能做的事物的典范。[②] 对于索雷尔而言，将个体视作最高真理的判定者是笛卡尔主义失败的最主要原因。就像他不相信“笛卡尔主义的改革”一样，他确信康德终将失败，在此他借助了柏格森的思想，索雷尔将后者与帕斯卡尔的思想联系在一起：在 19、20 世纪之交，《创造进化论》(*L'Évolution créatrice*)的作者直面了“现代精神”。[③] 在 17 世纪，帕斯卡尔也扮演了和柏格森一样的角色。索雷尔为帕斯卡尔的思想欢欣鼓舞，也倾心于柏格森式的唯灵论。帕斯卡尔站在笛卡尔的对立面，而后者则是百科全书派思想的源泉。[④]

---

① 索雷尔，《苏格拉底的审判》，第 106 和 12 页。同时参见费尔南·罗西聂耳(Fernand Rossignol)，《认识乔治·索雷尔思想》(*Pour connaître la pensée de Georges Sorel*)，巴黎，波尔达斯出版社，1948，第 64—65 页。

② 索雷尔，《关于哲学问题的看法》(Vues sur le problème de la philosophie)，《形而上学和道德杂志》(*Revue de métaphysique et de morale*)，第十八卷，第五期，1910，第 605—606 页。

③ 索雷尔，《进步的幻觉》，前揭，第 51 页。

④ 同上，第 40 页。

在对苏格拉底和笛卡尔进行审判之后，就是对18世纪的审判。索雷尔从孔多塞开始，后者完成了杜尔哥的工作，并将其视作洛克思想的起点。孔多塞的思想来源于洛克：洛克“的研究方法在那个时候很快被所有的哲学家所采用”。[①] 因此，从柏克起，启蒙主义的敌人们都认为洛克就是原罪。索雷尔略带嘲弄地引用了孔多塞关于英国的柯林斯(Collins)、博林布鲁克(Bolingbroke)，法国的培尔、丰特内勒、伏尔泰、孟德斯鸠所说的“战争的呼喊”这一表述，同时也嘲笑了他们的学派：“理性、宽容、人性。”所有人“为真理而战[……]遵循着宗教、政治、道德、法律，塑造了反抗、坚韧、野蛮的气质。[②] [……]我们是否从未看到过比这更可笑的计划?”但这正是一个轻飘的世纪，“处处充满了空想”。[③]

索雷尔大力排斥启蒙知识分子们的基本思想：笛卡尔、洛克和卢梭的理性主义、乐观主义、进步的理论、自然权利、个体的原子论概念，这些思想从霍布斯和洛克开始，把社会看成个人的集合体。启蒙运动对现代性的堕落要负直接责任，它还导致了卑劣的民主和反自然的社会主义，也就是所谓的民主社会主义。有趣的是，索雷尔怀着无比的喜悦重拾了那些对 446
启蒙运动最严厉、最不公、最荒谬的批评。就像柏克、赫尔德、卡莱尔一样，索雷尔也不认为18世纪有什么好事发生。索雷

① 索雷尔，《进步的幻觉》，第52页。
② 同上，第53页。
③ 同上，第87页。

尔追随着泰纳的脚步，攻击当时说话和写作时用的法语：它贫瘠而且不够透彻。孔多塞主义者想要改良法语，把它创造成一种普遍的科学语言；但语言越是能被当成世界语言来接受，就离日常生活越远。①

虽然对于一些人来说，索雷尔是一个难以归类的人物或是法西斯主义的知识领袖②，克罗齐的情况却并非如此：他主张毫无缺点的自由主义以及面对墨索里尼政权的知识抵抗。相应地，他对墨索里尼掌权的推波助澜常常被他对法西斯主义的阐释所掩盖。实际上，克罗齐是 20 世纪欧洲的代表性人物，如果我们想要理解民主在意大利，乃至在整个欧洲衰落的原因，或者说，如果我们想要理解反对启蒙思想的自由主义的相对性，就需要将他视作 20 世纪最重要的几个思想家之一。他是继维柯之后意大利最重要的知识分子。从很多方面来看，在 19 世纪的下半叶，克罗齐扮演了勒南和泰纳在法国，以及梅尼克在魏玛时期德国所扮演的角色。克罗齐和索雷尔联系紧密，他在 1909 年为意大利文译本的《暴力论》撰写了序言。克罗齐和索雷尔有共同之处：他们都对维柯的思想十分倾慕，且从未中断过，将其视作马克思主义的前奏，并且厌恶启蒙运动以及它在 20 世纪的结果：民主。

我们看到，维柯的重要性只有到米什莱的时期才变得十分

---

① 索雷尔，《进步的幻觉》，第 52—53 页。

② 参见斯汤奈尔、希纳德（Sznajder）和阿什利（Asheri），《法西斯思想的诞生》，第二章和第三章。

明显。阿兰·彭斯指出,与巴朗什(Ballanche)相反——后者在1824年和1825年间发现了那不勒斯的哲学,并作了一场关于维柯的、迈斯特式的讲座——米什莱想要调解《新科学》的作者与法国大革命之间的关系。他笔下的维柯并不是笛卡尔的敌人,而是“普罗米修斯”式的发现者,对于维柯来说,“人是其自身的作品”。[①] 米什莱指出,在20世纪初,克罗齐重新进行了超越 447
理性的控诉。他认为,孟德斯鸠在1729年去那不勒斯的时候买过一本《新科学》。根据克罗齐的说法,该版出现于1725年拉布尔德的城堡里。然而他说,不能认为《论法的精神》模仿了《新科学》:孟德斯鸠的思想和维柯迥然不同,也完全够不上维柯的水准。换句话说,即使孟德斯鸠想要模仿,他也没有这个能力真正理解这本杰出的著作。克罗齐接着还说道,事实上,首次“将历史元素引入权利概念”是一个巨大的贡献,用哲学思想去接近“塑造了那个时代气质的立法理念”也是一种可贵的前瞻性,而这些都属于维柯。[②]

在后面的几页,克罗齐抱怨维柯在历史和哲学方面受到了不平等的待遇:他受到了忽视,因为人们仅仅把他视作博须埃之后、赫尔德之前的一个“历史哲学”这一不可靠的科学的作家。人们忘记了——或者说故意去无视了——他在认知理论领域对

---

① 阿兰·彭斯,《维柯自传,书信集,论我们时代的研究方法》的前言,巴黎,克拉赛出版社,1981,第11页。

② 克罗齐,《维柯的哲学》,第302—303页。意大利语原书出版于1911年,两年之后英译本上市,1964年重印。

伦理、美学、法学和宗教的巨大贡献。克罗齐认为,维柯受到这种不公待遇的原因还有:他缺乏社会分量,归属于一个在欧洲失去了影响力的国家和文化。我们不能绕开佩利(Paley)、霍尔巴赫或是门德尔松,可我们却允许自己忽略了维柯,尽管维柯在他们中间,就像是“巨人立于侏儒之中”。①

克罗齐的夸张和赞扬并没有经得住考验,就像彭斯所指出的,它和那些意大利的指控一样站不住脚:根据这些控诉,大多数 18 世纪的法国哲学家,从孟德斯鸠到孔多塞,以及达朗贝
448 尔、爱尔维修、卢梭、孔迪亚克、杜尔哥和布朗热,都抄袭、剽窃或是需要好好感谢《新科学》,但他们却没有这种自觉。② 然而,尽管人们和彭斯的意见一致,认为对维柯的借鉴仅仅在 18 世纪末才出现,也不能顺理成章地认为,之前的那些观念并未沿着关注同样问题的那些思想的脉络发展,也未对其产生影响。或许可以说,维柯是第一个正视困扰着启蒙时代思考、阅读、写作的各种问题的人,但对社会、权利、权力的起源以及对宗教在社会中的地位的思考占据了霍布斯和洛克思想的核心,更不用说与此相关的大量书籍、小册子在 17 世纪下半叶刊行于欧洲各国,不仅在审查制度宽松的荷兰(当时言论审查在整个欧洲肆虐),甚至到了英国。思索过相同问题的思想家们得到相同的结论并非不可能:无论是赫尔德还是柏克都不认识维柯,他

---

① 克罗齐,《维柯的哲学》,第 312—313 页(意大利语版第 294—295 页)。

② 彭斯,《维柯自传》前言,第 10 页。

们对法国启蒙运动的批判也不是因为《新科学》。但到了 19 世纪,米什莱的翻译让欧洲各语言之间相互交流,维柯的著作开始为各国人所知,其反理性的思想开始产生影响。

至于克罗齐,正是维柯的著作成为他对 18 世纪进行批判的理论根基,也成为他后来关于民主、平等、世俗性等思想发展的基础。克罗齐对维柯的阐释是黑格尔式的,黑格尔同样持久地影响了他对民主和宗教的看法。克罗齐自己对启蒙运动的批评是维柯式的,维柯的观点对他影响颇深。克罗齐和索雷尔一样是天主教徒,他在面对启蒙主义的时候常常体会到内心的拷问,并最终演变成超过四分之一个世纪的反对民主的运动。①

克罗齐对维柯的解读更像是一种自我表达。《维柯的哲学》 449
一书并没有很强的批判性:事实上,熟悉的读者可能会有这样的感觉,不是克罗齐在阐释维柯,而是维柯在“自书”。然而其中的原因并不在于克罗齐的软弱,而是正相反:确实,克罗齐与他那位前辈有很多一致性,故意使自己的论述看起来和维柯的一样。梅尼克、伽达默尔和伯林也采用过同样的方法来解读赫尔德。

---

① 可以参考克罗齐写于 1942 年的一篇很有意思的文章,这篇文章很长时间以来在意大利十分有名,《为什么我们不能不说自己是基督徒》(Pourquoi nous ne pouvons pas ne pas nous dire chrétien),载于《作为自由史的哲学:反实证主义》(*La Philosophie comme l'histoire de la liberté. Contre le positivisme*)一书,由瑟吉尔·罗马诺(Sergio Romano)编纂,巴黎,瑟伊出版社,1983。这篇文章由《评论》杂志 2003 年春季第 101 期刊登,第 145 页。这篇文章的作者很快解释了什么是法西斯主义:他更倾向于忘记自己对启蒙运动和民主的长期批判。

从很多方面来说，这是启蒙主义的敌人们都会采用的一种方式：一旦拒绝了理性主义的前提，对法国-康德的18世纪展开攻击的诸种方式就不存在了。这一点并不令人惊讶，这也是为什么克罗齐从反笛卡尔主义开始展开他的论战。确实，维柯并不觉得笛卡尔所有的观点都是错误的，但“我思”仅仅是“对自我存在一种简单的暗示：没有其他”。[①] 同样，上文我们已经看到，维柯认为如果人无法成为造物，就不能说明上帝的存在。[②]

另外，维柯对于克罗齐来说，就像他对于自己的意义一样，是“新道德”的创立者，也就是人道的、社会的科学的创立者。[③]除了社会科学，《新科学》一书还探讨了精神的哲学、历史或一系列历史。[④] 笛卡尔主义者“受到普遍和抽象形式的指引，忽视个体形态；而维柯则被它吸引，就像他被神秘的东西吸引一样。笛卡尔主义怀着厌弃的情绪远离历史的野蛮丛林”，维柯却“饶有激情地”认为：他应该“去探索，寻找差异和对立，去感受和思考”。[⑤] 维柯并没有对历史做十分细致的考察，而是探寻了其“一般特性”，把他的新科学作为一种“普及的科学”。[⑥] 最后，克罗齐没有仔细解释，只是重点强调说：在18世纪被普遍使用的

---

① 克罗齐，《维柯的哲学》，第6—7页。

② 同上，第7页。

③ 同上，第23—25页。

④ 同上，第38页。第三章第38—46页(意大利语版是第43—49页)探讨了《新科学》以及维柯思想的天才之处。

⑤ 同上，第49页(意大利版是第51页)。

⑥ 同上，第232和248页。

"气质"概念,其实是维柯的发明;也就是说,赫尔德只是应用了这位那不勒斯哲学家的思想。维柯正是在他对马基雅维利的批 450
判中,提出了新的观点:《君主论》的作者看到了罗马及其庞大的政治体制的源泉,这些源泉、关于这些体制最深刻的思想都带有一种罗马社会的气质。① 这也是我们在孟德斯鸠的著作中所看到的,对维柯思想的模仿。在第三章,克罗齐引用了维柯:"事物的本质只是它出现的时间和背景,这些决定了它是什么,决定了它是自身,而非他物。"②

历史概念的诞生来源于对格劳秀斯和普芬道夫,以及自然权利学派其他理论家的批评:他们都关注人的自然本质,但在勾勒历史脉络的时候,他们却从中间开始;那时,人已经受到宗教和法律的教化。人开始重视知识,忽略想象和激情、诗和神话。"反对理智主义,对幻想报以同情"是维柯打开新世界的方法:在他之前,神秘和传说被认为是寓意性的,是一种虚构和欺骗,而不是人的科学。③ 诗学理论也是维柯的一大创举,他推翻了柏拉图和亚里士多德以来的一切,不满足于认为"诗是精神的初级阶段,先于知识,缺乏理性的反思",仅仅是一种情感的波动。④ 他随后说,和历史上的看法不同,诗有着不可能达到的目标,其主题是魔幻般的奇迹。维柯就是这样

① 克罗齐,《维柯的哲学》,第 217 页。

② 同上,第 43 页。

③ 同上,第 65 页。参见第四章,第 47—65 页。

④ 同上,第 56 和 58—59 页。

解释了这个充满矫饰的语言的世界，这个试图减少形而上学和披着数学外衣的伦理学的世界，这个错误地对一切原初且真实的东西报以分离、冷漠、敌意和嘲弄的世界，这个竭力将理智从直觉和感觉中解放出来的世界。维柯“隐约看到了语言的本质”。① 语言不是约定俗成的，而是通过自发的、随心所欲的方式“自然产生的”。② 就如同语言是自然的，社会也是自
451 然的。社会的起源不是理性之人的决定，而是“野蛮人”的天性，后者逐渐地变成了真正的人类。人开始通过象征和符号自我表达，“语言是古老风俗最重要的见证”。③

然而，在第六章激动人心的三页里关于“道德意识”和克罗齐提出的其他关于罗马历史的思想，经过理性考证，都表现了维柯的某些想法。自然权利学派的理性主义者们缺乏深度，作为哲学著作，他们的作品不过是平淡庸俗的经验主义，缺乏概念性和协调性。在所有自然学派的小册子中，可以看到霍布斯、洛克、普芬道夫、培尔和格劳秀斯，以及斯宾诺莎和其他各时代典型人物的思想。在这些人物身上，克罗齐列举了某些原则：自然权利是物质主义的、资产阶级的以及反教权主义的。这个学派的所有思想家都有罪，他们沉浸在或彰显或隐匿的功用主义之中，即使这些否认神性的人身上展现出某种天才，他们也无法与维柯的天才相比。功用主义和理智

---

① 克罗齐，《维柯的哲学》，第 52 页，同时参见第 57 页。

② 同上，第 53—54 页。

③ 同上，第 53—55、171—172 页。

主义走向了一个错误的极端："历史性的不在场"，或者说"反历史主义"，[①]同时出现了"对超验性的厌恶和对社会和人内在概念的倾向性"。[②] 实际上，梅尼克也曾提到过同样的观点。

通向理性主义、理智主义、功用主义和世俗性初期的过程在这些文章中得到了论述。克罗齐认为，"自然"的概念"代表了个体和各国家民族所共有的东西"，根据这一点，我们可以在它的带领下，和联合的欧洲资产阶级展开斗争，追求同一个愿景。[③]
克罗齐并没有把权利的普遍性看成某种道德价值的结果，它更 452
像是一种政治鼓动和物质利益："在 18 世纪以及之后的时间，对于资产阶级来说，自然权利就是共产主义的宣言和 19 世纪的工人阶级登上了历史舞台时发出的呼喊——'全世界无产者联合起来！'"[④]

第七章"罗马的历史和民主的形成"回溯了两千年来在民主制出现之前的历史，给了它致命的一击。随着平民阶层的胜利，社会面貌、个人生活和公共生活都发生了变化。和缺乏法律的贵族制系统相反，罗马的民主制有着更加多样的法律，并根据实际情况进行调整和改变。罗马的平民阶层，就像是雅典的公民一样，从未停止制定法律的脚步，尽管"治理的科学、政治美德"

---

① 克罗齐，《维柯的哲学》，第 83 页。

② 克罗齐，《维柯的哲学》(意大利语版第 79 页)。在这里克罗齐感觉到了维柯式论述的脆弱，但他维护后者对格劳秀斯和普芬道夫著作的阐释(第 93 页)。

③ 同上，第 81—82 页。

④ 同上，第 82 页(原文参见第 78 页)。

的风俗不断柔和化，功用主义成为政治生活的动力。[1] 因此产生了不可避免的问题，也就是君主制“这种新的人民政府的组织形式”。[2] 在随后的一章里，作者为中世纪大唱赞歌：这一“野蛮回归”的时期，或者说“巨石与神性的时代”；但丁是那个时代的荷马，那个时代因此与希腊和罗马的世纪并行。[3] 封建制重新出现，“共和制回到了贵族时代”，贵族政府又一次“回到严肃的气氛之下”；贵族制不是罗马法的遗物，而是一种向拉丁式野蛮的复归。[4] 也正是因为中世纪，我们看到了“英雄和仆从的截然分离”。[5] 克罗齐最后指出，“维柯代表了中世纪灵魂的智慧，也就是说，这是对那个时代思想、社会和文化的重建。”[6]

如果说，根据维柯关于“退潮”(reflux)的理论，既然第二次回到野蛮状态是有可能的，为什么不能出现第三次呢，为什么这种野蛮一定被认为是有害的呢？法西斯主义是否就是这第三次
453 回归？这是不是克罗齐——作为思想家和政治人物——在1910年他出版的书里对维柯的解读和阐释以及对其著作的反思？因为他对自然权利学派及其知识根基、实践意义的批评和他的英雄崇拜与赫尔德、柏克、卡莱尔、索雷尔的思想相同，所有的这一切都会导致反对民主、反对启蒙运动，1949年之后的地

---

① 克罗齐，《维柯的哲学》，第223—226页。
② 同上，第227页。
③ 同上，第233页。
④ 同上，第235—244页。
⑤ 同上，第235页。
⑥ 同上，第232页。

理历史学也被认为是一个简单的错误。

事实上,19、20世纪之交的克罗齐迈步的这条反对民主的长长的路途并不是某种机会主义的产物,而是他"反对18世纪"的信条的体现:这是明确界定了其批评的对象。因此,我们看到他在19世纪20年代初的观点和行为并不是对法西斯主义错误理解的产物,而是完全相反。没有谁比克罗齐更理解法西斯主义,没人有比他更清晰的知识分子和政治人物的视角。

确实,在与意大利自由主义的其他领导人一起投入到法西斯主义势力崛起的过程中后,作为议员的克罗齐,在1924年社会党人吉亚科莫·马泰奥蒂(Giacomo Matteotti)被刺杀,从而出现打倒墨索里尼的时机且情势对国王更加有利的时候,还是毫不犹豫地支持政府:出于法西斯掌权的经验,克罗齐还是选择相信他的元首。尽管事实上墨索里尼公开承认为这起罪行负责,这位意大利的大作家仍然认为,法西斯主义在将意大利从民主和社会主义中挽救出来的同时,依旧大有可为。只是后来,克罗齐的思想发生了变化;而且,从30年代开始,他从历史中看到了自由的历史。[①] 到了1922年,国王请墨索里尼组建新政府的前夜,克罗齐毫不犹豫地确信,总的来说,法西斯主义和自由主义并非不能兼容。[②]

1924年5月,反法西斯主义的英雄人物马泰奥蒂被刺杀,

---

① 参见斯汤奈尔、希纳德和阿什利,《法西斯思想的诞生》。

② 斯坦利·佩恩(Stanley Payne),《法西斯主义的历史,1914—1915》(*A History of Fascism, 1914 - 1915*),麦迪逊,威斯康星大学出版社,1995,第107页。

454 克罗齐发表了一篇文章，由《批评》(*La Critica*)杂志出版，后来多次再版，着重强调了他对法西斯主义的论述，比他在墨索里尼政府倒台期间委婉、冗长的分析更详尽："就像任何有理性的人一样，我只是拒绝其中的某一方面；倍受责备的事物在某些方面也可能是值得钦佩的，某些没有价值的事物从另一方面来看也可能是有价值的。我不认为机会主义者、唯意志论的运动、大声叫嚷的人、粗俗的人能够激发诗意，诗意只存在于孤独而沉思的灵魂里、存在于寂静与阴影之中；但我不否认，甚至赞同，机会主义运动有它务实的一面。对它来说，创造诗意是一回事，重拳出击又是另一回事；第一次不成功的运动并不代表第二次也会失败，而机会主义也不是在所有情况下都好用的。"①

这些反思构成了历史哲学的样板：就像今天人们在日报中读到的那样，又或是将历史相对主义带入今天的政治生活。克罗齐认同梅尼克的学说，和他有着相同的历史观：在政治思想上反对启蒙运动，后者认为"预想的"人道主义观念构成了对国家权力最大的挑战，同时也是历史进程中最大的阻碍。② 就像墨索里尼和他的工会支持者们一样，克罗齐对战争做了经典的

---

① 克罗齐，《政治事实与历史阐释》(Fatti politici e interpretazioni storiche)，载《批评》，1924 年，第 190—191 页。引自皮埃·乔治欧·祖尼诺(Pier Giorgio Zunino)，《欧洲民主传统的弱点：意大利 1920—1940》(La Faiblesse de la tradition démocratique en Europe：le cas de l'Italie 1920-1940)，载泽夫·斯汤奈尔，《永恒回归，反民主以及衰落期的意识形态》，巴黎，国家政治科学出版社，1994，第 238 页。

② 克罗齐，《战争的一页》，第二版，1928，第 105—107 页。

总结:“世界历史的创造者是民族和国家,而非阶级。”[①]克罗齐加入德国的历史学派,还有他的老师维柯:维柯和赫尔德一样,因为他们对个体的偏好和对普遍价值的反对而被认为是先驱。到了 19 世纪的最后十年,他和德国的思想家们一样,坚持认为独立性在历史进程中不可减少。毫无疑问,在维柯相对主义观的指导下,德国的历史相对主义对克罗齐思想的形成产生了很 455
大的影响。同时,他关注马克思;但像索雷尔一样,他并不主张对资产阶级民主和自然权利开战。对于克罗齐和索雷尔来说,马克思重要的地方在于他思考暴力的社会学视角。1917 年,克罗齐已经和马克思主义分道扬镳多年,但还是承认马克思使“他对正义和人性变得无动于衷”。[②]

在法西斯主义崛起的二十年间,长期以来,克罗齐一直是个社会达尔文主义者,他十分坚持这条路,从未停止对民主、自然权利以及人文主义意识形态展开激烈笔战。所有的成见,从 18 世纪末期开始,构成了对启蒙运动的仇视,并在他的身上生根发芽。

“不,绝对的,民主什么都不是! 是人群带领着引路人,是这个被倾覆的世界,是无序,是有组织的愚昧和虚无。”[③]克罗齐十

---

① 克罗齐,《战争的一页》,第 109 页。

② 引自安托尼(C. Antoni),《历史主义》(*Historisme*),由杜弗尔(A. Dufour)翻译,日内瓦,德罗兹出版社,1963,第 118 页。

③ 克罗齐,《战争的一页》,第 66 页。同时参见祖尼诺,《欧洲民主传统的弱点:意大利 1920—1940》,第 239 页。

分欣赏 1915 年 9 月引自《法兰西信使》(*Mercure de France*)的这句话;10 月,他自己也用法语写了一篇类似的文章:其内容充满了典型的克罗齐式的思想,需要读者努力阅读,并且他还将其收录在了 1928 年出版的《战争的一页》(*Pagine sulla guerra*)一书中,使其成为意大利"法西斯化"的见证者。经过许多年的专制独裁经历,他才认识到,对知识分子、普遍主义、理性主义、历史唯物主义和 89 年遗产展开战争不可能不付出代价。克罗齐最终应该知道针对民主的战争是有具体代价的。这也是为什么他在 1924 年的投票具有象征性的意义:在两次大战期间,没有什么能够清楚地解释面对法西斯主义的知识分子们所处位置的模糊性。

不应忘记的是,民主的敌人往往来自教育程度很高的阶层,他们属于精英阶级,常常是自由主义者,这最终导致意大利走向法西斯主义。这也构成了克罗齐的历史角色,同样的角色在德
456 国由斯宾格勒、卡尔·施米特以及其他保守主义的革命者扮演,比如亚瑟·默勒·范德布鲁克(Arthur Moeller van den Bruck)和恩斯特·荣格尔。正是这些法国启蒙思想、理性主义、普遍价值、平等主义、康德式自主以及个人主义的敌人们促成了德意志第三帝国时期上层阶级的诞生。[①] 同一时期,在对墨索里尼进行了解读之后,斯宾格勒在民众中变得颇受欢迎。伦佐·德费

---

① 弗里茨·施特恩,《梦想与幻象》(*Dreams and Delusions*),纽约,克诺夫出版社,1987,第 156—157 和 164—165 页。

利切(Renzo de Felice)曾指出,这位意大利法西斯主义的首领在19世纪20年代后半期的时候,就已经享有了一定的知名度。1928年,斯宾格勒和墨索里尼共同为意大利语版的一本德语书撰写了前言,这本书对《西方的没落》一书作者的哲学思想做了阐释。[①] 这个话题似乎是两个人所共同关切的:西方白种人的衰落。墨索里尼和斯宾格勒的观点相同,认为在这场反抗衰败的斗争中,价值观的作用十分重要。他很快吸纳了斯宾格勒关于文化至上的观点,除了不太认同斯宾格勒所说的欧洲的文化来自日耳曼民族的观点。除此之外,为了抵御因为民主而产生的衰退,斯宾格勒倾向于独裁,这与墨索里尼不谋而合。1933年,墨索里尼组织翻译了《决定性的年份》(*Années décisives*),这部书写于斯宾格勒人生最后几年;当时,《西方的没落》的作者批评纳粹。"领袖"为这部作品还写了一篇赞扬的文章:就像斯宾格勒一样,他也认为应该保存西方人的文化身份,维护白种人的地位,去掉纳粹种族歧视的帽子。[②]

直到罪恶发生以后,这些启蒙运动和民主的粗暴敌人内部才出现了相对的分裂。斯宾格勒承认的牺牲仅限于不能出版那些批评文章,而荣格尔在巴黎被占领期间,则一直拒绝为纳粹服

---

① 书的名字是《诞生的退步:人民的死亡》(*Régression des naissances: mort des peuples*),作者是科雷尔(R. Korherr),在这部著作中,作者认为诞生的退步是西方社会陷入罪恶的标志。可参见最近出版的一本杰出的著作,迪迪埃·穆希德拉克(Didier Musiedlak),《墨索里尼》,巴黎,巴黎政治学院出版社,2005,第261页。

② 穆希德拉克,《墨索里尼》,第262—267页。

务;克罗齐并没有受到太多的责难,而葛兰西(Gramsi)则死于狱中。葛兰西被拘押的环境十分糟糕,但克罗齐一方对此并没有
457 什么反应。在法西斯主义统治的这些年里,克罗齐继续出版他的杂志《批评》;他将政治和文化分离开来,间接为墨索里尼提供了服务。而葛兰西则牺牲了自由,实际上是牺牲了生命,在他看来,这种分离是对文化的背叛:克罗齐对社会主义的仇恨间接为法西斯主义提供了支持。他的知识分子反对法西斯的声明源自他不支持犹太人,而不是来自一种抵抗法西斯主义的决心。民主的另一个敌人、"保守主义革命派"的另一著名人物默勒·范德布鲁克死于魏玛时期,那时德国因为自由主义者和民主思想而走向衰落,这对他而言是不能容忍的。后来,他的思想被纳粹主义所借鉴。

的确,启蒙思想最大的敌人毫无疑问是尼采,他的思想统治了整个19、20世纪之交。然而,由于他强烈的反民族主义、反排犹主义以及他毫不动摇的世界性思想、贵族式的个人主义、亲法思想,尼采占据了一个特殊的位置。他的思想支持了反对人权、自由主义和民主的运动,为反理性主义、反普遍主义提供了思想借鉴。没有人比他更激烈地嘲笑那些对平等的畅想。和我们一直以为的相反,他是一个对自己作品的意义十分清楚的政治思想家。然而,这个思想上的贵族并没有把自己置身于普通的街头巷尾。实际的政治运动既是受益于尼采的思想,同时也是由真正的实践家所领导的:他们有意识地去公开、简化和普及尼采的思想。

就像他那一代人一样,斯宾格勒证明了《查拉图斯特拉如是

说》(*Also sprach Zarathustra*)的作者的巨大影响力。按照年代,他追随索雷尔的思想,而后者也受到过尼采的深刻影响。他在战争之前就完成了宏大的著述,德国的战败使 1918 年 4 月出版的《西方的没落》第一卷变得极为成功,不仅在书店,也在知识界产生了很大反响。至少在这个意义上,它开启了那个时代德国思想界的论争,许多赫赫有名的人物参与其中,例如特勒尔奇和梅尼克,虽然这两位历史主义的支持者没有明确承认受到斯宾格勒的深刻影响。同时,这部著作也经受了许多负面的批评:著作 458
的力度不够、充满了错误,但这些都没有影响到它作为畅销书的流行地位。在同一时期,由于宏大的历史观的出现,以及对西方文明没落的预言,批评的声音有所减少。在这里,需要说明一个斯宾格勒自己也曾提到过的误会:这部著作是在德国胜利的视野下写就的。对悲观主义的批评深深地影响了斯宾格勒,1921 年,他在先前题为"悲观主义"(Pessimisme)的文章中强调了这一点。1919 年的时候,斯宾格勒就已经发表了政治论著《普鲁士性与社会主义》(*Prussianité et socialisme*),鼓舞了各种国家社会主义思想;从中可以看出,他感兴趣的并不是西方的没落,而是德意志的成就。① 在这本小册子里,他提出了反马克思主义的、普鲁士社会主义的方案,是一种"伦理上的社会主义",同时反对

---

① 吉尔伯特·梅利奥(Gilbert Merlio),《斯宾格勒,时代的见证者》(*Oswald Spengler, témoin de son temps*),斯图加特,海兹出版社,1982,第一卷,第 2—5 页。梅利奥的这部著作或许是对斯宾格勒生平和思想的最好展示,后来被翻译为法语。

自由主义和苏维埃革命。①

与尼采和歌德的联系，特别是跟《威廉·迈斯特》(*Wilhelm Meister*)一书作者之间的联系是斯宾格勒唯一承认的影响，但他并不能算得上是维柯、赫尔德和柏克的忠实门徒，他自己也是不承认的：后两个人仅仅被引用了一次，而维柯则完全缺席。维柯早就认为，历史不是唯一的，而是由人民创造的，彼此之间是相互独立的，是有一个完整的循环的。历史中的起起伏伏是它自身的有机组成部分，历史并非一个完全延续的过程。当一个民族的历史在经历起伏的时候，另一个民族的历史可能完全不一样。然而，像赫尔德一样，维柯仍是一个基督教徒。到了 19 世纪下半叶，在对启蒙主义的反对中，学者们开始抛弃基督教思想。认为无论是赫尔德还是维柯都不属于斯宾格勒的思想范畴之内，且斯宾格勒试图超脱出欧洲文化圈，开始在中国寻找和他契合的、欧洲人从未听过的思想家和政治家，这样的观点既不自
459 然也不符合逻辑，不过是在尽可能地贬低基督教文化，并取而代之以启蒙运动的普遍主义。

在前言中他引用了赫尔德，痛斥赫尔德、康德和黑格尔接受了传统的框架——古代、中世纪、现代——它仅仅是通过普遍的意义认可了某个西方人脑海中反映的西方精神。尼采以前的德国最重要的三个思想大家都受到了指责：赫尔德认为历史是人

① 斯宾格勒，《普鲁士性和社会主义》(*Preussentum und Sozialismus*)，慕尼黑，贝克出版社，1921，经埃博尔德·克鲁伯(Eberhard Gruber)翻译为法语，阿尔勒，南方文献出版社，1986 年。

类的教育,康德发展了自由的观念,黑格尔企图实现普遍精神的自主化并对历史的基础形式做了过度的反思。对于斯宾格勒来说,这都不算什么。[①] 至于柏克,斯宾格勒在最后提到了他,但仅仅是为了说明与抽象的概念相比,现实政治问题所具有的美德。[②] 事实上,《西方的没落》一书的总概念,就像提出它的大环境一般,极大地得益于赫尔德的思想,在一定程度上也与柏克有相似之处。源自法国启蒙运动的、对文化主权的忧虑,以及首当其冲的西方衰落的概念是魏玛时期的遗产,它在斯宾格勒那里变得激进,但并非他的首创。

确实,对于赫尔德而言,欧洲的文明是由日耳曼人建立的,但他不认为后者要对法兰西的衰败负责。18 世纪末期,法国受到理性主义启蒙思想的侵蚀,英国后莎士比亚时代的思想也参与其中,只有德国在输出新思想,这个年轻的国家是欧洲的未来。赫尔德和柏克对理性主义的反抗在 18、19 世纪之交业已爆
发。斯宾格勒是一个盲目的民族主义者:西方不能简单地由德 460
国所代表,它的文化源头之一是"北欧的"。

就像赫尔德一样,斯宾格勒是一个十分复杂的人物。他批评魏玛共和国,但 1933 年 7 月,他又出版了《决定性的年份》一书——又一部畅销之作:纳粹的庸俗,就像希特勒的种族主义一

① 斯宾格勒,《西方的没落》,第一卷,第 31 页。

② 同上,第二卷,第 372 页。斯宾格勒说道,正是柏克对米拉波爵爷做出了评价:"我们并没有要求自由要像人权一样,而只希望它能借鉴英国宪章的结构。"

样,都令他感到厌恶。他的政治生涯与克罗齐有几分相似:他们都是启蒙思想和民主的敌人。克罗齐在墨索里尼的政府中几年之后,就投入到了反法西斯的知识分子运动之中;但斯宾格勒被迫保持了沉默,甚至没等到他的思想在新政体中获得实现,就在1936年与世长辞。而克罗齐相比于他享有了一定的自由,得以在墨索里尼倒台以后,继续对法西斯主义的思想进行解读:法西斯主义并不应该属于民族历史的一部分。这个理论在战后时期变得十分流行,对于为他"法西斯化"的那几年辩解也十分有利。

斯宾格勒是一个双重性的思想家,他有着自己独特的写作方式。《西方的没落》由于他出色的文学修养和混合式的哲学、大众传播学阐释,以及他俯瞰历史的不凡眼光,吸引了一众读者。斯宾格勒因此叩问想象之门,让读者把自己的情感和他令人惊异的发现联系在一起,不仅使读者感受到了时间的重要性,而且为他赢得了"世界先生"的称誉。他的著作像是好奇心的探询,但重要的是他满足了读者阅读过程中的各种好奇心,著作的巨大成功也证明了这一点。另外,斯宾格勒敢于触及一些很重要的真相,比如他会说:"一个政治问题甚至连政治家自己都不能理解。"[①]但在这里,斯宾格勒真正进入了想象空间,展现出他思考历史的视角。《西方的没落》一书取得的成果同时也反映了那时的德国在拿破仑时期之后第一次受到如此大的羞辱,因此书中探讨的问题是德国精英分子急于找到答案的。科学的思考

① 斯宾格勒,《西方的没落》,第一卷,第58页。

有时是很痛苦的，会引起专家们的焦虑；而斯宾格勒迎难而上，
他像维柯和赫尔德一样，审视康德和黑格尔的思想传统，并认为 461
错误的起源或许有那么一点点来自尼采，后者是一切思想变动
的催化剂。他无法忽略丹尼列夫斯基的存在[①]，但他也不可能

① 丹尼列夫斯基(Danilevsky,1822—1885)的泛斯拉夫主义宣言在东欧非常有名，被民族主义专家们广泛引用，但从未翻译成法语。直到1920年《西方的没落》第一卷的成功表明了这位德国读者对这些问题的兴趣，该宣言才有了德译版本：《俄罗斯与欧洲：斯拉夫与日耳曼-罗马世界的文化和政治关系研究》(*Russland Und Europa. Eine Untersuchung Über Die Kulturellen Und Politischen Beziehungen der Slawischen Zur Germanisch-Romanischen Welt*)，卡尔·诺泽尔(Karl Nötzel)翻译和引介，斯图加特，德意志出版社，1920。法语世界只出现过该宣言的摘要，其中包含部分直接引用，于1890年在布加勒斯特出版，当时这部刚刚第四次重印的著作的影响力终于显露出来。而在1888年，第三版刚刚上市几个月的时候，丹尼列夫斯基的工作——这种强硬的反西方中心主义的表达——获得了大量受众，尤其当时法国和德国的民族主义作家纷纷登上畅销榜单。显然，罗马尼亚出版的节译本目的就在于警醒以法国为首的西欧国家提防俄国的威胁。参见《丹尼列夫斯基的泛斯拉夫主义教义》(*La Doctrine panslaviste d'après N. J. Danilewski*)(《俄罗斯与欧洲：斯拉夫与日耳曼-罗马世界的文化和政治关系研究》[*La Russie et l'Europe. Coup d'œil sur les rapports politiques entre le monde slave et le monde germano-roman*]，俄语第四版，圣彼得堡，1889)，斯库佩夫斯基(J. J. Skupiewski)概述，布加勒斯特，"罗马尼亚自由"办事处，1890。如今，丹尼列夫斯基重获新生，又一次吸引了人们的目光，苏联解体后，他的著作多次在莫斯科重版。不可否认，认为不同文化之间具有不可渗透性，或者换句话说，强调将人区分开来的东西而不是强调人之共性的观念，大行其道。尽管它并不能总是在所有这些现象之间建立起清晰的关联。然而，文化特殊性或用丹尼列夫斯基的话说"不同种类的文明"(第46页，直接引用)毋庸置疑是赫尔德式的概念。对欧洲中心主义的抨击和这种著名的赫尔德式的亲斯拉夫主义同样出现在这位俄国作家的著作里，但是是以一种极端激进的方式。赫尔德认为未来属于斯拉夫人：丹尼列夫斯基抓住这一势头，指出这个非欧洲化的世界承载着未来。"那些老化的、已经成为过去的、完成了使命的社会应该退出历史舞台。[……]所有存活着的东西，无论个体、物种还是生物属性或种类，都只有有限的生命并 (转下页注)

462 忽略赫尔德及那个时代影响深远的赫尔德主义。他认为俄罗斯

(接上页注)将在耗尽之后死去"(第49页,直接引用),这就是历史的法则。请不要误会,尽管丹尼列夫斯基是在《物种起源》问世十年后完成了他的这一著作,但他并非达尔文主义者或进化论者。他主张人性只能表现为某种特定的人种——由某些文明构成——的形式,就像动物学和植物学所认为的一样,"属"只是一个以物种形式呈现出来的抽象概念,但这并不一定是达尔文主义的(第61—62页)。确实,这其中有一种嫁接在赫尔德遗产之上的人类进程观念。丹尼列夫斯基通过效仿自然史,为历史引入了对发展程度和发展类型的区分。所有种类的文化都经过青年、成熟、老化和濒死的阶段。在人的历史的范畴下,他区分出10种类型的文明,第一种是埃及文明,第十种是罗马-日耳曼文明。每一种特定文明都以某个共同的语言或某组非常相近的语言为标志,它属于某个人种或某个"族"。但每个特定文明想要其特有的文明得以诞生和发展,其子民就必须获得政治独立。任何特定文明的文明原则都不可能成为另一个文明的发展基础。因此,一种文明的发展与一株植物的生长极其类似,生长期非常长,开花和果实成熟的时间则相当短暂并彻底耗尽组织的生命力(第56—59页)。

这里,丹尼列夫斯基提出的两个观念也是斯宾格勒的理论支柱:首先是认为任何历史-文化种类都不能采用另一个历史-文化种类的文明;接着,认为"无限发展和进步"(第59页)的观念具有荒谬性。由此立刻得出两个结论:俄国一切欧洲化的尝试都意味着对俄国特殊性的破坏,且需要极大的力量才能将其重建。必须将俄国从其对欧洲的迷恋——包括亚历山大二世改革——中拯救出来。斯拉夫主义作为特定种类的文明登上历史舞台并保有其特殊禀赋的时候到了。确实,必须防止俄国受到欧洲个人主义和唯物主义的波及,阻止来自欧洲的各种形式的暴力——而一直以来,暴力就是这种个人主义文明的特征:自十字军东征起,它就用火与血、用殖民统治、用作为改革方式的革命强行将西方化的教会奉为世界性的教会。斯拉夫主义恰恰是欧洲的反面:它反个人主义,专注于共同体,具有和平倾向。唯一令人惋惜的例外——人们已经预料到了——是波兰(第66—69页)。

丹尼列夫斯基发展了一种世界史观,这在后来也被斯宾格勒继承,并被上升到欧洲历史编纂学的高度:"其实,罗马、希腊、印度、埃及、中国,以及所有其他民族都有自己的远古史、中世纪和现代"(第52页,直接引文)。

最后是核心的问题:"欧洲腐朽了吗?"(第65页)斯库佩夫斯基认为丹尼列夫斯基没有给出明确的答案,但其思想的意涵也不容易遭到误解。确实,欧洲文明已经结出果实,其衰落时期就像斯拉夫民族的崛起一样,很快就会到来(第65—66页)。崛起也意味着斯拉夫主义在登上历史舞台之前,必须向欧洲发出致命一击(第109页)。

的西方化就如同德国的法国化一样是对民族精神的暴力行为，这是一种赫尔德式的观念；正是基于赫尔德式的对启蒙思想的批评，斯宾格勒的著作才成为他那个时代的象征。

在《西方的没落》一书引言的第一段，斯宾格勒定义了他的主张："在这本书中，我们首次大胆尝试对历史进行预设。为此，我们要追随一种文化的命运，也就是在我们这片土地上、在我们这个时代唯一不断丰富的一种文化，即尚未消逝的欧美文化的命运。"[①]最后一段确立了他思想的两个方面或者说两个中心：首先，他的目的是"用自己的方法和比较形态学的思想，发展一种普遍的历史哲学"。[②] 与此同时，他的著作有一个"限定了的主题"，即"分析西方欧洲文化的衰落为何会上升到全球的层面"。这个分析"试图从人类历史的实践中找出历史经验的精华，以期为未来的历史提供借鉴"。[③] 斯宾格勒自问，"西方的文化形成于怎样的 463
形式"，为此，他开始批判"什么是文化"这一问题。[④] 这也是我们需要了解的关键问题，"如果我们想要真正理解现存的巨大危机"，就需要"从与时间无关的高度，将视野放在上千年的历史形式之上"。[⑤]

纵观斯宾格勒引言的全文可以看到，他发展出了一种激进

---

① 斯宾格勒，《西方的没落》，第一卷，第 15 页。

② 同上，第 62 页。

③ 同上。

④ 同上，第 16 页。

⑤ 同上，第 49 页。

的相对主义，这一点超出了赫尔德的想象，也不再是基督教式的，但这建立在《另一种历史哲学》作者的经验之上。“从**形态学上讲**，为什么18世纪比之前的六十年的影响都大？”但问题不止于此，“反对‘现代’不是很荒唐吗？怎么能把它限定在几个世纪之内，范围只是在欧洲，而‘古代’就包括上千年的时间，包括各种文明？”[①]就像赫尔德一样，斯宾格勒相信，“这是一种傲慢的态度，西方欧洲的傲慢。”[②]可以确信的是，雅典、佛罗伦萨、巴黎对西方文明的形成产生了更大的影响，而不是“洛阳或是波吒厘城”，但任何人都不能“在这个文化偏见的基础上形成正确的历史观”。中国的历史学家在拟定世界史的大纲时也应该被允许忽略掉十字军东征、文艺复兴、凯撒、弗雷德里希大帝。[③] 可以确信的是，西方独占的历史应该结束，印度、中国、埃及、阿拉伯、墨西哥的历史应该从这个“托勒密体系”的西方模式下解放出来，不能“让所有的历史都围着西方的历史打转”：斯宾格勒谈到了他的观念，认为这是一种“哥白尼式的发现”。[④] 事实上，他的观点并不算是革命性的创举，而是对赫尔德式历史观的运用，并融合了生物上的科学思想以及20世纪的社会现实。文化多元
464 论是18世纪的产物，但不管是伏尔泰、孟德斯鸠还是赫尔德，不管他们是否反对理性主义，他们都从未质疑过人的精神的同一

① 斯宾格勒，《西方的没落》，第一卷，第29页。
② 同上。
③ 同上。
④ 同上，第29—30页。

性。需要等到19世纪末期社会达尔文主义的推动，才出现了决定性的跨越：梅利奥认为，斯宾格勒的体系将人类的历史学束缚在严格的生物学的枷锁内。[①]

因此，不同于一种线性的世界历史，“在我看来，”他在一篇叙述了自己的历史哲学观的文章中说，“宏大的文化多样性的舞台上，每个角色都有它自己的思想、激情、生命、意志、情感和**自身的**死亡[……]文化有上升也有衰落，民族、语言、真相、神灵、农民，就像是花朵、枝干、树叶、年轻的或年老的橡树或松树一样，都是如此。但人性不会衰颓。每一种文化都有自己的可能性，通过自己的方式表达它们出生和消亡的过程[……]这些文化，有着活的天性，无忧无虑的贵族气息，就像田间的花朵一般[……]我看到它们在历史中的形象，是永恒和演化的结合，是未至和死亡的两面。”[②]在这里，斯宾格勒又一次重申了他的有机论思想：多样性和有机性成为进化的两个方面。

世界的历史不是人性随着时间自我实现的历史，它由一系列“高等的文化”出现在世界上并不断扩展到各地构成；这些文化相继出现，却没有互相扩展；它们之间没有联系，没有任何的互相借鉴。每种文化塑造了一种人性；当文化消失以后，这种人性也相应不见，重生是不可能实现的。每种文化都是特定“灵魂”的散发，它说着一种象征性的语言，表达出一种符合它原初

---

① 梅利奥，《斯宾格勒》，第一卷，第29页。

② 斯宾格勒，《西方的没落》，第一卷，第33页(斜体部分原文即为斜体)。

性的原始意象。每种文化都是一个有机体,其发展遵循着共同的生物学轨迹:青年(春季)、成熟(夏季)、衰老(秋季)、死亡(冬季)。文化的冬天是衰败的时代,也就是斯宾格勒所说的文明。这种文化循环就如同四季一般运转,甚至遵循着一定的韵律。斯宾格勒的历史形态学察觉到这种或那种文化灵魂的自然本
465 质,并将"文化灵魂"和周期循环的时代进行比较。最后,对于斯宾格勒而言,就像梅利奥在他的著作中说到的那样,历史不是一种科学:不同文化的灵魂只是一种直觉。

这一点在赫尔德的时代就已经被谈到过:人们高度赞同赫尔德式的、对欧洲中心主义的、线性的、持续的历史的反对,这种历史观是伏尔泰提出来的。同样,我们可以看到,这种关于启蒙运动的简单化视角可能是完全错误的,是赫尔德式反理性思想的产物。斯宾格勒继承了这个思想传统,并使其更加激进化,就如同他发展了世界史而非民族史一样。然而,事实上,世界史难道不是伏尔泰的主张吗?难道不是《风俗论》的作者创造了一种与文化密切联系的历史书写方式?然而,即使启蒙时代的人们有这种文化多样性的观念,他们也会保存人类文明的同一性。应当把人放到他所处的历史环境中来看待,但人性是同一的,人是理性的个人;人的缺点是环境的产物,而非其本性的体现。直到20世纪的下半叶,人们才发现社会等级是不存在的,没有理由认为欧洲人比其他地方的人更高等。法国的18世纪见证了不同文化中个人主义的存在,而一个伏尔泰或孟德斯鸠式的思想家会认为,等级确实存在,

但这种等级是价值意义上的：一个绝对主义盛行的社会比起尊重个体自由的社会来是低一等的。一个卢梭或爱尔维修式的思想家在这种不平等中看到了罪恶，需要去治愈它，而非允许它继续存在。

然而，在斯宾格勒的思想中，这种无尽的多样性主义正是西方思想家，或者换句话说，是理性主义者们所不能理解的。欧洲并不是让其他文明像星星一样绕行的太阳。康德就是典型的例 466
子。《西方的没落》的作者认为，当柏拉图谈到人性的时候，他听到了希腊反对野蛮人的声音；但当康德谈到道德理想的时候，他就跌落到致命的罪恶中："他确信这些原则对所有人都是有价值的，在所有的时间和空间里都是有价值的。"[①]他的美学准则也是如此："他提出的思想的必要形式从来都不是西方思想的必要形式。"[②]然而，对于现代的中国人或是对于阿拉伯人来说，康德的哲学仅仅是一种关于好奇心的价值。对于俄罗斯思想而言，西方式的分类和中国式的、希腊式的一样陌生。另外，对于西方人来讲，理解古代的词汇和理解俄罗斯或印度的语言一样，是不可能实现的。[③]

这就是斯宾格勒所说的西方的缺陷：对"相对的历史特性"及其分类的理解的总体缺失。西方的人们拒绝接受这种分类是对"**一个独特的生命和这一唯一的生命**"的表述的说法，拒绝承

---

① 斯宾格勒，《西方的没落》，第一卷，第 34 页。

② 同上，第 35 页。

③ 同上。

认其“不变的真实”和“永恒的认知”都不是真的，也并非宇宙的永恒真理，而所有的文化都是共存的。① 显然，“持续而总体的”事物只存在于“思想”“原则”和“悲剧”、国家的“责任”之中，普遍价值只是自我对他者荒谬的推理。②

在对康德式的西方思想进行批评之后，是对尼采的批判。确实，尼采“已经讨论了所有决定性的议题”；然而，源于“他浪漫主义的个性”，他从未“真正直面问题的锋芒”。③ 他最大的贡献之一，在于“提出了**真实的价值**的问题”④，就像斯宾格勒在《西方的没落》一书首卷中所说的那样——和后面的内容联系起来
467 看——“尼采的最大贡献[……]在于承认了所有道德的双重性[……]**好坏是贵族的区别，善恶是牧师的区分**。[……]好的是有力的、富足的、幸福的[……]坏的、卑鄙的、悲惨的、无礼的属于无力之人、贫穷之人、懒散之人、弱小之人。”⑤

尼采刚好与笛卡尔对立。斯宾格勒认为，如果说《方法论》的作者想要质疑一切，他却不想去质疑自己的问题，提出问题并不是解决问题。他还指出，恶并没有被限制在启蒙思想的理性主义和普遍主义中，这种缺陷是结构性的，在某种程度上是尼采所倡导的、反康德的思想。实际上，斯宾格勒提出这样一个问

---

① 斯宾格勒，《西方的没落》。

② 同上。

③ 同上，第 60 页。

④ 同上，第二卷，第 20 页。

⑤ 同上，第 313—314 页。

题：什么是“尼采的历史视域”？在什么基础之上，他提出了自己的“概念”？《西方的没落》的作者毫无保留地将这些概念——甚至是关于希腊人和罗马人或者文艺复兴和当代欧洲的概念——同化为“衰落、虚无主义、价值动荡以及强力意志”。尼采自己是否也囿于这种古代欧洲、中世纪欧洲和现代欧洲的历史分期？对于叔本华、孔德、费尔巴哈来说，他们是否拥有更广阔的知识视野？著名的“易卜生的娜拉”除了作为一个北欧受过反抗教育的资产阶级之外，还能承担什么样的角色？

事实上，斯宾格勒控诉尼采，认为他不过是“物质主义的接班人”。[①] 同样，关于叔本华，“比起文学家，他**首先是个达尔文主义者**”。[②] 实际上，斯宾格勒把整个19世纪置于达尔文思想的影响之下：进化是由自然选择决定的，这是自然界最强大的法则。对于他而言，尼采是“达尔文的信徒，尽管他自己都没有意识到”。[③] 但他忘记向我们说明，《反对瓦格纳》（*Contre Wagner*）的作者同时也创作了《偶像的黄昏》（*Le Crépuscule des Idoles*）这本“反达尔文主义”的著作。或许他是知道的，因为他曾谨慎地提出了尼采的无意识。但尼采同时也是马克思的弟子：“这是他道德谱系的导师[……]强力意志在今天看来，代表着公共生活的两极：工人和大资本家。”[④]斯宾格勒沿着索雷尔的论述，后者也

---

① 斯宾格勒，《西方的没落》，第二卷，第351页。

② 同上，第352页。

③ 同上，第354页。

④ 同上，第355页。

468 是尼采的弟子：他认为，尼采是个社会主义者，尽管“他自己可能都不知道”[1]。“尼采所说的‘奴隶的道德’只是一个幻象，**他的主人的道德才是现实**。[2]”这种现实在今天既表现为创造了未来的生意人——索雷尔所认为的工业资本——也表现为社会主义。

知道斯宾格勒在多大程度上跟随了索雷尔的脚步这一点十分重要，后者比他早出现了好几十年。像索雷尔一样，斯宾格勒对文化和启蒙思想的反抗导致了对象征的崇拜，并且他的学说受到反理性主义和反普遍主义的支持，也在一定程度上可以作为马克思主义的阐释。对斯宾格勒而言，对阶级的反对包括了一种对权力和统治的单纯意愿。马克思提出了关于权力的社会关系的问题：他认为无产阶级能够并且应该变得更加强大。就像达尔文一样，他进一步发展了道德的谱系。事实上，斯宾格勒在索雷尔的思辨上继续展开论述，我们可以在索雷尔这个尼采的忠实读者的身上发现对启蒙运动、进步思想、自由价值的蔑视，以及对“资产阶级”、“物质主义”、人道主义、议会制、选举以及政党制的蔑视：总的来说，对所有民主或民主制的社会主义的蔑视。议会的暴力摧毁了资产阶级的民主，使社会主义变得腐败，它是启蒙思想发展的延续。

斯宾格勒被认为是革命者，是第一个真正能够自称世界史

---

① 斯宾格勒，《西方的没落》，第二卷，第 353 页。

② 同上，第 352 页。

创造者的人。可以确信的是,赫尔德之后过了一个半世纪,斯宾格勒拥有了前者无法享有的自由。另外,他不是一个基督教徒;比起赫尔德来说,他能够直言“西方直至今日仍是一个关于空间、时间、运动、数目、意愿、婚姻、所有权、戏剧以及科学的概念,它变得狭隘且充满疑虑,因为我们想要去找到那个解决问题的方法,而不是从回答出发去提更多的问题”。① 在这里,我们可 469
以得出一个十分重要的结论:赫尔德已经有了他自己的看法,莫拉斯和巴雷斯接受了这种看法,并且在德雷福斯事件中加以运用,但并没有把它演变成一场革命,而这一看法就是“对于不同的人来说,所谓的事实也是不一样的。对于思想家而言,这些思想全都是有价值的,或者全部都毫无价值”。② 大约三百页之后,他提出了这些“世纪性难题”的解决办法:“**有多少道德就有多少文化,不多也不少**。没有任何人拥有选择的权利。[……]个体,从他自身最基本的文化出发,能够表现出各种符合道德或有违道德的行为,‘好的’或是‘坏的’,但这种行为的理论完全是后天赋予的。因此,每一种文化都有自己的衡量体系,**不存在普遍的人的道德**。”③进一步说:“一种道德,就像是造型艺术,像是音乐和绘画,是外部世界施加给人的。[……]在历史范畴之内,它始终是真实的;而超脱这个范畴以外,它便是谬误。”④

---

① 斯宾格勒,《西方的没落》,第二卷,第 36 页。

② 同上,第 37 页。

③ 同上,第 328 页。

④ 同上,第 329 页。

这就是为什么“尼采的天真的相对主义”远不能让我们理解世界历史。①“我们的同辈人无法对各种价值高谈阔论”，我们也无法评估西方的真正价值。“一个严肃的、关于所有道德的形态学将是未来的使命。而且，尼采走出了关键性的一步，给我们提供了新的视角。然而，他自己也不能肯定思想家们该如何超脱善恶之外。他既想成为怀疑主义者也想成为先知，既想成为道德的批评者也想成为道德的宣判人，而这两者不能并行：我们不能既是一个一流的心理学家，又是个浪漫主义者。”因此，尼采“像其他决定性观点的持有者一样，触到了问题的门槛，却没有走进去”。最后，让我们向他致以敬意：“毕竟没有人比他做得更好了。”②

尼采之后，斯宾格勒也确立了他的目标。他认为，为了理解西方没落的过程，需要知道“**文明的问题**”。对于斯宾格勒而言，文明就是“一种文化有逻辑的、有机的组成部分，[……]它有结束
470 和终点”。这意味着，“每一种文化都有它自身的文明”。③ 他认为，这两个词之间只有模糊的伦理意义上的区分，最初被用来表达“一种有力而必要的**有机延续**。文明是文化不可避免的**命运**。[……]文明是**最外在**、**最人造的**、上层人可以达到的状态。”④因此，罗马比希腊更能作为文明的代表，并且象征着一种伟大的变革。就像赫尔德一样，斯宾格勒绘出了罗马人的肖像：“没有灵

① 斯宾格勒，《西方的没落》，第二卷，第 37 页。
② 同上，第 328 页。
③ 同上，第 43 页。
④ 同上。

魂、没有哲学、没有艺术，从头到脚都是粗暴的种族主义者。”他们的想象力只用于实践，他们代表了“文明和文化之间的差别”：“希腊的灵魂和罗马的智慧——这就是差别所在，”而且，他补充道，“这不仅只适用于古代。”[①]受从赫尔德到保守主义革命的思想家们影响，罗马和希腊的对立成为被德国人广泛接受的传统。民族主义的知识分子们要求德国人断绝与罗马的关系，而向拉丁文化靠拢、向法国的优越文化以及地中海的文艺复兴看齐，这代表了一种西方文化的帝国主义。

从文化（Kultur）到文明（Zivilisation）的过程已经在古代时期，也就是公元 4 世纪完成了；到了 19 世纪，随着大城市发展的推动，“世界性都市”出现在斯宾格勒的文章中，这个词意思是“世界性的而非民族性的，是冰冷的现实而非对传统的尊重，是科学的反宗教；‘社会’代替了国家，自然权利取代了以往的既得权利”。罗马人相较于希腊人来说，已经占据了金钱上的优势，而金钱统治了 20 世纪。世界性的都市不再是一个民族，而是一个群体；它不理解传统，是一种全新的自然主义：竞技和比赛属于文化，而体育属于文明。在 19 世纪的世界，经济开始发挥越来越大的作用，就像当初罗马人的时代一样。[②]

斯宾格勒式对于衰落的描述与赫尔德并无二致。对于《西

① 斯宾格勒，《西方的没落》，第二卷，第 43—44 页。

② 同上，第 45—48 页。

方的没落》的作者来说，帝国主义是“结束的典型标志，帝国主义
471 是一种纯粹的文明，西方的命运就在这不可改变的现象之中”。[①] 这一“整个成熟文明的纯粹趋势”是罗马人所拥有的，同时也是中国人和阿拉伯人所拥有的。它没有十分清楚的意识，没有个体、社会阶层，也没有民族：“没有任何选择。”[②]因此在相对主义之后，人们迎来了决定论：现在历史的秘密已经被揭开，我们不能再幻想未来，从此以后，每个人都应该“通过命运不变的必然性，知道将会发生什么”；也就是说，自由仅仅意味着如果我们想要是自由的，就必须完成“必然的或是空无的东西。感受到这种必然性是一种‘善’才是现实的人的特性。[……]死亡属于诞生，衰老属于年轻。”[③]

在这里，斯宾格勒立刻为他即将受到的悲观主义倾向的控诉辩护：重新认识现实并非悲观主义的佐证。西方的文化已经枯竭，西方的文化再也回不到雅典和伯里克利的时代，只能到达罗马和凯撒的时代；对其而言，恢宏的音乐、美丽的绘画、雄伟的建筑或是华丽的戏剧都将不复存在。[④] 这种欧洲“处在衰落时期”，但它无法改变这种盛极而衰的情况。我们要承认现实，看到存在的局限之处，同时我们不要陷入悲观中；正相反：“我认为自己的思想是对未来一代的恩赐，因为它能告诉他们，什么是可

① 斯宾格勒，《西方的没落》，第二卷，第 48 页。

② 同上，第一卷，第 49 页。

③ 同上，第 51 页。

④ 同上，第 52 页。

能的、是必然的。”承认可能之事，西欧停止误入歧途、浪费精力，新的一代“从诗歌转向科技、从绘画转向航海、从哲学转向政治”的时间已经到来。①

和赫尔德一样，斯宾格勒认为“任何观念都存在于一定的历史语境中，因此也分享着同样的衰败命运”。绝对历史性的观点是从赫尔德那里继承的，但斯宾格勒却没有提及这 472
位比克堡牧师的历史哲学观：“每一种哲学都是对时代和**自我**的表达。[……]观念的永存成为一种幻象。”②无论任何时代均是如此。

斯宾格勒自己也攻击理智主义，或者是赫尔德所说的课本上的文化、“学院派的蠢话”③；他认为，“教条唯一的标准就在于是否对生活有必要性”④，他将其看作“那个时代发生的重大事件的试金石”。⑤ 过去的伟大哲学家们——前苏格拉底时代的或是中国的哲学家们，柏拉图或孔子、霍布斯或莱布尼茨、毕达哥拉斯或歌德——他们十分投入地将自己的生活和国家紧密地联系在一起。理解现实政治，关心生活中的重大事物，成为他们哲学思想中十分重要的一部分。20 世纪初却不是这样：“我们时代活着的哲学家们，”斯宾格勒道，

---

① 斯宾格勒，《西方的没落》，第一卷，第 53 页。
② 同上，第 53 页。
③ 同上。
④ 同上。
⑤ 同上。

"都是盲目的。我们不再拥有鹰的视野,变成了一只狭隘的井底之蛙。"[①]实际上,随着康德,"系统的哲学在18世纪就已经走到了终点"。

伦理哲学也已经枯竭,只剩下"历史比较形态学",也就是它自身的发明。这一方法在西方精神的范畴内对应着"古老的怀疑主义"。需要重新弄清事实:是怀疑主义,而非悲观主义。然而古代的怀疑主义是反历史的,它简单地因为怀疑而做出否定的判断,而20世纪的怀疑主义则"开始将一切都看成相对的、看成一种历史现象[……]取消了绝对的法则"。[②] 基本点在于:"怀疑主义是一种纯粹文明的表述,它分解了古代文化的普遍形象。[……]昨天的思想将外部现实看成认知的产物和道德评价的目标,而明天的思想则将其看成**一种表述和象征。世界历史的形态学变成了一种普遍的象征。**"[③]很快我们就可以得出结论:"可以认为,高级的思想包含更多的永
473 恒真理。真理只相对于特定种群的人类而存在。"[④]既然既没有绝对的真理,也没有可供参考的上帝,那么唯一的标准就是生命的活力和功用。

反启蒙思想的第一代思想家,由于他们的基督教信仰,才没有发展成虚无主义。信仰消失之后,世纪之交的思想家们受到

① 斯宾格勒,《西方的没落》,第一卷,第55页。
② 同上,第57页。
③ 同上,第57—58页。
④ 同上,第58页。

尼采主义的影响,但那其实是政治化、历史化了的对尼采的阐释,而非他哲学思想的精妙之处。因此,对斯宾格勒而言,真理,也可以说是道德,是没有价值的,因为在面对事实的时候它是没有任何力量的。在《西方的没落》第二卷的前几页,斯宾格勒在他对理性进行反思的语境下提出了真理的问题,就像我们看到的那样:在探讨真理价值的时候,他对尼采的观点提出了怀疑。但这个语境也包含着另一种维度:"对于一个动物来说,只有事实,而不存在真理。[……]真理和事实之间的区别就像是时间与空间,或是命运与因果。[……]真实生活和历史只承认事实,人类的经验和认知也只看事实。"这就是为什么"有行动力的人、英雄、唯意志论者[……]他们轻蔑地认为,真理是毫无意义的。对于国家中的权威人物而言,只存在政治事实,而不存在政治真理。"①

我们因此到达了另一个十分重要的论点,这也是斯宾格勒对理性主义的批评。先于阿多诺和霍克海默,斯宾格勒已经发现了一种关于理性的辩证法,但他的着眼点显然是不同的。可以这么认为:法兰克福学派指出了在用理性约束天性的过程中,人类作为支配主体是如何将自己包含进这个总体当中,并且失去了所有的独特性和所有的自由。对于阿多诺和霍克海默来说,不幸就在于主体和客体的两面性被消除了,他们想要强调、反抗那种让压迫的工具成为解放的工具的反

① 斯宾格勒,《西方的没落》,第二卷,第 20 页。

转。对于斯宾格勒而言正相反：罪恶就存在于自由之中，甚至存在于主体与客体的分化中。①

对于《西方的没落》的作者来说，存在着双重问题：首先，就像巴雷斯曾经提到过的，理性将人从他的血肉故土中连根拔出，人因为理性而获得的自由就意味着这种离根性。随后，人进入到这样一段文化进程中，理性在悟性面前消散，精神变成了理
474 智。这个时刻是所有文明的典型象征，标志着衰落的开始。在题为"阿拉伯文化的问题"（Problème de la culture arabe）的一章中，斯宾格勒谈到了穆罕默德和克伦威尔，他采取了和卡莱尔一样的观点。穆罕默德和克伦威尔，以及围绕在他们周围的伟大人物，比如阿布·贝克（Abou Baker）和欧玛尔（Omar），或是那些清教领袖约翰·汉普登（John Hampden）和约翰·皮姆（John Pym），他们显示出一种情感上的相似性。对于斯宾格勒和卡莱尔而言，他们都意识到了这个伟大使命是伟大人物们传递给所有人——例如穆罕默德同时代的阿拉伯清教徒——的宿命论、一种作为上帝选民的情感。斯宾格勒欣赏普鲁士人的"宏大计划"，但他看到了"清教主义掩藏了理性主义。［……］这就是克伦威尔和休谟之间的距离。"②

在这里，斯宾格勒将 18 世纪描述成"光明"的时期，并将其与批评意识联系在一起，来给理性主义下最终的定

---

① 梅利奥，《斯宾格勒》，第 277 页。

② 斯宾格勒，《西方的没落》，第二卷，第 280 页。

义："理性主义意味着对批判力，因此也是对'智力'的绝对信仰。"[1]18世纪就像是现代都市一样，都属于文明：和赫尔德、柏克、迈斯特、莫拉斯和索雷尔一样，斯宾格勒反对占优势地位的理性，而理性试图解释一切，甚至是宗教。"所有的启蒙哲学都从无限的乐观主义出发，总和大市民联系在一起，最终导致绝对的怀疑主义。"[2]这就是《西方的没落》一书中"Weltanschaung"一词的含义：这个词"阐释了一种清醒的存在，它在批判智慧的指引下，在否认上帝的启蒙世界里挖掘，反对所谓'常识'的谎言。"[3]

在斯宾格勒身上，启蒙哲学是一种类别，它追溯到所有的文明以及衰败的时代：孔子对中国经典的收集和分类摧毁了中国古代的宗教著作，构建了一种"持续存在的、掺假的理性。[……]孔子完全代表了中国的18世纪"。[4] 他只抓住了一点点关于祈祷的东西和关于死后世界的空想，而启示，则一点也没有
抓住。佛教思想也是如此：它既不承认上帝的概念，也不承认神 475
秘的崇拜，代表了一种"纯粹理性。涅槃对其而言是一种纯粹的、精神上的解体，对应了[……]一种斯多噶学派的幸福学说"。[5] 对于启蒙时代的文学家们来说，伟大的思想就是智慧，而智慧的人就是能够用中肯的正义看待事物的人，而"启蒙时代

① 斯宾格勒，《西方的没落》，第二卷。
② 同上，第286页。
③ 同上，第281页。
④ 同上。
⑤ 同上，第282页。

的智慧绝不会损害便利”。在“伟大的神秘的背面”，道德代表了一种牺牲，在“智慧的背面”，美德是“另一种秘密的享乐，是高雅的自私”，道德家们也就成了“庸人”。苏格拉底和卢梭构成了西方的精神，与孔子和佛祖遥相呼应。尽管他们都有着智慧的思想，后两者却站在了前两者的另一端[①]：关于最后一点，我们需要听一听索雷尔。

在西方，理性主义“起源于英国，是清教运动的结果：从洛克开始出现”。因此，在清教主义出现的两个世纪之后，“机械论的观点达到了它的顶峰，成为那一时期的自然宗教”。每一种伟大的文化都始于“从乡间而非城市产生的宏大主题，后来逐渐蔓延到城市中，变成了物质主义的一部分”。[②] 信仰的死亡伴随着命运的机械化，“在进化、发展、进步的名义之下”[③]。我们处处和神秘共存，尽管我们不再相信，却任由它填满我们的空虚。最后，“物质主义是平淡而诚实的，与宗教的游戏是平淡而虚伪的”[④]。这就是衰落的主要特征。然而，斯宾格勒对启蒙运动无神论的批判并不是以信仰的名义进行，而是以文化之名，而文化是“宗教塑形力量的近义词”。[⑤]

这种对理性主义的批评以血脉和天性的名义进行，就像巴

---

① 斯宾格勒，《西方的没落》，第二卷。

② 同上，第282—283页。

③ 同上，第284页。

④ 同上，第285页。

⑤ 同上，第286页。

雷斯曾经指出的那样,这是人出生和死亡的故土,具有历史意义;然而,理性已经到了一个至关重要的阶段,理性主义被认为想要改变世界,这也是对启蒙运动进行新一轮反抗的意义。

理性主义对于斯宾格勒而言,既是衰落的原因,也是其表 476
现,因为他首先关注历史的具体问题:他认为理性主义与笛卡尔无关,而是一种英国式的哲学思想。在《西方的没落》很吸引人的一部分,第二章中题为“命运的概念和偶然性原则”(Idée de destin et principe de causalité)的一节中,为了解决“世界历史的问题”,斯宾格勒指出,“欧洲文明”的概念是如何产生于洛克、沙夫茨伯里,特别是边沁所在的英国,又是如何“通过培尔、伏尔泰和卢梭传播到巴黎”的。因为,“多亏了这些有着良好教养的人,比如卢梭和米拉波作为媒介,这种‘完全英国式的’革命战争才能不断被推进”[①]。只有歌德理解瓦尔密战役的意义,这就是为什么斯宾格勒认为法国大革命开启了新的时代。这个时代是“必要的、先定的”,展现了一种“转折、一种文化进程中命运的转折。”[②]革命的“思想”,也就是说,它的历史意义,在于“从文化到文明的过程中,是无机的都市对有机的乡村的胜利”。[③] 换言之,伴随着法国大革命出现的,是启蒙运动引起的功利主义、享乐主义以及物质主义式的衰落,实用性的需求超越了其他的考量,玄学消失不见。在这“诸神的黄昏”,“道路以

---

① 斯宾格勒,《西方的没落》,第一卷,第150—151页。

② 同上,第149页。

③ 同上。

缓慢的趋势向下倾斜”;在《西方的没落》第一卷的最后几页,斯宾格勒宣称,“西方科学的末日业已到来”。[①]

这第一卷的最后几页会使读者牢记在心。当第二卷出版的时候,让人印象深刻的是关于政治和国家的第四章以及第五章,后者涉及在民主战争和魏玛共和国时期发挥了重要作用的两个角色:金钱和机器。“**从最高的精神出发,政治就是生活,生活就是政治。**”斯宾格勒这样写道。[②] 一百多页之后:“**整个生活都是**
477 **政治的**,从它各个不同的特征,直到最内部的精髓。”[③]就像是他之后的莫拉斯和施米特,斯宾格勒通过自己的原则定义了政治,这个原则是他在为生命和力量而斗争的过程中发现的。然而,民主和自由主义构成了政治最基本的一面:莫拉斯说过完全一样的话。再说,“自由主义”这个词意味着什么?对于斯宾格勒而言,“自由”的意思就是“从与土地紧密相连的生活的束缚中挣脱出来。[……]精神是自由的,无关批评、金钱和各种事务的自由”。[④] 理性主义产生于英国,亚当·斯密可以被看作休谟的学生,“**自由**显然意味着精神的自由和事务的自由”。[⑤] 在英国,什么都是可以买的,甚至包括选票。在那里我们不仅发现“媒体自由的想法”,同时也发现了“媒体属于拥有它的人”这一事实。[⑥]

① 斯宾格勒,《西方的没落》,第一卷,第 406 页。
② 同上,第二卷,第 311 页。
③ 同上,第 404 页。
④ 同上,第 373 页。
⑤ 同上,第 372 页。
⑥ 同上。

斯宾格勒的分析十分恰当:在沃波尔和他的继任者时期,为国家服务实际上就意味着为辉格党服务。

然而,当资产阶级或者说自由主义的思想从英国传到法国之后,就具有了一种抽象的意义,这是它在英国的时候所不具有的。资产阶级,通过民主,力求让权力服从于法律和道德的准则:没有什么比这更反权力本质了。在抽象体系的影响下,资产阶级将国家置于危险之中。并不是黎塞留和克伦威尔的精神决定让它变得抽象。但它所涉及的不仅仅是观念和批判精神,因为"从抽象的一面来看,出现了让价值摆脱土地的抽象的金钱;而从哲学的一面来看,出现了政治的力量,这两者是类似的、不可分离的"。[①] 这也导致"如果人们通过民主使得个人生活被放到公众场合下,那么民主制和寡头政治又有什么区别"。[②]

像莫拉斯、巴雷斯和索雷尔一样,斯宾格勒将自由主义和马克思的社会主义联系在一起,对其嗤之以鼻。起源于马克思的社会主义选择了一条民主的道路;在《西方的没落》的两卷中,斯宾格勒反对普鲁士的民族社会主义,他把它叫作伦理社会主义。 478
这也是亨利·德曼(Henri de Man)在《马克思主义的另一边》(*Au-delà du marxisme*)所建立的社会主义思想系统,但在索雷尔看来,这种社会主义实际上听命于资产阶级的金钱。在页面底部的注释中,斯宾格勒逐字逐句地重新叙述索雷尔的经典思想,

---

① 斯宾格勒,《西方的没落》,第二卷,第 370 页。

② 同上,第 370—371 页。

但却没有提到他的名字:“这场伟大的运动起源于马克思那些漂亮而空洞的词句,不仅依靠资本家,还依靠工人,但这两者都处于资本市场之中。”[①]因为“自由主义和社会主义的所有概念首先都是围绕金钱进行的。不存在无产阶级的运动,共产主义[……]也不能离开金钱展开活动”。最终,“精神提出要求,金钱去满足它,这就是大都市成为主人后,所有那些将要终结的文化的运行机制”。[②] 是否应该再一次呼唤从德吕蒙的《一个世界的尽头》(*La Fin d'un monde*)到莫拉斯和同时代的德国人,比如拉加德(Lagarde)、朗贝提出的观念?

就这样,城市,也就是说现代性,产生了文明。文化时代的政治和文明时代的政治,两者的差别就是这种建立在血脉和种族之上的“有机的”世界与资产阶级掌权的世界之间的区别。就像赫尔德和莫拉斯,或是卡莱尔和索雷尔,斯宾格勒认为荷马和歌德的时代是最理想的,社会机制呈现出一种家长制的形式,受到“亲缘和世系”的管理。在这样一个社会中,“血缘、种族便显出天赋的、潜意识的能力”:人们中出现了政治人物,包括神职人员,每个人都“表现得像一个有传统的人”。在这一个被“家族亲情、荣誉、忠诚”统治的社会,抽象的概念“被绝对排除”。[③]

大都市构成了一个转折,伴随着这个转折的是“无序”的创立。从忒勒马科斯和意大利的男爵开始,到教皇派和皇帝派,或

---

① 斯宾格勒,《西方的没落》,第二卷,第 371,注释 3。

② 同上,第 371 页。

③ 同上,第 413 页。

是兰开斯特和约克两个家族,反对肉欲“乱党”的政治斗争变成
了“观念的冲突”,“在血与传统之后,是金钱的力量。取代机体
的,是组织;**取代秩序的,是党派**”。[①] 党派同样是不能被理性分 479
析的事物的反面,是一种完全的市民现象,他们不承认分隔有序
社会的两种“主要秩序”:贵族和教士。这就是为什么党派的概
念与平等和自由联系到了一起,后两种概念完全是负面的,其中
第一个有着“伤风败俗的平均主义倾向”,属于民主化的“最初的
市民文明”。[②] 在索雷尔的笔下,对民主的批评从雅典时期就已
经开始,一直到第三共和国,这种批评都是一致的。

现在要提出的问题是:“怎样做政治?”[③]基本的公设很简单:“**群众的政治禀赋仅仅在于对命令的信任。**”[④]这种形式不仅出现在卡莱尔的设想中,也同样出现在勒南和泰纳的笔下,更不用说莫拉斯了。实际上,整个的政治就是一种指挥和命令的科学。“人民主权”仅仅意味着权威由领导者传递给另一个人,从国王的手中到达民众首领的手中。[⑤] 莫斯卡(Mosca)和帕累托(Pareto),就像米歇尔斯(Michels)一样,认为从本质来看,专制和寡头都是一样的:一个精英能够取代另一个,但政治和权力的本质是不变的。斯宾格勒对各种反启蒙思想进行了综合:卡莱

① 斯宾格勒,《西方的没落》,第二卷,第 413 页。

② 同上,第 414 页。在尼采看来,平等是“一种卓越的现代理念”,是“最强的毒药”“最大的谎言”:引自吉尔伯特·梅利奥,第 324 页。

③ 同上,第 407 页。

④ 同上。

⑤ 同上,第 406 页。

尔和泰纳、帕累托以及莫斯卡和米歇尔斯，后两者后来发展成了法西斯主义的拥护者，他们为反启蒙思想加进了达尔文主义的方法："政府主体和客体"的区分在"动物的身上"已经出现了。[①]"对所有活着的生物来说，战争是最初的政治；也就是说，战争和生活本质上是一样的。"[②]因此，一个首领的能力需要超越"正确与错误"，任何国家领袖都不能有信念，不能相信任何系统；就像歌德看到的那样，他不能有意识，因为"**生活**，并非个体，是没有意识的"。[③]

480 对于斯宾格勒而言，就像对于卡莱尔，"只有**个人的**历史，因此也只有**个人的**政治。"他随后提出，"对于权力的运行而言，是人类的斗争，而非原则的斗争；种族特性才是政治最基本的东西，而不是观念"。[④] 领导力的品质是杰出的英雄人物的品质，是"拥有历史使命"的个人的品质。一个这样的人，一个卡莱尔眼中的英雄，一个名副其实的政治领袖，将成为"人群中活跃的阶层，领导历史的前行"。[⑤] 当英雄出现的时候，民主的组成结构不再能隐藏现实：对于"权威人士"的天性，人们"只是接受的客体，观念只是一种方式"。[⑥] 全民普选是一种单纯的假说、一个诱饵，"人民的权利和人民的影响力是两种完

---

① 斯宾格勒，《西方的没落》，第二卷，第 406 页。

② 同上，第 405 页。

③ 同上，第 407 页。

④ 同上，第 406 页。

⑤ 同上。

⑥ 同上，第 420 页。

全不同的东西”。[①] 很快会出现一种民主,我们“不能使用宪法规定的权利,**除非我们有钱**”。媒体和金钱构成了引导大众的方式:不管我们想不想,为了在议会民主制下执掌权力,就要学会利用选举和媒体,而两者都需要金钱。[②] “群众有权利自由选举他们的代表”只是一种单纯的理论[③],自由永远是“纯粹**负面的**”,是否认传统的;但权威从一个传到另一个,从党派首领到独裁者再到先知和他的追随者们,对于他们来说,大众“**永远都是一个客体**”。民主——斯宾格勒重复了米歇尔斯的论断,而没有提到《寡头统治铁律》(*Partis Politiques*)一书作者的存在——事实上是一种党派形式的专制。“这就是为什么一个不可逆转的潮流将一切民主带到了这条最终走向压迫的路上。”[④]斯宾格勒可以宣称议会制的又一次死亡,它“走在完全腐朽的边缘”[⑤],并且最终导致专制:魏玛末期就这样走向终点。

斯宾格勒之后的思想也有其延续性:他继续着对金钱统治的批判,后者依靠政治力量、媒体、观点自由构成了所谓的民主。在关于国家的一章中,我们首先看到金钱是如何“通过民主的方 481
式大获全胜的”[⑥];“在使精神颓丧之后,民主又是如何通过金钱

① 斯宾格勒,《西方的没落》,第二卷,第 420—421 页。
② 同上,第 411—412 页。
③ 同上,第 420—421 页。
④ 同上,第 421 页。
⑤ 同上,第 384 页。
⑥ 同上,第 400 页。

而破灭的”。[①] 然而,金钱的胜利引起了一些反应,“明确的血缘力量被大都市的理性主义所取代,[……]凯撒主义不断推进,但它的根基仍然陷在血缘和传统的深渊里”。[②] 这也是为什么“血缘的力量、一切生命生长的最初本能[……]会返回到它们最原始的祖先。种族重新出现,变得纯粹而不可抵抗:强者取得胜利,其余皆是它的战利品”。[③] 独裁者的出现构成了政治相对于经济的胜利。[④]

然而,就像我们料想的那样,这种对资本主义的猛烈批评并没有针对私有财产。就像巴雷斯一样,通过意大利革命主义工会成员和他们的导师索雷尔——索雷尔区分了资本主义与自由主义、资本主义与财产私有制——斯宾格勒走上了第一批民族主义者开辟的道路。他们接受了财产私有,但并没有接受自由主义的价值判断。另外,他们在自由主义身上看到了一种金钱统治的思想。莫拉斯和莫拉斯主义者们,譬如蒂埃里·莫勒尼(Thierry Maulnier),发展出了一种反马克思式的反对资本主义的学说,并在亨利·德曼身上发现了他最重要的理论。曾任比利时工人党副主席和主席的社会主义思想家亨利·德曼发展出一套反对资本主义的学说,并进行了理论创新,由此产生了法国马尔赛·德阿的新型社会主义。斯宾格勒和德曼攻击的是钱袋

---

① 斯宾格勒,《西方的没落》,第二卷,第 429 页。

② 同上。

③ 同上,第 400 页。同时参见第 438 页。

④ 同上,第 429 页。同时参见第 433—434 页。

中的资本，而非产生财富的工业资本：后者总是受欢迎的。

这就是其产生的过程：血缘和故土的意识形态引发了对资本社会和大都市康德主义、理性主义以及个体自由的仇恨。巴雷斯的《离开本根的人》中描述的无产阶级形象，就像是斯宾格勒所说的“知识流浪者”中的一滴水；对于斯宾格勒而言，“每个大都市都是他的祖国，但下一个乡村就已经是异乡。他更喜欢 482
死在石板路上，而不愿意回到田间”。[①] 事实上，巴雷斯笔下离开本根的知识分子，是共和国教育的产物，是民主和大都市的结果，是斯宾格勒所说的“与本源的分离”，是全球性的、“新的世界都市中的流浪者”的组成部分，而“大众”是“终点，是虚无”[②]。就像巴雷斯所认为的，离开本根是一种基本的类别，和启蒙运动的理性相关。对康德和卢梭，对理性主义、个人主义以及人文主义的争辩构成了对离开本根的拒绝；或者说，是对文化认同缺失的拒绝，是对缺失抵抗外部世界能力的拒绝。个人主义是衰落的第一个表现。

在斯宾格勒之前二三十年，巴雷斯在《离开本根的人》中指出，理性主义、普遍主义和人文主义是如何切断了个体与故土、祖国的联系。在《民族主义的现象及法则》中，他展示了那些本能地或是必然地离开本根并最终背弃了他们的人种和国家的世界主义知识分子对民族构成的死亡威胁。需要说明的是，在流

① 斯宾格勒，《西方的没落》，第二卷，第 95 页。

② 同上，第一卷，第 330—331 页。

浪知识分子的类别中还有犹太人。巴雷斯是一个激进的排犹主义者，和斯宾格勒相近；吉尔伯特·梅利奥指出，后者尽管没到纳粹的程度，但种族主义构成了其文化概念的基础，就像纳粹一样，使得他反对犹太人融入西方社会的可能性。[①]

可以看出，巴雷斯和斯宾格勒有意地曲解了康德关于分类的思想。对于巴雷斯来说，这既是溶解共同体的溶剂，也是伪善的形式；对于斯宾格勒而言，这种浮士德式的精神将康德解释为对服从于强力意志的要求。浮士德式的精神是对“强力意志”、统治意志的表达：“一切浮士德式的东西都觊觎绝对的统治。”强
483 力意志从本质上来说是不容忍的：在西方，容忍是“衰颓的标志”。[②] 梅利奥指出，斯宾格勒就是这样表现了这种北欧浮士德式的人之于其他类型之人的优越性。

斯宾格勒赋予了日耳曼通过侵略而创造的遗产以特权，认同18世纪末的德国文化。西方文明的摇篮在于北方，随后向南方偏移。勒南自己也认同这一观点。在赫尔德看来，文艺复兴的落后性在于对这种继承遗产的偏离。斯宾格勒认为，文艺复兴对于西方文化毫无贡献，因为它完全缺乏原初性。哥特式在于“拥抱**全部的**生活直至它最隐秘的角落”，而文艺复兴却“没有改变任何西方的思想方式，也没有改变人们对生活的情感”。[③]

对于斯宾格勒来说，就像对于莫拉斯和巴雷斯一样，任何文

---

① 梅利奥，《斯宾格勒》，第406页。

② 斯宾格勒，《西方的没落》，第一卷，第326页。

③ 同上，第226页。

化都是一种民族的文化,是唯一的类型,不可被同化也不能被模仿。在赫尔德之后,斯宾格勒将“民族”定义为“同一种文化的”人的集合;在这个民族的精神中,有“同一种观念”。[1] 但他把这个理论发展得更远:在他看来,这个观念和其他所有观念是相悖的,因此任何民族之间相互理解的企图或是可能性都标志着一种衰退。风俗和道德对于来自不同文化的人来说是“永恒的谜题”,一旦开始互相理解,就像在罗马帝国时期所做的那样,就进入了文明的阶段,因此也就是衰落的开始。“当人不再以民族为界,**他们就不再是历史的了**。”[2]

斯宾格勒认为的文化是一种集体灵魂的发散:“文化生于某一伟大灵魂觉醒之时。[……]它不可限制地生长,像地里的作物一样。文化的死亡源于灵魂到达它的顶峰:人民、语言、宗教、艺术、国家、科学。”[3]这些“文化灵魂”是非理性的整体,是理性智慧无法到达的地方:“这里的问题永远是智者研究不出来的。
[……]批评的方法——‘推论的’——只关乎自然世界。对自然 484
的认知和对人类的了解不管是在目的、过程还是在方法的各个方面都一点也不一样。[……]**所有的心理分析都是反物理学的**。”[4]也就是说,“文化是象征性表达的精神状态,但这些形式是鲜活的、处在发展之中的。[……]这是宏大的、独一无二的、

① 斯宾格勒,《西方的没落》,第二卷,第 156 页。

② 同上,第 158 页。

③ 同上,第一卷,第 114 页。

④ 同上,第 286—287 页。

处在这个有机的世界之中”。这就是为什么,“每一种文化之中,都有蓬勃的情感,它清楚地知道个体属于或不属于这种文化”。[①] 他继续说,每一种文化都有历史灵魂,是“历史的彰显”[②];“当目的达到之后,[……]文化就忽然**凝固**了;它将死亡,它的血液会凝固,力量被打破——它就变成了**文明**。”[③]文化和文明“是灵魂活着的实体和它的木乃伊”。这就是“从青年的哥特时期到歌德和拿破仑的西欧,与那种人造的、离根的、大城市的、粗糙的理智生命”之间的区别。[④]

确实,他写道,“**文化是一种有机体**。世界历史就是它的传记。[……]我区分了作为一种文化的各种内在可能性的总和的文化**观念**与历史图画中可感的文化**现象**,也就是文化达到的现实。”不管这种现实是什么,“在相继出现、壮大、相互触碰、压倒、扼杀的文化命运中,整个人类历史的内容都耗尽了”。[⑤] 在《西方的没落》的第二卷,斯宾格勒指出了文化比较学的合理性:“在这个学说中,我们有权利从这个有机体中汲取总的**经验**。”他总结道,人类社会有着与“作为猎物的鸟的历史或针叶林的树木的历史”一样的法则。[⑥] 就像是苏里或是瓦歇(Vachey)一样,像众多的社会达尔文主义者一般,斯宾格勒将人类社会的本质内化

---

① 斯宾格勒,《西方的没落》,第二卷,第 304 页。
② 同上,第一卷,第 18 页。
③ 同上,第 114 页。
④ 同上,第 335 页。
⑤ 同上,第 112 页。
⑥ 同上,第二卷,第 40 页。

为活着的机体。预测是不可能实现的,但只要一种生命被创造
出来或一粒种子被撒在土地上,“我们就能够理解新生命的内在 485
形式”。[1] 生物决定论统治着各种文化,就如同它统治着有生世界一般:“我可以谈论文化和历史的习性”,就像“我们在谈论一株植物的**习性**”一样。[2] 因此,“每一种文化都经历了人类演变的阶段,每一个都有它的童年、青年、成年和老年。”[3]《西方的没落》一书第一卷的整个第二章“世界历史的问题”(Le Problème de l'histoire universelle)都是在展示个体对种属的依赖性,文中充满了对康德的攻击,他指出了人类屈从于自然法则和生物法则的“命运”。“所有理性系统的建造者,譬如康德”,都不能“抵达生命”,而只能在静默中感受:“因果关系是——如果我们可以这样说的话——一种既成的、无组织的、凝固的智慧形式”,而命运“是在理解力之外、超越了理解力的”。[4] 人的自由就是单纯的无意义。

风格是斯宾格勒使用的第二个概念,使用它是为了定义文化。灵感不仅来自尼采,而且可以追溯到赫尔德和默泽尔;我们可以看到,风格是一种和民族不同的东西。这个概念歌德也十分熟悉。表现出一种“宏大文化”特点的,是一种“宏大的风格”;“高级的文化”就是风格。风格并不是物质主义者们所以为的“物质、

---

① 斯宾格勒,《西方的没落》,第二卷,第 40 页。

② 同上,第一卷,第 116 页。

③ 同上,第 115 页。

④ 同上,第 122 页。

技术以及实用性的产物”;正相反,它是人类智慧无法达到的,是一种形而上学的揭露,是一种命令式、一种命运。[①] 风格的概念使斯宾格勒再一次注意到每一种文化的原初性。“一种艺术是一个机体,而不是一个系统。不存在所有世纪、所有文化里都畅行的人造类型。[……]每一种独特的艺术都有其**独特的**存在,不会因为灵魂和象征而改变。”[②]这就是宇宙的规则:每种科学、哲学、政治和艺术都是一种风格,是一种给定的文化。这种相对主义最终发展成对宇宙精准科学的否定:不存在数学,因为数学“**也是艺术**[……]服从于所有的艺术原则,屈从于时代和猝不及防的修
486 改”。[③] 我们能够推断,没有什么能够触及真实。

在斯宾格勒的思想中,这是一种普遍的原则和现实。实际上,我们在《西方的没落》中看到了一个原则,它建立在赫尔德主义的基础之上,通过对 19 世纪末单一的普遍标准的反抗而得到发展。

对世界主义的攻击随后扩展到全欧洲,就和对民主的批评一样。对文化特殊性的崇拜是这场反启蒙运动的基本元素:托马斯·曼(Thomas Mann)和克罗齐一样,在 1914 年之前领导了一场猛烈的针对民主和各种形式的世界主义的运动。面对纳粹主义这一现实,与梅尼克不同,托马斯·曼离开了自己的祖国,但这并不妨碍他为纳粹主义的最终到来所做的漫长的思想准备

---

① 斯宾格勒,《西方的没落》,第一卷,第 215 页。

② 同上。

③ 同上,第 71 页。

(没有这种准备,纳粹主义可能永远不会到来)。托马斯·曼是罕见的、非犹太的流亡者之一,他在1920年前后认为:民主思想因为是普遍的,所以只会导致民族个性的消失,也就是文化的消亡。泰纳曾经指出过,法国大革命是现代历史上一场文化的浩劫,导致了社会精英成为革命的下等人。莫斯卡为了解释历史的运行,将精英的行为说成历史的某种法则。所有对于启蒙运动的批评都在理性主义、个人主义以及民主中看到了一种危险,一种民族的危险。民主化代表了大众反抗的结果,是资产阶级的主张。伴随着世界主义,和平主义成为平民阶级的价值。就在1914年8月前夕,巴雷斯和托马斯·曼、克罗齐、索雷尔和莫拉斯代表了这场抨击启蒙思想的潮流,没有他们,人们就不可能
理解意大利和德国民主的衰落、法国的各种社会问题,甚至是三 487
大法西斯政体的建立。事实上,克罗齐和托马斯·曼的思想被重新理解只是突出了这一现象的规模。

体制和政治的结果并不意外:专制最终彰显,而那些伟大的人、那些领导者,比如卡莱尔,也会出现在历史舞台上。看上去,这些领袖享有特殊的威信,他们可能不是政治人物,但他们对国家有着美好的设想:莫拉斯用他的一生说服他的祖国实行专制,他坚信法兰西的辉煌就来源于此;斯宾格勒十分后悔普鲁士的统治最终变成了一种民主,哪怕是部分的民主。

对于斯宾格勒和莫拉斯而言,如果说自由主义的民主是国家的形式,并且在那里政治家比政治占据更重要的位置,绝对专制就是完美地回应了政治本质的制度:“一开始的政治思想总是

与特定的领袖的概念联系在一起的，这也是在动物世界中显而易见的"；独裁因此是自然的，它属于生活的本质，它将天性延伸到国家的层面。人类群体就像动物群体一样，都需要一个领袖的存在，"他们只有在紧急情况下受到首领的安排，才是有秩序的"；并且同样地，"在个体的形成过程中，我们将这种集体称为国家"。[①] 斯宾格勒继续道："这种世界性的事实和我们**继承的意志**结合在一起，后者在每个生命力十足的人种中都有所体现。"因此，就出现了"**朝代**的概念"。随着封建制度的倒台，"历史变成了朝代史"[②]。我们因此看到，"已经在封建贵族和农民家庭中占统治地位的世系原则[……]变得如此强大[……]以至于民族的形成都依赖于占统治地位的家族"。[③] 一旦就位，所有的权威将永久延续、世代相传，这种朝代的意志因此是权力达到顶峰的必要构成之一。然而，只有浮士德式的文化，这种在当时完全独一无二的文化，才最具有表现力。[④]

---

① 斯宾格勒，《西方的没落》，第一卷，第 346 页。

② 同上，第 347 页。

③ 同上，第 348 页。

④ 梅利奥，《斯宾格勒》，第 727 页。斯宾格勒描绘了一幅有关个体的奴役地位的可怕画面，这不仅构成了他自己的理想典型，也出现在尼采那里。然而"尼采倒人胃口的浪漫主义，害怕引起太平庸的社会结果[……]而无法全方位表明自己的看法，这同样因为它的学说诞生自达尔文主义，以社会主义为前提，以社会主义的强制性为手段"（斯宾格勒，《西方的没落》，第一卷，第 354 页）。这种"社会主义的"国家观中，强制性达到顶峰——"你必须"——这一观念构成了《普鲁士性和社会主义》的思想支柱。但是，在尼采的思想中，斯宾格勒没有理解的，或不愿意理解的，是以下这段文字："首先学会在历史的强力面前弯腰低头的人，最终将像中国人那样，机械地对至高权力说'是'。"引自梅利奥，《斯宾格勒》，第 121 页。吉尔伯特・梅利奥（第 111—112 页）认为斯宾格勒的相对主 （转下页注）

就这样,朝代的概念在西方的历史中扮演了十分重要的角 488
色,就像斯宾格勒所论述的那样。他对民族和人种形成的看法解释了他为什么反对纳粹生物学意义上的种族主义。他的种族主义,也就是他的排犹思想,是一种文化现象,和莫拉斯、巴雷斯的排犹主义相类似。斯宾格勒确信,人民是"朝代命运的结果":德国是"帝国思想"的产物;至于法国人民,斯宾格勒在一篇看似抄袭迈斯特、莫拉斯和巴维尔(Bainville)的文章中指出,他们是被"国王凝聚在一起"的。同样,普鲁士是"西方的最后一个民族,是霍亨索伦王室(Hohenzollern)的作品。"①国家的思想因此是一种政治进程的产物。

什么是人种呢?根据斯宾格勒的说法,人种"并没有创造民族,**而是民族创造了人种**。在加洛林王朝的时代,两者都尚未产生"。然而,在民族于朝代范畴下形成的过程中,"今天的民族"取得了"它们在人种的名义下生活和感受"的东西,因此形成了"关于纯正血统的[……]**历史**概念"。② 首先是历史的而非生物的关于血缘和土地的观念,和民族以及文化的特殊性联系在一

(**接上页注**)义恰恰来自尼采,而不是赫尔德,因为《西方的没落》不再将民族-时代的多样性与神的计划联系在一起(像赫尔德那样)。斯宾格勒的相对性是种族的,而非历史的,它不由时间因素决定,因为不存在人类的总的历史。如果说古代不同于现代的西方,不是由于前者先于后者,而是因为前者诞生自另一个血脉,诞生于另一片土地上。在赫尔德看来,不同民族文明构成了上帝向人类播散的教育的不同阶段,每一种文明在其所处时代都是必要的,并且定义了自己在总体计划中的位置。相反,斯宾格勒认为,文明只与其地域、种族相关联。

① 斯宾格勒,《西方的没落》,第二卷,第166—167页。

② 同上,第166页。

起，引起一种强烈的反犹情绪及其实践的结果：将犹太人驱逐出文化共同体；这种由血缘和历史构成的集体，犹太人永远无法归属其中。

489 可以确定的是，斯宾格勒在这里碰上了曾经困扰卡莱尔和莫拉斯的同一个难题。一个国家伟人的出现，被认为是"古代祖先的神性传递"，后来变成了"年轻民族的**精神**先祖"，是偶然的产物，但——这就是伟人的基本功能——应该创造一个传统，以使他的行动永存。因为"创造一个传统，就是消除偶然性"。[①] 这也是为什么斯宾格勒、巴雷斯和莫拉斯这样的人能被认为是传统主义者，但是是革命的传统主义者。传统主义并不是保守主义的近义词：一个传统主义者愿意去保存已存在的传统，或者相反，创造他自己愿意去遵循的传统：比如说，他会反对一个传统，并寻求消除它的方法。总的来说，传统是在时间上延长"**领导的能力**"，通过它能够区分出真正的伟人。[②] 一个国家的伟人，就像卡莱尔曾经指出的那样，是一个教育者，但并不代表一种准则或道德。他领导人民，通过自身的行动给人做出示范，形成一个骄傲的精英阶层。他是一个活着的典范，引发了一种精神上的荣誉感和法则，或者说责任，但他只有在那个时代的人们感受到必须为时代和民族创造传统时，他才能创造传统。[③]

---

① 斯宾格勒，《西方的没落》，第二卷，第 409 页。

② 同上，第 408 页。

③ 同上。同时参见第 410—411 页。

相对主义、对任何普遍形式和人类同一性的拒绝、文化的不可渗透性和认为真正的沟通是不可能实现的观念产生了一种强烈的异化情绪，赫尔德称之为文化的奥秘。语言和历史的单元是文化的产物，在“两种文化的灵魂”之间存在着“一种封闭的隔膜，不允许西方人完全地理解印度和中国”。① 然而更重要的是，对于斯宾格勒而言，“这种隔膜同样存在于成熟的民族之间”：“民族之间并不比个人更能互相理解，每一个都无法理解另一个能够塑造的形象。”②这意味着欧洲的民族自身成了一种不可能理解的、异化的状态，并形成一种单纯和简单的排外倾向。因为，“所有其他民族的奥秘，对于中产阶级， 490
也就是说对于一个国家最广泛的群体而言，都是一种永恒的谜题和引发错误后果的源泉”。③ 通过将重点放在对人类集体的区分上，我们最终将它们互相对立。赫尔德主义关于文化绝对独立的理想在 18、19 世纪之交的民族主义思想中得到了实现；一个世纪之后、第一次世界大战之前，这种原则的极端化演变产生了一种更加强硬的民族主义。

历史相对主义和种族相对主义的差别应该很大而且始终明确，或者说它具有某种切实的政治意义。关于文化决定论和种族决定论的区分情况也是如此。赫尔德倡导了反对“法国思想”的运动，在斯宾格勒的身上，这场运动导致了对“英国思想”的反

---

① 斯宾格勒，《西方的没落》，第 157 页。

② 同上。

③ 同上，第 158 页。

叛。这两种情况涉及的都是普遍价值。斯宾格勒止步于纳粹主义的门前:这意味着他没有在纳粹主义的上升中扮演重要的角色吗？没有他对人权和理性的打压,纳粹掌权是否可能?

同样地,应该很好地区分黑格尔与赫尔德和斯宾格勒的思想,前者认为人类不能一次性地“创造历史”。对于黑格尔来说,一旦历史使命结束、原则得到实现,它就会将火把传给另一个民族。首先,在赫尔德那里有一个类似的观点,但我们可以看到,认为这个作者倾向于人彼此平等的想法只是一种信仰的幻觉。德国人、西方文化的创始者在中世纪结束之后并没有结束他的历史使命:中世纪的文化成为一种参照,通过它,人们可以思考今天的世界。在强调每种文化的唯一性的同时,赫尔德为斯宾格勒开辟了道路:神的计划不能阻止民族之间和文化之间阶级的形成,相对主义最终引发了地方主义和各地区之间的分隔。文化的分隔是赫尔德而不是斯宾格勒的发明,它对于黑格尔来说更加陌生。正是这种分隔导致了异化,最终导致了民族间和
491 文化间的敌意。文化间的区别很快表现为人种上的区分,这在伏尔泰和黑格尔看来都是难以想象的。

可以确信的是,斯宾格勒式的批评是激进的、简洁的、没有拐弯抹角的,比莫拉斯和索雷尔的更极端,他质疑了西方的优越性。

然而,1918 年德国的战败,就像是费希特时期对拿破仑的惨败一样。这不能够解释一切,远远不能。同样,1870 年和 1940 年战败的法国也是如此。在德国,甚至在 1870 年的胜利

之后,民族主义者还是认为民族复兴的宏大目标并没有实现。在引言的最后一章,斯宾格勒“从自己的角度”对1911年的危机进行了解读;当时,在他看来,世界战争已经迫在眉睫。确实,这个引言是在战争期间写的,但没有比将斯宾格勒文中的悲观主义、相对主义、反人道主义、反理性主义、反个人自主、反进步的思想加诸一场世界战争之上更荒谬的做法了。整个思想体系不仅聚焦在1914年前的四分之一个世纪,而且早在18世纪下半叶就已初现端倪。正是这些观点构成了本书所提到的第二种现代性。

就当时的背景而言,索雷尔的《进步的幻觉》、德吕蒙的《一个世界道德的尽头》、布朗热的《当代精神分析文集》(*Essais de psychologie contemporaine*)都是关于衰落的专著,欧洲在第一次世界大战的半个世纪之前都充斥着这种思想;它追随着斯宾格勒的脚步,但并没有跟他一起止步。衰落是理性主义、物质主义和实用主义的产物,最后导致了大革命的产生,出现了商人式的民主和精神。很难理解,在那个时代,竟然没有人反对斯宾格勒那种将英雄精神和商人精神对立起来的做法。我们不能忽视索雷尔、莫拉斯和马里尔奈蒂(Marinetti),或许还有德国的朗本和拉加德。看起来似乎很难接受仅仅从对民主——内涵及风格——进行批评来建立事实的观点,现代科技的步调与未来主义的表 492
现一致这件事同样如此。[①]

① 斯宾格勒,《西方的没落》,第一卷,第55页。

从赫尔德到斯宾格勒再到梅尼克，一个半世纪以来，人们从未停止打造这另一种现代性，它宣告了这一个半世纪的价值的倒塌，彻底颠覆了理性主义的现代性。这些价值可以是启蒙时期理性主义的价值，是古老的人文主义价值，是自然权利原则的价值，或基督教道德的价值。不仅仅是89原则，不仅仅是魏玛时期或第三共和国的民主，所有那些普遍原则都不是自己倒下的。这不是对多元主义的研究，也不是自然科学的发展，它所能得到的发现具有多重面貌，就像人的各种精神状态和不同的心理，这些都必然导向这样一种观念：同样地，存在多种道德、多重真相和多样的人类。区别的观念十分重要，就如同整齐划一的思想十分危险一样。通过强调那些区分人的东西，通过否定认为存在唯一人性的看法，这一观念越走越远，最终实现人的分裂。

斯宾格勒得出了他的结论，那是一种历史主义和文化多样性的原则，并且文化之间很容易产生有敌意的对抗。但是，差别的观念不一定会影响人的联系，远远不会。是启蒙思想开启了欧洲人对外部世界的兴趣，如果孟德斯鸠和伏尔泰努力去理解远方的文化，无论是时间还是空间上的远方，无论是古代埃及、波斯、中国还是南美，这是为了理解各种形态的人，这是基督教国家所不能做到的。因此在法国、英国，伟大的启蒙思想家们寻求一种普遍性，这是基督教思想所不能保证的。他们将欧洲基督教和非基督教的观念放在平等的地位。他们反思衰落，反思民族和文化周期循环的演变，而没有否认真正同一的人类的进步。

可以确信的是,斯宾格勒最后放弃了纳粹生物学意义上的决定论思想;在最后一章的分析中,他构建了一种“高等的文化”,反对人种的混杂。最后形成的是对文化包容的可能性产生 493
疑问的相对主义,也就是我们所称的多样性,是个体对集体一种公开的甚至绝对的依赖;但它没有陷入文化决定论,后来也没有变成种族决定论。这个问题同样可以以另一个形式出现:如何确定文化决定论与种族和人种决定论之间的界限?赫尔德认为文化分隔是这种分裂的起源,赫尔德式的排外——就像他看待法国时表现出来的那样,就像他看待外族人和外族文化,包括黑人和犹太人时,表现出来的那样——成为斯宾格勒历史哲学的基础,而后者完全是生物学意义上的历史哲学。

斯宾格勒的思想构成了精神准备的最后一步,导致了20世纪的灾难。在这个长期积累的过程中,第一个标杆是赫尔德式的对启蒙思想的反抗,随后是费希特和拿破仑战争时期的一代。我们是否无法像泰纳一样去谈论这个时期?因为在这个启蒙时代,各个部分聚集起来,导致了大革命的爆发。赫尔德的封闭的历史世界在斯宾格勒那里越来越成为一种密闭的、不可渗透的历史世界,生物决定论的加入也是顺理成章的。

494

第八章　冷战中的反启蒙思想

冷战期间，对启蒙思想的反抗依然继续，其依据正是18、19世纪形成的伟大思想：赫尔德与康德的论战、赫尔德派对伏尔泰和孟德斯鸠的评价、柏克对在光荣革命之后一整个世纪中由洛克主导的教条权威的反抗，以及被赫尔德与柏克体系化的对卢梭的批评，这些形成了上世纪反启蒙思想的主要观点。鉴于现代化以及对20世纪初政治经济形势的适应，这场战斗的精神结构发生了改变；但一直到上世纪中期，这些结构之间仍然呈现出惊人的延续性。苦恼的根源总是一样的：法国启蒙运动、伏尔泰和卢梭要为一切现代世界的不幸负责，而柏克和赫尔德的出现仿佛智慧的源头。从20世纪初开始，在两次世界大战之间，之后随着第一份冷战条约的签订，人们将十月革命视为法国大革命的自然延续，这场自由之战被组织得井井有条；正如19世纪的反理性主义之战一样，人们自以为可以找到通往真理和拯救的道路。这一阶段的支柱和代表人物中最富名望又最模棱两可，因此也是最有趣的就是以赛亚·伯林。

确实，对于共产主义，伯林扮演着如同赫尔德和柏克对于法
国启蒙运动所扮演的角色。当他写赫尔德的时候，他首先站在
他于 1952 年批评卢梭时发展而来的立场上，之后是他在 1958
年的著名讲座上发表的关于自由的两种观点。在他看来，冷战 495
期间声称掌握着普遍真理的共产主义是消极自由和多元化的敌
人，同时是雅各宾主义的继承者。他沿袭了反卢梭、反爱尔维
修、反伏尔泰的作品的思想；因此，他是以某种自由主义，也就是
“有限的自由主义”为名，对法国-康德启蒙思想的普遍主义
宣战。

伯林没有整体的思想，我们可以用多种不同的方式对其进行解读。作为活跃了半个世纪的论文作者、讲座人、采访者，他没有留下任何一部系统化的著作。与通常被接受的观点相反，理性不是他的创作风格；人们可以推测，他其实知道调节自己著作中所充满的矛盾是多么困难，他也能感到他所得出的结论或许是那么偶然。他与赫尔德十分相似，相似到他最终展现出的也是他这位精神导师的三个面貌。因此，人们逐渐发现了一个民族主义的、共同体主义的、反理性主义的、相对主义的伯林，一个在文学方面充满人道主义、后现代主义、反结构主义的伯林。

事实上，当他在牛津开始他的历史学家生涯时，他受到了以色列历史学家雅各布·塔尔蒙的影响。1952 年，后者与汉娜·阿伦特同时发表了他最有名的著作——《极权主义民主

的起源》[①]。这一用词的首次提出是在一个难以定义的时期，虽然这一创造在很久之后才达到顶峰，但我们从1943年开始就在贝利学院(牛津大学最老的学院之一)的院长林赛(A. D. Lindsay)那见到了[②]。恩斯特·巴克尔也是时代的领头人，他指责卢梭鼓吹君主至高无上的权力，并且在1947年用"极权的"这一形容词来描述君主的权力[③]。这种思想在二战中以及战后时期广为流传，并由塔尔蒙传到英国，但事实上，却是这位耶路撒冷历史学家利用柏克及其反法国启蒙运动的思想，使之成为反共产主义运动中的主导思想。

496 然而，这是塔尔蒙笔下的经由泰纳重新研究的柏克，我们在《极权主义民主的起源》中看到的正是《现代法国的起源》，而不是许多人认为的《论美国的民主》[④]。事实上，塔尔蒙追随着泰纳，支持卡尔·贝克尔而反对卡西尔。[⑤] 他知道，直接使用"18

---

① 根据塞克和沃波出版社(Secker & Warburg)与作者的共同决定，阿伦特的著作《极权主义的起源》1951年的时候首先在伦敦出版，标题为《我们时代的重负》(*The Burden of Our Time*)，而塔尔蒙的著作出版于1952年，题为《极权主义民主的起源》。

② 林赛，《现代民主国家》(*The Modern Democratic State*)，伦敦，牛津大学出版社，1959，第14页。

③ 同时参见《社会契约论》的前言：洛克、休谟和卢梭的文章，伦敦，牛津大学出版社，1953(1947年第一版)，第11页。

④ 塔尔蒙，《极权主义民主的起源》，由宝莱特·法拉(Paulette Fara)译自英语，巴黎，卡尔芒-莱维出版社，1966。然而泰纳在这篇文章中并没有被引用，他的名字仅仅出现在注释的边角处，作者同时"批评了泰纳和其他人所刻画的18世纪"(第322—323页)。

⑤ 关于贝克尔，参见结语。

世纪的哲学”或者“18 世纪的哲学家”之类的表达方法是不合适的;但他指出,18 世纪下半叶的哲学家们对这一观点尤为感兴趣,并且也主要是他们“为大革命的思想定下基调和框架”。所以他们“即便在有所保留的情况下,也可以被看作 18 世纪的发言人”。[①] 上述的作家包括《社会契约论》的作者卢梭、只写过一本不太重要的《自然法典》小册子的摩莱利(Morelly)和被当时人们认为思想毫无条理的马布利。无论是在当时人的眼中还是历史学家的笔下,马布利都很少被重视,但在塔尔蒙的思想中,他认为这些作家代表着 18 世纪。鉴于马布利和摩莱利处于学术界的边缘,论证的重点就放在了卢梭的身上。[②]

塔尔蒙的著作取得了巨大的成功,尽管还比不上阿伦特, 497
但已经足以在那个时代的知识界引起争论:有教养的大众十分

① 塔尔蒙,《极权主义民主的起源》,第 323 页。这个警告不该只出现在注释中,而应出现在卷首,以警示那些有权对这一简化方式产生疑问的作者。

② 在这一领域,《极权主义民主》的作者和《现代法国的起源》的作者唯一的区别在于,塔尔蒙给予“被遗弃的启蒙主义者”以重要性,泰纳希望将马布利和摩莱利的影响消除(《现代法国的起源》第一卷,第 172 页),这再正常不过。马布利将不会被引用,而摩莱利也只会在后来的某些页里出现一下。卢梭和马布利构成了本雅明关于现代暴政的两个重要章节,和塔尔蒙以及之后的伯林发挥着同样的作用。想要知道马布利为什么成为启蒙运动的坚定信仰者,或许在本雅明的论证中可以找到答案。确实,我们看到马布利“代表了大多数的煽动家,有意或无意地将国家看成人民被征服的存在”。参见邦雅曼·贡斯当,《关于征服的精神及与欧洲文明关系的僭用》(*De l'esprit de conquête et de l'usurpation dans leurs rapports avec la civilisation européenne*),由阿尔弗雷德·鲁朗(Alfred Roulin)编纂并作注,巴黎,伽利玛出版社,“七星丛书”,1964,第 1014—1016 页。与此相反,对于梅尼克而言,马布利从不是一个肤浅的存在:《历史主义——一种新历史观的兴起》,第 155 页。

乐意看到这样一本书，他们把这视作反抗支持共产主义的新雅各宾派的新的并且重要的贡献力量。① 几年之后的 1957 年 7 月，塔尔蒙被邀请在牛津的夏季研讨会上为英国保守党斗士演讲。演讲稿已发表，题为《空想主义与政治》，表达了一种开明的保守主义。该演讲以世界上古老的保守派——历经无数代人且无数代人都忠于自己的传统和身份的犹太人——的一段经文开头，这在当时对以色列人来说十分重要。接下来的部分，在 20 世纪 50 年代的保守派看来，是对于政治乌托邦主义与亚里士多德派的或者说实用主义的观点的差异的摘要。这里的问题不在于了解这一类型的论据到今天还剩下什么，而是知道它们在当时起着什么样的作用。更确切地说，对我们而言，在一开始对塔尔蒙的狂热之后，这二十几页文字可以说是对一些重要主题的速成的但是出色的清理，这些主题保证了以赛亚・伯林的名声。首先是关于乌托邦的危险，也就是说，认为历史有一个开头和一

---

① 甚至应该确认是 18 世纪的专家们，特别是在这个领域十分重要的两个人物——艾尔弗雷德・科本（《寻找人性：启蒙运动在现代历史中的作用》[*In Search of Humanity: The Role of the Enlightenment in Modern History*]，纽约，乔治・布拉泽尔出版社，1960，第 182—184 页）和彼得・盖伊（《人性盛宴：论法国启蒙运动》[*The Party of Humanity: Essays in the French Enlightenment*]，纽约，诺顿出版社，1971[1954 年第一版]）。一种宏大的文学自 20 世纪 50 年代开始不断积聚。有篇文章不得不提，它展现了一个重要的历史学派，提出了关于“启蒙思想对于大革命的影响”以及“卢梭之错”的观点，这就是凯斯・迈克尔・贝克的《论法国大革命的思想起源问题》，载《现代欧洲思想史——新评价和新视角》。这本书出色地探讨了“极权主义”起源的问题。同时参见阿伯特・格拉森（Abbott Gleason），《极权主义：冷战的内在历史》（*Totalitarianism: The Inner History of the Cold War*），纽约，牛津大学出版社，1995。

个结尾的公设的危险；为了完成这些目标，生活和社会都必须经历根本性的彻底的改革。塔尔蒙坚持说，历史就是这样被社会学所替代。在他看来，法国大革命前夕得出的强有力的公设构成了共产主义、社会主义和其他思想学派的共同目标。实际上，在宗教信仰和原罪观点衰落之后，随着理性时代的到来，人性本 498
善或者至少是趋善的观点得到了发展，与之同时发展的观点还有：因为人的自然的冲动都是好的，所以这些冲动一旦从困住它们的障碍中解放出来，就会进行自我协调，同时自动调和各自的不同利益。世界的统一结构是能够达到绝对公平状态的保障。与此同时，我们还教育人们，他们拥有获得幸福的权利。然而，代替了宗教原罪学说的世俗的人权学说在促进人们永远不会满足的需求的同时，却没有产生幸福，而是造成了更大的痛苦。人权学说因此表现为一种庸俗的功利主义。在这种方式下，煽动群众并且永远要求满足新的愿望的道路开始了。[①]

在塔尔蒙看来，乌托邦主义的悲剧在于："它带来的不是人的自由和社会凝聚力之间的调和，而是极权主义的胁迫。"[②]因此，极权主义是拒绝传统、习惯和偏见的结果，是将理性作为人行为的唯一标准的思想的产物。在这里，理性像数学一样，是唯一的真理。事实上，在塔尔蒙看来，理性恰好是最脆弱的和最容易犯错误的行为指南，因为没有什么能阻止声称自己唯一正确

---

① 塔尔蒙，《空想主义与政治》，伦敦，保守主义政治中心，1957，第 7—12、14—15 页。

② 同上，第 12 页。

的“理性”所产生出的只有武力才能仲裁的大量冲突。① 在现代世界,革命乌托邦主义的代表是莫斯科领导的共产国际。

理性主义与追求幸福、人权和功利主义的害处长篇累牍,永远说不完。在这里,塔尔蒙求助于伟大的瑞士历史学家雅各布·布克哈特(Jacob Burckhardt),后者同样对现代世界和大众社会的苦难问题感兴趣。② 大规模生产已经扼杀了工匠的骄傲,拥挤的大学中产生的是流氓无产者(Lumpenproletariat);当然,文盲已经消失,但上百万的读者从来不曾像这般被如此庸俗
499 的印刷物淹没。我们可以静静地行驶在夜间,但战争的噩梦笼罩着人类。我们因此得出结论:不仅极权主义是一种不幸,民主本身也很难被视为进步。最后,塔尔蒙回到柏克的观点,以“约定俗成的”英国宪法和在近期分析中被视为最有帮助的自卫的本能作为结束。他向作为保守主义大本营的英国致敬:无论它的主流是保守党还是工党,其和平演变的观念与19世纪法国的革命动乱是相悖的。③

---

① 塔尔蒙,《空想主义与政治》,第13页。

② 参见里欧耐尔·高斯曼(Lionel Gossman),《布克哈特时代的巴塞尔:不合时宜的观念的研究》(*Basel in the age of Burckhardt: a Study in Unseasonable Ideas*),芝加哥,芝加哥大学出版社,2000。

③ 塔尔蒙,《空想主义与政治》,第16—21页。塔尔蒙没有再写出能与他在1957年会议上的论文所比肩的著作。在20世纪60年代,构成了塔尔蒙所谓的空想国际——大本营在莫斯科——的世界与自由主义世界之间的冲突失去了信用,语气发生了转变。另外,阿拉伯世界的战争让他重新意识到现代世界存在的各种问题,一直到1980年他去世之前。与整个犹太民族主义的冲突让他意识到,解决方法在别处。塔尔蒙是一个典型的自由主义保守者,对于他(转下页注)

无论承认与否，伯林都在塔尔蒙的基础上前进着，并且他们的观点本质上是同源的。他跟随塔尔蒙反对理性主义，反对卢梭和18世纪，反对“乌托邦”和被认为是之后所有革命原型并预示着之后苏联革命到来的法国大革命。价值观、目的和目标的冲突与“一元论”的问题，这些与伯林紧密相连的观点都很好地呈现在塔尔蒙的著作中。然而，或者正是因此，在他人生中最后一次于1997年进行的和英国著名社会学家斯蒂文·卢克斯(Steven Lukes)的会谈当中，伯林极力强调他原创的思想：“我所想的与塔尔蒙的文章无关，在那个时候我已经就自由进行了演讲。但这是一本有趣的书。”[①]事实上，塔尔蒙的第一本书出版于1952年。塔尔蒙作为此书的作者所获得的声誉，是伯林在十 500
年后成为牛津最负盛名的“奇切里”讲座教授时才能达到的。正是借此机会，在1958年10月31日——塔尔蒙的第一本书出版六年之后，保守党的研讨会召开一年多后——伯林发表了他的就职演说《两种自由概念》，自此名声大噪。

其他重要的同时代人，包括那些与他最接近的意识形态盟

(接上页注)来说，让犹太人回归他们祖先生活的地方是建立自由和开放社会的方式。他很快理解了伯林，这个赫尔德式民族主义者在牛津那个极其安宁、常常与外部世界阻隔的天然保护地中没有看到或者不愿意看到的东西。对于塔尔蒙来说，民族主义引起了“为了伟大的以色列”的运动，最终会导致时局的动荡。那时还是21世纪初。

① 《以赛亚·伯林与斯蒂文·卢克斯谈话录》(Isaiah Berlin in Conservation with Steven Lukes)，载《人文和社会科学季刊》(*Salmagundi*: *A Quarterly of the Humanities and Social Sciences*)，第102期，1998年秋季卷，第98页。卢克斯同样来自牛津，1970年代成名，特别是他关于个人主义的论述。

友和他认为对20世纪的思想毫无贡献的人,都并不比塔尔蒙的处境更好。雷蒙·阿隆是一个伟大的记者,但也仅此而已,他关于《战争与和平》和克劳塞维茨(Clausewitz)的著作很有趣,但其他著作就不怎么样了[①];列奥·施特劳斯是一个学者,是一个道德思想家,但他的主要论著,用伯林的话来说,"显得有点荒谬"。伯林宣称他与施特劳斯有"原则上的分歧",他认为施特劳斯"试图让我相信一些永恒的、不可改变的、无论何时何地都适用于所有人的价值观",这使得"我们之间有一种不可逾越的鸿沟"。[②]施特劳斯的学生几乎没有提高他的威望;而在另一方面的政治领域,伟大的马克思主义史学家卡尔(E. H. Carr)没有得到重视,因为他还没有能力与这些观念较量。[③]

然而,最不受待见的是阿伦特。在1990年接受记者拉明·贾汉贝格鲁(Ramin Jahanbegloo)的采访时,伯林对她进行了尤为尖锐的攻击。可以相信著名的汉娜·阿伦特在欧洲取得的声望使他开始感到不快,只有这样才能解释他为何如此攻击阿伦特。"我承认我并不是很尊敬这位女士。"他说。他承认只"浏览"了阿伦特的《极权主义的起源》,并且认为此书不值一提,因为尽管作者对纳粹的观点是正确的,但涉及俄罗斯,阿伦特完全错了。至于《人的境况》,这本书就此提出了两个观点,"而两个

---

① 《以赛亚·伯林与斯蒂文·卢克斯谈话录》,第94—96和107—108页。

② 伯林、贾汉贝格鲁,《所有自由》(*En toutes libertés*),第52—53页。

③ 《以赛亚·伯林与斯蒂文·卢克斯谈话录》,第94—96和107—108页。

都是错的”。最后，伯林引用了德裔以色列卡巴拉哲学专家格肖姆·肖洛姆（Gershom Sholem）的观点，他在艾希曼（Eichmann）案件上的观点与阿伦特完全相悖，并且断言“没有一个正经的哲 501 学家会欣赏她，唯一会欣赏她的只有文学家[……]，因为他们完全不去读她的思想[……]”。这使得除了美国人外，没有任何一个“受过良好教育的人或者严肃的思想家会去接受她”。[①] 仅有几个作家对她的看法是合理的：昆廷·斯金纳，他的观点与伯林大相径庭，他认为她是伯林的一个威胁；卡尔·波普尔，他的声誉仅仅局限在学术界，且不是一个公共人物；以及诺尔托·博比奥（Noberto Bobbio），他感谢阿伦特在关于两个自由的观点上一直给予他支持。事实上，我们很快就会看到，博比奥极为精妙地证明了这一观点早已被康德提出，所以不应当被认为是新发现。

伯林想要与同时代人划清界限的愿望在他的整个职业生涯中都没有中断过。他让一个没有名气的年轻研究员罗杰·奥舍尔[②]给那部集合了他的文章与演讲的书撰写引言，书名为《反潮流》。这篇文章忠实地总结了作者的观点（伯林在书的

---

① 伯林、贾汉贝格鲁，《所有自由》，第106—109页。在同样的精神下，伯林在他和卢克斯的谈话中提起了阿伦特。

② 包括大英图书馆在内的国家图书馆和大学图书馆的分类中都没有他的著作，他编辑的著作和伯林的论著《关于人类的研究》（*The Proper Study of Mankind*）放在了一起。对于奥舍尔来说，伯林是个“思想上的巨人”、启蒙时代以来最伟大的思想家之一。参见他的《照亮启蒙》（Enlightening the Enlightenment），收录在马里和沃克勒的合集中，《伯林的反启蒙》（*Isaiah Berlin's Counter-Enlightenment*），第48页。

开头十分感谢这一点)，因此这篇文章甚至可以被认为是伯林自己写的。[1] 奥舍尔告诉我们“这些文章十分勇敢地走着反潮流的路线”，并且“是献给那些拥有强烈原创性却被大大忽略的知识分子的”。[2] 这一说法具有某种天真的乡土气：很难看出，从马基雅维利、维柯和赫尔德到迈斯特和索雷尔这些他所研究的作家都是被他从漠然的黑暗拯救出来的，也无法了解，为什么说谈论这些需要极大的勇气。我们不知道是否直到 20 世纪中
502 叶他们的名字一直都是被遗忘的。比如赫尔德，在伯林谈论他之前，不仅出现了关于其著作的完整文献，甚至在 1945 和 1955 年还出现了两部由罗伯特·克拉克和亚历山大·吉利斯所著的重要英语著作，之后还有 F. M. 巴尔纳于 1965 年所发表的《赫尔德的社会政治思想》。维柯的情况也一样：一本两卷的超过 1000 页的《维柯生平》于 1947 年至 1948 年在克罗齐的关照下出版，而早在十年前的 1937 年，哥伦比亚大学发表了一篇关于维柯对迈斯特影响的博士论文。同一时期，还发行了两个英文译本：1944 和 1948 年的《自传》；《新科学》的第三版(1744)。[3]

---

① 伯林，《反潮流：观念史论文集》，英文版由安德烈·贝雷洛菲奇(André Berelovitch)译，巴黎，阿尔班·米歇尔出版社，1988。“我想要表达对这位前途无限的年轻学者的衷心感谢，”伯林在他的作者序言中写道，“他明晰而富有同理心地展现了我在这方面的想法。”

② 同上，第 16 页。

③ 两个版本的译者分别是托马斯·伯根(Thomas Bergin)和马克斯·费什(Max Fisch)，康奈尔大学出版社。关于伯林和维柯，约瑟夫·马里在《伯林、维柯以及人文主义原则》(*Berlin, Vico and the principles of Humanity*)中提到过，我们还可以参考《神秘的再生：维柯的新科学》(*The Rehabilitation of Myth: Vico's New Science*)，剑桥，剑桥大学出版社，1992。

约瑟夫·马里出色地指出了赫尔德关于维柯著作解读的重要脉络,而且指出这种解读是如何与克罗齐关联的。伯林追随梅尼克的脚步考察赫尔德,他以同样的方法读克罗齐的作品。其实,克罗齐之后的半个世纪出版的《维柯与赫尔德》中都可以看见《维柯的哲学》的作者的基本观点。自此之后,维柯再次成为无名的天才;他发明了一切,但被无耻地掠夺,因为他长久处于偏僻的那不勒斯省的黑暗中,用相对不那么普及的语言写作。克罗齐后,伯林成为英语世界继承维柯梦想的旗手。

他对尼采和马克斯·韦伯的研究方法也十分有趣。在他去世前不久和刚刚提到的卢克斯进行的长时间且重要的采访中,伯林声称自己就像涂尔干(Émile Durkheim)一样不认识韦伯,但很佩服他。[①] 卢克斯提出了价值冲突的问题,这是伯林的基本思想和他攻击法国启蒙运动的主要原因。这使伯林想起韦伯和卡尔·施米特在此之前就曾提出过这个问题并已得出结论:不存在理性的选择。在施米特看来,唯一的选择就是在朋友和 503
敌人间进行选择;韦伯的观点比较复杂,但无论如何,他也清楚地提出了问题。伯林的回答令人困惑:"我要说我必须首先承认一些让我惭愧的事情。长期以来,我第一次形成了这样的想法,在此之前我从来没有读过韦伯的著作。我完全不知道他说了这些东西。人们经常向我提出这个问题,说是韦伯第一个提到这些。我回答我确信我之前毫不知情。"卢克斯继续说道:"同意,

① 《以赛亚·伯林与斯蒂文·卢克斯谈话录》,第96—97页。

但是韦伯的观点是从尼采那来的。"伯林说:"我知道,但我是完全独立地提出这些观点的,不是从韦伯或尼采那学来的。"[①]但是伯林作为一个牛津大学的哲学教授及之后从 1958 年开始的社会和政治理论学派的掌舵人,却从来没有读过尼采和韦伯,这难道不是一件令人惊讶的事吗?

然而,伯林工作的重心和他著作的重点在于发起对法国启蒙运动的攻击。确实,他对 18 世纪法国的态度乍看充满了矛盾,但纵观他所有的著作,人们就不会再对他选择的思想表示怀疑了。1990 年,此时他已停止写作很久了,他宣称自己是"一个自由主义的理性主义者"[②],然后他将大部分的职业生涯用于反对理性主义。在之前提到的与拉明·贾汉贝格鲁的访谈中,他说对斯宾诺莎不感兴趣,因为后者"对我来说太理性了"。[③] 其实,吸引他的是维柯和赫尔德,是哈曼和索雷尔(就像柏克那样),是迈斯特。所有这些思想家都宣称是反理性主义者。但是,让伯林显得不一致的,是他谈论伏尔泰、爱尔维修、霍尔巴赫和卢梭时的态度。"对于伏尔泰、爱尔维修、霍尔巴赫、孔多塞所宣扬的启蒙运动的价值观,"他说,"我深有同感。[……]这些人是伟大的解放者。他们将人们从恐惧、蒙昧、狂热、暴虐中解放出来。他们站起来对抗残酷和压迫,反对迷信和愚昧,以及反对许多破坏人们生活的东西。这

① 《以赛亚·伯林与斯蒂文·卢克斯谈话录》,第 102 页。

② 伯林、贾汉贝格鲁,《所有自由》,第 93 页。

③ 同上,第 89 页。

就是为什么我站在他们这边。”[①]尽管他所有的著作都在宣称 504
相反的观点，都是一场反对法国启蒙运动的漫长而曲折的斗争，但他完全持有一个自由主义者的立场，这在思想史上经常被遗忘：人们通常认为他是反对刚刚所提到的那些作家的。

对伯林来说，谁是伏尔泰？他代表什么？我们首先来看他不是谁：他不是一个有创造性的思想家；与他自己的想象相反，他不是历史和文明的创造者。[②] 这种功绩严格来说当然应该留给赫尔德。应该归功于伏尔泰的，就像应该归功于丰特内勒和孟德斯鸠的，是经济史、社会史和人口史的开端，科学史和其他定量技术史的开端。伏尔泰扩大了历史学的范畴，使之不仅限于政治史。他的另一功绩在于谴责同时代的欧洲中心论。这些就是他全部的功绩，因为这位路易十四时代的作家首先是一个“彻头彻尾的记者”。当然，他是一个无与伦比的天才，但是是一个天才记者；他更像是“一个旅游家和连载小说家”。他的历史著作是很适合阅读的，“但是它们在很大程度上只是些趣闻，其中没有对历史的概括”，并且“他不精确地设想历史，他认为历史是一些事件的叠加，这些事件都或多或少地偶然联系在一起。”[③]这些除了能让人会心一笑什么都改变不了：得益于伯林，大约一半受过良好教育的英语读者都对伏尔泰抱有这样的

---

① 伯林、贾汉贝格鲁，《所有自由》，第 93 页。

② 《以赛亚 · 伯林与斯蒂文 · 卢克斯谈话录》，第 91 页。

③ 伯林，《科学与文学的分离》(Le Divorce entre les sciences et les lettres)，载《反潮流》，第 158 页。

想法。

伯林最后通过直接引用来支持他的观点，这条引用由两句十分有名并且听起来相互矛盾的话组成：“如果除了奥克斯或者亚克斯尔特河畔的一群野蛮人变成了另一群野蛮人外，您没有其他事可说，那么你对公众有什么用呢？”他问。谁想知道“坎屯变成了坎昆还是坎昆变成了坎屯？”[①]伯林认为这篇文章表达的是一种反历史主义的、道学的、欧洲中心论的观点，而事实上伏尔泰说了其他事：他认为事件的积累对他意义不大，并且单纯的博学可能为了解事物带来偏见。因此，他推行了世界上第一个关于全球社会史、风俗史、文化史的运动。
505 他的《风俗论》是在《路易十四时代》之后的一次实践，而赫尔德仅仅是继承了这一方法；但为了将这一方法建立在非理性的基础上，赫尔德只能曲解它：因为伏尔泰害怕非理性，他怀疑一切，认为一切都应当被怀疑。理性是反对野蛮、狂热和愚昧的唯一堡垒。[②] 作为法国启蒙运动的象征人物、介入政治的知识分子的榜样、宽容的先知，伏尔泰在整个 19 和 20 世纪都被右派教权主义者记恨，也不怎么受到指责他是资产阶级和“资本家”的左派的喜爱，为所有反理性主义者所反对。他的

---

① 伯林，《维柯和文化史》(Giambattista Vico et l'histoire culturelle)，载《扭曲的人性之材》，巴黎，阿尔班·米歇尔出版社，1992，第 63 页。

② 安德烈·凡尔赛(André Versaille)，《理解和使理解的需求》(Le Besoin de comprendre et de faire comprendre)，载《伏尔泰思想辞典》(*Dictionnaire de la pensée de Voltaire*)，由勒内·波莫作序，伊曼努尔·勒华拉杜里(Emmanuel Le Roy Ladurie)撰写引言，布鲁塞尔，综合出版社，1994。

理性主义使他受到了伯林的敌视，尽管他赞扬伏尔泰在《哲学辞典》中所说的自由比伯林自己的早两个世纪。[①]

这还不是全部：伯林认为，伏尔泰对极权主义负有直接责任。“现代极权主义制度，”他写道，“在他们的行动中，实际上结合的是伏尔泰和迈斯特的思想。”[②]无论他们思想的区别是什么，它们都具有某种共同的“极其相似的思想属性[……]”：我们难以在其中找到“智性或感性上丝毫的软弱、不准确或懒惰[……]。他们所代表的是相对于闪烁火焰的短促光明”。他们的思想代表着一种“光明、圆滑、冷漠”。[③] 伏尔泰，“他确实没有为专制或欺骗争辩”，但他“可以为去除一切自由的幻觉服务”。同样，我们不禁疑惑伯林在他对伏尔泰的解读中要走多远。伏尔泰真的去除了所有“现代世界的自由幻想”吗，或者相反地，他是一个出色的人权捍卫者吗？同样，当我们谈论自由主义时，在马基雅维利作为多元论的伟大奠基人之一登上舞台时，把伏尔泰这么一个在 1763 年卡拉斯事件和著名的《论宽容》(*Traité sur la tolérance*)之后依然没有停止为宽容、为言论自由、为在法律面前的平等而战的作家看作极权主义心理学之父，不是很可笑吗？ 506
《君主论》的作者的想法难道就没伏尔泰那么“圆滑、冷漠”吗？

---

① 伏尔泰，《哲学辞典》，由阿兰·彭斯推荐并作注，巴黎，伽利玛出版社(经典丛书)，1994，第 351—359 页。

② 伯林，《约瑟夫·德·迈斯特与极权主义的起源》，载《扭曲的人性之材》，第 154 页。

③ 同上，第 155 页。

难道是受洛克在 1685 年至 1686 年写的《论宽容》(*Lettre sur la tolérance*)的启发、逃亡荷兰的伏尔泰缔造了与马基雅维利相似的政治运作模式(*modus operandi*)吗?

众所周知,伏尔泰为了捍卫当时法国刑罚制度牺牲者的权益,领导了一场恢复图卢兹胡格诺派让·卡拉斯(于 1762 年被指控谋杀,并于同年被审判、处决)声誉的漫长而艰难的运动。伏尔泰花了近两年时间来研究御前会议的诉讼,并且为被害者家庭争取到了赔偿。正是在这一维护人权的运动期间,他开始为穷人和普通无产者的诉讼辩护。[①] 我们承认伯林为《哲学通信》这一将人们从非理性、黑暗、迷信中解放出来的最美丽篇章之一的作者塑造的形象——被路易十五禁止在巴黎逗留的弗尼隐士——吗?我们是否从中看出一位自称无限钦佩开明的英格兰及其或虚构或真实的自由、跨越英吉利海峡的权力制衡、总体的不列颠政治体制的作家?我们是否发现在"理性的科学组织中的专制主义"[②]创始人这一被误解的形象下,藏着的其实是一位宣传回归洛克的政治思想家,而洛克所做的事显得这位光荣革命时期的理论家并不存在?难道不是这位所谓的极权主义创始人在他的《哲学辞典》中写道:宽容"是人性化的特权"?我们几乎心怀愧疚地

---

① 关于伏尔泰生平的最新传记,聚焦于他生命中的最后二十年:伊恩·戴维森(Ian Davidson),《流放中的伏尔泰:最后的岁月,1753—1778》(*Voltaire in exile: The Last Years, 1753—78*),伦敦,大西洋书局,2005。

② 伯林,《约瑟夫·德·迈斯特与极权主义的起源》,载《扭曲的人性之材》,第 166 页。

想起这些证据,以及关于“自由”和“思想自由”的文章:“难道因为西塞罗自由地写作,罗马帝国就没有那么强大了吗?”如果“第一个基督徒没有思考的自由”,基督教难道就不会出现了吗?①

除了唯物主义之外,伏尔泰的罪也是爱尔维修的罪。他们
俩成了现代专政的直接负责人。由伯林的追随者于 2002 年出 507
版的题为《自由及其背叛:人类自由的六个敌人》(*Freedom and its Betryal: Six Enemies of Human Liberty*)的一册书,收集了从 1950 年代开始的文章,此书首先在 BBC② 问世。消极自由主义由此形成:“如果没有人——不论个人还是机构——干涉我个人的事务(除非是为了维护他们自己),我就是自由的。”此观点认为六个作者都是自由的敌人,或者说是其消极因素;他们的观点在许多方面是与自由矛盾的,而他们在 19 世纪甚至是 20 世纪的影响力在反自由方面有决定性的作用。③

爱尔维修到底为什么和卢梭一起名列可耻的现代社会中自由的六大敌人呢?这在于他的极权主义思想以及对教育的美德和好的法律的相信。这里必须补充一句:另一个大罪人是洛克,他认为善恶的评判在各地是相同的,善恶一定要与社会相连接,这使他成为帮助极权主义向前推进的又一罪人。④ 洛克和爱尔维修需要负

---

① 伏尔泰,《哲学辞典》,第 492 页。

② 伯林,《自由及其背叛:人类自由的六个敌人》(*Freedom and its Betrayal: Six Enemies of Human Liberty*),普林斯顿,普林斯顿大学出版社,2002。

③ 伯林,《自由及其背叛》,第 5 页。

④ 伯林,《关于 18 世纪欧洲思想的所谓的相对主义》(Sur le prétendu relativisme dans la pensée européenne du XVIIIe siècle),载《扭曲的人性之材》,第 82 页。

担同样的责任,但伯林知道,即使洛克的自由思想不是消极自由,还是要把他说成自由的敌人,原因在于伯林和柏克一样绝对站在反民主的阵营当中。为了反对极权主义又不影响英国的自由主义,需要提及爱尔维修;他就像伯林所说的那些哲学家一样,认为人属于自然并且是“可塑的”,仅仅是“陶罐上的一片土”:因此,任凭政府被恶人掌控是罪恶的——这是伯林对爱尔维修的解读。① 伯林批判洛克将个人利益看作人类行为的主要动因。伯林说:“他所有的哲学都首先认为使得人类前进的目标是‘寻找快乐和避开痛苦’,之后为了达到这一目的,人们有必要了解世界并且互相了
508 解,也就是说知道什么对他们是有利的。因此,他们需要一些指导:然而,我们可以想象比科学更好的指导吗,可以想象比科学家更善于控制人类的人吗?”②因此,伯林声称:“我们变成了只寻找对我们有利的东西的动物。显而易见:在爱尔维修所描写的世界中几乎或者根本没有个人自由存在的空间。在他的世界中,人们可以得到幸福,但是自由的观点消失了,因为人们只受财产的影响,作恶的自由消失了。”③爱尔维修的极权制度“最后导向的是某种科技暴政”:这种无知、可疑、专制的暴政代替了另一种暴政——理性的暴政。因此,一个奥威尔式的“新世界”在所有问题都可以找到一种理性解决办法的思想中形成了。④

---

① 伯林,《自由及其背叛》,第 21 页。

② 同上,第 22 页。

③ 同上,第 22—23 页。

④ 同上,第 25 页。

他对于霍尔巴赫和孔多塞也是一样的看法。霍尔巴赫提出“教育是耕种思想”：伯林总结道，在他的哲学思想中，“管理人类就像畜养牲畜一样”。因为“人类存在的目的是生来被赋予的，且人类是可塑的，所有这些就被简化成了科技的问题：怎么保障人生活得和平、富裕且和谐呢？”但既然所有人的利益不是重合的，“就需要英明的哲学来使其相容。因此，一种科技精英专政就具有了其必要性”。① 至于孔多塞，他认为自然“是与真理、幸福和美德相连的”，他也开始了极权主义的写作。从我们刚才读到的引用文字中，伯林认为可以这么总结：“不论是谁，只要知道真理，就是高尚并且幸福的。科学家知道真理，因此他们是高尚的，因此他们可以给我们幸福，因此应该由科学家来管理一切。”最后，根据他“明智的”观点，“我们所需要的”是一个“由科学家管理的世界”。② 在这个世界中，人们缺乏个人自由，因为人们想要达到的目的不是自由，而是幸福。因此，对于伯林而言，功利主义产生理性暴政，理 509
性主义最终形成法西斯。③ 伯林对伏尔泰、孔多塞、爱尔维修和霍尔巴赫的回顾是这样的：他们都是罪人，因为他们建立了现代极权主义。

他对孟德斯鸠和休谟的看法好一点。他对休谟的评价较为宽容，因为他认为休谟是催生了德国反理性主义的思想家。至于

---

① 伯林，《自由及其背叛》，第 24 页。

② 同上，第 23—24 页。

③ 同上，第 26 页。

孟德斯鸠,在1955年的文章中,伯林承认其作品有很多优点:他列出了许多新社会科学的基本观点,并认为每个人类集体、每个国家都有它自己的、独特的发展道路;在《波斯人信札》中出现了"孟德斯鸠著名的相对主义,这一主义的核心在于相信不存在唯一的、可以适用于所有人的价值体系;在全世界范围内,没有适用于所有国家的政治或社会问题的解决办法"。这是一种经验主义:"它最大的成功在于否定了存在普遍解决方法的可能";这是一种多元论而非一元论,这与启蒙运动时期的所有思想家的观点不同,那些思想家狂热于进步并且相信自由:一种旨在"可以做一切想要做的事,不受任何不想要做的事限制"的自由。他提出了一种"从亚里士多德开始就没有人提出的"对于人类社会的理解。在伯林看来,孟德斯鸠认为每个社会的生命力都是由一种内部力量所提供的,不同社会有不同的需要,这些需要会跟随时间发生改变。因此,人们所面临的问题不能找到普遍且明确的解决办法;可以调和人们不同目标的理性准则是不存在的。

然而,在研究了维柯的著作后,伯林的论调改变了,他有意识地区分维柯和孟德斯鸠。相对主义的孟德斯鸠消失了,取而代之的是一个和其他人一样的启蒙思想家:他纵使明白文化之
510 间是不同的也是徒劳;他与维柯相比更加地不知变通且更加地普遍主义。[1] 孟德斯鸠相信,从一种文化过渡到另一种文化的

① 伯林,《休谟和德国反理性主义的根源》(Hume et les sources de l'antirationalisme de l'Allemagne),载《反潮流》,第236—264页。

过程中不会发生改变的绝对正义。[①] 此外,伯林用另一种方式表达了同样的观点:“孟德斯鸠不怀疑人们建立在永恒的理性和自然本质上的一种普遍价值观……在他的道德、政治甚至美学判断中,孟德斯鸠并不比之前提到的爱尔维修更加客观。”[②]他的严厉谴责与梅尼克对于孟德斯鸠的批判不谋而合。[③] 梅尼克和一个世纪之后的伯林都认为,孟德斯鸠错误的根源与其他启蒙思想家是一样的:虽然他相信不同思想文化之间不可避免的差异性,并且具有相对主义观点,但是《论法的精神》的作者与同时期的其他人一样相信人类的基本诉求是相同的。[④] 因此,波尔多的法学家的罪过如下:他缺乏维柯那样更加明确、更加前卫的相对主义思想。这使得这位无可厚非的自由主义支柱、改变了美国的思想家、托克维尔的导师没能获得伯林的赞誉:他太像是一个启蒙思想家了。

伯林认为,“这不仅仅是卢梭的错,而是整个启蒙思想的错,这种错误植根于西方思想当中”:认为人类本质上具有普遍的、不可改变的特征。除了诸如萨德等备受轻视的人,所有启蒙运动时期的大知识分子们都持有同样的观点:洛克、伏尔泰、

---

① 《以赛亚·伯林与斯蒂文·卢克斯谈话录》,第 88 页,关于伏尔泰,参见第 91 页。

② 伯林,《关于 18 世纪欧洲思想的所谓的相对主义》,载《扭曲的人性之材》,第 81—82 页,同时参见第 42—43、89 页。

③ 梅尼克,《历史主义——一种新历史观的兴起》,第 108—114 页。

④ 伯林,《维柯和文化历史》,第 63 页,以及《浪漫主义意志的顶峰》(L'apothéose de la volonté romantiqe),第 209 页,载《扭曲的人性之材》。

约翰逊博士以及卢梭、狄德罗都认为人类是自然的，是不可变的。直到柏克，这种观点才停止；伯林加强了柏克的观点，“这
511 一也许深深地植根于西方思想中的态度受到两位现代历史主义之父——维柯和赫尔德——的攻击”。[1] 伯林强调“历史主义”这一用词指的是特勒尔奇、梅尼克和克罗齐所使用的“历史主义”。[2]

此外，还需要注意一点。在伯林看来，爱尔维修——杰出的功利主义哲学家——为边沁的思想开创了道路。[3] 事实上，边沁的思想中包含了爱尔维修的全部思想。然而，边沁的功利主义被认为是英国自由主义的基础：我们可以想象没有功利成分的约翰·斯图尔特的思想吗？但是伯林的自由主义完全不同；在他看来，自由的定义不在于满足个人需求的可能性，也不在于建立一个可以满足这些需求或可以使人幸福的世界。[4] 根据如上观点，伯林必须在极权主义罪恶的创始人中增加一个最重要的名字——卢梭。

跟随塔尔蒙的思想，伯林反对卢梭的思想。《极权主义民主的起源》认为卢梭不仅是雅各宾专政的主要思想指导，也是列宁主义和斯大林主义的真正奠基者。伯林的论证开始于反对理性

---

① 伯林，《关于 18 世纪欧洲思想的所谓的相对主义》，载《扭曲的人性之材》，第 82—83 页。

② 同上，第 98 页。

③ 伯林，《自由及其背叛》，第 20 页。

④ 同上，第 26 页。

主义,这一思想在他关于爱尔维修的论文中就已体现。确实,在卢梭看来,主观情绪使人们分裂,而理性使他们团结。理性总是提供唯一的答案:真理是唯一的,错误是多样的。伯林声称:这些都是老生常谈,所有的哲学家都说着同样的事情,他们都力图解决同一个问题——怎么调和自由和权威之间的关系。卢梭观点的核心在于他给了"自由"和"权威"完全不同的意义。对于卢梭而言,自由是一个绝对的价值。但是,在同一时期,这个世俗的加尔文主义者——这里,我们似乎在卡尔·贝克尔的文章中看到对他的回应——也认为一切都像自由一样具有绝对的价值,对于规则的尊重也是一种绝对的价值观,并且这两者之间没有转圜的余地。我们在他的《社会契约论》中找到了答案:"这不是对于一个人而言的,而是对于所有人而言的。"自由和权威不能是对立的,它们是一个东西。因此,我们得到了一个普遍的愿 512
望,这种和谐反映了万物自然规律,并且是所有理性人都可以达到的。①

因此我们得到以下结论:卢梭是反抗的小资产阶级典范、某种可称为"天才中的流氓(gittersnipe)"的类型,其中,在某些方面卡莱尔、尼采、劳伦斯、邓南遮(d'Annunzio)以及希特勒和墨索里尼相当于他的继承者。与他们一样,他厌恶知识分子、城市文明,他将本性视同为单一。最终,他迫使一个人思想自由,即迫使他成为理性的:从绝对的自由达到了绝对的专制。激进主

① 伯林,《自由及其背叛》,第 36—39、44—45 页。

义者们、罗伯斯庇尔、希特勒、墨索里尼、共产主义者们都说了同样的话。[①] 因为“确信所有事都可以通过自主人的理性和没有本性羁绊的观察而被揭露”[②],卢梭是“现代思想史中思想自由最大、最致命的敌人之一”[③]。不多也不少。

因此,在对卢梭的这次抨击的六年前,1958 年会议的提纲就完成了。始于 18 世纪的战争和否定自由法则同时出现,非常符合逻辑;因为在 18、19 世纪,尤其与托克维尔一起,人们认为公民义务是自由的条件:人们不能仅仅享受他们的权利而不去履行公民义务。马基雅维利认为,道德和义务是权利存在的先行条件。自由是人们共同的目标:他们分享这个共同的目标,并使他们能够继续完成不同的目的。[④] 对卢梭来说,人们必须要自主,因为他们要么成为人,要么成为奴隶或动物;他们有义务依据自己的意愿行动;他们有义务从他人思想的控制中逃离;他
513 们有义务将存在建立于他们的本性,即精神上的存在之上。在这个背景下,让·法比安·施皮茨(Jean-Fabien Spitz)参照这个让《社会契约论》作者最受抨击的段落,完美地概括了卢梭的论点。他的中心思想是:法律促使我成为自由的,意味着我违法或是他人对我违法都会被惩罚。未被制裁的违法让犯法者得到特

① 伯林,《自由及其背叛》,第 47 页。

② 同上,第 48—49 页。

③ 同上,第 49 页。

④ 施皮茨,《政治自由:论概念谱系》(*La Liberté politique : Essai de généalogie conceptuelle*),巴黎,法兰西大学出版社,1995,第 158—166 页。

权;然而,这种特权即为自由的毁灭者,它剥夺了人们对服从法律以及尊重他们同胞权利的意识上的责任。这种责任是自由的关键,它促使自由国家的公民生活在与取代了自然暴力的权利的联系之中:支配他们这种彼此的联系的是他们的责任,而不是因为对惩罚的恐惧。①

从赫尔德和柏克一直到伯林的反启蒙批评家控诉的正是这一思想脉络。这也是问题的真正所在,因为与之相对,卢梭拒绝接受这一既定秩序,这个把法律当作压迫武器的秩序:法律未能建立公正和平等,而是批准了那个作为当时社会基础的秩序,也就是最强者的权力。"如果最强者不将他的力量转变为权利,不将服从转变为义务,就不够强到永远做主人。"②显然,对于伯林而言,卢梭犯下了给积极自由赋予特权的罪过。另外,他抨击了一个可能不会有结果,但对一个哲学家来说确实值得提出的复杂问题:人们如何可以在不相互依从的前提下自治?或者说,怎么实施"一个凌驾于人的法律"?卢梭知道他抨击了一个无法解决的问题,这是一件在政治上基本无法实现的事。③ 他尝试通过建立多数法来解决这一问题。"只有一个法律可以从本质上得到全体一致的同意,即社会条约:因为公民联盟是人们最为自愿的行动;所有人生来自由且是自己的主人,谁都不能以一些应该如此的托词在没有他的承认下就使他屈从。决定一个奴隶的

① 施皮策,《政治自由:论概念谱系》,第173—174页。

② 卢梭,《社会契约论》第一卷,第三章,第238页。

③ 卢梭,引自施皮策,第384页(关于波兰政府的思考)。

儿子生来为奴隶，等于是决定他生来就不是人。”这也是为什么“如果没有这个最初的契约，多数人的意见永远可以强迫所有其他人”。[①] 因此，“除了原始的契约，最多数的声音总是在强迫其
514 他人”。这就是普遍的意愿：接受这个由卢梭本人给出的定义，至少意味着坚持这种“极权主义”的解读是合理的。更何况，即使普遍意愿的概念赞同多种的、彼此相悖的解释，有一件事是毫无疑问的：卢梭的思想中永远不会出现这样一条——就如伯林所想的那样——那就是一个个人或者一个群体或者一个社会阶层可以以公意的名义实行独裁权力。正如卡西尔指出的那样，卢梭的思想表现出一种康德完全理解的道德特征，就如同康德理解了卢梭思想内部的一致性一样。[②]

这里应当说清楚的是，伯林对于卢梭的研读并非他错误的一步。40 年之后，他还坚持在一封给奥布莱恩的信中——这封信被收入《伟大的旋律》一书的附录并随之出版——又一次提到 BBC 的节目重播了一些他于 1952 年在美国布林茅尔学院做过的演讲。因此，这是他在 1991 年仍引以为傲地拣选出来的文档。[③] 伯林同奥布莱恩最终都非常喜欢法盖(Faguet)的这段话，凡是对于 19 世纪末法国文化创造稍微熟悉的人都知道这段，然

---

① 卢梭，《社会契约论》，第四卷，第二章，第 310 页。

② 恩斯特·卡西尔，《卢梭的问题》(*Le Problème Jean-Jacques Rousseau*)，由马克·德罗奈(Marc B. de Launay)译自德语，由让·斯塔罗宾斯基(Jean Starobinsky)撰写前言，巴黎，阿歇特出版社，1990。

③ 奥布莱恩笔下的伯林，《伟大的旋律》，附录，第 611 页。

而那位爱尔兰新保守主义者却认为这是伯林的重大发现：当“卢梭说：‘人生而自由，但无往不在枷锁之中’”时，法盖写道：“卢梭说了件蠢事……就好像在说：‘绵羊生而食肉，不过它们到处吃草也对。’”[①]在伯林和奥布莱恩看来，这位法国作家的评语是对“卢梭前所未有的最精巧的揭发”。[②] 在关于卢梭的这点上，奥布莱恩指出说，他就是一个“公认的好斗之人”，奥布莱恩也将自己与柏克在这些思想上的共同点视作他们本质的一致。无论谁赞同卢梭，奥布莱恩写道，我都会把他划到我的敌人一边；反之亦然。

也就是这样，在20世纪的最后几年，在两次世界大战、法西斯主义、纳粹主义、斯大林主义之后，再在冷战之后，同法国启蒙
运动以及卢梭的战争保持着与两个世纪以前同样的思想和同样 515
的形式，构成了给一系列思想进行分类的参考依据和确定准则。因为伯林和奥布莱恩（无所谓是哪一个，因为他们是同一思想学派的代表）或者柏克和迈斯特的共同观点都是害怕社会的基本组成单位是个人而非历史的、种族的和语言的群体，害怕社会的产生是自觉的，害怕社会存在的唯一目的是个人幸福。

不太怀疑卢梭的善意的邦雅曼·贡斯当也给出了他对这种“公认的好斗之人”的看法：“我绝不在现在众多诋毁卢梭的人之列。这是一群思想附属于他人的乌合之众，他们的成功建立在抨

① 奥布莱恩，《伟大的旋律》，第611页。

② 同上，第611页。

击勇敢的真理、玷污卢梭的荣誉的基础上；应该更加谨慎地评判卢梭。他是第一个使大众意识到自身权利的人；他的观点唤醒了宽容的心灵和独立的灵魂，但他没有明确地定义这些东西”。①

夏多布里昂也不是雅各宾派的同盟，他认为：“洛克们、孟德斯鸠们、卢梭们，在欧洲唤起了现代人的自由思想。”②此外，他谈论“温和而极具天赋的赫拉克利特和卢梭”③以及“三个天才”的“团体”——柏拉图、费奈隆(Félelon)和卢梭，卢梭“具有所有可爱的美德、伟大的天赋、对人类本质的敏感”。④ 就像之后尼采所认为的那样，卢梭和柏拉图占据同样的地位。

尼采绝对不是启蒙运动的崇拜者，也非 1789 年原则或社会主义——“这个没落的专制主义的充满幻想的小弟弟”——的崇拜者⑤。他害怕英国自由主义，对康德进行了尖锐的批评，但认
516 为卢梭是西方世界能够进入先贤祠的八个伟人之一。他说，他必须要用这四对伟人的观点一起“解释我自己的观点”：伊壁鸠鲁和蒙田、歌德和斯宾诺莎、柏拉图和卢梭、帕斯卡尔和叔本华。⑥ 当

---

① 邦雅曼·贡斯当，《关于征服的精神及与欧洲文明关系的僭用》，收录在《全集》中，由阿尔弗雷德·鲁朗编纂，巴黎，伽利玛出版社(七星丛书)，1964，第 1015 页。

② 弗朗索瓦·勒内·德·夏多布里昂，《古今革命历史、政治及风俗文集》(*Essai historique, politique et moral sur les révolutions anciennes et modernes*)，载《夏多布里昂全集》，巴黎，卡尼尔兄弟出版社，1861，第一卷，第 320 页。

③ 同上，第 343 页。

④ 同上，第 549—550 页。同时参见第 553—557 页。

⑤ 弗里德里希·尼采，《人性的，太人性的》，由让·拉考斯特、雅克·勒里德尔编纂，巴黎，拉丰出版社，1993，第 649 页。

⑥ 参见让·拉蔻斯特，《全集》后记，同上，第 1303 页。

然,卢梭是一个对手,但是是一个多么厉害的对手啊!“我们的时代成功地塑造了人的三种形象:卢梭眼中的人、歌德眼中的人和叔本华眼中的人。”①

在谈论这位奇切里(Chichele)教授关于“两种自由概念”的著名讲座之前,必须先简要地谈一谈这次讲座的原始资料的性质。伯林承认邦雅曼·贡斯当对自己的思想产生了“巨大的影响”。② 实际上,在《两种自由概念》中,伯林写道:“在对于两种形式自由之间冲突的看法及理解上,没有人能超过邦雅曼·贡斯当。”③不论是谁,只要他有一天投身法国自由主义,就会知道这一点:消极自由主义反对积极自由主义,这只是对古代自由和现代自由之间的著名区别的一次重复。贡斯当的政治论著涵盖了自由主义思想的所有主要方面:这位伟大的自由主义思想家倾向于古老的共和国中的自由主义,他认为这种自由与其说是“个体独立的温和快乐”,不如说是“对公共权力的积极参与”;④他试图确认个体自由相对于言论自由和意识自由的范围。⑤ 伯林对“去做……的自由”(freedom

---

① 尼采,《教育家叔本华》,载《全集》,同上,第 311 页。

② 奥布莱恩笔下的伯林,参见《伟大的旋律》,前言,第 641 页。在这个限定在 19 世纪的历史学家圈子以外,贡斯当是一个在英语世界相对不那么有名的作家。值得注意的是,他的著作首次被翻译成英语是在 1988 年:《政治笔记》,由比安卡玛丽亚·冯塔纳(Biancamaria Fontana)翻译,剑桥,剑桥大学出版社,1988。

③ 伯林,《两种自由概念》,牛津,牛津大学出版社,第 209 页。

④ 贡斯当,《关于征服的精神及与欧洲文明关系的僭用》,载《全集》,第 1010 页。

⑤ 同上,第六章到第九章。

to)和“免于……的自由”(freedom from)的区分受到贡斯当一页文字的启发:“就像古人认为的那样,事实上,自由为人民谋得的好处是成为管理者的一员;实际的好处既是理想化的快乐也是踏实的快乐。”这就是积极自由主义的观点。几行之
517 后,我们得到了消极自由主义的观点,这是一种基本上个人主义的观点,这一观点保护人们不受外界的介入和限制:“为了幸福,人们只需要让一切他们所占有的、控制的以及他们的活动范围和他们的想象取得完全的自由。”①

在一篇名为《康德政治思想中关于自由的两种观点》的论文中,同时代的作家诺尔托·博比奥(Noberto Bobbio)致力于研究这两种自由的观点——现代政治和司法语言的基础。② 这位意大利哲学家认为这两种观点都存在于康德的著作中,但并没有得到明确的形成。博比奥认为:这样一种构想对于更好地研究他的思想内涵与影响是必要的。实际上,更著名的为大众所接受的说法是,“自由”一词要么意味着当我们被其他人阻止时,完成——或不完成——我们进行的某些行动的才能,这里的其他人指社会或国家;要么意味着只遵守自己赋予自己的法律的权利。第一种意思存在于古典自由主义的思想中,第二种存在

---

① 贡斯当,《关于征服的精神及与欧洲文明关系的僭用》,载《全集》,第1012页。

② 博比奥,《康德政治思想中关于自由的两种观点》,载《政治哲学编年史:康德的政治哲学》(*Annales de philosophie politique: La philosophie politique de Kant*),巴黎,法兰西大学出版社,1962,第105—118页。

于民主自由主义的思想中。这两种思想一种来源于孟德斯鸠，另一种来源于卢梭，它们都在康德的著作中有所体现；康德同时使用这两种思想，却没有明确指出它们的不同。①

确实，在《论法的精神》的第六卷中，孟德斯鸠给出了他对自由的定义："政治自由不在于做我们想做的……自由是做法律允许我们所做事情的权力。"②这就是第一种自由。第二种来自《社会契约论》：公意的统治是法律统治的哲学表达。在他最富争议的著作中最重要的两章里，卢梭定义了公意和自由。他把生来的自由和精神的自由区分开来，也就是说："精神的自由使人们成为自由的主人；因为仅仅满足欲望的驱动是一种奴役，服从法律是自由的前提。"③这就是公意和法律的定义：市民需要自觉遵守法律。

如我们在第一章中所看到的，康德正是从这个意义上来理解 518
自由的。他在《永久和平论》中对自由进行了如下定义："**权利的自由**不能这样定义——只要不伤害其他人，我们能做任何想做的事。"康德认为，如果我们依照这样的思想生活，我们最终会进入套套逻辑中。相反，外部(权利)**自由**的定义应该是这样的："不用遵守任何我不能表达观点的外部规则。"④在经过严密的分析后，博比奥在这里发现了一条通往自由主义的自由观念之路。⑤ 自

① 博比奥，《康德政治思想中关于自由的两种观点》，第 105—108 页。

② 孟德斯鸠，《论法的精神》，第一卷，第 162 页。

③ 卢梭《社会契约论》，第一卷，第八章，第 247 页。

④ 康德，《永久和平论》，普鲁斯特出版社，1991，第 84 页。

⑤ 博比奥，《康德政治思想中关于自由的两种观点》，第 114—115 页。

由与独立自我相符合，康德在他的《世界公民观点之下的普遍历史观念》中回到了《什么是启蒙?》中最本质的主题:“当我们用公民能够接受的且与他人的自由相容的方式阻止他们追求自己的幸福，在这种情况下，实际上我们阻碍了公民的整体行动，也因此阻碍了集体力量。这就是为什么人的行为举止越来越受限制，也是宗教普遍自由得到认可的原因;就这样，**启蒙时代**一点点突破空想和虚幻的幕布。”[①]这次启蒙运动是进步，“人们从渺小走向伟大”:自由发展了，而这自由是个人的自由，就像贡斯当所赞扬的那样。博比奥总结道，尽管康德定义了卢梭影响下的政治自由，但最终他这种自由的观念是汲取了自由主义的而并非民主的观念。[②]

还应该牢记两点:第一，康德的理论如同贡斯当和托克维尔的思想一样，其中被清楚描绘的自由观点的两个方面不仅是相互兼容的，同时也是不可或缺的。第二，在康德的思想中，独立自我的概念非常重要，意味着不仅不受外界干扰，而且有能力成为自己的主人。这也使德国的评论界确定地指出，存在两
519 种自由概念，而不是一种。因为“不受外界干扰”的自由本质上在专制体制中也可能存在，在这种社会中，个人在经济、宗教信仰以及文化方面拥有极大的自由，但是这并不能保证他们能够不需要遵从不是他们自己所定义的社会规则。康德并不是民

① 康德，《世界公民观点之下的普遍历史观念》，第 84—85 页。

② 博比奥，《康德政治思想中关于自由的两种观点》，第 117—118 页。

主人士，但是他完全理解卢梭提出的社会理论。他的自由观念很明确，自由是自我主体的自由，摆脱自我的渺小，把命运握在自己的手中。就自由的字面意义而言，自由的明确定义并不清楚；就伯林理解的意义来说，如果人们不能亲手制定自己将服从的规则，那么任何私有领域都不被保护，每个人的自由也是一样。

现在我们来谈谈 1958 年伯林的讲座。这篇文章保留着与马克思主义和共产主义长久对峙留下的难以磨灭的痕迹，这是反启蒙思想最重要的战场，并在 1976 年两篇关于维柯和赫尔德的文章中达到顶峰。在和卢克斯的会面中，伯林清楚地认识到是强烈的政治动机主宰着他起草了抨击文章，这些文章被认为是他主要的政治思想贡献，同时也是他极力想要传达的政治信息的本质。卢克斯还想避免所有的误解，“这不是中立的概念性分析”，他在谈论 1958 年的文章中这样说道，“噢，伯林，不要回答，这不是我的意愿，绝对不是。我一直坚持我说过的话”。[1]

一直到 40 年以后，伯林仍然坚持自己的观点，尽管有许多变动、退却抑或为了回答 60 年代批评的意见而做出的转变。他对自由的定义造成了一种价值等级：在个人事务中“不受外界干扰”的自由，也就是消极自由最终成为唯一可接受的自由定义。对他而言，所谓的积极自由的支持者渴望公正和平等，认为民主是构成体面的人类社会秩序的手段，而这正是现代社会灾难的 520

① 《以赛亚·伯林与斯蒂文·卢克斯谈话录》，第 92—93 页。

根源。这篇文章出现在英国工党首相艾德礼(Clement Richard Attlee)执政时期，这时艾德礼的成功是有目共睹的，因此积极自由的正面影响不能被忽视。

应该承认这篇文章取得巨大成功的秘诀[①]使康德、卢梭、贡斯当以及随后的托克维尔的读者们感到惊讶，更不用说约翰·斯图尔特·穆勒和其他没那么有名的哲学家，比如舍尔布里埃兹(Cherbuliez)的读者了[②]。总之，如博比奥再次指出的那样，两种自由的概念的差别是不言而喻的，也是人尽皆知的。[③] 然而，在公共场合说出来，这文本却像是自由世界的一场盛大的示威游行。我们在其中看到了自由这一与专制完全相对的绝对价值，它也与对平等和公正的追求相对，而平等和公正这样的原则恰恰是欧洲左派关注的核心，同时构成了苏联与以美国为首的西方之间冷战的意识形态基础，因为通过将自由观念归为消极

---

① 参见特拉维夫 1999—2000 研讨会的论文合辑，由乔瑟夫·马里和罗伯特·沃克勒编纂(第 9—10 页)。在 1998 年，伯林去世的第一年，纽约大学开办了专场研讨会，会议成果出版在《伯林的遗产》(*The Legacy of Isaiah Berlin*)一书中，纽约，纽约书评出版社，2001 年。首部献给伯林的文集是阿兰·瑞安(Alan Ryan)的论文集，《自由的概念——纪念伯林》(*The Idea of Liberty. Essays in Honor of Isaiah Berlin*)，牛津，牛津大学出版社，1979 年，后来是埃德纳(Edna)和阿维希埃·玛加丽特(Avishai Margalit)，《伯林的庆典》(*Isaiah Berlin, a Celebration*)，芝加哥，芝加哥大学出版社，1991。

② 参见阿莱克西·凯勒(Alexis Keller)，《没有民主的自由主义：安托瓦纳-爱丽舍·舍尔布里埃兹(1797—1869)的共和思想》(*Le libéralisme sans la démocratie: La pensée républicaine d'Antoinne-Élisée Cherbuliez [1797 - 1869]*)，洛桑，贝约出版社，2001。

③ 诺贝托·博比奥，《康德政治思想中关于自由的两种观点》，第 105 页。

自由，我们很容易推翻西方民主的现有秩序：消极自由构建了绝对财富，而民主的弱点、不公平、不公正现象变得不再重要，它们仅仅涉及次要问题。

出于这些原因，这次优雅的、明晰的、杰出的讲座呈现出多
种特点，涉及各个方面，每个人都能在此找到自己所爱。对自由
的颂扬被认作多元文化和多元论的宣言，与价值多元论、目的多
元论、真理多元论一样，只是不将这种对文化、民族的多元化赞 521
颂和 20 世纪的民族主义相联系，[①] 这在之后《维柯和赫尔德》一

① 参见《维柯与赫尔德：观念史的两种研究》，伦敦，荷加特出版社，1976。该第一版和伯林死后的那一版之间的区别证实了哈代所做的编辑工作。参见 2000 年普林斯顿大学出版社再版的《启蒙运动的三个批评家》，该著作重拾《维柯与赫尔德》的观点，并在其中加入了有关哈曼的论文。关于这些变动和补充，见 1976 年版《维柯与赫尔德》第 160、161 页及伯林从 1959 年在莫斯科和列宁格勒出版的俄语著作《约翰·哥特弗雷德·赫尔德》（*Iogan Gotfrid Gerder*）中获取的三段引文。第一段出自 1793 年至 1797 年的《关于人性进步的通信》，第二段引文伯林没有提到最初出自哪里，第三段出自《阿德剌斯忒亚》（*Adrastea*）。关于这三段引文的说明被写在同一页脚注里。哈代进行了核实，删去第 161 页涉及俄文著作的注释 1 和注释 2，取而代之以涉及苏邦版的两条注释（2000 年版第 184 页），注释 6 涉及卷 5《另一种历史哲学》第 546 页，另一个注释涉及卷 23《阿德剌斯忒亚》第 498 页，他还在里面增加了注释 5，涉及卷 18——也就是第 44 封信，而不是《关于人性进步的通信》第 114 封——第 222、223 页。1976 年版第 161 页的注释 4 也经历过类似的过程。注释 4 涉及的参考苏邦版卷 5 的两段引文很明显出自弗雷德里克·巴尔纳，《赫尔德的社会文化和政治文化》（*Herder on Social and Political Culture*）：哈代删去了注释 4 中的第一个参考文献，因为那是错的，保留了第二个，但是隐去了对巴尔纳——这位学识渊博的英国人为英文世界提供了研究赫尔德的重要资料来源，伯林详细阅读过他的著作——的参考。系统地隐藏第二来源并取而代之以伯林本人并没有参考的文本，这并非优雅的举措。1976 年版第 161 页最后一大段话（2000 年版第 185 页）也是同样的问题：伯林采用双引号标出的第一人称的直接引语被忠实的哈代以第三人称（转下页注）

文中被系统化。除此之外,我们还能在此注意到后现代主义的第一次发声。这是伯林光辉的一面:他用通俗易懂的方式解释复杂的问题,这样的能力为他带来了巨大的声誉。这就是为什么这篇文章能够在这40年中始终处于自由问题争论
522 的中心。① 斯金纳认为这篇文章"在当代政治哲学中最具有影响力"。②

(接上页注)重新叙述,这一大段话也被哈代分成了几个段落,难免让伯林的文献来源显得不可靠。另外一个例子,也与《另一种历史哲学》有关:《维柯与赫尔德》的第191页到了《启蒙运动的三个批评家》的第216页,突然出现了7条涉及那部1774年著作的注释,而这在最初版中是没有的。伯林在1976年版第176页提到参考了巴尔纳的著作(注释1和注释2),现在也变成了参考苏邦版卷5《另一种历史哲学》,2000年版第201页。第178、179页也是如此,巴尔纳(第179页注释3)消失,替换为第204页的注释2,整个注释内容都被改写;第203页的注释是原版第178页没有的;原版第180页(新版第205页)也经历了同样的遭遇。2000年版第223页出现了原版第197页没有的两条注释,而涉及参考伏尔泰的文本的注释被改为参考1877—1885年的《全集》,而伯林参考的是1785年版。还有一段取自《观念史杂志》中一篇文章的引文恰好被改为出自《全集》的另一卷。同样对比参见《维柯与赫尔德》的第198页和《启蒙运动的三个批评家》的第223页。

① 在法国,让-法比安·施皮茨的出色著作就给出了很好的例子,参见《政治自由:概念谱系学论文》,第83—127页。如果我们将伯林的影响力范围与迈克尔·欧克肖特相对的默默无闻相比较,这一现象会显得更加惊人,迈克尔·欧克肖特本人也是自由保守派,但是是字面意义的自由保守派。在《论人的行为》(*On Human Conduct*)中,欧克肖特为他自己的自由主义观赋予了一种考究的理论框架,他的自由主义观比我们从伯林开创的教义要精美得多,也比托克维尔和穆勒的传统更精美。

② 昆廷·斯金纳,《自由的第三种概念》(Un troixième concept du liberté),载《辩论》(*Le Débat*),由蒂埃里·诺丁(Thierry Naudin)译自英语,第133页。这篇文章是《伦敦书评》上那一篇(2002年4月4日)的简译本,是英国学院关于伯林纪念讲座中的成果之一。

这里,不要忘记伯林尝试着回避一些问题,比如自由保守派的迈克尔·欧克肖特提出的公民自由问题——如何在自由与法律之间坚持"不受外界影响"原则[①]——同时也回避托克维尔曾尝试解决的那些问题。实际上,对于托克维尔这种自由主义者,在积极自由与消极自由中二选一是无法想象的。他知道在立宪政体下仅仅有个人权利的保障是远远不能让人类获得自由的。对他而言,自由不仅仅是在"不受外界影响"的区域对个人的保护,而是公民能够联合起来掌握自己的命运。美国人能够联合起来自治而不依靠统治者保护的精神唤醒了托克维尔。在托克维尔伟大著作的第二部分中,他阐述了"美国人怎样通过既得利益战胜个人主义"。[②] 在第一卷中,他主要谈到政治团体及其对"民主主义人民"起到的作用。[③] 不是把人民交给人民自己就能推翻专制主义,而是要教会他们联合同胞们一起进行自治:正是通过民主本身,人们克服了平等对自由形成的威胁。[④] 对托克维尔来说,自由是公民参与城市事务、行使统治权以及自我主宰的能力必不可少的条件;稳固了政治参与并发展了自由的风尚。相反地,如果公民只是把自由局限在某些特殊领域,仅仅选择

---

① 伊夫林·普多克斯克(Efraim Podokski),《为现代性辩护:迈克尔·欧克肖特的视野与哲学》(*In Defence of Modernity: Vision and Philosophy in Michael Oakeshott*),英国,学院派出版社,2003,第198—201页。

② 阿历克西·德·托克维尔,《论美国的民主》,全集第二卷,由哈罗德·拉斯基(Harold Laski)作序,巴黎,伽利玛出版社,1961,第126页及之后。

③ 同上,第一卷,第194—201页。

④ 同上,第二卷,第331页。

523 “不受外界影响”式的自由，而把积极自由当作监视公民的最大危害，那么国家和公共干预就是人们自找的了。只有那些“拥有自我支配习惯”的人才有能力“准确选出胜任统治的人”，托克维尔在《论美国的民主》的最后这样写道。这本书的最后三章无疑是对自由前所未有的非凡描写。[①]

比起英美自由主义来说，扎根于贡斯当和托克维尔的法国古典自由主义并不像前者一样复杂并为大众所熟悉，但足以让读者晕头转向。在当代，双自由模式为法国新自由主义和一些美国新保守主义者提供了范例，但是这并没有持续下去，得到自由主义的唯一定义还需要更多的努力。在英语国家，对自由的两种概念的批判甚至是直截了当的。杰拉尔德·麦克勒姆(Gerald MacCallum)是关于该问题的一篇经典文章的作者，他认为只存在一个自由概念：自由的出现通常意味着阻止人类实现其目的的限制消失。[②] 斯金纳阐述了自由的第三种概念——依赖性的消失，而且他强调了消极自由概念的一些“严重缺陷”，尽管这个概念很敏感。[③] 至于罗纳德·德沃金(Ronald Dworkin)——可能是英语世界最出名的法理哲学家——他认为伯林的这些价值不可兼容、相互对立。在一篇

---

① 阿历克西·德·托克维尔，《论美国的民主》，第二卷，第 337 页。

② 参见杰拉尔德·麦克勒姆，《消极的和积极的自由》(Negative and Positive Freedom)，载《哲学、政治学和社会学》第四版，牛津，布莱克威尔出版社，1972，第 174—193 页。

③ 斯金纳，《自由的第三种概念》，第 137 页。

出色的文章中，德沃金不赞成伯林对自由与平等的兼容性的坚决捍卫。[①]

在自由的这两种观点——“积极”观念和实际上意味着防守的“消极”观念——之间，伯林是后者的最大拥护者：只有自由的这种概念——束缚的消失，在尽可能广泛的空间内对个人进行保护，使得其中每个人都能随心所欲做自己的事而没有干扰——才与价值的多元论相符合。自由在消极意义上是 524
“并非不能与某些形式的独裁相容的[……]就像在民主社会，作为个体的市民会觉得许多自由被剥夺，而这些自由可能在另一种形式的社会中被确保。完全可以想象对思想自由的独裁也会给个体自由很大的空间”。[②] 此外，“个体自由和民主政体之间没有必然的联系”。[③] 消极自由的观点承认人们在最终的目的上是不同的、矛盾的，但是这些目的通常又是可以交换的。这些目的改变着、互相对立着，这不是像霍布斯所想的那样因为追寻同一目标的不同个体之间的竞争，而是因为另一个更重要的原因：可以调和不同目标的唯一解决办法是不存在的。换句话说，不存在可以定义对每一个个体都有利的规定，也不存在可以回答所有种族问题的唯一答案。消极自由

---

① 我们可以在这场辩论中找到一个十分极端的例子：和德沃金所认为的不一样，托马斯·奈格尔(Thomas Nagel)认为伯林的自由和平等只不过是不能相容，而并非完全相悖。

② 伯林，《两种自由概念》，牛津，克莱伦东出版社，1963，第14页。

③ 同上，第14页。

因此是对个体免受侵害的保护；它是神圣的，因此构成一个绝对的原则。[①]

伯林知道，这样一个狭义的对自由的定义所产生的困难和解决的方法一样多。在原版论文的一条长注中，他这么解释：我们可以决定牺牲一部分自由来保障更多的公平，但是不能把它们混淆了：自由是自由，而不是其他任何的东西，既不是幸福，也不是法律，更不是善意。个人自由的牺牲会由更多的公正补偿，但这依然是一种损失。换句话说，不能混淆个人自由和某些人所说的"社会"或"经济"自由：自由只有一种，就是个体自由。[②]伯林确实讨厌英国劳动力理论家、伦敦经济学院教授哈罗德·拉斯基，因为后者的思想本质上是马克思主义的；伯林之前的许多年，他就表达了社会民主的传统立场。与认为"平等的热情对于自由的希望毫无益处"的 19 世纪保守主义理论家阿克顿不
525 同，拉斯基作为《论美国的民主》的前言作者回答道，缺少平等的因素，自由无法变成现实。[③] 拉斯基的思想与托克维尔自由观点的一致性并不使人惊讶：毕竟，从根源上来说，民主社会主义被视为自由主义的继任者而非掘墓人。伯林所反对的正是这条现代政治文化的基本线。

---

① 伯林，《两种自由概念》，第 7—11、16 以及 56—57 页。伯林对消极的自由做出了最简要的定义，关于"用来……的自由"换成"来自……的自由"。

② 同上，第 10 页，注释 1。

③ 哈罗德·拉斯基，《现代国家中的自由，新引言》(*Liberty in the Modern State, with a New Introduction*)，哈蒙兹沃斯，企鹅出版社，1937，第 7 页。

伯林接着讨论积极自由的观点：这与自主、自我实现、个体成为自身主人的能力相连，实际上与伯林所希望的相反。在伯林的观点中，积极自由在于自己的行为服从于“理想的”“现实的”“真实的”或者“超然的”我。这没有去除阻碍个体实现自由、追寻不同目标的障碍，也不能使得不同的目标相融合。这是一种旨在得到幸福的自由。这一自由观点强迫人们“自由”并且最终达到服从自身，也就是卢梭的公意、马克思主义的历史必然性的观点。①

事实上，积极自由的观点是民主的基础，与伯林所描述的东西没有太多共同点。积极自由首先是康德所说的自主的存在，是脱离国家监管的意愿和实现某些目标的能力。积极自由的第一种意思是参与统治。这就是伯林憎恶卢梭的原因：对于卢梭而言，自由只存在于想去做选择、不服从自己参与表达的法律的人。这是“公意”概念的意义，并且也是康德的观点。人们记得卢梭是康德的导师，教会了康德尊重人类。我们应该将对人民主权的观点建立在什么上面呢？建立在每个人都有权利参与法律的制定以及政治的决策上吗？因此，要知道“谁在管理”，并且 526
这个问题和限制国家介入同样重要。由于担心马克思主义，伯林展现了一个一维的、无差别的、与民主难以相容的（像托克维尔已经知道的那样）论证。他认为积极自由主义损害了价值观

① 伯林，《两种自由概念》，第 16—17 页。参见阿兰·瑞安，《自由的概念》，第 4—5 页。

的多元性，暗示着价值观的分级，有主要和衍生之分；也就是说，公意会导致消极自由的灭绝，这会使得对自由的判决变短。[①] 在塔尔蒙之后，伯林认为自从人们开始相信美好生活的问题具有唯一答案，或存在可以在社会上控制人的价值观开始，个人的、团体的或是政党的理性都不复存在。他的所有论证都是围绕这一主题进行的。

十年之后，在批评声的压力下，考虑到冷战的外部因素，伯林的观点变得十分反动。他修改了他的演讲，却没有否定自己的观点。在《自由四论》（《两种自由概念》收入在该文集中）的前言中，他声称他的目的不是毫无保留地维护消极自由主义、反对积极自由主义：为了使他 1958 年的论文饱受争议的最后一段可以如实地表达他现在的观点，伯林修改了他的文章。他

---

① 对伯林的批评是模糊的、礼貌的、谦逊的，或者说是深入、猛烈而广泛的：法语资料可以参见让-法比安·施皮茨的著作《政治自由》，这本书很好地分析了从查尔斯·泰勒（Charles Taylor）到斯金纳再到马克思主义者麦克弗森（McPherson）对伯林的批评，同时还有《两种自由概念》出版后引发的一系列猛烈批判，尤其参见第 92—121 页。在他的这本书中，施皮策提出了法国“共和派”批评的要素，但这些在法国之外则很难行得通。阿兰·瑞安编纂的著作《自由的概念》，前文曾经引用过，尽管它采用的是赞扬的角度，但也提出了不少反对意见，特别是泰勒的《消极自由有什么错》（What's Wrong with Negative Liberty），第 175 页。斯金纳认为，伯林的论证能够站得住脚仅仅因为他的结论在前提中就已经提出。或者说，需要重新考量的正是伯林阐述的消极自由的前提。参见斯金纳《自由主义之前的自由》（*Liberty before Liberalism*），剑桥，剑桥大学出版社，1998 年，第 114—115 页。同时参见威廉·麦克布里德（William L. McBride），《〈自由的两个概念〉三十年之后：萨特式批评》（“Two Concepts of Liberty”: Thirty Years Later: A Sartre-Inspired Critique），载《社会理论与实践》，第十六卷，第三期，1990 年秋季，第 297—322 页。

表示“相比于积极自由主义，他尤为喜欢与其同生相伴的消极自由主义”；他认为“不可饶恕的一元论”是罪恶的。[①] 许多年后，在他的最后一次访谈中，伯林又一次试图说明他不想污蔑 527
积极自由，并且认为积极自由“也是一种和消极自由同样高尚、同样重要的理想”。[②] 然而，与此同时，他表示坚持 1958 年的文章中的观点。为了避免解释这种不可思议的矛盾，伯林说了在所有价值观不能完全满足的情况下达成和解的必要性。[③] 他知道他在批评卢梭的基础上反对积极自由的重要性，但如果不自我否定，他就无法守住基本观点。在 1975 年，通过反对法国启蒙思想的浪漫主义，他表明与 18 世纪的人所想的相反，“理性的组织”不能“产生如个人自由和社会平等这样的价值观与相反价值观的完美融合”。[④] 他在《自由四论》的开头插入了一篇新文章。他不能改变他已经刊印的文章，也不能使他的理由更加有力。

因此，伯林无法处理存在于个人权利与公民义务之间的问题，也无法解决对法律的服从与司法程序在社会生活中占有一定地位的问题。至于托克维尔视参与政治生活为建立自由社会和公民自由教育的基本元素的观点，伯林从未为此花过时间，就

① 伯林，前言，《自由四论》，牛津，牛津大学出版社，1969 年，注释 1。这一卷被放在了第三部文选中，《自由论》，牛津，牛津大学出版社，2002。

② 《以赛亚 · 伯林与斯蒂文 · 卢克斯谈话录》，第 92 页。

③ 同上，第 112 页。

④ 伯林，《浪漫主义意志的顶峰》，载《扭曲的人性之材》，第 234 页。

好像《论美国的民主》不存在一样。托克维尔令他反感,因为前者与18世纪的法国、与固定的法律存在并可以被找到的观点、与1789年是自由的诞生年的观点有关。[①]

出口在于多元主义和消极自由主义的统一性:在1958年的《两种自由概念》原版的最后一页上,伯林盛赞了消极自由主义,称之为比积极自由主义"更伟大、更人性的真理"[②],因为各种独
528 裁体制都是建立在积极自由主义的基础上的。《自由四论》的结构和内容都发生了改变:"在我看来,多元论和组成消极自由观点的内容一起都是最伟大、最人性的真理的一部分。"[③]因此,建立在消极自由基础上的多元论与各种价值的不可相容性变得崇高。因此,逻辑上说,一个人对其他人所追求的目标的漠然构成了自由的条件。

多元价值观是无法达成理性选择的,它的存在使伯林成为启蒙思想的主要敌人。就像其他人一样,"他反对既定的自然权利",但他知道为了"能有一个足够合适的社会","公共的行为准则"应该存在。然而,为了定义他的观点,伯林避开了以下问题:"别问我我所说的合适是什么意思:我所说的合适指的就是合适。我们都知道那是什么。"[④]问题是它不存在,并且不存在对于"合

---

① 参见前文,第七章。

② 伯林,《两种自由概念》,载《自由四论》,第171页。

③ 为了伯林死后的名声,有必要指出,在多样性和消极自由之间,并不存在基本的联系。参见伯纳德·威廉斯(Bernard Williams),《自由主义及所失》(Liberalism and loss),载《伯林的遗产》,第93页。

④ 伯林、贾汉贝格鲁,《所有自由》,第142页。

适的"社会的统一定义:对于一些人来说,一个配得上这一名称的社会,需要在法律面前保障平等和个人自由,且国家介入经济与社会运行的影响要被降到最小;相应地,对于另一些人来说,没有平等和社会公正的措施,自由和投票权就很大程度上失去了它们的意义。在这两种关于好的社会的观点之间,还存在其他折中的观点。这使得伯林以多元价值为名的反对丧失了立场。绊脚石正在于此:法国启蒙运动者认为"合适"的社会是可以被定义的。在这一观点上,他们都是改革派:所有人都以天赋人权的名义反对差别。没有人的贡献能超过卢梭:因此,他是伯林以及今天的新保守主义(如两个世纪以前的柏克)最大的攻击对象。

新保守主义者奥布莱恩在 1992 年写道,柏克没有以赛亚· 529
伯林那么反动。在他与奥布莱恩的往来信件中,伯林没有反对这一比较。"反动"一词由伯林在 1980 年用于形容柏克。12 年后,尽管有所保留,他还是承认错了;在接受了奥布莱恩的批评后,他承认了柏克"多元自由主义"的优点。① 实际上,奥布莱恩没有理由抱怨,因为除了《扭曲的人性之材》被控诉的章节外,伯林有许多机会将自己与柏克联系起来,其中包括令他重新成名的重要文章。②

然而,是比其他思想家更重要的赫尔德成了伯林崇拜的对

① 奥布莱恩笔下的伯林,《伟大的旋律》,附录,第 608 和 613 页。在《关于 18 世纪欧洲所谓的相对主义》的文章中,伯林将柏克和哈曼、默泽尔与迈斯特一道放入了反动派的阵营:《扭曲的人性之材》,第 87 页。

② 伯林,《两种自由概念》,第 55 页。

象。在这种意义上，伯林做得像勒南和梅尼克一样。他站在赫尔德一边，不仅反对卢梭和伏尔泰，还反对孟德斯鸠；也不要忘记洛克，他对洛克不比柏克宽容。他和勒南一样，认为赫尔德是最伟大的现代思想家，因为赫尔德反对存在一种唯一的解决办法可以解决所有涉及人们最终去向的问题的观点。伯林知道，在赫尔德看来，对于理性的过度使用是文明的消极因素以及衰老的标志。他知道赫尔德绝对支持直觉和生命的力量，反对个人且赞同独立个体的共同联系，赞同社会信仰而反对自由思想，赞同特殊性而反对普遍性，赞同对大城市的抗争，反对过往衰落的一个世纪的哲学思想的力量。人们不是因为理性而充满生机，而是因为感性和直觉，赫尔德之后的所有 19、20 世纪之交的民族主义思想家都这么说；理性毁灭直觉，杀死了生的力量。

相反，启蒙思想者不认为所有的目标都值得同样的称赞，他们认为理性是指导人的唯一工具。不仅伯林一生反对启蒙运动的根源在此，他的其他烦恼——反对诞生于理性主义且建立在历史学家研究基础上的“科学历史观”，因为这完全不同于他所
530 认为的旨在探求真相的历史观——的根源也在此。当历史学家想要重构一个历史时期时，即使他明白这终究只是一种演绎，并且他无法原原本本地重构事件，像兰克那样，他仍不接受“无限多的真相”这种想法。不同的演绎并不意味着会有同样多不同的真相。

然而，伯林的庞大计划却恰恰属于这一理念框架。它于 1972 年的一篇重要文章的某页得到详细阐述，并被收录于《扭曲

的人性之材》一书中。在他的思想中,这是对于启蒙运动的伟大成就的破坏,也是对西方精神传统本身的摧毁。按照伯林的观点,传统的核心在于"无争辩的三教条":一、对于所有经过公证的问题,有且仅有一个正答;所有其余解答都偏离于真实,从而是谬误的。二、正答都是可以被人理解的。三、这些正答不会互相矛盾,因为一个真命题不可能与另一个真命题不兼容。所有这些正答的集合是和谐的。[①] 两年之后,在关于休谟的论文里,伯林再一次概括了他对于启蒙运动的观点。理查德·沃林(Richard Wolin)认为反传统主义会播下毁坏的苗头的观点根本没有触及伯林。对于他来说,全法国的**哲学家**以及他们在国外的门生,他们的共同观点在于他们共同拥护"自然权利的旧教理的一个世俗版本,该理论相信事物至终不渝的结构是它们的自然状态所固有的。分歧与变化都来自于永恒普遍的那些规律。按道理来说,我们可以通过理性和妥当的观察去发现这些规律。研究自然科学的种种方法就是这一步骤的最好例子。[……]该教理相信,对于所有正确提出的问题,原则上都有解答:真相唯一,谬误则多元化。正确的答案应当也必须是永恒而普遍的,相当于说要无论何时、无论何地、无论何人,放之四海而皆准。而我们可以通过对理性审慎的使用来找到这种正答。"[②]伯林反对的正是这些所谓的、涵盖"一元论"的"教理"或者说乌托邦的观念。

---

① 伯林,《浪漫主义意志的顶峰》,载《扭曲的人性之材》,第 208 页。

② 伯林,《休谟和德国反理性主义的源泉》,载《反潮流》,第 236—237 页。参见沃林,《非理性的诱惑》(*The Seduction of Unreason*)。

531 在这里，我们应当重读一下《反潮流》一书的序言，此序言由罗杰·奥舍尔为伯林而写，是其对作者思想的概括和分析。奥舍尔致力于证明伯林在思想史上的原创性及主要贡献。伯林认为，自柏拉图以来，占多数的思想家，尽管分歧巨大，全部都在不做讨论的情形下承认了一个核心公设，即现实在本质上构成一个理性的整体，其中所有事物最终都能达到协调。思想家们假设了一种可以由人类知性理解的真相汇编的存在，而掩盖住一切可想象的问题，不论是应用上的还是理论上的。要接触到这些真相，只有一个或一类正确的办法，这些真相以及这些方法都是得到普遍准许的。以此为背景，伯林着手梳理他对逻辑实证主义的看法，同时也表达出对于经验的无限多样性的敏锐觉悟：这一多样性无法缩减。此处，奥舍尔补充了一个重要的观察：伯林对休谟、卢梭、卡尔纳普（Carnap）、维特根斯坦（Wittgenstein）、“维也纳之环”的否定，以及他对上述个人、组织所使用的办法中旨在打磨、压倒真相的新实证主义倾向的否定，堪比维柯对笛卡尔或是哈曼和赫尔德对法国启蒙哲学的否定。伯林所感到的同他们之间的相似处，使得他带着如斯的热情与深刻的理解来研究他们。①

“从某种意义上，我们可以说”，奥舍尔在后续为伯林提笔写道，“伯林的全部哲学工作就是一场持久的斗争：一时有着开放的面孔，一时变得更加迂回，但始终带着一种精明敏锐，一种决

---

① 奥舍尔，伯林的《反潮流》的引言，第21—23页。

心以及很高的创造性，与简化的方案相反。那种方案在于把一些不适当的模板和准则应用在人类科学领域。[……]确实，伯林面对两种致命的危险坚持不懈地捍卫着我们：依附普遍体系的危险[……]以及将一门学科的方法和手段搬到另一门学科的危险[……]。”[①]换言之，伯林是在与唯理性主义作战。“所有这些唯理性学者，”奥舍尔写道，“都认为我们可以通过一些有待确定的手段，接触到一种唯一、统一且均匀的知识汇编，这汇编同时可以支撑有关事实的问题的解答和价值观的等级划分。”奥舍 532
尔说，他们尽力在制定着一些普遍的图景，一些统一的、能够使已存在的现象在逻辑上的相互关系变得明显的设计框架，并且他们相信可以建立一个价值观等级。这样一来，就不再有任何断层会导向突发的、预料之外的发展变化；而所有事情，至少在原则上，都会成为可以为理性所理解的，因为它们对应着永恒普遍的一些规律。结论已经呼之欲出：根据这场对法国启蒙运动的可笑拙劣的回想，它所告诉我们的是“这根支柱骄傲地矗立着，它是所有燎原之火的最初火星、西方思想的理性与科学大厦的主要支撑，但也为部分在其中进行研究的思想家所暗中颠覆，并由此最终招致了崩溃”。[②]

带着极高的可信度，以及一直以来作者自身的担保，这位门生继续着他的叙述：“伯林的全部工作只是持久而执拗的对哲学

① 奥舍尔，伯林的《反潮流》的引言，第 24 页。

② 同上，第 30 页。

观念和真理观念的拒绝,对关于人类境遇问题的一些调查方法的拒绝,以及对人类的一些真实的可能性的拒绝。而这些在西方传统中占据重要的一席之地至少已经超过两千年了"。[①] 这就解释了为什么伯林感到自己同赫尔德、维柯、哈曼、迈斯特、索雷尔等人是那么意气相投:他们都对立足于自然权利上的西方传统和唯理性主义传统发起猛攻。奥舍尔有理由如此介绍这场伯林所极力鼓吹的反对西方传统的叛乱:这是最深层的动荡之一,对于思想史有着自大革命以来最为沉重的后果,并且这场动荡对于社会的强烈作用一直延续至今。在展示这场首先于 18 世纪前叶发生在意大利、之后以不断增强的气势出现在整个德语世界的由思想家带来的反抗时,奥舍尔这样概括伯林:一切规则的对抗者,反对唯理性理论与科学理论这些西方传统的核心。这股思潮——毫不夸张地说——改变了世界:民族主义、浪漫主义、相对主义还有多元论都由此而起。[②]

就如索雷尔和斯宾格勒一般,伯林认为启蒙运动不专属于
533 18 世纪:这不是一个历史时期,而是一种思想结构。启蒙运动表达着一种基于普遍价值的理性文化,是属于每一个历史时期的。索雷尔持同样的意见;斯宾格勒则提及一些中国的启蒙学者,在智力结构上他们几乎与欧洲的启蒙学家一致。

一种反文化建立在了启蒙运动的废墟之上。这种反文化的

---

① 奥舍尔,伯林的《反潮流》的引言,第 29 页。

② 同上。

基础来自维柯这第一位现代反唯理主义者的著作。在伯林的理念中,维柯同时是现代文化构想之父、文化多元论之父以及历史人类学之父,是被德国历史学派遗忘的先驱。[①] 确实,我们可以从维柯身上找到历史主义的全部雏形:他对社会契约、自然权利的全盘的抨击。[②] 按照伯林的观点,维柯的主要贡献并非文明的周期发展理论:“他的步伐是革命性的,这在于他驳斥了超越时间的自然权利这条理论,该理论认为这些规律本应由全人类所知晓,无论时间与地点。”[③]在《维柯与赫尔德》一书中,有这么一句话意味着维柯的思想带有明确的相对主义,而就是这句话正是伯林在面对意大利博学者的批判时尝试抛弃的:“有时他(维柯)会回想起基督教价值观是绝对而超越时间的;但大多数时间里,他会遗忘这一点,并且在谈话中摆出——这也是很有必要的——一副时移世易的样子。”[④]历史并非一蹴而就。历史是矛盾的,但我们的过去对于我们认识自身是必不可少的。好在还有补救的办法。维柯说:“存在着三种不会说谎的历史知识的源头:语言、神话传说以及古代风俗。”[⑤]伯林阐释道,维柯将会进一步发展这一议题,透过他的博学、想象与果敢。[⑥] 他的目标

---

① 伯林,《维柯和文化历史》,载《扭曲的人性之材》,第70—73页。

② 伯林,《维柯与赫尔德》,第38—40页。

③ 伯林,《反潮流》,第64页。

④ 伯林,《维柯与赫尔德》,第41页。(原文中是法语)伯林在这里引用了阿纳尔多·莫米里亚诺(Arnald Momigliano)。

⑤ 同上,第41页。

⑥ 同上。

首先是在数学研究上完全搞错的笛卡尔和笛卡尔主义者们。那些错误会凸显出外部世界之现象的规律性和变故,但是却无法使我们接触到这些情况之所以存在的原因,也无法使我们了解
534 它们的终结。我们无法理解自然,因为它并非我们的造物。不
过,立足于"人的自然在无论何时何地都是基本一致的[……],全人类有着一些共同的目标"这一思想的整个自然权利理论都遭到维柯的攻击:这个那不勒斯人"试图动摇启蒙运动的神庙的支柱"。[①] "文化的历史周期的每一步[每个民族都会经历的]都体现着它自己独立的价值观、它自己的世界观,特别是它自己对人与人和人与自然力量关系的构想。[……]对于维柯而言,每一个文化[……]不只是因果链或一系列偶然上的一环,而是神所授意的天命蓝图中的一个阶段。每个阶段都不可类比,因为它们都因为它们独有的文化而存续,同时也只能通过它自己独有的字眼来获得理解。[……]如果一个文明被解释,或者在更糟的情况下它被只在其他文明中有价值的准则所评价,这个文明的本质就会被糟糕地理解,而人们做出的勉强统一的错误描述[……]、一系列混沌的事件,就同讽刺黑暗时期的伏尔泰式滑稽的讽刺画不无相似之处。"[②]这就是维柯对反启蒙文化的贡献所在,伯林对此大加称赞。这些表述不止一次地出现在伯林的

---

① 伯林,《反启蒙》(Les Contre-Lumières),载《反潮流》,第 59 和 66 页。同时参见第 60—65 页。

② 伯林,《关于 18 世纪欧洲所谓的相对主义》,载《扭曲的人性之材》,第 84 页。

重要著作中。在他研究的核心论著《维柯与赫尔德》的序言中，这些表述得到了很好的再现和总结，并被归纳为七点。①

之后是哈曼。对伯林来说，哈曼“是所有领域中反唯理性主义的先锋”，“他值得被研究，因为他是现代历史上少有的真正原创的批评家”，“一场吞没了整个欧洲文化的运动之被遗忘的源头”。再没有别人配得上这份荣耀的头衔：卢梭显然不行，因为他“单纯的政治想法[……]是经典的唯理性主义”；甚至柏克也不行，他一面宣称“这些理论立足于抽象”，一面只是求助于“理智的人们平静的见识”。哈曼则不同：“理性、理论、普及，这些像七头蛇一样难以根除的怪物，它们每抬起一处头，他就把它打下 535
去。”②序言中的这一页为全文定下了基调，而且它读起来仿佛是一两个世纪甚至更久之前就写下的。一方面，伯林看待哈曼时带有偏爱，他感受到了他从赫尔德那儿了解到的那种移情，这是理解历史的一个必要条件；而另一方面他却又保持着距离。作为赫尔德派学者，伯林没有成为一名哈曼派学者，巫师思想的宗教特性使他无法如此。伯林明白哈曼“是一位狂信者”，抱有“对于人类理解宇宙、理解自身的愿望的一种偏激之憎恶”，这盲目的反唯理性主义最终导致一场“黑暗节庆”。③ 但同时，这种反唯理主义又使他深深着迷，它重新建立了对科学的挑战。哈

---

① 伯林，《维柯与赫尔德》，第 16—19 页。

② 伯林，《北方的占星师，启蒙运动批评家：哈曼》（*Le Mage du Nord, critique des Lumières: J. G. Hamann*），巴黎，法兰西大学出版社，1993，第 25 页。

③ 同上，第 129 页。

曼"只承认个人及其特性",他"认为所有普遍化的尝试都会引起、创造不具名的抽象"[①]。伯林对此还补充道:"就如柏克在几年之后的观点,哈曼认为将科学标准套用在人类身上会招致错误的观点,并最终在深层次上贬低人之为人的本质。"[②]他为此辩护说:"人类的基础价值与它渊博的对手势均力敌:伏尔泰,康德。"也就是说,伏尔泰,康德[③]可与哈曼相提并论。

伯林写道,哈曼的重要之处在于他"受辱的敏感"的呐喊,在于他对"德国遭受傲慢、精神上盲目的欧洲之侮辱"的反抗。[④] 于是,在 20 世纪的最后二三十年中,我们目击到自拿破仑战争期间的费希特以来,到 1870 年拿破仑战败后的巴雷斯,再到一战后的德国人、意大利人的所有强硬的民族主义、灾难性的种族中心主义的经典托辞的合法化。法西斯与纳粹主义的创立者们也感到自己在对启蒙运动、对西方民主的反抗中不只是解释,就连在辩白上都遭到侮辱,西方民主始终一如哈曼时代那样高傲。不仅如此,"哈曼还谴责了一元论"[⑤],这对
536 伯林而言可谓政治道德的顶峰之一;他"并不等同于具体性、特殊性、直觉、私人以及非系统性的辩护者"。[⑥] 伯林再一次模仿特勒尔奇和梅尼克:就是这一点将"德国同科学的、普遍的、

① 伯林,《北方的占星师,启蒙运动批评家:哈曼》,第 127 页。
② 同上,第 128 页。
③ 同上,第 126 页。
④ 同上,第 129 页。
⑤ 同上,第 125 页。
⑥ 同上,第 102 页。

唯理性的欧洲相区分，并确实使其分离出来”。[①] “带着那令人心碎的、不可改变的放肆，[哈曼]把刀刺进妥善露出的伤口中”；面对这份放肆，伯林激赏得心神摇荡，“就是这些，给了哈曼在思想史上独特的重要性”。[②] 虽然因为有着明显的夸张以至于此话的可信度饱受诟病，但重要的是，想要很好地理解 20 世纪的反启蒙运动学家们，就得知道伯林是通过对哈曼的极力推崇而确立了毫不含糊的价值范围：前述的伤口，其实就是唯理性主义与普遍价值。

多元论，以及对一切一元论系统的有效性进行质疑的能力，在伯林的眼中，同样是马基雅维利的大功德。伯林于 1972 年献给佛罗伦汀(Florentin)的文章就是他全部工作的浓缩。伯林认为，《君主论》一书的作者告诉我们存在着若干种道德，并且“基督教道德永远无法作为事物一般状态的指引。得有人站出来说这话。马基雅维利就这么做了”。[③] 马基雅维利攻击“西方政治思想的基础公设之一[……]，即试图让某项唯一的原则[……]规定一切生命存在的通往之方向”：自柏拉图以来，“这一学说统治了所有的欧洲思想”，它起源于一个“将人类社会与这个世界看作一个唯一可理解的结构的理念”，同样还有“自然权利概念”。[④] 由

---

① 伯林，《北方的占星师，启蒙运动批评家：哈曼》，第 102 页。

② 同上，第 131 页。

③ 伯林，《马基雅维利的独创性》(L’Originalité de Machiavel)，载《反潮流》，第 129 页。

④ 同上，第 129—130 页。

此就出现了“这一一元而统一的模板，它是西方文明特征的唯理性传统的核心[……]”：“在认为所有确实可靠的价值观最终都兼容这样的信仰面前”，或者说“是在西方的主要哲学传统的基石之一面前”，“马基雅维利发起了挑战”。① 伯林非常喜欢马基雅维利——这位西方唯理性主义传统的破坏者——的思想：他“打开了缺口”，在这铁板一块中“打开了突破口”，点燃了“命定的烛芯”，又或者——恰如梅尼克所想——“他是用匕首深深插入了一个从未痊愈的伤口，要重
537 创它”。② 因为，在他之前，从未有人说过可能“存在不止一个价值观系统，不带任何标准，应用在所有人身上，允许人们在它们之间做出理性选择”，从未有人认为“完整的价值观系统之间可以互相冲突”并且没有“理性仲裁”之可能，也从未有人认为“可以存在不止一种终极价值”。马基雅维利证明了“完美社会这一概念与其本身是不一致的”。③ 同样，他还懂得开辟“经验主义的道路、宽容的道路、多元论的道路、折中共识的道路”以及“分歧的”道路。④ 在这一意义上，我们可以做出与伯林相左的结论：这样建立起来的并非是宽容之统治，而是相对主义的统治；而当仲裁仍旧被需要时，不存在诉诸权力之外的出路。

---

① 伯林，《马基雅维利的独创性》，第 131 和 135 页，同时参见第 134 页。

② 同上，第 131—140 页。

③ 同上，第 131、135 和 138 页。

④ 同上，第 142 页。

马基雅维利还为古代政治及社会价值观战胜基督教道德的个人自由价值做出了贡献,因而深受赞誉。[①] 一目了然的是,这篇分析作于梅尼克的分析之后,而且伯林对此也不讳言。在回到更古老的传统时,伯林自己也站在梅尼克一边,譬如希腊城邦(polis)或者是罗马共和,或是回到受索雷尔高度赏识的反苏格拉底式的、共同体化的道德中。

伯林再次在他关于迈斯特的论文中列举了对启蒙运动基本
原则的拒绝,该论文承认那位萨瓦外交官的巨大重要性,并且认
为他促就了"我们的当代"。我们的当代,根据伯林的历史主义
是这样的,根据"他对于抽象观念及演绎方法的虚弱的宣告"也
是如此。"没有人像他一样努力解释事物如何出现,如何通过人
之本性、权利的本性、美德的本性、物理世界的本性这类普遍的
观念去推论出我们所应做的事情。"[②]伯林曾无数次回到这个观
念上来:迈斯特曾经是启蒙运动所有流派的共同观念的敌人,无 538
论这些流派内部存在怎样的分歧,哪怕这分歧在别的领域时常
很深刻,他们的共同观念就是认为"人的本质是理性的、社会性
的",认为"应为和愿为是必须兼容的";他认为自然权利观念与

① 伯林,《马基雅维利的独创性》,第 139 页。

② 伯林,《迈斯特和极权主义的起源》,载《扭曲的人性之材》,第 165 页。文章的标题在译为法语时做出了改动:原本的标题是《迈斯特和法西斯主义的起源》。法语版本的译者立即明白了其中奇怪的、说不太过去的地方,认为这个标题映射出来的形象是反理性的、寻求复辟专制的、法西斯主义的。我们可以参见一篇称颂伯林、迈斯特的文章,来自格拉梅·杰拉德(Graeme Garrard),《伯林和迈斯特》,载马里和沃克勒,《伯林的反启蒙》,第 117—131 页。

声称人——至少是受过适当教育的人类——有能力获得自由、会自我控制并且可以走向“幸福、高尚与明智的人生”的观念一样荒谬。他竭尽全力地反对这一幼稚的乐观主义，正如同他攻击另外一项遵循了同样愚蠢的乐观主义观念——科学方法在人的科学上的运用。[①]

这就是迈斯特对伯林而言的价值。他完全承认迈斯特思想中暴力、突然、残酷以及独裁专横的一面，他清楚迈斯特如同教皇和刽子手一般引领着人类事务；但是，他不仅对迈斯特在人与社会及政治的本质上的深刻理解赞赏不已，还更加激赏迈斯特彻底的同唯理主义和唯科学主义的斗争。伯林着重指出：“迈斯特充满效率并带着可观的精湛技巧，揭露了所有形式的启示与理性结构。”[②]尽管在他身上能够找到法西斯主义、反德雷福斯派以及维希派的影子，但同时他也令人赞赏，因为他的历史主义、他对变化与特殊性的关注、对偏见与民族特殊性的关注，还有他“对于人”的藐视。伯林认为，迈斯特身上有些很重要的东西值得我们学习：“不管他是一个怎样的法西斯主义者，当他与柏克一道站出来反对‘人’可以不在任何已知文化社会背景下存在的说法时，他是走在正确的道路上的”：柏克、迈斯特还有莫拉斯，以及追寻他们足迹的秦梯利(Gentile)、罗柯与墨索里尼、卡尔·施米特和阿尔弗雷德·罗森贝格，他们都视人权观念为现

① 伯林，《迈斯特和极权主义的起源》，第 114—115 页。

② 同上，第 115 页。

代思想中的大谬。伯林则在多元论的名义之下,也向人权发起他自己的攻击,而且他还将人视作数量不定的文化和民族的分割块。[①]

这份献给迈斯特的论文还令人感到有趣的是,我们可以从中读出一种不带民族主义的法西斯学说:如果伯林不按照一个确定好的目标,也就是拯救民族主义的目标写作,我们很可能会完全地误解他。从很多方面看,这份他为之工作了最多的长篇 539
论文之一,很奇怪地令人回想起埃米尔·法盖于 1890 年左右时作的论文:这位右翼政论家精细而准确,同时又热情地表述了迈斯特的思想。[②]

伯林在他 1960 年所写的关于迈斯特的文章的结尾处——这篇文章随后就被放置一边等待日后的回应——就已经提及了索雷尔。仅仅十年之后,伯林就为《暴力论》(*Réflexions sur la violence*)一书的作者著文,但从 60 年代初起,索雷尔派反理性主义的过渡才自然而然地形成。索雷尔是理性主义大厦以及"类型"大厦的大敌,维柯的欣赏者,苏格拉底和伯利克里城邦道德的猛力攻击者,一位将自己的大部分著作建立在对神话传说的"推销"及以此反对理性主义乌托邦的作者,伯林为之着迷。索雷尔为反对雅典启蒙运动的马拉松斗士们的品德辩护:通过公元前 5 世纪的希腊,他暗中撼动了 18 世纪法国的根基。在索雷尔那

---

① 伯林,《迈斯特和极权主义的起源》,第 107 页。

② 法盖,《19 世纪的政治家与道德家》(*Politiques et Moralistes du XIXe siècle*),系列一,第十二卷,第 1—67 页。

里，伯林高度评价了现代社会方法论的解放，这一方法论使用了柏格森主义所打造的各种工具；此外，这些工具还可以“同样在一个世纪以前敌视法国的德国浪漫主义者身上很好地”找到：这里所说的基本上是“关于在巨大的非理性、无意识面前，理性在个人生活以及在社会中的微不足道”这一思想。[①] 伯林对索雷尔派反理性主义青睐有加，尽管他有着挥之不去的反民主主义思想与对民主社会、自由价值的藐视。索雷尔告诉过我们：“不是理论知识而是行动，也只有行动，可以使我们理解真实。智慧冻结并扭曲了真实。要通过直观的手段——像艺术家那样通过图像——去掌握现实，而不是通过什么理念或者是推论，又或是运用笛卡尔哲学的逻辑。”[②]从维柯、哈曼到索雷尔、伯林，一直有同一条思想脉络出现：与斯宾格勒的观念相同，反启蒙是属于任何时代、任何文化的。

如果说迈斯特表现为法西斯主义的奠基人——尽管他对民族主义毫不感冒，但他对受罗马天主教领袖统治的基督教欧洲的参照则放大了他的这一身份——索雷尔则逃脱了这一不佳的
540 评价。尽管他抱持着对暴力还有少数派运动的崇拜、对民主和自由主义的憎恶，尽管他持有民族主义、仇外主义、反犹主义立场，尽管意大利法西斯主义的奠基者以及第一批法国法西斯主义者都视他为先知，伯林依然为索雷尔对 18 世纪的批评，对笛

① 伯林，《乔治 · 索雷尔》，载《反潮流》，第 327 页。

② 同上。

卡尔主义、进步论、丰特内勒、卢梭还有“百科全书”的轻视而感到着迷。由此带来的结论就是，在这20世70年代的开端，“索雷尔所描述的危险真实不虚，而且依然存在”。[①] 伯林所谈到的危险并非同人权、理性主义还有乐观主义的抗争；恰恰相反，他所谈论的是他极力奉承的抗争；索雷尔的职业思想时至今日不但没有老朽，反倒情况是“我们在任何坐标点上都会遇上它们。它们代表着针对一种协调社会系统的空想理性主义的抗争，孕育着一种毫无混淆的满足；在那种空想理性主义中，所有基础疑问都退回到技术性的问题，也因此可优先借助技术得到解决。这就是令如今的青年一代感到厌恶的封闭世界的图景。索雷尔是第一位条理清晰地论述了这种反感的人。他的话语今天仍可以干扰到我们”。[②]

又一次地，我们观察到伯林所作的启蒙运动的讽刺画就是迈斯特与索雷尔所作的。事实上，当伯林阅读启蒙运动的著作时，他是带着赫尔德、柏克、泰纳的眼光在看，而他的阅读中包含的挑剔与讽刺不比前述那些人少。柏克和赫尔德为拯救整个文明而战斗，伯林也为同样的一种情感而活跃。在这场争斗中，无论什么都是被允许的：就像赫尔德和柏克曲解启蒙运动的意义那样，哪怕是其中最温和的那些方面都被曲解。伯林贡献给启蒙运动，尤其是法国启蒙运动一幅画面，是如同偏执、绝对的王

---

① 伯林，《乔治·索雷尔》，第343页。

② 同上，第344—345页。

国一般的画面，它必然是由理性主义和初等唯科学主义所产生，应用在人类社会之上，形成了决定论；此外，它还是帝国主义文化的王国，更兼——在普遍价值的外衣之下——看轻巴黎文化之外的一切文化。

同他的先驱们一样，他在启蒙运动者之中看到了狂热，然而他们原本是温和的改良派。启蒙运动的中伤者们都将他们说成
541 现代狂热崇拜的奠基人，可他们曾与所有形式的盲信相抗，且支持宽容；他们还成了“一元论者”和狂热的欧洲中心论者，然而他们曾经显示出基督教民族对于非欧洲文化、多元论文化的不知名的尊重。霍尔巴哈(Holbach)原本是无神论者，但他也不曾断言：既然神已经死了，一切都可以被允许。[①] 爱尔维修的功利主义创下了温和、理性的社会方针的基础。我们可以看到对启蒙运动观念的篡改是如何运作的：当这些人在思考一个更好的世界并且要求得到幸福的权利时，我们谴责他们好高骛远；当他们寻求更多的公正，我们责备他们苛求完美；当他们批判已有秩序并把国家看作公民手中的简单工具，我们把他们当作社会不可或缺的秩序的破坏者；当他们呼唤理性来对抗历史积累下来的错误和堕落，我们批评他们是想得到一个“在将来由机械的程序设计，以便被一些理性专家团队为了功利目标而操纵的”世界。[②]

---

① 参见盖伊，《人性盛宴：论法国启蒙运动》，第 284—285 页。

② 奥舍尔，《论以赛亚 · 伯林》，载《反潮流》，第 42 页。

在这里，是否应该再一次提起：启蒙运动的思想家们从未将人类生活的复杂性回退为一个孤零零的公式——每当人们有需要的时候都会去重新找到它？马克·里拉(Mark Lilla)在一篇简明而出彩的文章中很好地指出了这一点。① 约翰·罗伯逊，实际上如同18世纪的所有历史主义者一样，都对伯林的著作感到一种深深的不安，并指出对后者而言，启蒙运动是如何缩减成了数目非常小的一些简单想法：人类本质的同一性，作为一切道德行为法则的自然权利的普遍性，对于人类只存在一种可发现、可抵达的完美终极之确信。② 无论如何，从伯林——这位受过良好教育、既非博学者亦非专家且着迷于这一项高贵而易模仿的论证的英语读者——身上找到的正是对这个体系的可笑模仿。

但是，我们在前文中已经提到，这场可以改变现代世界的思 542
想大革命的真正信徒、对于勒南来说继柏拉图之后最伟大的哲学家，以及在梅尼克确立的英雄等级中紧随歌德之后的，就是赫尔德。③ 对于伯林而言，他是三个基本思想的创造者，这三个基

---

① 马克·里拉，《什么是启蒙》(What is Enlightenment)，载马里和沃克勒，《伯林的反启蒙》，第1—11页。

② 约翰·罗伯逊，《为启蒙辩护——一个比较视角》(The Case for the Enlightenment: A Comparative Approach)，载马里和沃克勒，《伯林的反启蒙》，第73页。可以将这篇文章同杰拉德的《伯林的反启蒙式自由主义》(The Counter-Enlightenment Liberalism of Isaiah Berlin)进行对照，载《政治思想报》，第二卷，1997年10月，第281—296页。杰拉德展现了一个伯林想要我们看到的样子：在多元信仰的指引下攻击启蒙运动，因此充满了自由主义精神。

③ 伯林，《科学与文学的分离》，载《反潮流》，第158页。

本思想直到今天依然适用:第一,人只有处于一个有识别性的群体中才能发展壮大,这个群体中的每一个人都拥有自己独特的个人风格、独有的世界观,以及共同的传统、历史记忆和语言;换句话说,这是一种特定的历史文化,与所有其他的不同,这个世界也因此得以发展。第二,所有精神活动要以文学、艺术、哲学、宗教和法律的形式表达,那首先要形成一种人与人之间的交流方式。创造性活动被设想成为一种为表达个人对生活的观点而发出的声音,但就理性分析而言,创造性活动是不能被理解的。也就是说,它既不是通过对组成元素进行仔细分析,也不是通过概念分类,而是借助情感同化(Einfühlen)的力量,这也是艺术家除想象力和历史洞察力之外的本性。在伯林看来,历史的新意义就存在于赫尔德发现的这一同化力量之中。最后是多元论。多元论相当于承认文化和价值体系的无限多样性:每一种文化都有它自己的价值尺度、行为模式,所有这些文化都是同样正确的,它们不能用相同的尺度来衡量评判。伯林说,在赫尔德看来,无论何时每个人都同属于人类这个范畴,但重要的是他们之间存在着不同点,正是这些不同之处区分了他们的文化,使他们自己在"这一语境中被赋予更深层的意义;也正是在这些不同中,人类才能够表达出不同人种、不同文化的个体基因。"①

正因如此,一种文化、一个时代总是以它们自身为目的,而不是向着另一个时代变迁,也不是为另一种文化做出的准备。② 文

① 伯林,《维柯与赫尔德》,第22—23页。

② 同上,第187—189页。

化不仅没有等级划分，而且人不能相互替代，并且永远不能变成其他人目前或者曾经的样子；在任何一个文明都是独一无二的条件下，“一个哪怕是在原则上有效地适合于所有人、所有时间地点的理想要如何存在？”①

在五十几页之前，伯林介绍了赫尔德思想的三个支柱。他很 543
深入地内化了这些思想，事实上他所有的文章仅仅由一长串关于赫尔德的三个主要思想的展开所组成：民众主义、表现主义（一般意义上的）和多元论。伯林比任何人都了解这三个元素，它们与启蒙运动时期的道德、历史、美学是不可调和的。② 在这里，伯林的弟子们，甚至伯林自己也时常提出的一个观念得到了澄清：尽管伯林支持特殊的、有限的自由主义，他也不能自称是启蒙运动的一员，也不是有些人说的“怀疑派”启蒙运动者中的一员，而是他们最严厉的批评者之一。这些批评者总是赫尔德式的③：因为，如果说在这位魏玛传教士看来，在与一元论的冲突中，“一与多（The One and the Many）之间的紧张关系是强迫性的中心思想”④，那么这样一种思想——正如马克·里拉指出的那样，与启蒙运动的“一元论”冲突——正是伯林本身所追求的主要目的。⑤

① 伯林，《维柯与赫尔德》，第 206—207 页。

② 同上，第 153 页。

③ 马克·里拉，《狼与羊》（Wolves and Lambs），载《伯林的遗产》，第 35 页。在伯林的思想中，存在着许多的矛盾之处；但如果我们用他自己的思想去分析，就会解决这些悖论。

④ 伯林，《维柯与赫尔德》，第 154 页（原文中是法语）。

⑤ 里拉，《狼与羊》，载《伯林的遗产》，第 35—36 页。

针对启蒙思想家的抨击，是由伯林之前的支持多元论主义的创造者们发起的，尽管他们在其他方面持有保留意见：迈斯特、索雷尔，还有他们之前的马基雅维利。从根源上看，对于伯林而言，一元论、唯理论和绝对价值的敌人都是他们的支持者。自由主义与启蒙运动最可怕的敌人对启蒙运动的批判之间令人担忧的不可调和性是可以避免的，这并不是完全确信可靠的。

民众主义意味着什么？为了避免“民族主义”一词的负面含义，伯林尽可能长时间选用了“民众主义”一词。民众主义定义了从属于一个群体的归属感：对于赫尔德而言，这种需求是基本的，是获得滋养的根本。[①] 个人永远从属于整体，从属于整体又意味着以一种特定的方式思考和行动：从属于启蒙思想者这一群体，就要依据其特定的世界观、特定的社会准则和目标来思考和行动。因此，所有的个人行为必然有意或无
544 意地表现出这个群体的共同愿望。[②] 由于社会是所有个体的集合，它恰恰显示出其自觉的特性，这种特性是被赫尔德所厌弃的，因为群体的概念比社会概念更可取。群体是历史的产物，它的特征由文化特殊性表现出来：换言之，这就是种族。从属于一个群体意味着拒绝其他社会准则：根据赫尔德的说法，为了拒绝来自法国的文化影响，德国人掀起了解放战争。

① 伯林，《弯曲的树枝》(La Branche ployée)，载《扭曲的人性之材》，第 241 页。
② 伯林，《维柯与赫尔德》，第 195、201 页。

由此，德国不仅开始了国家统一的漫漫征程，也开始了对单一封闭种族的狂热崇拜。[①]

伯林知道，民族主义形式之下的民众主义有可能变得具有攻击性。在20世纪后半叶，这一进程不再需要长期论证；正因如此，他想要立刻阐明这个问题："民族主义是一种对民族意识满怀激情的状态，这种民族意识是，甚至说已经成为，一种和平而宽容的思想意识。"但不幸的是，伯林既没有找到例子能够证明这种"狂热状态"可以同时做到"既宽容又和平"[②]，也没有指出在过去两个世纪何时或者何种条件下，他所领会到的这种意义上的民族意识不会导致不宽容的民族主义。正因如此，很难理解第二次世界大战以来人们如何能够依然完全赞同这种社会的有机概念，甚至将它和法国启蒙运动这一长足进步相提并论，将它视作一种解放的形式。伯林想要确立在生活的各个领域的全面统一：身体与精神，科学与艺术，事实与对它的预估，这些都是紧密联系不可分割的；同样地，人们也不可以将个人和社会割裂开来。出于这一目的，他十分推崇赫尔德。[③] 这实际上是赫尔德的有机论，伯林认为这是一种革新，通过这种体制他看到了

---

① 以伯林的名义，奥舍尔向以赫尔德为代表的德国思想家看齐：他们应该在"他们自身发现深刻的精神和道德宝藏、对真理高尚而无私的爱、反对世俗享乐主义的精神、反对法国人的道德空虚和肤浅。与礼貌而体面的法国人相比，德国人给人一种新人类、有着茂盛生命力的印象，是未来的真正领路人"。我们相信梦想，参见奥舍尔，《论以赛亚·伯林》，载《反潮流》，第44页。

② 伯林，《弯曲的树枝》，载《扭曲的人性之材》，第243页。

③ 伯林，《维柯与赫尔德》，第201页。

一个巨大的进步。

伯林对于民族主义的款款柔情着实并不常见，正因如此，他
545 赋予赫尔德的形象是令人困惑的埃皮纳勒(Épinal)的形象：他的民族主义全然是文化的、温和的，与政治并无关系，或者说这种民族主义是民主的、无害的，完完全全符合基督教教义，因此它专注于一个共同的文化，是普遍而持久的；多样化不会陷入到同一性的大敌内部的斗争中。民族主义，它是对“归属”的自然需求；它的民族身份的概念不是别的，正是赫尔德的定义的一个副本。实际上，伯林的所有著作都是赫尔德思想的体现：“人们之所以团结一心，是因为他们知道是什么让他们团结起来：血缘关系、语言、土地、集体经验；这些联系是独一无二的、无形的、根本的。对于人类而言，文化的界限是自然的，文化界限产生于不同文化的内在本质、发展环境和历史路径之间的相互作用。”[①]

伯林相信，赫尔德弃置了所有植根于人类学的学说；他比康德更为自由，而且他在魏玛时期就已经宣示了个人主义精神和世界主义精神。[②] 然而，在不到 20 页之后，我们可以看到“如果赫尔德谴责个人主义，那么他同样憎恶国家”。[③] 在伯林对赫尔德大加赞赏时，他的著作中没有丝毫的前后矛盾。至于这个国家，在之前的几章中我们已经清楚地看到，赫尔德

---

① 伯林，《西方乌托邦的衰落》(Le déclin des utopies en Occident)，载《扭曲的人性之材》，第 50 页。

② 伯林，《维柯与赫尔德》，第 157—163、175—176、182 页。

③ 同上，第 181 页。

厌恶的不是国家本身，而是民族国家之外的国家形态。伯林不认为自由和个人自治不能与文化和民族机构并存，他也不认为魏玛时期的个人主义与赫尔德的“群体”观点或是他的文化独特性观念相违背。此后，赫尔德发明的民族主义将被打上其起源的烙印：与普遍价值和“物质主义者”的战争，这意味着与纯理性主义和实用主义的战争，由此也是自由主义式的战争。

如果不是伯林真正注意到他，我们看到的还是一个原原本本的赫尔德；对于他来说，人“是各不相同的，他们追求的目的也是不同的，这同时与他们的特性和价值相关。价值和素质不能以同一标准衡量。人不止要做自己，人是一个拥有相同传统的族群的一员——首先是语言奠定了他们的思想和情感，这是他们不能放弃也不能改变的，语言构建了他们的内心生活”。[①] 伯林对我们解释，在赫尔德的思想中，“没有任何一个民族、任何一种文化[……]优越于其他，它们仅仅是不同罢 546
了”。事实上，我们在赫尔德身上已经看出这些不同是如何立刻造成文化和时代的层次结构的。但是，根据伯林的解读，在赫尔德的著作中不存在任何“价值等级”，而谈论普遍标准构成了“使人成为人的盲目证据”。虽然“人有很多的共同点，但这些共同点不是最重要的。正是人不同于其他人的部分，才赋予了人个性，使他们成为自己本来的样子，使交流变得可

① 伯林，《西方乌托邦的衰落》，载《扭曲的人性之材》，第 51 页。

能。所有的一切都源于他们的不同、他们的特点、他们的细微差别和他们的个性”。① 在此伯林得出了显而易见的结论，因为它指向费希特和巴雷斯的关于人类现实的看法：既然一个文明的社会准则永远不同于另一个文明的，而且它们之间可能互不相容②，因为人都面对着大量的生活模式、思维模式和感知方式，每个人都有自己的“重心”，“只有通过一直生活在他们和他们祖先出生的地方，使用他们自己的语言，在自己的社会和文化的习俗框架下过自己的生活”，他们“才能够充分发展自己的能力”。③ 因此，赫尔德——伯林并未对此恼羞成怒——颠覆了西方观念中的一个中心思想，这可能是西方观念中最重要的思想，也就是人的同一性观念。同时，他创立了“多元论”；或者说，如果我们想这样理解的话，也可以说他创立了认为多样性本身是一种财富的观念，以及认为所有的认知、事实上是所有的人类生活都依赖于一个共同体具体而又独特的过去的观念。④ 后来伯林再次强调，他在 1980 年说，既然多元化意味着“承认客观目的不可沟通和不可相容”⑤，并且“如果每一种文化表达自己的愿景，并有权实现它，如果社会的目标和价值标准与不同的生活模式之间不可一概而论，由此便不存在一套唯一的原则，不存在适

① 伯林，《西方乌托邦的衰落》，第 51 页。

② 伯林，《浪漫主义意志的顶峰》，载《扭曲的人性之材》，第 222—223 页。

③ 伯林，《西方乌托邦的衰落》，载《扭曲的人性之材》，第 51 页。

④ 伯林，《维柯与赫尔德》，第 23—24 页。

⑤ 伯林，《关于 18 世纪欧洲所谓的相对主义》，载《扭曲的人性之材》，第 95 页。

用于所有人的普遍真理”[①]。我们真的没有一个经典的相对主义的定义吗?

因此,在所有的阐述中,他都表现了如上观点,然而在他理 547
论上尊重所有文化的表面之下,是一个封闭的部族社会,产生的文化决定论已经受到种族主义的限制。这些想法与巴雷斯在其宣言“地球和死者”中定下的原则、与莫拉斯在《君主制探究》(*L'Enquête sur la monarchie*)中的思想以及德国保守主义革命的思想意识有哪些不同之处呢? 文化上的民族主义永远不仅仅是走向激进的政治民族主义的第一步。欧洲整个 20 世纪前半叶都证明了这一点:面对启蒙运动的人本主义中的普遍社会准则和普遍范畴,破坏性的民族主义从来都不只是强调民族、历史和文化特性导致的自然结果。伯林写书之前,实验的证据已经完成;同样地,分裂的代价、坚持保留区别和民族特征的代价、保持个人对其文化和心理背景的依赖的代价都不再是一个秘密。令人感到尴尬的是,需要提醒大家这样一件事:在 19、20 世纪,正是那些由赫尔德的基本原则进行武装的所谓的不涉政治的文化身份带来了数十个语言、文化、宗教共同体的互相攻击。况且,法西斯主义和纳粹主义不也正是一种反抗自然权利的民族主义吗? 伯林非常果断地将 18 世纪当作古拉格的摇篮,但是至于赫尔德的民族主义和他的追随者,他说得好像 20 世纪欧洲的灾难是从天而降的,与先前发生的反启蒙运动毫无关系。18 世纪的

① 伯林,《浪漫主义意志的顶峰》,载《扭曲的人性之材》,第 222 页。

唯理论想要成立公民国家:因此在法国大革命的头几年,自由民族主义没有脱颖而出;在这一段很短的时期里,自由民族主义也没有在法国之外的任何地方出现过,它的学术框架正是由这一整套想法和伯林所唾弃的原则来实现的。相反地,《另一种历史哲学》(1774 年出版)一书中所提出的原则的拥护者,就像巴雷斯和 20 世纪的赫尔德主义者所希望的一样,期望拥有一个在共同的历史文化中紧紧围绕自己的墓地和教堂的有生机的组织、一个相通一致的大家庭。

但是德国文化革命的意义很快在法国体现出来,这也没有被伯林遗漏。在详知底细的情况下,继梅尼克之后,他将与西方传统的决裂看成是抛给在衰落的法国理性主义中沉沦的世界一
548 根救命稻草。1975 年《维柯与赫尔德》一书中的一段话以一种既准确又简洁的方式总结了这次决裂的意义,是伯林思想的精髓。确实,德国革命的到来就是“为了动摇对有关行为的客观普遍真理的信奉,动摇对完美和谐的,完全从冲突、压迫和不公平中解放出来的社会的可能性的信奉——它的目标是将来有一天人们可以被真理、幸福和美德统治,这对于孔多塞来说弥足珍贵,为了实现这一目标,付出怎样的牺牲都不为过。这些真理、幸福和美德连接在‘牢不可破的链条’上——在我们这个可能比任何历史时期都要有更多牺牲自己、屠杀别人的人的时代,这些信仰是很理想的。”①

---

① 伯林,《浪漫主义意志的顶峰》,第 234—235 页。

伯林不断强调对启蒙运动最无情的批评者在政治思想史中的重要性，也一直在强调面对法国启蒙运动带给现代社会的不幸时，他们作为纠正者的重要作用。在这些反抗者中，他注意到一些值得仰慕的“闹事者”；然而，事实上这是一种新的顽固的保守主义，而且承载了这些“闹事者”不断造成的不幸。伯林很感谢他们，因为他们提前预告说，是理性主义，而不是部族的民族主义，酿成无法避免的灾祸。然而他还有疑问。为了开脱启蒙运动的最大敌人的历史责任，他率先提出：“人不对自己的思想历程承担责任，更不用说这些思想带来的荒谬结果。”①他进一步延伸：“根据一个思想体系在另一个时期带来的结果，或者根据它在另一背景下的持续变革以及与其他因素的组合，来对这一思想体系进行评判，这是历史和道德的错误。”②但如果这是
这位牛津教授给我们上的一堂关于方法的课，那么为什么这些 549
原则既不适用于卢梭、伏尔泰和爱尔维修这三位极权主义思想之父，也不适用于孔多塞？为什么卢梭要为雅各宾专政的恐怖时期负责，为什么他要借罗伯斯庇尔之口发出自己的声音，为什么墨索里尼和希特勒也是他的责任，而赫尔德却只是文化多样性的一个无辜的朋友？为什么对于幸福和美德的追求负担了人类历史上最大灾难的责任，而普遍的社会准则遭到破坏却成了一件有利的事？

① 伯林，《维柯与赫尔德》，第 XXIV 页。

② 同上，第 184 页。

我们最终到了相对主义这个关键问题。伯林知道，一个认为每种文化都有其价值、一种文化不可能去批评其他文化价值的作者奉行的是一种简单而纯粹的相对主义："维柯的相对主义比孟德斯鸠走得更远。如果他说的有道理，他的思想将会完全摧毁绝对真理的概念。"[①]赫尔德的观点也是如此。首先，伯林对其进行了称赞，以反对法国的启蒙运动，提出"相对主义、对权威文化的崇拜以及应该从内部理解世界和文化的观点"[②]。他将赫尔德看成世界历史的英雄及其创造者，在《另一种历史哲学》中提供了一种"历史相对主义的经典表达"：赫尔德赞扬"独一性、个体性，以及最重要的，所有文明的不可沟通性"。[③] 几年之后，也就是《维柯与赫尔德》第一版问世不久并再一次引燃批评之火的时候，意大利古代史学家、关于维柯那部经典论著的作者阿纳尔多·莫米里亚诺想知道伯林是否全面考量了维柯和赫尔德的历史相对主义所牵涉的结果，赫尔德的相对主义是一种倒退。[④] 当然，他不愿意也不能够退回到本质，然而他绝对应该把法国启蒙运动的两大敌人从这一控诉中解救出来；从 20 世纪的灾难来看，这一控诉对他们的著作是具有毁灭性的。

550 于是，伯林在 1980 年撰写了他著名的文章《关于 18 世纪欧

① 伯林，《反启蒙》，载《反潮流》，第 65 页。

② 伯林，《维柯与赫尔德》，第 174 页。

③ 同上，第 208—209 页。

④ 阿纳尔多·莫米里亚诺，《在先锋的路上》(On the Pioneer Trail)，载《纽约书评》，11 月 11 日刊，1976 年。

洲所谓的相对主义》。在这篇文章中，他表示认罪：他主张了一些错误的观点，因为疏忽和成见的原因，他犯下了无知的错误。现在他知道，维柯和赫尔德并不比孟德斯鸠和休谟更具有相对主义的特质。[①] 为了解救维柯和赫尔德，实际上是为了将自己从基于多样主义的相对主义所造成的知识灾难中解救出来，伯林将要将这两个启蒙运动的主要敌人与两个启蒙运动的主要支柱相提并论，以便用同样的声音谈论他们。这样一来，我们可以认为，相对主义对 18 世纪思想的不公正的指控和全盘否定，应该在维柯和赫尔德的情况中毫不犹豫地被排除，对于孟德斯鸠和休谟来说也是如此。这个营救的行动是否应该继续下去丝毫经不起考验。

我们需要考察这个思想的最后一个侧面，或者说，如果我们想要继承伯林的遗产的话。"穿着晚礼服的后现代主义"：这位牛津思想家最狂热的信徒之一约翰·格雷(John Gray)所作传记的出版，以及之前厄内斯特·盖尔纳(Ernest Gellner)刻画的这幅伯林肖像，也构成了伯林对 20 世纪下半叶文化的贡献中不可忽视的一面。[②] 确实，正是因为他总是能将自己置于

---

① 伯林，《关于 18 世纪欧洲所谓的相对主义》，载《扭曲的人性之材》，第 85 页，同时参见第 93 页。

② 引自罗伯特·沃克勒，《以赛亚·伯林的启蒙和反启蒙》，载乔瑟夫·马里和罗伯特·沃克勒，《以赛亚·伯林的反启蒙》，第 14 页。格尔纳提到"作为后现代主义者的萨维尔·罗欧(Savile Row)"：萨维尔·罗欧是伦敦一条街道的名字，在这条街道上聚集了英国首都最多的裁缝铺。参见约翰·格雷，《以赛亚·伯林》，普林斯顿，普林斯顿大学出版社，1996。

自由主义共识的中心，很少有人运用启蒙运动的传统比他做过更多的恶。相对主义是反启蒙思想所共有的。尽管做出了各种努力，像赫尔德一样，伯林还是拒绝承认自己是相对主义者。然而在多样性和其他命名的标签下，相对主义的危险不再能证明对科学方法的唯一性的拒绝对人文和社会科学造成的危害。反对启蒙运动将17世纪改变世界面貌的科学革命应用于人文科学的战役，最终在1960年至1970年间成了一种广
551 泛的忧虑，或者像盖尔纳又一次指出的，对“一切皆可”(anything goes)①体系的忧虑。换句话说，这是一种普及的相对主义：所有的步骤都是合法的，不存在科学研究的准则，“多样性”是各种文化、各种价值都值得尊敬和公正对待的最高法则，人们很难置身其中并将其区分得十分清晰而准确。然而，在将“多样性”变成如今这个时代主导思想的过程中，有谁的贡献能比伯林还大呢？

在西方，是康德使人相信了批评是认知源头的观点，然而就像是雷蒙德·布登(Raymond Boudon)那个恰如其分的评价一样，“一切皆可”的思想体系否认了康德的批评方法中的一切价值和真理。② 对于伯林而言，康德并不是他的思想源头，他对

---

① 厄内斯特·盖尔纳，“一切皆可，廉价的相对主义狂欢节威胁即将到来的千年末尾的困境”，《时代文学副刊》(*The Times Literary Supplement*)，1995年7月16日。雷蒙德·布登更倾向于用“一切皆可”批评法国社会学进行科学分析所存在的弱点。然而，这种弱点并不仅仅局限于社会科学，也不仅仅发生在法国。

② 雷蒙德·布登，《法国社会科学：一切皆可吗？》(Les Sciences sociales françaises：does anything go?)，《评论》第110期，2005年夏季，第357页。

赫尔德的严厉批评、他的理性主义，都使得伯林不会是一个康德主义者。至于托克维尔亦是如此，对他来说，社会科学——时代语言的道德和政治——能够和其他科学一样稳固。[①] 我们在这一章可以看到，伯林反对 18 世纪的运动，其最主要的理由是他反对人文科学过分运用其他学科所采取的方法。直到 20 世纪下半叶，这个观点还被大多数社会科学家所接受。另一个值得注意的点是关于历史学家的："一切皆可"的宗旨允许了对事实的忽视，事实变成了多种多样的"文本"，而特别是"多样主义"，或者说相对主义，使得人们忘记任何研究的目标都是要达到真理，尽管我们知道对过去的重构永远无法挣脱它当时的情境。

在他生命中的最后几年，彼时 20 世纪也即将走近它的尾声，伯林重新回到了他的起点：他认识到，正是面对相对主义，人们才找到自身的位置；但这种相对主义，对于他而言已经是有所缓和的，因为所有的价值都来自人类某一种共同文化的演进。[②]
根据他的说法，维柯主张能够保证多样化价值存在的相对主义 552
类型。然而，很显然的是，这样一种共同的躯干不足以支撑人文主义和普遍主义：伯林并没有企图达到它。[③] 在他的思想中，最

---

① 雷蒙德·布登，《法国社会科学：一切皆可吗?》，前揭，第 352 页。

② 《以赛亚·伯林与斯蒂文·卢克斯谈话录》，第 88 页。

③ 同上。他因为这样一个事实欢欣鼓舞，也就是说，对于那些德国思想家关于时间和空间的思考，他能够在完全的孤立状态下表达出一种结论，以及一种类似于赫尔德的观点。

具有启示意义的地方或许在于，他拒绝达到一种普遍的结论。作为一个拥有复国主义思想的犹太人[①]，他从未思考过这场反对理性的运动是否不需要承担欧洲犹太人遭受毁灭性打击的责任。理由十分简单：对理性主义和自然权利的拒斥引发了多样性和价值的相对主义；实际上，这是一种生命之源。什么时候人类最大的敌人不是造成反对人权的反理性主义，而是一元论，也就是"相信存在唯一宇宙真理的信念"；不是"欢呼甚至不是宽恕浪漫主义非理性的荒谬行为，而是承认浪漫主义者在揭示人类命运是多样的、不可预见的、彼此不相容的同时，给认为谜题会有最终解答的、反对一切表象的观点以致命一击"？[②]

在阅读这个英语世界半个多世纪里伟大的、拥有无上权威的知识分子的著作之时，我们可以看到波罗的海另一边投射的阴影。在赫尔德的身后，我们看到所有的德国人成了法国专制主义的"受害者"，所有的孩子都受到法兰西文化扩张的羞辱，所有的斯拉夫和犹太民族主义者都渴求归属于一个集体，拥有共同的历史和名字。平均相对主义、语言的专制主义、法国的理智主义、认为人性建立在"人"构建的可恶的抽象之上的观念、普遍真理的观念都是赫尔德深恶痛绝的。就像所有的民族主义者一样，他感受到满足人类情绪需求的重要性。对于西方文化来说，

---

① 对于伯林人格中的这个层面，可以参见皮埃尔·波尔鲍姆(Pierre Birnbaum)另一本十分精彩的著作，《信念地理学：流亡、启蒙与异化》(*Géographie de l'espoir : l'exil, les Lumières, la désassimilation*)，巴黎，伽利玛出版社，2004。

② 伯林，《浪漫主义意志的顶峰》，载《扭曲的人性之材》，第 234 页。

德国人抵触法国启蒙运动的反应，以及对政治和法律上的民族
定义的抵触，是一剂有益健康的解毒剂。我们重新回到了起点，
回到了卢梭、伏尔泰和爱尔维修这些极权体制的始作俑者，回到 553
了被索雷尔批评为一元论的柏拉图，回到了孔多塞，回到了要为
自由精神衰退负责并最终导致斯大林主义的积极自由的恐惧。
伯林向二战之后的一代肯定道，造成人类历史上这场残忍屠杀
的正是“普遍真理的信念”，而不是对种族中心主义、对文化与种
族地方主义、对将社会看成有机体的观念和对公民共同体的崇
拜。是法国-康德启蒙运动，而不是反对普遍价值的战争，最后
导致了法西斯主义走向顶峰，导致了我们当今时代的一切不幸。

555

结　　语

在《论美国的民主》最后几页中，托克维尔否认那些“错误和消极的观点”，这些观点“只能使人永远软弱，使国家永远畏葸不前”；他否认“人民生活在世上从来不能自己做主，必然服从外部条件、种族、土地和气候所产生的难以克服和无法理解的力量的支配”。[①] 在他完成了难忘的美洲之旅 20 年后，在给戈宾诺的一封信中——《人种不平等论》出版 12 个月前——托克维尔从另一个角度再一次谈论了同样的问题。他告诉他所支持的人，他阅读了让-皮埃尔-玛丽·佛洛昂(Jean-Pierre-Marie Flourens)有关布封的一部新作：“布封及其之后的佛洛昂都相信存在不同的人种，但他们同样认同人的统一。[……]人类的多样性由三个次要的、外在的因素造成：气候、

① 阿历克西·德·托克维尔，《论美国的民主》，卷 2，第 339 页。

译文参考：托克维尔，《论美国的民主》，董果良译，北京，商务印书馆，1991，第 911 页。——译注

饮食和生活方式。”[①]当时,托克维尔正专注研究法国大革命,在他看来,这正是 18 世纪的人的观念:他们的看法就是他的看法。

一个世纪之后,汉娜·阿伦特也认识到偏执的人权战争和法国大革命可能造成的巨大错误。从柏克的思想中,她既看到了英国民族主义的表达,也看到了英国激进思想的源头。她清楚,当柏克将建立在“不可剥夺的继承权”基础上的“英国人的权利”与“人的权利”对立时,他迈出了决定性的一步。“继承的概 556
念套用于自由的本质时,一直是一种意识形态的基础;自从法国革命以后,英国的民族主义从中接触到一种奇怪的种族情感。根据一位中产阶级作家的说法,这意指直接接受封建的概念:自由是继承自封号和土地的特权总和。”阿伦特指出,柏克可以在不触犯某一社会特定阶层特权的情况下,扩大这些特权的原则,使其能够包含所有人民;这样一来,英国人就成了世界的贵族。[②] 20 世纪 20 年代,卡尔·施米特同样坚持认为柏克的思想中涵盖了德国自 19 世纪起所有法学派的学说。事实上,他的思

---

① 阿历克西·德·托克维尔,《阿历克西·德·托克维尔与阿瑟·戈宾诺的书信集》,《全集》,卷 9,第 197 页。(斜体部分原文即为斜体)。

② 汉娜·阿伦特,《极权主义的起源》(*The Origins of Totalitarianism*),克利夫兰和纽约,子午出版社,1966,第 176 页。法语译文:《极权主义的起源,艾希曼在耶路撒冷》(*Les Origines du totalitarisme, Eichmann à Jérusalem*),巴黎,伽利玛出版社(“第四”文丛),2002,第 438 页及之后。

译文参考:汉娜·阿伦特,《极权主义的起源》,林骧华译,台北,时报文化出版社,1995,第 267—268 页。译文有改动。——译注

想是德国民族主义法学-政治学的思想框架。[①] 柏克带着极度的热忱捍卫超个人(supra-individuel)的和独立于某个个人专断的民族现实。施米特指出,柏克并非每个民族都拥有各自性格这一提法的始作俑者:孟德斯鸠、维柯、博须埃早已提出过同样的观念,并且这一观念不同于马勒伯朗什、笛卡尔、让·布丹的观念。然而,18、19世纪之交伟大的创新在于"人民变成了客观的实在;而塑造民族精神的历史发展,变成了人类之上的造物主"。[②] 其实,柏克为群众民族化做出的贡献受到了极大轻视,他的地位应该等同于赫尔德,他们都是有机的民族主义的思想创始人。

然而,正是阿伦特造成了这些至今仍旧遮挡着人们视野的错误观点。《极权主义的起源》的成功不仅归功于该著作本身的质量,也是因为它的作者和塔尔蒙、伯林一样,他们面向的读者都是深处冷战之中的受教育大众。由于这些年对纳粹野蛮性的思考,思想界形成了一个大的趋势,那就是从现代世界的思想起源中找寻罪恶的根源。突然间,现代性本身成了控诉的对象:于是乎,人们开始指责法国大革命和人权。确实,阿伦特重述了英国人权利的概念,但这一次是为了告诉我

---

① 卡尔·施米特,《政治的浪漫派》(*Romantisme politique*),巴黎,瓦鲁瓦出版社,1928,第70页。

② 同上。

译文参考:卡尔·施米特,《政治的浪漫派》,刘锋译,上海,上海人民出版社,2004,第67—68页。——译注

们“毫无疑问,柏克揭示的这种具健全实用主义意义的概念可 557
以以我们在各方面的经验为依据。从各种事例中,我们可以了解:丧失民族的权利也就意味着丧失了人权,并且近代以色列国家的建立可证明,唯有恢复或建立民族的权利,才可能重获人权。”①

如果阿伦特想说的是,在我们的世界中,刀剑才是权利的唯一保障,并且为了维护权利,个人需要来自一个有组织的民族共同体的力量,那么她只是说明了一个人人都知道的事实。但这并不是她告诉我们的内容,她说的已经远远超出了 20 世纪的现实。“死亡集中营的幸存者们,”她写道,“无需读过柏克的理论,也能看到正是人的抽象的、赤裸裸的存在才是他们的最大危险;他们因此被看作野蛮人,害怕自己可能会被当作野兽而遭厄运,所以他们坚持自己的国家,也就是他们丢失的公民资格的最后象征,将它当成仅存的和人类之间被承认的纽带。”②显然,在这几页中,阿伦特首先想到的就是犹太人,因为波兰人、俄罗斯人和法国人等非犹太人被谋杀的时候并未丢失他们的国籍。然而,犹太人并不是作为普遍意义上的人走入集中营的,而是作为一个明确的集体的成员;并且灭绝犹

① 汉娜·阿伦特,《极权主义的起源》,第 603 页(原著第 299 页)。

译文参考:汉娜·阿伦特,《极权主义的起源》,林骧华译,第 422 页。译文有改动。——译注

② 同上,第 603—604 页。

译文参考:汉娜·阿伦特,《极权主义的起源》,林骧华译,第 422 页。译文有改动。——译注

太人不是因为他们是丧失了国籍的人，相反，是因为在刽子手的眼中他们属于所有共同体中最强大的人种共同体。他们并不是拥有抽象的人性的受害者，而是具备遭到排斥的种族的具体性格的受害者。

阿伦特更进了一步。她认为，柏克在肯定“野蛮的权利”(换言之，就是支持所有启蒙运动者都憎恶的前政治权利)时，就已经开始担心自然的、不可转让的权利的原则，也就是抽象的权利，会让所有文明人都退回到野蛮状态之中。阿伦特说道，既然只有野蛮人只具有人的特征，那么人就应该坚持他们的国籍。在她看来，在我们思考那些被他们的政治共同体排除在外的人
558 的状况时，柏克的观点具有更加重要的意义。人一旦丧失了所有来自我们社会存在的存在要素，也就丧失了他们的实际权力，并可以被当作非人类。[①]

这一观点令人震惊，因为无论霍布斯和洛克，无论卢梭、孟德斯鸠和伏尔泰，还是起草《人权宣言》的法国革命派作家，他们都认为定义人的并非他们的民族共同体属性。而且，在他们的思想中，野蛮人拥有与欧洲人同等的权利。犹太人被屠杀，不是因为他们丧失了公民性、只剩下作为人的性质，而正是因为这种性质被否定，正是因为认为所有人都拥有共同的人的本质的观念、认为所有人在任何时候都享有自然权利的观念在漫长的反启蒙斗争中消失殆尽。最后，应该由谁来承担20世纪欧洲灾难

---

① 汉娜·阿伦特，《极权主义的起源》，第604页(原著第300页)。

的思想责任？是从1689年到1789年整个18世纪谈论自然权利、人类统一性、普遍权利和“人的抽象的、赤裸裸的存在”的人，还是那些否认存在普遍价值的人？

犹太人遭到迫害，不是因为他们是缺乏政治特殊性的人，而恰恰是因为他们是人类分裂的受害者，人被割裂成过去无人知晓的彼此敌对的种族、历史和文化的群体。他们被屠杀，因为根据受到柏克歌颂、被赫尔德奉为唯一高贵之源和唯一安全之源（因为它是唯一具有存在价值的限定）的继承标准，他们是一个明确界定的人的群体的成员。犹太人的子子孙孙都不能逃避这种继承性。其他的屠杀也是如此：如果说，世界无法从“人的抽象的、赤裸裸的存在”中找到任何神圣的东西，那么亚美尼亚人、波兰人以及离我们更近的波斯尼亚人和阿尔巴尼亚人的性质中也不会有什么神圣之处。

在结束对柏克的新保守主义继承者的讨论之前，我们必须回到卡尔·贝克尔的那本小书：这本书和洛夫乔伊的著作一样，涉及并且本身就来自他的一个系列讲座，但是这一次，在耶鲁——几年之后，卡西尔定居耶鲁——他形成了不可磨灭的影响。[1] 同一年，他当选美国历史协会（American 559
Historical Association）主席，发表了题为《人人都是他自己的历史学家》（Chacun est son propre historien）的演说，载入美国

① 卡尔·贝克尔，《18世纪哲学家的天城》（*The Heavenly City of the Eighteenth Century philosophers*），纽黑文和伦敦，耶鲁大学出版社，1966：这里参考的是第29版。

思想史册。[①]《18 世纪哲学家的天城》出版 25 周年之时，一场汇集了众多杰出专家的研讨会证明了这部著作的重要性。[②] 这篇论文正是为了激发想象而作，它如愿以偿地煽动了所有关注 18 世纪的人，很快在他们中间流传开来，并成为 20 世纪极权学派的主要养料。当时，人们普遍认为 18 世纪作为现代的开端，是 20 世纪“思想风貌”(climat d'opinion)的真正源头，而贝克尔不赞同这一观念。[③] 在他看来，相比起自由的 20 世纪，18 世纪要更接近信仰的 13 世纪，因为那些哲学家远未如他们自己或后人所想的那样摆脱中世纪基督教思想的束缚。贝克尔认为，他们并没有摧毁圣奥古斯丁的天城，更没有用现代的材料将其重建。[④] 后代与前辈相符，冷战的“极权学派”诞生 20 年后，人们得出这样的观念："在《共产党宣言》中，卡尔·马克思和弗雷德里希·恩格斯发出了一种新社会宗教的战争呼声。正像 18 世纪的人道宗

---

① "Every man his own historian."

② 雷蒙德·洛克伍德(Raymond O. Lockwood)编纂，《重访卡尔·贝克尔的天城》(*Carl Becker's Heavenly City revisited*)，康奈尔大学出版社，1958(新版出版于 1968 年)。但这中间对贝克尔著作的看法并不统一。几年之后写了有趣的启蒙运动历史的彼得·盖伊从 1956 年起就对卡尔·贝克尔的著作进行了毁灭性的批评。这篇会议报告首先被收录在洛克伍德编纂的著作之中，之后又被彼得·盖伊编入自己的论文集：《人性盛宴：论法国启蒙运动》，纽约，诺顿出版社，1971，第 188—210 页。

③ "思想风貌"是"Zeitgeist"，也就是"时代精神"(esprit d'une époque)概念的另一种翻译方法。

④ 贝克尔，《天城》，第 29—31 页。

教一样，共产主义的信仰也是建立在由科学所揭示的自然规律的基础之上。”①

就在贝克尔发表了他的长篇著作之时，恩斯特·卡西尔出版了他的《启蒙哲学》。作为康德主义者，作为生活在陷溺于纳粹独裁统治之下的德国的犹太人，卡西尔早在几年前就与海德格尔在一次著名的公开辩论中针锋相对。② 在 1929 年著名的达沃斯之 560
辩中，有包括列奥·施特劳斯和伊曼努尔·列维纳斯(Emmanuel Levinas)在内的 200 多位来自欧洲各地的学者和学生到场；辩论的对象是康德，但其实当时谈论的是整个欧洲的命运。19 世纪末以某种戏剧性的方式逐渐滋长出的欧洲思想危机最终达到了顶峰。面对海德格尔，卡西尔提出捍卫理性主义和普遍价值。几年之后，在希特勒掌权之后，胡塞尔为了不伤害犹太共同体，选择闭门谢客、保持沉默；在 1935 年 5 月维也纳文化协会(Kulturbund)举行的一场讲座上，他发出了最后的警告：“无数致命危险的征兆

---

① 贝克尔，《天城》，第 161 页。

译文参考：贝克尔，《18 世纪哲学家的天城》，何兆武译，北京，生活·读书·新知三联书店，2001，第 148 页。

② 参考最近著作如彼得·艾利·高登(Peter Eli Gordon)，《大陆的分界线：1929 年恩斯特·卡西尔和马丁·海德格尔在达沃斯：思想史的象征》(Continental Divide：Ernst Cassirer and Martin Heidegger at Davos，1929. An Allegory of Intellectual History)，收录于《现代思想史》(*Modern Intellectual History*)，I，2，2004，第 219—248 页。这篇文章包括一份出色的最新参考书目(注释 6，第 222 页)。法文文献，可参考 1988 年楠泰尔(Nanterre)举行的一场研讨会的文章：让·桑登加尔(Jean Seindengart)，《恩斯特·卡西尔：从马尔堡到纽约的哲学路线》(*Ernst Cassirer：De Marbourg à New York，l'itinéraire philosophique*)，巴黎，瑟夫出版社，1990。

都证实了[……]欧洲的存在危机,这不是黑暗的命运,也不是无法克服的宿命”,这一危机并不在于“理性主义的本质,而仅仅在于它的异化,在于它陷入了自然主义和客观主义之中”。[①] 面对以海德格尔为中心的非理性主义圈子,胡塞尔毫不犹豫地说道:“我自己也确信欧洲危机可以在理性主义的衍生中找到根源,但这不意味着理性化本身是错误的,也不意味着它在整个人类存在中居于次要地位。”[②]

整个欧洲,尤其是德国,当时都不是思想博弈的时候。支持或反对启蒙运动的战役突然间产生了从柏克、托马斯·潘恩、西哀士起前所未有的重要影响。《18 世纪哲学家的天城》和《启蒙哲学》之间的距离就仿佛分隔在新英格兰校园与达豪集中营——正好在卡尔·贝克尔的著作刚刚在美国大学引起广泛讨论的时候,达豪集中营开放——之间的深堑。第一个纳粹集中营“开幕”的时候也刚好是阿瑟·奥肯·洛夫乔伊编纂的《威廉·詹姆斯演讲集》在哈佛出版的时候。对于逃亡牛津——后来在 1941 年回到耶鲁——的卡西尔来说,对于在 1938 年死前看到自己的学生海德格尔加入纳粹、与自己背道而驰的胡塞尔来说,这个世界已经颠倒了。于他们而言,问题不在于 18 世纪是否相比起 20 世纪更接近 13 世纪,而在于放弃了启蒙运动的遗产,20 世纪会不会沦落
561 到野蛮状态。与其他很多人一样,卡西尔不愿意绝望:“即使是我

① 埃德蒙德·胡塞尔,《欧洲人的危机和哲学》(*La Crise de l'humanité européenne et la philosophie*),巴黎,奥比埃-蒙田出版社,1977,第 31 页。

② 同上,第 20 页。

们，也不能够且不应当埋没那曾将理性和科学推崇为‘人的最高官能’的时代。”他在《启蒙哲学》中这样写道。① 在卡西尔看来，18 世纪充分说明了人们可以相信自己。对他来说，在纳粹执掌政权之前，支持理性力量，支持实践的、科学的理性，让他的同时代人将他们的思想精力投入到“理性的时代”，是最后的希望。

1944 年至 1945 年在耶鲁时，卡西尔开始写他的最后一部书，内容关于国家的神话。1944 年，他发表了《人论》(*Essaie sur l'homme*)；书中，他简要概述了建立在《符号形式的哲学》(*Philosophie des formes symboliques*)三卷伟大著作之上的他的哲学人类学概念。这部著作的整个观点都在于力求通过历史认知自我，并以此更好地理解现代人。但在战争时期，这还不够：《国家的神话》写于战争最后一年，在作者死后出版。从许多方面来说，这部应时的著作都像是《启蒙哲学》的延伸；但它与大部分应时著作不同，直至今天，它仍然具有意义。②

---

① 卡西尔，《启蒙哲学》，第 37 页。

译文参考：卡西尔，《启蒙哲学》，顾伟铭等译，第 7 页。——译注

② 卡西尔，《国家的神话》，贝尔特朗・韦热里译，巴黎，伽利玛出版社，1993，第 247 页。需要注意的是，在与我们这里探讨的问题相关的《国家的神话》第八章和第九章中，贝克尔和洛夫乔伊只出现过一次，而且是在页下的注释中被简介提及的：卡西尔引用了贝克尔谈论沙特吕(Chastellux)的一段漂亮文字，却对这部书的作者只字不提(第 247 页)。至于洛夫乔伊，他也只是将其当作被错误地与希特勒联系在一起的浪漫派思想家之一，用一种批评的方式提了一次：同上，第 250 页。卡西尔提到洛夫乔伊是《观念史杂志》一篇文章的作者，却没有提到他的主要著作《存在巨链》。似乎在卡西尔眼中，没有必要在这两部浪费笔墨的美国的书上多做停留。提到过洛夫乔伊的一篇文章是《观念史学家的浪漫主义意义》(The Meaning of Romanticism for the Historian of Ideas)，卷 2，第 3 期，1941，刊于同一部杂志的回应列奥・施皮策的文章，卷 5，第 2 期，1944(参考本书引言)。

与所有继承了18世纪法国-康德思想的人一样，卡西尔认为启蒙运动标志着现代性的开端。事实上，《启蒙哲学》回应了反启蒙原则的漫长战争，这场战役在欧洲如火如荼地进行着，在任何思想生活的观察者看来，它都不能构成任何新的东西。因此，卡西尔同样在不了解贝克尔的情况下就对其做出回应，而又
562 在阅读了贝克尔著作后的十年中持续忽视他。这位德国哲学家强调启蒙运动的创造性和独创性，强调与18世纪形而上学体系决裂的世界的缺陷，强调中世纪自然法与现代的、个人主义的自然权利概念的重大差异。在“征服历史领域”（La conquête du monde historique）一章中，卡西尔指出启蒙运动的历史哲学诞生于与基督教传统的历史概念的抗争之中。他借鉴了莱辛的思想——莱辛是伏尔泰在18世纪最大的对手，也是伏尔泰认为的18世纪最敏锐的批评家，但莱辛公正地评价了伏尔泰的历史著作。他在分析《风俗论》的时候指出，最高贵的是人对人的关注，但我们可以通过“两种方法”关注这一对象：“或是把他视为特殊，或是把他看作一般。很难说第一种方法是人的最崇高的追求。把人视为特殊会是什么情景呢？会把人看作傻瓜和恶棍。[……]把人视为一般，情况就大不相同了。于是人就显示出伟大和神圣的起源。想一想，他完成了什么样的事业；他如何日日扩大他的悟性的范围；他的法律中又充满了何等的智慧；什么样的雄心壮志激发他成就了不朽的功业……然而还没有一位著述家把这些选作自己的专门论题，因此，这位作者可以心安理得地自夸‘我是自由地跨入虚空（libera per vacuum posui vestigia prin-

ceps)的第一个人'。"①

启蒙运动的大敌们没有错:只要在卢梭、伏尔泰、丰特内勒
或莱辛对人的看法与柏克、泰纳、迈斯特、斯宾格勒甚或赫尔德
对人的看法之间进行比较,就能够抓住启蒙运动与其敌人的本
质差别。人必须掌握自己的形象,才能有胆量完成 1789 年的事
件。对首批反启蒙思想家来说,正是那些打破了由上千年历
史——历史常常被提高到事物自然秩序的高度——造就而成的
生活方式和社会秩序的哲学观念抛弃了善与恶的原则,从而达
到了摧毁基督教欧洲的程度。这就是为什么没有什么比建立一
种可以将欧洲从因自由和民主——洛克的《政府论第二篇》、卢 563
梭的《不平等论》以及伏尔泰、康德、丰特内勒和孔多塞提出的自
由与民主——而造成的衰落中拯救出来的思想体系更紧急的事
情了,就连反雅各宾的战争也没有它紧迫。柏克的《反思法国大
革命》和迈斯特的《论法国》都不是为了评价发生在巴黎的事件
或法国北部战场的战役而作,而是被作为反对那些"哲学家"的
观念的战争武器。整个 19 世纪和 20 世纪上半叶都是如此:必
须与 18 世纪,与伏尔泰、卢梭和法国大革命决裂。

将世界从自由造成的衰落中拯救出来始终是 21 世纪初期新保守主义的目标。在 19 世纪,在莫拉斯出场之前,勒南的思想大概是今天美国思想右派致力于捍卫的文化的最好思想基础。确

---

① 引自卡西尔,《启蒙哲学》,第 223 页。

译文参考:卡西尔,《启蒙哲学》,顾伟铭等译,第 210 页。——译注

实，勒南对自由的看法与托克维尔提出的观念只有极少的共通之处；在他看来，国家是精英的代表，而不是基佐所谓的自由人组成的最小国家，也不是“守夜人”国家或民主国家。如果说勒南要求减少管理、强化自由，这是因为他想要反对民主和人民主权，并防止普选带来的致命影响。他不喜欢美国，但他崇尚工作自由、自由竞争、自由使用财产、依靠自己能力致富的可能性，这些都可以阻碍欧洲的民主进程。[①] 在强大国家的掌控下，这种自由能够拯救尚未受到民主波及的部分。最后，“法国自由党的错误在于它没有认识到，一切政治结构都必须有一个保守的基础”。[②] 今天的新保守主义者们仍然信奉着这样的观念。

但是，仍然存在一定差别：新保守主义不再认为“人民主权不能形成宪制管理”。勒南与柏克一样，认为极度受限的政治参与是他所期待的精英自由主义存在的根本条件。他极力推崇“不夸耀任何哲学”的英国，推崇能够确保延续性且“只在某一精神错乱的时刻”与它的传统割裂并“立刻感到懊悔”的英国，推崇自认为
564 比法国“自由上千倍”的英国。树立起“人权哲学旗帜”的法国从大革命中诞生出造成制宪会议和专制政府的政治结构，也就顺理成章地建成了执政府(Consulat)和帝国。[③] 平等也是如此：想着“一个公正的国家，人们就发现不了他们打破了自由，不会意识到

① 勒南，《精神改革与道德改革》，前揭，第 114—115 页。

② 勒南，《法国君主立宪制》，第 297 页。同样可参考第 294—295 页。

③ 同上，第 240 页。

执政府指法国 1799—1840 年的执政政府。——译注

他们进行的是一场社会革命，而不是政治革命，就不会注意到他们为类似古罗马凯撒时期的专制政府打下了基础”。[①] 最大程度限制普选的观念在冷战一代和50年后、我们这一世纪的最初几年中，几乎原封不动地又一次出现。

的确，20世纪末21世纪初，柏克的《反思》在成为新保守主义的诞生宣言之后，成为我们今天唯一能够自诩是总体的社会观和民族观的思想体系。于是，美国新保守主义教母格特鲁德·希梅尔法布在出版于2004年的一部著作中，将有益的美国和英国启蒙运动与破坏道德和社会的法国启蒙运动相对立。她与奥布莱恩都认为柏克与托马斯·潘恩一样代表了英国启蒙运动的孩提时代。[②] 对这位“伟大鼻祖”的崇拜在新保守主义世界至关重要；时至今日，新保守主义者们也没能创作出堪比柏克著作的东西。其他的一些作家，比如英国理性保守主义者迈克尔·欧克肖特，他们都过于自由、过于世俗化、过分开放，以至于无法为他们的运动奠定思想基础。19世纪那些伟大的名字也是如此：包容的自由主义者托克维尔是18世纪法国理性主义的崇拜者，约翰·斯图尔特·穆勒自始至终都更倾向于社会主义，无法引导保守主义的趋势。柏克比任何人都更好地理解了法国大革命，他认为法国大革命是一场道德革命，是一场触及了人生活的方方面面的全面革命；但他没有将其与作为政治革命的美

---

① 勒南，《当代历史哲学》，前揭，第19页。

② 格特鲁德·希梅尔法布，《现代性之路：英法美启蒙运动之比较》，纽约，克诺夫出版集团，2004，第71—72页。

洲革命进行对比，希梅尔法布对此感到遗憾。[①] 新保守主义就
565 是这样继续着柏克——柏克将光荣革命与法国大革命区分开来——开启的思想路线，却又遗憾于——出于一个希梅尔法布没有表达出来的原因——柏克的半途而废。她没有意识到，如果柏克做了这样的研究，他就不可能不承认法国大革命和美洲革命之间极大的相似性。因此，自从殖民地获得独立，自从他们颁布了《独立宣言》，因为担心整座大厦倾覆，柏克只能当美洲在地球上消失。因为之前我们已经说过，自然权利、人民主权、男性选举权（黑人除外）——尽管这在当时是巨大的时代进步——以及美国的整个权力结构都令柏克感到厌恶。这就是为什么对于从他最初的思想信徒到今天的新保守主义者来说，这都是一个必须立刻医治的残缺。从 19 世纪初开始，后来的美国总统约翰·昆西·亚当斯和梅特涅后来的助手弗雷德里希·根茨都在努力赋予美洲革命以特殊性，并尽力在美国《独立宣言》与法国《人权宣言》中建立不可跨越的差异。

我们并没有高估希梅尔法布在新保守主义思想的建立中扮演的角色。从出版于 1968 年的《维多利亚时代的心智》(*Victorian minds*)——有关 19 世纪英国精英思想意义的论文集，开篇

---

① 格特鲁德·希梅尔法布，《现代性之路：英法美启蒙运动之比较》，纽约，克诺夫出版集团，2004，第 85 和 91 页。塔尔蒙在他的著作中已经表达过这一观念，几乎一字不差："法国大革命与美洲革命完全不在一个层面上。它是一场全面的革命，没有放过人生活的任何方面，而美洲革命只是一次简单的政权交替"（《极权主义民主的起源》，第 41 页）。

就是作于1949年的关于柏克的文章——到1991年延续统一思考的《贫困和怜悯:维多利亚时代晚期的道德想象》(*Poverty and Compassion: The Moral Imagination of the Late Victorians*),再到2004年的抨击,希梅尔法布尽其所能,为美国新保守主义确立了坚实的概念框架。她半个世纪来的论证主旨都在于说明:人面对的根本问题始终都是道德秩序与文化秩序的问题。《维多利亚时代的心智》与《现代性之路》一样,都是以柏克开篇。

在这场文化霸权的斗争中,新保守主义从柏克[①]那里学到了三样东西:首先是认为文明社会只能建立在我们之前的世世代代 566
人积累起的文化资本之上的观念,也就是说,一切自由和自由价值存在的前提,就是它们必须受到流传至今的反自由价值的弱化,并因此成为我们遗产的不可分割、不可破坏的一部分。其次是认为道德价值是有组织的社会生活的根本,因此,它先于物质价值、实用价值以及所有来自人的意志的价值。这正是希梅尔法布从她研究维多利亚时代的工作中得出的观念,新保守主义者们不断严格地引用它:在《贫困和怜悯》中她竭力说明,人们在帮助穷困悲苦的人时是出于自私的心理,只是为了让自己良心上过得去。然而,通常情况下,想要为善就必须有作恶的能力;必须控制自己怜悯的本能倾向,因为这正是我们想要帮助之人的真正利

---

① 2006年,华盛顿国会图书馆的图书目录中加入了格特鲁德·希梅尔法布的新书,同样是以柏克开篇的:《道德的想象:从埃德蒙·柏克到特里林》(*The Moral Imagination: from Edmund Burk to Lionel Trilling*),芝加哥,伊凡·迪伊出版公司,2006。

益：最新的新保守主义宣言《新保守主义指南》(*The Neocon Reader*)就是从对这一信仰的承认开始的。也是从这里，人们理解了产生于希梅尔法布著作的“有同情心的保守主义”(compassionate conservatism)，这也是乔治·沃克·布什社会政治的中心。[①]

这整卷书以变化的风格和语调罗列出这一思想的几大原则。这些原则中，最主要的就是批评空想主义，反对法国传统以捍卫所谓的英美传统，批评平均主义，捍卫宗教在社会生活中的地位，捍卫传统道德价值的中心地位，整体都在于反对与传统“美国价值”相悖的所谓的自由主义“反文化”。[②] 民族主义极力推崇美国强权，发起过度打击所有国际组织的斗争，首当其冲的就是联合国：它威胁到国家主权；民族主义同样反对像欧盟那样破坏民族-
567 国家的组织，反对民族个性的逐渐消失。[③] 我们很容易发现，这里实践了从柏克开始到20世纪中叶反启蒙思想的所有重要主题。

格特鲁德·希梅尔法布的丈夫、新保守主义运动的政治思想家欧文·克里斯托(Ivring Kristol)在1973年所写的一篇论文中借助了柏克的思想；文中，他对咄咄逼人的理性主义——理性主义的

---

① 埃文·斯特尔泽(Irwin Stelzer)(主编)，《新保守主义指南》，纽约，格罗夫出版社，2004，第19页。该文集罗列了新保守主义的几个思想领袖和“思想”政治家的名字，其中包括思想家欧文·克里斯托、他的儿子威廉、康多莉扎·赖斯(Condoleezza Rice)、现任联合国大使约翰·波顿(John Bolton)和罗纳德·里根(Ronald Reagan)时期他的前任大使珍妮·柯克帕特里克(Jeane Kirkpatrick)、玛格丽特·撒切尔，以及托尼·布莱尔(Tony Blair)。尽管选择布莱尔的名字符合逻辑，但对一些人来说，这还是很令人吃惊。

② 同上，第304—306页。

③ 同上，第129—139页。

杰出思想家们反对广大民众的本能情感——发起了新的攻击。[1]新保守主义正是在这一基础上开始了长达30多年的掌权之路。赫尔德早就借助深厚悠久的德意志文化抱怨弗雷德里希二世法国化的宫廷;在德雷福斯事件中,巴雷斯认为应该听从人民的声音,但这一人民的声音并不受到理性主义或康德的共和国教育的保护,而是反对那些以明确命令之名背叛了民族共同体的杰出思想家。克里斯托认为,对“激进的空想理性主义”式僭越的强烈而本能的反抗在20世纪发展成了法西斯主义。[2] 这几乎是对法西斯主义的某种认可,而且让人很难不想起恩斯特·诺尔特(Ernst Nolte)的研究:法西斯主义难道不就是在思考针对存在危机发起的斗争吗?30年之后,克里斯托被美国新保守主义刚刚获得的政治胜利和在未来的飞跃冲昏了头脑,在这样的状况下,他做出了总结。2003年8月25日,克里斯托在他自己创办于1995年的杂志《标准周刊》(*Weekly Standard*)中发表了一篇宣言文章《新保守主义的信仰》(The Neo-conservative persuasion)。该文章通过《评论》(*Commentaires*)杂志第104期(2003—2004年)进入法国读者视野,名为《新保守主义的信仰:过去与现在》(Profession de foi néo-conservatrice. Pour le passé et pour le présent)。这篇强硬的胜利宣言重述了1995年收集的文集的论

---

① 欧文·克里斯托,《新保守主义:一个观念的自传》(*Neoconservatism: The Autobiography of an Idea*),芝加哥,大象平装书出版社,1999,第191页(第一版出版于1995年)。

② 欧文·克里斯托,《新保守主义:一个观念的自传》,前揭,第191页。

点,这一文集中的所有文章都发表于刚刚过去的那个世纪的下半叶。不足为奇的是,这份文献中最具吸引力的是关于最小化普选的,这篇文章也可能出自柏克、泰纳、莫拉斯或是20世纪前二三十年的克罗齐之手,它的作者也可能是19、20世纪之交任
568 何一位反启蒙批评家;最终,与巴雷斯一样,这些批评家不仅接受了民主,还学会了如何使用民主。如果我们考虑一下20世纪欧洲的状况,就会发现,它与21世纪初的美国一样,证明了普选既不能保证平等,也不能保证公正,而民主也远远不能如人们过去设想的那样自发地确保人权得到尊重、确保基本的自由价值得以永恒。发生在21世纪与启蒙运动的战役,并不像表面看来的那样,它与20世纪初战役的差别并没有那么大。

这就是为什么无论克里斯托怎么认为,如今被称作新保守主义的这一现象都并非美国所特有,尽管在他看来,世俗的、放任的、"物质主义"的欧洲还无法达到新保守主义的高度。于是,在1995年的一篇文章中,克里斯托阐述了新保守主义与保守主义之间的差别。为此,他以自己的观点反对迈克尔·欧克肖特在1956年的一篇佳作中提出的观念[①]。克里斯托作为《文汇》(*Encounter*)杂志的联合主编就曾拒绝发表这篇文章,因为它与他自己萌生并将形成理论的观念相悖。[②] 欧克肖特认为保守主

---

① 迈克尔·欧克肖特,《成为保守主义者》(On being Conservstive),收录于《论政治理性主义及其他论文》(*Rationalism Politics and other essays*),伦敦,梅休因出版公司,1962,第168—196页。

② 欧文·克里斯托,《新保守主义:一个观念的自传》,第373—374页。《美国"异常的"保守主义》(America's "exceptional" Conservatism)这篇文章发表于1995年。出版于伦敦的《文汇》杂志由美国出资,是为了当时的意识形态战争而创。

义既不是信仰也不构成学说体系，而是看待事物的某种方式，是一种倾向、一种情绪、一种气质，或者说一种精神状态：作者用的是倾向（disposition）一词，该词在英文和法文中意思一致。相比起进入某种冒险的状态，这位保守主义者更愿意让事务保持其原有的状态，但他接受改变，因为改变不可避免。[①] 至于权力和统治方式，保守主义并不打算改变世界或让人变得更好、更幸福；他不认为权力是强迫人改变信仰的手段，他认为权力不在于教导人、让人看到真相，也不在于因为重大的行动或伟大前景而鼓舞人和动员人。统治的唯一理由是统治本身："这是一种特殊而有限的行为，一旦它介入另一种行为，它就很容易变质。
[……]统治者的形象就是制定游戏规则的主宰的形象，或是根 569
据通用规则引导辩论、自己却不参与其中的辩论调解者的形象。"[②]战后，社会改革正大步向前，这已是事实；当此之时，对包容的、温和的保守主义信仰的表白也概括了他自己的思想。总的说来，这里的保守主义是非常托克维尔式的保守主义，它既不依靠神的秩序，也不依靠资产阶级的道德。这一保守主义既不像 1940 年的莫拉斯主义者们——在他们看来，法国国家和文明的救赎遭受了从 1789 年到战败之间 150 年历史之久的直接破坏——那样企图摧毁已经完成的改革，而在一切有关现行自由主义立法的问题上，它的态度也不同于今天美国的"新保守主义

---

① 迈克尔·欧克肖特，《成为保守主义者》，第 168—182 页。

② 同上，第 187 页。

者们”。他竭力阻止改革,但并不反抗已经完成的改革,并且他明白还会有其他改革出现。确实,对他来说,这一保守主义就像是幸福社会的奢侈享受,但它不是一场攻击自由主义“反文化”的战役、不是另一场革命,并且他能够面对这一不言而喻的问题:假如让事物保持其本来状态的原则能够在前两个世纪中得到推行——更不用说之前的世纪——今天的世界究竟会呈现出怎样的面貌?

但所谓的保守主义令克里斯托反感,就像它也会让莫拉斯反感一样;如果莫拉斯知道欧克肖特的论证,他可能会被迫接受法国大革命的。新保守主义厌恶的精神态度正是那种认为社会中没有上帝、没有形而上学且由自主的、行为成熟——就如康德对人提出的要求那样——且能够自己进行选择的个人组成的观念,正是认为人有自由表达不同的观点、要求国家尽可能减少管理的观念。首先涉及的是宗教:没有宗教的社会是“一碗寡淡的汤”(thin gruel),它与过去脱离,与未来没有联系,错误地扎根于现在。继卡莱尔、勒南、泰纳、克罗齐、索雷尔和莫拉斯之后,克里斯托说道,缺少了宗教的维度,保守主义就没有了可靠性和厚度。欧克肖特认为保持原样的世界就是最好的世界、长期持续的罪恶
570 就是必要的罪恶,这类观念是不够的,还需要知道面对这些罪恶,应当采取怎样的引导。结论不言自明:哲学不足以照亮我们,只有宗教能够为我们指出前进的明路。[①] 美国新保守主义反对保

① 欧文·克里斯托,《新保守主义:一个观念的自传》,第 375 页。

守主义的第二个原因是占首要地位的强烈的爱国主义，它出现在每一天的生活之中，这是在任何其他西方民主国家中看不到的。克里斯托承认，一个包容的欧洲人看到这些在别人看来幼稚的爱国主义表现——比如学校的所有孩子每天早晨背诵《效忠誓词》(Pledge of Allegiance)，或在每次无论是职业还是业余体育活动前唱国歌——一定会认为美国是一个前现代的国家。“可能，”克里斯托说，“除非我们已经是一个后现代国家了。”[①]这种近乎虔诚的爱国热情使得在美国宗教与“世俗宗教”之间并不存在冲突，之所以普通美国人厌恶共产主义，首先是因为苏联呈现出了一个“无神论的、没有上帝”也因此注定会消失的世界。如果说共产主义在苏联的衰落震惊了那些专家，美国公民却早已有所预料。这就是为什么在美国，保守主义是一场民众运动，而不是发生在某一执政党的内部；事实上，它是真正意义上的“民粹保守主义”[②]。

然而，在克里斯托看来，新保守主义最独特的特点在于它的敌人不是国家干涉主义或社会主义——新保守主义者们从未认可过哈耶克(Friedrich August von Hayek)或他的名著《通往奴役之路》(*The Road to Serfdom*)；同样，他们认为赫伯特·斯宾塞(Herbert Spencer)的思想不过是妄论——而是当代的自由主义。在克里斯托的思想中，这才是新保守主义的战场：它创造了一个广大的大众流派；它反对的不是福利国家(État-providence)

① 欧文·克里斯托，《新保守主义：一个观念的自传》，第 376 页。

② 同上，第 377 和 386 页。

或平均主义趋势,而是自由主义原则本身。新保守主义成功地说服了大部分美国人,让他们相信社会生活中最本质的问题不是经济问题,而是道德问题。实际上,现代的世俗性与道德虚无主义如此紧密地联系在一起,以至于那些想要表达自己对道德价值
571 的依恋的人也无从选择:他们必须将他们的信仰扎根到宗教之中。克里斯托认为,这正是自由主义者们理解不了的东西:他们敏感于经济的衰落,却对道德堕落无动于衷。这就是为什么新保守主义者们与道德保守主义者们很快联合起来,并能够共同创建出这一大众的保守主义①:人们需要牺牲、需要服从。宗教是确保社会健康的无与伦比的手段,是抵挡自由主义文化的堤坝:泰纳和莫拉斯所说的无非就是这些。② 因此,克里斯托定义的新保

---

① 欧文·克里斯托,《新保守主义:一个观念的自传》,第373—374页。

② 为莫拉斯的平反也同样追随了这一道路,但是莫拉斯的排犹主义和他过去对维希政府的支持让事情变得困难重重。这就是为什么莫拉斯主义者们力求将他们的导师去维希化。例如,可参考皮埃尔·肖努(Pierre Chaunu)为维克多·阮(Victor Nguyen)的著作《法兰西行动的起源:20世纪初的思想与政治》(*Aux origines de l'Action française: Intelligence et politique à l'aube du XXe sciècle*)写的前言,巴黎,法亚尔出版社,1991。肖努认为,人们"或多或少都是莫拉斯主义者,就好像人们或多或少都是马克思主义者一样。并且,法国大部分地区都呼吸着这样的空气,却未感到不适"。同样,他认为莫拉斯主义运动与"1940年至1941年冬天短短6个月"的维希政府没有丝毫关系。这不过是"发生在错误时间的错误而短暂的微醺状态,却受到了严重的惩罚"(第21页)。必须要反复阅读才能够相信他所说的内容,但这正是新保守主义的表达:如果这位法兰西行动协会成员说的是真的,那么法兰西行动就不可能引起反戴高乐主义、反抵抗和排犹主义的罪恶斗争,它也不会做出任何诽谤或背叛的事情,它不会为1940年的人种法案欢呼雀跃,并且在极力吹捧墨索里尼的整个两次世界大战间隙过后,它也不会欣然接受法国法西斯主义——只是没有叫这个名字罢了——的出现,它的出版物也绝不可能散发着法西斯主义的味道:今天,难道不该要求它那些优秀的战士道歉吗?这些战士佩戴着莫拉斯主义伟大真理的武器,他们犯下的唯一错误就是过早地正确。

守主义有别于保守主义，主要是因为：在他看来，对于人们来说，本质问题不是经济问题，而是道德问题。这正是过去数百年保守主义革命的核心观念，是 20 世纪初革命右派的天才发明。这一新的右派能够阻挡经济问题的声音，并通过将其转化为心理问题，提出一种前所未有的文化的、道德的、政治的革命。

于是，人们又回到了对柏克的新保守主义解读的双重目标上来：首先，将法国启蒙运动简化为伏尔泰和卢梭，这两位都以自己的方式反基督教；其次，通过边缘化法国启蒙运动，使其失去作为一场前无古人的人类解放运动的特征。在这些新保守主义者的笔下，启蒙运动成了某种储藏室，里面装着 18 世纪所有伪装起来的专制主义帮凶。此处，希梅尔法布继续了奥布莱恩 572
的观念：在希梅尔法布看来，柏克与法国启蒙运动之间的冲突绝不是启蒙运动与反启蒙之间的矛盾，而是一种特有的启蒙运动与另一种启蒙运动之间的矛盾。[①] 前文中我们已经看到，奥布莱恩在发表自己论述柏克的著作时努力说服伯林，让他承认柏克是一位自由主义者。事实上，伯林发表他的论文集《扭曲的人性之材》时，奥布莱恩只提出了一个保留意见：他不允许对柏克进行任何模棱两可的描述。伯林被一位保守主义者逼着得出会

① 希梅尔法布，《现代性之路》，第 72 页。希梅尔法布同样借助了约翰·波考克的权威，后者是研究 18 世纪最有名的专家之一，他提供了一个新版本的《反思法国大革命》，并且近期出版了一部研究吉本的著作：《野蛮与宗教》（*Barbarism and religion*），卷 1：《爱德华·吉本的启蒙运动》（*The Enlightenment of Edward Gibbon*）；卷 2：《公民政府叙事》（*Narratives of Civil Government*），剑桥大学出版社，1999。

规定他一生所持立场的结论,面对这样的情况,伯林支吾其词。柏克厌恶洛克的自然权利观念和后者不断吹捧的多数法则,他也担心孟德斯鸠的理性主义;因此,想要像奥布莱恩期待的那样接受柏克是批评伏尔泰和百科全书学派的启蒙运动之子这一观念,绝不是轻而易举的事情。①

在 20 世纪 90 年代,当冷战已成为远去的历史,法国大革命对伯林来说也不再是阻碍,他情不自禁地表达了大革命带给他的吸引力:法国大革命难道不是解放了犹太人和其他被压迫者的革命吗?它有着长远的好的效果,这使得伯林无法不对《反思法国大革命》的作者表现出一定程度的反感,他甚至自问:如果柏克生活在 1940 年的法国,他对人权的否定是否会让他成为贝当阵营的成员。但在结论部分,柏克却成了"可敬的柏克",而伯林仍然坚信,18 世纪在大革命时期达到顶峰的空想主义就和 19
573 世纪众多理性主义学派一样,是无尽罪恶的根源。这就是为什么伯林同意出版奥布莱恩那部著作结语之后的书信,其中阐述了法国大革命的思想的和方法论的结果:马克思主义用了不同的概念,但从他们的用词和风格上来看,新雅各宾党人还是与他们的前辈一致的;恐怖政策(Terreur)是革命可以预见的结果,是伟大的改革计划的结果。马克思主义者显然是雅各宾党人的直接继承人。②

---

① 奥布莱恩,《伟大旋律》,附录,第 609 页。

② 同上,第 569—601 页。

这里，奥布莱恩的表达与恩斯特·诺尔特的一致。很难了解，《伟大旋律》(*The Great Melody*)的作者是否读过哪位德国历史学家的文字，是否理清了这场历史学家辩论的伟大脉络；这一辩论不仅仅触及了德国，也震动了20世纪80年代的整个欧洲。本质并没有发生什么大的变化：奥布莱恩和那位德国学术界极右派分子都认为，不仅苏维埃革命是1789年革命的结果，纳粹主义也只是在模仿法国大革命的两个方面——第一个方面是革命事业的大胆，另一个是对一切反抗革新势力镇压的凶残性。根据同样的观念秩序，德意志第三帝国代表了想要根据某一理论重建人类社会的最大力量。希特勒是法国大革命的合法后代，不是因为他的观念，而是因为他的榜样、他的凶残性和他的大胆。① 另一位作家在1995年写道："希特勒是智慧的思想家，延续着启蒙运动的传统"②；两年之后，又一位作家提出启蒙运动不仅为奥斯维辛和古拉格打下根基，也为卢旺达(Rwanda)和东帝汶(Timor oriental)的惨案奠定了基础。③

人们或许可以肃清这类负面的论点，这不正是反启蒙现象

① 奥布莱恩，《伟大旋律》，附录，第601—602页。

② 劳伦斯·布里根(Lawrence Briggen)，《作为哲学家的希特勒：民族社会主义中的启蒙运动残余》(*Hitler as Philosophe: Remnants of the Enlightenment in National Socialism*)，康涅狄格州韦斯特波特，普拉格出版社，1995，引自斯文-埃里克·里德曼(Sven-Eric Liedman)(编)，《启蒙运动的后现代批评》(*The Postmodernist Critique of the Enlightenment*)引言，阿姆斯特丹，罗多比出版社，1997，第7页。

③ 齐格蒙特·鲍曼(Zygmunt Bauman)，《营地，西方，东方，现代》(The Camps, Western, Eastern, Modern)，收录于《当代犹太人研究》(*Studies in Contemporary Jewry*)，13(1997)，第39页。

所采取的方法吗？这不正是许多保守主义表达造成的事实吗？奥布莱恩与伯林的友好交流就是很好的例子，恩斯特·诺尔特与弗朗索瓦·傅勒(François Furet)之间真诚的书信也是一样。
574 这里的关键并不在于全面分析诺尔特的论述。我对诺尔特的批评至今已有30年：1976年，在一篇有关法西斯思想的论文中，我提出了这样的问题：诺尔特理解了纳粹主义吗？[①] 他思考的是真正的纳粹主义吗？在这么长的时间里，我有很多机会可以给出否定的答案。今天，我要补充一点，这是唯一本质的要素，但我当时却没有关注到：那时，我天真地以为，诺尔特的看法单纯是个错误，一个巨大的错误；但对于一个持现象学方法的历史学家来说，犯下这个错误又是合情合理的。现在我明白了，事实上诺尔特的工作是为"纳粹主义历史化"做出的努力：面对将纳粹主义人性化的企图，面对将纳粹主义说成对斯大林主义做出的反应、说成针对共产主义的合法自卫的企图，诺尔特为了维护这一真正的骗局而进行了优雅的描述。他的努力在1980年的《历史学家之争》(*Historikerstreit*)中表现得尤为明显[②]，他加入

---

① 泽夫·斯汤奈尔，《法西斯思想》(Fascist Ideology)，收录于沃尔特·拉克(W. Laqueur)(编)，《法西斯主义导读——分析，诠释，参考》(*Fascism: A Reader's Guide. Analyses, Interpretations, Bibliography*)，柏克利，加州大学出版社，1976，第368—371页。该书多次再版，其中最近一版出版于1979年(伦敦，企鹅图书出版公司)。

② 《面对历史：有关纳粹政权灭绝犹太人的奇特行为的争论文献》(*Devant Histoire: Les documents de la controverse sur la singularité de extermination des Juifs par le régime nazi*)，巴黎，瑟夫出版社，1988。

到了德国历史主义的传统计划之中。

确实,诺尔特的伟大目标就是从赫尔德到梅尼克整个德国“历史哲学”的目标:让德国人,尤其是困难时期的德国人相信自己、相信自己的历史。纳粹主义之后,这一思想不再通过反法国-康德启蒙运动的漫长战争来解释欧洲的灾难,而是借助 1914 和 1917 年。诺尔特认为,20 世纪灾难的源头不是长达两个世纪对血脉和土地的崇拜,不是面对衰落的西方而发起的对德意志特殊性的崇拜,也不是对理性主义、自然权利和普遍价值的否定,而是苏维埃的战争和改革。我们不该把 1933 年至 1945 年归因于德国——西方式傲慢的受害者——的神话,不应将其归因于这个掌握着未来并有权引领整个欧洲的年轻民族,这也不是从费希特起——费希特在卑躬屈膝的普鲁士首都呼吁反抗——一代又一代民族主义者发起的文化对抗的错误。不,在这位历史学专家的观念中,造成那场反民主极端战争的不是作为 19 世纪德国统一进程的思想动力的文化自省和各文化的不可渗透性,也不是 575
有机的民族主义和种族特殊性。并非反对启蒙运动遗产、反对民主和人权的现象,而是列宁的事迹引起了魏玛时代的衰落。

当我们纵观两个世纪的欧洲舞台,我们能否将法西斯主义和纳粹主义合理地简化成对列宁主义的模仿?但在这一基本问题上,傅勒赞同诺尔特——他是海德格尔真正的信徒,是梅尼克 20 世纪 30 年代的直接继承人,是始终反对法国-康德启蒙运动并对其发起漫长斗争的德国思想脉络的最后一环——的观点。

的确,德国并非早早就注定会制造出纳粹主义,意大利也不是注定会产生法西斯主义,但这两个国家是当时自由主义最薄弱的两个环节。本书已经明确地指出,反启蒙是一个欧洲的现象,启蒙运动的传统受到它猛烈的攻击,在法国也是如此,但两大差异隔离了法国与反启蒙:从 18 世纪起,法国就形成了两个互相敌对的政治传统,并且在那里,反启蒙传统被包括在人权传统之中;而在从赫尔德到斯宾格勒再到梅尼克的德国和从维柯到克罗齐的意大利,启蒙运动的传统从未居于首位,始终只占少数。深深根植于欧洲文化中的反启蒙潜力只要条件有利就能爆发出来。[①] 1918 年取得胜利的法国躲过
576 了灾难,但随着 1940 年的战败,反启蒙传统占了上风,欧洲大陆最悠久的民主政体就此崩塌,让位于与横行意大利的思想几乎没有差别的学说。

---

① 当代人在谈论法国 20 世纪 30 年代法西斯主义思想家德里厄·拉罗谢尔(Drieu La Rochelle)和伯纳德·德·茹弗内尔(Bertrand De Jouvenel)以及"法西斯主义 1913"时并没有弄错。"未来的历史学家会思考,如果 1914 年 8 月的世界大战未曾爆发,法国会不会成为第一个发起民族主义的国家",茹弗内尔这样写道(伯纳德·德·茹弗内尔,《欧洲的觉醒》,巴黎,伽利玛出版社,1938,第 148 页)。根据皮埃尔·安德鲁(Pierre Andreu)的观点,两年后,1936 年,德里厄·拉罗谢尔表达了同样的看法:"人们在反思这个时代的时候,很可能会发现某种法西斯主义的氛围在到达其他地方之前,就已经出现在 1913 年的法国。[……]是的,在法国,有一种法西斯的阴云笼罩着法国行动协会和佩吉(Péguy)"(引自皮埃尔·安德鲁,《法西斯主义 1913》,收录于《斗争》,1936 年 2 月)。德里厄还常常提到一种"红色的法西斯主义"(Fascisme rouge)。

得益于弗朗索瓦·傅勒，诺尔特的工作在法国获得了认可，除此与德国学界右派的认可外，他在西方世界任何其他地方都没有得到认可。这是他相比起20世纪50年代极权主义学派的特殊之处：他不是对20世纪历史进行另一种解读，而是真正的曲解。

像傅勒那样认为“墨索里尼可能正是因为模仿了极端革命派的社会主义的列宁才反对列宁”，这样的观念完全不符合思想现实和政治现实，也经不起考验。[①] 确实，战前的几年，墨
索里尼的思想追随了索雷尔学派革命者的工团主义的脚步， 577
其特别之处在于他们接受资本主义，并认为盈利是经济活动的唯一动力；但他们又重视他们导师的教诲，否定启蒙运动的思想内容，也就是民主。1914年8月，墨索里尼成为索雷尔学派工团主义的官方政治领袖，工团主义者得到了那些无论如何都厌恶马克思主义的民族主义者和未来主义者的支持。他们找不到取代资本主义的方案，也不想取代它。这就是他们思想的本质：不同于布尔什维克主义者，他们不认为资本主义是罪恶的根源——一方面源于资产阶级的现象，另一方面是因为扎根于启蒙运动的自由主义价值及继承自这些价值的民主社会遗产。这足以说明为什么墨索里尼不是列宁支持者——不同于傅勒的看法——为什么他从1912年起就与马克思主义决裂，并从那时起开始为民族的、文化的和精神的而不

① 傅勒/诺尔特，《法西斯主义和共产主义》，第14页。

是社会的革命做思想准备、打造武器。墨索里尼不仅没有模仿列宁，而且他的革命与布尔什维克革命截然不同，丝毫不涉及经济和政治结构；墨索里尼在社会精英的支持下进入政权的过程，以及他在几年间逐渐建立并推行专制、党的功能和意大利制度本质的过程都是如此。①

---

① 详细论证可参考我的论著《法西斯思想的诞生》(*Naissance de l'idéologie fasciste*)(与齐奈德和阿舍里合著)，出版在重新编排、加长的第三版《不左不右》(法亚尔出版社，2000)开篇的《法国法西斯主义形态学和历史汇编》(Morphologie et historiographie du fascisme en France)，以及《从反启蒙到20世纪的革命》(From Counter-Enlightenment to the Revolutions of the XXth Century)，收录于什洛莫·埃韦尼利(Shlomo Avineri)和泽夫·斯汤奈尔(主编)，《欧洲贬值的世纪：法西斯主义、纳粹主义和共产主义的遗赠》(*Europe's Century of Discount: The Legacies of Fascism, Nazism and Communism*)，耶路撒冷，希伯来大学出版社，2003，第3—22页和《法西斯主义："世纪的罪恶"》(Le fascism, ce "mal du sciècle")，收录于米歇尔·多布里(Michel Dobry)(主编)，《法国厌恶法西斯主义的神话》(*Le Mythe de l'allergie française au fascisme*)，巴黎，阿尔班·米歇尔出版社，2003。另一个有趣的机械式的对比——最起码我们可以这么说——是"那些古老战士"的问题，这些"古老战士"中新加入的三位实行的是"并非来自唯一政党的统治手段"：傅勒/诺尔特，《法西斯主义和共产主义》，第13页。保守主义历史学家们忽视了，如果说法西斯和纳粹面对的主要军队或主要军队的中坚力量来自古老战士行列，布尔什维克党则正好相反。德国和匈牙利革命失败之后，在列宁的阵营中，都是那些职业的革命者和充满敌意的民族主义者——常常是犹太人——掌握言论。而且，俄国士兵痛恨战争，他们从未参加过堑壕战，从未有过荣格尔歌颂的那类经验，甚至他们中一些已经具有政治色彩的人都对制度充满了深深的不满。战争的理想化、索雷尔学派和未来主义对作为道德和美德根源的暴力的崇拜，都完全不同于上百万拿着武器的俄国人；对于这些俄国人来说，这一冲突毫无意义和目标。奥匈帝国的军队也是如此。另一方面，还不应该忘记，从19世纪开始整个俄国政治思想都倾向于革命观念。自19世纪末起，东欧的大地开始震颤。到了1905年，所有人都清楚，制度的垮台不过是时间和机遇的问题。

于是,在 20 世纪初,全面打击西方理性主义和普遍主义传统本质的斗争发展壮大。法西斯主义代表了反启蒙传统的激化形式,纳粹主义是对人类的全面打击。因此,一切反对普遍价值和人道主义这些启蒙思想基石的文明都可以拥有的意义出现了:欧洲第一次发起了唯一目的就在于摧毁启蒙文化、启蒙原则以及其思想、政治体系的思想和政治运动。 578

最后,是被各种版本的反启蒙——从最温和到最极端——作为基础的问题:我们生活的世界是否因为它存在就是唯一可能的世界? 傅勒之所以用类似这样的论证来捍卫诺尔特的思想,是因为后者的分析对他来说极大地有利于证明侵蚀现代性的罪恶根源不在于血脉与土地的特殊性,而在于马克思"空想主义"中的普遍主义。而傅勒从 20 世纪历史中学到的是"认为*另一种*社会几乎无法想象的观念,甚至不可能构思一种新的概念"。[①] 傅勒著作名中的幻想(illusion)一词是他思想的基础:相信可能存在一种不同于我们的体系的体系,这一信仰本身就是幻想。然而,在一个几百年间发生的变化比其他任何历史时期都要深远的世界里,很难知道这一对理性的放弃遵循的是怎样的方法论逻辑。

但是,这确实是另一种歌颂资本主义最终的决定性胜利的方式,它的胜利被当作"历史的终结"。的确,傅勒继承了保守主

① 弗朗索瓦·傅勒,《一种幻想的过去:论 20 世纪共产主义思想》(*Le passé d'une illusion : essai sur l'idée communiste au XXe sciècle*),巴黎,罗贝尔·拉封出版社/卡尔芒-莱维出版社,1995,第 572 页(斜体部分原文即为斜体)。

义以及保守主义的激进化版本——新保守主义——的一个经典
579 主题，这一主题包含了两个方面：第一个方面，是克里斯托和他的朋友——其中最有名的是《评论》的主编诺曼·波德霍雷茨(Norman Podhoretz)和观念史学家西德尼·胡克(Sidney Hook)，他们都出自美国犹太左派——自20世纪70年代起为了给共和党右派建立思想平台而做出的思想努力的核心。1973年，克里斯托鼓励他的读者们按照世界本来的面貌看待世界，也以此看待他们的财富，鼓励他们跨越人们可能对自己的日常生活建立起的异化情感：他认为，这个世界完全能够为我们提供一种生活，让我们可以实现自己作为人的潜能。他旨在为我们建造一个梦想与现实相互补足而非彼此冲突的世界。这样，就可以发起一种"现代的空想主义改革"，让我们"怀着信心接受现实"。①

这一主题的第二个方面就是新保守主义右派归功于其重要人物之一、《历史的终结与最后的人》作者弗朗西斯·福山的"历史的终结"观念。② 大约在克里斯托20年之后，福山有着与克里斯托完全不同的抽象水平和博学水平，新保守主义的政治成功带给他的信心让他产生了更大的野心。他在1992年的那本书中重述了1989年夏天出版在著名右派杂志《国家利益》(*The*

① 《新保守主义：一个观念的自传》，第198—199页(1973年《空想主义：古代与现代》一文)。

② 弗朗西斯·福山，《历史的终结与最后的人》，纽约，埃文图书出版公司，1993。

National Interest)的一篇文章《历史的终结?》的主要观念。文章和书都以各自的方式取得了巨大成功。在那篇文章发表之后的两年间,美国思想辩论都围绕着福山的主题进行:他借助黑格尔和科耶夫(Kojève)建立了一个框架,以此证明自由主义民主的最终胜利。自由主义民主战胜了世袭君主制、法西斯主义,这一胜利或许就是“人的思想进步的目的地”和“人的管理的最终形式”:如此一来,这一胜利构成了“历史的终结”。① 不应该忽略,在新保守主义的思想中,自由主义民主包括资本主义,而这一“历史的终结”意味着资本主义的永恒。只是他们忽视了,资本主义既可以支持自由的制度,也可以支持最低劣的僭主政治。

还有另外一个问题:如果说接受世界本来的样貌是一种普 580
遍价值,注定预示着野蛮的回归,那这种价值是适用于生活在一切时代、出现在一切地方的所有人,还是仅仅适用于并不属于社会底层的、2000 年前后的西欧和美国? 此外,是否存在一种方法论上的理由让我们认为斯大林主义是可能改变我们社会结构的唯一途径?

于是,我们又回到了古今之争提出的一个基本问题,也是本书的出发点,这一问题涉及洛克的社会契约观念、康德的自主的个人观念以及像尼采所说的卢梭的人的观念。他们的原则是普遍原则:根据这些原则,人始终能够按照自己的需求,并根据他们对好的政治本质的看法,建造一个与他们生活的世界不同的

① 弗朗西斯 · 福山,《历史的终结与最后的人》,前揭,第 XI 页。

世界。无论这些伟大的启蒙思想家之间存在多大的差别,他们都有一个共同之处,就是他们每个人的世界观都是在否定世界本来的样貌。启蒙文化是一种批评文化,在它看来,任何既定秩序只要存在就是不合理的。任何既定秩序只要不公正就是不合理的。公正和幸福是政治活动有效与合法的价值和目标,如果不是这样,自由就会遭到破坏,因为社会公正与自由在概念上并不矛盾。人只要借助理性,就能够勇往直前。造成 20 世纪大屠杀的不是对“普遍真理的信仰”,不是与所有现行秩序决裂的意愿,也不是要求获得他们本来就有的幸福的权利;恰恰相反,是非理性的泛滥,是对人类统一观念的破坏,是对政治力量和国家力量有能力打造世界的绝对信仰。启蒙运动攻击的正是这些罪恶,而正如斯宾格勒和索雷尔为了诋毁启蒙运动所说的那样,启蒙运动属于所有时代。进步可能无法继续,历史可能起起伏伏地前进,但这并不意味着人应该相信偶然或是在时间的强大力量前低头,并不意味着人应该把社会的罪恶当成自然现象,而不将其看作放弃理性的产物并接受这些社会的罪恶。

想要让 21 世纪的人避免顺从于新的冷漠时代,启蒙运动所创造的认为个人应当参与他们的现在甚至未来这样的观念,仍旧无可取代。

索　　引

A

B

125, 220(弗朗西斯·培根)
Bahr(Hermann): 419(赫尔曼·巴尔)
Baker(Abou): 474(阿布·贝克)
Ball(John): 256(约翰·鲍尔)
Ballanche (Pierre-Simon): 446(巴朗什)
Balzac(Honoré de): 178(巴尔扎克)
Barash (Jeffrey Andrew): 406, 407(巴拉什)
Barker(Ernst): 495(恩斯特·巴克尔)
Barnard (Frederick Mechner): 389, 502(巴尔纳)
Berrès (Maurice): 23, 26, 31, 76, 134, 137, 162, 243, 253, 261, 269, 271, 283, 286, 328, 344, 345, 365, 371, 376, 394, 405, 410, 414, 416, 418—423, 425, 428, 430, 431, 433, 438, 440, 469, 473, 475, 477, 481—483, 486, 487, 489, 535, 547, 567, 568 (莫里斯·巴雷斯)
Barrett(William): 10(威廉·巴雷特)
Batteux(Charles): 80(巴托)
Bayle(Pierre): 7, 128, 136, 187, 205, 206, 445, 451, 476(培尔)
Beaumarchais (Pierre Augustin Caron de): 89(博马舍)
Becker (Carl): 39, 496, 511, 558—561(卡尔·贝克尔)
Bentham(Jeremie): 27, 45, 101, 245, 323, 347, 352, 476, 511(边沁)
Bergson(Henri): 440, 444, 445(柏格森)
Berlin(Isaiah): 9, 10, 16, 24—29, 32, 33, 35, 63, 65, 67, 75, 84, 104, 107, 119, 133, 137, 140, 148—155, 163, 173, 180, 243, 262, 316, 367—369, 377, 389, 407, 409, 422, 444, 449, 494, 495, 497, 500—511, 513—516, 518, 519, 521—553, 556, 572, 573(以赛亚·伯林)
Bernard de Chartres: 49(沙特尔的贝尔纳)
Bienenstock(Myriam): 161(米里亚姆·比那斯托克)
Bismarck(Otto von): 138, 154, 338(俾斯麦)
Blackstone (William): 225 (威廉·布莱克斯通)

567, 571, 572(埃德蒙·柏克)
Bush(George W.): 566(乔治·沃克·布什)

C

Calas(Jean): 97, 505, 506(卡拉斯)
Calvin(Jean): 251(加尔文)
Carlyle(Thomas): 20, 21, 26—29, 31, 33, 69, 75, 77, 82, 83, 91, 92, 95—98, 132, 169, 171—174, 176—180, 205, 237—240, 243—245, 275, 277, 278, 280, 281, 283, 291—293, 305, 317, 318, 320, 325, 332, 336, 338, 340, 345—356, 358—362, 364, 365, 376, 418, 439, 446, 453, 474, 478—480, 487, 489, 512, 569(托马斯·卡莱尔)
Carnap(Rudolf): 531(卡尔纳普)
Carr(Edward Hallett): 500(卡尔)
Cassiodore: 48(卡西奥多尔)
Cassier(Ernst): 33, 34, 36, 48, 130, 133, 156, 165, 204, 206, 238, 496, 514, 558—562(恩斯特·卡西尔)
Castlereagh(Robert Stewart, viscount): 337(卡斯尔雷)
Catherine II: 392(叶卡捷琳娜二世)
Caton: 49(加图)
César(Jules): 396, 428, 463(凯撒)
Charlemagne: 50, 114, 197, 413, 428(查理大帝)
Charles Ier Stuart: 69, 256(查理一世)
Chastellux(François-Jean de Beauvoir): 57(沙特吕)
Chateaubriand(François-René de): 389, 433, 515(夏多布里昂)
Chatham(lord) 参见 Pitt(William)
Cherbuliez(Antoine-Élisée): 520(舍尔布里埃兹)
Chevrillon(André): 266(安德烈·谢弗里荣)
Cicéron: 56, 252, 506(西塞罗)
Clark(Robert): 502(罗伯特·克拉克)
Clausewitz(Karl von): 500(克劳塞维茨)
Clovis: 50, 379(克洛维)
Cobban(Alfred): 204(艾尔弗雷德·科本)
Collins(Anthony): 445(柯林斯)

D

E

F

G

H

I

J

K

L

M

N

O

P

Q

R

S

T

U

V

W

X

“轻与重”文丛(已出)

01	脆弱的幸福	[法] 茨维坦·托多罗夫 著	孙伟红 译
02	启蒙的精神	[法] 茨维坦·托多罗夫 著	马利红 译
03	日常生活颂歌	[法] 茨维坦·托多罗夫 著	曹丹红 译
04	爱的多重奏	[法] 阿兰·巴迪欧 著	邓 刚 译
05	镜中的忧郁	[瑞士] 让·斯塔罗宾斯基 著	郭宏安 译
06	古罗马的性与权力	[法] 保罗·韦纳 著	谢 强 译
07	梦想的权利	[法] 加斯东·巴什拉 著	杜小真 顾嘉琛 译
08	审美资本主义	[法] 奥利维耶·阿苏利 著	黄 琰 译
09	个体的颂歌	[法] 茨维坦·托多罗夫 著	苗 馨 译
10	当爱冲昏头	[德] H·柯依瑟尔 E·舒拉克 著	张存华 译
11	简单的思想	[法] 热拉尔·马瑟 著	黄 蓓 译
12	论移情问题	[德] 艾迪特·施泰因 著	张浩军 译
13	重返风景	[法] 卡特琳·古特 著	黄金菊 译
14	狄德罗与卢梭	[英] 玛丽安·霍布森 著	胡振明 译
15	走向绝对	[法] 茨维坦·托多罗夫 著	朱 静 译

16 古希腊人是否相信他们的神话

[法] 保罗·韦纳 著　　张竝 译

17 图像的生与死　[法] 雷吉斯·德布雷 著

黄迅余　黄建华 译

18 自由的创造与理性的象征

[瑞士] 让·斯塔罗宾斯基 著

张亘　夏燕 译

19 伊西斯的面纱　[法] 皮埃尔·阿多 著　　张卜天 译

20 欲望的眩晕　[法] 奥利维耶·普里奥尔 著　　方尔平 译

21 谁,在我呼喊时　[法] 克洛德·穆沙 著　　李金佳 译

22 普鲁斯特的空间　[比利时] 乔治·普莱 著　　张新木 译

23 存在的遗骸　[意大利] 圣地亚哥·扎巴拉 著

吴闻仪　吴晓番　刘梁剑 译

24 艺术家的责任　[法] 让·克莱尔 著

赵苓岑　曹丹红 译

25 僭越的感觉/欲望之书

[法] 白兰达·卡诺纳 著　　袁筱一 译

26 极限体验与书写　[法] 菲利浦·索莱尔斯 著　　唐珍 译

27 探求自由的古希腊　[法] 雅克利娜·德·罗米伊 著

张竝 译

28 别忘记生活　[法] 皮埃尔·阿多 著　　孙圣英 译

29 苏格拉底　[德] 君特·费格尔 著　　杨光 译

30 沉默的言语　[法] 雅克·朗西埃 著　　臧小佳 译

31 艺术为社会学带来什么

[法] 娜塔莉·海因里希 著　　何蒨 译

32 爱与公正　　[法] 保罗·利科 著　　韩梅 译

33 濒危的文学　　[法] 茨维坦·托多罗夫 著　　栾栋 译

34 图像的肉身　　[法] 莫罗·卡波内 著　　曲晓蕊 译

35 什么是影响　　[法] 弗朗索瓦·鲁斯唐 著　　陈卉 译

36 与蒙田共度的夏天　[法] 安托万·孔帕尼翁 著　　刘常津 译

37 不确定性之痛　　[德] 阿克塞尔·霍耐特 著　　王晓升 译

38 欲望几何学　　[法] 勒内·基拉尔 著　　罗芃 译

39 共同的生活　　[法] 茨维坦·托多罗夫 著　　林泉喜 译

40 历史意识的维度　[法] 雷蒙·阿隆 著　　董子云 译

41 福柯看电影　　[法] 马尼利耶 扎班扬 著　　谢强 译

42 古希腊思想中的柔和

[法] 雅克利娜·德·罗米伊 著　陈元 译

43 哲学家的肚子　　[法] 米歇尔·翁弗雷 著　　林泉喜 译

44 历史之名　　[法] 雅克·朗西埃 著

魏德骥　杨淳娴 译

45 历史的天使　　[法] 斯台凡·摩西 著　　梁展 译

46 福柯考　　[法] 弗里德里克·格霍 著　　何乏笔 等译

47 观察者的技术　　[美] 乔纳森·克拉里 著　　蔡佩君 译

48 神话的智慧　　[法] 吕克·费希 著　　曹明 译

49 隐匿的国度　　[法] 伊夫·博纳富瓦 著　　杜蘅 译

50 艺术的客体　　[英] 玛丽安·霍布森 著　　胡振明 译

51 十八世纪的自由 [法] 菲利浦·索莱尔斯 著

唐 珍 郭海婷 译

52 罗兰·巴特的三个悖论

[意] 帕特里齐亚·隆巴多 著

田建国 刘 洁 译

53 什么是催眠 [法] 弗朗索瓦·鲁斯唐 著

赵济鸿 孙 越 译

54 人如何书写历史 [法] 保罗·韦纳 著 韩一宇 译

55 古希腊悲剧研究 [法] 雅克利娜·德·罗米伊 著

高建红 译

56 未知的湖 [法] 让-伊夫·塔迪耶 著 田庆生 译

57 我们必须给历史分期吗

[法] 雅克·勒高夫 著 杨嘉彦 译

58 列维纳斯 [法] 单士宏 著

姜丹丹 赵 鸣 张引弘 译

59 品味之战 [法] 菲利普·索莱尔斯 著

赵济鸿 施程辉 张 帆 译

60 德加,舞蹈,素描 [法] 保尔·瓦雷里 著

杨 洁 张 慧 译

61 倾听之眼 [法] 保罗·克洛岱尔 著 周 皓 译

62 物化 [德] 阿克塞尔·霍耐特 著 罗名珍 译

图书在版编目(CIP)数据

反启蒙:从18世纪到冷战 / (以)泽夫·斯汤奈尔著;张引弘,甘露译.--上海:华东师范大学出版社,2021
(“轻与重”文丛)

ISBN 978-7-5760-1315-3

Ⅰ.①反… Ⅱ.①泽…②张…③甘… Ⅲ.①思想史-研究—西方国家 Ⅳ.①B5

中国版本图书馆CIP数据核字(2021)第027474号

华东师范大学出版社六点分社
企划人 倪为国

轻与重文丛
反启蒙:从18世纪到冷战

主　　编　姜丹丹
著　　者　(以)泽夫·斯汤奈尔
译　　者　张引弘　甘　露
责任编辑　高建红
特约审读　李晟伟
责任校对　施美均
封面设计　姚　荣

出版发行　华东师范大学出版社
社　　址　上海市中山北路3663号　邮编　200062
网　　址　www.ecnupress.com.cn
电　　话　021-60821666　行政传真　021-62572105
客服电话　021-62865537
门市(邮购)电话　021-62869887
地　　址　上海市中山北路3663号华东师范大学校内先锋路口
网　　店　http://hdsdcbs.tmall.com/

印 刷 者　上海盛隆印务有限公司
开　　本　787×1092　1/32
印　　张　26.25
字　　数　490千字
版　　次　2021年6月第1版
印　　次　2022年7月第2次
书　　号　ISBN 978-7-5760-1315-3
定　　价　158.00元

出 版 人　王　焰

(如发现本版图书有印订质量问题,请寄回本社客服中心调换或电话021-62865537联系)

Les anti-Lumières
by Zeev STERNHELL
Copyright © LIBRAIRIE ARTHÈME FAYARD, 2006
Simplified Chinese edition published with LIBRAIRIE ARTHÈME FAYARD
Simplified Chinese Translation Copyright © 2021 by East China Normal University Press Ltd.
ALL RIGHTS RESERVED.
上海市版权局著作权合同登记　图字:09-2015-020 号